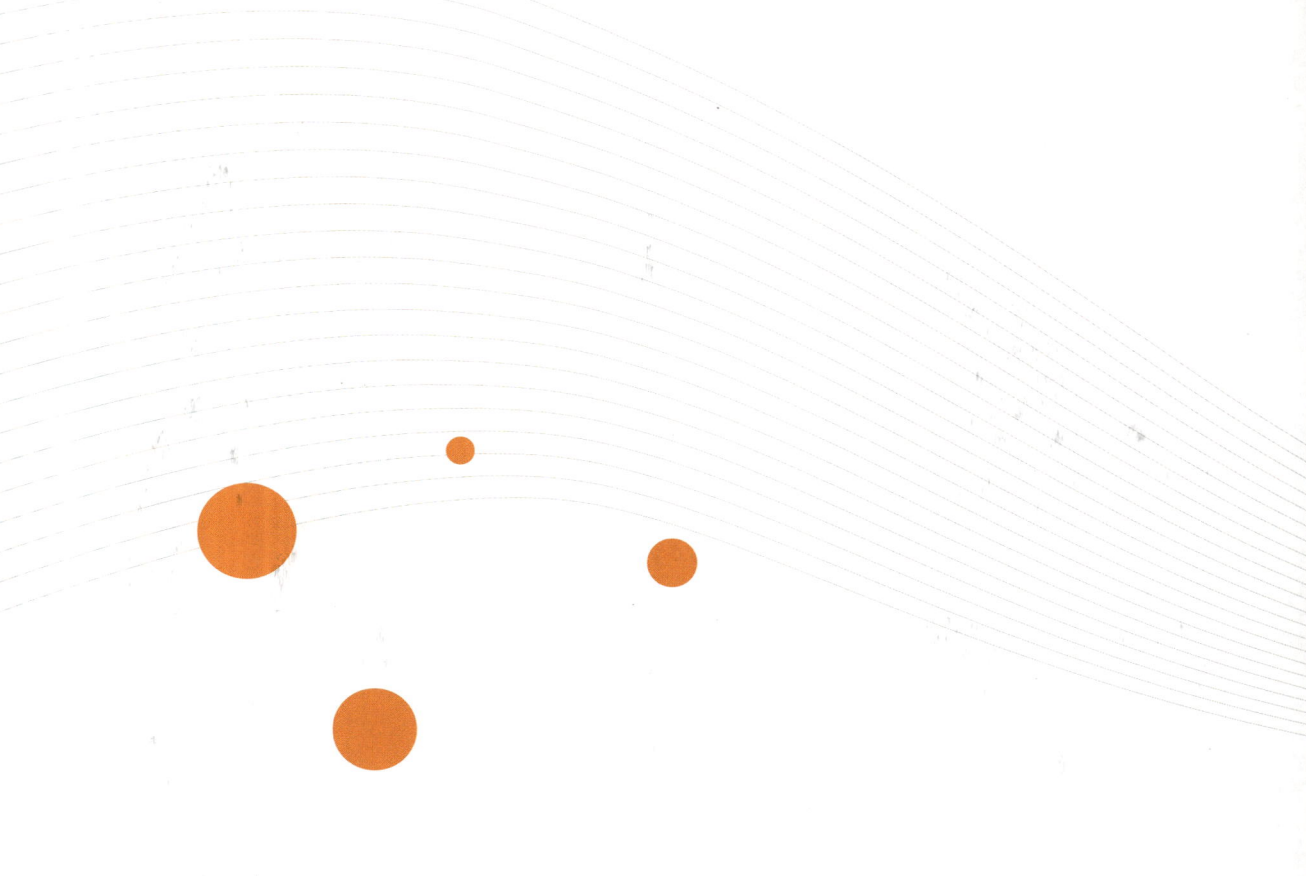

追踪：一个学生团队的二十年

照亮人生

百名华科学子20年创新创业真实故事

主　编　刘　玉

副主编　张子昂　薄国君

华中科技大学出版社
http://www.hustp.com
中国·武汉

图书在版编目（CIP）数据

点亮人生：百名华科学子20年创新创业真实故事/刘玉主编.
—武汉：华中科技大学出版社，2022.3
ISBN 978-7-5680-8028-6

Ⅰ.① 点…　Ⅱ.① 刘…　Ⅲ.① 大学生-创业-概况-武汉
Ⅳ.① G647.38

中国版本图书馆CIP数据核字（2022）第028089号

点亮人生：百名华科学子20年创新创业真实故事　　　刘　玉　主编
Dianliang Rensheng：Baiming Huake Xuezi 20 Nian Chuangxin Chuangye Zhenshi Gushi

策划编辑：钱　坤
　　　　　牧　心
责任编辑：张馨芳
封面设计：廖亚萍
版式设计：赵慧萍
责任校对：张汇娟
责任监印：周治超
出版发行：华中科技大学出版社（中国·武汉）
　　　　　电话：（027）81321913
　　　　　武汉市东湖新技术开发区华工科技园
　　　　　邮编：430223
印　　刷：湖北新华印务有限公司
开　　本：787mm×1092mm　1/16
印　　张：33.5
字　　数：742千字
版　　次：2022年3月第1版第1次印刷
定　　价：88.00元

谨 以 此 书

献给Dian团队全体队员、全体导师和全体顾问！

献给踊跃预订、助力其顺利出版的热心朋友！

献给默默支持和陪伴Dian团队一路前行的同道人！

· Dian团队的使命 ·

挖掘和培养一群靠谱、有自驱力和创造力的人

· Dian团队的愿景 ·

坚持植根高校，成为世界一流的创新创业百年团队

· Dian团队的价值观 ·

1. 作风扎实，历平凡事成放心人（靠谱）

2. 信念坚定，优秀等于终身吃苦（自驱力）

3. 与众不同，把不可能变为可能（创造力）

4. 顾全大局，利他是最好的利己（听指挥）

5. 凝心聚力，不是我拼是我们拼（团队合作）

· Dian团队群英谱 ·

导001
|
刘　玉

导002
|
钟国辉

导003
|
刘　勃

导004
|
黄晓庆

导005
|
刘合群

导006
|
颜庆华

导007
|
王兴刚

导008
|
曹　洋

导009
|
黑晓军

导010
|
张成伟

导011
|
高雅玙

导012
|
钱彦旻

顾 问

顾001 | 宋 治

顾002 | 陈 琦

顾003 | 江 涛

顾005 | 宋建建

顾006 | 冯向东

顾007 | 许晓东

顾008 | 梁 茜

顾009 | 何君臣

顾010 | 陈朝晖

顾011 | 王建平

顾012 | 张建林

顾013 | 何战涛

顾014 | 姚 欣

顾015 | 唐德华

顾016 | 余仁山

顾017 | 曹向英

顾018 | 郑 峰

顾019 | 程延辉

顾020 | 陈 涛

顾021 | 张 志

顾022 | 方铁勤

顾023 | 董 毓

顾024 | 夏广润

顾025 | 屈代明

顾026 | 刘金柱

永久名誉顾问
顾027 | 李培根

顾028 | 孙业林

队 员

 001|刘 玉　 002|李 震　 003|王长强　 004|康 锋　 005|熊祖彪　 006|饶炤骅　 007|刘 洋　 008|李伟霞　009|区慧铭

 010|梅 凌　 011|何 亮　 012|许 可　 013|邹 亮　 014|张 烁　 015|欧阳华　 016|余秉文　 017|王晓鹏　 018|王明军

 019|祝振汉　 020|熊小琴　 021|姜 珊　 022|王晓鑫　 023|侯丽珍　 024|张 文　 025|黄 超　 026|颜庆华　 027|张仲琨

 028|阮 航　 029|陈 竞　 030|汪 典　 031|蒋卫峰　 032|张志华　 033|薛 强　 034|刘海容　 035|单煜翔　 036|张喜清

 037|刘禹圻　 038|武 锐　 039|邹佩琳　 040|钟国辉　 041|肖 何　 042|赵 元　 043|许汉荆　 044|方 伟　 045|杜 欢

 046|王 恺　 047|徐 乐　 048|谢 娟　 049|刘 明　 050|李 宁　 051|刘任飞　 052|钱建安　 053|段士龙　 054|张文圣

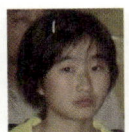 055|周 英　 056|段东亮　 057|张 申　 058|张 瑛　 059|倪 炜　 060|占幼平　 062|蒋少东　 063|王 乐　 064|易 玲

065|邱勇强　066|张海勇　067|汪恒晶　068|谢传荣　069|周　全　070|朱张帆　071|王道新　072|陈建武　073|周小明

074|曹　翼　075|薛　荃　076|刘　然　077|王峻扬　078|江　涛　079|彭　棠　080|王晓扬　081|何　娟　082|代晓文

083|龙　耀　084|张　泉　085|杨　威　086|周　爽　087|曾鹏举　088|程铁生　089|易新平　090|谢宇鸣　091|张　羽

092|张益林　093|杨俊涛　094|杨　鑫　095|吴　兴　096|陈　莎　097|郭　芳　098|祁　宁　099|牟新刚　100|张艺夕

101|姚　磊　102|廖义德　103|王　春　104|李智超　105|肖振宇　106|刘红亮　107|张新军　108|吴旦昱　109|冯　亮

110|叶　俊　111|凌绍凤　113|吴露露　114|雷媛媛　115|陈晓媚　116|周劲松　117|李春雨　118|阮磊峰　119|杨荣虎

120|徐超峦　121|黄　勇　122|柯　菁　123|季　思　124|王　耒　125|阮　芳　126|刘　程　127|陈朝东　128|华　沙

129|李　勇　130|田会鹏　131|周　亮　132|徐碧杰　133|李　杨　134|郭启睿　135|王　强　136|刘占仪　137|杨　健

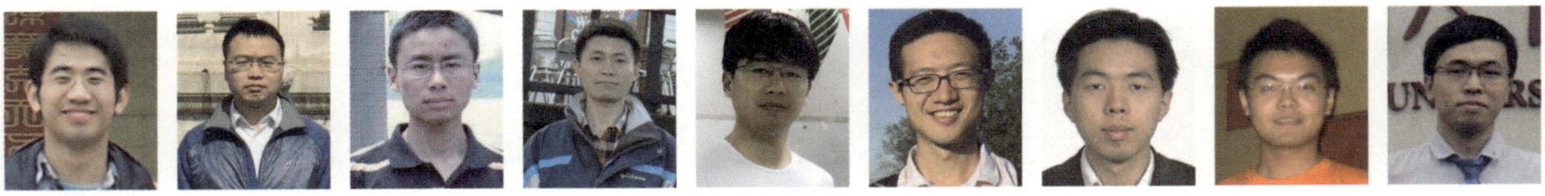

138|陈少明	139|李银锦	140|杨 超	141|程 刚	142|肖 骁	143|李玮玮	144|曾 祥	145|李 俊	146|杨 威
147|李 彬	148|李 玥	149|冯 石	150|徐 飞	151|孙静超	152|刘翔宇	153|宫士敏	155|何化强	156|张文君
157|李 毅	158|王 强	159|刘 焱	160|许国安	161|李长林	162|王丽君	163|刘维霞	164|王 泽	165|刘 彪
166|曹光明	167|刘熙同	169|谢健芬	170|王 飞	171|田永喜	172|黄 帆	173|常济崧	174|宁小玲	175|徐 玲
176|张 琦	177|李星龙	178|蔡 琨	179|朱传聪	180|姚 聪	181|蒯 浩	182|甘 俊	183|石小兵	184|刘 涛
185|许 颖	186|吴正华	187|钱彦旻	188|雷 诚	189|赵 威	190|严牧西	191|石 晶	192|余 康	194|陆 遥
195|赵文路	196|涂 磊	197|裴新欣	198|鲁杰夫	199|史云志	200|邹 丹	201|张良伦	202|司徒加旻	203|刘金柱
204|魏喜燕	205|黄珊珊	206|唐文滔	207|王兴刚	208|李 航	209|刘诗毅	210|柯尊尧	211|马红利	212|韩 斌

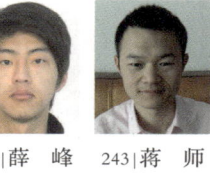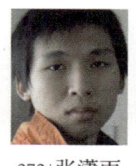

213|耿　莉	214|谢常亮	215|刘　军	216|王　帅	217|邓小波	218|彭　鑫	219|郑　欢	220|陈世斌	221|皮立才
223|吴宏衍	224|雷国庆	225|葛成东	226|马　戎	227|王艳龙	228|李　远	229|曹　洋	230|闵　瑞	231|王建辉
232|江彦聪	233|菲利普	234|徐达维	235|王　磊	236|黄心怡	237|袁　桦	238|孙　刚	239|朱　松	240|梁向辉
241|郭家明	242|薛　峰	243|蒋　师	244|赵　震	245|胡　杏	246|宋　骁	248|廖　昕	249|温冈谕	250|陈　思
251|李　鹤	252|廖仁伟	253|杨骦宇	254|王大庆	255|卢　俊	256|欧必杰	257|单俊杰	258|彭　斌	260|张彬彬
261|李　彩	262|肖后飞	263|谭　舟	264|蔡江璞	265|汪　方	266|胡　焰	267|李　立	268|陈　骞	269|张小彪
270|李剑飞	271|黄永侃	272|张潇雨	273|汪殿磊	274|杨一帆	275|危　浩	276|孟宪明	277|岳　伟	278|周飞龙
279|王长涛	280|刘伯特	281|聂　勇	282|侯学卿	283|周黄玲	284|田　嵩	285|秦　伟	286|叶济航	287|周　游

288|徐 涛	289|周 康	290|孙云翔	291|汪 洋	292|李 拓	293|赵 捷	294|单弘昊	295|高 亮	296|徐少鹏
297|江 滔	298|王慧松	299|王 亮	300|廖舒恬	301|年素磊	302|刘 佳	303|万 吉	304|胡晓虎	305|徐裕键
306|何 理	307|刘 亘	308|何明斐	309|陈 静	310|王 佳	311|李向辉	312|胡 远	313|杨 皓	314|张 林
315|吴 龙	316|岳良毅	317|饶 聪	318|范欣欣	319|刘维果	320|陈 鹏	321|周建兴	322|王倩茹	323|高 啸
324|李大伟	325|许永健	327|熊 亮	328|刘梦瑶	329|丁世远	330|蔡玉帅	331|王征添	332|董尚文	333|谷伟波
334|李 晨	335|周世超	336|张 岩	337|李耀栋	338|李海涛	339|刘宏娟	340|薄国君	341|吴宇斌	342|辛曦尧
343|陈曦骏	344|张伟俊	345|伍贤俊	346|伍林森	347|霍 仟	348|李金翠	349|黄祥洲	350|程 云	351|肖爱华
352|李文烈	353|刘里鹏	354|李立杭	355|徐 焰	356|白 涛	357|余 一	358|陶怡然	359|林子敬	360|龚小聪

361|周叶飞 362|吴天序 363|张中海 364|程歆宇 365|谢　创 366|姜　磊 367|罗　刚 368|高　运 369|唐亚丰

370|鲍　黎 371|胡家鹏 372|刘　季 373|刘君钊 374|王　志 375|詹国敏 376|胡　敏 377|吕彦彬 378|李　怡

379|秦　旷 380|张志炜 381|刘　贺 382|武文龙 383|颜　开 384|李　灿 385|贾　林 386|周晨曦 387|王晓宇

388|陈　圆 389|陈双林 390|王开豪 391|刘　盼 393|孙经东 394|王天祺 395|袁　威 396|刘行健 397|陈贵华

398|姚权铭 399|许沛豪 400|陈　浩 401|张　猛 402|石葆光 403|古国杰 404|舒胜男 405|陈哲怀 406|刘　阳

407|董尚勇 408|聂利权 409|苑雪冉 410|管　灿 411|何炎炎 412|朱　前 413|李　梁 414|金晓龙 415|田　野

416|曾裕璇 417|陈书娜 418|田泽华 419|侯　迈 420|杜忠祥 421|钟　晶 422|王　健 423|张以德 424|尚　进

42·|姜东杰 426|刘祖冲 427|郝梓贝 428|高　磊 429|赵　欣 430|秦立厦 431|石姝玥 432|邱际斌 433|饶　曦

434|曾 绮　435|蔡 涵　436|李 畅　437|王文奇　438|史庆宇　439|谭恒毅　440|雷 达　441|王丽灵　442|蒋梦蝶

443|曹文飞　444|蒋文婷　445|吴菲菲　446|肖 银　447|许 特　448|Areen　449|车立昊　450|林新杰　451|容 康

452|王佳琦　453|王 成　454|钟 强　455|罗汉林　456|王 睿　457|黄盼军　458|幸子健　459|吴纯宇　460|陈晓宇

461|江 涛　462|曾浩文　463|王 辉　464|周炎婷　465|刘 泉　466|白国坤　467|何睿杰　468|蒙煦慧　469|段 猛

470|章 颢　471|万庆徽　472|林荣宇　473|陈建文　474|郭子傲　475|李田莉　476|赵 明　477|彭 翔　478|谭 杰

479|陈国瑞　480|左芷薇　482|郭震宇　483|胡佩延　484|何 流　485|王明亮　486|康 锐　487|杨松艳　488|张云帆

489|孙讷敏　490|朱林果　491|赵恒爽　492|宋鲜艳　493|李允恺　494|林 阳　495|谢羽连　496|王建恩　497|李 律

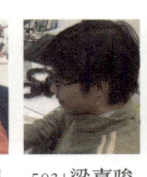

498|吴文捷　499|邹念清　500|严树义　501|何宇坤　502|焦 阳　503|梁嘉骏　504|王思杰　505|宋 波　507|洪 昊

508|程　旭	509|付　煜	510|黄子龙	511|罗　智	512|吴相鑫	513|张枫岚	514|丁立志	515|陈其荣	517|张晟浩
518|徐钦振	519|林佛钧	520|曹　航	521|陈文欢	522|杨　勇	523|庚悦晨	524|杜　航	525|李家祥	526|余　乐
527|夏天成	528|陈科全	529|王佩玲	530|纪德益	531|李灵伟	532|郭承颖	533|陈利飞	534|李　超	535|李鹏程
536|李冰涛	537|朱礼源	538|胡巧平	539|梁进超	540|刘宏阳	541|白恒培	542|徐　迟	543|孙志昂	544|彭彦毓
545|张子昂	546|刘路阔	547|夏阳伟	548|乔泽阳	549|江子山	550|陈庆祥	551|倪晓禹	552|陈　宽	553|王　涵
554|黄　伦	555|何一闻	556|邢　维	557|陈　彧	558|刘远卓	559|王大为	560|王佳静	561|李小雨	562|李超超
563|杨　旭	564|邱　天	565|李　凡	566|袁晓梅	567|杨思雯	568|张郑强	569|许　志	570|郭　宇	571|裘东昊
572|严子怡	573|单　勇	574|郭毅远	575|宋有朋	576|吴　月	577|叶逸凡	578|李　佳	579|李晨达	580|曾　豪

581|黄炜文	582|张凡宇	583|汪宇豪	584|张王优	585|李显锐	586|杨奕骁	587|郑敬元	588|杨小舟	589|王　锐
590|雷后超	591|赖昱松	592|潘　登	593|邹志盛	594|陈振英	595|阴　浩	596|王　杰	597|王晓纤	598|王政鑫
599|于洪杨	600|孙紫檀	601|黄　安	602|邓钰霆	603|李伟东	604|王淇营	605|王钰博	606|段冰洁	607|张中洋
608|彭哲坤	609|刘家东	610|李泽康	611|张子孺	612|符史梁	613|崔志强	614|伍圣晖	615|许洪深	616|张汝佳
617|杨文祺	618|郭羿江	619|黄　涛	620|沃锦文	621|孙昊海	622|杨金昊	623|周瑞松	624|伍瀚缘	625|刘宇航
626|邹琪珺	627|张新驿	628|曾耀沛	629|易子闶	630|唐　彬	631|杨　阳	632|朱晓光	633|汪书畅	634|钟嘉伦
635|雷紫薇	636|刘可书	637|张志宇	638|李泽霖	639|田祺云	640|周展科	641|王　力	642|范志康	643|赵永辉
644|赵欣然	645|周宇轩	646|余梦颖	647|张　鑫	648|陆国航	649|李雪扬	650|齐嘉程	651|钟　帅	652|黄小虎

653|刘静雯 654|廖本成 655|陈明霏 656|郭 浩 657|张阳泽雨 658|邬昕昱 659|陈列可 660|谢怡荣 661|岳 畅

662|刘 泊 663|泥俊沛 664|季 慧 665|曾德巍 667|杨澍生 668|郭一兴 669|刘鹏宇 670|吴亚军 671|陈珑钰

672|廖 思 674|郭潇俊 675|雷 博 676|朱良辉 677|雷逸云 678|李 勉 680|宋泽慧 681|周耀海 683|杨豪迈

684|刘 羿 685|陈继业 686|潘子晴 687|王永炜 688|刘 晗 689|蒋浩懿 690|彭 宇 691|魏子清 692|陈逸飞

693|严茹丹 694|高辰凯 695|何 牧 696|卢 玮 697|李瑞源 698|王溢学 699|任志远 700|金泽铭 701|苏 秦

702|张锐堃 704|胡玉洁 705|彭少青 706|董瑞华 707|侯京华 708|钟午杰 709|刘存扬 710|赵轩磊 711|熊楚贤

712|肖婉佩 713|陈久阳 714|赵晓刚 715|钱鹏宇 716|黄明涛 717|张维天 718|谢 威 719|石功成 720|董浣羽

721|贾然钧 722|叶泽坤 723|张梓萌 724|陈佳荣 725|谭 竣 726|孙 溪 727|马筱畅 728|陆 佳 729|李瑞堃

730|谢可心 731|周安东

名誉队员

 M001 | 王汝金
 M002 | 金亦冶
 M003 | 夏　寅
 M004 | 吕文凯
 M005 | 吴　博
 M006 | 王　宇

 M007 | 杨　鑫
 M008 | 陈国兴
 M009 | 李　沛
 M010 | 王　渊
 M011 | 王闻多
 M012 | 马　娜

 M013 | 胡文浩
 M014 | 熊　风
 M015 | 马悦飞
 M016 | 黄　鑫
 M017 | 刘宇飞
 M018 | 操佳林

 M019 | 邓天生
 M020 | 吴本雄
 M021 | 陈　超
 M022 | 梁芊芊
 M023 | 李　尤
 M024 | 李林楠

 M025 | 吴一明
 M026 | 饶天林
 M027 | 邓　攀
 M028 | 刘　飞
 M029 | 樊冰洁
 M030 | 贾朝阳

 M031 | 吴品章
 M032 | 杨　卿
 M033 | 夏　秋
 M034 | 王　威
 M035 | 蔡孝直
 M036 | 史新航

· Dian团队大事记（2002—2022）·

序号	时间	大事记	备注
1	2002年	2月25日，刘玉老师与校友签订了技术研发协议，网上招募了自控系李震、物理系王长强、电信系康锋、少年班熊祖彪等本科生； 3月1日，豆豆BBS站长窦善俊为Dian团队开设了第一个秘密讨论区——Dian版，Dian团队的雏形正式建立。	因"Dian"标志于3月1日首次使用，故将2002年3月1日定为Dian团队的诞生日。
2	2003年	全校数十名信息类专业本科生加入团队，因此申请了华中科技大学教改项目"基于导师制的本科人才孵化站"，并于6月获批。	Dian团队有了大名："基于导师制的本科人才孵化站"。
3	2004年	4月19日，杭州华为三康公司北研所项目"路由器web网管"立项，因此Dian团队租用东一区51号202室作为第一个科研基地，并于5月1日正式启用，故命名为"五一基地"。	命名人：030号队员汪典。
4	2005年	1月18日，在站队员首次举办年终总结茶话会，各项目组都用原创节目汇报全年工作，由此形成Dian团队"小春晚"特色文化； 3月5日，首次举办Dian团队团庆活动，由此形成团庆文化。	20多位出站队员首次返校参加3周年团庆，另有3位校领导和10位外地嘉宾莅临现场。
5	2006年	8月，湖北省教改基金项目"基于项目的信息大类专业教育试点班组建"正式立项； 8月底，以Dian团队为基础的"种子班"正式开班，标志着Dian团队模式正从"体制外"向"体制内"转变。	从华科信息大类各专业招收刚结束大二学习的20名学生，大三、大四单独建班，试行"干中学"特色教学。
6	2007年	6月20日，刘玉老师应邀赴京，在"国家大学生创新性实验计划"启动仪式上，向全国60所重点高校领导汇报Dian团队的"干中学"育人新模式； 同年底，ARM9组的陈少明等人荣获全国第10届"挑战杯"特等奖，打破了湖北省特等奖零的纪录。	教育部高教司领导明确指出，"国家大学生创新性实验计划"是受Dian团队案例的启发。

序号	时间	大事记	备注
7	2008年	Dian 团队出站队员于 2007 年自发成立了北京分站和长三角分站后，2008 年又成立了武汉分站和珠三角分站，标志着 Dian 团队开始由星形结构向网状结构转化。	Dian 团队的分站制，不仅让出站队员有了新家，对后续抱团创业也奠定了很好基础。
8	2009年	中共中央政治局委员、国务委员刘延东视察 Dian 团队并发表重要讲话，肯定了 Dian 团队创新人才培养模式，认为该模式符合高校未来的发展方向； Dian 团队教改项目"本科创新人才团队式培养模式的研究与实践"获得第六届国家级高等教育教学成果二等奖。	刘延东批示："将科研、教学、团队合作与创新人才培养相结合，是一种有益的探索"。
9	2010年	4 月 2 日，《人民日报》刊载长篇通讯《未来工程师"点"亮江城——记华中科技大学刘玉教授和她的点（Dian）团队》； 4 月 23 日，Dian 团队 20 余名师生做客央视《小崔说事：点亮未来》	中央电视台 1 台连续两次播出 Dian 团队专题节目。
10	2011年	Dian 团队顾问董毓 2009 年在种子班首次开设"批判性思维"课程，经两年多的试用，该课程讲义由高等教育出版社出版； 5 月 29 日，首届全国批判性思维课程建设研讨会选在华中科技大学召开，由 Dian 团队承办； 种子班的"批判性思维"课，也成为全国公开示范课。	两年后，董毓顾问被推选为全国高校文化素质教指委批判性思维分指委（筹）主任委员，刘玉老师任分指委秘书长。
11	2012年	4 月 29 日，举行 Dian 团队 10 周年团庆，叙述 Dian 团队奋斗史的《点亮未来：一个学生团队的十年》一书由华中科技大学出版社出版； 老队员倡议设立"点石基金"，回馈 Dian 团队。	"点石基金"已成为出站队员心系团队的一个载体，每月都能收到捐赠。
12	2013年	Dian 团队创业点突破 20 个，新老队员抱团创业蔚然成风，201 号队员张良伦是华科首位入选福布斯"中国 30 位 30 岁以下创业者"榜单者。	

序号	时间	大 事 记	备 注
13	2014年	9月20日，Dian 团队举办首届创业论坛，026号队员颜庆华等创办的武汉悦然心动公司用百万现金回购团队股份。	悦然心动是老队员回到 Dian 团队基地创办和发展的创业公司。
14	2015年	1月，张良伦、柯尊尧、徐裕键的贝贝网融资1亿美金，成为独角兽； 3月，刘玉老师变身创业红娘，免费做创投对接； 9月，Dian 团队出站队员的创业企业数量超过50家。	当年中国独角兽榜单贝贝网排名第37位，引起投资界对 Dian 团队的关注。
15	2016年	10月14日，国务院副总理刘延东7年后再次听取 Dian 团队汇报，刘玉老师和荣登国家创业人才榜单的017号老队员王晓鹏汇报了团队从创新到创业的积累式演进成果。	
16	2017年	Dian 团队15周年庆典在华中科技大学成功举办，来自全国各地的190名出站队员、Dian 团队顾问代表、多位著名投资人和投资机构代表、多家媒体、校内师生与所有在站队员欢聚一堂； 继张良伦、金亦冶之后，柯尊尧、吴一明也入选福布斯"中国30位30岁以下精英榜"。	
17	2018年	数名青年学者加入 Dian 团队导师组，促进团队技术方向多元化和硬核化，Dian 团队成立人工智能项目组； Dian 团队人才质量受业界青睐，应届毕业生人均年薪逆势而上，突破30万元大关。	
18	2019年	Dian 团队获得300万元网络安全国家级纵向项目，破 Dian 团队单项经费最高纪录，也意味着学术水平的提升。	
19	2020年	团队毕业生平均年薪37.92万元； 出站队员黄帆、姚权铭入选国家人才计划。	
20	2021年	8月，继钟国辉导师接棒（2013年）、黄晓庆导师掌舵（2017年）之后，创始人刘玉重掌帅印，筹备20周年大庆； 老队员曹洋全职加入导师组，战略大讨论后，确定团队使命、愿景和价值观； Dian 团队各分站已达10个，联系紧密； 毕业生平均年薪达44.9万元。	

前言 ──○

...

正如此书副标题所示,是百名华科学子20年创新创业的真实故事。

具体地说,是由我历时 4 个月口述已毕业多年的百名"直系"弟子在校园的成长故事,再请他们的师弟师妹整理成文字,又请张子昂和薄国君两位老"直系"弟子精心修改后传回给我,由我逐字润色并寻找当年老照片插入,最后经故事主人公审校通过,这才定稿交给出版社。

因为本书故事的主人公全部出自位于武汉的华中科技大学,而"华科"恰是这所"双一流"大学的简称。它是新中国成立之后才创建的大学,朝气蓬勃,在全国高校创新创业指标评估中名列前茅。70 年来,一大群没有显赫"背景"的校友,在改革开放特别是互联网时代,或依靠自身努力或抱团创业而誉满天下。我们的杰出校友中,有"微信之父"张小龙、网球冠军李娜、得到 APP 创始人罗振宇、投资大佬龚虹嘉和屈向军、海尔总裁周云杰、海康威视创始人陈宗年和胡扬忠、华为轮值总裁郭平,有经济学家向松祚、张燕生、李佐军、巴曙松,还有斯坦福知名教授叶荫宇、麻省理工知名教授陈刚;我们既有达闼科技创始人黄晓庆、高德红外董事长黄立、vivo 总裁沈炜等资深创业者,也有 PPTV&PPIO 创始人姚欣、淘米网络创始人汪海兵、脸萌 & 剪映创始人郭列、云鲸智能张峻彬等年轻的创业家……

虽然这本书里并没完全包含这些闪闪发光的名字背后的故事（其实他们每人的经历都足以单独成书），叙述的是更为年轻的21世纪大学生的校园成长故事，但是，这也许会使在读大学生更感亲切，能够从中找到与自己或资质相似或经历相似或想法相似的主人公。如果想与这样的主人公交朋友，请与我联系（liuyu@hust.edu.cn）。

为什么要讲述Dian团队的故事？

为了纪念，为了传承，也为了励志。

20年前的2002年，我为了让资困生不"拼爹"也能找个好工作，在华科校园里带着5名本科生创立了一个小小的本科人才孵化站，直接与企业合作进行技术开发。因我的网名是dian（音"点"），学生们便将这个技术开发型小组织叫"Dian团队"。

连我自己也没料到，就这小小的"点"，很快便吸引了一大批"想快跑却不知方向"的在校大学生，迅速从5人扩张到百余人。在闯过了初创期、发展期和稳定期所遭遇的许多困难后，Dian团队不到10年便闻名全国，成为国家大学生创新性实验计划的源头单位以及国家级大学生拔尖创新人才培养示范区。2012年，当Dian团队成立10周年时，华中科技大学出版社特意出版了《点亮未来：一个学生团队的十年》一书，详细描述了Dian团队2002—2012年点滴积累、点聚成团、点亮理想、点亮未来的艰苦奋斗历程，特别是列举了初创期、发展期和稳定期所遭遇的33个困难，以及我们当年是如何见招拆招逐个解决的。这些内容，后来被武汉市招才局领导当作"弘扬爱国奋斗精神，建功立业新时代"的宣传资料广赠创业者。这才令我意识到，原来如实记录我们小小的Dian团队走过的路，不仅是供我们自己留存的档案和纪念，对更多的读者也具有参考价值。

那之后，一晃又过了10年。Dian团队的出站队员，已经创立了60余家创业公司，走出了从创新到创业的一条清晰轨迹。该如何纪念Dian团队的20周年大庆呢？我情不自禁地想到，应该再出一本书，好好介绍一下队员们个性化发展的不同成长经历，不仅可赠送给重返母校参加庆典的老队员，更希望他们的经历能鼓舞众多"00后"大学生，少一些迷惘，多一些励志的榜样。于是，我向华中科技大学出版社提交了新书选题申报表，开始口述百名队员的故事。

如此费神讲述百人的经历，值得吗？

的确，这是一项庞大的工程，不仅要回忆20年前每个弟子的成长细节，最后还要逐字逐句审核全书文字。本书中的每张老照片，都是我从电脑上、年鉴中、毕业纪念册里找出来的，有的照片分辨率非常低，还要请"悟空游"创业团队做清晰化处理。

可是，为什么已经64岁的我，讲述每个故事时总是那么神采飞扬？为什么每个夜深人静的凌晨，我还能精神抖擞地逐字改稿，甚至嘴角还挂着微笑？为什么如此持久的高强度工作让我不觉苦和累反倒非常愉悦？

只因为，他们都是我眼看着长大成才的优秀孩子呀！哪个母亲谈起优秀的子女时不是眉飞色舞呢？这种愉悦感，千金难买。

Dian团队出站的优秀队员那么多，为什么只选了这百人？

Dian团队的队员个个都是好样的，人人都有自己值得回忆和分享的成长经历。但本书容量有限，我只能选经历比较独特的队员。我很遗憾，Dian团队有好几任非常优秀的队长（如陈贵华、黄盼军、江涛、余乐、严子怡、符史梁等）都没能单独成文，因为他们一直很优秀，没有大起大落的波折。看来，要想成为"有故事的人"，就得多被折腾。还有几位主人公的故事已经写完，图文并茂而且波澜起伏，可他们因各种原因不同意刊载，比如016号队员余秉文、017号队员王晓鹏、127号队员陈朝东，以及009号顾问何君臣和015号顾问唐德华，实在可惜。

"育Dian贵人"中的主人公，皆非Dian团队学生，为何首先讲述他们的故事？

几乎每个到 Dian 团队来参观的客人，都会询问我们有多少专职人员承担管理工作。当我们回答"一个也没有，全是兼职，而且 Dian 团队最初三年只有刘玉老师独自带学生"时，对方惊讶之余，往往会继续追问下去。于是，我们就要接着介绍 Dian 团队的管理模式——"导师制、导生制、顾问制"。Dian 团队如果没有几位价值观高度相同的导师，以及一批有情怀、有理念、有特长的顾问，怎么可能发展到今天的高度？吃水不忘挖井人，在讲述小队员的故事之前，我们先把这些"贵人"是如何与 Dian 团队结缘、如何助力 Dian 团队登上一级又一级台阶的故事讲出来，作为后续所有故事的背景，将有助于读者看懂全书。

Dian 团队创始人　刘玉

2022 年 2 月 28 日于武汉华科校园

目录 ─○

企业精英

比翼双飞

育Dian
贵人

钟国辉：从网友到战友，Dian团队的新掌门

|执笔人：符史梁

钟国辉，男，广西苍梧人，Dian团队002号导师。1999年本科毕业于华中理工大学（现华中科技大学）电信系，获工学学士学位，同年留校工作至今；现为华中科技大学电子与信息工程系副教授，系Dian团队现任掌门人与种子班负责人，研究方向为嵌入式系统与网络安全；主讲"数字电路与逻辑设计"，同时负责种子班"微机原理"、"操作系统"（实验部分）的课程讲授及课程设计指导；多次参与指导全国大学生电子设计大赛，累计指导参赛队伍获得全国一等奖三次、全国二等奖一次；科研工作之余，长期担任白云黄鹤BBS技术站站长。

从网友到战友

1999年，钟国辉本科毕业后直接留校任教并在职读研，是电信系非常年轻的青年教师。说起钟国辉的名字，彼时在学院里仍是默默无闻，而他的网名"quickmouse"在华科的网络界却是大名鼎鼎。钟国辉长期担任白云黄鹤BBS技术站站长，负责后台维护和技术支持，数次让白云黄鹤转危为安，在那个还没有网上冲浪甚至连电脑都不甚普及的年代，"quickmouse"是最早一代的网红大"V"。Dian团队创始人刘玉是学校里第一批上网的人，也是白云黄鹤BBS名副其实的"老网虫"，早早地就与钟国辉在白云黄鹤相识，结下了一段缘。

Dian团队刚成立时，钟国辉在别的老师门下担任项目经理，和Dian团队没有任何交集。志合者不以山海为远，因为一个科研项目，让钟国辉走进了Dian团队。2003年，Dian团队与武汉嘉铭激光有限公司签订了第一个有正式合同保障的"正规项目"——一体化标记机控制系统。一体化标记机采用的是ARM7芯片，也是整个系统的核心，但当时在学校教学使用的还是40个引脚的51单片机，拥有256个引脚的ARM7无论对学生还是对老师来说都是个

巨大的挑战，更何况刘玉擅长的领域并不在此（当时 Dian 团队还只有刘玉一位导师）。

学生没基础，老师缺经验，面对眼前的种种困难，刘玉深刻地意识到，必须得有"高人"指点迷津，方可拨开云雾见明月。而钟国辉恰恰是电信系的嵌入式高手，当一体化标记机遇到难题的时候，刘玉自然而然地向自己电信系的同事兼 BBS 网友钟国辉求助。但是，钟国辉当时非常忙，又逢项目在校外联调，每晚九点半之后才能回到学校，也没有周末，因此很难找到整块的时间。万般无奈之下，刘玉恳求道："那你能不能每天回来的时候，先到西七楼来指点一下学生？"看到刘玉万分焦急的样子，钟国辉便答应了。正是这次友情指导，让刘玉看到了钟国辉超强的系统架构能力和对学生清晰独特的指导方法，也让钟国辉认可并走进了 Dian 团队，转变了钟国辉后续的发展轨迹。

2003 年农历腊月廿五晚上，一体化标记机项目组与刘玉正在西七楼打项目攻坚战。当时，项目的难点大多已被逐一攻破，唯独剩下 USB 模块，数据传输时只能发送不能接收。这是长征路上的最后一关，如果解决了这个问题，整个系统的主通道就彻底打通了，项目就有把握按时完成。但是，现实很残酷，一次次的失败不断地打击着队员与刘玉的信心。那晚，不记得钟国辉是什么时候来到现场的，只记得他一直站在薛强身后耐心指导。快十点时，刘玉已不抱希望，便安慰道："不论能不能调通，已经晚上十点了，年后再战吧。"钟国辉很镇定地说："慢，再等我 5 分钟。"没有人知道钟国辉此时在想什么，只见他把薛强拉到一边，自己坐了下来，目不转睛地浏览着屏幕上的代码，全神贯注。代码在屏幕上一行行更新，调试命令在屏幕上不停地闪烁，突然，一切都归于平静，钟国辉转过身来，云淡风轻地说了一句"通了"，薛强激动地抱住了钟国辉。刘玉也是万分激动，马上打电话给项目组成员们报喜，只有钟国辉还是那副镇定自若的模样，谈笑间指点江山，又好似只是举手之劳。这是钟国辉在 Dian 团队第一次大放异彩。

一个重要的决定

此后，钟国辉被刘玉聘请为 Dian 团队的首席顾问（钟国辉从未要过顾问费，长期义务服务）。钟国辉当时还在北京一家外企出差，一直对 Dian 团队关爱有加，虽然没有直接指导，但时常通过邮件或电话与刘玉保持联系，了解嵌入式项目的进度。只要回武汉办事，他就一定会抽时间与刘玉谈团队发展，并提出了很多可操作性的建议。正是这样一次又一次的交流，钟国辉与 Dian 团队走得越来越近，于是才有了那个重要的决定。

团队成立的头三年，还属于"摸着石头过河"的探索阶段。一百多号人，十几个项目，问题层出不穷，对导师领导力和技术力的要求越来越高，刘玉开始感到力不从心，她身上的担子实在是太重了，于是对钟国辉的依赖也越来越强。2005 年 1 月，钟国辉碰巧从北京出差回来，刘玉将积聚在心中的重荷全盘托出，向最了解团队的同事和战友——钟国辉倾诉心中忧虑。昏黄的路灯下，片片雪花飘落在刘玉已略显斑白的发梢上，这一刻刘玉看起来憔

2004年10月17日，钟国辉在Dian团队例会上寄语队员

悴了很多。也正是在这一刻，钟国辉在心中做出了一个决定：哪天要是刘老师倒下了，他将立即放弃北京外企的高薪待遇回到团队。因为共同的理念和价值观，因为这几年积淀下来的战友般情谊，因为一份沉甸甸的信任和责任，他义不容辞。

也是在2005年，学校出台了新的规定：对于长期在外的在岗教师，要么回校，要么放弃教职留在企业。钟国辉认为，比起外企的高薪待遇，教书育人更让他感到快乐，也更适合他。因此，他选择"提前放弃"外企待遇，回校任职。此时，摆在钟国辉面前有两个选择，一个是自己导师的课题组，另一个是Dian团队。正在他举棋不定的时候，他的夫人对他说道："你的价值应该是被需要，而最需要你的是刘玉老师和Dian团队。"此刻，钟国辉下定决心，他要到Dian团队去，那里最需要他！

钟国辉向刘玉表明自己的意愿后，刘玉约钟国辉散步长谈。路灯昏沉，寒风习习，他俩就这么站在学校老电影场前面的丁字路口。刘玉对钟国辉说："我真的非常需要你，但我又觉得对不住你，在我这里我没有办法给你最起码的薪资待遇。别说一个月13000元，就是一个月3000元我都没能力给你。"钟国辉笑道："我的快乐是我的学生得到成长，看到我的学生比我强，我会更感到快乐！我现在是教师，有工资，如果是要挣钱要改善条件，那我们一起努力！"从这一刻起，钟国辉开始全身心投入到Dian团队。也就是在那时，刘玉郑重给予了钟国辉正式队员编号：Dian团队040号队员。相比刘玉的001号，钟国辉的040号因为不是那么靠前，反而成了Dian团队每年IT知识挑战赛当中必考的一道趣味赛题。

应运而生的"黄埔军校"

钟国辉返校加入Dian团队后，Dian团队的发展更加快速。截至2005年底，Dian团队累计完成项目24项，实到项目经费100万元；本科生为第一作者发表论文8篇，其中，发表在权威期刊2篇、核心期刊4篇；申请国家发明专利和国防专利4项；与大型企业公司如华为三康、UT斯达康、微软、嘉铭激光公司和军口单位等建立了长线的亲密合作关系。这些成绩的背后，是来自各专业的Dian团队队员们的辛苦付出，一方面要完成各专业教学计划规定的学分及院（系）规定的任务，另一方面要投入较多的精力在团队的项目上。为了解决学生课内和课外学习的矛盾，更好地推广Dian团队模式，2006年6月，在冯向东副校长的倡议下，刘玉与钟国辉开始尝试将体制外的人才孵化纳入到体制内，创建一个"基于项目的专业教育改革试点班"，简称"种子班"。

作为教改试点班，"种子班"在传统教学方式的基础上，引入"干中学"的方式，将专业理论知识学习与科研项目实训紧密结合。钟国辉建议，从"微机原理"课程的改革入手。普通的课程设计，一贯是理论教学先行、验证实验后上、设计实验分量极少，学生高度依赖实验指导书，缺乏系统设计的锻炼。钟国辉提出，让实践走在理论教学之前，让学生根据目标要求，通过"干中学"的方式自己去发现和解决问题。在他的课堂上，有一次实验要求点亮一个数码管，有位学生实在是搞不清楚在软件控制上8位的寄存器如何与引脚端口对应，于是，他将所有端口都点亮，再一个个熄灭，以此来判断控制寄存器与端口的对应关系。钟国辉没有责怪学生做法不好，而是启发学生去思考，也因此每一届种子班都会流传着他的经典名言："环境是你搭的，代码是你写的，做不出来，怪我咯？"在课堂中，他只花较少的时间讲授理论知识，更多的时间留给学生实践，在实践中更深入地理解理论，并以此重塑学生对实验设计的观念和认知。在"微机原理"课程实验中学生们公认最难的按键实验环节，他强令必须分两个阶段完成实验，其中的阶段一只许画程序流程图不许写代码，并要求学生以汇报的形式讲解设计流程。信心满满的同学们，总是在钟国辉犀利的眼光下被挖出一个个难以立刻解决的 bug，最终诚恳地接受他的意见："如果纵容你们直接写代码，不做流程图设计，那后面的 bug 你们一个星期都解决不完。"

随着课程实验的推进，"用错误的方法为什么做出了正确的效果？""为什么之前的设计是错误的？""你想看到什么效果，实际看到什么效果，为什么？"等问题分析、定位和解决的手段逐渐被同学们掌握，越来越多原来归为"玄学"范畴的问题被逐渐厘清。钟国辉依然耐心地和学生们说："当我们走在业界前沿的时候，我们遇到的问题基本上是网上搜不出来的，因此，我们要在平时的实践中培养自己解决未知问题的能力与自信。"

钟国辉这种"多问为什么"的理念，不仅仅体现在他的课堂中，更是贯彻到平时的项目训练中。2006 年，Dian 团队 ARM9 项目组与中科院武汉岩土力学研究所合作的"多通道基桩检测声波仪"项目遭遇了巨大难题，声波仪的超声波传感器存在着严重的干扰问题，始终悬而未决。在队员们几乎要放弃的时候，刘玉召集 Dian 团队所有硬件高手会诊攻关。202 号队员司徒加旻（ARM9 项目组组长）在白板上列出目前遇到的问题和已经尝试的解决方案，经过讨论，核心问题很快被锁定，是收发两用的超声波探头在发送声波后马上接收回波时有干扰。司徒加旻喃喃地嘀咕，他碰到过一个现象，如果探头发出声波后，完全断电一瞬，再接收就没有干扰了。钟国辉很敏锐地抓住了这一点，紧接着问道："那你们设计了断电再接收方案没有？"司徒加旻解释说，他们一直用软件方式去控制关断，但软件断电只是逻辑上断开而非物理上断电，所以仍然解决不了问题。"那为什么不设计硬件关断方案？"

2006年8月25日，钟国辉（右1）在课间向学校顾问组汇报教改设计

钟国辉紧跟着又是一问。司徒加旻为难地答道："用硬关断必须采用干簧继电器，要增加一块电路板，可超声波探头是外购的成品，价格很贵，四周封闭严实，好像没有办法装进去。"钟国辉一言不发地走到会议桌前，端详了一下司徒加旻带回来的超声波探测器，马上怒了，质问道："四角的凹口里面明明有安装螺丝，你们难道没拆开看过吗？拿起子来！"众人目光齐聚钟国辉，只见他三下五除二就拆开了外壳，结果出乎所有人意料，探头内部空荡荡，容纳继电器绰绰有余！阻碍项目组甚至差一点就放弃的难题，就这么被钟国辉用一把起子解决了！2007年11月，ARM9组138号队员陈少明、179号队员朱传聪等人代表Dian团队参加"挑战杯"，凭借"多通道基桩检测声波仪"一举夺魁，荣获全国第十届大学生课外学术科技作品竞赛终审决赛特等奖，打破了湖北省特等奖零的纪录。

Dian团队的新掌门

2013年10月19日晚，Dian团队的每周例会如往常一般进行着，但是，刘玉突感不适中途离场，当天深夜被送到广州军区总院，被诊断为胆源性急性胰腺炎并送入ICU治疗。家不可一日无主，在Dian团队主帅空缺的危急时刻，钟国辉作为CTO责无旁贷地代理起了Dian团队掌门之职，事无巨细地处理团队各项事务。11月30日，连续住院28天的刘玉拖着病躯重返团队例会，讲述"住院的那些事儿"，并正式宣布将Dian团队大旗交给钟国辉。钟国辉就此成为团队新一代掌门人，Dian团队从此进入了"后刘玉时代"。

在掌门交棒之际，Dian团队的部分顾问向刘玉表明了他们的担忧。钟国辉太年轻，性格又内敛，与刘玉的性格截然相反，且与刘玉之前的人脉交集不多，他是否可以管理好团队？项目是否谈得下来？Dian团队的文化是否能继续传承？面对顾问们的担忧，刘玉耐心地解释道："一方面，我对掌门人最看重的并不是技术能力和管理能力，而是对Dian团队的感情。从Dian团队创立之初，我们在BBS开辟秘密讨论区开始，钟国辉老师就在关注Dian团队，他几乎可以说是和我一起创立Dian团队的战友，是Dian团队成立及成长的见证人，对Dian团队有着非常深厚的感情。另一方面，Dian团队的掌门必须具有高尚的道德情操。钟国辉老师在Dian团队这些年，我可以看出来他是以教书育人为最大快乐，非常希望看到自己的学生有成长、比自己更厉害。这是一个与我'三观'高度一致、有情感、有理念、有技术的老师，Dian团队交给他，种子班交给他，我很放心！"

面对刘玉的信任，钟国辉也以他自己的方式做出了回应。在钟国辉的努力下，2015

2006年3月，刘玉和钟国辉笑看队员们欢乐春游

年 8 月 21 日上午，华为固网人力资源部部长鲁鸿驹等一行高管造访 Dian 团队，与 Dian 团队签订了首个项目合作合同。在钟国辉持续高效的推动下，2016 年 11 月 30 日，华为网络—Dian 团队联合实验室揭牌仪式在华中科技大学启明学院隆重举行，这意味着 Dian 团队开始与通信领域巨人同行，华为与 Dian 团队就此建立起长期合作关系。截至 2020 年 12 月，华为共与 Dian 团队合作项目 4 个，项目总经费超过百万元。

与此同时，Dian 团队出站老队员也逐渐成为一股不可忽视的力量，为团队发展牵线搭桥、提供资源。2017 年，由 118 号老队员阮磊峰牵线，Dian 团队与 Intel 亚太研发有限公司开始项目合作；经 206 号队员唐文滔介绍，Dian 团队与武汉启亦电气公司开始项目合作；由 127 号老队员陈朝东牵线，Dian 团队与深信服公司开始项目合作；等等。正在创业的队员也开始与 Dian 团队合作，如 052 号钱建安创立的武汉小安科技公司、026 号颜庆华创立的悦然心动、291 号汪洋和 461 号江涛所在的洛凯公司等，也纷纷以项目合作的形式反哺 Dian 团队。而这些人中，或为钟国辉的弟子，或为团队创立初期和钟国辉一起打拼过的战友，对钟国辉有着深厚的感情，也充满了信任。在他的努力下，电信系一批优秀的青年教师黑晓军、张成伟、高雅玙，以及留校任教的学者型队员 207 号王兴刚、229 号曹洋等，都陆续加入 Dian 团队导师组，为团队技术的多元化发展提供指导。在钟国辉接班之后的 7 年内，Dian 团队共完成各类项目 97 项，实到项目经费 1347 万元；专利获批 8 项，受理 10 项；学生在权威期刊发表学术论文 27 篇；获各类国家级奖项 76 项。钟国辉不善言辞，在他人看来是只会闷头做技术的理工男，但他一直在以自己的方式推动着 Dian 团队向前发展，这些数字便是最好的证明。

编后语

与钟老师相处，一开始你会觉得他很高冷，但相处久了就会发现他其实拥有着一个有趣的灵魂，日常与学生上演各种"互黑大戏"。对于学生，无论是项目工作、学业进展，还是生活情感问题，钟老师都随时欢迎学生前去与他讨论或找他诉说。因此，在启明学院 705 实验室，如果下午两点多看到钟老师在和学生讨论，那很可能钟老师连午饭都还没吃！

刘勃：13年的"陪跑"，书写出最美的"情书"

｜执笔人：符史梁

刘勃，男，湖北武汉人，Dian团队003号导师。1982年本科毕业于华中工学院（现华中科技大学）工业自动化专业，同年留校任教至今，后于1988年获得本校工业自动化专业硕士学位。主要研究方向为数字信号处理、嵌入式系统设计、电力设备检修技术、多媒体通信和光纤通信。任教以来，主持、参与研发和完成包括光纤通信、光纤传感、激光标记、电力设备检修技术、多媒体和网络通信等方面多项科研课题，主讲多门本科课程，具有丰富的专业教学和实战经验。

一句话的结缘

刘勃与 Dian 团队的结缘，要从 2003 年说起。彼时，刚刚成立的 Dian 团队与武汉嘉铭激光公司签下了"一体化标记机"项目，当时，刘玉和 Dian 团队学生都缺乏项目谈判经验，导致这个项目的总经费只有 2 万元。同为电信系同事的刘勃偶然知晓此事后对刘玉说，这个项目如果是富有经验的系主任去洽谈，至少可谈到 20 万元。正是这一句不经意的话，让刘玉在心里暗暗记住了刘勃，从此开启了他与 Dian 团队的故事。

Dian 团队成立之初，只有刘玉一位导师，随着承接项目数量和规模的扩大，技术难度也在日益增长，项目质量的掌控越来越难。刘玉开始意识到，Dian 团队必须增加专业技术人士的指导。专家应往何处寻？刘玉马上就想到了自己身边的同事，而刘勃正好以前参与过国家激光研究中心的激光打标项目的开发，对嵌入式硬件开发很有经验，因此，Dian 团队再去嘉铭公司进行评审或洽谈合同的时候，刘玉便力邀刘勃一同前往。之后大大小小项目的谈判，只要刘玉邀请，刘勃都会与她同行，就在这一来二去的交往中，刘勃开始对刘玉的 Dian 团队有了初步的了解。

2007年8月20日，电信系师生共赴广东科技馆进行现场安装，刚下火车的合影

（左1是刘勃老师）

如果说 2003 年的一体化标记机项目是 Dian 团队走近刘勃老师的开始，那么，2006 年承接的广东科学中心数码世界项目就是刘勃老师走近 Dian 团队的开始。

在广东科学中心数码世界展项中，刘勃担任现场总负责人并承接了 30 个子项目中的"幻影足球"和"磁控木偶"，刘玉则带着 Dian 团队承接了子项目"捕捉文字虫"。巧的是，"幻影足球"和"捕捉文字虫"都需要专门的试验场地并在上方安装投影仪，而且技术路线也相仿，因此，电信系将这两个项目的测试场地都安排在南一楼正门的大厅里。在项目推进的过程中，刘勃的项目组经常会和 Dian 团队队员们一起做实验和交流，Dian 团队队员们也会主动向刘勃老师请教技术。次年暑假，刘玉和刘勃各自带领自己的弟子赴广州进行现场安装调试，朝夕相处多天，共同战斗，更是不分彼此。就这样，因为项目的链接，刘勃对 Dian 团队的组织方式和育人理念也进一步加深了认识。通过两年多的并肩合作，他已经不知不觉地融入 Dian 团队中，就像 Dian 团队正式导师一样，关心队员的成长和项目的推进。

在广东项目临近尾声的时候，刘玉与刘勃闲聊时询问道："你愿不愿意加入 Dian 团队，当团队导师呀？"刘勃欣然答应。2008 年 10 月 30 日，刘勃注册了喻信星空账号，ID 为"ll"。自此以后，他便正式成为 Dian 团队的导师，而 Dian 团队也变成了他后续十几年中再也无法割舍的一部分！

融合成为"我们"

刘勃加入 Dian 团队之前，承接了一个电力检修设备的开发课题。加入 Dian 团队后，有些队员很自然地想加入刘勃老师的电力设备开发项目，而刘勃老师的研究生也有人愿意参与Dian 团队的项目。

但是，刘勃老师的电力设备项目，工作电压高达上万伏，这让刘玉感到非常不安，万一学生出事了怎么办？几经斟酌，刘勃做出了让步，他放弃了原先负责的电力项目开发，转身投入 Dian 团队的项目推进和指导中，而他负责的第一个项目，便是与嘉铭激光公司合作的 DSP 全数字灯泵浦激光电源产品化项目。该项目的目标是，对 Dian 团队两年前已经交付给嘉铭公司的样机进行改进升级，以适应复杂恶劣的工业环境，力求稳定可靠。但时过境迁，当年参与这个项目开发的队员都已经毕业，幸亏 Dian 团队有"文档建库"的好习惯，凭借着以前老队员留下的文档，这个项目仍然能够有序向前推进。但做企业项目，几乎就没有一帆风顺的时候，临近结题时，仍有一个技术参数不达标。刘勃老师带着组员们从项目方案、PCB 电路板、DSP 软件等各方面进行检查和讨论，但都没有找到问题所在。于是，刘勃老师又去找当年曾参与开发一代机、已经离校两年的老队员咨询，通过交流，经验老到的刘勃老师敏锐地觉察到问题的关键所在。他让队员们更换掉激光电源设备上的电容器，并强调一定要采用原装的、生产日期是近一年的新电容器。队员们照着刘勃老师的建议更换电容器后，果然，设备指标达标了！究其原因，竟然是因为采购的电容器是过期电容器，标称值与实际值相差甚远！

随着刘勃老师全身心投入 Dian 团队，他发现自己的研究生并没有完全融入进来，甚至有人不愿意加入 Dian 团队。通过进一步了解，刘勃老师意识到了问题的严重性：相比 Dian 团队的严格管理，他对自己研究生的管理要宽松很多，一松一紧的两个团队确实很难融为一体。在这个问题上，他完全认同刘玉老师对 Dian 团队的管理理念，觉得"西点军校"式的管理模式更有利于学生成长。因此，刘勃老师对之后新招的研究生都叮嘱说，我只是你们的论文导师，你们进校后就要像 Dian 团队新队员一样，立即加入到各项目组中去，由 Dian 团队统一管理。

老大哥与大家长

在刘勃加入 Dian 团队后的 10 年内，常驻团队的导师只有刘玉、钟国辉和他三人。他们就像战友一样，一路相伴打拼。但是，舌头和牙齿还偶尔磕碰呢，更何况刘玉和钟国辉都是非常有主见的人，难免会有意见不统一、僵持难分的时候。这时候，刘勃就像知心大哥一般，听他们诉说各自的苦恼，给他们建议，有争执的时候又像黏合剂一样将大家重新黏在一起。

有一次，刘玉想邀请议事专家袁天鹏到团队来介绍推广罗伯特议事规则，但即使是公益培训性质，袁大师的出场费也超过一万元。钟国辉不同意 Dian 团队支付这笔钱，认为完全可以自学。刘玉坚持要请，于是提出向前来受训的所有人收费，但是，这个建议遭到了钟国辉更坚决的反对，双方各执一词，争论不休。最后决定，Dian 团队核心层全体师生先自学罗伯特议事规则，然后用该议事规则来开一次会，专题讨论该不该邀请专家来武汉培训罗伯特议事规则。这次会议的整个过程十分有趣，就好像是对一个新的会议管理工具进行内测一样，令大家感到神奇，也暴露了自学的不足之处。最后，大多数人投票赞成邀请袁天鹏老师。有了定论之后，钟国辉觉得过意不去，找刘勃诉说，刘勃开导道："其实，你俩的出发点都是好的，都是为团队着想。只是刘玉老师性格比较容易激动，这时候你千万不能和她对着干，要避其锋芒，绕个圈子。等她冷静下来，我们再一起商议讨论，她就比较容易接受，问题也就更容易解决了。"

听了刘勃的建议后，钟国辉大受启发，此后两位导师鲜有冲突发生。2014年元旦，刘玉正式交棒，由钟国辉接任 Dian 团队新掌门。刘玉性格热烈似火，钟国辉性格则冷静如水，刘玉十分期望钟国辉能变得像她一样雷厉风行、外向奔放，但看到钟国辉还是原来的风格，她不免有些失落和困惑。2018 年 Dian 团队战略研讨会结束后，刘玉跟刘勃谈到了这点不满。刘勃宽慰道："你很难要求钟老师变得像你一样风风火火，但是，他会以他的方式领导 Dian 团队向前发展。"刘勃的宽慰令刘玉心情大好，那点困扰就这么散开了。就在那一年，Dian 团队导师组的规模进一步扩大，常驻导师增加至 6 人，但刘勃还是和以前一样，担任着黏合剂的角色，将大家黏在一起，齐心朝同一个方向持续发力。

对于 Dian 团队的队员，刘勃老师更是像家长一样关心着他们的成长，为他们的毕业操心。比如，2016 级的一位研究生，因为前期调研不足，低估了自己硕士论文选题的难度，导致后期实验结果不佳，错过了论文送审的时间节点，没能按时答辩毕业，为此心情很郁闷，情绪陷入低谷。这位同学本科毕业设计是在刘勃老师指导下完成的，刘勃老师因此了解该同学的写作特点，在与该同学交接工作的时候，顺便开导该同学，帮助他平复心态，并耐心指导他的硕士论文应该如何修改，而后这位研究生顺利通过论文答辩。再比如，与申请转正的预备队员单独谈话时，刘勃老师还会帮他们审核转正答辩的 PPT，提出修改意见，嘱咐队员转正

Dian团队15周年团庆时，三位导师合影

（左起：刘勃、刘玉、钟国辉）

答辩时要注意的小细节。因此，在队员中流传着一句话：想要转正答辩顺利些，就去找刘勃老师！

2021年6月12日晚，Dian团队的例会结束后，刘勃与刘玉一同走出启明学院，他俩都没骑车，而是像以前一样，推着电瓶车边聊边走。昏黄的路灯，把两人的身影拉得格外长。一路上，刘玉时不时地和刘勃话话家常，说说团队的事；而刘勃还是一如既往地像个老大哥一样，听着刘玉讲，时不时说上几句。

的确，刘勃日常十分低调，既不像刘玉是Dian团队的创始人，也不像钟国辉一样很早就加入Dian团队；但从他加入这个团队开始，就一直在为Dian团队默默奉献，关怀和帮助着Dian团队。都说陪伴是最长情的告白，那刘勃老师这13年的"陪跑"，就是写给Dian团队最美的"情书"！

编后语

平易近人，为人低调，是刘勃老师给笔者的第一印象。通过这次采访，笔者才得知，原来刘勃老师曾在华为做过整整4年的项目经理，为了推进项目，他要经常协调各方面资源、与各部门人员沟通，早就形成了自己独特的方式方法，难怪Dian团队前后两代掌门人都离不开他。

刘玉老师看完这篇故事后，特别补充了刘勃老师的生活花絮：她与刘勃老师同住喻园教师小区，经常看到刘勃老师与夫人手挽手，亲密无比地去食堂吃饭或散步，羡煞旁人；近年来，夫人迷上了摄影，刘勃老师也跟着相伴在右，夫人想抓拍飞鸟，他就在旁边"盯梢"，随时报告鸟的飞行去向；连小区业主委员会主席都说，如果推选小区模范夫妻，刘勃夫妇必名列前三！

黄晓庆："云端机器人之父"

|执笔人：黄明涛

黄晓庆，男，祖籍河南信阳，出生和成长在重庆，Dian团队004号导师。1978年秋由重庆考入华中工学院（现华中科技大学）无线电系（电信系前身），后经朱九思校长亲自批准，成为全校第一个自费赴美留学生。在美期间，先后任职于美国贝尔实验室、美国UT斯达康公司联合创始人兼首席技术官（CTO）。黄晓庆是中国及国际通信网络发展的重要推动者，开创性地提出了软交换和TD-LTE 4G技术。2007年，黄晓庆被特聘至中国移动研究院担任院长，是中国移动OPhone开创者，率先启动了中国的安卓智能手机产业发展。2010年，受聘为华科Dian团队导师。2015年，黄晓庆任职期满后再次创业，任达闼科技有限公司董事长兼CEO，致力于"云端智能机器人"技术及产业的发展，被称为"云端机器人之父"。2011年，入选国家重大人才工程A类特聘专家。2016年，因其对国际通信业的巨大贡献，作为首位中国企业技术领袖荣获IEEE CQR主席大奖。2017—2019年，黄晓庆受聘华中科技大学电子信息与通信学院院长期间，为Dian团队开辟了人工智能和信息安全两个新方向。

与Dian结缘

黄晓庆与Dian团队创始人刘玉的渊源，可追溯到黄晓庆本科刚入学时。那时的黄晓庆，是78级无线电系（电信系前身）年龄最小的学生，格外引人注目。而刘玉仅比他早半年入学，是恢复高考后首批77级大学生，担任同系学生会的女生部长。刘玉因经常去男生宿舍检查卫生，黄晓庆便对这位师姐留下了印象。多年以后，黄晓庆见到刘玉还说："刘师姐，我记得当年在学校时你还跟我说过一句话呢。"

时间来到21世纪初，此时的黄晓庆已担任UT斯达康公司的CTO。每年秋季校招时，

UT 斯达康都是大学生梦寐以求的最好单位之一，火遍大江南北的小灵通便是由 UT 斯达康率先引入中国，而且这家公司还获得过"亚洲最佳雇主"称号。说来也巧，2001 年负责华中科技大学招聘的 UT 斯达康高管张治强，竟是刘玉本科和研究生时期的老同学。一心为学生的刘玉，怎会放过这么好的机会呢？她赶紧带着在光电系任教时的两位得意门生宋治（硕）和江涛（本）直接去见张治强，当面鼎力推荐。经过考察，这两人都被 UT 斯达康深圳研究所录用。两位学子怀着感恩之心，在 Dian 团队初创期鼎力相助，先后成为团队 001 号和 003 号顾问。

宋治和江涛在 UT 斯达康表现都很优秀，因此，张治强不仅在校招时主动向刘玉索要学生简历，还主动向刘玉提出，可以招收在校研究生去公司实习。刘玉说："按照校规，我不能随便放学生长期外出实习，建议改用项目合作的形式签约，这样学生们的硕士论文题目也有了。"对方觉得这个方案也不错，便在 2004 年与 Dian 团队签订了 20 万元的"北京 MTNet 外场试验网络中射频工程和网络工程的相关子模块"项目。于是，Dian 团队派出张海勇（066 号队员）、蒋少东（062 号队员）和王乐（063 号队员）三位研究生奔赴北京参加无线测试，派出倪炜（059 号队员）和余秉文（016 号队员）二人赴深圳参加基站维护和无线测试。他们不仅在工作中表现优秀，而且后期撰写的硕士学位论文也有案例、有数据，内容非常充实。

2005 年，身为 UT 斯达康 CTO 的黄晓庆亲自回到母校华中科技大学，感谢有关院系的领导和教师为 UT 斯达康推荐人才，并颁发了一批"伯乐奖"，以此表达对 Dian 团队人才培养的高度认可。黄晓庆在将奖杯颁给刘玉的时候，特意强调："刘玉老师可是我们 UT 斯达康的 Super（超级）伯乐啊！"

指 Dian 迷津

2010 年 5 月，从 UT 斯达康离职后就任中国移动研究院院长的黄晓庆来武汉出差，刘玉特邀他到母校华科的本科生创新团队——Dian 团队参观指导，陪同参观的有湖北移动领导及华科天喻公司领导等十多人。在东七基地参观 Dian 团队的文化墙时，黄晓庆感叹道："Dian 团队的这个真实项目牵引的校企结合模式真好！"走进实验室，黄晓庆看到学生们在做一些科技作品，他有感而发："你们为什么不跟我们中国移动研究院合作呢？苹果现在有 iPhone，我们中国移动正在推出中国自己的 OPhone 呢！"他又转身对湖北移动的领导说："你看看这里有这么多优秀的学生，可以让他们参加你们的'MM'大赛（即湖北移动主打的全国移动 APP 开发大赛）。"

参观到一半，黄晓庆对刘玉说："师姐，我给你提几个建议：第一，你的学生一定要参与中国制式的 OPhone 开发，要积极参赛；第二，我看你们跟华三通信公司的合作效果很好，那也可以跟湖北移动合作呀，让他们给项目你们做；第三，同学们还应该具备一些产品意识，要做那种可以走进千家万户的产品，也可以尝试创业。"黄晓庆提的建议都很有可操作性，湖北移动领导也积极响应，23 万元经费的"MM 孵化基地建设项目"很快就交到了 Dian 团队手中。同行的武汉天喻公司老总张新舫也表示，要无偿捐赠 5 万元给 Dian 团队，支持创新型人才培养。

在参观途中，刘玉也表达了自己的疑惑："我们 Dian 团队现在与企业合作的项目虽很多但很杂，并没有聚焦的长期方向，心里没底。"黄晓庆答："这还不简单么，软件方向你们就聚焦做移动通信，硬件方向就聚焦物联网。"黄晓庆这番精准的判断，直击 4G/5G 的产业方向，直到 11 年后的今天依然没有落伍，可见其行业洞察力之深。刘玉再追问："物联网这个概念太大了，能再缩小一点吗？"黄晓庆又答：

2010年5月30日，黄晓庆受聘为Dian团队导师
（左为黄晓庆导师，右为Dian团队时任队长131号周亮）

"那就围绕车联网，因为车是移动的，需求最强烈。"刘玉听完大喜，钦佩地说："我要聘你为 Dian 团队的导师。"在刘玉的恳请之下，黄晓庆答应担任 Dian 团队的导师，编号紧接刘玉、钟国辉、刘勃三位全职导师之后。

心中有Dian

黄晓庆成为 Dian 团队的导师之后，对团队的发展十分关心。他担任中国移动研究院院长的 8 年间，Dian 团队北京分站的每次活动，他都会抽时间参加，而且非常乐意分享。刘玉每到北京，黄晓庆哪怕再忙，也会亲自接待。而黄晓庆每次来武汉，也会提前通知刘玉，尽量见上一面。黄晓庆常说："刘大姐，我觉得你带的这个 Dian 团队非同一般，我特别认可你这个'干中学'、以真实项目做牵引的培养模式，让学生能够在学校期间就接触企业项目，这是培养卓越工程师的重要条件。"

2016 年 9 月 25 日，Dian 团队在深圳举办第三届创新创业的"点石论坛"时，黄晓庆正好也在深圳，他硬是抽出 20 分钟赶到会场为新老队员分享人工智能新方向。他激情满怀地介绍人工智能的重大意义和发展愿景，以及他对云端机器人的设计架构，内容极其精彩，令在场的队员们如痴如醉。黄晓庆也越讲越兴奋，随行同事反复催促甚至拉他衣袖提醒时间，他都不为所动，竟足足讲了两个小时，由此可见他对 Dian 团队重视程度之深。这次演讲，令台下的 456 号队员王睿格外震撼，当即决定跳槽加入达闼。

当刘玉和黄晓庆交流越来越多之后，她想到华科电信学院的领导层有青黄不接的迹象，于是邀请黄晓庆："其实你可以回母校来当院长。你既管理过上市公司，又当过国企领导，相信一定能振兴电信学院。"黄晓庆只是笑了笑，但热心的刘玉还是向学校领导层推荐了他。

2016年9月25日，黄晓庆导师在第三届"点石论坛"做人工智能专题演讲

　　一晃两年过去了，电信学院主帅果真出现了断层。这时，校党委组织部想起了刘玉的推荐，部长遂直飞北京，百般动员，千般恳请，诚聘黄晓庆为华科电信学院院长。尽管黄晓庆再三表示创业任重，无法全职，但学校领导仍不拘一格，特聘黄晓庆为电信学院院长。

　　2017年8月，黄晓庆出于对母校母系的深厚感情，来汉担任华中科技大学电子信息与通信学院院长。最高兴的人莫过于刘玉了，毕竟黄晓庆原本就是Dian团队的导师，而Dian团队又植根于电信学院，刚刚退休的刘玉正担心新掌门钟国辉对外影响力不够，于是马上邀请黄晓庆担任Dian团队的主帅，也称领军人物，进一步加深了他与Dian团队的联系。

　　黄晓庆出任Dian团队领军人物后，更为关心团队发展。在Dian团队举办的欢迎仪式上，黄晓庆又做了提纲挈领的方向指引："我们Dian团队现在要全面转向人工智能，队员们若掌握了人工智能技术，50年内都不会没饭碗。"师生们都非常信服这个观点，因为2010年黄晓庆提到的车联网和移动通信两个方向，已被从事两轮电动车智能大脑开发的小安科技和移动用户占据了99%的贝贝网充分验证了其正确性。

　　黄晓庆就任电信学院院长之后，基于他丰富的组织管理经验，主要在对接科研需求和资源、组建科研大团队和支持年轻人发展等方面开展了有效的领导工作。他凭借在业界的影响力和对科技发展的洞察力，不仅指导Dian团队的师生转向人工智能领域，还不拘一格地聚拢年轻人才，增强了Dian团队新一代导师队伍。此外，达闼科技与Dian团队创新性地签订了"订单式产学合作研究框架"，即达闼提出科研需求并提供科研经费，Dian团队组织队员开展问题导向的科研工作。这种产学合作模式，有效减少了师生们寻找实际科研课题、商议项目合同的时间成本，也有利于Dian团队面向经济主战场的实际需求，开展产业需要的高水平学术研究。

　　2018年，黄晓庆瞄准国家重点专项"主动健康和老龄化科技应对"项目指南，组织Dian团队申报了两个子课题——"老年人跌倒预警干预防护技术及产品研发"和"医养结合支持解决方案研究"。接着，又组织导师组申请了一个国家网络安全项目研究。这些项目的申请过程，有效锻炼了导师组申请纵向课题的能力。最终，国家网络安全项目获批，总经费高达325万元，刷新了Dian团队创建以来的项目经费记录和项目级别记录。随着项目的开展，Dian团队正式确立了网络安全科研方向，这也成了Dian团队钟国辉和张成伟两位全职导师的学术方向。

黄晓庆是超前于时代的天才系统架构师，他认为，互联网应用开发是信息技术改变社会的1.0技术，移动互联网应用开发是信息技术改变社会的2.0技术，而未来机器人应用将成为信息技术改变社会的3.0技术。因此，早在2015年创立达闼时，他就提出"云端机器人"架构。

2019年2月20日，黄晓庆院长在华科"5G驱动校园创新"新闻发布会上演讲

2019年，受到黄院长关于"云网端"系统架构洞见的启发，Dian团队黑晓军老师成功获批一项国家自然科学基金项目"面向个性化学习的软件定义边云协同关键技术研究"，团队师生备受鼓舞。

回顾黄院长在任的3年间，不仅他自己在Dian团队做过"5G与云端机器人""从星际迷航到云端机器人""国际形势与金融"等高端讲座，他还推荐达闼管理人员及技术专家给队员们做报告，充分激发了Dian团队师生投身机器人应用开发的热情。Dian团队现已成立了机器人应用项目组，希望在团队20周年大庆之时，能定制开发出一个机器人讲解员，让来访嘉宾获得不一样的科技体验。

达闼全球运营总部现已落地上海，2021年入围中国新经济独角兽企业TOP50榜单，完成了超10亿元B+轮融资，黄晓庆向他的"家庭保姆机器人"梦想又走近了一步。同时，我们也坚信，Dian团队在他的指引下，未来可期！

编后语

　　相信每个人看过黄晓庆导师的履历后，都会认定这是一位引领科技行业潮流的"大牛"级人物。这样的"大牛"级人物，心中饱含的激情，不仅投入在对未来领域的探索上，还无私地倾注于Dian团队的建设与发展上，怎能不令人为之动容！饮水者思其源，感谢黄晓庆导师为Dian团队的发展所做出的杰出贡献！

李培根：我们的"根叔"

｜执笔人：邓迅

李培根，男，湖北武汉人，Dian团队永久名誉顾问。2003年当选为中国工程院院士，2005—2014年担任华中科技大学校长，卸任后受聘为Dian团队永久名誉顾问。2016—2021年，担任中国机械工程学会理事长。

初识Dian团队

2002年起，刘玉开始带领本科生做企业级真实项目，经过5年的发展，Dian团队发展至百人规模，在高等教育界逐渐积攒了一些名气。于是，当2007年春Dian团队举办5周年团庆时，刘玉就大胆邀请"陌生"的李培根校长参加团庆晚会。李校长此前虽然听说过Dian团队这个"初生牛犊"，但褒贬不一。出于对学生的关爱，看到时间不冲突，他便答应了。就这样，2007年4月7日晚上，他应邀来到校内百景园三楼的Dian团队团庆晚会现场。

李校长走进大厅就吃了一惊：这个才成立短短5年的小团队团庆，虽然系主任没有出席，但有不少合作企业老总和在站队员家长代表前来；最感人的是，30余名老队员从全国各地自发回来参加团庆，并为新转正的队员一对一赠送队服，更有海外队员把越洋电话拨到晚会现场表示祝

2007年4月7日晚，李培根校长与刘玉一同吹灭Dian团队生日蜡烛

贺。晚会采用文艺节目形式，生动展示了 Dian 团队 5 年来的艰辛与收获，精彩纷呈，高潮迭起，台上台下都洋溢着一种令人振奋的精气神。这种气氛也感染了李培根校长，他在总结致辞中高度肯定了 Dian 团队的育人模式，盛赞这个团队超强的凝聚力，并遗憾地说，如果能早点知晓 Dian 团队这个典型案例，他的教育改革文章会写得更充实。最后，他充满感情地说："刘玉老师因 Dian 团队而更加美丽！""我将永远支持 Dian 团队！"晚会最后，李校长和 Dian 团队创始人刘玉一起吹灭五层蛋糕的蜡烛，从这一刻开始，Dian 团队师生就把李校长当作亲人了。

启明学院的由来

2007 年 6 月上旬，Dian 团队刚迁至东七基地不久，刘玉问即将毕业的队员们离校前有何心愿，有人提出希望能与校长近距离接触一下，合影留念。刘玉便通过学校办公室邀请李培根校长来 Dian 团队视察，不出几天就接到校办回复，说李校长很乐意到 Dian 团队看一看。

2007 年 6 月 17 日一早，李培根校长就从南三楼步行来到东七楼，他在五楼看了 Dian 团队所有项目室，认真听取队员们的讲解。参观完毕，李校长又与队员们座谈，他风趣地说："几天后我将在'同歌同行'晚会上为全校毕业生送行，今天先给 Dian 团队即将离校的同学开个'小灶'。"他和队员们交流了 Dian 团队的创新元素，如开放式办学、知识转移、学科交叉等，为勉励队员，还欣然题字"追求卓越"。

这次的李校长视察过程中，还有一个小插曲。在视察各实验室时，刘玉指着破桌烂柜说："您看，我们所有的家具都是从废品仓库的破烂堆里捡来的，当初用 150 块钱买了一卡车'柴火'。您看，这个柜子连柜门都缺了半边，桌子连抽屉都没有，就剩个洞。"根叔用武汉话说："这么样不行咧？我看蛮好。"（意思是"这怎么不行呢？我看很好"）顿了一下又说："蛮好。"这时，陪同视察的教务处处长许晓东幽默地说了一句："校长，这个样子恐怕还不足以让全国人民参观吧？"Dian 团队有位队员跟着大胆插话："相信这里不会是我们最终的归宿。"

虽然李培根校长一贯提倡艰苦朴素，他自己的校长办公室也只是十几平方米的"蜗居"，但这次 Dian 团队的视察之旅，想必还是对他有所"刺激"。后来，他又了解到校内还有好几个知名的学生创新团队都缺乏场地，有的借用学生宿舍闷热的阁楼，有的甚至把厕所封闭起来改做机房。也许，从那时起，他就萌发了给全校学生创新团队建造一栋大楼的念头。

2008 年，曾两度排名湖北首富的全国知名企业丝宝集团梁亮胜董事长想给华科捐一栋行政办公楼，但李校长建议改建本科生创新学院，打造成自主学习、校企结合、多学科交叉的具有"宏思维"的创新人才培养的生态园区。梁先生高度认同这个理念，慷慨捐赠 2200 万港币。于是，学校当年迅速启动基建工程，将这栋 12 层共 1 万平方米的大楼命名为"亮胜楼"，并将这个本科生创新学院起名为更有寓意的"启明学院"，聘梁亮胜先生为永久名誉院长。

2010 年 10 月，启明大楼正式启用，Dian 团队是全校第一批入驻亮胜楼的示范性创新团队。10 月 10 日启明学院举行开学典礼时，李培根校长陪同梁亮胜先生参观大楼，重点视察

左图：2010年10月10日，李培根校长（右1）和梁亮胜先生（右2）出席启明学院开学典礼；

右图：同日，李校长（前排左2）陪同梁先生（前排右1）视察Dian团队

了 Dian 团队，此时队员们刚从"东七基地"整体迁入亮胜楼七楼，成了装备精良的"正规军"。直到 11 年后的今天，启明学院的硬环境仍属全国领先。鼎力促成启明学院落成的李培根校长，成为队员们心中的"启明之父"，更是被全校师生亲切称为"根叔"。

深邃一课

2009 年 11 月 20 日，中央政治局委员、国务委员刘延东来武汉视察时，接见了 Dian 团队 50 名代表，不仅与师生合影，还做了较长的重要讲话。李培根校长全程陪同，远比队员们更深刻、更全面地领悟到中央领导的指示精神。

2009年11月20日，国务委员刘延东及部/省/校主要领导与Dian团队师生合影

（刘延东居中，左边是湖北省委书记李鸿忠，右边依次是Dian团队创始人刘玉、教育部部长周济，后排是校党委书记路钢、校长李培根）

队员们能被中央领导接见，并有机会合影和近距离聆听重要讲话，令整个团队好几天都沉浸在兴奋之中。然而，由于刘玉和导师组缺乏足够的"政治经验"，没想到要召开相关座谈会或研讨会，也没有落实学习讲话精神，更没有思考如何为国、为校建言献策。直到一周后，根叔主动给刘玉打电话，说他想到 Dian 团队跟大家谈一谈，交流一下，这时团队才急忙安排研讨会。

11 月 30 日晚七点半，Dian 团队"创新工作总结及发展"研讨会在八号楼学术报告厅举行，刘玉主持。师生代表从各个角度总结了对团队创新模式的认识和收获之后，根叔做了长篇发言，总结了 Dian 团队的五点成就，给出了五条建议。他指出：

> Dian 团队取得了很多成果，甚至获得了中央领导的肯定，其成功的标志可以体现在以下几个方面：一是团队成员主动接受创新教育的自觉性；二是主动实践、服务社会；三是寓德育于教育中；四是凝聚力很强；五是文化建设有特色。
>
> 给 Dian 团队提几点建议：一是把"科研、教学和团队合作"的"三元育人体系"凝练成"一元"，那就是"人本"，要把"人本"作为 Dian 团队之魂；二是要把创新教育拓展到人文关怀中，培养队员的自由意志和超越精神；三是要为华中大团队文化做贡献；四是希望 Dian 团队要不断改善自身，争取更大的成功；五是希望学校职能部门和各院系更多关注 Dian 团队的发展。

会议进行得十分顺利，然而，在自由互动环节，根叔问大家如何能让团队的精神发扬光大时，有位队员提的一条"建议"让根叔哭笑不得，而后对整个团队开展了一场严肃的教育。究竟是条什么"建议"呢？那位队员说，Dian 团队本科生居多，劳务费报账有限制，能否让财务处放宽审核。事实上，Dian 团队当时的科研奖学金发放已经是全校本科生的最高水平，而且财务处能否特事特办与团队精神的发扬光大毫无关系。因此，根叔严肃地回答道，奖学金只是对个人能力众多评价标准中的一个参数，获得奖学金的队员们应该更深一层地思考，学校提供的场所和环境都是免费的，团队导师们的奉献远大于索取，老队员对新队员的培养也是无私付出的，这些都是培养成本，而且都不是简单拿金钱就可以衡量或交换的。

根叔的一番话，让人醍醐灌顶，给处于极度兴奋中的队员们上了生动的一课。Dian 团队的未来何去何从？如果以前只有刘玉或者团队少数干部才会思考，经此一课后，便成为每个队员都会思考的问题。

精神共鸣

根叔是个精神世界极为丰富的学者和校长，对美好的人和事有超乎寻常的感受力。

例如，2010 年 3 月初，Dian 团队 79 号队员彭棠从尼泊尔支教回来，应邀在团队例会上做了分享。3 月 16 日，Dian 团队的工作简报刊发了相关报道，根叔关注到后立即发邮件向

2010年4月4日，Dian团队8周年团庆现场，李培根校长与"Dian二代"握手

编辑询问："此人我可否一见？"

2010 年 4 月 2 日，李培根校长与彭棠面对面交流时，根叔问她在尼泊尔山顶教那群小孩子什么？彭棠答道：教他们做自己，做更好的自己。根叔大为震惊，盛赞彭棠的境界："你才毕业短短几年，就比我这个院士和大学校长的境界都要高！"后来，根叔在撰写的多篇教育改革论文中，都提到了年轻校友对他的启发，反复强调教育的本质就是让学生做更好的自己。

此次会面后，根叔欣然答应参加两天后的 Dian 团队 8 周年团庆大典。2012 年，根叔再次出席 Dian 团队 10 周年团庆。一个小小的学生团队，连续三次团庆，校长都亲临现场祝贺，这在学校的历史上着实罕见。

还有一件感人的事：2011 年 10 月底，华科国旗仪仗队副队长文昕雨同学应邀参加 Dian 团队例会，讲述国旗仪仗队的训练和苦乐生活，特别感人，结束时 Dian 团队全体队员自发起立鼓掌致敬。在刘玉老师提议下，Dian 团队把次月的"每月一善"活动主题定为"走近国旗仪仗队"，帮助国旗仪仗队实现与根叔合影的愿望。根叔知晓后，爽快答应赴约。11 月 21 日（周一）清晨六点日出之时，根叔从西边院士楼赶到东校区升旗台参加升旗仪式，并与仪仗队同学们合影和交谈。

根叔对学生们奉献出的大爱之心，包括对 Dian 团队队员的关照，得到了学子们的敬重和热爱。

2011 年 11 月，根叔以华科校长身份出访美国高校，招揽高层次人才。抵达亚利桑那州立大学的时候，竟然一下子见到了三名 Dian 团队队员：读博的 047 号队员徐乐和 151 号队员孙静超，以及访问学者 229 号队员曹洋。三位队员看到根叔分外亲切，盛情接待。

同月，根叔继续前往美国佐治亚州访问，刘老师听说尚未落实接机的志愿者，马上联系正在佐治亚理工学院读博的 015 号队员欧阳华。欧阳华迅即开车去机场接根叔，连夜把他送到下榻处，当地华科校友会干部连夸 Dian 团队队员"真靠谱"。根叔回国后，刘老师不无得意地说："您看，Dian 团队的温暖无处不在。"

受聘永久名誉顾问

2014年3月，刘玉老师得知李培根院士卸任校长，连忙跑到根叔办公室，与众不同地"恭喜"："听说您卸任校长，我可太高兴了，Dian团队一直想聘您当顾问，但您在位时我们不敢请，怕别人说'抱大腿'，现在终于没顾虑了，诚聘您为Dian团队永久名誉顾问。"根叔笑着答应了。

2014年6月6日晚，李培根院士结束了给启明学院实验班讲授两个多小时的"工程导论"课程后，九点多又赶到Dian团队参加顾问受聘仪式。刘玉老师精心准备了PPT，配有大量根叔与Dian团队相关的照片，向全体队员讲述了根叔的特殊贡献，然后向他颁发了永久名誉顾问聘书。

在全场热烈掌声中，根叔做了长达六千余字的演讲——《点亮自己，点亮人》。在演讲中，根叔深情地回忆道：

2014年6月6日，刘玉老师为李培根院士颁发永久名誉顾问聘书

从刚开始知道刘玉老师带领Dian团队，我就对她怀着深深敬意。我们这位女老师，像她那样的精神，像她那样深怀着对学生的爱，像她那样执着、那样敬业，这样的老师在大学里面还是比较少见的。这是后来我一直关注Dian团队、支持Dian团队的重要原因，这也是刘玉老师的人格魅力。因此，我今天特别珍惜这个荣誉，对Dian团队我会永远关注下去。

对于Dian团队来说，超越一般常规的团队不是一件难事，可以说，你们已经超越了很多很多的团队，但更重要的是怎么超越自己。最近几年，在Dian团队海外顾问董毓和在场的宋建建顾问等人的帮助下，Dian团队提倡批判性思维，这非常好。我很主张质疑、批判精神。但对于批判而言，更难的是什么呢？更难的是批判自己。我今天来的目的不是来批判Dian团队的，我只是说说大家自己要去思考的内容。

我觉得对于一个比较好的团队而言，我们现在的目标跟一开始的"搞学生创新活动"已经不同了，现在肯定应该有更高更远的追求，这个追求就是——我们对中国的教育多少要承载一点义务。我们的目的是"点亮自己，点亮别人"，创新只是一个副产品，创新是点亮我们自己的火把之一，它是我们要实现目标的路径之一。因此，我认为，创新对于今后的Dian团队来讲，不是一切，不是目的。我再重申一遍，我绝对不是反对这个，相反我很提倡创新创业，且鼓励和支持。但是，作为Dian团队，如果要达到新的境界的话，就不能够停留在科技创新创业上，Dian团队也需要精神升华，希望能够激发学生的能量。怎么激发学生能量？这中间最重要的是，同学们怎么相互激发潜能。

当这次演讲过了整整 7 年后，Dian 团队的发展遭遇瓶颈，刘玉便与团队师生重新解读培根顾问这篇讲话，大家仍然感受到强烈的现实意义，相信也具有永久的指导意义。

批判性思维的推手

Dian 团队早在 2009 年就把批判性思维课程引入种子班，很快便成为全国公开示范课。主讲教师董毓（023 号顾问）和 Dian 团队创始人刘玉联手，2011—2013 年在华科启明学院连续举办了三届全国批判性思维教学研讨会。2014 年 7 月，第四届全国批判性思维教学研讨会在北京大学英杰交流中心举办，李培根院士在开幕式上以"师问"为题做特邀报告。他围绕大学教育应该如何以学生为本、教书育人、培养和提高学生的创新能力等问题，提出了自己的观点和思考，但那时他还不算批判性思维"圈内人"。

同年 9 月，刘玉老师带着 Dian 团队 484 号队员何流，主动将批判性思维教育引入华科附小，开设了"批判性思维"校本课程，在全国小学开了先河。因为课程效果特别好，所以华科附小每学期都开设此课。

2015年4月17日，李培根院士走进小学批判性思维课堂

2015 年 4 月，刘玉到根叔的院士办公室汇报工作，无意中提及批判性思维已经走进小学。这下引起了根叔的好奇心：批判性思维走进大学和中学尚且有难度，Dian 团队怎么会"剑走偏锋"把试点开到了小学课堂？根叔决定前往华科附小一探究竟。

别开生面的课堂，积极讨论的孩子们，深深吸引了根叔。他不仅走到小朋友之中听课，还自己拍照，主动发朋友圈宣传。作为一名教育家，根叔对这种创新的教育方式深感欣慰，从此对批判性思维更加关注，撰写的系列文章和演讲稿越来越多地包含批判性思维内容。

2016 年夏天，华科校友屈向军从刘玉口中得知批判性思维推广缺经费，当即慷慨表示愿意捐赠 300 万元资助母校成立批判性思维研究中心。他希望这个研究中心能由一位德高望重者主持工作，如果刘玉能邀请到根叔"出山"，可将捐赠额度增加到 500 万元。虽然刘玉十分担心这个行政级别很低的研究中心"庙太小"，恐怕根叔不会屈就，但为了争取到 500 万元"巨资"，她还是硬着头皮向根叔开口。令人惊喜的是，根叔爽快答应了邀请，并表示自己对批判性思维充满兴趣，同时也对刘玉和屈向军等一批志愿者推动教育改革的奉献精神表示钦佩。但始料未及的是，研究中心名称中含有的"批判性思维"竟招致不同的观点和意见，幸亏根叔态度坚决、毫不让步，他认为"没有批判性思维就没有马克思主义"。

2017年10月29日，李培根院士与屈向军校友共同为研究中心揭牌

2017 年 10 月 29 日，在学校党委的支持下，李培根院士挂帅的华中科技大学"创新教育与批判性思维研究中心"终于揭牌了。

2021 年 5 月 28 日，习近平总书记在中国科学院第 20 次院士大会、中国工程院第 15 次院士大会、中国科协第 10 次全国代表大会上的讲话中明确指出："培养创新型人才是国家、民族长远发展的大计。当今世界的竞争说到底是人才竞争、教育竞争。要更加重视人才自主培养，更加重视科学精神、创新能力、批判性思维的培养培育。"至此，所有对于"批判性思维"一词的过度敏感不复存在。看来，根叔的坚持多么正确！

2019 年，当根叔听说因缺乏师资，批判性思维在校内的开课率不尽如人意时，立即指示：这件事情要想做成，必须自上而下推进，建议尽快召开批判性思维专题讨论会，强调必须邀请学校主管教学的领导和有关部门一把手参会，共同商讨推广方案。在根叔的正确指引和亲力亲为推动下，师资难题很快破解，批判性思维课程终于在校园内日益普及。

编后语

李培根院士真正践行了他所提倡的"以学生为本"的教育理念：从 2007 年接触 Dian 团队开始，根叔始终高度关注 Dian 团队、关爱师生，每年加入团队的小队员几乎都能看到根叔和蔼可亲的笑容。根叔也一直把 Dian 团队作为全国高等教育改革的典型样板，对团队发展提出了前瞻性的独到见解。十年前讲述 Dian 团队历史的《点亮未来》一书是根叔作序，而本书封面上的书名题字"点亮人生"是根叔的手迹。我们会牢牢记住根叔的嘱咐：点亮自己，点亮人！

宋建建：中美交流搭桥人

| 执笔人：赵晓刚

宋建建，男，陕西洋县人，Dian团队005号顾问。1977年冬，从天津大港油田考入华中工学院（现华中科技大学）无线电系（电信系前身），成为恢复高考后的第一批大学生。1982年本科毕业时因成绩优秀被公派到美国明尼苏达大学（University of Minnesota）攻读硕士和博士学位，1989年从该校博士毕业。他在美国Rose-Hulman理工学院（Rose-Hulman Institute of Technology）当了两年访问助理教授，1991年去新加坡国立大学超级计算中心工作了8年，1999年再次返回Rose-Hulman理工学院电子与计算机工程系执教。现为该校终身教授，研究领域为高速数字电路设计、并行计算、微控制器、电磁兼容和信号完整性等。

宋建建顾问从2006年起就是基于项目信息类专业教育实验班（以下简称为"种子班"）的专家组成员之一，不仅每年飞回中国讲授种子班的国际课程，还为Dian团队和种子班的发展提供了许多宝贵建议，被聘为Dian团队的海外顾问和种子班的教改顾问。

中外两种教育模式双修

1978年3月，宋建建和刘玉都考入了华中工学院（现华中科技大学）的无线电系（电信系前身）。新生报到时，是先到一天的刘玉充当志愿者，拖着板车帮宋建建把行李送到男生宿舍的，两人由此便结下了友情。

大学期间，宋建建英语好、表达能力强，还喜爱哲学思考，他独特的个人魅力折服了班上所有同学，被全班一致推选为班长。大学毕业前，宋建建和刘玉都通过了研究生考试，恰逢学校得到一笔世界银行助学贷款，品学兼优且外语突出的宋建建被系领导选中，保送至美国名校明尼苏达大学深造，从此走出国门。

获得硕士学位后，宋建建选择继续在明尼苏达大学攻读博士学位。在此期间，学校领导曾赴美去看望和调查这批公派留学生的表现，宋建建是最优秀的几个留学生之一。

宋建建博士研究生毕业后留美任教，从学生到老师的角色转变，让他对于教学这件事有了更多的思考，而国内外不同的求学经历则为他的思考提供了丰富的素材。除了自我思考，每次回国探亲与老同学相聚时，他也常与留校任教的刘玉进行讨论。关于中美教育理念的差异，便是他们时常提到的一个话题。

宋建建曾描述他在 Rose-Hulman 理工学院为学生讲授滤波器知识点的情景：授课在一个特别设计的大教室里进行，每位同学身后都是一个放有滤波器器材的实验台，上课时，学生首先面对老师聆听 20 分钟的理论知识，然后转身在专属的实验台上尝试搭建一个滤波器电路。这种理论与实践环节穿插进行的教学模式，令刘玉十分羡慕和赞叹，但她只是一名普通教师，欲效之却无力。可是，没过多久，机会就来了。

种子班的海外课程

2006 年春，时任华科本科教学副校长的冯向东（后被聘为 007 号顾问）主动提议，以学生业余科技团队——Dian 团队的模式为基础，在体制内创建一个两年制的"基于项目的专业教育试点班"（简称种子班），并授权刘玉全权负责。刘玉在为种子班制订教学计划时，希望能增开一门全英语专业课，直接聘请海外名校教师来华授课，同时引入先进的教学模式和方法。教学计划获批后，她首先邀请老同学宋建建给首届种子班授课，宋建建亦有心为母校和母系尽一份力，便决定为种子班讲授一门内容很新的课程"信号完整性与电磁兼容"。此课程重点讲述高速数字电路设计知识，在宋教授任教的 Rose-Hulman 也才刚刚开设，只有讲义，连正式出版的教材都没有。能与美国学生同步学习新领域的新知识，这令种子班师生既自豪又好奇。

"做中学"是宋建建教授讲课最大的特点，即讲授知识后立刻让学生动手实践来应用知识，这种教育理念与宋教授的国外教学经历密不可分。宋教授任教的 Rose-Hulman 理工学院，在全美无博士点的大学类别中，自 1999 年以来连续 23 次排名第一，很重要的原因就是他们崇尚工程师教育，对培养学生的动手能力非常重视。于是，宋建建就把他们学校"边学边用"的实践式教学引入了种子班，第一堂课在讲引言时，他便把教学内容用实验

2007年11月，宋建建顾问（右1）给2004级首届种子班上现场课

演示的方式向学生们"表演"。神奇如魔术般的实验现象，勾起了大家强烈的好奇心和求知欲，让后续学习变得既主动又有趣。宋老师的教学方法，不仅深刻影响了全班同学，也深刻影响了刘玉老师对种子班所有课程体系的设置。

颠覆认知的夏令营

宋教授来华科授课的间隙，介绍了不少美国学校的办学经验，包括他任教的Rose-Hulman理工学院的招生方式，最吸引刘老师的是该校每年夏天都会面向全美高中生举办两期夏令营：让中学生到该校集中活动三周，不仅由教授介绍各个专业、讲授各种课程，还带领这些学生分组提出创意并完成科技制作；通过这些项目的牵引，让学生们从此喜欢卓越工程师的培养定位，发自内心地选择该校就读。

常言道，百闻不如一见。刘玉向宋建建表达了赴美观摩的心愿，而宋建建恰好是夏令营的主讲教授之一，出于对母校的感情，他满口答应与Rose-Hulman校方协调。由于客观条件的限制，对方每次只能接待8人。于是，2010年暑假，由刘玉老师带领刘亘（307号队员）、刘君钊（373号队员）、曾裕璇（416号队员）、夏寅（003号名誉队员）等7名同学，作为华科启明学院第一个走出国门的团队，前往美国印第安纳州进行访问，宋建建教授夫妇热情接待，始终无微不至。在Rose-Hulman理工学院参加夏令营的3周里，师生们受到的教育是颠覆式的。

首先，在夏令营的欢迎仪式上，学校准备的是一个露天烧烤晚餐，从食材的准备、加工到动手烧烤，全程都是由9位教授亲力亲为，完全不让150位中学生插手帮忙。他们说，学生是客人，就应该享受东道主的服务，也要体现学校和教授们的诚意，这给启明学院的师生留下了极为深刻的第一印象。

第二个例子，是在夏令营的课堂上。有一门课程是Python编程设计，主讲教授是计算机系的Claude Anderson教授（2021年因癌症不幸去世）。这位教授个子很高，当操作电脑的学生坐着向教授提问时，他竟然跪在地毯上向学生耐心解答，令随堂听课的中国师生目瞪口呆。

第三个例子，是宋建建教授如何为连二进制都没学过的高中生们讲授数字电路。他先简单介绍了二极管、与非门等基本逻辑电路，接着就给中学生每人发一个面包板开始搭数码灯。有位高二的女生，折腾了很久才用程序把手中的LED灯点亮，当看到那个灯亮起来的时候她激动地尖叫"Exciting！"（意为激动、兴奋），她那兴奋的情绪也感染到了观摩的中国师生。宋教授说，对于这位女生而言，从理论到实践的这次体验，很可能会让她萌生"学工程是有趣的事情，IT技术并不那么难"的想法，因此，每年夏令营之后，报考Rose-Hulman的女生也不少。该校的教学法，打破了过去认为女性就应该去学编织、艺术之类专业的性别标签，这才是教育的应有之义。

教书育人的三境界

任何技艺都可划分三个层次，即"术""法""道"，这在宋建建教授身上得到了完美呈现。

"术"，换言之就是能力，就是有教书育人的本领。从 2006 年宋教授第一次为种子班授课开始，16 年来讲授的内容不断演变，课程名称也从"信号完整性与电磁兼容"变为"Soc 软硬件协同设计"，但实践与理论并重的理念始终贯彻其中，宋教授用能力证明了自己的教学水平。

如果说"术"之层次是对教学方法的自我应用，那么"法"之层次就是对教学方法的分享与讲述。教得好体现的只是个人能力的优秀，而能从自身的经验总结出方法才是有"法"可依。从为电信学院教师做教学经验交流开始，到为全校教师工作坊讲授美国名校教学模式，宋教授热情分享了自己教学上的技巧和经验。他将经验分享出去，让更多人了解领会，也让更多学生因此受益。

《易经》曰："形而上者谓之道。"前两个层次"术"和"法"更关注教一门课本身，那第三个层次"道"关注的就是整个课程体系。对于中国教育的发展，宋教授有着自己的见解，他在全校中层以上干部暑期工作会议上讲述美国大学建设战略，为学校发展提供了新思路。

还值得一提的是，在某次讨论中，宋教授抛出一个问题："为什么中国学生与美国学生相比，在表达能力、写作能力、分析能力上差距明显？"他认为一个很重要的原因是，中国学生缺少一种能力——"批判性思维（Critical Thinking）"，而这种能力训练在美国是大一学生的必修课。这个说法引发了刘老师的好奇心，于是遍寻能讲授批判性思维的教师，但苦寻两年无果，直到机缘巧合遇到了董毓（023 号顾问），才使得 2006 级种子班得以增开"批判性思维"通识课（详见董毓顾问的故事）。谁都没料到，因为宋教授的这一问，使得批判性思维在种子班生根发芽，继而影响到全校，并迅速在中国百所高校推广开来，也由此奠定了华中科技大学的"排头兵"地位。

优秀学生的引路人

宋建建教授是中美教育交流的桥梁，他不仅仅将先进的教育理念带进来，也将优秀的华科学子送出去深造。宋教授一直执教种子班，十分了解同学们的特质，因而向美国校方建议全奖招收该班同学读研。而接触过宋建建教授的教学或观摩过 Rose-Hulman 夏令营的学生，也会被该校的氛围所吸引，连续多年都有队员前去读研，并在宋教授的推荐下找到了合适的导师。

宋教授不光为自己任教的 Rose-Hulman 理工学院招生，还为 Dian 团队队员在美国其他名校也打开了一片天地。在宋教授的大力推荐下，至少有 10 人先后被休斯敦大学电子与计算机系录取。尤其是全美排名第一的密苏里科技大学电磁兼容实验室（以下简称为"EMC实验室"），其主任来华招生时，因听过宋教授的推荐，便指明要招 Dian 团队的成员，即使没有托福和 GRE 的成绩也可以先来面试再说。被临时通知面试的队员，也果真表现突出，最后顺利被录取。此外，EMC 实验室每年暑假还特招一批华科启明学院的实习生，自此有 253 号队员杨骦宇、413 号队员李梁、393 号队员孙经东、459 号队员吴纯宇、467 号队员何睿杰、558 号队员刘远卓、608 号队员彭哲坤等 10 余人都赴美在 EMC 实验室深造。

骄人的成绩背后，反映的不只是 Dian 团队成员的优秀，更体现出了好的教育理念和方法对于个人能力提升的重要性，这都离不开宋建建教授在背后做出的努力和贡献。目前在谷歌工作的 307 号队员刘亘回忆说："我当年申请学校时，宋老师帮我写过几封推荐信，后来我被加利福尼亚大学圣迭戈分校（University of California，San Diego）录取，宋老师的推荐信应该起了很大作用。"

附：宋建建顾问在Dian团队15周年团庆大会上致辞全文

Dian团队：在一条更少人迹的路上

各位来宾、领导、同学们、朋友们：

下午好！我是刘玉老师的大学同班同学，现在是美国印第安纳州 Rose-Hulman 理工学院电子和计算机工程系的教授。

从 2007 年以来，我一直是华科电子信息与通信学院的客座教授；11 年来，我每年都给 Dian 团队的种子班上一门课；从第一届种子班开始，直到今年的第 11 届种子班。11 年来，我参与了 Dian 团队的建设，见证了她的成长，分享了她的成功；每当在网上看到 Dian 团队非同寻常的新闻时，我也常常惊奇地问自己，Dian 团队为什么这么不寻常，为什么会成为一个品牌？

美国诗人罗伯特·弗罗斯特有一首诗，叫作"我没有选择另一条路"：

2007年5月28日，宋建建顾问在Dian团队15周年团庆大会上致辞

深黄的林子里有两条岔开的路，
很遗憾，我，一个过路人，
没法同时踏上两条征途……
于是我选了另一条，不比那条差……
因为它绿草茸茸，等待人去践踏——
……

隔了多少岁月，流逝了多少时光，
我将叹一口气，提起当年的旧事：
林子里有两条路，朝着两个方向，
而我——我走上一条更少人迹的路，
我的人生于是与人不同。

刘玉和她的 Dian 团队走了一条更少人迹的路。他们从一点开始，用水滴石穿的原理，用一点一点的水滴打出了一条路。

这是一条什么路呢？是一条培养工程师的路。Dian 团队是一个培养工程师的团队，是一个"从我做起"的团队，是一个坚信有可能"无中生有"的团队，是一个和社会紧密结合的团队。

这条路让学生有机会学习和使用最现代的技术；这条路让学生学习如何做出能赚钱的产品；这条路把学生和公司连成一体，让学生了解什么叫工程师；这条路让学生看到工程师和其他职业的不同，尤其是和科学家的不同。

科学家是研究已经存在的东西；科学家是要把研究的东西写出来，把文章发表出去，给大家看；科学家给社会提供的是知识。

工程师是要无中生有的；工程师是要把无中生有的东西做出来，给大家用；工程师是要把无中生有的东西变成一个品牌；工程师给社会提供的是有用的东西，是产品或服务。这些产品或服务是可以用利润来衡量的，用通俗的话来说，就是工程师要给社会赚来钱。因此，工程师的能力包括做产品的能力、包装产品的能力和推广产品的能力。

Dian 团队给学生提供了一个训练工程师的基地：让学生有机会在"干"中学习工程技术；让学生在"干"中学习如何做出能赚钱的产品；让学生在"干"中学习如何创建品牌；让学生在"干"中学习如何与客户及市场打交道。

Dian 团队给学生提供了一个培养人才的园地：让学生有机会向老师们学习从想法到产品的过程；让学生有机会和有经验的职业工程师一起工作，一起生活；让学生有机会去公司现场体验真实工程世界；让学生有机会与成功的工程人员和管理人员交流。

Dian 团队给学生提供了一个如何建立和维护品牌的实例：让学生有机会体验建立品牌的过程；让学生有机会参与维护和扩大品牌的实战。

Dian 团队就是一个品牌，是一个培养完善的工程师的品牌，是一个在一条更少人迹的路上成功的品牌。"林子里有两条路，朝着两个方向，而我——我走上一条更少人迹的路，我的人生于是与人不同。"希望 Dian 团队继续走"一条更少人迹的路"；希望她继续以培养完善的工程师为目标；希望出站队员都能做品牌产品、卖品牌产品进而创造品牌产品；希望 Dian 团队继续写出与人不同的故事。

谢谢大家！

编后语

对于 Dian 团队，对于种子班，宋教授可谓是名副其实的海外顾问和教改顾问。宋老师将自己的教学思维传递出去，为的是让学生更好地成长，让自己的母校日益繁荣，这份心意和举措实属让人钦佩。

冯向东：种子班联合创始人

| 执笔人：申牧原

冯向东，男，湖北孝感人，Dian团队006号顾问。在恢复高考第一年考入华中工学院（现华中科技大学）动力工程系，1982年初本科毕业后留校工作。冯向东自2001年起担任学校分管本科教学的副校长，其后的这段时间刚好与Dian团队的初创期和发展期重合。尤其是他任职的最后两年，与Dian团队的"黄埔军校"种子班初创时间高度重合。正是这两段时间上的重合，产生了这篇值得载入历史的故事。

初识Dian团队

刘玉老师和冯向东顾问同年考入华中工学院，虽然二人院系不同，但刘老师对冯向东的名字有所耳闻，因为他在校读书时是颇有名气的"才子"。刘玉老师2002年创办Dian团队，以真实项目牵引的"干中学"模式，培养学生动手能力，也引起了冯向东的关注。

2005年3月，Dian团队举办3周年团庆晚会，刘玉冒昧邀请分管本科教学的副校长冯向东光临。当冯向东入场的那一刻，刘玉喜出望外，因为这是校级领导第一次参加Dian团队的活动！在致辞时，冯向东立场鲜明地肯定了Dian团队的人才培养模式，深深鼓舞了在场的每一位队员。

2004—2006年，荣获全国师德先进个人和湖北省五一劳动奖章的刘玉，经常应邀在校内不同单位做创新人才培养的报告。性格直率的她，在介绍完育人经验之后，往往还会"吐槽"学生能力评价体系的不完善，认为那时的评价体系只是考核学生的理解力和记忆力，却无法评价学生解决陌生问题的能力。她常常会情绪激动地举例和拷问：我们高校衡量一个大学生的水平，到底是看考分还是看能力？

Dian 团队的队员为所在院系开发"工作量考核数据库"并迭代维护 3 年，为全体教师的年终考核提供了便捷、准确的无纸化服务，难道队员们的能力还不如"数据库系统"笔试的学分有价值？

队员们严格遵循软件工程中先进的 CMM 规范（Capability Maturity Model），做出了数十万行代码的软件项目，为什么还要去备考过时的"瀑布模型"？难道队员们的能力不如"软件工程"卷面考试的学分有价值？

队员们在与企业合作的软件项目中，用 C++ 编写了数万行的代码，并具备了丰富的调试经验，为什么到了大四学年还要被迫去修"C++ 程序设计"课程并参加笔试？难道他们所掌握的技能不值两个学分？

队员中很多人都参加了与大型企业合作的计算机网络项目，对于数据包中每个 bit 的含义都清清楚楚，并亲手实现了网络中各层通信协议，而普通学生即使"计算机网络"课程笔试得了高分也仍然稀里糊涂。到底谁对该门课程学得更透彻呢？

显然，刘玉老师既是替队员们鸣不平，也是拷问教育模式，更是期待有"贵人"能够给团队发展带来转机。刘玉老师发言时，听众席上的冯向东在默默地听。或许，一颗教育改革的种子，也就此开始萌芽。

赋权教育改革

2006 年春季开学后，冯向东副校长主动约刘玉谈话。刘玉本以为冯向东会批评她，没想到这次谈话是她探索突破现行工程人才培养模式改革历程中的一个重大转折点。

南三楼的办公室里，冯向东开门见山地对刘玉说："我知道你对于本科生教学评价体系的意见很大，发过牢骚。如果你认为有更好的教学方式和评价标准，我支持你探索一种工科本科生教学改革的新模式。"

冯向东提出了两点建议："一是组建 20 人左右的专业教学实验班，大一大二不招生，等大三进入专业课学习的时候再开始集中办班。整个教改方案、教学计划、课程设置和教学大纲，包括教师聘请和评价标准，你们提出来，经教务处审核后，我批准按学校教学改革项目实施，不受原所属专业教学计划的限制。学生按新的计划修满学分，学校准予毕业并颁发学位证书。二是现在 Dian 团队已经搞得很有成绩，也有经验了，可以把实验班学生的实践教学与 Dian 团队的创新活动结合起来推进，这样就能把'体制内'的改革与'体制外'的创新统筹起来，充分发挥 Dian 团队的优势和相互支撑。"

最后，冯向东问："总之，你觉得怎样对学生能力培养有作用，就怎样去尝试，你愿不愿意搞？"

冯向东不愧是教育专家和校领导，既有战略眼光，又有非凡的魄力。他的这个建议远超刘玉的期望，但在兴奋之余她也担心：学生做真实项目的周期很长，往往需要一年，有些相关的专业课程也要打通，采用"实践—理论—再实践"的方式，可能需要变成系统级的大课时和大学分。然而，冯向东的话彻底打消了刘玉的顾虑："虽然我们学校每门课程学分最多不超过5.5，但你们如果觉得大学分制有利也可以尝试，一句话：完全放权！"

此外，冯向东考虑到华科信息大类院系的学生进校头两年的基础课和部分专业基础课基本一样，因此，大二结束组建这个实验班时，可以面向 IT 类多个院系如电信、电子、自动化、计算机、光电、软件学院招生。

冯向东在政策上的高度倾斜，使刘玉如获至宝。她马上与 Dian 团队 CTO 钟国辉老师一起，根据 Dian 团队过去四年人才培养的经验，制订出一套崭新的教学计划：大胆将微机原理、微机实验、接口技术、操作系统这四门课合并，并新增"系统设计"内容，变成 11 个学分的"微机原理与系统设计"特色课，让学生从一开始就"干中学"，理论和实践交替进行，力求尽快融会贯通；而且创新性地采用"单科突进"的教学方法，在特殊教室里，边做项目边授课。至此，实验班的雏形已经形成，冯向东、刘玉和钟国辉三人相当于联合创始人。

为了尽快验证教改方案，钟、刘二人决定期末就开始招生宣传，考虑到并非所有报名者都能适应新模式，因此，允许学生先体验。于是，在 8 月中旬就开设微机原理体验课，由荣获全校青年教师教学竞赛一等奖的钟国辉老师主讲。这样，学生体验后觉得不适应而选择退出，也不影响他开学留在普通班，同时，又可以充分利用暑假期间全天空闲的教学实验室。

这个全校独一无二的、在高年级才招生的试点班，冯向东给起了个学名，叫"基于项目的信息大类专业教育试点班"。一贯快人快语的刘玉希望还要有个简短的"小名"，于是，在Dian 团队例会上向全体队员征集四个字以内的别名。面对收上来的 100 多张小纸条，刘玉拿不准，于是请教身边一位文科教授——丈夫钟书华，他不选"知行""璞玉""雏鹰"等，却一眼相中"种子班"。钟教授认为，"种子班"至少可以解读出三层含义：其一，这个班的同学就像一粒粒种子，播撒在教育改革的"试验田"；其二，既然是"试验田"，就要允许试错，种子发芽率不是 100% 也正常；其三，种子允许有不同类型，可以是参天大树，也可以是似锦繁花，而且英文名也比较容易翻译（译名 Seed Class）。

首届种子班的报名人数远超预期，电信系 2004 级前十名的学霸中就有 4 人报名，包括排名第一的特优生雷诚（后为 188 号队员）。面试时，刘玉惊奇地问他："你前两年的综合排名全年级第一，意味着一年后你的三学年总分也不会低，保送清华毫无悬念，为什么要来我们这个'试验田'冒险呢？"雷诚回答："我感觉头两年的大学生活是黑白色的，仅限于上课和自习，而我想追求的是丰富多彩的大学生活。"20 位报名者加入种子班的决心，给导师组留下了深刻的印象。经过选拔，录取了 18 位"吃螃蟹"的 2004 级同学，简称"04 级种子班"。

2006 年 8 月 21 日上午，首届种子班借用电信系一间计算机机房，极为低调地举行了简短的开班仪式，马上就开始了他们的第一堂体验课。钟国辉老师讲完微机原理导论后，仅仅讲解了几条汇编指令和单片机的部分硬件资源，马上就要求大家设法点亮实验桌上单片机开发板上的某个发光二极管（LED）。在后排旁听的刘玉老师教过十几年的"微机原理"，她很清楚普通班的教学通常先花一学期讲完理论，第二学期才集中安排实验，而种子班的这些学生才上课第一天，完全搞不清软件控制指令，更搞不清哪个接口对应哪个灯，这种情况下他们能完成要求吗？

有位同学并没有埋头翻书查资料，而是先给所有接口发了一条等价于高电平的"1"指令，导致多个 LED 灯全亮，接着再给其中一半接口发"0"指令，灯立刻熄灭掉一半，马上就据此判断那个指定的 LED 在哪一部分。用这种"二分法"不断缩小范围，他居然以极快速度就完成了任务！对于这位同学不依赖完整理论知识去解决问题的"蛮干／穷举"法，钟老师认为是一种创新，同时要求他务必再回头去自学软件指令，找出一条"一招制敌"的命令。显然，这种"实践—理论—再实践"的新型授课方式，一下就调动起全班同学高涨的学习热情。那天一直到晚上十点多钟，都无人离开机房；第二天清早，机房还没开门，全班同学就在门口等候，有的人嘴里还胡乱塞着早餐馒头，这种现象一直持续到开学。

在"干中学"模式的驱使下，种子班的同学们仅用 10 天就学完了通常要讲整学期的"微机原理"理论课，只用 15 天就可以完成全部单元实验，接着开始设计有个人特色的单片机开发板电路图、印刷电路板图，并自己到广埠屯的电脑城去采购所有元器件，回来焊板子、调电路、跑程序，直至完成各具特色的酷炫应用。种子班"微机原理"这种新颖的教学内容和方式，被学生称之为"金牌课程"，主讲教师钟国辉也被学生称为"金牌教师"。直到今天，钟老师主讲的"微机原理"依然是种子班新人的最佳体验课。

树立理论自信

从 2006 年秋到 2007 年夏，第一届种子班已完成了大部分特色教学。然而，学生们反映，这种"干中学"的方式，虽然能极大调动主动学习的热情，但与普通班的教学相比，缺乏知识的系统性，长此以往可能会导致理论基础不牢。刘玉向冯向东转达了学生们的这一担忧。冯向东先是摇头，接着沉吟，然后说他可以找个机会到种子班去谈谈自己的看法。

2007 年 9 月 20 日晚，第二届（即 2005 级）种子班举办隆重的开学典礼，刘玉特邀副校长冯向东、教务处处长许晓东和信息大类相关院系负责人光临。冯向东做了认真充分的准备，到场做了专题发言。他肯定了种子班在卓越工程师和人才培养模式方面的探索，然后重点论述了他对真实项目牵引模式的看法：虽然看起来"效率低""覆盖知识点不全"，但"干中学"之后同学们应该可以自己重构"活"的知识体系，将会终生难忘。

2007年9月20日晚，冯向东副校长在第二届种子班开学典礼上做重要讲话

以下是冯向东演讲的部分内容摘录：

如何能够在本科生的培养中体现一种研究型大学应有的特色和优势，这是全国"985"高校都在认真思索的事情。好多年前就提出了如何开展、建设一种基于研究的本科人才培养模式。刘玉老师是在这个改革探索中走在比较前面的一位教师，她对此抱着满腔的热忱，学校所做的只是积极地支持这项改革，做了一些应该做的事。探索这个研究型的本科人才培养模式，是学校实现办学理念的重要措施，尤其是李培根校长主持工作以来，对这点非常重视，非常强调。参加这个种子班的教学、指导的各位教师，以及进入种子班的同学，都是这场教育改革的实践者、开拓者和创新者。因此我想，通过我们种子班师生的共同努力，一定会为学校的人才培养模式的改革做出积极的贡献。这是我愿意来这里向各位表示祝贺、进行沟通的一个重要原因。

关于种子班的建设，它的前身有个基础，叫Dian团队。它不是来源于已有的成熟的理论，而是来源于对未知的实践探索。如果我们的大学不能在实践探索中有所突破，我想我们培养创新人才很难落到实处。那么，这里就涉及如何看待所谓"知识的系统性"与创新实践的关系。我觉得这里有个理念问题，希望同学们能够仔细思考一下，打破顾虑，不要过分地迷恋课程体系的完整性。那些东西是死的，它是成熟的东西。只要你有自学能力，把书翻一翻，就大体差不多了。但是，知识的完整性代替不了实践、探索和创新。真正的探索，发生在已知和未知的边缘。理论基本都是已知的，要想突破，必须在已知和未知的边缘上进行探索。并且，基于项目的学习后，也许一段时间集中在一个方面上会显得理论不完整，但是从人的认知来说，人的知识结构是逐步地、不断地建构和更新的。今天一点，明天一点，慢慢多了，它就会像蜜蜂做蜂巢一样，刚开始看杂乱无章，而真正的有序化就是从混沌中产生出来的。你们不要以为，今天一点、明天一点没有系统性。真正地经过一段时间积累之后，你们就会有一个自己深知的、自己能把握的、具有一种吸纳能力和生长能力的知识结构，那个东西远比留在课本上的系统知识宝贵得多。因此，我希望同学们不要来这里后为课程的系统性不如原班同学而感到担忧，你们的强项会在一种实践的探索里面逐步地积累起来。当然，可能有一个问题——考研，对吧？

但是，我跟导师组说过，不要拿免试推荐研究生的指标作为"诱饵"来吸引学生。因为我们探索的是本科教育，不是探索研究生的预科教育。各位同学，你们在本科期间能够获得什么，这是重要的。不要把这作为进入研究生的台阶，如果那样做的话，就没有真正品尝到质的东西。因此，我不主张拼命保证种子班每人都进保险箱、都可以免试推荐被"抢走"，我相信这一条。老师们一看不错，他会希望你去做他的研究生。因此，关键是同学们要提高自身的素质。

你们这里确实是一种探索，也没有成功的实践经验，但是我相信，在刘玉以及很多老师的积极指导之下，通过我们的共同努力，是能够把我们的路子探索出来并逐步完善它的，并且使这么一种强化实践、主动实践的模式逐步向更大的范围推广。这样才能使我们的华中科技大学真正能够构建一个基于研究的本科人才培养体制。我想，这是我们种子班同学除了自身的成长之外，也给全校大学生所做的贡献。

"有困难，找校长"

冯向东校长既是种子班的发起人，又给予了种子班高水平的理论指导，因此被聘为Dian团队006号顾问，师生们都视他为"种子班之父"，对其十分敬重。

种子班作为教育改革的创新试验田，在探索中常常遇到各种曲折，所幸一直有冯向东顾问鼎力支持与保驾护航。

例如，种子班最开始的教学计划，因大学分制以及专业课与面上教学计划重合度过低，挂靠学院的教学指导委员会每次讨论都不予通过，导致种子班的学生直到毕业时学分认定都有麻烦。刘玉为此多次奔走呼吁，经历了很长一段不为人知的波折和困难，最后她不得已求助冯向东。冯向东认为，种子班是跨院系的特殊班级，又是教学改革的试点，应该特事特办，学生们的毕业证书经他批准由教务处盖章。后来，冯向东又亲自与学院教学领导沟通，种子班专家组也做出一些妥协，如把"微机原理与系统设计"由11学分降低至8学分，终于在第五届种子班的教学计划报批时获得通过，从此不再是"黑户口"。

再例如，第一届种子班能申请到华科东五楼121多媒体教室作为"干中学"的固定教室，同样离不开冯向东的特殊关照。但刘玉误以为该教室会自然"传承"到下一届种子班，便没有再次申请，直到第二届种子班开学时她才得知，该教室早已被教务处分配给其他院系上课了。刘玉心急如焚，立刻求助教务处的顶头上司冯向东。但冯向东也很为难，说全校的课表在上学期就排好了，无法马上变动。他得知刘玉的备用方案是暂借某处废旧会议室当教室，但要由Dian团队出钱为种子班急购一批电脑桌，当即毫不犹豫地拿出自己名下的"特支费"，资助种子班渡过难关。没过多久，在冯向东的过问下，东五楼121又重新成为种子班的专属教室，让这个"东五基地"陪伴了多届种子班的成长。

多年来，冯向东一直关注和扶持着种子班，他门下的硕士生和博士生，有好几人都曾以Dian团队或种子班的案例作为学术研究对象。例如：他培养的优秀博士生张建林教授撰写的万字论文《"导生制"：规模效益的项目制本科研究性学习模式——华中科技大学Dian团队研究》在《中国大学教学》2007年第5期发表后，

2010年10月7日，冯向东顾问（左2）与种子班师生商议教改探索中遇到的问题

引发高等教育学界高度关注，影响面很大；他的关门女弟子彭静雯博士 2013 年在《高等工程教育研究》连续发表的研究论文《学科规训与工程教育科学化的突围》《如何对大学生进行创业教育》，以及 2014 年在《现代大学教育》发表的论文《以队带班：校企合作的一条有效路径》，都是以 Dian 团队和种子班为典型案例，详细总结了种子班的教改经验，有效提升了参与教改师生的认知水平。

2011年3月12日，"种子班之父"冯向东与师生们研讨种子班模式如何进行理论提炼

　　冯向东退休以后，依然关注种子班的特色课程"批判性思维"，继续为种子班的发展贡献力量。这本书中许多故事的主人公，都是 Dian 团队的"黄埔军校"——种子班的毕业生，事实证明，种子班的模式真的让一大批优秀的"种子"长大成才。可以说，没有冯向东，就没有种子班今天的辉煌。"种子班之父"非他莫属！

　　谁也没有料到，这个 2006 年开办的以企业真实项目牵引的试点小班，会在不经意之间成为教育部 2010 年 6 月启动的"卓越工程师教育培养计划"的先行者。当全国高校都积极响应开设卓越工程师班的时候，人们才发现，种子班其实就是培养卓越工程师的一种新模式，种子班的名称也由"试点"改为"实验"，新的学名叫作"基于项目的信息类专业教育实验班"。种子班除了"创建最早"，还有一个独特之处：它是全校唯一的大三才招生的实验班，这在全国高校也是罕见的。

✒ 编后语

　　笔者作为一名电信学院大一学生，在聆听刘玉老师口述种子班15年的发展历史后，被冯向东顾问、刘玉老师、钟国辉老师为种子班付出的心血深深打动。他们是教育改革领域的探路者，历尽种种艰辛曲折，让种子班从无到有，从不被认可到成为典范。冯向东顾问将种子班培养模式总结为"构建'从无序到有序'的知识体系"，这一见解也使笔者对自己在 Dian 团队中所做的事情有了更清晰的认识。希望自己读完大二后，也能成为种子班的一分子，实现个性化的成长，也为这个充满创造力的集体贡献自己的力量。

许晓东：Dian团队的伯乐

｜执笔人：杨正元

许晓东，男，湖北京山人，Dian团队007号顾问。华中理工大学（现华中科技大学）船舶工程专业本科毕业，高等教育学专业硕士，系统工程专业博士，澳大利亚阿德莱得大学高级访问学者。他曾任华中科技大学教务处处长，现任华中科技大学副校长。兼任国务院学位委员会学科评议组成员、教育部高等学校公共管理学科专业教学指导委员会副主任委员、中国系统工程学会教育系统工程专业委员会主任委员、湖北省人民政府咨询委员会委员、《华中科技大学学报（社会科学版）》主编等。

他是让 Dian 团队从华科走向全国的伯乐，也是助 Dian 团队荣获国家优秀教学成果奖二等奖的功臣，还是将 Dian 团队的模式从体制外转向体制内进行教改探索的护航员。

伯乐举荐，初露峥嵘

2006 年 9 月刚开学，华科教务处处长许晓东就把 Dian 团队创始人刘玉教授叫到办公室，给她布置了一个任务。教育部高等教育司司长张尧学过两天要来武汉开会，将受邀前来华科进行调研，许晓东建议刘玉做个PPT，汇报一下 Dian 团队是如何带本科生做校企结合的真实项目从而显著提升学生能力的。嘱咐完后，许晓东意味深长地又加了一句："我的能力只能帮你到这儿了。"刘玉解读此话的意思是，Dian 团队过去只是校内学生团队的典型，能否冲出学校迈向新高度，他提供了展示机会，后面就要看汇报人了。

许晓东为何会特意推荐 Dian 团队参加汇报呢？那还要从 2006 年初夏说起。那时，分管全校本科教学的冯向东副校长（006 号顾问）正委托刘玉组建"基于项目的专业教育试点班"（简称"种子班"）。由于其间有诸多事宜需要与教务处对接，如教学计划如何审批、固定教室如何安排、老师的课酬如何确定、班级挂靠哪个院系、免试推荐研究生的比例如何确定、不同专业转来的学生毕业证如何写，等等，所以冯向东便叫来教务处一把手许晓东处长，请他给予支持和关照。由此，许晓东便对 Dian 团队的创新人才培养模式有了具体了解。他是华科高等教育学硕士，又有丰富的本科教学管理经验，是全国高教系统知名的"新锐理论家"，对创新型的案例具有敏锐嗅觉和伯乐相马的本领，自然就选中了 Dian 团队这个案例。

9 月 4 日，张尧学司长来校时，Dian 团队的汇报被安排在最后。前面两个汇报，一个是由全国名师介绍机械学院海外实训项目，一个是由资深教授介绍电子系大课教改经验。彼时 Dian 团队虽已组建四年，但相比前两个典型案例，仍属寂寂无闻之辈。轮到刘玉进行 20 分钟汇报时，她着重介绍了 Dian 团队以真实企业项目为牵引的"干中学"模式，用"一百人，一百万，三七开"寥寥九个字概括特点，一下子就引起了上级领导的兴趣。

张司长忙问刘玉老师这九个字的具体含义，刘玉声音清脆地解释说，"一百人是指 Dian 团队在站队员长年保持在一百人以上；一百万是指校企合作的项目经费每年实到校超过一百万元；三七开则是指百名队员中研究生只占 30% 而本科生占了 70%，也就是说，本科生已经成为科研的主力军。"张司长特别激动，对邻座的许晓东说："前面两个案例我以前就知道，只有这第三个案例我从来没听说过，这个案例太好了，太有启发了。"刘玉趁机补充道："我一个人带百名学生做项目只是个案，不可能要求所有教师都这样做，如果要推广，还需要教育部在政策层面上给予支持。"

"好说！好说！"张司长爽快地答应了。得到张司长的肯定，刘玉很高兴，但她并没指望这位只来了两个小时的"官员"会有什么动作。谁知只过了两个月，许晓东又一次把刘玉请到办公室，高兴地向她展示了一份红头文件，是教育部新出台的"大学生创新训练计划"——教育部每年给 300 名大学生每人发放 1 万元的自主命题科研训练专项经费。许晓东说，这是张司长在听了 Dian 团队的案例汇报以后，特地在"国家级本科教学质量工程项目"（以下简称"质量工程"）中新增的一个项目。这 300 个名额，平均下达给全国 10 所知名高校中的特色单位，如清华姚期智班、北大元培学院、浙大竺可桢学院、南京大学匡亚明学院（大理科综合班）等，第 10 所则是华中科技大学 Dian 团队！看到 Dian 团队竟然能与全国闻名的名校名院相提并论，刘玉是惊喜加自豪的，同时非常钦佩张司长这么快就兑现了前不久的承诺。

许晓东也很自豪，这个国家级的"质量工程"是个庞大的教育改革计划，系统设计已接近尾声，是 Dian 团队的案例让这个体系中不仅增加了"大学生创新训练计划"新项目，而且是唯一的不由教师牵头申请的项目，直接由学生申请且自主管理经费。刘玉感叹地说："是你的推荐让我们多了 30 万元经费呀！"许晓东笑着回应："你们团队都已经'一百人，一百万'了，现在应该不怎么缺钱了。能不能发扬一下风格，让学校其他教改实验班的学生也可以报名，也算 Dian 团队模式的推广嘛。"刘玉愣了一下，但马上就答应了，她明白许晓东处长当的是全校本科生的家，当然希望更多学生受益。况且 Dian 团队若是全盘接受这 30 万元经费，就意味着要动员 30 名队员去做"自命题作文"，可能会影响团队与企业合作项目的进度。总之，若没有许晓东的慧眼识珠和鼎力推荐，Dian 团队又怎么能借势走出校门呢？对许晓东的"伯乐"之恩，刘玉一直感激至今。

鼎力相助，高歌猛进

在"大学生创新训练计划"出台半年后，2007年6月初，许晓东又告知刘玉一个好消息：经过半年的试点，10所高校反响强烈，师生们都称赞这个计划特别好，于是教育部争取到财政部每年1.5亿元的经费支持，正式将这个项目立项，准备推广至全国60所重点高校。项目启动仪式将于6月20日在北京举办，高教司特邀刘玉赴京在启动仪式上做典型发言。于是，刘玉这个战斗在教学一线的普通教师，与华科分管教学的王乘副校长和许晓东处长一起乘飞机前往北京。

张尧学司长在启动仪式上做动员报告时，特别提到这个计划是受到了华中科技大学Dian团队案例的启发，还说等会儿请大家好好听听刘玉老师的经验介绍。这时，刘玉才知道，典型发言就安排了她一个。张司长认为，这个计划并不要求本科生在校期间就出论文、出专利、出成果，只是希望学生能用这笔钱开展自己想做的创新实验，待多年以后成才了能说一句"引导我走上科研道路的起因是这个创新实验计划"就可以了。

会上，高教司刘桔副司长提到，2006年底教育部那300万元的试点项目名称叫"大学生创新训练计划"，这次正式立项，领导们认为"训练"一词听起来好像是由老师训练学生，不能体现学生的自主性，所以将这个计划更名为"大学生创新性实验计划"。这便是现在全国重点高校人人皆知的"大创计划"。

刘玉老师的发言十分精彩，在场的各大高校领导反响热烈，好评如潮，纷纷邀请刘老师在本校的启动仪式上做主题报告。就这样，Dian团队在中国教育界打响了自己的名号。

2008年1月5日，许晓东处长（中）和梁茜书记受聘为Dian团队高级顾问

许晓东处长对 Dian 团队既有伯乐之慧眼，又有腾飞之助力，因此，在团队 2007 年年终茶话会上，刘玉老师代表 Dian 团队给他和电信系总支书记梁茜颁发了顾问聘书。不过，当时谁也不知道这份聘书的作用有多大，这也是本书的故事性所在。

精心指导，走向辉煌

许晓东处长当了 Dian 团队顾问之后，便向刘玉老师提出一个建议："刘老师你现在已经到全国几十所高校做过 Dian 团队创新模式的报告了，从影响力来看，Dian 团队的模式是可以报奖的，但报奖要从校、省、国三级循序渐进地进行。Dian 团队在 2003 年就已经申请了'本科人才孵化站'的学校教改基金，但从没有报过奖，更别提申报湖北省的成果奖了。"于是，经验丰富的许晓东顾问亲自出马，耐心地帮助刘玉老师把 Dian 团队的经验进行提炼和总结，逐字逐句地修改文字材料，很快获得学校教学成果奖，接着准备报省级成果奖。

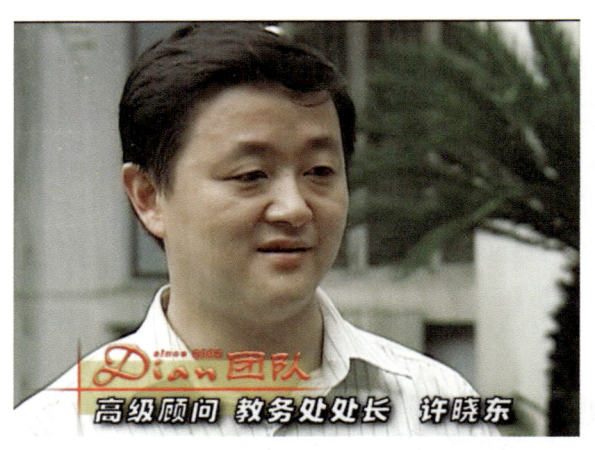

2008年夏，许晓东顾问接受摄制组采访的镜头

但是，申报省级奖项之前，按规定必须先进行成果鉴定。许晓东顾问特意邀请了国家大学生创新性实验计划的组长陈启元教授，以及好几所重点高校教务处处长，来武汉担任 Dian 团队成果鉴定会的评委，评审阵容十分"豪华"。这些评委全是高等教育专家，审核资料、视察基地、走访学生……每个环节都毫不含糊，最后给出了相当好的鉴定意见，推荐 Dian 团队申报湖北省教学成果一等奖。2009 年 3 月，Dian 团队果然荣获了湖北省高等学校教学成果一等奖。

在许晓东顾问付出了诸多心血后，以 Dian 团队案例为主体的"本科创新性人才的团队式培养模式研究与实践"于 2009 年又荣获了国家教学成果二等奖。直到现在，这个奖项仍是 Dian 团队获得"国字号"认可的最高奖。

许晓东顾问对 Dian 团队有着精辟而独到的认识，他的口才也令人叹为观止。申报省部级教学成果奖要求提供不超过 15 分钟的视频资料，摄制组采访许晓东时，他正在参加一个会议，匆匆下楼到室外，不假思索地直接对着摄像机一气呵成，将 Dian 团队的创新点讲得十分透彻，令制片人赞叹不已。以下是从那段视频语音转换的文字：

"Dian 团队有这么几个特点：第一个是以实际项目为牵引，第二个是导师制和导生制的结合，第三个是注重团队文化建设。从目前来看，Dian 团队受到了学生的认可、学校的认可，还受到了社会的认可。那么，其中的原因在哪里呢？我们总结，是不是有这么几个原因：第一是教师和学生都有一种英才意识；第二就是老师在指导的过程中间采用开放的方式，学生在成长的过程中间遵循了递进的规律，在管理的过程中间是引用了竞争机制。从目前看起来，这个团队具有可持续发展的特点。"

一路护航，心系启明

2008 年，华中科技大学的本科生创新学院——启明学院开始筹建，许晓东顾问身为教务处一把手，是筹备组的重要成员。他在告知刘玉老师 Dian 团队作为启明学院第一批示范性创新团队可以迁入新大楼的同时，也向刘玉老师提出要求："一旦进了启明楼，就希望你能发挥更大作用，还请多操心其他创新团队的管理工作。"刘玉老师调侃道："听说有十几个示范性的创新团队都会迁入大楼，那我不过就是十几位兼职教师之一，没资格管别人呀。"刘老师的本意，是让许晓东处长对每个入驻的学生团队导师都寄语一番，发动大家共同建言献策。没想到不久后，学校便下了红头文件，任命刘玉为启明学院副院长。刘玉猜测多半是许晓东顾问的推荐。

刘玉在启明大楼尚未挖地基时就是首任副院长，一直干到 9 年后退休，是名副其实的"创始副院长"。刘玉没有辜负许晓东的信任，将 Dian 团队"历平凡事，成放心人"的理念融入学院的管理，并竭尽全力打造创新创业新品牌，为启明学院增加了社会影响力和美誉度。2017 年刘玉老师退休后，已经晋升为副校长的许晓东顾问还建议学校聘请刘老师担任启明学院的高级顾问，继续发挥作用。

编后语

Dian 团队能发展到今天，除了导师们的辛勤教诲、队员们的不懈付出以外，在教育改革理论上的提升和总结是不可缺少的。许晓东顾问不仅提供了诸多向外界宣传展示 Dian 团队的机会，而且亲力亲为，从理论上为团队的创新模式做出了总结与提炼，让团队突破认知局限，更上一层楼。正所谓"不畏浮云遮望眼，自缘身在最高层"，许晓东顾问用他的远见为 Dian 团队写下了浓墨重彩的点睛之笔。

梁茜：Dian团队成长的见证人

｜执笔人：张维天

梁茜，男，湖北汉阳人，Dian团队008号顾问。曾任华中科技大学电子信息工程系（简称"电信系"）党总支书记7年，后任学校办公室主任、校长助理，现任华中科技大学副校长。他见证了Dian团队从无到有、从散到聚、从小到大、从大到强的全过程，在Dian团队成长的道路上，为团队的发展提出了许多宝贵的意见和建议，风雨陪伴，保驾护航。

与Dian的缘分

梁茜顾问与Dian团队创始人刘玉的缘分，起源于2001年春季。4月1日刘玉从光电系调入电信系，不久后梁茜也从学校机关调入电信系担任党总支书记，两人算是同时期调入电信系的上下级。同年7月，刘玉被系主任朱光喜教授推荐担任系主任助理，开始列席电信系领导的工作例会。从这时起，梁茜就与刘玉在同一个班子里工作，并逐渐成为关系很好的同事。

2001年底，刘玉老师因为带学生毕业设计的事情找梁茜书记帮忙，而他与Dian团队的缘分也由此开始。从Dian团队的建立至今，梁茜顾问和刘玉老师关于Dian团队的管理与建设交流了数百次之多，并不是每一次两人的意见都能一致，但也正是在这一次次的观点碰撞中，Dian团队这艘大船驶向了正确的方向。

从无到有

梁茜顾问是一位对学生教育有着远见卓识和坚定主见的优秀管理者。对于"大学应该培养什么样的人才"这个问题，他有着自己独到的见解。培养本科生究竟是为了培养出能够在科研方向做出突出贡献的学生，还是能够在工程上大放异彩受到用人单位好评、能够直接走入社会的学生？梁茜顾问认为，无论哪一种人才都少不了创新意识，做基础研究需要创新，直接面对企业和市场也需要创新，无论是想成为优秀的科研工作者还是出类拔萃的工程师，创新意识都是少不了的。而如何培养学生的创新意识，是许多学校和教育工作者正在探索的课题，Dian 团队的模式也是这类探索中的一种。

梁茜顾问特别支持和鼓励学生和老师们的各种创新探索，在他看来，管理层本就该尽可能为老师和学生提供这种创新的条件及政策支持，让师生尽量解除后顾之忧，放心大胆地尝试。也正是这种观念，促使了他与 Dian 团队的结缘。

2001 年 12 月，刘玉首次求助于梁茜书记。那是她来到电信学院的第一年，因为初来乍到，刘玉老师的毕业设计选题的发布是全系最晚的，加上没有什么知名度，导致没一个学生选报。于是，刘玉便在校园白云黄鹤 BBS 上发帖，在全校寻找自愿报名做毕业设计的学生，没想到，报名的除了电信系的一名学生外，还有一名物理系学生和一名自动化系学生。当时，跨院系做毕业设计还没有先例，因此，刘玉老师找到梁书记寻求帮助，想要促成这次特殊的毕业设计。

梁书记对这次毕业设计印象深刻，他在《点亮未来》一书中曾这样回忆道："我记得那个毕业设计很有意思，因为通常的做法是老师只带本院系的学生，原则上是不跨院系的，虽然这种跨院系方式可能在国外大学比较常见。由于毕业设计评优是有指标限制的，如果最后给了优，那就等于把电信系的指标给了其他系，所以系里对这种做法还是有不同看法的。"

当梁书记预感到会有麻烦之后，他并没有局限在评优指标这种细节上，而是首先判断这种多学科交叉的创新形式是否能给学生的成长带来好处，是不是对传统毕业设计形式的一次正向的尝试。心里有了定论之后，他便极力促成了这次特殊的毕业设计。"我特别希望能在这个基础上形成一个氛围，进而形成一种制度，鼓励老师们勇于创新、大胆尝试，而系里应该尽可能地为老师们提供各种条件包括政策的支持，让老师们没有后顾之忧，放手去干。"

在梁书记的大力支持下，这支三院系学生组成的"杂牌军"终于开始了他们的毕业设计之旅。来自自控系的学生就是后来 Dian 团队的 002 号队员李震，而那位物理系的学生就是003 号队员王长强，电信系那位因其他毕业设计导师招满而落选的学生则是 004 号队员康锋。此外，还有两名跟着做科研训练的低年级学生。当时谁也没有想到，这个在机缘巧合之下东拼西凑起来的小小队伍，会成长为现在拥有在站队员 100 多人、出站队员近 700 人的教育部创新典型——Dian 团队。

在 2002 年，这支寥寥几人的小组，还只是一颗小小的刚刚埋进土里的种子。他们甚至没有自己的工作室，当时只能在学校的白云黄鹤 BBS 上开一个秘密版，叫作 Dian，在那里交流。然而，一年后，这个拼凑起来的小分队却交出了一份异常优秀的答卷。一篇被《华中理工大学学报（自然科学版）》刊登的学术论文，两项发明专利，在当时来说可是不小的成就。但是，在项目评优时，这支队伍果真如梁茜书记预测的那样遇上了麻烦。毕业设计评优的比例只有20%，电信系评优指标若给外系学生，老师们多少有些不愿意，而外系的老师因为不了解他们系的学生在其他系的工作，所以也不愿意把优秀名额给他们。为了解决这个难题，刘玉和梁书记商量半天，终于想到一个办法：将这个三人小组的毕业设计论文进行公开答辩，当众展示他们的成果，除了电信系安排专业教授当评委之外，还邀请对应院系的教学院长也来当评委，只有这样学生们才能被充分认可。梁书记还建议邀请学校教务处领导和学校教学顾问组专家也来参加答辩会，执行力颇强的刘玉很快就把所有嘉宾都邀请到了。

2002年6月18日，梁茜书记亲自出席三位队员的毕业设计答辩

（左起：梁茜顾问、004号队员康锋、002号队员李震、003号队员王长强）

2002年6月18日，三位学生在电信系举办了毕业设计公开答辩，梁茜书记亲自到场坐镇。这次罕见的跨三院系联合完成毕业设计的模式，获得了到场评委和嘉宾的一致高度好评，自控系的教学院长一散场便拍着李震的肩膀说：小伙子你真棒，为我们自控系争了光，回去一定给你优秀指标！

这次成功的跨院系毕业设计，让刘玉老师萌生了正式组建 Dian 团队的想法。年初埋下的种子就此发芽，而梁茜顾问的远见卓识与鼎力支持，则为这颗种子的萌发提供了生长的土壤和雨露。

从散到聚

Dian 团队正式组建后，便将 2002 年 3 月 1 日开设秘密 Dian 版那天定为团队的生日。学生人数增多之后，就开始陆续承接武汉周边企业的小项目，但尴尬的是，队员们一直没有固定的工作场所。不是找电工电子基地尹仕老师借场地，就是借学生宿舍的公用房，连开会都只能"蹭"刘玉所在科研中心的走廊沙发区，总之，那时的 Dian 团队就是个"游击队"。

转眼到了 2004 年，Dian 团队接到了一个 15 万元的大项目，对方的项目经理要来华科长驻，指导学生完成项目，因此，落实一个固定的实验室就成了当务之急。

刘玉又一次找到梁书记办公室，询问电信系能否分间房供 Dian 团队使用。梁书记说，电信系的科研用房是全校最紧张的，就连有的博士生导师所带研究生也只能借导师家的地下储藏室做研究。看到刘玉急得快哭的样子，他沉吟半晌，引荐刘玉去找学校的工会主席李爱珍求助。刘玉非常不解，找这位工会主席能有什么用，后来才知道，当时华科的生活用房都归房管委员会分配，而房管委员会正好又隶属于校工会。刘玉这才明白过来，于是硬着头皮去找李爱珍主席当面求助，讲述建立 Dian 团队的初衷和目前所遇困难。李主席当即被刘玉的恳切和爱心所感动，很快便给予了极大的帮助，为团队借到了位于东一区 51 号的三室一厅。虽是旧房,但这可是 Dian 团队的第一个根据地呀,其重要性不言而喻。2004 年 5 月 1 日,队员们喜气洋洋地搬进了东一区 51 号的二楼,于是这里很快就被队员们戏称为"五一基地"。

刘玉老师说:"有了根据地,大家能够朝夕相处,这才有了 Dian 团队的文化与精神。"这个"五一基地",就像是一个小小的家庭,将几十个学生和老师紧密相连,亲如一家。Dian 团队也正是因为这浓浓的情分,才能形成"Dian"文化并代代传承。梁茜顾问的睿智和建议,又一次为 Dian 这颗小树苗的成长环境添砖加瓦。

从小到大

2006 年,Dian 团队已经从最初那个三人小组发展成 130 多人的大部队了,但指导老师依旧只有刘玉一人。一个人管理一百多人的队伍,负责十几个企业级项目的进展,巨大的工作量极大地消耗了刘玉的精力。细心的梁茜书记很快就发现刘玉老师精力不济,在系里日常会议上总是十分疲惫的样子,于是专门将刘玉老师叫到办公室询问详情,他说:"您对 Dian 团队全身心的投入远超常人,是我们学习的榜样。但是,以牺牲个人健康来维系团队的发展,这是不可持续、无法长久的,希望能够以您为核心形成一个教师团队。"

刘玉刚开始对这条建议不置可否,她说,除了自己之外,谁会愿意花宝贵时间来管理这个以本科生为主的业余团队,干这么一件吃力不讨好的事情呢?梁茜书记马上批评道:"请不要低估了其他老师的觉悟,这个学校不会只有你一个人是一心一意为学生的成长而付出的。"在梁茜顾问的强烈建议下,刘玉开始认真为 Dian 团队物色新的导师,果真先后邀请到志同道合的钟国辉、刘勃等老师加盟。梁茜顾问以他的洞察力,又一次为 Dian 团队指明了前行的方向,使团队能够持续稳定地成长壮大。若无更多的老师加入团队的管理建设,Dian 团队是不可能变大变强的。

从大到强

2007 年 4 月 7 日,校长李培根院士在梁茜书记的陪同下,参加了 Dian 团队的 5 周年团庆,颇有人文情怀的"根叔"深受感动。接着,他又在梁书记的陪同下,于 6 月 17 日专门视察了 Dian 团队当时的东七基地,并发表重要讲话。

也正是在这次视察中,李校长除了看到队员们意气风发的精神风貌和"干中学"的创新成果之外,同时也看到了 Dian 团队的硬件环境还很差,学生们的椅凳和桌柜都是从学校废品仓库"捡破烂"运过来的,或者是财务处、光电系等单位捐赠的旧家具,他深受触动。于是,后来在与湖北首富梁亮胜的一次会晤中,李培根校长婉拒了梁先生想为华科捐一栋行政楼的提议,建议改为建一座本科生创新大楼,专门为创新团队提供活动场地,营造一个学科交叉

2007年6月17日，梁茜顾问陪同李培根校长视察Dian团队东七基地

的创新生态圈（其实就是孵化器的雏形），得到梁先生的共鸣，并欣然同意。

2008年7月，梁茜书记从电信系调到校办当主任，继而担任校长助理。同年，由梁亮胜先生投资2000万港币的亮胜楼（又名"启明楼"）正式动工，刘玉也由学校正式任命为本科生创新学院——启明学院副院长。

2010年，启明楼建成后，Dian团队搬入了启明楼的7楼，正式拥有了属于自己的一片天地。学校里其他一些很有影响力的创新型团队，如联创、冰岩等近20个社团也陆续在启明楼扎根。

2016年10月，第二届全国"互联网＋"大赛的决赛在华科举办，时任副校长的梁茜是现场总指挥，十分了解Dian团队发展情况的他，主动推荐Dian团队作为学生创新团队唯一代表，到现场展示创新创业新成果。10月14日，中共中央政治局委员、国务院副总理刘延东来到决赛现场，时隔7年后再次听取Dian团队汇报，刘玉老师和从事虹膜识别高科技创业的017号老队员王晓鹏介绍了团队从创新到创业的积累式演进成果，给在场各级领导留下了深刻印象，也给华科增加了美誉度。

现在的Dian团队，已经与几十家企业有过项目合作，从团队毕业的学生广受用人单位好评，每年都有学生获得知名企业的高薪待遇，有些成了成功的创业家，有些成长为优秀的科研学者。时间证实了当年Dian团队尝试的有效性，而团队这一路披荆斩棘，摸索着走到如今，也是梁茜顾问十几年来始终如一的悉心陪伴与用心守护所结出的善果。梁茜顾问以自己的智慧和远见，一次次为Dian团队提供了极有成效的帮助，使得团队从一个小小的"点"变成今天的"面"和"体"。直到现在，他依旧默默地站在团队身后继续保驾护航。

编后语

　　听到梁茜顾问的故事，笔者深感刘玉老师遇到了难得的"贵人"。梁茜顾问以他的远见卓识和洞察力，好像护林员一样，不断为Dian团队修枝剪叶、遮风挡雨。Dian的成长之路是一条前无古人的道路，因此只能跌跌撞撞地摸索向前。然而，无论风风雨雨，梁茜顾问都默默地关注和陪伴左右，为Dian团队的成长保驾护航。深深感谢梁茜顾问！

姚欣：十年之约

|执笔人：刘存扬

姚欣，男，河南郑州人，Dian团队014号顾问。1999年，被保送至华中理工大学（现华中科技大学）计算机专业读本科。2004年读研期间，姚欣选择休学创业，创办了全球拥有4.5亿用户的网络电视软件PPTV（别名PPLive、PP视频），期间获得包括软银集团、软银中国资本、蓝驰创投、德丰杰基金等多家全球著名投资机构投资，并于2014年将公司出售给上市公司苏宁集团。第一次创业退出后，姚欣还曾担任蓝驰创投投资合伙人、AI创业营创始院长、上海青年创业协会会长等职务。2018年，姚欣和PPTV前首席架构师王闻宇共同创办新公司——PPIO边缘云，聚焦在分布式技术领域开始二次创业。

姚欣与Dian团队结缘，始于PPLive早期在华科校园的创业时期。他对Dian团队格外重视，多次到团队来分享和指导工作，2007年被Dian团队聘为014号顾问。他不仅为Dian团队的行政管理出谋，还为创业队员划策，更为刘玉老师的创业红娘事业提供百万投资。

与Dian结缘

姚欣与Dian团队的结缘，要从他的创业经历说起。2004年，姚欣刚刚开始PPLive创业的时候，Dian团队024号队员张文和079号队员彭棠便是校园创业团队的成员。他们经常在一起讨论创业模式，讨论如何宣传，讨论如何获得用户量，也会聊到Dian团队，大家合作非常顺利，彭棠毕业后不久甚至又跳槽回到PPLive公司工作。

姚欣知道Dian团队每周末都有全体例会，2005年10月，已经休学创业的姚欣主动表示想到Dian团队来交流一次。刘玉老师非常欢迎"外人"带来新鲜的观点和信息，更何况是在校园里已经很有名气的PPLive创始人呢？只是当时Dian团队还靠每周从教务处借用西五楼一楼破旧的教室开例会，所以拍摄的现场照片显得特别"寒酸"。

2005年10月23日，姚欣到Dian团队做"创业之路"的分享

那晚例会结束后，刘玉老师与姚欣一起离开西五楼，边走边聊，一直聊到刘老师居住的东边家属区。那么，他们这一路都聊了些什么呢？

姚欣很直率地给刘玉老师提了个意见，他觉得刘老师跟Dian团队的队员存在距离感，因为他发现开例会时教室的第一排没有队员愿意坐，第二排也是稀稀拉拉的，大部分都挤在后排，完全不像普通班上专业课时的情景。这说明学生并不愿跟导师离得太近，他由此推断师生关系是有问题的。这个分析，对刘老师无异于当头一棒，颠覆了她的认知。Dian团队成立三年来，报名的学生越来越多，大家每天都很亲热地跟刘玉老师打招呼，她一直自我感觉良好。但姚欣仅仅从那么小的一个细节就解读出Dian团队可能隐藏着的一些问题，这让刘老师十分惊讶和佩服姚欣敏锐的观察力，也觉得特别有启发。她当时就认定了姚欣是个"耿"（武汉话，意为"铁"）朋友，因为只有真正的朋友才会直言不讳。

姚欣还聊到，他为了更有利于创业，准备迁离武汉，但不知该去北京还是上海，想听听刘玉老师的看法。刘老师便把队员们近年来找工作对地域的倾向性反馈给姚欣：北京虽然是首都，但并非学生们的首选，他们觉得北京生活消费水平过高；有的队员甚至说，情愿去上海拿一百多元的月薪，也不愿去北京拿五六百元的工资。后来，姚欣果真把总部搬到了上海。

十年之约

姚欣到上海创业后，PPLive改名PPTV，公司越做越火，名气越来越大。2011年，姚欣被评为华中科技大学"十大杰出校友"，当年9月13日他应邀回母校做报告。他抽空参观了启明学院，还特意来到Dian团队参观拜访，刘玉老师非常感动，打趣地问姚欣："你现在是名人了，公司市值也好多亿了，居然还愿意抽时间到我们小小的Dian团队来？"姚欣说："刘老师，我一直把您看作同时期创业的同道人，咱们是创业伙伴的关系呀！"

姚欣在文化墙上看到Dian团队的组织架构图时，对刘玉老师说："Dian团队的行政部门多达7个，却主要靠您一个人管，这有悖管理学原则，建议你们实行大部制，合并一些功能相似的部门，精简为技术部、行政部和外联部三大部就够了。"刘老师正在为行政管理头绪繁多而累心，听了姚欣的建议，觉得太有价值了，于是拉着他坐下长谈。

在畅谈结束之际，刘玉老师问姚欣，待到功成名就之后还想做什么？姚欣表示，他觉得教书育人是一件非常有意义、非常快乐的工作，希望有朝一日能回母校当老师。刘老师立刻激动地对姚欣说："一旦你回到学校当老师了，我诚邀你到Dian团队当掌门人！"姚欣欣然答应，不过他表示，眼下的创业他还得继续干10年。刘老师豪爽地说："我等得起！"随后，她与姚欣紧紧握手，请小队员"留此存照"，说此照片意义非凡，并题名为"十年之约"。

2011年9月13日，姚欣与刘玉立下"十年之约"

姚欣离开后，刘玉老师立即启动大部制改革，只用20天就完成了结构调整，队委会主要干部的职责清晰多了，管理效率大大提高。刘老师和Dian团队超强的执行力，令姚欣非常吃惊。一个多月之后的10月24号，他再次从上海来Dian团队拜访，欣然接受了刘老师的聘请，成为Dian团队014号顾问。

姚欣自从当了Dian团队顾问以后，对团队更加关心，经常为刘玉老师出谋划策。他认为，一个团队的高度，取决于该团队领军人物的认知高度。因此，他不断给刘老师支招：

2011年："刘老师，新媒体时代已经来临，您要敢于以新派教师形象出现在镜头前，大胆当'麻辣教师'或'毒舌评委'。"

2016年："刘老师，您不是企业家，也不是金融家，但您是教育家，与华科校友和当地政府关系都不错，不要只定位于为创投双方做投融资链接的'创业红娘'，而应该定位成一个超级链接者。"

2017年："刘老师，您如果想孵化出更多的独角兽，就要把人才金字塔底部加宽，点石创校不仅要尽早对华科的在校学生开展创业培训，而且还要尽量多招生，可以面向武汉各个高校希望创业创新的人才，最好每期能招一千人。"

……

总之，姚欣顾问每指点一次，刘玉老师就会马上行动，并能很快见到成效，获益良多。而Dian团队队员们更是得到了姚欣顾问的全方位关心、照顾和指导，例如，026号老队员颜庆华、058号队员张瑛、210号队员柯尊尧等多名队员在创业时遇到困惑，都会找姚欣顾问求教，往往都能豁然开朗、迷津顿解。而姚欣也把队员们看作他的兄弟姐妹，不仅经常参加上海分站的活动，甚至过春节都会邀请同城的Dian团队队员到家中相聚，情谊满满。

姚欣曾经向母校承诺过，每年至少回来一次跟学弟学妹们分享收获。因此，Dian团队在他每次回来的时候，都一定会请他到团队加一场专题分享，而他每次都会精心准备，给在站队员们带来新观点、新格局。

创业之师

2016 年 2 月，姚欣全家在美国硅谷过春节，恰好刘玉老师也到硅谷出公差，为华科学子赴美国名校访学进行筹备工作。姚欣听说后，主动邀请在硅谷的近 20 位 Dian 团队队员到他家过年。那天中午，大家在附近餐厅吃完年饭后，便一起去姚欣顾问家中做客。为了招待队员们，姚欣一家早早开始精心准备，提前切好了丰盛的水果。在加州灿烂的阳光下，大家在院子里一起畅谈、散步、看"超级碗"决赛直播，其乐融融。后来，大家才知道，那天姚欣本有其他重要安排，但他都调到了后面，优先招待 Dian 团队师生，这让大家非常感动。

2017 年 1 月，当刘玉老师带领华科 70 多名大学生前往位于硅谷的斯坦福和伯克利两所名校举办冬令营时，姚欣刚好又在硅谷过冬。他建议刘老师去听一下斯坦福大学的创业课程，感受一下世界名校的教授是如何设计创业课程的。刘老师觉得姚欣的建议非常好，于是便跟随前往。斯坦福的创业课名声在外，形式别致。那次课上，一位斯坦福教授做了简短的开场白之后，便邀请硅谷一家独角兽企业创始人（同时也是斯坦福的校友）上台主讲，该教授则安静地坐在第二排当听众。创始人足足讲了一个多小时，结束分享后，教授站起来请大家提问，最后做了简短总结。

下课之后，刘玉老师不禁嘀咕，斯坦福的教授开创业课程好轻松啊，只需要请创业者过来分享，自己做个主持人就可以了。听到这话，姚欣很严肃地跟刘老师说，您只看到了这一个下午的情景，但是，请谁来讲、讲什么内容、用什么方式讲，那都是需要教授耗费大量功夫跟主讲嘉宾反复沟通和精心备课的。接着，姚欣建议刘老师也可以在华科开设一门创业课

2016年2月7日，Dian团队队员在姚欣顾问（二排中）硅谷的家中过年合影

程。刘老师从 2015 年起做创业红娘，虽然能接触到很多好项目，但如何让好项目持续涌现，需要在创业金字塔的底部有更多更年轻的创业者支撑，开设创业课的目的就是要找到并唤醒有创业基因的年轻人。

说干就干！刘玉老师 2 月份回国，3 月份一开学便自告奋勇地开设了一门有关创业的全校公选课——"创业素养及能力提升"。这门课以"理论教学＋创业服务实践"为特色，发掘有创业基因的学生，并给他们增加创业所需的"微量元素"，以一个目标（培养未来创业家）、双百师资（100 位金融家／企业家和 100 位创业者）、三个零接触（零距离接触创业者、投资人和企业家）为教学特色。3 月份报批新课，4 月份招生并实行双向选择制，经过 5 轮层层筛选，刘老师从 200 位报名者中录取了 30 名学员，并给这个群体另外起名为"点石创校首期学员"。

姚欣看到刘玉老师把点石创校这么快办起来，再次感叹刘老师的雷厉风行。刘老师也不含糊，马上就邀请姚欣给点石创校授课，姚欣当然全力支持，从上海自掏路费来武汉授课。现在，点石创校已经办到第九期了，姚欣几乎期期都是主讲教师之一，刘老师给他颁发的教师聘书已经攒了一摞。

2018 年，当刘玉老师决定设立创业红娘投资基金——史前基金时，姚欣毫不犹豫地提供百万元投资，支持刘老师把公益事业做大做强。可以预见，这两位超有激情和理想的同道人，未来定能谱写新的篇章！

编后语

还未进入大学之前，我便通过 PPTV 熟悉了"姚欣"这个响亮的名字，但未曾料到我竟然会是姚欣故事的执笔人，荣幸至极。在 Dian 团队文化墙上展出多年的刘玉老师与姚欣顾问之间"十年之约"大幅照片的前因后果，更是在这次执笔过程中才得知。在撰写姚欣顾问的故事时，写得越多，对其了解越深，越能感受到像姚欣这类创业成功者的境界。小到日常交往的细致观察，大到发展战略的高瞻远瞩，他都能够认真对待，像朋友一样地给出真知灼见，这样的品质值得我们每个人用毕生去追求。

曹向英：师恩如海，助力育Dian

｜执笔人：黄明涛

曹向英，男，河北新乐人，Dian团队017号顾问。1988年考入华中理工大学（现华中科技大学）光学系，1992年保送读研，1995年研究生毕业后在本校计算机学院任教，1996年进入华为公司工作。曹向英在华为工作期间表现优异，深受重用。2003年，华为与3com合资成立华为3com公司（后更名为"华三通信技术有限公司"，以下简称"华三公司"），曹向英被华为派至华三公司任CTO，后历任华三公司COO、CEO，现已退休。曹向英在华三公司任职期间，与Dian团队建立了深厚的合作关系。

师恩如海

　　曹向英进入大学的第一天，是刘玉老师（时任光学系1988级班主任）亲自迎新带他去报到的。这个来自河北农村的又黑又瘦的小男孩，让刘老师印象非常深刻，因为全班30个人只有两个人没有家长护送，曹向英就是其中之一。当要求新生交伙食费的时候，曹向英脸涨得通红，说："刘老师，我得去一下厕所。"原来，他把钱缝在了裤腰带里。刘老师知道曹向英喜欢漫画却买不起杂志，就把自己家订阅的《讽刺与幽默》塞到宿舍门底下送给他。一个学期后，班委会改选，曹向英主动表态："上学期我的成绩还可以，那这个学期我报名当生活委员，这个工作比较烦琐，但我愿意为大家服务。"此话一出，令刘老师对他大为赞赏：这小孩不仅学习刻苦成绩好，说话还得体，更有为集体服务的意识。曹向英当选为生活委员之后，尽职尽责，在全班建立了良好的口碑；再过了一个学期，曹向英被推选为学习委员；又过了一个学期，他高票当选班长。之后的曹向英，被评为特优生，也拿过知名的光华奖学金，获得了班上唯一的一个保研名额，本科毕业后留在光学系读研。曹向英的大学经历是一名品学兼优的农家学子成长典型，刘老师作为班主任陪伴了曹向英整整4年，与他结下了深厚的师生感情。曹向英自己也非常珍惜和刘老师大学四年的师生感情，正是在刘老师的帮助下，他从一个羞涩的农村小男孩成长为一个非常自信的人。

1995年研究生毕业后，曹向英为了紧跟计算机存储前沿技术，跨界到计算机专业任教。刘玉老师很担心他在一个陌生的环境中难受重用，果然，曹向英利用暑假去深圳华为公司进行项目体验，到9月开学时因任务没完成而无法返校，于是请同事代课，结果计算机系给了他两个非常重的处分。刘老师得知后，无比心痛，且十分不平。她坚信曹向英是个好学生，他这样做一定是有不得已的苦衷，在与计算机系和学校人事处沟通无效的情况下，刘老师拍案大怒："我可以断言，曹向英将来一定是我们的杰出校友。你们现在这么不留后路，到底是让未来的杰出校友恨你们还是爱你们?!"但是，她当时只是光学系一个默默无闻的副教授，最终抗争无效，只剩无奈和唏嘘。

后来，曹向英被华为作为人才挽留，半年后不仅升职项目主管，还给了他当年深圳户口的名额。当时，离职和转户口的手续都十分烦琐，并要抢在年底之前办好，远在深圳的曹向英只能向刘玉老师求助。于是，曹向英从学校离职的一大堆手续，涉及院系、设备处、图书馆、医院、房产科等多个部门，凡是需要盖章的地方，刘老师都亲自跑遍，火速办完校内手续后，还要到关山街派出所和位于水果湖的湖北省人才管理中心办手续。转户口那天遇上瓢泼大雨，刘老师租了一辆人力三轮车，等到了省人才管理中心她已经浑身湿透，但有关材料她贴身护住，竟然滴水未沾。工作人员得知曹向英并非刘老师自己的子女，不禁赞叹：这位老师实在太好了，竟能为已经毕业的学生做到这种程度。于是，一路绿灯，终于抢在最后时间节点寄出资料到深圳。曹向英委托刘老师帮忙时，曾预付1500元缴纳各种费用，等一切手续办妥后，刘老师列出支出清单，将剩余的几元几毛几分全部退还。曹向英看到清单后极为感动，给刘老师写信道："我父亲以前对我说亲兄弟明算账。我现在才知道，什么叫真正的亲兄弟明算账。"

涌泉相报

2003年，华为和3com公司合资成立了华为3com公司（以下简称华三公司），曹向英因德才兼备、拒绝诱惑而被华为高层看在眼里，被任命为华三公司的CTO。该公司的人员、技术和资金都承继于两大电信巨头，自成立之初就高举高打，曹向英一时风光无二，曾被评为"中国企业界最有权力的十大CTO"。

2004年春，经过了几个小项目的锤炼，Dian团队有了一定的技术积累，队伍规模也扩张到几十号人，几万元规模的项目已难以满足队员的需求，因此，更大项目的来源成为团队发展的瓶颈。一天，推着自行车上坡的刘玉老师正冥思苦想，突然灵光一现："我为何不联系一下曹向英呢?"她立刻拿起小灵通拨号，曹向英秒接。刘老师开门见山道："我组建了一个在校大学生的技术团队,做了一些本地的小项目,学生们成长很快,我想尝试与大公司合作。你的公司,有无可能发项目给我们做呢?"曹向英答道:"哎呀,可真巧,公司研发正好是我主管,我可以挑个比较小的项目给您试试。不过,丑话说在前头,第一个项目凭感情,第二个项目靠能力,第一个要是做不好,就没有第二个了。"刘老师喜出望外,连连道谢。

没过多久,曹向英就把一个15万元的项目"8043路由器web管理系统"交给了Dian团队,要求当年就得完成。15万元的单项经费,对于当时连"根据地"都没有的Dian团队来说,可谓是天文数字,因为队员们此前做过的最大项目也不过是为期两年半、经费3.5万元的项目。Dian团队师生都兴奋不已,可是,刘老师想起曹向英的"丑话"便暗自担忧:"队员们要以学习为主,只能利用课余时间做项目,还有考试冲突,如何保证时间?另外,所有人都未接触过大型路由器软件系统的开发,如何保证质量?"于是,刘老师向曹向英提了两条建议:"第一,签订正式合同时,能否将结题时间推迟两周到一个月,要预留学生们的复习考试时间;第二,你们公司的项目很正规,我们师生都没有受过专业训练,希望你们能够委派得力的项目经理进校园来指导和把关,以便保证项目质量。"曹向英认为刘老师所提条件合理,便爽快答应了。

2004年4月,华三公司委派经验丰富的李蒙经理负责这个新项目,他首先是让005号熊祖彪等骨干队员到北京华三研发部进行了10天培训,然后,他便赴武汉对整个项目组的队员进行技术指导。当时,项目合同还在走流程,没有经费,也没有场地。于是,刘老师果断地拿出全部积蓄7万元,租下90平方米校内"民房"(即五一基地),并购置空调和服务器等设备。而桌椅、柜子、白板等家具,都是从废品仓库"淘"来的。项目组缺技术高手,刘老师便找刘文予、喻莉等同事借调了3名研究生。项目攻坚期间,队员们热情高涨,每天至少工作12个小时。连李蒙经理也被Dian团队的气氛感染,赴汉指导的两周内,他每日都在居民楼里手把手地教同学们写设计文档和代码框架,使得大家进步飞快。

2004年8月,武汉研发阶段完成,骨干队员再次赴北京进行系统联调。年底前,该项目顺利结题。没等刘老师申请,曹向英就拍板表态:"这个Dian团队很不错,可以再给他们派发第二个项目。"于是,15.75万元的新项目"QSIG MASTER接入功能的实现"又被交到了Dian团队的手中。这一次,华三公司委派了与李蒙风格迥异的胡国华经理,他虽然对项目的具体技术不太熟悉,但具有高超的资源调度能力。而Dian团队则任命了软件实力最强且参加过上个华三项目的研究生杜欢担任组长,估计项目风险时便邀请电信系大牛韩涛老师来会诊。在多方默契配合与全员努力之下,第二个项目也顺利完成。据悉,该产品推向欧洲市场后,从未退修过。

凭借着这两个高质量项目,Dian团队彻底赢得了曹向英和华三公司软件部的信任,双方合作进入良性循环的快车道:15.79万元的"NBAR(DAR)开发项目",7万元的"防火墙深度内容检测项目",43.5万元的"X.691编解码项目"……到2008年,团队一半以上的项目都是与华三公司合作,当年华三项目提供的经费总额高达159.1万元。

互利共赢

华三项目的开发流程规范，项目经理的长期进校指导，令每位参与其中的 Dian 团队队员都受益良多，一起奋战华三项目也成了大多数队员共同怀念的宝贵经历。2004 年，第一个华三项目结题后，项目组每个成员都获得重奖，人均几千元，而当时华科学生每个月的伙食费才 200 多元。刘老师将塞满几千元现金的信封发到项目副组长、067 号队员汪恒晶手里时，他差点没接住，没想到信封这么重。每个华三项目的一头一尾，即初期的需求评审和结题前的系统联调，都需要派骨干队员到北京或深圳出差，这对他们而言是一个锻炼能力、开阔眼界的好机会。每次队员抵达，曹向英只要有空，都会亲自迎接慰问，与他们共进晚餐，借机鼓舞小校友们的士气。

在团队 20 年的发展史上，华三项目对人才培养的促进作用是极为显著的。2006 年，Dian 团队承接华三公司 43.5 万元的"X.691 编解码项目"时，团队缺少技术干部，不得已破格提拔当时的本科生、035 号队员单煜翔为组长，让本科生带领研究生做项目，于是，Dian 团队的"导生制"（即学生也能当导师）自此开始。在承接华三项目时，刘玉老师邀请项目经理进校园，学生们得到了企业资深工程师的指导，由此催生了校企联合培养的"双师制"，鼎盛时期多达 10 位项目经理出现在 Dian 团队各实验室里指导工作。2006 年 8 月，Dian 团队开办了"黄埔军校"种子班，特聘华三公司金牌培训师来讲授"软件工程"，内容先进，案例丰富，形式独特，效果极佳。刘老师听课后，忍不住赞叹："这才是真正的软件工程课，比高校教师讲得好多了！"后来，此课变成全团队的培训课，也减少了队员们到北京培训的时间。

在第一个华三项目结题后，副组长汪恒晶写了篇幅非常长的个人总结。刘老师在写邮件给曹向英表示感谢时，也将汪恒晶的个人总结一并抄送，想让他看看学生们的收获。没想到，曹向英看完之后，立刻转发给全公司员工学习。曹向英说："有部分员工把来公司工作仅仅看成是谋生的手段，没有看到日常工作的意义，反而是大学生们看到了项目背后的含金量和意义。"

重回母校

2005 年 6 月，曹向英应华科产业集团老总的盛情邀请，回母校商谈合作。刘玉老师好奇他为何不记当年的"驱赶之仇"，曹向英说，这是时代的局限性，不能责怪某些个人。刘老师感叹佩服之余，对曹向英说："请你一定要给我们 Dian 团队做一次报告。"曹向英欣然应允，来到西五楼 Dian 团队每周开例会的教室，给队员们做了一场以"商人工程师"为题的报告。

2005年6月24日，曹向英回母校给Dian团队做报告

他希望队员们不要只热衷编写酷炫的代码，还要讲究产品的成本、牢固性和实用性，要当"商人工程师"。曹向英的见解，令在场队员们耳目一新，刘玉老师也深受教育，从此不再"厌商"。后来，她支持队员创业、退休后当创业红娘等，均是思想转变的结果。

2012年，曹向英大学毕业20周年返校聚会，刘玉老师作为1988级光学系的班主任也应邀参加。聚会中，有人向刘老师"告发"："我们曾经调侃曹向英怎么老是把项目给刘老师做，他笑说刘老师的情那是一定要记的。"晚宴后，刘老师邀请全班同学到启明学院7楼的Dian团队参观。当时，Dian团队好几个实验室都在做华三项目，而且实验室的布置也别出心裁。当曹向英迈入711房间时，刘老师特意把灯灭掉，黑暗中，只见天花板上出现了硕大的"H3C"荧光字样，恰如满天星斗。曹向英激动不已，兴奋地掏出手机来拍照，那一刻，师生双方的自豪之情在心底油然而生。

从2004年的第一个华三项目，到2016年的"FCoE SmartSAN三期开发项目"，华三公司陪伴Dian团队走过了13个春秋。如果不是华三公司第一个15万元正规项目的牵引，如果不是华三公司连续13年稳定的项目来源与经费支持，Dian团队很难达到今天的高度。而这一切的缘起，都要追溯到1988年，戴着一副黑框眼镜、身形瘦小的女老师，在武汉最美的秋天，遇到了那个从河北农村踏入大学校门的小男孩。

编后语

回望曹向英上大学以来30多年的成长经历，笔者看到了刘老师的无私帮助，也看到了曹向英的倾力回报。这是一段"滴水之恩，涌泉相报"的感人佳话，它提示我们："但行好事，莫问前程。"不计回报地帮助别人，在无形之中，便会让自己和身边更多的人受益。

本文送给曹向英本人审阅后，他回复说：

细节真多，太生动了，我都不敢相信！句句都很真实，亏得刘老师这么多年还记得这么清楚。毕竟刘老师手上经历的学生很多，我不过是其中的一个。

刘老师是我所有的老师中对我影响最大的人，另外一个就是我初中的物理老师，是他坚持做我爸的工作，我才上了高中、考了大学，否则，就上师范当老师了。

人的一生起决定作用的人和事，都有极大的偶然性，但也是一种缘分。

张志：网红达人"秋叶大叔"

| 执笔人：董思琪

张志，男，湖北黄冈人，Dian团队021号顾问。机械工程硕士，武汉工程大学副教授、PPT专家、实战网络营销专家，教育部首批入选万名全国创业导师，共青团中央网络优秀工作者。

他是秋叶品牌创始人，也是秋叶 PPT 系列"网课 + 图书 + 训练营"品牌课程创始人；他出版了《和秋叶一起学 PPT》《和秋叶一起学 Word》《和秋叶一起学 Excel》《说服力：让你的 PPT 会说话》《说服力：工作型 PPT 该这样做》《社群营销实战手册》《短视频：策划、制作与运营》等多部作品，并主编了"互联网 + 新媒体营销规划丛书"；旗下有秋叶 PPT、秋叶 Word、秋叶 Excel、秋叶大叔等系列短视频账号，粉丝已超过 3000 万。

不走寻常路的大学教师

2011 年 7 月 25 日，刘玉老师在 153 号队员宫士敏的陪同下参观北京创新工场，向创始人李开复赠送了 Dian 团队年鉴和央视《小崔说事——点亮未来》光盘，李开复老师回赠了自己亲笔签名的两本新书，其中一本是他刚出版的《微博：改变一切》。李开复既是技术专家，也是微博红人，是很多大学生的偶像，他的影响力几乎覆盖了整整一代青年。

在返回武汉的火车上，刘玉老师一口气看完了李开复那本新书，深受启发，也想开通微博号。宫士敏建议刘玉老师选择新浪微博，7 月 28 日刚开通，粉丝量就迅速上涨至一两千。这时，刘老师听说武汉化工学院（现武汉工程大学）有位教机械制图的年轻教师，因做得一手好 PPT 而走红网络，其微博号"秋叶"已有 9000 多粉丝了。这让刘玉老师十分好奇，马上关注，这才了解到他真名叫张志，确实是高校同行，于是给他留言。她得知秋叶老师之所以撰写 PPT 的书，起初是为了让自己的课件好看一点才开始自学，后来在摸索中发现自己教的机械制图课程与 PPT 的制作有着密切相关性，于是总结出了一整套独到经验，后来才整理出书。他的初衷和刘老师创立 Dian 团队的初衷很相似，于是二人日益交好。

2011 年 11 月 12 日晚，应刘玉老师邀请，张志来到华科东九楼，他第一次走进 Dian 团队，向队员们分享了如何使 PPT 更专业、更优秀的秘诀，包括表格的妙用、别样的排版和图片的搜索利用等。他分享的精彩内容和出色口才，受到了队员们的一致好评。

2012 年 2 月 12 日，Dian 团队新学期的第一次例会，刘玉老师再次邀请张志做专题分享。他在新浪微博上的新帖《从"方韩之争"学批判性思维》是用 PPT 方式呈现的，形式非常别致，分析也很精准，一夜之间火爆网络。因此，刘老师特邀张志讲述该文背后的故事，并向张志赠送了种子班外籍教师董毓（后被聘为 023 号顾问）的批判性思维专著和 Dian 团队 2011 年的年鉴。从此，张志便进入了批判性思维在中国推广的志愿者队伍。

鉴于张志老师独特的才华和潜在的影响力，在 Dian 团队 10 周年团庆结束后的第三天（2012 年 5 月 2 日），刘老师第三次邀请张志来到 Dian 团队为创业队员出谋划策。就在启明学院 7 楼 Dian 团队的会议室里，刘玉老师向张志正式颁发了顾问聘书，他从此成为团队 021号顾问。刘老师希望张志老师能指导 Dian 团队的活动策划和对外宣传，并指导创业队员学会市场营销。

从 Dian 团队 2012 年的年鉴大事记中可以看到，这一年张志顾问与 Dian 团队互动十分频繁。继 2 月和 5 月之后，张志顾问于 6 月 10 日带领他的学生团队来 Dian 团队例会展示新产品，并与队员们互动。8 月 31 日，他第四次光临 Dian 团队，做了微博营销的专题报告。当时，微信刚刚兴起，社群营销还是新概念，而张志顾问却已经洞察到了社群营销私域流量的大趋势。他精准概括了社群的核心，即超级用户、超级名师及超级圈子。超级用户是指非常热爱且愿意推广的用户和自带超大流量的用户这两类；超级名师在社群语境下是指具有专业标签、擅长分享、极具个性的在线教师；而超级圈子则是具有共同话题、地理接近并且运营给力的"圈子"。

2012年，张志顾问与Dian团队互动频繁

[左图：2012年2月，张志（前中）分享批判性思维；右图：2012年5月，张志受聘Dian团队顾问]

在关于微博营销的专题报告中，张志顾问还结合自己社群管理的亲身经历，梳理了好社群的四点共性：①加入该社群要有门槛；②社群成员的个性、职业、爱好都要多元化；③社群成员之间要有链接；④社群的做法能让大家产生信任。同时，他还介绍了三种社群运营模式：第一，以产品为核心，整合超级用户；第二，以个人为核心，打造超级名师，培养链接人才；第三，以关系为核心，加入超级圈子，打造服务团队。分享会上，秋叶顾问金句不断，令平时专注技术的队员们耳目一新，受益匪浅。

2013 年 11 月 30 日，张志顾问带领武汉工程大学 20 名学员来 Dian 团队参观。有趣的是，这支团队的名称叫"绿 Dian 团队"，队员们猜测，张志顾问大概是想将其打造成 Dian 团队在武汉的第二分部。虽然后来没做成，但张志给自己的名字加了"大叔"这个后缀，主打"秋叶大叔"这个 IP 并正式组建了公司，很快培养出一批新媒体营销的年轻达人。

别开生面的校庆献礼策划

2012 年的某一天，张志顾问突然很激动地找到刘玉老师，说他一直在考虑 Dian 团队该如何做品牌营销，现在想到了一个巧办法就是事件营销。他得知 2012 年是华科 60 周年校庆，便敏锐地捕捉到灵感：Dian 团队可以通过发挥理工科的优势，做一部用数字说话的宣传短片，为华科献上一份别样的贺礼。

刘玉老师当时十分惊喜，又十分为难：这个点子确实非常好，可是，Dian 团队哪里有做短视频的同学呢？但张志顾问激情满满，比刘老师更有斗志，他认为所有困难都是可以克服的。在张志顾问的强力推动下，刘老师火速召集了擅长编剧、极富巧思的 431 号队员石姝玥，还邀请 015 号顾问唐德华等组成了创作组。大家集思广益，不断碰撞出创新思维的火花。张志顾问接着进入具体指导环节，不断反馈意见，创作组终于拿出了《单车上的华科》的文字脚本。经过一系列的修改润色后，张志顾问又提议增加几个元素来画龙点睛，如"微信之父"张小龙校友、绝望坡的度数等。队员们非常辛苦地制作视频并加入后期配音，终于赶在校庆之前的 9 月 26 日下午五点正式推出宣传短片。这段 3 分钟的"潮"视频，在发布到网上后的短短 5 天内，便有 30 万人观看，好评如潮。

《单车上的华科》一炮而红，反响热烈，校庆月还没结束，网上点击转发量已超过百万，网友们强烈要求再出续集。经过大家的集思广益和精心策划，第二集《课桌上的华科》又应运而生。为了让视频中的数字更准确，刘玉老师还特意去教务处查询了全校所有课桌的数量。第二集推出后，再次火爆全网，网友们盼望再出续集。尽管做视频的同学已经疲惫不堪，但张志顾问鼓励大家咬牙坚持，一定要做完 3 集再收官。正好当时《江南 style》骑马舞正火，张志顾问建议大家借此热度做好收官之作。队员们重拾精神，再接再厉，终于推出了第三集《拖鞋上的华科》。至此，《Dian 说华科》系列视频完美收官。

《Dian 说华科》三部曲传遍全网，让大家从全新的角度了解了华科。这部作品既是对校庆 60 周年的献礼，也为 Dian 团队带来了极大美誉度。

从 2013 年起，刘玉老师受学校招生办委托到各地高中去做创新教育报告时，必定会播放《点说华科》短片，极受中学生欢迎。其间，还有人误认为华科有正规的影视制作专业，认为 Dian 团队是文科属性的新媒体团队呢。

从大学教师到公司CEO

后来，张志（秋叶大叔）开始了职场技能教育方向的创业。创业伊始，他借鉴了 Dian 团队的经验，招大量在校生培养，因材施教，弟子大都成才；同时，勤奋的他著作等身，畅销书一本接一本；而微博、微信公众号、短视频、直播、知识付费、社群营销的风口，每一个新的趋势他都提前感知，机会把握得稳稳的。

刘玉老师从 2015 年起也华丽地转身为创业红娘，做了几年公益对接之后，将在红娘平台成长起来的一批估值过亿的创业者组成武汉青年企业家俱乐部"深红会"。刘老师调查他们需要什么服务时，有人说，很希望有营销专家为自己公司做一对一的咨询，比如，能否请到武汉知名的"秋叶大叔"？但是，"秋叶大叔"近年来已是全国知名的新媒体达人，属于大咖级别，出场费一天高达 6 万。创业者提议由刘老师出面邀请，是希望刘老师能为他们争取到一个友情价，能打对折就心满意足了。

刘老师试探性地询问了张志顾问，他一听连忙答应："刘老师，凡是您的事，我一定帮忙！因为在我还没有被外界认可的时候，您最先认可我，可谓千金易得、知音难求！"而且在这之前，著名媒体人罗振宇回母校来启明学院报告厅演讲后顺便参观 Dian 团队时，刘老师知道

2021年7月8日上午，刘玉老师特意向张志顾问请教Dian团队20周年团庆策划案

（左起：张志顾问、张志夫人、刘玉老师）

张志顾问与罗振宇在网上有互动但从未谋面，于是特意安排了两人线下见面，为此张志顾问非常感动。

后来，张志顾问信守承诺，即便掌管着年收入过千万的创业公司，他也在百忙之中亲自辅导创业者，一字一句指导创业者修改 PPT 逻辑，令刘老师非常感激。再后来，刘玉老师又让红娘助理去"蹭"他的一些网上培训，双方联系愈加亲近。

2020 年新冠疫情之后，张志顾问听说创业红娘公益服务中心一年都没有任何收入，便提醒刘老师如果不能开源就得节流，主动介绍招商银行中北路支行的行长一行来华科启明学院进行上门服务，果真打开了刘老师的思路。她不仅把红娘投资基金账户等全部转到招商银行，让沉淀资金享受了大客户的理财收益，还邀请招行培训师开设线上服务讲座，提醒其他创业者也要建立理财意识。秋叶顾问重情重义、主动相帮的精神，让人分外感动。

就在这篇故事初稿写完之际，2021 年 7 月 8 日，刘玉老师作为本书的主编，带着副主编张子昂（545 号队员）专程到张志顾问的公司登门拜访，请教此书该如何定位和推广。张志顾问一口气说了好几个点子，他相信这本书一定能热销，并强调封面的书名中一定要有"华科学子"字样，他认为，华科这个校名本身就具有创新创业方面的 IP 属性！

编后语

从一名大学普通教师，到拥有百万粉丝的硬核网红，再到收入千万的公司创始人，张志老师（秋叶大叔）以他过人的商业嗅觉和勤奋书写了精彩的人生故事。张志老师对在他没出名之前就认可他的刘玉老师和 Dian 团队一直心怀感恩、用心回馈，这种保持初心、重情重义的品质实属难能可贵。

董毓：引领中国批判性思维教育的专家

| 执笔人：谢戚

董毓，男，湖北武汉人，Dian团队023号顾问。1978年初考入华中工学院（现华中科技大学），本科期间学习无线电技术和哲学；1982年分配到武汉大学任教并在职攻读硕士学位，学习现代西方科学哲学；1987年到英国伦敦经济学院做访问学者并攻读逻辑和科学方法论硕士学位；1989年到加拿大McMaster大学攻读逻辑和科学哲学博士学位，随后任教4年；2013年教育部高等学校文化素质教育指导委员会批准成立批判性思维与创新教育分会（筹），任主任委员。

文理通修的傲气才子

董毓1977年冬参加高考，1978年3月进入华中工学院基础课部（现华中科技大学哲学学院）自然辩证法专业，是"文革"结束后恢复高考的首批大学生。时任校长朱九思认为，学习自然科学哲学必须先掌握一门自然科学。于是，当时的自然辩证法专业学生在本科前三年学习理工专业，部分学生插班到无线电系（电信系前身）学习，董毓便与刘玉成了同班上课的同学，久而久之就互相认识了。董毓作为一个文科生，能啃下微积分学、大学物理、电工基础（电路理论、模拟电路等课程前身）等理工类课程的硬骨头，实属不易。

大四临近毕业的时候，无线电系要举办一场应届毕业生的篝火晚会。其中的诗朗诵节目撰稿人，便是当时人称"董大才子"的董毓，组织排练则由刘玉负责。在排练的过程中，刘玉嫌董毓写的自由诗过于散文体，不利于集体朗诵，遂自作主张将其改成了简单的四言八句。董毓有一股知识分子的傲气，见之便拒绝署名为该诗朗诵节目的作者。董刘两人的个性，由此可见一斑。

董毓本科毕业后到武汉大学哲学系任教，后以全系考生哲学总分和外语分第一名的成绩考上著名哲学家江天骥教授的研究生，随后又作为访问学者到伦敦经济学院向波普尔、沃特金斯、沃勒尔等世界一流哲学家学习，并获得逻辑和科学方法论硕士学位。

1989 年，董毓在加拿大 McMaster 大学攻读逻辑和科学哲学博士学位，师从国际非形式逻辑和批判性思维协会的创始人和首任会长的希契科克（David L Hitchcock）教授。从此，董毓开始系统学习批判性思维，并在导师手下担任了几年批判性思维课程的助教。拿到博士学位之后，在希契科克教授推荐下，董毓便独立给学生讲授批判性思维等课程。

武汉大学、伦敦经济学院、McMaster 大学皆是著名的哲学大师所在学府，江天骥、波普尔和希契科克更是中外科学哲学和批判性思维领域的顶级权威。董毓一路接受大师指导的履历，也体现了他出色的能力。

后来，董毓在加拿大又自学数据库技术，成了一名数据库高级架构师和工程师，在数个公司的技术部门从事 Oracle、DB2 和 SQL Server 数据库的设计、构建、集成和管理工作多年。由此看来，本科阶段学习了三年的理工科知识是很有用的。

将批判性思维引入华科的第一人

2006 年，005 号顾问宋建建回武汉探亲，与同班同学刘玉聚会时聊到国内的大学生为什么表达能力、写作能力和分析能力都不如国外大学生的话题。宋建建认为，其中很重要的一个原因就是中国缺少一门叫 Critical Thinking（批判性思维）的课程，而这门课是美国 Rose-Hulman 理工学院全体大一新生的必修课。他提醒刘玉，也要注意给国内的大学生补充这方面的知识。在那之后，负责 Dian 团队"黄埔军校"种子班教学改革的刘玉老师便四处打听此事，但在当时，学校没有一个老师听说过批判性思维，更没有这门课程。

两年后，董毓从加拿大回武汉探亲，想回母校看一看。此时，刘玉正巧是电信系（电信学院前身）分管校友工作的副系主任。出于工作的责任心和礼貌，她在校门口附近的金福盛酒店订了一桌席，把当初无线电系在汉的同窗约来一起和董毓吃顿饭。刘玉坐在董毓旁边，无意中聊及中外大学生的思维差异，谈到了两年前宋建建的看法，提到了批判性思维，还说自己曾在全校找但一直没有找到这样的课程和教师。董毓当时就笑了起来，说："你怎么不找我呢？我在加拿大就教过批判性思维的课。"刘玉顿时如获至宝，自己两年来一直苦于找不到老师，居然就这一顿饭的时间给找着了，真是"踏破铁鞋无觅处，得来全不费工夫"。

但是，刘玉依旧心里打鼓："董毓现在是数据库主管，他教'批判性思维'水平到底如何呢？"于是，她便向董毓提议："你这次回国还要在武汉待十天，能否下周抽时间给我们 Dian 团队上一次课，介绍一下什么是批判性思维？"她其实是想借这个机会试试董毓的授课水平，董毓欣然答应了。

一周后的 Dian 团队例会在东五楼举行，董毓如约而至介绍批判性思维。那晚一起吃饭的老同学，还包括宋建建和刘玉，都来旁听董毓的"科普"课。当晚，董毓举例讲解了批判

2009年5月，华科启明学院种子班率先开设批判性思维课程

性思维的意义、作用以及给人们思维方式带来的改变，虽然他只讲了一个小时，但语惊四座。在场所有的师生以及旁听的校友们都感叹不已，一致认为批判性思维是一个极好的思维工具，非常有用。

刘玉马上下定决心，一定要让董毓给种子班开设"批判性思维"这门课。但是，请海外人士来学校授课，国际差旅、食宿、课酬等费用都是亟待解决的问题，而当时 Dian 团队已经找学校特批了美国教师宋建建给种子班上课了，再请一个海外教师有些吃力。于是，刘玉向董毓表态说："你等我筹措一年。"

刘玉找了学校的外事处、教务处和人事处，付出了很大的努力，从三个口径落实了董毓来华的全部开销。董毓也将海外公司的假期从圣诞节调至暑假。2009 年初夏，董毓正式来华科开设批判性思维课程，并给当时大三下学期的 2006 级种子班授课。他带来了全新的教学方式，从不给标准答案，各个同学不同立场的看法他都鼓励。课堂十分活跃，学生们都无比兴奋。2006 级种子班的一位同学在 Dian 团队内部 BBS 论坛上发帖说："批判性思维对我的震撼太大，以前的书都白读了，我恨不得把这么多年所有看过的书，包括教材，全部重新看一遍！"

中文版批判性思维教材

董毓老师起初用的是全英文的讲义和课件，刘玉建议："这门课实在是太好了，你能不能写一本中文版的教材，将这门课推广到其他专业和其他高校中去。""董大才子"中文文笔很好，很快就写好了中文版教材，起名为《批判性思维原理和方法——走向新的认识和实践》。

辗转联系上高等教育出版社的迟社长后，刘玉前往北京向迟社长大力宣传这门课的重要性，以及它给学生带来的显著变化。刘玉预言，这本教材出版后，能极大助力批判性思维在中国高等教育界的推广，发行量不会少。刘玉这番话打动了迟社长，他未收分文出版赞助费

董毓独撰或主编的部分中文教材

便同意出版。这本教材在 2010 年 9 月正式出版，得益于董毓老师出色的文笔。看到这本教材的出版，董毓老师特别高兴，因为他的夙愿就是让这个好的思维工具使国内更多的人受益！

该教材至今已发行 10 万余册，被百所国内高校使用。教材使用 7 年后，董毓老师推出了第二版，又过两年，他专门出了一本简化版——《批判性思维十讲》，以帮助更多学校老师讲授该课程。董毓也成了一名高产作家，著有《明辨力从哪里来——批判性思维者的六个习性》等。

中国批判性思维教育的里程碑

董毓告诉刘玉，据他所知，其实国内是有人在研究批判性思维的，如延安大学的武宏志教授，听说北京大学元培学院也开设了批判性思维课程，但是，总体呈零散状。他建议举办一个教学研讨会，将国内研究批判性思维的学者汇聚起来，刘玉很是赞成。

在刘老师出色的组织下，2011 年 5 月 29 日，首届全国批判性思维课程建设研讨会在华中科技大学召开。这届会议的规格非常高，由教育部高等学校文化素质教育教学指导委员会主任杨叔子院士亲致欢迎辞。董毓还特邀他的博士导师希契科克教授从加拿大前来做专题报告，并用全英文给华科启明学院创新实验班学生完整讲授批判性思维大班示范课。全国各地呈零散状的研究学者，以及 35 所高校的一些教授，包括给北大元培学院上过批判性思维课程的中国青年政治学院谷振诣教授，纷纷慕名而来。会上，刘玉给与会学者们送了一个"福利"，会后可以免费旁听董毓老师给 Dian 团队种子班讲授的批判性思维课程，中国政法大学的两位教授及谷振诣教授等人全程旁听了董毓的小班课教学。

2011 年的首届研讨会，标志着批判性思维在全国正式有了一批志愿者群体。同时，种子班作为 Dian 团队的"黄埔军校"、启明学院的创新实验班，一方面和 Dian 团队其他队员一起承担了首届研讨会的会务接待等工作，另一方面正式开设了独立的批判性思维"公开示范课"，一下子就在全国出名了，董毓老师也由此成为 Dian 团队 023 号顾问。通过这次研讨会，大家才知道，原来中国政法大学早就开设了批判性思维课程，清华大学经济管理学院开设了批判性思维与道德推理课（由杨斌老师讲授），北京大学元培学院之前也确实开设过该课程但后来因为师资不够又停了。

同年，华科还组织了首届教师高级培训，效果显著，教师们收获巨大。会后，部分代表自发筹建"批判性思维与创新教育研究会"（筹），并于 9 月 1 日开始发行《批判性思维与创新教育通讯》电子双月刊，董毓任主编。从 2011 年创刊至今，10 年来都由 Dian 团队负责刊行，对应的批判性思维网站（http://ppxsw.szjzw.hust.edu.cn）也是由 Dian 团队的队员设计和维护的。后来，希契科克教授被华科聘为顾问教授，对批判性思维有特殊贡献的董毓校友被华科聘为客座教授。

首届研讨会质量非常高，许多高校都谦虚地表示自己没有资格承办第二届，就这样，后两届研讨会依然在华科举办。每年，董毓老师都会利用短暂的三周假期，参与组织研讨会，给种子班讲授公开示范课，并担任"批思课"教师培训的"总教练"，一直任劳任怨。

2013 年，在第三届研讨会上，有人提出，我们不能仅限于每年召开一次专题研讨会、交流几篇论文，应该成为能更加有力地推广批判性思维的一个组织。与此同时，代表们提出重要建议：组建批判性思维教学指导机构，在教育部高等学校人文素质教学指导委员会下设立分会。该建议得到了主任委员杨叔子院士的鼎力支持。

2013 年 8 月 3 日，"批判性思维与创新教育"分会（筹）正式获批，代表们一致推选董毓担任委员会主任委员，推选刘玉担任秘书长。

2011年5月29日，首届全国批判性思维课程建设研讨会在华中科技大学召开

2014年，在分指委成员的多方努力下，终由北京大学哲学系承办了第四届研讨会，同时更名为"全国批判性思维教育研讨会"。委员会秘书长刘玉希望"逢十"都能回到源头单位办会，在2020年因新冠疫情推迟一年之后，2021年第十届批判性思维教育研讨会将再次在华科举办。

十余年来，董毓一直致力于将批判性思维引入华中科技大学，同时也努力将这门课在全国范围推广开来，可以说，董毓是当之无愧的引领中国批判性思维教育的专家。

编后语

董毓顾问审核完这篇稿件之后，给笔者发来如下文字，谨此分享给读者。

虽然以前有一些零星的批判性思维教学尝试，但中国的批判性思维教育作为一个全国性的教育努力，是从2009年华中科技大学启明学院种子班的批判性思维课程开始的。从那以后，我们开始了有意识的批判性思维教育活动。十多年来，我们在推广上取得了很大进步，这些都渊源于和得益于在种子班的连年教学。

给种子班教授批判性思维课程，是一个愉快的经历。种子班的学生聪明、活跃和勤奋，有培养批判性思维的良好基础。他们优秀的理工学科基础和理解能力，使教学变得轻松。我依然记得很多聪明、活跃的学生的青春容颜，以及他们的提问和反馈。他们的积极学习，使得大多数种子班学生通过课程获得明显进步。种子班的结业作业，是我在其他地方教学的范例，我要求参加培训的老师们也能达到这样的水平。

同时，我的教学经验也因此不断丰富。我在全国教学、培训的内容和方法，一般都在种子班的教学中做过尝试和锤炼。我的教材中，很多部分都来自这样的教学实验。其间，学生们提出的改进措施，也使我的教学不断进步。2019年，种子班的学生主动提出加强课后练习的建议和理由，过去只强调课前的阅读和练习而忽略了课后的复习，我立刻意识到这是一个重要的但一直没有得到重视的方面，于是我马上着手编制课后配套练习。在一周后的教师培训班上，我迅速补充了这个环节，取得了很好的效果。现在，课后练习已成为我所有培训的一个必要且重要的环节。

总而言之，种子班学生的学习表现证明，学习批判性思维对中国学生的能力提升是有益的，这增强了我在中国推广批判性思维教育的信心。与此同时，种子班的教学实践，已成为中国批判性思维教育历史中的一个重要基础和动力，同学们应该为此自豪，也应得到感谢。

学术新秀

肖振宇：寒门学子·清华才子·团队骄子

|执笔人：董瑞华

肖振宇，男，湖北天门人，Dian团队105号队员。2002年从湖北省天门中学考入华中科技大学电信系，大三上学期加入Dian团队，担任Q驱动器项目组组长；毕业后被保送至清华大学深造，2011年获清华大学电子工程系博士学位；2011—2013年在清华大学电子工程系从事博士后工作；2012年、2015年分别前往美国Delaware大学、英国帝国理工大学访学。现任北京航空航天大学教授、博士生导师。

结缘"梧桐雨"

脸上总是挂着温文尔雅的微笑，说话缓慢清晰，这就是 Dian 团队 105 号队员肖振宇。他进校两年后，听闻 Dian 团队以真实项目牵引来培养学生的技术能力，很是仰慕。大三上学期，恰逢 Dian 团队改革招新方式，增设预备队，实行阶梯式培养，于是肖振宇就给刘玉老师写了封申请信，刘老师立即回信让他找 Dian 团队时任总教练颜庆华（026 号队员）报到，肖振宇就这样顺利进了 Dian 团队预备队。他还记得预备队第一个训练题是用 C 语言做一个模拟桌面数据库，对表单进行增、删、改、查等基本操作，这是肖振宇第一次使用 C 语言独立开发一个小应用，也是他第一次体验到独立寻找问题、定位问题并解决问题的乐趣。他回忆道："通过这样一个写程序的过程，我养成了良好的习惯，那就是碰到不懂的问题，不要一心想着问别人，而是应该试着自己去解决问题。"

肖振宇一边参加预备队的基础训练，一边在电工电子基地备战全国大学生电子设计竞赛（以下简称"全国电赛"），两头忙碌不停，却从未缺交作业。颜庆华对肖振宇的悟性和高效非常满意，总是跟刘玉老师夸赞这个眉清目秀的小伙子。肖振宇的表达能力和组织能力，也在 Dian 团队里得到了锻炼和提升。有一次，刘老师召集一帮同学在五一基地开会，肖振宇作为第一批预备队"结业"队员参加。他回忆："当老师问到我的时候，我回答的声音好小，听起来一点可信度都没有，感觉就像是在敷衍，说完我都为自己感到脸红。"他突然意识到自己在表达方面还存在不足，于是反思自己为什么会胆怯、为什么想逃避。从那以后，凡是遇到公开场合，他总是在心里提醒自己该怎么表达，情况自然就慢慢好了起来。后来，他主动负责了 Dian 团队"圣诞篮球赛"活动，组织能力也得到了锻炼。当他宣布给每位到场的同学都准备了一个圣诞帽的时候，刘老师连夸："好，好，非常好！"那一刻，他非常开心。

全国电赛结束后，有天肖振宇突然被人带话：刘玉老师请他去校内的"梧桐雨"喝茶。他听说只有犯了错误的队员才会被刘老师"请喝茶"，不知自己犯了什么错，十分忐忑地硬着头皮前往。没想到，刘老师笑着说，"请喝茶"还有一种情况，就是即将委以重任。有个民营企业的新课题正在洽谈，想请他当项目组组长，内容是激光电源中与 Q 驱动器相关的一个高频模拟电路，项目经费 4 万元。刚从预备队"结业"、毫无项目经验的肖振宇倍感吃惊，虽然他在电工电子基地积累了一些硬件经验，也参加过相关竞赛，但这可是企业命题的真实项目啊，要承担很大的风险：如果延期交付，根据合同规定，将会受到 1 万元的处罚。这让肖振宇非常犹豫，他觉得自己担不起这么大的责任，希望刘老师换研究生来干。刘老师这时跟他交底说，此前已经找过两三位研究生了，不是说硬件基础不好，就是嫌这个项目原始创新性不够，写不了硕士论文。刘老师接着说："我决定以本科生为主来承接这个项目，你是本科生队员中素质比较全面的，要勇于担当。若延期结题罚 1 万元怕什么，权当这个项目是签的 3 万元合同好了。"经过刘老师这一番鼓励，加上 108 号队员吴旦昱等两位参加过全国电赛的战友加入，肖振宇勇敢地挑起了 Q 驱动器项目组组长的重担。

2006年1月15日，Q电源组正在紧张准备进行输出评审

（前为肖振宇）

在研发初期，肖振宇曾一度为激光电源无法正常工作而发愁。工业用激光电源需要接能承受较大电流的功率型电阻，可是在 Dian 团队实验室里很难找到合适的模拟负载来匹配激光电源的工作状态，用负载电阻模拟实际负载时，总是因为发热功率过大而烧毁。为此，刘老师还带他们到学校其他实验室寻找好一点的负载电阻，但拿回来一接上电源还是烧了。这时候，肖振宇想到，既然一个电阻不行，那把电阻并联起来分流，不就可以降低每个电阻的发热功率吗？经过试验和调试，激光电源果然能正常工作了，项目组终于跨过了一道大坎。后面又遇到过大大小小的困难，但在肖振宇的精心管理和组员们的强力配合下，都被一一克服，并按期完工。到企业去结题评审时，十几条技术指标和参数都合格，有的还达到世界先进水平（详见吴旦昱的故事），受到了企业好评。通过这个项目，肖振宇给 Dian 团队全体师生留下了特别好的印象。对他自己而言，对内掌握了需求理解、任务分解、组员激励、进度和质量监控等管理本领，对外增强了校企合作中的沟通协调能力，刘老师对他"敢于担当"的评价也一直萦绕在他耳畔，激励他不断前行。

清华路漫漫

大四上学期，肖振宇以电信专业两百多人中第一名的优异成绩获得保研外校名额，曾因高考的小失利与清华擦肩的肖振宇，毫不犹豫地选择了清华大学，并按自己的研究兴趣选择了清华大学电子系的曾烈光教授。去清华复试的时候，肖振宇陈述时从容不迫，回答时有条有理，即使是答不上来的问题，也能沉着冷静地做一些思路上的分析。经过笔试、英语面试和专业面试，肖振宇自我感觉还不错。复试结束后，肖振宇特意去拜见了曾教授。曾教授对这个知书达理的学子印象很好，不仅非常欢迎肖振宇读他的研究生，而且当了解到肖振宇出身寒门、至今家庭贫困时，马上掏出 500 元现金送给肖振宇，补贴他这次到清华大学复试的路费。肖振宇返校后，向刘玉老师汇报了复试的过程，也提到了曾教授的慷慨资助，刘老师特别感动。

当肖振宇如愿以偿、本科毕业前往清华大学直攻博士之后，刘玉老师对他的关注也告一段落。当看到网络上疯传的万言长文《我的华工四年》时，刘老师暗自骄傲：作者肖振宇可是俺们 Dian 团队的咧！

2007 年 6 月 20 日，刘玉老师到北京参加 Dian 团队北京分站成立大会时，特意去清华大学拜访曾烈光教授，感谢他对肖振宇的赏识和慷慨资助，并详细介绍了肖振宇的诸多优点。在与肖振宇私聊时，得知他在清华大学一边读书、一边参加科研，还一边在外兼职打工，颇为痛心："曾教授对你这么好，你不在实验室好好做，反而到外面去打工挣钱，精力肯定分散，对不起你导师呀！"肖振宇解释道，家里急需用钱，实在是迫不得已。刘老师特别难过，立刻表示："你还是得辞掉兼职，专心学习和做科研，不能对不起你的导师。家里所缺费用，我来借给你。"刘老师一回到武汉，就借给肖振宇一万元帮他渡过了难关。

肖振宇后来回忆道："最令我感动的是，刘玉老师亲赴北京向清华大学的曾烈光教授讲述我在 Dian 团队里所做项目的成果和平时的为人优点，这让我比其他同学优先得到了导师的赏识，让我在新的环境中得到了很多成长机会。"

确实，曾教授因为了解到肖振宇本科期间在 Dian 团队就负责过企业真实项目，所以就让刚到清华大学深造不久的肖振宇以核心成员的身份参加了一项超宽带项目的研究，并让其在项目中担当重任。从项目调研、仿真，到系统设计、关键算法、芯片设计，甚至连最后系统调试时本不归他负责的代码也由他修改。总之，他参与了该项目的绝大部分环节，而且还指导几位博士生和硕士生一起完成项目工作，深受导师信任，评价他"勤奋踏实，优秀能干"。读博期间，肖振宇发表论文 10 余篇，获得发明专利 10 余项，获得清华大学综合一等奖及专项一等奖。看到如此优秀的学生，曾教授甚为高兴，也对培养了肖振宇的 Dian 团队产生了敬意，第二年又招收了一名 Dian 团队 129 号队员李勇到门下读博。

2010 年，Dian 团队成立 8 周年的时候，肖振宇和李勇同时找导师请假，要回武汉参加团庆。曾烈光教授一听是这件事，不仅准假，还表示他也想同行，不为别的，就是想当面向刘玉老师表示感谢。他见到刘玉老师后说："我之所以主动来武汉，就是为了当面感谢刘老师，感谢 Dian 团队，为清华大学输送了两位非常优秀的人才。"刘玉老师马上热情邀请曾教授作为高校嘉宾代表在团庆大典上致辞，两位爱生如子的教授紧紧握手，心心相印。

十年守初心

在人生事业上，肖振宇一直怀揣"空天报国"、教书育人的梦想。博士毕业后，他选择到北京航空航天大学任教，如今已是教授、博士生导师。

2019 年，Dian 团队新导师高雅珉老师在全国高等学校电子信息类专业青年教师授课竞赛上获得一等奖，传来了获奖照片。刘玉惊讶地发现，在上台领奖的一等奖教师中，除了高雅珉老师，还有肖振宇！原来，肖振宇讲授的"通信原理"课程也获得了一等奖。得知肖振宇在北京航空航天大学发展得不错，他坚持科研与教学相结合的初心也得到了认可，刘老师感到特别高兴。

2021 年初夏，肖振宇应邀回到清华大学，在电子工程系研究生毕业典礼上作为系友致辞。他分享了自己这些年在工作和生活中获得的感悟，详细讲述了就职单位、科研团队、研究方向的选择

2021年6月27日，肖振宇在清华大学电子工程系研究生毕业典礼上致辞

经验，并结合自己的经历，强调适当调整心态、努力科研、潜心教学、提高业务能力的重要性。肖振宇寄语师弟师妹，进入社会后，要正视自己的不足，潜心工作，在社会的大课堂中受教育、长才干、做贡献，在为祖国、为民族、为人民、为人类的不懈奋斗中绽放绚丽之花。刘老师从网上看到他的演讲全文，马上发微信说："你讲得太好了，有水平！"

从考入华科的寒门学子，到保送清华的青年才俊，再到 Dian 团队引以为傲的榜样骄子，肖振宇始终奔赴在不断成长的路上。"在 Dian 团队，我学到了太多太多东西，登台演讲、技术交流、项目开发，等等。"或许，对肖振宇而言，刘玉老师和 Dian 团队带给他最重要的收获是关切与支持，是敢于担当、敢于追求卓越的勇气，更是克服逆境、克服自身不足的"成长的信心"。

编后语

听了肖振宇师兄的故事，他平和、积极、乐观的心态，面对困难敢于担当的勇气，坚持教书育人、为教育事业做贡献、为我国电子通信领域科研谋发展的坚定信念，都令我感到极为钦佩和振奋，让我充满为梦想而奋斗的力量。

吴旦昱：爱国爱业，上下求索

｜执笔人：董瑞华

吴旦昱，男，湖南涟源人，Dian团队108号队员。2002年，从湖南省涟源市第一中学考入华中科技大学电信系就读本科；2006年进入中科院微电子所深造，在微波器件与集成电路领域从事研究；2011年博士毕业后，立志改变国内微电子研究现状，留任中科院微电子所助理研究员，2016年晋升为该所副研究员，2021年晋升为研究员。吴旦昱的主要研究方向是超高速数模混合电路，包括超高速ADC、DAC电路设计与微波集成电路设计等。

攻坚克难，头角渐露

2002年，吴旦昱进入华中科技大学电信系。在加入Dian团队之前，他就参加过电工电子基地培训，获得了全国大学生电子设计竞赛一等奖。虽然他自带荣誉和光环，在大四这样的"高年级"才进入团队，但吴旦昱性格谦逊好学，没有一丁点居功自傲。考虑到他的电赛经历，导师们特意把他分配到电源组（Q驱动器组）。这个项目来自武汉一家民营企业，对方希望用不到一半的成本仿制一款数控射频电源。Dian团队创始人刘玉老师轮流请4位研究生出任电源组组长，却全部被拒绝，理由惊人地相似：仿制市面上成熟的产品，缺少创新价值和含金量，不便于撰写硕士论文。不得已，刘老师只好选了一位本科生——105号队员肖振宇当组长，肖的好朋友吴旦昱则是技术骨干。很快，二人随导师前往企业商讨项目细节，对方苛刻地提出了16个技术指标作为项目结题的验收标准，却仅提供4万元经费。更霸道的是，只要项目延迟一天结题，就要扣掉经费1万元。二人觉得责任太大，犹豫到底要不要签合同。刘老师立刻给他们打气，大不了4万元的项目3万元做完，这才把合同签了下来。

2006年1月18日，吴旦昱在五一基地专注测试电源

　　项目起初进展得比较顺利，16 个技术指标中，有 15 个都陆续达到验收标准，但最后剩下的"电源启动上升时间"迟迟不能达标。项目组仿制出的电源，上升时间长期徘徊在 800 纳秒，验收标准则要求降到 600 纳秒以下，而被仿样品的上升时间甚至只有 500 纳秒。于是，组员们问刘玉老师，能不能请甲方网开一面，降低一下验收标准。刘老师当然不同意，团队队员必须有契约精神，况且合同还有法律效力。只要离验收还有时间，就应该拿出尽全力攻坚克难的态度和意志。

　　就在这时，吴旦昱开始发力，他的研究和创新才能也逐渐显露了出来。那是一个周日，吴旦昱独自留在五一基地的电源组房间内，继续攻关"上升时间"难题。当时他几乎走投无路，只好穷举元件，逐个替代，尝试用最笨的办法寻求突破。也许是一个巧合，他替换元件时，电路板的一个磁珠落到地上，找不到了。他便从元件盒里找了个旧磁珠换上去，一调试，上升时间突然降到了 600 纳秒以下。吴旦昱喜出望外，他在团队的内部论坛呼唤道，"大家都在哪儿？这个指标达到了！"刘老师很快回复了他："我在！恭喜，恭喜！"

　　至此，16 个指标全部达到验收标准，项目已经可以顺利结题。可吴旦昱还是不满意，他不明白，为什么随手换上一个旧磁珠，上升时间就突然下降这么多？于是，他发动组员，坚决要找到滚落的磁珠，看它们的电感值是不是一样，可是找到了才发现，它们的标称电感值一模一样。相同的磁珠，怎么会让电路指标出现不同？吴旦昱觉得蹊跷，就请刘玉老师联系电工基地，借一台电感计来实测。果然，两个磁珠的标称值并不准确，旧磁珠的电感值明显大一些。吴旦昱干脆对电路做了数学建模，用理论推导来研究上升时间与磁珠电感的关系，发现原来是电感的储能特性在起作用，并且只要再加大电感，这个指标还可以进一步提升。实验室的磁珠已经达到电感值上限，要继续增大电感，就必须采购体积更大的磁环，重新改造电路。几经波折，磁环也终于焊到了电路板上，再次测试，上升时间竟然只有 150 纳秒，这个数据在当时已是世界先进水平！

吴旦昱写了一篇分析报告，梳理了模型建立、分析和测试的全部过程。刘玉老师对此给予高度肯定：这些成果，不仅可以写成一篇非常优秀的毕业设计论文，还应该立刻申请专利。吴旦昱毕业时，不仅荣获湖北省优秀学士学位论文奖，还因为发明专利而获得了湖北省大学生科技成果一等奖。

十年深耕，不忘初心

吴旦昱在电源技术指标达到标准后，仍然寻根问底，钻研琢磨，具有优秀学者品质，深受刘玉老师欣赏。在吴旦昱离校前往中科院微电子所（北京）深造之前，刘老师特地请他在百味小吃城吃饭，希望他坚持学者之路。她还笑着说，吴旦昱有成为工程院院士的潜质，希望他将来不要为了谋一份高薪而放弃学术研究。

然而，吴旦昱在中科院读研不到半年，他的好朋友肖振宇就悄悄给刘老师打来电话，说吴旦昱情绪很不好。原来，吴旦昱的导师既没让他进实验室，也没给他派任务，只让他在清华大学旁听课程修学分。吴旦昱使不出力，一度非常郁闷。刘玉老师听罢，专程前往北京拜访吴旦昱的导师刘新宇教授，讲述了吴旦昱在电源组取得技术突破、使技术指标达到世界先进水平的光辉业绩，请导师重用他。没想到，吴旦昱被派到远在四川的流片生产第一线，一去就是一年。刘老师心里怕得直打鼓，担心吴旦昱去了四川会更郁闷。好在同样就读中科院的072号队员陈建武给Dian团队发来喜讯：吴旦昱研究的高速DDS芯片取得重大指标突破，在国际顶级会议上做了论文口头报告。刘老师这才明白，刘新宇教授把吴旦昱"流放"到巴蜀之地，自有一番深意。吴旦昱回忆，那段时间，他抱着一种随遇而安的心态，但正是在四川工作时学到的许多微波知识，为他之后的高速ADC/DAC研究打下了坚实基础。

2019年5月26日—29日，吴旦昱赴日本参加IEEE电路与系统专题国际会议

正当刘玉老师觉得吴旦昱在中科院打响了名号、研究之路已经豁然开朗的时候，一封突如其来的邮件打了她一个措手不及。吴旦昱请刘老师写推荐信，打算博士毕业后去美国做博士后或在国内寻一份高薪工作。虽然有些为难，但刘老师还是答应了这个请求。可是，一个适合做学问的人，明明已经奔跑在学术之路上，为什么还要考虑打工呢？刘老师感到非常遗憾。过了一阵，她又得到新消息，吴旦昱的导师刘新宇教授把他劝留了下来。原来，刘新宇教授当年也曾打算出国留学，他的导师语重心长地请他为了祖国、为了振兴中华民族的半导体事业而留下来；这次，刘新宇教授也和吴旦昱长谈，吴旦昱深受感动，毅然决然地放弃了出国机会，放弃了外企的优厚待遇，立志改变国内的微电子研究现状，在微电子所一留就是十年。

编后语

2020年遭遇新冠疫情肆虐，Dian团队每周例会被迫迁移到线上进行。借此机会，刘玉老师请到许多老队员进行云端分享，吴旦昱也在其中。2020年6月14日，吴旦昱为全体在站队员带来"集成电路漫谈"的专题分享，他对微电子领域研究和产业发展的见解独到而深刻，谈吐间流露出的家国情怀令人动容，队员们反响十分强烈。这20年一路走来，吴旦昱和团队都在各自的发展之路上披荆斩棘、不断前进，愿他们前路一帆风顺，谱写更多的新篇章！

李勇："大学之大，乃发展空间之大也"

| 执笔人：曾德巍

李勇，男，湖南宁乡人，Dian团队129号队员。2003年，从宁乡市第一高级中学考入华中科技大学公共管理学院。后转系到电信系学习，并以班级第一的优异成绩被保送至清华大学电子系直攻博士，毕业后留在清华大学任教。他长期从事数据科学与智能方面的科研工作，在国际会议和学术期刊上发表高水平论文100余篇，文章被引用14000余次，入选全球"高被引科学家"名单。2018年入选国家"万人计划"青年拔尖人才计划，2020年获评教育部"长江学者"。

Dian团队的华三项目奇迹

2004年秋，刚上大二的李勇就报名加入了Dian团队。他给大家的第一印象是，个子瘦小，说话腼腆，紧张时还有点口吃。但在预备队培训时，教练颜庆华（026号队员）对他很满意，布置的"小型模拟桌面数据库"训练题，他完成得很不错。当年年底，他以预备队员身份在Dian团队年鉴上留下了一份个人小结，列举了在预备队学到的东西。

2005年春，他被分到DSP项目组负责软件模块，这是李勇在Dian团队参与的第一个真实项目，组长正是很欣赏他的"总教头"颜庆华。半年后，他顺利转正，团队编号129。这年年底，他以正式队员身份在Dian团队年鉴上留下了第二份个人小结，还起了个标题《认识自己，不断积累》。他认为，这一年的主旋律就是，不断寻找自己的兴趣与团队的结合点，在态度和技术等方面做积累。

2006年春，李勇进入Q电源组，在"干中学"的过程中，他对Dian团队有了更强的归宿感。当年10月，他终于加入了向往已久的与华三公司合作的软件项目组，再次跟随他的"总教头"颜庆华，这便是奇迹开始的地方！

当时，华三项目组的组长颜庆华因为研究生毕业临近，需要挑选下一任组长。为了找到合适的人选，他首次提出了组长轮值制度。颜庆华挑选了三四个有潜力的候选人，让这几人轮流代理组长管理项目组一周时间。代理组长的工作，包括提交周报、分配任务、检查项目质量、与企业代表沟通等。在李勇担任轮值组长期间，他学会了如何进行任务的分工和分配，如何控制项目的进度，如何主动和组员交流，以及如何从整体上、大局上思考问题。这年年底，他以轮值组长的身份在 Dian 团队年鉴上留下了第三份个人小结，最后一段他这样写道：

> 我在团队已经三年了，却一直没有做出自己应该做出的贡献。回顾起来：第一年，在预备队，主旋律是不停地学习，做一些技术和态度上的准备，只是一味地在"索取"；第二年，也就是去年，也陆陆续续地参加一些项目，主旋律是不停地积累，只能说是一种变相的"索取"；而今年，又受专业课学习、电赛、保研等方面的影响，我在团队的时间断断续续，在项目中也没有全身心地投入。虽说自己在团队中已有三年了，却还没有完整地参加过一个项目。很快就要离开自己的母校了，很快就要离开培育我长大的团队了。还好，还有半年，我想，一定要利用好毕业设计这最后一次机会，完整做好一个项目，为团队做出自己的一点贡献！

所幸，轮值结束后，李勇的综合素质得到颜庆华的青睐，终于如愿以偿担任了与华三公司合作的新项目的组长。

2007 年春，在本科阶段的最后一学期，李勇带领四名组员，只用三个月就完成了"SIP 主叫号码隐藏"项目。到北京进行系统联调时，华三公司的专家组对该项目质量进行了测试，缺陷率（称为 DI 值）竟然为零！颠覆了软件工程教科书上的铁律："软件不可能没有错误，只能尽量减少错误。"为此，专家组决定再测一次，用"鸡蛋里面挑骨头"的精神，终于找出"有一行注释书写得不够规范"的解释性错误，但仍然属于"DI 值 =0"的范畴。该项目不仅在 Dian 团队历史上质量最高，在当时的通信巨头华三公司中也是极为罕见的。

笔者非常好奇这种奇迹究竟是怎么产生的，于是查阅了 2007 年的 Dian 团队年鉴，里面有李勇以组长身份撰写的项目总结，这也是他在 Dian 团队的第四份年度小结。

原来，在颜庆华培养轮值组长时，李勇的责任感得到了极大的锻炼，走马上任后，李勇把这种负责任的工作作风在新的项目组内延续了下去。他们降低项目风险的主要措施是，对代码 Review 工作高度重视：不仅两人一组互相 Review，而且还安排多人、多次的交叉 Review。他们在测试过程中更是加倍细心，发现问题后积极思考，不放过任何一个可能出现的 bug。当发现系统测试用例风格不统一时，他们多次讨论，并与企业沟通协调，很快便解决了问题。同时，他们还构建了很多复杂的组网，对系统性能进行了更加充分的测试，保证了项目的高质量。由于他们走在了公司测试人员的前面，所以最终这个项目缺陷值为零，被评定为 A 级。华三公司负责对接该项目的张军林经理，做了如下书面评价：

华三项目结束返校后，李勇（左1）和组员在华中科技大学主校区荷花亭合影

　　这个项目的合作者为华中科技大学电信系的四名学生。在整个项目期间，他们工作高度认真负责，从始至终以最饱满的热情和激情投入工作，在项目细节的把握上一丝不苟，在一些关键问题突破上，更是表现出非凡的毅力和强烈的责任心。例如，李勇同学在项目验收期间，为了定位两个隐藏极深、极难复现的致命问题，协同我们甲方连续熬了近两个通宵，而白天还坚持继续工作。在项目变更和对周边模块影响都较大的情况下，项目验收最终获得质量评价为 A 且 DI 值为零的好成绩，这和他们在项目期间表现出的超凡智慧和踏实作风是分不开的。对此，我向四名华科学生从内心深处表示最真挚的敬意和感谢！和你们共事的经历，会成为我在华三公司最美好而永久的回忆！

从喻家山到清华园

　　2007 年 9 月，凭借专业第一的骄人成绩，李勇被保送到清华大学电子系直攻博士，师从曾烈光教授。非常巧合的是，就在头一年，Dian 团队 105 号队员肖振宇凭借年级第一的加权成绩被保送到清华大学电子系，也是师从曾烈光教授。从此，两人成为嫡系师兄弟。

　　2010 年 4 月 4 日，Dian 团队举办 8 周年团庆，肖振宇和李勇二人同时向导师请假，要回武汉参加团庆。曾烈光教授一听，便主动要求同来武汉参加团庆，他说："因为 Dian 团队给我送来了两名特别优秀的学生，我得当面对刘玉老师说声'谢谢'。"刘玉老师在学校招待所见到曾教授后喜出望外，特邀他在团庆大典上作为高校嘉宾代表致辞。李勇和肖振宇起初有点惴惴不安，因为曾教授比较内向低调，从不轻易登台发言，更何况这是临时安排。出人意料的是，曾教授不仅答应上台，而且讲得非常有水平。曾教授说："Dian 团队培养的人，不仅聪明能干，而且知书达理、尊老爱幼。"曾教授如此评价，说明李勇和肖振宇在清华大学一定都表现得非常出色。

李勇（前排正中）及其研究生弟子大合影

2012 年，李勇从清华大学获得博士学位后，先后前往德国电信研究院、香港科技大学和迈阿密大学做学术访问。2014 年，李勇回到清华大学，获得助理教授的职位。那时，清华大学进人的标准已经非常严苛，非海外名校博士极难获聘。那么，李勇是如何顺利获聘的呢？

首先，李勇学术成果丰富。他研究生阶段的研究领域是移动计算与网络科学，在清华大学读博期间，便在该领域的顶级会议和期刊上发表了 20 余篇论文。其次，李勇高尚的道德情操、优秀的工作作风和扎实的学术能力，得到了其导师曾教授的高度肯定。曾教授退休时，把整个课题组都交给李勇负责，由此可以看出他对李勇有多么信赖和器重。李勇回到清华后，果真不负所望，成为曾教授研究队伍的"少帅"。后来，李勇顺利当上了副教授、博士生导师，也有了自己众多的弟子。

学术界与工业界智慧的碰撞

2015 年 9 月，Dian 团队在华科启明学院大本营举办以创新创业为主题的"点石论坛"。在论坛的学术分会场，李勇做了"向人工智能进军"的主题分享。会场的第一排，便坐着他在 Dian 团队时期的战友、201 号队员张良伦。那时的张良伦，是已经闻名全国的"独角兽"贝贝网的创始人，荣登福布斯"中国 30 位 30 岁以下创业者"榜单。两位身处学术界和工业界的人，因为同时回 Dian 团队交流而再次相遇，并由此播下校企合作的种子。

2016 年 5 月，贝贝集团与清华大学开始在大数据、人工智能领域展开合作，聚焦行业发展中的关键问题；合作的研究论文《基于隐式反馈改进推荐系统》，被人工智能领域顶级会议 IJCAI 录用，备受行业关注。此外，李勇团队的人工智能深度学习与多行为共同优化的商品精排算法，被运用于贝贝网的贝店 APP 商品分享页、商品推荐模型的精排阶段，该算法提升商品分享率约 10%；李勇团队提出的考虑促销因素影响下的深度销量预测模型，用于贝贝网供应链端的销量预测，预测准确率高达90%（离线效果），有效提升了供应链端效率。

2018年9月，清华大学与贝贝集团正式成立"人工智能研究生联合实践基地"。当时，贝贝集团旗下已拥有贝贝网、贝店、贝贷三大业务平台，而李勇已经是清华大学的博士生导师、数据科学和智能实验室负责人。张良伦希望借助李勇领先的大数据科技力量，为1亿用户提供精选产品和购物的服务；李勇则认为，这个基地架起了校企之间交流与合作的桥梁，为清华大学师生在人工智能等新兴领域提供了很好的实践平台，有助于促进科研创新与应用实践的融合，为社会发展创造更多价值。双方的合作，架起了人工智能学术研究和产业发展协同促进的桥梁，也堪称产学研协调发展的典范。

这一切的成果，离不开李勇和张良伦的努力和推动。这也让我们看到了Dian团队的价值，毕业后的队员们仍然保持着紧密的联系，大家互相帮助，同时也相互成就。

编后语

李勇在本科毕业离校前，特意与刘玉老师共进午餐。在Dian团队毕业感言大会上，他深有感触地说："作为一名文科生，我高考的目标是上清华北大，可因为发挥失常，进校时情绪低落。但是，华科的灵活转专业政策，让我从行政管理专业有机会到电信系就读通信工程专业，并让我在Dian团队里找到了新的动力和目标。没想到，大学毕业后又能圆梦去清华深造。我发现，'所谓大学之大，非有大楼之谓也，乃有大师之谓也'这句名言似乎不太准确。我认为：大学之大，非大楼也，亦非大师也，乃发展空间之大也！"刘老师对李勇的这个创新观点极为赞同，从此在全国百所高校做关于Dian团队的专题演讲时，都把李勇这句话高亮显示在PPT的最后一页，与全场学子们共勉，往往引起极大共鸣，赢得热烈掌声。

在清华大学，李勇长期从事数据科学与智能方面的科研工作，在国际会议与期刊上发表学术论文100余篇，文章被引用14000余次。他先后入选全球"高被引科学家"名单、国家"万人计划"青年拔尖人才计划，获IEEE ComSoc亚太区杰出青年学者奖，并于2020年获评教育部"长江学者"。他35岁就成为"大长江"，这在整个学术圈都是十分罕见的。

李勇20年来的成长经历和丰富的学术成果，便是对"大学之大，乃发展空间之大也"最好的诠释。

钱彦旻：语音处理领域的领军者

| 执笔人：钟午杰

钱彦旻，男，浙江湖州人，Dian团队187号队员。2003年，从浙江省湖州中学高分考入华中科技大学电信系；2006年秋，获得清华大学免试直攻博士资格的同时，加入了Dian团队；本科毕业后、清华读博期间，参与过著名语音识别工具包Kaldi的开发；博士研究生毕业后，前往上海交通大学计算机系任教，"从0到1"参与组建了上海交通大学语音实验室和上海交通大学－思必驰智能语音交互联合实验室。此后，还曾在英国剑桥大学做博士后研究。目前是上海交通大学副教授、国家优秀青年基金获得者，同时也是Dian团队兼职导师。

本科期间，加入Dian团队

钱彦旻从进入大学起，就是不折不扣的学霸。大一便获新生奖学金，大二、大三成绩照样优异。大四上学期，以电信专业第二的综合排名，被免试推荐到清华大学电子系刘加教授名下直攻博士。不过，头一年接收了Dian团队035号队员单煜翔的刘加教授提了一个要求：应当尽快加入Dian团队，锻炼动手能力。钱彦旻虽然答应了，但开学返校后恰遇国庆长假，于是便呼朋唤友外出旅游去了，没有及时到Dian团队报到。受了刘加教授嘱托的刘玉老师，看到队员们都利用国庆长假在实验室集体奋战，却没有钱彦旻的身影，很是生气，便严厉斥责了他。志得意满的钱彦旻突遭老师批评，面红耳赤，只好别别扭扭地进了Dian团队激光电源组学习DSP技术。那么，从2006年10月到当年年底，他在Dian团队里过得怎么样呢？请看他的年终小结：

> 进团队后不久，我的第一反应便是：要是能早一点进入Dian团队就好了。我为前两年荒废二课感到懊悔，也为我没有早点接触团队文化而感遗憾。

优良的学习氛围，是团队给我的第一印象。"干中学，学中干"的团队文化，时时在每个队员的身上体现出来。将项目和学习过程紧密结合，在保证项目的同时也很好地学到了书本上没有的知识和实践能力。刚入团队，我对"项目"这个名词一点概念都没有，实践经验的匮乏使得自己在刚开始阶段承受了挺大的压力。以前只知道将课本的理论知识学好、学精，并没有太多注重实践环节。平时安排的实践操作也较少，所以能真正将所学转化为所用的机会不是很多。进入团队后我才发现，取得好的考试成绩，并不意味着你就能在做"项目"中左右逢源。到项目组才几天，我便觉得自己知识好匮乏，奋起直追、努力学习才是重中之重。

队员之间的协助精神和战友般的密切关系，是 Dian 团队给我上的另外一课。虽以保研生的身份进入团队学习，但是刚来的锐气在几天后便消耗殆尽。项目经验的缺乏使我产生了深深的危机感，唯一办法只有从头干起。在这一阶段的学习中，我要感谢我们组员，他们不厌其烦的讲解帮助我解决了许多难题。刚开始我连如何快速查找资料都不懂，到现在逐步融入团队文化，这都要感谢大家的帮助。有段时间一直要去嘉铭公司现场测试，这期间大家的团队合作意识又展现得淋漓尽致。虽然前期遇到了相当大的困难，大家也曾沮丧过，但是，互相的鼓励和支持以及相互的探讨和分析，使我们最终渡过难关。在这里，我理解了什么才叫真正的团队，认识了什么才是一个团队的办事效率，也学会了如何能很好地成为团队中的一员。我想，这期间我所学到的团队精神，无论是对我即将开始的博士学习，还是将来走上社会岗位开始工作，都将有巨大的帮助。

就这样，钱彦旻的技术力和对 Dian 团队的向心力都提高了许多。大四下学期，他将所做的项目作为毕业设计（论文）内容，获得了湖北省优秀学士学位论文称号。

博士学位攻读期间，结识语音大牛Daniel

在清华大学直攻博士学位期间，钱彦旻主要的研究方向是语音处理。在这段时间内，他认识了许多业内的大牛，其中最值得一提的要数语音领域的著名科学家 Daniel Povey 博士。Daniel Povey 是剑桥大学博士，时任微软雷德蒙研究院研究员，后加入约翰斯·霍普金斯大学任语音和语言中心副教授，目前是小米集团语音首席科学家。

他们的相识，并没有太多的波澜，只是源于对技术共同的热爱。2010 年以前，Discriminative Training(即 DT，判别训练）一直是语音识别的重要技术，但当时除了英国剑桥大学的师生，其他人都很难将程序调出来。在那个没啥开源项目的年代，DT 训练的实现还是相当有挑战性的。钱彦旻做 DT 训练时尝试了无数次却都没有效果，只能抱着试一试的心态向论文作者 Daniel Povey 发电子邮件请教，没想到 Daniel 竟然秒回，效率之高犹如现在的微信聊天。在进行了一番讨论后，Daniel 要钱彦旻把代码发给他，直接帮忙调试。钱彦旻听了，既惊又喜，连忙把自己的代码发给 Daniel。Daniel 看过之后，马上指点："代码是对的，只是参数有些问题，请把 E=1.0 改成 E=10.0 再试一次。"钱彦旻改了参数之后，实验果然成功了！就这样，钱彦旻和 Daniel 熟悉了起来，经常交流讨论。钱彦旻十分佩服 Daniel 对算法的敏感，很多事情在他那儿并没有"因为"和"所以"，仿佛只要是在他的手中就可以调出来。

2010 年，钱彦旻去美国参加一个会议，与 Daniel 第一次线下相见。Daniel 谈到，他想用 C++ 写一套语音处理的工具包——Kaldi。语音的研究链条比较长，当时并没有一套完整、好用的工具包，勉强能用的只有剑桥大学的 HTK。不过，HTK 那个工具包是用纯 C 语言写的，很多人发现它的拓展性不太好，不方便在上面做一些应用开发。于是，Daniel 有了开发 Kaldi 的想法，他也明白这将是一个浩大的工程，自己一个人应付不过来，便想着从世界各地邀请一批志同道合的朋友一起干，其中也包括了钱彦旻。

2011年8月29日，钱彦旻与Daniel Povey等人在意大利佛罗伦萨参加语音领域顶级会议InterSpeech时合影

[左起：师兄单煜翔（035号队员）、詹静（钱彦旻夫人，清华大学博士）、钱彦旻、Daniel Povey（现任小米公司首席语音科学家）、Ngoc Thang Vu（现任德国University of Stuttgart教授）、Arnab Ghoshal（现任美国苹果公司机器学习组研究经理）]

面对 Daniel 伸出的橄榄枝，钱彦旻开始有些犹豫，倒不是对这个项目不感兴趣，而是担心自费出国的费用不易筹措。他将顾虑如实告诉了对方，Daniel 大气地回答："没关系，只要你能来就行，抵达捷克之后的开销我负责。"于是，钱彦旻欣然同意，并分别于 2010 年和 2011 年的两个暑假前往捷克进行 Kaldi 工具包的开发。

钱彦旻到达捷克之后，Daniel 对他很是关照，帮着找住处，经常请吃饭，还时不时接济他。有一次，他们去意大利开会，Daniel 问："你还有钱吗？"钱彦旻答道："不多了。"Daniel 立即去取款机上取了几百欧元给了钱彦旻，并邀请他和自己一起住。类似这样的事情，还有很多。不仅如此，Daniel 在学术上也对钱彦旻关照有加。Daniel 和钱彦旻一共合作了三四篇论文，不管是实验结果分析，还是论文修改，Daniel 都给了钱彦旻很大的帮助。有一次，钱彦旻赶着投 InterSpeech 会议，但时间紧张，加之自己英文也不够地道，于是他就把论文交给 Daniel 修改。Daniel 很热心地答应，并认认真真改了两遍。钱彦旻过意不去，想让 Daniel 署名共同作者，但他一口拒绝："不，我没有贡献。"Daniel 就是这样，学术上严于律己、宽以待人，生活上乐于助人、不拘小节。

Daniel 和钱彦旻他们这个团队的效率非常高，2011 年底发布了 Kaldi 语音处理工具包第一个版本，2012 年就趋于完善了。在这之后，添加了一些样例教程，让使用者很容易就能复现别人文章中的一些结果。后来，使用 Kaldi 的人越来越多，也有一些同行参与进来做了更多的开发，并且随着神经网络变得越来越重要，Kaldi 也做了深度学习的一些模型训练。目前，Kaldi 已成为下载量、使用量和普及程度最广泛的智能语音工具包。它不仅是开源的，而且具有完整的样例教程，非常方便，优化效率也很高，已基本上替代了第一代 HTK。大部分语音处理公司，甚至是"BAT"（指百度、阿里和腾讯）、亚马逊这些巨头，其第一代语音识别系统也基本上都使用 Kaldi 进行开发。

执教期间，学术、产业双结合

2012 年，钱彦旻博士毕业，当时国内语音方向的研究机构不太多，仅清华大学、中国科大以及中科院声学所和自动化所拥有语音实验室。这时，他在清华大学的师兄俞凯恰好从国外回来，想在上海交通大学成立一个语音实验室，希望钱彦旻也能过来帮忙。钱彦旻欣然同意，于是，他和俞凯一起从无到有把整个系统搭建了起来。但是，要想把一个学科从无到有建立起来十分不易，不仅要在学术上精益求精，研发世界顶尖技术，还要注重产业落地与成果转换，将研发的技术应用到产品当中。为此，他们成立了苏州思必驰科技公司来进行实验室的成果转化，主要业务包括信号处理、语音唤醒、语音识别、声纹合成、语音识别等，同时，还自主研发了人机对话系统和语音 AI 芯片。

2015 年，钱彦旻前往英国剑桥大学做博士后研究，在学术上再创新高。当时，自然语言处理的某些场景在 CPU 上运行比较慢，而 GPU 可以显著地改善系统性能，但 GPU 上又没有很好的开源工具。于是，钱彦旻便和剑桥大学的几位同事一起开发了 CVED-RNN 工具包，可以利用 GPU 比较高效地完成神经网络语言模型的训练。此工具是利用 GPU 构建大规模高效神经网络语言模型方面的早期主要开源工具之一，自 2016 年发布以来，下载量已上千次，与人合著的文章也进入了 ESI 前 1% 高被引论文。

2016 年底从剑桥大学回国之后，钱彦旻一直在上海交通大学计算机系任副教授。至今，他已发表 140 多篇论文，其中 100 多篇论文发表于语音信号处理顶级国际期刊和会议，包括 *IEEE T-ASLP*、*Speech Communication*、*ICASSP*、InterSpeech 等。他的论文引用数共计超过 7700 次，ESI 前 1% 高被引论文 9 篇，前 3% 高被引论文 20 篇。并且，他还申请了 60 余项中、美发明专利，其中有 12 项中国专利和 3 项美国专利已经授权。除此之外，他也是国家优秀青年基金获得者，他还以第一完成人的身份获得吴文俊人工智能科学技术奖自然科学一等奖（这

2017年11月24日，CCTV-1播出了钱彦旻参与的大型科技类节目《机智过人》

也是语音领域的研究成果第一次获得一等奖）、*Speech Communication* 最佳期刊论文奖（20年来首次授予来自中国内地的学者）等荣誉，可谓学术成果斐然。有趣的是，他还参加了中央电视台 CCTV-1 的大型科技节目《机智过人》，展示复杂场景下的语音分析和识别技术，完美展现了机器人识别语音的准确度。以上相关成果，得到了媒体的广泛报道以及社会的关注和认可。

钱彦旻与部分弟子合影

（坐者：左3为张王优、正中为钱彦旻、右3为李晨达）

更有意思的是，他和俞凯教授每年都优先招收 Dain 团队的"黄埔军校"种子班的同学前往上海交大读博或读硕，先后有 405 号队员陈哲怀、579 号队员李晨达、584 号队员张王优、615 号队员许洪深加入他们麾下，并且都很快产生了学术成果。例如，陈哲怀因其在语音识别领域的研究贡献突出，博士在读期间便荣获 Google PhD Fellowship Award（全球每年只有50 位左右的学生获奖，中国内地每年 3～4人获奖）；张王优博士入学仅 3 年多，就已经在语音领域的顶级期刊和会议上发表论文 10 余篇，并获得微软学者奖学金（全球仅 11 人获奖）、最优论文奖等；李晨达在导师钱彦旻的指导下获得硕士学位后，选择继续攻读博士学位，并与钱彦旻当年一样，积极参与开源项目 ESPNet-SE（此工具目前已获得业内广泛好评）的开发工作。

2018 年，Dian 团队在黄晓庆导师（时任华科电信学院院长）的提议下，全面转入人工智能 AI 方向，并提出要高度重视自然语音和语言处理技术，还号召小队员尽快掌握 Kaldi 语音处理工具包。当他听说 187 号老队员钱彦旻就是 Kaldi 的作者之一，马上提议特邀钱彦旻担任团队兼职导师，钱彦旻欣然答应。他每年都会回团队做学术交流，对有志于从事语音方向的小队员给予学术上的指导，并预留研究生名额，欢迎大家选报。

编后语

钱彦旻师兄成绩优异，在语音处理和人工智能领域做出了不斐的成就，这既得益于他自身的努力以及对科研的热爱，也离不开周围良师益友的帮助和影响。正所谓"独行快，众行远"，有了像刘玉老师、Daniel 博士、俞凯师兄这些良师益友的帮助，他在学术道路上不至于因为一时的挫折而放弃，一直勇攀学术高峰，取得了一项又一项令人瞩目的成果。

雷诚："我选择，我担当"

|执笔人：钟午杰

雷诚，男，湖北安陆人，Dian团队188号队员。2004年从安陆市第一高级中学考入华中科技大学电信系，2006年加入首届种子班并担任班长，毕业后被保送到清华大学电子工程系读博。后在日本东京大学做博士后并担任助理教授，回国后入选国家高层次人才计划，现任武汉大学工业科学研究院教授、副院长。

加入种子班，选择五彩缤纷的大学生活

众所周知，Dian 团队种子班有句响亮的班训——"我选择，我担当"，这句话最早就源于首届种子班的班长雷诚，而他也真正践行了这句话。

2006 年夏，体制外的 Dian 团队开始探索向体制内转化的教学模式，创建了两年制的"基于项目的专业教育试点班"即种子班，但处于"摸着石头过河"的探索期：培养计划、教学大纲、任课教师等都没有正式批文，甚至连毕业证书将冠名什么专业都没确定。当时，雷诚的成绩非常优秀，是电信专业的第一名，可以轻松保研到中国任何一所名校；而此时加入种子班风险巨大，因为种子班是从信息大类若干个专业中选拔出 20 人，全体都优秀，显然竞争会加剧，并且前两年加权平均成绩占比不高，在种子班他未必能继续保持第一名；即使仍然是新班第一名，因 20 人基数太小，也未必能得到中国顶尖高校的认可。面试时，刘玉老师将情况如实相告，但雷诚非但不退却，还留下了一段掷地有声的金句："在高中时，我对大学生活非常向往。但进了大学，依然是形同'黑白电视'般的上课、自习、考试。我想要的，是一个五彩缤纷的大学生活！"后来，每年种子班招新，只要刘老师去宣讲，都会把雷诚这段话讲给报名者听，瞬间便能引起全场共鸣。

加入种子班，第一门体验课便是钟国辉老师用"强实践"主讲的"微机原理"。崭新

2007年9月20日，首届种子班代表雷诚在第二届种子班开学典礼上发言

的教学模式令全班同学兴奋，基础扎实的雷诚更是如鱼得水，动脑、动手样样都行，很快从同龄人中脱颖而出，担任了首届种子班的班长。半个月的体验课结束后，种子班开了一次班会，有同学提到他们作为试验性的"小白鼠"，未来具有很大的不确定性。这时，雷诚站了起来，又说出了一个金句"我选择，我承受"，并表示不管未来怎样，自己绝不后悔。这句极有分量的话，深深鼓舞了大家，刘玉老师提议将它作为种子班的班训。不过，"承受"二字过于压抑，不久后便被改为"承担"。过了一阵，又有人说"承担"二字也有些沉重，建议改为"担当"。于是，种子班的班训最后定为"我选择，我担当"，一直沿用至今。

保研清华，几经坎坷终成正果

大三结束后，雷诚的综合排名在20人的种子班内是稳稳的第一，顺利地拿到了保研外校的指标。但是，清华大学却不接受他的简历，因为清华只招收整个专业（基数至少是200人）的前三名，种子班基数太小，无法证明其成绩优异。刘玉老师便写了一篇很长的情况说明，介绍种子班的学生是从信息大类六个专业中挑选出来的精英，委托已经在清华读博士的Dian团队035号队员单煜翔交给清华电子系教务科长，雷诚等种子班前三名的报名表这才得以被清华接收。

长达两个月的暑假，普通班具备保研外校资质的同学，都有充足的时间准备名校笔试和面试。但是，雷诚等三人都投身于Dian团队与企业合作的实战项目，一直到赴京参加保研复试的前半个月，才请假稍做准备。到了清华，有的笔试题目他们连见都没见过，考分都非常低。雷诚是三人中最高的，但也只有30多分。笔试分数公布后，三人都很沮丧，两名女生直接买了当晚的火车票回武汉，赶着参加第二天上午华科保送研究生的笔试。这时，雷诚也很纠结，不知道该回武汉还是继续傻等。想了片刻，他拨通了刘玉老师的电话："刘老师，我在面试线下十几名，肯定没希望了，但今天我也不想赶回武汉参加华科的保研笔试了。"刘老师为他担忧："你若放弃可就没书读了！"雷诚的回复很坚决："从大学起，我的目标就是清华大学，如果不能去清华，那我干脆出国留学。"

刘老师见此，给他支了一招，让他守在清华电子系教务科的门外，说不定会有奇迹出现。雷诚真的站在清华教务科的门外等着，后来站不住，就坐在了教务科的走廊上，一直等到晚上八点多。这时，教务科科长出来，一看别人都走了，只有他还在，便说："这位同学，你愿不愿意去我们系的光电专业面试？"原来，清华电子系中光电专业报考的人比较少，并没有招满，而排在雷诚前面的十几个人，一是没有足够的勇气苦等下去，二是听说排名靠后的可能会分到清华深圳研究院而选择了放弃。就这样，雷诚十分幸运地来到了清华光电专业参加面试。然而，当他赶到面试现场，发现还有清华本校的学生和他一起竞争最后一个名额。不过，好在雷诚在种子班内经历了千锤百炼，面试表现非常突出，最终"踩线"进了清华。

两天后，雷诚回到华科，刘老师略有遗憾地对他说："我在光学系待了16年都选择转回电信，你反倒从电信转到光电，有点吃亏吧？"谁知雷诚却毫不在意："我之所以想去清华深造，看重的是它百年老校的文化沉淀和校友圈，至于学什么专业并不重要。"雷诚的格局，令刘老师对他刮目相看。后来在清华读博的数年间，雷诚从未对光电专业有过不满，也没有觉得本科在 Dian 团队和种子班学的嵌入式软硬件知识可能用不上，一直安心在新专业做研究。

留学日本，从事科研矢志不渝

博士研究生毕业后，雷诚并没有急着找工作，他认为去企业可能会比较单调枯燥，还是想从事学术研究。于是，他便继续留在清华观望，同时寻找各种海外博士后的机会。在这个过程中，他了解到日本东京大学的 Keisuke Goda 教授是超快光学成像和频谱分析领域的专家，便于 2015 年初慕名前往日本东京大学做博士后。他虽然没学过日语，却毅然收拾行囊、动身前往，丝毫不担心语言不通和压力过大等困难。

刚到日本时，雷诚不会日语，生活多有不便，好在日本也使用汉字，各种中文标识都很齐全，并且实验室主要用英文沟通，因此，他很快就适应了在日本的生活，全身心投入到了科研工作中。在日本留学期间，雷诚一直踏踏实实地按照导师指定的光学成像和细胞检测方向推进着，三年半内不仅发表了 30 多篇论文，而且其中有两篇署名第一作者的论文还创造了令人难以置信的奇迹——在三个月内分别被 *Nature Photonics* 和 *Nature Procotols* 收录！此消息在 Dian 团队微信群里引起轰动，恭喜和钦佩之声不断刷屏。此外，他不仅获得过日本光学学会光学论文奖和 SPIE Photonics West 最佳论文奖等荣誉，还是日本内阁府革新的研究开发推进项目 ImPACT 的负责人之一，项目经费超过 2 亿人民币。

回首在日本留学的经历，雷诚感受最深的并不是科研带来的艰辛与成就，而是中日两国学者做事的风格差异。日本学者做事，前期准备做得很充足，会花很多时间去讨论方案、器件选型等，因此，从进度上看是推进得很慢的。然而，这种方法非常稳，由于各方面都做了充分的考虑，所以很少会出现意外，项目基本上都可以按照计划有序推进，返工和大修之类的情况很少。而一些中国学者更喜欢瞄准主要目标，先完成主要内容，然后回过头来进行修补和完善。这种方法，可以很快实现大目标，但是因为缺少完备的顶层设计，所以往往在某些细节上难以做到尽善尽美。这也许是日本在需要长期积累的行业（比如精密加工、材料等）做得很好，而在迭代迅速的互联网行业却落后于中国的一个重要原因。

心系母校，为Dian团队带来生动一课

2018 年秋，雷诚从日本留学归来，本想回到母校华科电信学院担任种子班导师，但无奈电信专业与自己多年的光学研究方向不太相符，便入职了武汉大学工业科学研究院担任教授、博士生导师，主要研究方向有超快光学成像、单细胞分析、机器学习等。2019 年顺利入选国家高层次人才计划，接着又获得了中国光学工程学会技术发明奖一等奖。

雷诚虽然在母校的隔壁武大担任教授，但仍然挂念着 Dian 团队和种子班。入职不久，雷诚便回到 Dian 团队做了一次非常精彩的学术分享，详细介绍了自己目前的研究方向——将生物医学与人工智能相结合。雷诚的研究团队，将超快光学成像技术与机器学习结合起来，应用到流式细胞检测等领域。通过超快光学成像技术，捕捉到清晰的细胞图像，再运用 AI 技术对大规模图像数据进行分析，可以检测出细胞的一些特性，并弥补传统细胞检测方式（显微镜和流式细胞仪）效率低、不准确等缺点。基于这样的技术框架，他们在药物合成中已经实现了初步应用。刘玉老师与雷诚私聊后，发现他的工作不仅具有很好的理论价值，也具有非常可观的应用前景，搭建的系统具有很强的嵌入式软硬件性质，于是开玩笑说："雷诚你在种子班打下的嵌入式技术基础，好像并没浪费嘛!"雷诚连连点头，表示一定会考虑科技成果如何转化落地。

2020 年武汉遭受新冠疫情重创，华科和武大校园各自封闭，直到 2021 年 1 月 13 日，Dian 团队在校内举办每年一度的年终茶话会（简称"小春晚"），雷诚也无法到场观看。但他全程观看了网络直播，并连夜给刘玉老师发了长篇留言，全文如下：

> 距离 2008 年毕业已经过去了 13 年，茶话会的场地也从当年的工会二楼小舞厅换到了启明学院的大舞台。然而，当 Dian 团队"小春晚"的直播开始，看到那一片橙色，听到熟悉的队歌时，我还是真切地有了"爷青回"的感觉! 当然，除了这份感动，我更惊叹团队在这些年间取得的飞速发展：

> 在过去的 2020 年里，团队的十大事件居然是发表高水平论文若干篇、获得国家级奖若干项、培养国家级人才若干位、毕业生就业平均薪资若干万、创业相亲会成功举办若干场……且不说 Dian 团队只是一个以本科生为主的百人团队，这份成绩单，即便是对于一个高校的学院而言，也是足以值得夸耀的!

> 今晚的茶话会，延续了以项目组为单位编排节目的传统。看着师弟师妹们在舞台上用他们那"青涩"甚至有些"笨拙"的演技以及工科生特有的冷幽默为大家带来欢乐的时候，我不由得想起当年唱歌跑调、跳舞顺拐的自己，一瞬间感觉时间倒流，站在台上表演的，恍惚还是当年那些自己熟悉的队友们。如果说观看其他节目更多的感受是快乐，那么作为首届种子班的一员，看到最后由 2017 级种子班带来的歌舞剧，我当时真的可以用"热血沸腾"来形容!

节目的编排非常用心。节目开场，由多名同学举牌向大家展示其所属的项目组，暗喻了作为 Dian 团队"黄埔军校"的种子班是团队所有项目组的中坚力量。节目中间，钟 Sir（即钟国辉老师）一句"你们准备好了吗"，拉开了种子班特色课程学习的序幕：不拘泥于课本，以课程设计为核心的教学方式，虽然给大家带来了不小的挑战，但在老师的悉心指导和同学们的精诚合作之下，一切问题都迎刃而解；专业课学习之外，种子班的同学们还积极参加商业企业管理培训、种子讲坛等一系列活动，全方位地锻炼和培养了自己的能力。尽管大家在种子班的两年过得比一般同学更苦更累，然而，风雨过后一定是彩虹，一项项的成绩即是对大家最好的回报！

2021年4月，雷诚在武汉大学的近照

"我选择，我担当"的班训，从2006年我发声一直喊到今天，老实说，有一点悲怆的味道。然而，在今晚节目的结尾，我欣喜地看到了对这六个字更生动的诠释："风雨同舟""责任""坚持""为梦而战"。正因为有梦，我们才从学校的各个角落聚在一起；惟有风雨同舟，坚持不懈，才能助我们抵达成功的彼岸；而在这个过程中锻造的友情和责任感，将会成为伴随我们一生的巨大财富。我想，这就是种子班的精神吧。

今晚虽然没能去现场感受热烈的气氛略显遗憾，又因抽奖一个没中而"遗憾＋1"，然而，依然非常感谢 Dian 团队通过网络直播向我们出站的老队员传递这份快乐和感动！

衷心祝愿 Dian 团队越来越好！

编后语

在雷诚师兄的内心深处，总有一股力量推动着他去打破常规，走出舒适圈。无论是加入首届种子班，还是保研清华，他都遵守自己内心的选择，愿意承担那样选择的后果。对他来说，成败早已不重要，更重要的是"在回首往事时，不因虚度年华而悔恨，也不因碌碌无为而羞愧"。

司徒加旻：攻坚有道，不忘初心

｜执笔人：董浣羽

司徒加旻，男，广东广州人，Dian团队202号队员。2003年从华南师范大学附属中学考入华南理工大学电信系读本科，大四上学期因学业优异获得保研资格，被华中科技大学电信系录取，师从刘玉教授。2007年3月，他在大四下学期便提前进入Dian团队做毕业设计。他技术扎实、行事稳重，脚踏实地、吃苦耐劳，沉默寡言又不失幽默风趣。他凭着过人的技术，以及对硬件超乎常人的热情与投入，在ARM9等项目组的技术攻关难题上立下汗马功劳。2009年硕士研究生毕业至今，他一直从事芯片研发工作。

醉心硬件，厚积薄发

司徒加旻从小就喜欢动手，在华南理工大学电信系读本科时，他就表现出对硬件技术的极大热情。他主动到系里的创新实验室做创新实验，颇得所在学院副院长徐向民教授的赏识。2006年6月，刘玉老师在全国60所大学校长会议上做了Dian团队"干中学"模式的经验介绍，引起了巨大反响。徐副院长也由此知道了Dian团队，并与刘玉老师相识。2006年9月，司徒加旻获得了保送研究生的资格，他希望离开广州到外地求学。于是，徐副院长便将这位德才兼备的爱徒推荐给刘玉老师，司徒加旻就此与Dian团队结缘。

司徒加旻来武汉，首先到Dian团队接受内部面试，他打开随身携带的工具箱，里面全都是他亲手制作的硬件作品。核心层干部无论询问他哪块电路板，从原理到实现的每个步骤，他都说得一清二楚，令在场队员都很佩服。他们向导师组汇报说："这位操着一口广东普通话的同学，说话特别慢，但逻辑特别清晰，可以确认那些电路板都是他本人搭建的，是个优秀的硬件人才。"大家都希望他能提前来团队做毕业设计，尽快加入项目组。

2007年3月，司徒加旻果真在大四下学期刚开学就来Dian团队报到了。在周末例会上，刘玉老师激情澎湃的讲话深深触动了他，让他对团队一下就产生了很强的认同感与归属感。4 月初又恰逢 Dian 团队举行 5 周年团庆，大家热热闹闹、欢欢喜喜地迎接老队员，像一家人过大年似的，司徒加旻也被这种团结的气氛所感染。他借住在上一届研究生的宿舍里，很快与大家打成一片。他首先进入的是 DSP 硬件组，参加 USB 打标项目，组长是 026 号队员颜庆华。一开始进展挺顺利，但好景不长，到了 4 月下旬，DSP 组突然陷入巨大困境——DA 板卡莫名其妙地出现了黑屏现象，死活找不到原因。临近项目验收，组员们不得不在实验室通宵测试。无数次开机实验加上到处求教，终于换来了一个最终答案：造成黑屏的原因，仅仅是 DSP 芯片的一个管脚没有处理好。而为了解决这么一个小小的错误，DSP 全组人花了整整 3 个月的时间！这次经历，让司徒加旻切身体会到了"细节决定成败"。因此，在后面的项目中，他更加注重细节、精益求精，其硬件实力与解决问题的能力也进一步得到了提升。

临危受命，攻坚克难

2007 年 7 月 15 日，刚回华南理工办完毕业手续的司徒加旻，被紧急唤来武汉，火速调到 ARM9 项目组增援。ARM9 组正在开发一款"多通道超声基桩检测声波仪"，遇到了一个技术难题——设计的收发双工超声检测电路存在着严重的干扰，信号微弱到无法识别。可是，此前有经验的组长 122 号队员柯菁、052 号队员钱建安已先后毕业，继任组长 161 号队员李长林因家中急事离开武汉，临时代理组长 072 号队员陈建武经验不足，其他组员均是低年级本科生，更难以应对。身负重任的司徒加旻，次日便前往这个项目的合作方——中科院武汉岩土力学所，与组长陈建武、队员吴立一起奋战，为节省路途时间，他们干脆在岩土所附近租了民房，集体睡大通铺。组员们顶着酷暑在岩土所尝试了各种方案，可几周过去了还是没有突破，司徒加旻情绪非常低落。

2007 年 7 月 21 日早上，万般沮丧的司徒加旻给刘玉老师打电话，请求终止这个合作项目。刘玉老师在电话里生气地质问道："你们真的尽力了吗？你们找过导师咨询吗？有没有请教过其他项目组的高手？在这些努力都还没做的情况下你们就举白旗投降，我坚决不同意。"刘玉老师雷厉风行，决定当晚就进行项目会诊。于是，ARM9 项目组员全部从岩土所赶回华科，Dian 团队另一个硬件组——激光电源组的核心成员和其他硬件高手都被通知到场。正在校外的钟国辉老师接到刘玉老师的电话，也迅即赶回学校。

在东七楼 6 楼那个没有空调和电扇的会议室里，满头大汗的陈建武和司徒加旻在白板上完整地列出了目前遇到的问题和已尝试过的解决方案。接着，大家七嘴八舌地不停发问，很快就弄明白了核心问题所在——收发两用的超声波探头在发送声波后马上接收回波时有很大干扰。司徒加旻喃喃道，他们曾经碰到一个现象，如果探头发出声波后瞬间断电，再接收信号就没有干扰了。钟国辉老师立即敏锐地抓住这一点追问："那你们设计了断电再接收的方案没有？"司徒加旻解释说，他们一直用软件方式控制通断，可软件断电只是逻辑上断开，而非物理上断电，因此，仍然解决不了问题。"那为什么不设计硬件关断方案，比如用继电器？"

2007年8月10日，ARM9组继任组长司徒加旻（中）向合作方汇报项目进展

钟老师又紧紧追问。司徒加旻为难地说，超声探头是外购的成品，封装很严实，似乎没空间再加装继电器。

钟国辉老师一言不发地走到会议桌前，拿起那个成品端详一番，用手掂量了一下，觉得很轻，不像是装满零部件，当即说道："拿起子来！"司徒加旻连忙递过一把梅花起子。只见钟老师迅速旋下螺丝，打开仪器外壳，里面果然有一大块空间。司徒加旻眼睛一亮，顾不上羞愧，立即收拾桌上的东西，连夜回到中科院岩土所继续做实验，结果令人惊喜和振奋。这个几乎夭折的"多通道超声基桩检测声波仪"，终于圆满实现所有设计功能，成为中科院岩土所的王牌新产品，在高铁建设的过程中发挥了巨大作用，一直供不应求。同时，这个项目也为Dian团队带来了2007年冬全国"挑战杯"特等奖的荣誉。这个项目让司徒加旻特别受教育，知晓了凡事要刨根问底，不要轻言放弃。

一波三折，初心不改

2008年2月底，ARM9组与中科院武汉岩土力学所准备进行二期项目合作，让司徒加旻担任组长，任务主要是软件的开发与维护。于是，刘玉老师调兵遣将，将团队当时的"C++四大高手"（138号队员陈少明、183号队员石小兵、073号队员周小明、206号队员唐文滔）都调到ARM9组交由司徒加旻领导，打算大干一场。然而，岩土所那边却因故取消了二期合作。ARM9组从忙碌状态突然变成了休眠状态，这令一直绷紧发条的司徒加旻非常不习惯，感觉痛失了学习新东西的机会，非常伤感和无奈。

2008年6月底，司徒加旻又回到了DSP组，负责硬件方向的培训。此时，DSP组准备做武汉嘉铭激光公司的飞行打标项目，司徒加旻又高兴地回到了熟悉的忙碌而充实的生活状态。然而，坏运气再次来临，飞行打标项目也因特殊原因被合作方终止。

两次打击之后，老天爷终于发了慈悲。武汉高德红外公司给Dian团队发来"命题作文"，希望制作千兆网卡，司徒加旻憋足了一股劲儿，与151号队员孙静超、270号队员李剑飞、297号队员江滔、337号队员李耀栋一起组成了"攻关5人组"，不断攻克难关，这个项目最终顺利结题。

老天爷仿佛特别爱捉弄司徒加旻，每次好运气之后总是会跟随着坏运气。这不，毕业求职之际又折腾了一回。2008年秋的招聘季，酷爱硬件的司徒加旻如愿被旭上电子公司（威盛电子上海硬件部门）高薪录用。然而，司徒加旻硕士论文都还没写完，就得知该企业受金融危机影响而严重亏损，并停招新人，offer作废。虽然公司支付了司徒加旻几千元的违约金（折合一

个月的工资），可那时已是 2009 年春节，加上金融危机的
影响，哪还有单位来华科招聘？技术最强的司徒加旻，此
时倒成了 Dian 团队唯一没有落实工作单位的队员。最后，
他只好与中海油田服务股份有限公司下属的一个研究所签
约，在河北燕郊从事仪器设备研发。

虽然经此波折，但司徒加旻仍不忘初心，一心想从事
芯片级的核心硬件技术研发。硕士研究生毕业不久，恰逢
威盛电子北京分部对外招聘，于是他就向威盛的硬件部门
投递了简历，结果很快被录用，随后赴京从事 CPU 芯片研
发。刘玉老师得知后，不解地问道："司徒你是南方人，曾
说特别不愿去北方生活，那你为什么还是要折腾去北京呢？"   司徒加旻近照
司徒加旻坚定地说："选择热爱的行业和方向，比生活环境更重要。"直至现在，司徒加旻一直
在威盛这个团队从事 CPU 研发。2014 年，威盛电子的 CPU/GPU 部门被上海联合投资收购后，
成立了上海兆芯集成电路有限公司。目前，司徒加旻在公司的处理器架构二组担任主管。

花　絮

　　2007 年 8 月，刘玉老师曾前往广州，向司徒加旻的导师徐向民教授致谢。由于司徒加
旻的母亲在华南师范大学工作，刘玉老师就想做个家访，当面拜见一下司徒加旻的母亲，向
其致谢。刘玉老师联系了司徒的母亲，并表达了拜访的意愿，而司徒的母亲却说，"您别来，
我家里特别小，不好找，还是我到招待所来找您吧。"刘玉老师与司徒加旻的母亲面谈之后
才知道，司徒大学二年级时他父母就离异了，司徒的母亲收入不高，月工资只有 600 元。刘
玉老师十分感动，敬佩这位伟大的母亲，感叹她是怎么靠着这点微薄的收入，养育出如此优
秀、乐观、内心坚强的儿子，并供他读完大学和研究生。刘玉老师回学校之后，对司徒加旻
喜爱之余多了几分怜爱。后来，刘老师在 Dian 团队设立了"大病补助""困难补助"的项目，
增加了学生的奖学金，并提高了有能力的优秀学生的待遇。

编后语

　　"瀑布对悬崖无可畏惧，所以唱出气势磅礴的生命之歌。"司徒师兄是一个
坚定的奋斗者，在人生路上朝着最初的理想奔赴，几经波折，但始终不抛弃、
不放弃。他是一个睿智的领导者，临"危"受命，带领团队攻坚克难。他的精神，
值得我们这些晚辈学习和传承。作为 Dian 团队新一代的成员，我们要努力把
Dian 团队的精神传承下去！

王兴刚：完美的闭环

| 执笔人：侯京华

王兴刚，男，湖北英山人，Dian团队207号队员。2005年从英山县第一中学考入华中科技大学电信系，大二时加入Dian团队，然后又加入种子班。他热爱算法设计，一直在DSP项目组参与软件开发和维护工作。本科毕业后，留校硕博连读，师从刘文予教授和白翔教授。曾赴美国天普大学和加州大学洛杉矶分校做访问学者，也曾到微软亚洲研究院实习。最终，他放弃企业研究院的高薪，选择留校任教，现为电子信息与通信学院副教授，兼任Dian团队人工智能方向CTO，并给种子班讲授"计算机视觉"课程。其主要研究方向是计算机视觉、深度学习、机器学习，在ICML、NIPS、CVPR、ICCV、ECCV等国际顶级会议，以及*IEEE TPAMI, IEEE TNNLS, IEEE TIP*等海外期刊上发表学术论文70余篇，谷歌学术引用次数超过8000次。担任顶级会议CVPR领域主席（Area Chair），还在*Pattern Recognition*等知名期刊担任编委。

班主任的引领

2005 年，王兴刚从湖北山区考入华中科技大学非常热门的电信专业，其班主任正是 Dian 团队 026 号队员、首任总教练颜庆华。已经做过企业级合作项目的颜庆华，很注重实践动手能力，经常组织班上同学讨论技术，也舍得拿出自己的宝贵时间，到机房帮着学生们调试 C 语言程序。在班主任颜庆华的悉心引领下，王兴刚很快就迷上了软件设计。大二下学期，他和同班的唐文滔便报名了颜庆华所在的 Dian 团队，想跟着学习更多的本领。045 号队员、第二任总教练杜欢，亲自担任面试官，对他俩的面试持续了整整两小时。杜欢教练还亲自演示了采用当时最先进的 WTL 技术开发的图像处理软件，这让王兴刚对编程更加着迷。加入 Dian 团队之后，他便进入 DSP 项目组参与企业级应用开发。大二结束时，他看到 Dian 团队

2007年8月10日，王兴刚转入种子班上课第一天

办起了"黄埔军校"——种子班，毫不犹豫地就和唐文滔报名加入，从此，王兴刚的学习生涯便与 Dian 团队和种子班交织在一起。

钻研与热爱

　　王兴刚刚进入 DSP 项目组，便被安排消化、维护和升级项目组的激光打标专用软件。该软件代码多达 20 万行，面对这个"庞然大物"，王兴刚和一起进组的唐文滔来不及多想，便一头扎了进去。不用说，很快就连连碰到各种 bug，有些问题涉及很多底层的 API 和应用逻辑，一周甚至一个月都搞不定。他只好冥思苦想，做逻辑上的推断，不断补充学习新的知识。这段时间虽然辛苦，但是，王兴刚的能力得到了飞速提升，尤其是其逻辑思维得到了很大的锻炼，他很快成长为核心骨干。到本科毕业前，他竟有了 5 万行以上的 C++ 代码积累。

　　热爱钻研的王兴刚并不满足眼前的成绩，他一直觉得这只是在学习和消化别人的设计思想，他更渴望自己去设计和实现算法。在 2005 级种子班学习"数字图像处理"课程时，王兴刚和小伙伴曹洋结对做课程设计，他们用隐马尔可夫模型实现了激光打标的字符识别。王兴刚看到图像比文字直观多了，于是萌生了想做图像识别领域研究的想法，不过，此时还只是一颗深深埋在心中的种子。对于王兴刚来说，种子班有着改变人生的重大意义。在种子班，他的大学生活不再平淡，他掌握了许多在普通班学不到的知识，编程技术得到了磨炼，个人实力得到了飞速提升；在种子班，他还认识了许多优秀的同学，与他们结下了深厚的友谊，一起进步，一起成长；在种子班，他深深地被刘玉老师和钟国辉老师一心培养学生的精神所感动，并由此影响了他日后留校任教的选择。种子班的教学改革模式，使他在本科阶段就对技术的本质有了了解，从而能够突破工程的极限，为后来的研究打下基础。研究本身需要很强的编程能力，没有 Dian 团队和种子班的训练，他后面是不可能做好研究的。

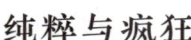

纯粹与疯狂

2009 年，王兴刚顺利获得保研资格，他选择到华科电信系最强的图像识别科研团队，连大四毕业设计都迫不及待地去该团队接受新挑战。这时，恰逢年轻教师白翔有一个新的算法创意，想投稿计算机视觉领域的顶级会议 ICCV 2009，但没有实验数据作为支撑，急需有人去实现这个新算法，精通 C++ 的王兴刚自然就成了白老师的帮手。听说离会议截稿只剩一个多月，时间非常紧迫，王兴刚二话不说便开始了攻坚。如何将白翔老师抽象的想法变成可执行的代码是一件困难的事情，王兴刚需要自己设计数据结构，需要自己设计和优化算法，不过，这也正是他一直向往的挑战。在会议截稿前的一个星期，他干脆在实验室通宵奋战，每天只在角落的一张破旧的小床上睡 3 小时，连续调试了 4 天 3 夜，最终成功实现了这个算法。实验证明，这个算法取得了当时世界上最好的效果。白翔老师兴奋和激动之余，对王兴刚也充满欣赏和感激，赶紧将这个本科生的名字加在了论文作者名单上，而此时离收稿关闭时间只剩最后半小时了！

后来，这篇论文毫无悬念地被 ICCV 2009 大会录用了，白翔老师高兴地带着王兴刚一起去日本参会。在会上，王兴刚见到了很多国际知名学者，在与同行的交流过程中也收获了很多。他发现，做研究不仅对自己富有挑战性，同时还能开阔视野。正是这次成功的科研经历，让他走上了硕博连读的学者之路。

在实验室攻读博士，是王兴刚一生中难以忘却的经历。他用了两个词，来概括他的博士生涯："纯粹"和"疯狂"。他纯粹地潜心研究自己喜欢的领域，结交纯粹的友情，同门之间，实验室同学之间，互相鼓励、互相支持，苦中作乐。他在攻读博士期间，几乎每天都投入到研究当中，无暇顾及个人生活，疯狂地追求研究领域的制高点。

2010 年 6 月—2011 年 8 月，正在攻读博士学位的王兴刚，前往美国费城的天普大学（Temple University）计算机与信息科学系做访问学者。在美国期间，他因访问期未满一年而不能买车，住处离学校又比较远，于是，他通过自己出色的算法能力帮助老外解决问题，老外便每天接他一起去学校，互相帮助、各取所需。

王兴刚回国后，2012 年又前往微软亚洲研究院实习，导师为屠卓文教授。在那里，他遇见了许多优秀的老师，经常工作到深夜的他，常常是最晚回家的那批人之一。北京的冬天十分寒冷，有一次，工作到深夜的王兴刚遇到大雪回不了家，最后不得不在公司熬了一晚。他的努力没有白费，他构建了当时世界上最好的图像中间层的表示方法，在公开数据集上取得了很好的结果，这个方法被用到了微软的手势识别中，并申请了美国专利。接着，王兴刚在物体检测和识别领域发表了多篇顶级论文：2 篇 CVPR，1 篇 ICML，1 篇 NIPS。在同领域的同龄人中，他的成果遥遥领先，成功当选"微软学者"，是当年整个亚太地区荣获该奖项的十人之一，也是计算机视觉领域唯一的获奖者。

2013 年 2 月—9 月，王兴刚再次前往美国，到加州大学洛杉矶分校（UCLA）做访问学者，导师是霍金的学生 Alan Yuille 教授。Alan 教授学识渊博，乐于传授知识给学生。在师生讨论会上，他愿意为不懂的学生从最基础的数学理论讲起，甚至还与王兴刚开过长达 3 个小时的讨论会。

2014 年，王兴刚博士毕业后，他婉拒了某"大厂"研究院的高薪职位，在导师刘文予教授的极力推荐和帮助下，选择留在华科做学术研究。

完美的闭环

王兴刚留校任教后，应刘玉老师的邀请，他以全新的身份——人工智能（AI）方向 CTO，再次加入 Dian 团队，并讲授种子班的"计算机视觉 /AI"课程。他从 2007 年第二届种子班的学生，变成 10 年后给种子班同学上课的老师。他觉得这种身份变换很有趣，很希望自己是一名"布道师"，让对 AI 感兴趣的学生能够在 AI 领域有所作为。刘玉老师高兴地说："种子班培养了王兴刚，王兴刚又将自己的学识传授给种子班，他实现了一个完美的闭环。"

在给种子班授课的过程中，王兴刚对种子班同学做出的成果印象深刻。有个小组在做课程设计的时候，仅花费 2 个月时间，便从零基础做出了一个可以运行的无人驾驶小车。这让他眼前一亮，他觉得种子班的同学很聪明也很有能力，发展潜力很大，因此，他上课时经常会鼓励同学们去探索一些科学问题。站在讲台上的王兴刚，望着台下那一双双发亮的眼睛，就好像看到了潜力无限的金矿，他愿意尽力去帮助和培养学生，让他们能够释放自己的光芒。许多种子班的同学，在他的培养下，逐渐成为科研领域的新星，这令王兴刚十分自豪。

2021年5月，王兴刚正在为2018级种子班上课

当王兴刚以教师的身份再次回到种子班，他有很深的感触。一方面，他认为种子班的教育模式很完美，学生们能够提高自己的动手能力，结交到许多优秀的同学，早早形成超过同龄人的实践能力，形成对时间的高度把控能力。另一方面，他从教师的角度出发，也看到了种子班有待提高之处，他认为种子班还可以更加多元化，课程可以根据学生们的不同兴趣和倾向来制订，彰显各个方向的特色，更加遵从学生的意愿，真正做到因材施教。

面对笔者的采访，王兴刚的眼里充满了感激，他十分感谢从本科到博士一路给予他各种帮助的老师们，十分感谢种子班的培养，也感谢一直以来坚持努力的自己。放眼未来，王兴刚充满了信心，他希望能够继续坚持自己的研究梦想，在计算机视觉领域成为国际一流的学者。

✒ 编后语

作为王兴刚老师的学生，笔者在他身上学到的，是努力追逐学术梦想的精神，以及对科学研究的热爱与执着。在 Dian 团队期间，他一心想要深入研究算法，并为此不断努力；在读博期间，他几乎将自己所有的时间，都用来做纯粹的学术研究，疯狂地追求相关领域的制高点；毕业后，他为了学术上的追求，果断放弃企业高薪，而选择留校任教，做一个纯粹的为梦想和热爱而努力的人。王兴刚老师在给学生上课的时候，不断展现着他对学术研究的热爱、对学者生活的热爱，他的一言一行都潜移默化地影响着学生，影响着他们的人生观和价值观。

曹洋：从哪里来，到哪里去

|执笔人：何牧

曹洋，男，江西九江人，Dian团队229号队员。2005年从武汉中学考入华中科技大学电信系，大二刚结束便报名加入种子班，本科毕业时被保送到本校电信系硕博连读。2010年曹洋获得了ICST Chinacom国际会议最佳论文奖，2011年荣获微软学者奖学金（系全球29位获奖者之一）。2011年9月到2013年9月，曹洋作为访问学者前往美国亚利桑那州立大学电子计算机与能源工程学院深造。博士毕业后留校任教，荣获华中科技大学"学术新人奖"，获聘"华中卓越学者"晨星岗，担任Dian团队导师并为种子班讲授"通信原理"。

默默付出，态度积极向上

2007年10月3号，Dian团队组织了规模较大的东湖落雁岛秋游，刘玉老师积极带队前往，因为这类集体活动往往是观察、了解新人的好机会。这次去游玩的过程中，有个穿着与Dian团队队服特别相似的橙色T恤的小队员，给刘玉老师留下了深刻印象。他总是悄悄帮着做一些事情，不管是搬东西，还是倒垃圾，或者是协助烧烤，就像是队伍中的一名专职后勤人员。彼时，刘玉老师还不知道这位小队员的名字。第二天早上大家分批返回市区的时候，恰好刘玉老师与他搭乘同一班公共汽车回学校，于是刘老师开口问："你叫什么名字啊？我觉得你这个孩子将来会有出息的。"曹洋听到刘老师夸奖，脸"刷"的一下就红了，腼腆内向的他鼓起勇气回问："您为何会如此评价我？"刘老师笑着说，因为在昨天秋游的过程中发现他多次默默无闻地做着服务工作，这样主动积极的工作态度，如Dian团队团训所说，"态度决定一切，好态度带来更多机会"，那将来一定会有出息。曹洋憨厚地说，自己是早产儿，小时候体质较弱，一直不太自信，暑假在种子班按"干中学"模式学习，因为硬件基础差，所以比其他同学吃力一些，很担心学不出来。刘老师鼓励他："以你现在积极主动的态度，哪怕是零基础，也一定能迎头赶上！"

于是，曹洋在种子班默默坚持下来，并凭借与人为善的温良性格，被推选为种子班的副班长。由于刻苦认真，曹洋的技术能力也日渐提升，慢慢成了项目组的主力。

团队发展，家长支持有功

从 2009 年 6 月 15 日开始，Dian 团队每月发行两期工作简报电子刊。曹洋的父亲订阅了团队工作简报，还经常撰写读后感，并热心提出意见和建议。刘玉老师也来信必复，还转发到喻信星空 BBS 的 Dian 版，让全场队员阅读。一来二去，两人就成了神交的朋友。

在曹洋父亲的邀请下，刘玉老师还真的去家访过。曹洋的母亲已经退休，父亲是一名铁路职工，家境并不算殷实。家访过程中，曹洋的父亲带着刘玉老师走到曹洋的房间门口，指着曹洋的床铺说："自从曹洋加入了 Dian 团队，那张床他两三个月都没睡过一次。"刘玉老师听到此话非常惊讶，曹洋是家住武汉的本地学生，每个周末都是可以回家的呀。曹父说，曹洋每周六都要在项目组加班或技术培训，周日上午才会回家取东西，然后下午就要赶回学校参加 Dian 团队雷打不动的周例会。听到这些，刘玉老师非常感动曹洋对 Dian 团队的全身心投入，同时对曹洋的父母产生了歉疚感。不过，曹洋的家人还是非常开明的，赞同曹洋将全部精力付出到工作上，盼望他更加自信。曹洋父亲最关心的，是曹洋未来该走哪条路，他向刘老师请教："您认为曹洋将来做什么工作比较合适？"刘老师爽朗地笑着说，"你家曹洋以后到任何岗位做任何工作，一定都是先进工作者，哪怕让他去当淘粪工人，他都一定会做成像咱们五六十年代的时传祥那样的全国劳动模范。所以，你不用给他规定未来路线或者请我给他'算命'，尽管让他自由选择、自由发展好了。"

这次去曹洋家的家访，令刘玉老师醒悟到：Dian 团队的队员在参与真实项目锻炼的过程中，他们的家人其实也做出了一些牺牲；团队的长足进步，不仅要感谢所有的导师、顾问和新老队员，还应当感谢每个队员背后家人的理解和支持。因此，在团队成立 8 周年的团庆之际，刘玉老师特别邀请曹洋的父亲作为家长代表上台发言；后来的 10 周年和 15 周年团庆，也都邀请了部分队员的父母或配偶作为家属代表致辞，以示尊重和敬意。

2010 年 3 月，中央电视台《小崔说事》栏目组到武汉为新选题采风，采访了 Dian 团队一些队员。当已进团队三年的曹洋面对

2010年4月26日，CCTV-1《小崔说事——点亮未来》中曹洋的镜头

摄像机时，他说出的一番话让围观的师生甚至央视的编辑都深感见解独到："在我们国家，我们有世界一流的国有企业，但是我们没有世界一流的大学，我们高校向先进企业学习，这是非常有必要的。那么，这些眼界上的开阔，就是我在 Dian 团队里面得到的一个很大的收获。"

厚积薄发，勇攀学术高峰

曹洋在本科阶段学习刻苦、成绩优异，从种子班顺利保研，他自己选择到电信系江涛教授门下攻读博士学位。

博士研究生的毕业要求非常高，一般人会觉得很难熬出头。但曹洋选择继续深造，刘玉老师非常放心，她认为，在 Dian 团队已经具备解决陌生问题的勇气并掌握一定方法的曹洋，已经进入快车道，凭着他积极向上、踏实沉稳的态度，在科研道路上一定能走到最后。果不其然，2010 年才刚刚读博一年的曹洋就获得了 ICST Chinacom 国际会议最佳论文奖，并在 2011 年荣获微软学者奖学金（全球仅 29 位获奖者）。2011 年，曹洋还以访问学者的身份前往美国亚利桑那州立大学，在电子计算机与能源工程学院学习了两年。关于曹洋在学术道路上的顺利成长，刘老师虽早就预料到，但还是非常惊讶其成就竟会如此之高。后来，曹洋的大幅照片也登上了 Dian 团队文化墙的十大"明星榜"，成了 Dian 团队队员学习的榜样。

成人成才，不忘回馈团队

曹洋博士研究生毕业时已经硕果累累，作为电子信息专业的精英人才，毫无疑问是一流企业竞相高薪聘用的对象。可是，为什么曹洋愿意留校任教，而不接受当时那些"大厂"提供的非常优渥的 offer 呢？原来，曹洋心底有一个朴素的愿望，就是很想回馈 Dian 团队。如果在本校任教，将来可能帮得上 Dian 团队的忙，于是他真的留在了母校电信学院（3 年后顺利晋升为副教授）。2015 年，当 Dian 团队"黄埔军校"种子班的"通信原理"这门专业课缺继任老师时，刘玉老师就赶紧邀请刚留校的讲师曹洋来授课。至此，曹洋与 Dian 团队的故事形成了一个完美的闭环：曹洋从 2005 级种子班毕业，8 年后成为 2014 级及之后各届种子班的任课教师，并正式进入 Dian 团队导师组，担任研究生学术主管。这个案例，也是对"Dian 团队的红旗还能打多久"的质疑之声最好的回应。

2021年4月，曹洋为2018级种子班学生授课

为人谦逊，重视感情

回看曹洋的成长之路，不难发现曹洋的品性之淳朴。在与曹洋父亲的交流过程中，刘玉老师了解到，曹洋一家在他高中毕业考入大学后，仍与高中的老师保持联系。不仅如此，在曹洋离开团队乃至出国深造后，哪怕已经晋升高级职称，每年都会比较正式地与刘玉老师至少交流一次，汇报最近的工作和想法。甚至是找女朋友，曹洋都会向刘玉老师征求意见。如此深厚的师生情，不免让人感慨，"师恩难忘"在曹洋身上体现得多么淋漓尽致。

曹洋留校任教后，恰逢 Dian 团队华中分站的站务组换届。因为曹洋的工作已经稳定下来，并且出于对其人品的信任，所以刘玉老师力荐曹洋担任华中分站的继任站长。自此，曹洋又多了一份凝聚华中地区毕业老队员的责任，但他无怨无悔、尽职尽责。

✒ 编后语

听了曹洋师兄的故事，我内心有非常特别的感触，因为我与曹洋师兄同是武汉人，同样是武汉中学毕业，我的父亲也是一名铁路职工。这一系列的缘分，让我在聆听曹洋师兄的故事时，自然而然地将自己代入得更深了一些。Dian 团队独特的文化和历史，以及团队中这样一群非常可爱的人，让我恨不得每分每秒都待在团队。每到周五晚上，父亲打电话问我周末回不回家，我总是回答说项目组工作很忙，然后这一忙可能就是一学期。在 Dian 团队高速发展的进程中，父母确实给我们提供了非常重要的精神支持，默默牺牲了无数次家人团聚的机会。

曹洋师兄既有为团队无私付出的奉献精神，也有在学术研究上厚积薄发的钻研能力，还有成人成才后不忘回馈团队的感恩情怀，他给我们这些后辈树立了优秀的学习榜样。

就在这篇故事定稿之际，身为"黄埔二期"学员的曹洋已经全职加入 Dian 团队，入驻启明大楼成为 Dian 团队第三代"掌舵"候选人，至此形成了 Dian 团队生生不息的完美闭环！

王大庆：量子技术道路上的前行者

| 执笔人：闫鹏

王大庆，男，安徽利辛人，Dian团队254号队员。2006年从安徽省利辛县第一中学考入华中科技大学光电学院，2008年春季加入Dian团队理论组，后担任量子通信组组长。本科毕业后赴德国深造，由于表现突出，有机会加入奥地利维也纳大学Anton Zeilinger教授的实验室参与量子光学实验研究，打破了当时量子隐形传态距离上的世界纪录。2012年9月，与该成果相关的论文"Quantum teleportation over 143 kilometers using active feed-forward"在*Nature*期刊上发表，还是学生身份的王大庆是第四作者。博士毕业后，目前在德国卡塞尔大学以博士后身份从事量子光学基础实验方面的研究。

初入团队，沉默前行

王大庆刚进入大学不久，就无意中看到了一本小说《达·芬奇密码》，令他爱不释手，留下了深刻印象。到了大二，他报名参加已经在华科较有名气的Dian团队，面试他的恰巧是量子通信组组长李玥（148号队员）。李玥眉飞色舞地向王大庆介绍量子密码学，一下子便令王大庆迷恋上了那块虽然模糊却又韵味十足的领域。

王大庆一进量子组，便兴冲冲地到图书馆去借了好几本量子理论方面的参考书，一本本、一页页地"生啃"。旁听了好几次组会，虽然不懂，但迷惘中又觉得充满诱惑。一个月以后，王大庆诚惶诚恐地站在刘玉老师和全组成员面前进行"首秀"，他拿起粉笔，在黑板上讲述了他所理解的光子的偏振纠缠态。虽然他自己认为是磕磕绊绊讲完的，但刘老师不仅没挑刺，反而评价王大庆把这个知识点讲得很透彻，甚至鼓励他未来应该以中国科学院院士为奋斗目标。这对于一个大二学生来说，无疑是巨大的鼓励。当王大庆窃喜地从讲台走下来时，似乎在生涩中发现了一把打开神秘城堡的钥匙。

2008 年 6 月，把王大庆领进门的李玥师兄，以发表数篇高质量论文的优异成绩告别 Dian 团队，前往美国名校深造。王大庆在迷茫与不舍中告诫自己：别着急，慢慢积累，厚积薄发才是王道。

虽有压力，但亦前行

送走了师兄师姐以后，暑假也如期而至。王大庆没有回家，而是留校参加期盼已久的项目组暑期工作，那是一段排除所有干扰、专心做研究的日子。正是这完整的两个月，让王大庆找到了研究的目的性，也为他之后的工作找到了着力点。在 2008 年底的个人总结中，王大庆写道：

团队之于人的作用，总是潜移默化的。近一年的团队生活，从刚进来时莫名压力下的迷茫彷徨，到现在面对压力也微笑置之的些许自如。我想，这也许是我收获的最大一笔财富。师兄师姐们的经历告诉我，就像做研究一样，面对压力时最好的办法是理清思路，制订一套完整的计划，沉下心一步步地解决问题。刚进来时的压力来自于做汇报的紧迫感，而现在的压力来自于自己申请的项目，更来自于在团队里做理论研究的责任感。

又经过一年的沉淀，王大庆等一批新人在量子通信方面已有了部分积累。2009 年 4 月，量子组接到了代表 Dian 团队参加湖北省挑战杯的光荣使命，组内一致同意接受任务。紧接着，王大庆和几位队员一起，从 4 月下旬开始加夜班、赶材料、找推荐、提交作品初审，5 月份又开始准备省赛答辩 PPT 等。把抽象的量子通信协议及实际应用，用酷炫的动画效果演示出来，还要进行无数遍的打磨，着实花了很多时间，王大庆甚至为此还申请了期末缓考。一直到 6 月 6 日，他们前往湖北工业大学参加比赛，经过 PPT 展示和两轮专家的问辩，比赛结果当天下午揭晓，量子通信组的作品《基于纠缠态的未来量子通信网络基础理论研究》获得了湖北省第七届"挑战杯"特等奖！

2009年6月6日，量子组作品荣获湖北省第七届"挑战杯"特等奖
（左起：谢常亮、黄珊珊、张彬彬、黄帆、王大庆、周游）

义不容辞，负重前行

2009 年 7 月，Dian 团队量子通信组的组长黄珊珊（205 号队员）毕业，挑起这个小组的担子也落到了下一级队员身上，王大庆便成为量子组的第五任组长。刚上任不久的 7 月 16 日，他便带着两名组员赶往上海参加"2009 量子基础与技术：前沿与展望国际会议"。短短 4 天的会议日程，对于这三位从没走出过实验室的本科生来说，已是一场学术盛宴。那几天，他们结识了一些国内外量子信息领域的同行，同时也得到了不少关于论文的修改意见。更幸运的是，他们还有幸聆听了多位国际顶级专家的邀请报告，见到了非常多的大牛。从他们身上，王大庆对什么是做学问、怎样去做学问，有了一种新的理解。通过这次会议，王大庆也看到了欧洲在量子技术实验方面的深厚底蕴，为他毕业后申请德国高校埋下了一颗种子。

接任组长以后，王大庆面临的第一个挑战随之而来。湖北省"挑战杯"特等奖的成绩，意味着拿到了参加全国"挑战杯"的入场券。当时的王大庆与另一位组员都在申请出国深造，那位已发数篇论文的同学本是参赛的最佳主力人选，但他要忙于申请海外高校而无暇参赛。于是，组长王大庆只好放下了自己的出国申请，全力以赴为"挑战杯"比赛做准备。当年冬天，他带领量子组获得了全国三等奖，而获奖名单上，还是那位同学的名字在前，王大庆的名字排在后面。刘玉老师目睹了王大庆身挑重担、奋力前行的全过程，十分心疼，心里暗想，Dian 团队的团训之一是"好态度带来更多机会"，相信王大庆以后定会有好运。

心之所向，素履可往

由于全力以赴参加 2009 年冬季的全国"挑战杯"大赛，导致王大庆的出国申请提交得比较晚，中间又经历了许多的坎坷与波折。但刘玉老师为他祈祷的好运真的来了，2010 年 5 月，离毕业仅剩一个月的王大庆，终于拿到了德国耶拿大学的全奖！

笔者知道，欧洲各个高校的申请没有标准化的流程与材料要求，故申请时需要根据不同的学校来准备不同的文书，很是烦琐。而且欧洲的硕士多为课程硕士，能拿到全奖的机会并不多，王大庆师兄的申请材料一定非常优秀。

刘玉老师听说王大庆不申请美国高校却选择去德国，猜测是 2009 年夏天那次学术盛宴，使得王大庆被欧盟尤其是德国的量子通信研究先进程度深深折服。既然早在一年前便埋下了内心的种子，现在这颗种子已经长出了胚芽，眼见就要破土而出了，那就应该由衷祝贺他。

在 Dian 团队的长期理论积累，使得王大庆拥有了浓厚的科研兴趣，他不满足在德国学习理论知识，还主动联系世界著名的量子通信科学家 Anton Zeilinger（安东·蔡林格）教授，希望到该教授位于奥地利维也纳的实验室去实习。王大庆通过考核后，很快抵达奥地利。进入实验室以后，他没有继续沿着纯理论研究的方向走下去，而是想亲手做出一些实实在在的东西。2012 年，他跟随安东·蔡林格教授，在加纳利群岛的两个海岛之间做了量子通信实验，通信距离是 143 公里，打破了当时的世界纪录。凭借着在实验中的突出贡献，王大庆的名字在 2012 年 9 月 *Nature* 刊登的论文"Quantum teleportation over 143 kilometers using active feed-forward"中位列第四。喜讯传到 Dian 团队，全体队员为之振奋，刘玉老师格外欣慰，立即提议将王大庆的大幅照片贴到文化墙的"明星榜"，经常对访客自豪地讲述王大庆的成长故事。

2019年12月28日，王大庆（右）与雷诚在武汉大学合影

2019 年 12 月 25 日，王大庆回 Dian 团队探亲，在华科启明学院 703 会议室与在站队员开展了一次气氛活跃的座谈。他分享了自己做科研的经验，告诫学弟学妹们，做研究的人要耐得住寂寞。他自己博士读了 5 年半，发表了 3 篇论文，本来可以提前毕业，但他仍然坚持完成实验。他表示，做研究的人要有一个 20 年的科研愿景，并将 20 年的研究愿景拆分为 3 ～ 4 年的研究计划。他还向在站队员提建议，读硕士和读博士可以换不同的地方，要找到适合自己的地方做研究。

座谈会后，刘玉老师向王大庆极力推荐 Dian 团队 188 号队员雷诚，说雷诚走的学术之路与他很相似，也在 *Nature* 上发了论文，目前已回国在武汉大学任教。刘老师建议王大庆去拜访师兄，并向二人分别推送了微信号。于是，便有了王大庆与雷诚两位学者型队员的合照。

编后语

　　王大庆师兄的故事就这样写完了。我很内疚，因为自己文笔拙劣，不能将师兄的传奇经历描绘出十之一二。但同时，又觉得自己是幸运的，因为有机会通过记录这个故事，重温师兄当年走过的路。对于读者而言，可能这就是一个普通的故事而已；对师兄而言，却是二十几载求学之路的真实写照。

李彩：生物科学家的成长之路

| 执笔人：廖清

李彩，男，广东信宜人，Dian团队261号队员。2005年从广东信宜中学考入华中科技大学数学系(现数学与统计学院)，2008年加入Dian团队，2009年本科毕业后进入深圳华大基因研究院工作。毕业后仅一年，便以署名作者身份在顶级期刊*Science*上发表论文，之后陆续在*Science*和*Nature*子刊上发表了多篇论文。2015年获得丹麦哥本哈根大学演化基因组学博士学位，2016—2019年在英国弗朗西斯·克里克研究所从事博士后工作，2019年作为"百人计划"引进人才加入中山大学，2021年初晋升为中山大学生命科学学院教授。

初入团队，脚踏实地

2008 年，Dian 团队招收了一位来自数学系应用数学专业的大三学生，这在信息大类学生占比 90% 以上的 Dian 团队是罕见的。原来，这名学生获得了当年美国大学生数学建模大赛一等奖（M 奖），而且还是他那支队伍的头儿。刘玉老师面试时得知，他叫李彩，由于对编程很感兴趣，想要体验真实的 IT 项目，以便毕业时寻求软件相关工作，所以主动加入 Dian 团队。当时，团队的华三项目组需要大量软件人员，李彩的软件编程和算法能力都比较出众，于是被分到华三组。当时的项目管理，还是按照 IBM 的 CMM 软件开发流程来进行的，并且使用的一些框架和算法都比较简单。李彩进组之后，正逢华三公司的项目经理让大家尝试思考一些新的算法，李彩很积极地想到了一个算法，但经理感觉该算法稳定性可能不够，并没有采用。此事对李彩很有教育意义：公司开发产品的第一条就是要保证稳定，绝对不能崩溃；如果用过于新颖的算法替代，不仅与以前的版本不兼容，造成后期维护和升级困难，还可能会影响与公司其他软件的接口。刘玉老师现在回忆起来，也对笔者语重心长地说：

2008年12月21日的Dian团队例会上，李彩（前中）等9名预备队员转正

大公司或者 Dian 团队的很多规定，都是经过反复迭代甚至踩了无数的坑之后才形成的；刚加入的新人，切记不要"上车伊始"就提各种改进建议，网上流传甚广的华为总裁任正非开除了一位刚入职便提交万言策的新员工，道理便在于此。

毕业相助，另辟蹊径

到了大四毕业季，李彩决定不读研究生。在大四第一学期末的时候，团队里绝大部分找工作的队员都已找到工作，而李彩连一个 offer 都没有，于是他发邮件向刘玉老师求助。刘老师一下就急了：咱们 Dian 团队成立的初衷，不就是让贫困生不"拼爹"也能找个好工作吗？怎么 6 年后反而有骨干队员可能会拉低全校就业率呢？仔细询问李彩后才得知，原来他投简历的全都是互联网或通信公司。他猜想，招聘单位可能觉得他本科专业是应用数学，在简历关就剔除了。刘老师安慰他说："李彩，你别慌，我和钟国辉老师帮你想办法。"刘老师看到李彩的简历做得很不好，还专门找来研究生刘金柱（203 号队员）帮他修改简历。

当时，北京一家做信息安全的"中联绿盟"想在武汉开新公司。正巧，中联绿盟的 CTO 与刘玉和钟国辉两位导师是老相识，于是找两位要人。刘老师曾经到北京参观过该公司，知道他们招人对"出身"不敏感，连会计或英语专业的毕业生也录用过，主要看重思维的碰撞，于是兴奋地叫上李彩一起去陪客人吃饭，并当面推荐。饭后，"中联绿盟"的三位领导马上就面试了李彩，没想到这家公司也不收。刘老师很不解：李彩的算法水平那么牛，为什么不录用呢？对方给出的理由是，李彩有两个不足：第一，虽然他目前在华三通信项目组做算法，但他没学过通信原理，知识结构有欠缺，可能没后劲儿；第二，更加突出的一个缺点是，这孩子表情呆板，不会笑，感觉沟通能力比较差。刘老师一愣，赶紧回忆了一下，在团队里还真没见李彩笑过，永远是同一种表情，可她知道李彩心很热呀，于是帮其"辩解"："他会不会笑，和求职有啥关系呢？"那位 CTO 解释说："我们做信息安全的，讲究出奇制胜，需要大家经常在一起'头脑风暴'碰撞火花。如果他连笑都不会笑，我们担心别人会跟他合不来。"

正当连导师们都绝望之际，深圳华大基因研究院来华科招聘，李彩自己悄悄去应聘。然后，他告诉导师说，工作搞定，被华大基因录取了。当刘玉老师得知李彩的月薪才 3000 元左右时，担忧地说："你可是去深圳工作呀，3000 元太低了，连租房子都成问题，这怎么能养活自己呢？"李彩说："他们单位包食宿。"刘老师又问："华大基因是搞生命科学的，与你的专业八竿子打不着，他们怎么会收你呢？"李彩说："华大基因招的是生物信息工程师，需要生物、计算机、数学相关专业的学生。听说既需要编程，又要用到数学，而我对交叉学科一直都有浓厚的兴趣。另外，还听说华大基因参加过人类基因组计划，感觉挺有意思。"就这样，李彩毕业后直接去了深圳工作。

磨砺自己，不觉苦寒

李彩去华大基因刚一年，就有 Dian 团队队员向刘老师报喜，说在最新一期 *Science* 上面看到了李彩的名字。刘老师当时完全不敢相信，心想："李彩本科刚毕业，今年才 24 岁，我们华中科技大学建校 50 多年都还没有教师在顶级期刊 *Science* 上发论文呢，更别提 24 岁就发论文了。"但是，那篇论文真的被搜出来了，一共有 16 个作者署名，李彩排第 10 名，虽然排名不算靠前，但他本科毕业才一年呀。2010 年 9 月初，华大基因李松岗副院长一行三人特意来华科，到 Dian 团队东七基地与队员们座谈，盛赞毕业队员李彩的算法能力极强，一去就有贡献，并邀请刘玉老师去华大基因参观。

当年 9 月下旬，刘玉老师真的去参观了深圳的华大基因研究院。李彩热情地替深夜抵达的刘老师预定了附近旅店。第二天一早，刘老师就开始像记者一样追寻李彩的日常轨迹。她首先来到李彩的住处，进门一看，巴掌大的房间，简易的水泥地，只有一张小床，以及一个 60 厘米的"迷你"电脑桌，用来放李彩的手提电脑。环顾四周，连个衣柜、书桌都没有，脸盆、热水瓶甚至牙具都放在墙根地上。刘老师心疼不已，连声叹息。可李彩却淡定地说，刚从员工宿舍搬出来一个月，还没顾上买家具，再说，我们男生不都这样吗？接着，刘老师跟

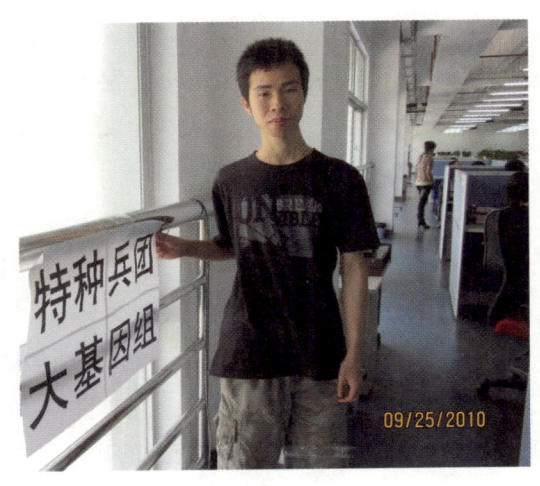

2010 年 9 月 25 日，刘玉老师拜访华大基因研究院时特意为李彩拍照

随李彩一起乘公汽去上班，在等公汽的时候，刘老师突然看到那个公汽站的收班时间是晚上十一点，于是问李彩："不对呀，听说你经常加班到深夜才离开公司，那时早已没有公汽了啊。"李彩说，"那就步行呗，也就花 20 分钟，不算远。"

到了华大基因研究院，领导们热情接待了刘老师，介绍李彩现在已是四个项目的组长了。刘老师问李彩："你在 Dian 团队时都没有当过项目组组长，刚来一年怎么就能同时当四个组长呢？"李彩说："这我要感谢 Dian 团队的培养：第一，培养了我很强的执行力，做事情比较踏实可靠，能得到领导的信任；第二，通过参加华三通信的软件工程项目，我学到了如何将一个大型软件分解给一群人去做，又如何通过互相 review 和写文档的方式保证软件质量，最后又如何将多人工作拼接起来。因此，现在即便是同时当四个项目的组长，我也能做到对大家合理分工。"刘老师继续问道："那你发论文又是怎么回事？"李彩说，他刚到华大基因的时候，这边有一个基因测序项目因进度较慢而迟迟没有结果，于是他就参与进去做了部分工作，等结果出来之后，大家就在论文上给他署名了。

刘玉老师听说李彩管理的项目之一是测序一种蚂蚁的基因组，十分好奇地追问："你们研究蚂蚁有啥意义？"李彩说："蚂蚁是社会性生物，我们人类也是，在生物界有非常独特的地位。如果把蚂蚁的基因研究清楚了，对人类学、管理学都可能有很大的参考价值。"刘老师接着问："难道你们搞软件的小组还要接着研究蚂蚁的生物学知识吗？"李彩答："华大基因有许多不同的部门，等我们把蚂蚁的基因组图谱做出来后，就可以把结果提供给其他的生物学团队继续研究蚂蚁。"刘老师恍然大悟，终于知道华大基因为什么能连续不断地涌现那么多篇 *Science* 和 *Nature* 顶级论文了，原来他们是"海陆空"三军协同作战啊！

宝剑已锋，梅花愈香

2011，李彩以共同第一作者身份分别在 *Nature Biotechnology*（*Nature* 著名子刊）和基因组学顶级期刊 *Genome Research* 上发表了论文。这一次，他主动向刘老师报喜："刘老师，前面两年您说我在顶级期刊上发表论文，但我都不是第一作者，那并不算是我真正的成果。但是，最近这两篇论文我是共同第一作者，而且是发在基因测序圈子里公认的顶级期刊上，我觉得这样的成果才算。"因为表现出色，工作 3 年后，李彩的直系领导便推荐他到丹麦哥本哈根大学演化基因组学方向直攻博士学位，彻底完成了从数学到生命科学的跨界，他终于成了自己想成为的人。

2012 年 4 月 29 日，Dian 团队 10 周年团庆晚会上，珠三角分站以李彩为原型演出了一个小品，名字就叫《让蚂蚁飞》。节目中，研究蚂蚁的工程师由李彩本人亲自饰演。曾因表情呆滞不会笑而被用人单位拒绝的李彩，当晚在舞台上声音洪亮、满面笑容、意气风发，与三年前判若两人！

2016 年，就在刘玉老师以为李彩博士毕业后会在海外定居的时候，李彩带着他的新婚妻子回 Dian 团队探亲。李彩一边与刘老师在"群英谱"照片墙旁合影，一边说："我这次是来跟您告别的，我将去英国做博士后研究，去的地方是英国刚成立不久的弗朗西斯·克里克研究所（Francis Crick Institute），弗朗西斯·克里克是 DNA 双螺旋结构的发现者之一。"就这样，李彩携妻子去了英国那家顶尖生物学研究机构，在那儿待了将近 4 年。2020 年，李彩回到祖国，成功应聘了知名高校中山大学的教职，并于 2021 年初晋升为教授，成功完成了从博士后到教授身份的转换。

刘玉老师感叹道："一个年轻学子的可塑性之大，可能会超出我们老师的想象力，我虽无法断言哪片云彩会下雨，但是李彩这朵'彩云'给了我不一样的惊喜！"

编后语

李彩是一个多么厉害的师兄啊！他搞数学能获得美国数学建模大赛一等奖；搞通信也能迅速成为项目组的骨干，转行搞生命科学，连发多篇顶级期刊高水平论文，还轻松拿下博士学位，现在又顺利当上了我国双一流大学的教授。笔者在采访李彩师兄的过程中发现，他不仅非常平易近人，而且做事特别有条理，善于利用碎片时间。对于我提出的许多疑问，他都分类分段地给予清晰回复，用词也特别漂亮。这些都让笔者不禁感叹：优秀真的是一种习惯。

姚权铭：人工智能专家的成长之路

| 执笔人：曾德巍

姚权铭，男，湖北浠水人，Dian团队398号队员。2009年从武汉市第三中学考入华中科技大学电子与信息工程系，本科毕业后前往香港科技大学计算机系攻读博士学位。博士研究生毕业后，到人工智能创业公司"第四范式"担任高级科学家，创建和领导机器学习研究团队。2015年以来，他在学术上取得了令人瞩目的成绩，发表论文40余篇，论文被引用2000余次；担任IJCAI（国际人工智能联合会）、ACML（亚洲机器学习会议）领域主席（Area Chair）以及众多机器学习会议的高级成员，荣登"2020福布斯中国30岁以下精英榜"，入选国家青年人才计划；2021年6月，入职清华大学电子系，受聘助理教授。姚权铭是如何成长起来的呢？让我们一探他的成长轨迹。

爱研究与分享的小队员

2010年10月，刚读完大一的姚权铭便因参加"种子杯"软件编程PK赛夺冠而免试进入Dian团队。他先后在海外组和华三通信项目NQA组工作，2011年大二一结束便报名加入2009级种子班。在导师面试谈话时，他说自己特别想做机器学习方向，给刘玉老师留下了极深刻的印象。

姚权铭年龄虽小，但热衷于研究和分享。在项目组，他常常对工程中使用的软件和算法进行研究，试图让性能更好。他还常常在项目组内主动讲解算法的思路，被组长提出表扬，并推荐到全团队进行技术分享。因此，姚权铭很早就被全体队员认识。刘老师评价说，"姚权铭非常率真，像没长大的孩子，单纯得像一块水晶，一眼可以看到底。他根本不是那种爱慕虚荣的人，上台分享不是为了炫耀技术，只是单纯地想汇报自己的理解和体会，在备课和讲述的过程中自己也能得到提高。"姚权铭很快便成为项目组的核心骨干，可是一直没有担任过项目组组长，因为他只热衷于技术，对管理并不感兴趣。

2011年8月20日，2009级种子班开学第一天

姚权铭是个目标明确并且很有决心的人。大三进入种子班后，他便下决心加权成绩要拿到班上第一名。于是，他在每一门课程上都付出了巨大的努力，包括全部是实践内容的"工程实训"他也高度重视。大三期间，他还自己主动写了一篇论文，摸清了发表论文的整个流程。为了毕业后出境深造，他还需要准备托福考试，课外还努力补充机器学习的相关知识。如此四线并行的强度，时间根本不够用，因此，不畏困难的他干脆买了张充气床，直接在 Dian 团队实验室住了一个学期。大三学年结束时，姚权铭的综合加权分数果真位居全班第一，而且比第二名高出一大截，足见姚权铭的目标感之强烈和毅力之坚定。

在 Dian 团队和种子班高强度的学习，对姚权铭的影响非常大。例如，种子班有门特色课程"商业企业管理"，专门聘请 Dian 团队 015 号营销顾问唐德华来校主讲，分享企业管理和市场营销的经验。该课程对于当时成天学技术、做 IT 项目的同学们来说，可能看不出有直接的用处，但是，姚权铭认为对他工作之后建设自己的研究梯队非常有帮助。另外，在 Dian 团队尤其是种子班里，刘玉老师对同学们要求非常严格，有的队员会因为自己脆弱的自尊心受伤而觉得刘老师"不好"。但是，当他们事后回头看的时候，才能体会到刘老师对他们是"真好"，这才是对学生高度负责。姚权铭也深刻理解到了这一点，因此，日后他在香港科技大学深造再遇严师时便能很快适应。

读博士的三个阶段

姚权铭一直想研究机器学习，但他 2013 年本科毕业时国内机器学习还没成气候，于是他选择去香港科技大学攻读机器学习的博士学位。刘玉老师劝他说："港科可不好读呀，前几年去港科读博的 Dian 团队学长求学过程颇为曲折。"姚权铭解释说，他选的教授是研究机器学习的专家，机会难得。读博期间，姚权铭获得了香港科技大学优秀博士论文、谷歌博士奖学金等诸多荣誉。他是怎么获得这么多荣誉的呢？抱着强烈的好奇心，笔者和姚师兄约了一次微信上的对话。

曾："姚师兄，你好！我听说港科的博士很难毕业，你在港科的学术之路是如何坚持下去的呢？经历过哪些阶段？你自己做过哪些努力，寻求过哪些帮助呢？"

姚："我读博主要分为三个阶段。第一阶段算是高门槛期。我的导师要求很严格，每4年才毕业一个博士，毕业率仅50%。他说写论文不仅仅是工作总结，还得有理有据，要阐明论文的意义。我在很多思路上都与导师进行过讨论和碰撞。可是，第一个想法，我们师生俩讨论了4个多月还是放弃掉了。因为我发现这个想法比较简单，只能在平行层次上解释，无法往前走更深的层次。每天凌晨一点多在实验室干不动了，就找朋友去海边喝酒。"

曾："师兄你喝酒是为了缓解压力吗？"

姚："算是吧，虽然喝酒不解决任何问题。喝完酒凌晨两点回去睡觉，第二天八点又照常起床干活、看论文、上课。焦虑肯定是有的，压力也确实大，但个人情绪好坏不解决任何问题，还是继续往前走吧。这样的迷茫生活持续了半年。2014年春节时，我甚至开始思考一个非常严肃的问题：是不是不读了？因为每天折腾十几个小时也看不到任何进展，即使与实验室师兄一起吃饭诉苦，也解决不了任何实质性问题。想来想去，我还是决定再坚持一段时间，硬着头皮继续往前走。也怪，就在春节后开学不久，终于有了转机，我又有了两个新想法。其中一个想法导师觉得不错，还有一个是我自己觉得不错。于是，我在这两个想法上同时往前推进，慢慢地出来了一些成果，看到了一点希望。那年暑假我终于完成了两篇论文的初稿。11月份，我发表了读博期间的第一篇论文，内容就是我自己觉得不错的那个想法。第二年，我的第二篇论文中了IEEE数据挖掘旗舰会议ICDM，内容是导师觉得不错的那个想法。至此，我总算跨进了那个高门槛，结束了第一阶段的煎熬。"

曾："那之后呢？"

姚："第二阶段算发展期，在科研上开始上路了。后来，又中了一篇ICML论文，其意义我简单解释一下。已知有A、B两大类算法，同时，评估算法的指标也有两类。A算法在第一类指标上比较好，B算法在第二类指标上比较好。但是，我们需要把两种指标性能同时提上去，那就需要给A、B两种算法搭个桥。有了研究目标，我酒也不喝了，每晚十点回宿舍洗完澡，然后回实验室想问题，深夜两点再回宿舍睡觉。临睡前还接着想，要是有思路了，就赶紧拿笔画一画或推公式，若觉得可行就去实验室通宵干，用Matlab仿真实现。我的第三篇论文，就是睡觉之前想出来的。还有，自己之前投中的第一篇ICML论

姚权铭（中）获得香港科技大学优秀博士学位论文
（左1为姚权铭的导师）

文，虽然结论是对的，但证明过程不够严谨。于是，我花了1年半的时间，把论文中有错误或没讲清楚的地方全部修改了一遍，最后被JMLR会议录用。当时，香港每5年才能出一篇JMLR，就连我导师此前也只发过一篇JMLR。"

曾："那师兄你是因为这篇论文获得了谷歌博士奖学金吗？"

姚："不能这么说。应该是凭借这3篇论文成果以及导师的推荐，最后经过评选，我才获得了谷歌博士奖学金。"

曾："在这之后呢？"

姚："之后就是第三阶段，算平稳期。这个时候，我已经达到博士毕业标准了。不知你注意到我的论文清单没，在2017年我以第一作者身份发表的论文并不多，这段时间我主要是帮助实验室的朋友们。无心插柳柳成荫，我现在引用数排在前三位的工作都是那段时间和他们一起做的，我都不是第一作者。而且，我与夫人也是在那段时间相识的，她是我的师妹。"

姚权铭最后说："我身边有些博士生，发现老师不怎么管，他们很开心。但是，5年之后找工作时，竞争力就差多了。虽然我导师的弟子毕业率低，但他是个好导师，愿意花时间在学生身上，经常一起讨论问题。刘玉老师也是这样的好老师。"

从上面的对话中不难发现，姚权铭是一个自驱动能力很强的人。他知道自己的目标是什么，未来可能面对的问题是什么，他也知道付出的成本是很高的。港科的博士生涯大大提升了他的抗压能力，也锻炼了他许多其他方面的能力，为他之后的科研之路打下了坚实的基础。

企业中的学术之路

2018年，姚权铭博士研究生毕业后，选择到北京一家创业公司"第四范式"担任研究员，这令刘老师很惊讶。姚权铭解释道，第四范式不是一家普通公司，而是一个研究型企业，并且自己受聘的是研究型职位。

理想很丰满，但现实很骨感。创业公司与谷歌可大不相同。如果在谷歌工作，那儿会有非常大的研究组，组内会有具体目标和计划，与大家做同样的事情就会有价值。但是，在第四范式，没有专门的研究人员，姚权铭是第一个，什么都需要自己摸索。虽然知道研究方向会有90度的拐弯，但公司里没有人告诉他应该怎么拐。

姚权铭入职第一年的春节回武汉探亲时，特意回母校找刘玉老师谈心："第四范式给了我很高的年薪，但我很惶恐，因为我的工作好像无法给公司带来具体的业绩和利润，我不清楚自己的价值。"

2021年4月14日，华科电信学院与第四范式（北京）公司在北京授牌研究生实践基地

（右起：Dian团队导师高雅珏、钟国辉，398号队员姚权铭，电信副院长胡飞，以及第四范式的4位领导）

刘老师劝姚权铭要相信公司的用人观，聘用他就一定有其道理，要有自信。果不其然，回到北京不久，姚权铭就兴高采烈地给刘老师打电话，孩子气地说："刘老师，我终于知道自己的价值了！"原来，他入职后发表了两篇高水平的论文，显著提升了第四范式在机器学习领域的学术地位。此后，姚权铭的心态越来越好，他的研究部门人员也越招越多。2021年，他还牵线搭桥，让第四范式成为华科电信学院的研究生实践基地。

新的里程碑——清华助理教授

2020年，姚权铭入选国家青年人才计划，而此时的他也有了更高的眼界。他知道，要成大事必须要建设稳定的人才梯队。早在2018年入职第四范式时，他就构想过如何网罗人才，他逐渐把眼光瞄准了拥有国内最顶尖计算机人才的清华大学。到了2019年，他越发意识到建设人才梯队的紧迫性，于是申报了国家青年人才计划，并有意入职清华大学。申请过程中，他还把材料发送给刘玉老师进行汇报，并征求刘老师的意见。

国家青年人才计划的评选要求极高，纵使姚权铭很优秀，但清华大学的应聘门槛是相当高的。从斯坦福大学、麻省理工学院这些世界名校到清华大学应聘的大有人在，之前鲜有从创业公司被清华聘用的先例。

但是，姚权铭做了充足的准备，在面对众多清华教授的答辩会上，他充分展示了自己突出的学术成绩和独立研究的价值。首先，他围绕"机器学习"发表论文40余篇，论文总引用达2000余次，获得过国内和国际很多同行的认可及很多奖项。其次，学术研究成果转化效果显著。他的算法已成为第四范式先知平台的核心技术，用于金融理财产品推荐，同时服务五大国有银行。此外，他还具备优秀的领导能力。作为第四范式的科学家，他从 0 到 1 组建了独立的研究团队，还计划在清华大学电子系建立一支高水平的机器学习研究团队。值得一提的是，关于如何带队伍，他还专门找 Dian 团队唐德华顾问取过经。

姚权铭的表现，征服了清华电子系参与答辩的在场教授。5 位候选人答辩结束后，只有姚权铭通过。评委会高度认可他的能力和成果，认为他一系列的工作都是顺承的，在企业和学校的工作不互斥，而是相辅相成的，可以做到双赢。最后，姚权铭顺利入职了清华大学电子系，与他的师兄李勇（129 号队员）成了同事。

编后语

姚权铭师兄的学术经历，给了我很多的启迪。做研究时，先要弄明白该领域的核心问题是什么，想清楚、想彻底之后再动手。同时，我们要对自己的未来有清晰的规划，更要清楚为了实现目标自己得付出怎样的努力。姚师兄给所有想做学术的师弟师妹们树立了榜样。

除了在学术上取得了诸多成就，姚权铭师兄还是一个心怀感恩的人。作为 Dian 团队老队员点石基金的管理员，我有幸见证了姚权铭的捐款过程。他先后 5 次向点石基金捐款，共计 15577.98 元，他说特别感谢 Dian 团队对他的培养。此外，他还为 Dian 团队 2020 年的 IT 知识挑战赛赞助了 3000 元。这样的情怀，尤为珍贵。

陈哲怀：语音识别专家的成长之路

| 执笔人：曾德巍

陈哲怀，男，福建泉州人，Dian团队405号队员。2010年从福建省泉州第五中学考入华中科技大学电信系，当年10月加入Dian团队预备队，曾任Dian团队第七届队委会技术部部长，同时也是2010级种子班班长。本科毕业后，他以优异的成绩被保送至上海交通大学计算机系直攻博士。读博期间，他在语音识别学科的顶尖期刊和会议上发表了19篇文章（被引用超过300次）、10个专利，并担任顶尖期刊和会议的审稿人40次，其成绩在同龄人中极为突出。博士毕业后，陈哲怀前往美国，目前在谷歌（纽约）担任资深研究员。

多线并行的"拼命三郎"

2010年10月，刚踏入校园一个月的陈哲怀便报名了Dian团队，在群面和单面中脱颖而出，成功进入Dian团队训练营。他凭借着勤奋、抗压的品质，通过了训练营的最终考核，成了一名预备队员。勤奋和抗压，也是贯穿他成长之路的关键词。因为大一的学生没有技术基础，所以Dian团队为他们提供了为期一个月的技术培训，培训内容是C语言基础。大一的学生完全是从零开始，C语言学习的难度梯度特别高，需要花费很多时间去学习，因此，也非常考验一个人的毅力。同批的很多人都退出了，但是，陈哲怀坚持了下来。他曾在一天之内，用借来的电脑连续编写了十几个小时程序，想试一试自己的能力极限在哪里。在不到半个月的时间里，陈哲怀就基本完成了C语言参考书上的所有内容，他的编程能力进步飞速，也收获到了快速学习的自信心。

大一的陈哲怀，还同时加入了另一个团队——电工电子创新基地。在那儿，他主动选择自己感兴趣的内容去学习，还会"提前"去听一些面向大二学生开放的课程，如单片机、数字信号处理等。

2011 年暑假，读完大一的陈哲怀，转入了 Dian 团队试行"1+3"体制改革的种子班，并被推选为学习委员。其中一些同学，因为进校和进 Dian 团队的时间太短，尚未认清自己和环境，在课业和项目的双重压力下，很快就离开种子班回到原普通班。已经是 Dian 团队正式队员的陈哲怀，比班长还着急，多次给这些同学做工作"劝留"。他那恳求的样子，连刘玉老师都看不下去了，于是安慰他说，种子班本来就是"勇者胜出"的"黄埔军校"，因"劝"而"留"的人是没有自驱力的，不必过度耗神。这时，他才叹息地看着小伙伴离去了。

冬夜从实验室门缝里看到的陈哲怀

陈哲怀是特别擅长多线程并行的"拼命三郎"。他不仅对种子班的管理尽心尽力，作为项目组骨干，他还要对组员进行任务分配、技术指导和质量把关，同时又不能让自己的专业课成绩掉下来。忙不过来的时候，他便悄悄"包夜"，曾在种子班的教室里连续睡了几个星期，原本就体型瘦削的他变得更加消瘦。刘玉老师注意到了他的变化，知情后狠狠地批评了他，不准他轻易再熬夜。

刘玉老师一直以为陈哲怀出身寒门、弟妹较多，因为他从不叫苦叫累，而且性格温和，从没发过脾气。直到他母亲从福州来武汉出差，特意拜访刘玉老师，刘老师这才知道陈哲怀是家中独苗，父母都是高级知识分子，母亲还是高校的教授。陈母虽然心疼儿子又瘦了，但是，她对 Dian 团队真实项目牵引的"干中学"模式十分认同，也知道儿子需要经历磨炼才能成才。面对如此境界的家长，刘老师由衷钦佩。2012 年春，Dian 团队举办 10 周年团庆时，刘老师特邀陈母作为家长代表登台致辞。这两位价值观高度一致的女教授，很长时间都保持着微信联系，陈母最常说的一句话就是："十分感谢 Dian 团队对我儿子的培养！"

上海交大的学术之路

在种子班的"数字图像处理"课上，任课教师白翔鼓励同学们读博，他说："读博可以对专业有更加深刻透彻的了解，才能真正解决一个现实项目或者问题。"这句话深深打动了陈哲怀，他甚至有那种眼前一亮、怦然心动的感觉。因此，他很认真地跟父母商议，打算认真考虑读博之路。

机遇总是偏爱有准备的人。2012 年 10 月 9 日晚，来自上海交大的 36 岁年轻学者俞凯教授，应邀到 Dian 团队做了一场精彩的学术报告《语音智能的艺术》。俞教授还当场展示了一个语音识别的应用案例，队员们都觉得特别酷炫。怀揣着学术梦想的陈哲怀，在报告会结束后马上就联系了俞凯教授，进一步了解语音识别的学术方向。

大四上学期，陈哲怀凭借种子班第一名的优异成绩，获得了保研外校的资格，但他没有选择清华、北大，而是毫不犹豫地选择到上海交大俞凯教授门下研究语音识别。

俞凯教授特意打电话给刘玉老师，问她如何评价陈哲怀，刘老师说："陈哲怀学业优异，动手能力强，而且性格很好，任劳任怨，在 Dian 团队的表现几乎挑不出缺点。但我知道你对 Dian 团队队员的期望值很高，万一他将来不像你所认识的 187 号老队员钱彦旻那样优秀，你会不会后悔呢？"俞教授沉吟了片刻，在电话那头说："我把直博生的名额留给小陈，未来也许会后悔，可是，如果我不招他的话，现在就会后悔！"

就这样，陈哲怀顺利通过了上海交大计算机专业的保研复试，如愿到俞凯教授门下攻读博士学位。陈哲怀大四下学期就提前去上海交大做毕业设计，他果然没令俞凯教授失望，很快便发表了一篇学术论文，这也让他对从事学术研究增加了一些自信。

攻读博士的前两年并不是一帆风顺的，和所有读博的人一样，陈哲怀有个积累和沉淀期。俞凯教授给他指定的学术研究新方向，需要理论和实践相结合，他花了两年的时间打基础，找到了一些小的切入点，但都没有取得太大的突破。直到完成了两年的学术积累，再加上比较强的工程能力，在读博的第三年，陈哲怀终于迎来了成果爆发期，他将在 Dian 团队的工程实践锻炼与读博期间的理论提升相结合，提出了在业界属于跨时代的一项新技术。他自己回忆，如果不是对工程上的细节非常了解，很难找到这个新角度；但如果不知道研究的大方向，也不可能在工程的细节之上拨云见日。对陈哲怀而言，这是非常经典的从量变到质变的突破点，他后来的很多拓展工作也是基于此，这也是他在业界打开局面、声名鹊起的"敲门砖"。

2018 年，陈哲怀获得了谷歌博士奖学金，这是 Dian 团队继 398 号队员姚权铭之后的第二个谷歌大奖。俞凯教授非常兴奋地向刘玉老师报告陈哲怀的获奖喜讯，并说："哲怀近期的工作成果非常不错，他实现的语音识别搜索速度，是对近 16 年来全球文献报道的速度的最大提升，我介绍他去美国微软和约翰斯·霍普金斯大学实习，对方评价都很高。"2017 年4 月 1 日，央视 CCTV-1《经济半小时》栏目，报道了俞凯教授将学术和创业有机结合的案例。刘玉老师特别注意到，陈哲怀有好几次出镜，还有特写和发言镜头，这足以说明他在俞凯教授科研团队中的地位，刘老师内心甚感欣慰。

2017年4月1日，陈哲怀与博士导师俞凯教授在央视节目中同框出镜

数业界风流，还看今朝

即使读了好几年博士，陈哲怀仍然没变成"书呆子"，他一直保持着强烈的好奇心，喜欢体验不同的经历。经俞凯教授推荐，他去微软研究院美国总部实习了 3 个月，想了解世界知名的大企业是如何运行的，业界最优秀的人处在什么样的水平，他们正在研究哪些问题。他还申请去 Facebook 实习了 3 个月，想看看非常年轻、极客风格拉满的 Z 世代互联网科技公司又是怎样一番光景。另外，他还去过英伟达、美国约翰斯·霍普金斯大学的语言和语音处理中心 (CLSP) 进行访问交流和工作，约翰斯·霍普金斯大学的丹尼尔·鲍威教授评价陈哲怀是语音识别领域最高水准的专家，这说明陈哲怀在语音识别领域取得的成就之高。除此之外，他多次受邀到亚马逊、苹果、Uber、阿里巴巴、百度、腾讯、华为等公司做学术报告和交流。能够得到这些语音识别和自然语音处理领域头部机构和企业的认可，陈哲怀的专业能力和行业影响不言而喻。

取得博士学位后，陈哲怀入职谷歌研究院纽约分部，从事语音识别的尖端研究，希望由此进一步拓展人机交互的边界。

编后语

我一直以为，凡是走学术之路的人，都是不苟言笑、稳重甚至刻板的"学究"。没想到，接受采访的陈哲怀师兄竟然打破我的偏见。他虽然勤奋稳重，但他也非常开朗乐观，平易近人，喜欢尝试新鲜事物。

我也很佩服俞凯教授的慧眼识人和指导有方，能将陈哲怀从工程师培养成科学家。俞凯教授还特别有情怀，当听说本书会收录陈哲怀的成长故事后，他一口气预订了 405 本，准备分 10 年赠送给他实验室的所有学生。当被问到为何预订册数有整有零时，俞凯教授哈哈大笑："因为陈哲怀在 Dian 团队的编号是 405 呀！"

赵恒爽：冉冉升起的学术新星

｜执笔人：侯京华

赵恒爽，男，湖北仙桃人，Dian团队491号队员。2011年从湖北省仙桃中学考入华中科技大学计算机科学与技术专业，2012年便与同班同学李云恺（493号队员）一起报名Dian团队三年制的种子班，先后担任学习委员和班长。本科期间，曾获得国家奖学金、特优生、"挑战杯"全国二等奖、微软小学者等奖项。毕业后，赴香港中文大学计算机科学与工程学系直攻博士，师从计算机视觉领域著名专家贾佳亚教授。读博期间，他参加ImageNet场景解析竞赛、LSUN语义分割竞赛、WAD可驾驶区域细分竞赛，均获得第一名；同时，曾在 Adobe、Uber 和 Intel 的计算机视觉和机器学习研究组访问交流。博士毕业后，他又赴英国牛津大学工程科学系和美国麻省理工学院电子工程与计算机科学系计算机科学和人工智能实验室做博士后研究。赵恒爽一直从事计算机视觉、机器学习、人工智能领域的研究，多次在CVPR、ICCV、ECCV、NeurIPS、TPAMI等顶级会议和期刊上发表多篇高质量论文，论文被引数达8000余次。完成博士后的工作，赵恒爽以助理教授的身份进入香港大学计算机系任教，目前已经可以直接招收博士生了。

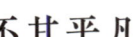

不甘平凡

赵恒爽早在高二时就了解到了 Dian 团队，那是 2010 年刘玉老师去他就读的中学——湖北省仙桃中学做演讲，场面异常火爆。不过，当时的他对 Dian 团队的人才培养模式理解不深，只是感觉很厉害，激情十足地憧憬着："如果能考上华中科技大学，就一定要加入 Dian 团队！"果真，第二年赵恒爽如愿考上了华科，选报了计算机科学与技术专业。然而，进校之后，他看见Dian团队招新对技术的高要求时，不禁打起了退堂鼓，也渐渐失去了高中时的激情。于是，他安分守己地每天"三点一线"——上课、自习、食堂，日复一日，生活平稳且宁静。

不过，这样的日子过久了，对于赵恒爽来说，实在太过无趣。他觉得自己的学习模式与高中没啥变化，依旧是刷题和考高分，于是萌生了寻求改变的想法。

大一结束的那个暑假刚开始，他偶然看到了 Dian 团队的"黄埔军校"——种子班的招生宣传视频，一下子激发了他沉睡的激情。在详细了解种子班"干中学"的模式后，

2012年6月，大二的赵恒爽参加种子班的"通宵测试"

他心中非常确定"这就是改变自己的一条道路"，便毅然决定报名加入种子班。于是，接下来的那个暑假中，他放弃了自己喜爱的微积分竞赛培训和数模培训，全力投入到种子班的考核中。仿佛是命中注定一般，赵恒爽的人生终究还是与 Dian 团队、与种子班交织在了一起。

激情学习

2012 年 9 月考入种子班后，赵恒爽很快便被分配到与挪威公司合作的项目组，从事网页博客论坛的解析。刚入组时，他并没有接触过网页相关技术，但他并未望而却步，而是从搭建环境开始，自己阅读技术书籍、上网搜索相关资料，不懂之处就请教学长，一步一步向前摸索。每一次的成功都令他备受鼓舞，每一次的失败虽然有所失意，但仍然阻挡不了他前进的步伐。就这样，赵恒爽在技术的道路上扬帆起航。

挪威项目结题后，赵恒爽进入了老队员颜庆华等创建的悦然心动公司合作项目，从事移动应用开发。在这个项目组，他开始呈现出对前沿技术的热爱与追求，例如，Android 新版本发布后，他便充满激情地去研究那个版本的各种新特性。

在种子班，赵恒爽也体验到了自己喜欢的教学模式，找到了久违的学习激情。例如，种子班的第一门课程"模拟电子技术"由优秀教师张林教授主讲，紧凑的课程安排，生动活泼的课堂，尤其是紧张激烈的讨论，都让赵恒爽深深地沉浸在这样的学习环境中。每天在教室和实验室里热闹的学习场面，正是他所期盼的，与一群志同道合、充满激情的同学们一起奋斗，其乐无穷！

种子班还有一门当时不太起眼的课程"数字图像处理课程设计"，也让赵恒爽激动不已。指导教师是 2005 级种子班毕业生、207 号队员王兴刚，虽然王老师博士毕业刚留校任教，但他精通图像处理尤其是计算机视觉算法。在这门课上，赵恒爽找到了自己喜爱的领域——图像处理，课上每个实验都让赵恒爽非常兴奋。他投入了许多时间去学习相关算法，不知不觉中，一颗学术的种子悄悄植入了他的心里。

2013年，赵恒爽（左）和同班同学王思杰（右）获得第十三届"挑战杯"全国决赛二等奖

这门课结束后，刘行健师兄（396号队员）读博士的材料学院实验室提出一个三维测量方面的需求。于是，赵恒爽和同班同学王思杰（后成为504号队员）、何睿杰（后成为467号队员）组建了一个团队来承接材料学院的这个项目，并报名参加第十三届"挑战杯"全国大学生课外学术科技作品竞赛。这时的赵恒爽，早已在项目组中磨炼了心态，在软件技术和学习能力上也有了长足的进步，即使是陌生的 GPU 编程他也能很快掌握，所遇的其他困难他都能见招拆招、逐个击破。在经历了校赛、省赛、国赛三轮激烈竞争后，他们的作品《全时间－全空间分辨率动态物体三维测量仪》最终获得省赛一等奖、国赛二等奖的好成绩。

2015 年夏天，赵恒爽本科毕业后，选择了自己感兴趣的图像处理方向。在咨询了一些学长后，他选择去当时处在计算机视觉领域前沿的香港中文大学直攻博士，师从贾佳亚教授。至此，他彻底踏上了学术研究之路，但没人能预料，他身上到底还蕴藏着多大的潜能。

学术新星

2016 年暑假，刚读了一年博士的赵恒爽，到北京一家创业公司"商汤科技"实习。当时的商汤科技虽然还是初创期，却拥有大量的计算资源，赵恒爽就像发现了海洋乐园一样，如获至宝。

在实习期间，赵恒爽还参加了一个为期 3 个月的 ImageNet 场景解析竞赛。这 3 个月中，他把基础工作做得十分扎实，每天阅读消化相关论文，还动手去实现那些论文中的各种细节，找出这些细节的不足并自己修改。但是，分割的效果并不好，因为卷积方法对尺度十分敏感，有明显的缺陷，这让赵恒爽清楚地看到了问题的本质——"感受野"不足。

赵恒爽回忆起，在种子班的"数字图像处理"课程参考资料中，有一篇 2006 年 CVPR 顶级国际会议的论文提出过一种"金字塔"图像表达方式。他便将这个经典思路借鉴到自己的模型中，并命名为 PSPNet，实验效果非常好。最终，赵恒爽在 75 个提交结果的选手中荣获第一名，比基础模型的准确率高出 10 多个百分点。赵恒爽将这个成果撰写成人生中的第一篇学术论文，也试投 CVPR，果真很快被录用。这令赵恒爽特别有成就感，没想到博士一年级的工作就能得到学术界的认可，大大增强了他的自信心。令人惊讶的是，他这篇原创的

"PSPNet"论文，谷歌引用数已经高达 5000 余次，足以证明这个工作的重要性。

王兴刚老师曾以两个词概括了自己的读博生涯——"纯粹"和"疯狂"，赵恒爽也有两个词——"兴趣"与"努力"。他说，读博是一种很特殊的生活状态，是在自己最富有精力的时段，专注做想要探索的研究课题，为此常常废寝忘食、夜以继日；这个过程极其艰辛，有时候试验了许久却没有得到预期的效果，或者汇聚心血写出的论文却被审稿人拒绝，令人心酸；但是，当自己做出的成果被领域内同行所认可，那种喜悦是无与伦比的，会因为付出终于有了回报而自我感动。

2017年7月，赵恒爽在美国夏威夷火奴鲁鲁参加CVPR 2017国际会议

赵恒爽本科毕业离开 Dian 团队已经 6 年多，他依然牢记团训"优秀是一种习惯"，并时刻提醒自己保持进取之心，不畏困难，奋勇向前。2020 年，他荣获世界人工智能大会新星奖。如今，赵恒爽的论文累计被谷歌学术引用达到8000 余次，他在计算机视觉领域内的工作不仅被同行普遍认可，还被看作是一颗冉冉升起的学术新星，王兴刚老师更是评价说"赵恒爽是未来的学术大牛"。而他自己仍不满足，博士毕业后，又前往英国牛津大学和美国麻省理工学院做博士后研究。

博士后即将出站的赵恒爽，看到中国学者在计算机视觉领域达到了前所未有的高峰，他怀着中国学者应该为国家做出贡献的赤子之心，决定加入香港大学并担任教职。

赵恒爽为自己的未来做出了规划，要组建高水平的研究团队，做出具有影响力的工作。同时，他感动于当初刘玉和钟国辉等导师对学生的无私付出，因此，他暗下决心，今后自己也要真心为弟子的发展而尽心尽力。也许，这就是 Dian 团队最宝贵的精神传承吧。

编后语

赵恒爽师兄面对全新的事物时，既有快速分析问题、切入核心解决问题的能力，又有"干中学"的精神。他在博士一年级那个暑假期间，阅读了大量的相关论文，并动手将其内容一一复现，复现后便发现了问题并加以改进，最终做出了计算机视觉领域内的重要成果。"要真正动手做"，只有动手去做，才会发现新的问题，才会产生新的灵感，也才会去进一步解决问题。这样的"干中学"精神，是 Dian 团队一直提倡的，也是笔者今后要认真践行的。

李泽康：Dian团队AI方向的"拓荒人"

│执笔人：王淇营

李泽康，男，河北石家庄人，Dian团队610号队员。2015年从河北正定中学考入华中科技大学软件学院，大二结束时通过种子班招新加入Dian团队，先后在挪威组、人工智能（以下简称"AI"）组工作。在站期间，曾担任AI组首任组长，带领全组完成了团队首个AI项目"贝贝智能客服Aibot"，并被评为Dian团队优秀项目组。2018年，李泽康入选"腾讯犀牛鸟精英人才计划"，成为该计划为数不多入选的本科生之一。2019年，他以第一作者在顶级会议ACL(Annual Meeting of the Association for Computational Linguistics)上发表华中科技大学首篇学术论文。同年，保研至中科院计算所攻读硕士学位。

极客精神，初出茅庐

在加入 Dian 团队之前，李泽康就已经是一个技术极客。大一的时候，热爱技术的他，加入了与 Dian 团队齐名的技术社团——联创团队，投入了大量时间在学习技术和参加比赛上，结交了不少同样具有极客精神的朋友。他特别喜欢参加比赛，但不完全是为了争夺名次，而是享受比赛。他的电脑上贴满了比赛主办方赠送的图标贴纸，他最爱穿的衣服也是主办方赠送的文化衫。他尤其喜欢编程马拉松（Hackthon）那种比赛，这类比赛时长只有几天，选手们必须在非常短的时间内提出想法创意，并通过程序实现。通过一场场比赛的锤炼，李泽康的思维愈发活跃，执行力和工作效率也得到了提升。

大二结束之际，李泽康看到了 Dian 团队的"黄埔军校"——种子班的招生宣传，觉得 Dian 团队的培养模式和自己的想法非常契合，因此，报名参加了种子班考核。由于具备扎实的编程功底，他顺利进入了 2015 级种子班。刚被种子班录取，他就看到启明学院在选拔去美国 Rose-Hulman 理工学院参加夏令营的人选，同时，他还了解到 Dian 团队的 005 号顾

2017年夏，李泽康（左2）与师父单勇（右1）在美国Rose-Hulman理工学院

问宋建建教授就是 Rose-Hulman 理工学院的终身教授，于是对这个夏令营产生了兴趣。巧合的是，比他高一级的种子班班长单勇（573 号队员）也想参加这个夏令营，而 Dian 团队"以老带新"师徒制给李泽康分配的师父恰是单勇！于是，2017 年暑假，师徒二人一同前往大洋彼岸培养工程师人才的那所名校。

抓住机会，转型AI

从美国归来后，李泽康加入了 Dian 团队挪威项目组，该组的工作主要是为甲方编制不同网站的爬虫规则，这对擅长 web 前端技术的李泽康来说没啥难度，每周仅花很少的时间就可以完成任务。但出于对自己的严格要求，他不满足于现状。当时，正逢 AI 围棋手阿尔法狗（AlphaGo）击败世界冠军柯洁登上围棋之巅，引发了全世界对 AI 技术的关注与学习浪潮。李泽康敏锐地意识到，AI 技术将迎来爆发性增长，于是积极自学 AI 技术。他是一个不吝分享、喜欢团队协作的人，经常主动向身边小伙伴讲解 AI 技术，还组织兴趣小组一起学习。在李泽康的"布道"下，Dian 团队一些队员也开始了解 AI 技术。

很快到了秋季，Dian 团队长期承办的一年一度"种子杯"编程 PK 赛启动了，这年的赞助商是 Dian 团队 201 号队员张良伦创办的独角兽企业——贝贝网。早在当年春季 Dian 团队举办 15 周年团庆时，贝贝网创始人＆CEO 张良伦等 17 名老队员，就代表贝贝网向 Dian 团队捐赠 100 万元人民币，成立了"Dian 团队·贝贝创新创业基金"，用以支持队员们创新创业。其中，有 30 万元指定作为连续三年"种子杯"的赞助费，但贝贝网希望"种子杯"编程 PK赛的赛题与 AI 相关。当时，Dian 团队最懂 AI 技术的李泽康，便自然而然地承担了大赛的出题和评分工作，成为裁判组组长。

在此事的影响下，越来越多的队员都燃起了对 AI 技术的兴趣，希望承接 AI 项目的呼声越来越高。可是，AI 研究有一定的门槛，首当其冲的就是算力门槛。队员们的电脑上都没有强劲的 GPU，造成 AI 模型训练过程冗长而缓慢。幸运的是，在创业红娘相亲会上，有一个创业项目 AIhub，其产品刚好是面向 AI 训练的云平台。在刘玉老师的牵线搭桥下，AIhub 交给 Dian 团队一个商品识别的合作需求，为此免费向团队提供了 AI 算力，解决了队员们的燃眉之急。这个商品识别项目，要求对 10 类商品的识别准确率达到 97% 以上，并在 2 周内完成。Dian 团队为此专门成立了商品识别项目组，马上从挪威组把李泽康调过来当组长。他带领几个接触过深度学习的队员一起，没日没夜地攻关，终于提前 2 天达到了 98% 的准确率，顺利完成了项目。AIhub 创业团队虽然没有能力支付开发经费，但愿意长期提供算力支持，这就为 Dian 团队提供了 AI 开发的入场券。

"种子杯"编程 PK 赛的成功举办，加深了贝贝网与 Dian 团队的合作，又恰逢几个项目组结题，团队面临项目数量不够的问题。刘玉老师这时候提出了一个想法："既然贝贝网对 AI 技术有需求，那能不能给 Dian 团队出一个 AI 相关的'命题作文'，他们捐赠的钱团队不能白拿，就当作项目经费吧。"这个两全其美的想法，也得到了贝贝网的认同，很快发布了一个研究课题——请 Dian 团队开发一个智能客服系统，看能不能替代贝贝网一直使用的商用智能客服系统 yibot，因为那个系统价格不菲，每年需要缴纳 100 万人民币。李泽康这时还在攻关商品识别项目，因此，跟随他一起学习 AI 技术的张中洋，带领几名队员先进行贝贝智能客服项目的预研工作。

2018年秋，贝贝智能客服Aibot上线后，双方队员在杭州现场合影

（前排左起：贝贝网陆遥、霍仟、刘玉老师、龚小聪、张良伦、赵文路、柯尊尧）

（后排左起：贝贝网李耀栋、危浩、徐裕健、张凡宇、小队员李泽康、孙昊海）

AIhub 的商品识别项目一结束，李泽康便全身心投入了贝贝智能客服项目。随着研发不断推进，模型越来越复杂，数据集也越来越庞大，多名组员都需要同时运行调试模型，现有算力很快捉襟见肘。李泽康和时任 Dian 团队队长阴浩（595 号队员）商量，向启明学院申请采购 AI 服务器。他们列举了 Dian 团队和其他创新团队在 AI 方向上取得的成果和面临的困难，多次向启明学院求助，终于获得支持。李泽康亲拟采购方案，买回服务器后，由 Dian 团队的技术部承担维护工作，这样才解决了 AI 项目算力不足的问题。

2018 年 6 月末，贝贝智能客服项目组组长张中洋（607 号队员），要前往美国密苏里 EMC 实验室参加为期 3 个月的实习，于是，李泽康便挑起了组长的担子。暑假一开始，李泽康便与学弟孙昊海（621 号队员）一起，去杭州实地考察了贝贝集团正在使用的 yibot 客服系统，然后，足足用了 2 周时间来细化项目需求。之后，在 AI 组全员努力下，系统不断改进，效果越来越好，终于达到验收标准。当年 10 月，李泽康与研究生王力（641 号队员）第二次奔赴杭州贝贝集团，准备完成系统的上线和测试。李泽康表示："这次出差可算是长了见识，原来，AI 技术要在企业落地投入使用时，还需要用到分布式训练、分布式存储、每日策略更新等技术，这些都是在校园研发阶段接触不到的东西。"经过对比测试，队员们研发的智能客服系统比商用的 yibot 系统表现更为优秀，转人工比率降低了 2.3%，用户满意度提升了 1.7%。贝贝集团对此表示非常满意，说质量超出了预期，立即换用并命名新系统为 Aibot。

学者潜力，厚积薄发

除了在工程项目中表现出色，李泽康在 AI 方向的学术研究上也取得了令人瞩目的成就。

在加入种子班之前，李泽康就已经与华科国家光电研究中心的周可教授接触，并获得了研究助理的身份。周可教授团队与腾讯云合作，使用 AI 技术对云数据库参数进行调节，调参效果超过了 DBA（数据库管理专家），相关论文被 SIGMOD 2019 接收，这也是华中科技大学第一篇被 SIGMOD 顶级会议接收的论文。该论文的第一作者为张霁博士，他次年入选华为"天才少年"，并拿到最高一档年薪 201 万元。虽然周可教授团队大多是博士生和硕士生，但李泽康这个本科生一点也不落下风。他和张霁博士共同提出项目 idea，并利用在工程技术上积累的优势和扎实的代码功底，实现了主实验效果且被派往腾讯公司出差完成实验。尽管他没有参与后来的论文写作和更丰富的补充实验，导致在论文作者中的排名较低，但他毫不计较，反而认为这段研究经历是对他的学术启蒙。

2018 年 9 月，刚上大四的李泽康顺利获得保研名额，被中科院计算所自然语言处理研究组录取。当年 11 月，在贝贝智能客服项目结题之后，李泽康申请了腾讯犀牛鸟精英人才培养计划，最终，他凭借着优秀的项目经历和学术经历顺利入选。值得一提的是，李泽康是该计划为数不多的本科生之一。入选后的他，由中科院计算所导师和腾讯企业导师联合培养，他决定趁此机会完成他的毕业设计论文。Dian 团队导师组，鉴于李泽康同学在项目组的优异表现，爽快批准他提前外出做毕业设计。随即，他进入腾讯的微信模式识别研究中心实习。在名企更大的平台上，李泽康的研究潜力得以释放。经过几个月的努力，2019 年 5 月，李泽康以第一作者身份撰写的论文被自然语言处理领域顶级的会议 ACL 录用。该论文不仅是 Dian团队首次在该会议上发表的研究成果，也是华中科技大学首次被该会议录用的两篇论文之一。此外，李泽康的毕业论文，也被评为华中科技大学优秀毕业论文。

2019 年 7 月 28 日—8 月 2 日，ACL 2019 会议在意大利佛罗伦萨举行，共有 3000 余人注册参加，开幕式在拥有 10 个大屏幕的巨型场地举办。刚刚离校的李泽康，代表华中科技大学及 Dian 团队在会议上发言，报告他在校期间以第一作者身份完成的论文。好几位同行在他报告过程中积极发问，结束后也有多位国内外研究人员与他进一步探讨。当天，他特意穿上了 2015 级种子班的班服，以此表达对 2015 级种子班的情感，以及对 Dian 团队培养的感激。

到北京攻读硕士学位期间，李泽康依旧热爱比赛、热爱学术，并不断取得相关成果。不到两年的时间，他又斩获了 5 个大型比赛的冠军或一等奖。其中一个比赛是创新工场举办的"DeeCamp 2020 人工智能训练营"，李泽康作为队长，和其他 4 位来自国内外著名高校的同学一起，自主设计研发 AI 写作程序，开发出一款智能写作工具"AI 科幻世界"。该工具受到了李开复和创新工场的高度关注，进而催生了首次华语科幻 AI 的"人机共创写作"实验项目"共生纪"的启动，受到《人民日报》、《科技日报》、量子位等多家媒体的报道和点评。

2021 年 5 月，李泽康又有两篇以第一作者身份撰写的优秀论文，获得顶级会议 ACL 录用。这颗学术新星正在冉冉升起，并散发着越来越耀眼的光芒。

 编后语

　　笔者作为李泽康的同班同学和同窗 4 年的好友，由衷地为他取得的成就感到开心和振奋。从外在看他，我眼中看到的是贴满贴纸的电脑，一件件有趣的文化衫，还有一长串令人赞叹的奖项和论文。从内心看他，我看到的则是充满创造力的大脑，飞速敲击键盘的双手，还有坚定的信念和强大的执行力。他是"优秀是一种习惯"的践行者，也是 Dian 团队 600 号以后年轻小队员的出色代表。

企业精英

王长强：Dian团队永远的大师兄

| 执笔人：高培立

王长强，男，湖北宜昌人，Dian团队003号队员。1998年从湖北宜昌考入华中理工大学（现华中科技大学）物理系，2001年放弃本系保研资格，2002年跨专业考研到电信系，师从刘玉教授，成为刘老师的开山弟子。王长强是Dian团队的联合创始人之一，是所有队员公认的大师兄。他还是Dian团队量子通信项目组的首任组长，在他的带领下，Dian团队人才辈出。硕士毕业后，王长强应聘入职华三通信杭州总部，10年后加入杭州数梦工场，目前从事大数据产品及行业数据智能综合解决方案的建设和服务。

揭榜英雄帖

王长强本科就读于华中理工大学（现华中科技大学）物理系，不仅是一个"高富帅"，而且是妥妥的学霸，综合排名全年级第一。可到了大四，他却做出一个令所有人吃惊的决定：放弃物理系保送研究生的资格，选择复习备考，跨界到本校电信系读研。据他自己解释，这纯粹是兴趣使然。

2001年大三结束的那个暑假，王长强着手考研复习。为了多了解电信专业的一些信息，他登录学校的白云黄鹤BBS四处打探，很快便发现了BBS"骨灰级网虫"刘玉老师。刘老师在白云黄鹤BBS上的网名是dian，王长强很快得知她是刚从光学系调入电信系的副教授，这下心里乐开了花，主动找刘老师"套磁"。刘老师很惊讶他的选择，告知跨专业考研很难，让他认真备考。

2001年底，刘玉老师正好接到了一个机要公文加密算法的课题，但此时她刚调入电信系不久，没有一砖一瓦，没有一分一厘，也没有一兵一卒。无奈之际，她想到了网络求助，何不在BBS上发一份"英雄帖"来招兵买马呢？于是，刘老师就在白云黄鹤BBS上发布了一份招聘启事，以机要公文加密项目为课题，招收本科生做毕业设计。启事一发，第一个回应的就是物理系的王长强，第二个回应的是自控系的李震。李震当时已经拿到了广东移动的录用通知书，想着今后定会涉及信息安全内容，于是放弃已在自控系选定的数据库毕业设计课题，坚决要换导师、换课题。还有电信系的康锋，也顺着刘老师的"英雄帖"主动报了名。自此，Dian 团队第一个项目组——机要公文组正式成形。

诞生Dian团队

就这样，三位来自不同专业背景的学生组成了项目班底。李震（002 号队员）拥有高级程序员证书，软件功底最扎实，于是，刘玉老师任命他当组长；王长强（003 号队员）系理科出身，喜欢钻研，动手前总是先把道理都搞清楚；康锋（004 号队员）性格内向，说起话来慢条斯理，工作起来却任劳任怨。项目班子是组成了，如何开展工作却遇到了困难。技术上：在 20 年前，USB 设备还十分罕见，朗科的 U 盘才刚刚面世，"超大"容量 U 盘只有 16M，插在电脑上想正常使用还必须安装 USB 驱动，更别提自己开发特殊的"防盗 U 盘"了。经费上：这个项目两年半的研发经费总共只有 3.5 万元，第一期只付了 9000 元到学校，扣除各种费用，剩下的钱连一台电脑都买不起，全组只能利用刘老师的一台二手电脑三班倒轮流上机。时间上：学生们的毕业设计时间只剩 3 个多月，必须在毕业论文撰写和答辩之前做出阶段性成果。100 多天，1 台电脑，能把这个国防项目的关键技术搞定吗？为了做到及时沟通，三名学生提出在电信系宽带实验室"豆豆"同学自建的喻信 BBS 上开设一个秘密讨论版，只有项目组师生可见。版面名称根据刘老师的白云黄鹤网名命名为"Dian 版"，这便是后来"Dian 团队"的由来。此版开设时间是 2002 年 3 月 1 日，于是，每年 3 月 1 日便成为 Dian 团队的法定生日。

奠定"干中学"

中国人习惯说，办法总比困难多，年轻人自有年轻人的冲劲。尽管困难重重，王长强他们还是义无反顾地开干了。与部队徐参谋再次确认需求后，他们决定从零开始摸索，三人很快分好了工：李震负责软件系统的架构设计，康锋负责 USB 接口，王长强负责研究加密算法。经过一番尝试后，他们发现 USB 硬件接口难度最大，于是，刘老师召集大家攻坚，经过查找资料和讨论，发现有家公司可以售卖可驱动的、带开发套件的 USB 接口卡。康锋赶紧去采购，三个队员在南一楼那台旧电脑上不分昼夜地轮流调试，终于解决了 USB 硬件接口的关键性问题。而加密算法经过多次尝试，终于也找到了适合的解决方案。李震的软件工作量涉及服务器端和客户端，他编制了 2 万多行代码才完成，累得差点崩溃。

2002年6月19日，三名队员正在回答毕业设计答辩评委提问
（右起：王长强、李震、康锋）

就这样，仅仅3个月时间，王长强他们这个"多国杂牌军"硬是做出了硬件软件全套样品。登录、加密、传输，演示效果一流。看到花了个预研的钱却收获了一套成品方案，部队徐参谋非常高兴，赞不绝口，表示后续一定再合作。

来自不同院系专业的学生，毕业设计成绩该如何评定？刘玉老师在得到电信系时任总支书记梁茜的大力支持后，特邀学校教务处赵欣副处长和三个院系的教学系主任，以及学校教学顾问组专家，会同电信系教授组成联合评审组，听取三人的毕业设计答辩。李震、王长强和康锋轮流介绍项目的技术原理和开发过程，获得了与会专家、领导的高度好评，李震的论文后来还被评为"湖北省优秀学士学位论文"。经此一役，Dian团队奠定了以真实项目牵引的"干中学"模式，一直延续至今。

领衔量子组

机要公文加密系统顺利结题后，刘玉老师接受王长强读研，并把王长强安排到了量子通信项目组做理论研究。因为这个安排，王长强还专门跑到刘老师家里和刘老师做了长谈。他说之所以到电信系来，就是希望从纯理论研究向工程技术转型，工程项目的成功能够有更多的获得感和满足感。刘老师听完后语重心长地说："做事业，选方向，眼光要长远。以我几十年的科研、教学经验来看，量子通信与量子计算是一个前景无限广阔的科研领域，既可以做理论研究，又可以做工程落地。我刚调入电信系不久，最近与刘文予教授联合申报了量子通信方面的省级基金项目，你正好有物理基础，研究这个新方向最为合适。更为重要的是，王长强你是我的开山弟子，无论做什么工作你都是冲在前面的'大哥大'，责任很重，不能仅仅考虑自己的兴趣，还要把以后的师弟师妹带出来。总之，家中的长子就得里里外外一把手，做啥事都不能挑拣啊。"王长强听完之后，眼泪一下流了出来，半天说不出话。他忽然觉得自己长大了，真的肩负着"开山"的责任，从此以后再也不挑工作性质，任劳任怨，一言一行都像大家庭中的长兄。

没几天，王长强就张罗成立了量子通信组，成了量子组的首任组长。他面临的最大困难，不是资金短缺（申报成功的湖北省自然科学基金项目有2万元资助），而是自己对量子通信具体的研究方向拿不定主意，导师们也在探索，两眼一抹黑。因此，他又溜回物理系去蹭研究生的高等理论物理课，因提问太多还被物理系的老师"鄙视"；量子组人手不够，王长强又效仿刘玉老师到白云黄鹤BBS上去招兵买马，寻找低年级本科生加盟；国内的相关资料较少，王长强便组织小队员通过网络搜集刚刚发表的外文文献；量子术语不熟悉，王长强又带领组员编撰讲义，硬是把一个个陌生的专用词语和特殊符号啃了下来；每周一次例会时间太短，王长强就安排两次甚至三次晚上例会，亲自当小老师帮大家提速。

正是王长强打下的坚实基础，使得量子组后来的发展十分迅猛。量子组有一个特点，项目经费最少，但是组员很多。刘老师回忆，当年量子组组员的构成十分多样，覆盖了学校多个院系。"喜欢搞理论的""想法新颖别致的""希望发论文的"队员都往量子组放，不同的思维碰撞经常冒出火花，尤其反映在Dian团队每年放寒假前夕的年终茶话会（后来简称"小春晚"）上。每年"小春晚"，大家都特别期待量子组的节目，因为他们的构思总是与众不同，演出一等奖连续好几年都被量子组蝉联。刘老师笑着说："这都是王长强开头开得好啊！他们组搞什么事情都要标新立异，与众不同。写文章要出新，做项目要出彩，演节目也要出众！"

当时，量子通信实验需要非常昂贵的仪器，Dian团队根本买不起。于是，在王长强读研的最后一年，也就是2004年，刘老师把他送到中科院武汉物理所的量子通信研究室去联合培养。无数个夜晚，他和中科院研究人员一起，在高楼间密集地发送处于量子态的单光子，以实现自由空间中的量子通信。未曾想8年后的2012年，担任过量子组第五任组长的254号队员王大庆，在欧洲比利时读研时跟随世界著名的量子通信科学家安东·蔡林格（Anton Zeilinger），在加纳利群岛的两个海岛之间也做了类似的量子通信实验，距离长达143公里，打破了当时的世界纪录，还在 *Nature* 上发表了顶级论文。

值得一提的是，王长强的模范带头作用使得量子组后续人才辈出，成了Dian团队存在周期最长的项目组之一。本书收入的故事中，有不少都是量子组成员。除了大师兄王长强，还有022号王晓鑫、039号邹佩琳、148号李玥、172号黄帆、254号王大庆等多名队员。

永远的大师兄

研究生生涯结束后，中科院物理所强烈希望王长强留下来攻读博士，但他心中还是有个电子通信梦，便婉拒了中科院的邀请，应聘入职了华三通信公司。华三公司当时（2005年）与Dian团队已开始深度合作，非常相信Dian团队的人才培养质量，只要是Dian团队的队员，华三公司都非常乐意接收。于是，王长强很顺利地被华三通信总部录取，被分配到海外市场部。

2015年，王长强从华三公司离职，与同事一起创业，致力于中国政务大数据领域的应用。王长强出站后心系团队，经常给Dian团队提建议，非常关心团队的发展和队员的成长。随着在杭州工作的出站队员越来越多，大家便从长三角分站剥离出来，单独设立了Dian团队杭州分站，大师兄王长强被全票推选为杭州站站长并一直担任至今。

2017年3月13日，刘玉老师到杭州赠送站旗

（后排正中最高者为站长王长强）

编后语

　　我从大师兄的身上学到了责任和担当，正如刘玉老师所言："家中的长子就得里里外外一把手，责任重大。"大师兄不仅把自己的规划和发展做得很好，还以身作则给后面的队员树立了榜样，他给量子组留下的优良传统，熏陶了一代又一代小队员。

　　写完初稿后，刘老师又给我补充了一个历史细节。2004年，Dian团队有了第一个根据地——五一基地，当年年底，王长强向刘老师提议要编撰Dian团队年鉴，留下团队发展的档案。他说，2002—2004年的史料由他负责收集整理，希望团队以后每年都要坚持编撰年鉴。师生两人还讨论了如何给队员通讯录进行合理排序。刘老师得知华为给员工分配的工号终身不变，受到了很大启发，于是提出按队员加入团队的时间早晚进行编号，一旦赋予，终身不变。就这样，刘玉老师成了001号，李震是002号，王长强便是003号。如今，Dian团队的年鉴和队员编号，都成了团队文化的显著标志，本书一半的老照片都出自对应年份的年鉴。由此可见，大师兄王长强对Dian团队的贡献可不是一般的大呀！

薛强：坚忍执着的"技术男"

｜执笔人：钟午杰

薛强，男，四川新都人，Dian团队033号队员。2000年从四川省成都市新都一中进入华科电信系本科，2003年暑期到Dian团队实习，实习期间便从同龄人中脱颖而出。加入Dian团队后，为武汉嘉铭激光公司的第一个合作项目立下了汗马功劳。2004年夏天毕业后进入华为公司，曾为华为解决过多项重大技术难题，现任华为20级技术专家。

痴迷技术，崭露头角

薛强与 Dian 团队结缘的故事，要从大三暑假进入 Dian 团队实习说起。当时一同来实习的电信系学生有好几个，刘玉老师给每人布置了一个小任务，分别是完成键盘、鼠标、串行接口、LED屏等与主控板的接口设计，并且要求一周后汇报工作。薛强因家境贫寒没有电脑，性格较为沉默内向、不爱张扬，刘玉老师原本对他并不寄予太大希望。然而，次周汇报的结果却让刘老师大为惊讶：那几位之前被寄予厚望的同学汇报不清楚，反而是最开始不怎么起眼的薛强，在黑板上把他自己负责的那个模块接口方案说得一清二楚，一下子就脱颖而出。等又过了一周再次汇报时，薛强一个人几乎把所有的外部设备接口方案都做出来了。因此，刘老师对薛强留下了深刻印象，三周实习结束后便特邀薛强正式加入 Dian 团队项目组。

薛强进入 Dian 团队后，刘玉老师把他放在了武汉嘉铭激光公司委托开发"一体化气动标记机"的项目组。这是当时为数不多的签订了合同的"正规"项目，对团队建立合作关系具有重要意义。嘉铭公司有严格遵循 ISO9000 质量管理体系标准的要求，由立项评审开始，经输入评审、输出评审、结题评审等一系列节点的严格监控，最终提交的产品要达到合同附属技术协议的所有技术指标。因为委托方要求严格，所以刘老师原计划该项目主要由研究生

项目组攻克难关后在商场门口合影

（前排左1为薛强）

和少年班的熊祖彪（005号队员）负责，让薛强只是打打杂、跟跟项目，学习一下。谁知他刚加入项目组不久，就把几个研究生的活全干了，令研究生们瞠目结舌。刘老师不禁疑惑："你技术能力这么强，能'软硬兼施'，可是你大学这几年连电脑都没有，你是怎么学的呢？"薛强腼腆地说："也就经常去蹭机房罢了。"薛强热爱学习新技术，几乎每天晚上都住在实验室熬夜研究和学习，因此他进步迅速，成为Dian团队"爱啃硬骨头"的人。

这个项目的核心工作，很快就落在两个人的身上：上层软件由组长熊祖彪负责，底层软件则由薛强挑大梁。可是系统太复杂了，薛强苦战很久，直到腊月二十五晚上还有好几个外部设备接口没调通。那天晚上，刘玉老师带着水果来现场慰问大家，并激励大家说，如果今晚所有模块都调通，明天给大家发1000元慰问金去大商场购物！大家振奋精神，一直工作到晚上快十点钟，只剩最后一个难题没有攻克——USB数据传输能发却不能收。时间已经不早了，刘老师劝大家离开，并安慰他们来年再战。当同学们不情愿地离去后，薛强仍没有放弃，于是钟国辉老师也陪着薛强并给予指导，终于在22时05分把USB接口调通了！第二天，刘老师兑现了承诺，带领大家一起去武汉亚贸广场采办新年礼物。当时还没有高铁，武汉到四川的火车要跑一天多，而薛强之前把回家的火车票退了，现在只剩下了站票。刘老师于心不忍，从家里带来了一个小凳子给薛强，让他在车上能够坐着休息一下。考虑到车站人多，担心薛强挤不上车，刘老师还特意给研究生们20块钱，交代他们要护送薛强走绿色通道，一定要保证他安全上车。

这个项目结题后，刘老师给薛强发的奖金是某位研究生组员的10倍，刘老师问那位研究生："薛强作为本科生拿到的奖金是你的10倍，你心里是否不舒服？"他答道："薛强做了多少事，大家有目共睹，我心服口服。"

毕业求职，恩师力助

尽管薛强在 Dian 团队技术过硬、表现优异，但大四毕业时找工作却很不顺利。英语是他的短板，高考时英语就只刚过及格线，四级英语考了数次都没通过。那时候很多大公司来招人，简历大多是电脑自动筛选，如果四级英语没过，就会直接被淘汰。那年冬天，Dian团队在西五楼开周末例会时，刘玉老师让每个应届毕业生汇报求职进展，大多数人都拿到了较为满意的 offer，开心地分享了自己的求职经历。而问到薛强时，他却连笔试的机会都没有。他提到，华为公司正在我校招人，尽管他简历关都没过，但还是偷偷溜进去"霸王笔试"了一场。虽然考得不错，但是，由于没有简历档案，他仍然没有收到面试通知。"一面"的时候，他又去"霸王面"，尽管负责技术面试的工程师对他比较满意，可是因为前期简历都被自动筛选掉了，所以也没有获得次轮面试机会，这让他犯难。散会后，刘老师赶紧问薛强："华为公司招聘的人住在哪里？"他回答道："就在我们学校的 8 号楼。"刘老师说："我带你去找一下他们。"

到了 8 号楼，已经过了晚上十点。刘玉老师问前台："华为招聘组在哪个房间？"前台答道："顶层全部被华为包了。"这下刘老师也傻眼了，不知道该找谁。正当此时，她突然看见一个西装革履的男士从 8 号楼外面的出租车下来，拖着行李箱来到酒店前台询问："请问华为公司招聘的人住哪里？"刘老师凭直觉猜测他可能是个主管，于是一个箭步冲上去拜会介绍。双方交换名片后，刘老师大喜，原来此人竟是华为公司副总裁吕克，连忙说："我就是来找你们的，想推荐一名非常出色的学生。"吕副总有些惊讶：到底是什么学生能让刘玉老师晚上十点多还守在宾馆大堂为其背书？于是，吕副总热情邀请刘老师和薛强上楼细谈。刘老师把薛强的成长经历讲给吕副总听，从"不起眼"到"一个顶几个"，再到"嘉铭项目最后攻关"，以及最后的"霸王笔试"和"霸王面试"，娓娓道来，吕副总也越听越入迷。刘老师讲完后，吕副总说："请您放心，这个学生我们一定会特别关注的。华为看重的，不仅仅是纸面成绩，更重要的是解决问题的能力。"

两天之后，刘玉老师接到了学校有关部门领导的通知：今晚华为举办答谢宴，特别点名邀请刘玉老师。晚宴上，吕副总姗姗来迟，一来便坐到刘老师身边说："我刚刚结束招聘的最后一轮面试，薛强是我面试的最后一名学生，他令我印象太深刻了。一开始跟他谈什么话题都很木讷，直到我跟他谈起技术，他突然两眼放光、滔滔不绝。我已经跟招聘组长说了，这孩子我们要了，以后我们华为如果有什么难关别人解决不了，薛强可能就是那个能解决难题的人。"多年后，吕副总的预言真的应验了。

在这届学生毕业后的教师节庆祝大会上，时任华中科技大学校长的樊明武院士特别提到了薛强的案例，希望教师们要像他那样对技术"两眼放光"，而不能只盯着物质待遇。

攻坚克难，永不言弃

薛强进入华为后，很快因技术过硬从同龄人中脱颖而出，不久便评优转正并成为骨干，不到一年就带团队负责一个新产品的开发。然而，当研发的产品推向市场后，虽然销量很好，但是频频发生故障——设备黑屏后用热启动方式无法恢复，必须由维护人员到现场手工启动设备才行。薛强小组排查了很久，可是连故障现象都复现不了，即使华为的技术专家组来会诊也没有找到原因。薛强因为这件事备受煎熬，夜夜失眠，体重瘦到只剩 80 多斤，甚至一度有辞职的念头。他打电话告诉了刘玉老师，刘老师安慰他道："还没到辞职那一步吧，你身后还有 Dian 团队呢，我们帮你一起想办法。"刘老师召集了团队内的软硬件"大牛"，与薛强召开电话会议，请大家帮忙出谋划策。尽管她明白，Dian 团队成员连华为设备的模样都不清楚，很难远程解决问题，更何况是连华为专家组都束手无策的难题。但是，队员们的鼓励能给薛强心理安慰，让他明白 Dian 团队永远是他坚强的后盾。

后来，薛强没再提辞职，他被调往华为西安研究所负责其他工作。没想到，薛强调到西安后仍然放不下那个难题，一直琢磨，甚至购买了几十个调制解调器来模拟并发访问，竟然让故障重现了，并且很快就定位问题出在一个外包公司交付的软件模块里。薛强兴奋地向刘玉老师电话报喜："刘老师，那个设备的毛病找到了！"刘老师隔着听筒都能感受到薛强的喜悦，不过仍有疑问："你虽然复现和定位了问题，但还不算解决问题吧？"薛强自信地回答道："只要问题能复现，我心里就有数了，离彻底解决问题就不远了。"说时容易做时难，这个部分源代码有几十万行，想要搞清楚原因，只能靠可执行文件（.exe 文件）反汇编，这是一个浩瀚的工程。然而，薛强不懈努力，硬是凭一己之力解决了这个连华为专家组都犯难的问题。刘老师得知后，不禁感叹当年吕副总的先见之明，薛强确实能解决别人解决不了的问题！

再后来，薛强调往家乡四川，在那里他的技术水平还在不断提高。有一年，刘玉老师前往成都看望西南分站的老队员，薛强说刚刚有个大项目结题，要组织项目组成员喝庆功酒，无法前来聚会。刘老师不仅不怪罪，反而很欣慰，这说明薛强已经当上领导了呀。现在薛强已经升任华为技术专家，级别是 20 级。

温馨花絮

薛强和他夫人是网恋相识的，他们热恋期间，薛强公司"团建"去海边游玩，他把女朋友也带去了，海边起风，女朋友感到有点冷，薛强便把 Dian 团队队服披在了她身上。这一幕，恰好被朋友用相机记录下来，并发在团队 BBS 上，有队员为那张照片题字："Dian 团队的温暖无处不在！"

薛强和他的夫人

　　他们很快就步入了婚姻的殿堂，他夫人是湖南人，在湖南办完婚礼后，他们夫妇俩在中秋节那天回到 Dian 团队探亲，与在站队员们一起吃月饼，分享自己的恋爱经历。8 周年团庆的时候，薛强夫妇已经有了孩子，他带着女儿再次来 Dian 团队探亲，团庆全家福第一排有个穿绿毛衣的小女孩就是可爱的"Dian 二代"。

编后语

　　听了薛强师兄的经历，我内心感触良多。薛强师兄既有着艰苦奋斗的钻研精神，能够凤兴夜寐、攻坚克难，并且主动为他人提供帮助，解决一个又一个技术难题，也善于把握时机、抓住机会，能够在 Dian 团队和华为公司中脱颖而出，给我们这些后辈树立了优秀的学习榜样。

单煜翔：少年持重的"靠谱人"

| 执笔人：钟午杰

单煜翔，男，河南开封人，Dian团队035号队员。2002年从河南开封高级中学考入华中科技大学电信系，2003年加入Dian团队数据库组，后担任大型项目X.691语音编解码的负责人。本科毕业后被保送至清华读博，毕业后去了三星（北京）研究院，负责多个语种的文字识别。目前在阿里巴巴达摩院，负责语音识别引擎的开发。

在校期间，独当一面

2002 年，刘玉老师担任电信系负责信息化工作的系主任助理，她看到老师们年终填写工作量和成果时，都是用手写，非常不方便，于是想组织几位有能力的学生开发一个教师工作量考核数据库系统，实现工作量考核数据化、无纸化。作为大一新生的单煜翔和张喜清（036号队员），在电信系辅导员明玉柱的推荐下加入了 Dian 团队，与 027 号队员张仲琨一起组队成立了考核数据库组。虽然这三位低年级学生此前都没学过数据库，但凭借"干中学"的信念，一边看书、一边琢磨，很快就搭建了一个能填表的数据库系统。刘老师很是喜悦，找了几位老师内测。然而，不测不知道，一测吓一跳，老师们发现了这个数据库系统的重大 bug：这三位同学在数据库系统的客户端通信协议上完全没有考虑到安全隐患，犯了低级错误，整个系统都得推倒重来！他们三人也沮丧了一阵子，不过很快就调整了过来，有了前期入门经验，很快就拿出了一个更加完善的版本。

临近寒假时，同学们都要复习考试，可老师们的年终工作量考核也要开始了。这是最考验他们三人的时刻：一是要抽出时间给全系的老师进行培训，教他们如何使用客户端；二是要不断修复数据库出现的奇怪 bug，为此张喜清甚至还熬了通宵，导致第二天早上误了考试。数据库还会经常暴露出不同的问题，需要持续改版，有老师吐槽说这个无纸化系统还不如填表方便。不过，吐槽归吐槽，大部分教师对这种改革还是拥护的。时任电信系党总支书记梁茜（008号顾问）请全系教师无记名投票，是否继续用这个考核软件，没想到几乎所有的老师都同意继续使用，仅有一票反对，这对单煜翔他们来说是很大的鼓励。就这样，他们三人一边准备考试，一边尽心尽力维护着系统。当时有个bug困扰了他们很久：个别老师的学术论文标题中出现了中英文混杂还外带希腊字母的情况，虽然屏幕显示正常，但打印成纸质文件想存档时出现了乱码。小伙伴们苦苦思索也找不到原因，直到全校师生都放寒假了还没有解决。单煜翔如鲠在喉，很不甘心地离校回到开封老家。

冬去春来，在第二年的系统维护开发中，作为项目组长的单煜翔将"打印乱码"问题作为技术难点安排同学进行攻关。在尝试了前人的多种"完美"解决方案后，大家发现乱码在某些情况下依然存在。经过分析，单煜翔认为现有的方案并没有触及乱码问题的实质，他反复琢磨，把开源报表系统的源代码都拿出来研究了一遍，终于发现了问题所在。原来数据库在打印文本时是按照每个汉字双字节来读取的，但英文字母的编码是单字节，如果与汉字混杂在一起，单双字节便会搭配错误，由此造成乱码，只要把所有单字节的字符都扩展成双字节表示就可以了。听到这个分析，刘玉老师很高兴："你发现的这个问题，可以写篇学术论文，相信还有人也在使用这个开源数据库软件，他们多半也会遇到同样的困惑，需要寻求解决方案。"刘老师还给了他一篇论文当范本。单煜翔听了，有点不敢相信，把刘老师的话告诉了父亲，疑惑地说："我不过解决了这样一个小问题，怎么能发论文呢？"他父亲也是华科校友，笑着对他说："刘老师说可以写，那就说明有价值。"单煜翔虽然从来没有写过论文，但开学时又给刘老师带来了一个惊喜：论文从标题、摘要、正文到结语都非常规范，基本上不需要修改和润色。刘老师带他到图书馆翻阅了一些刊登过数据库技术的学术期刊，选了一本让他投稿。半年后，他的文章真的被刊登出来。看到样刊的时候，刘老师很是惊讶：那期刊物大部分论文的第一作者都是教授、博导、研究生，只有单煜翔这个第一作者是本科生！

毕业之际，恪尽职守

单煜翔在Dian团队参加了不止一个项目，不仅思路清晰、技术过硬，而且老成持重，还展现出一定的管理才能。大四时，他被破格提拔为华三公司X.691语音编解码项目的组长。这是当时为数不多的大项目，总经费达43.5万元，但要求半年内完成。全团队调集了20多名队员（包括数名研究生）交给他统领。此时，他也以年级第二名的优异成绩被保送到清华大学电子系直攻博士。因为项目进程紧张，他顾不上提前寻找清华导师，导致心仪的几个方向因招满而错失。后来，只好选了语音识别方向。2006年，语音识别还比较冷门，有人劝他不要选这个方向，说"不如通信方向易出成果""与你在网络技术上的积累相差太大"等，单煜翔却没想那么多，一是想在博士阶段多了解一些东西，二是觉得自己静下心来总能做出点成果。

2006年5月，担任X.691语音编解码大型软件项目组组长的本科生单煜翔

2006年毕业杯篮球赛当天，华三公司语音项目组二次赴京队员合影
（右1为单煜翔）

单煜翔毕业的那个暑假，X.691项目需要到北京去做最后的系统测试，老师和同学们都希望他这个"一把手"能率队赴京，坚持到底。但清华导师也催他去报到，因为别的保研同学都提前进了实验室。单煜翔纠结了一阵，决定向未来导师刘加教授说出面临的难题，说自己在Dian团队还有项目的收尾工作需要负责到底，能否结束后再去清华。单煜翔满以为导师听了要批评他，没想到刘加教授却豪爽地说："你这样做很对，你要是不负责到底就跑了，我还要批评你呢。"单煜翔很钦佩刘加教授的心胸格局，于是安心把这个项目圆满做完结题。清华开学后，单煜翔在刘加教授的实验室工作非常卖力，不仅解决了实验室在大词汇量连续语音识别引擎研发中困扰了多年的技术难题，也搭建起了实验室自己的集群计算环境。作为新人，单煜翔为实验室做出了基础性的重大贡献，得到了导师的特别器重。刘加教授也因此高看Dian团队队员，每年都请刘玉老师推荐Dian团队队员去他门下读博。刘玉老师问："您每年的博士生指标只有1个，却已经连续三年都招收了Dian团队队员，就不怕近亲繁殖吗？"刘加教授笑着说："你看看单煜翔，要成绩有成绩，要论文有论文，要人品有人品。而且我发现你们Dian团队的学生还特别抱团，这么好的学生，我为什么不一直要呢？"

在毕业的那个暑假，在华三项目繁忙的工作之余，单煜翔还完成了自己大学四年长达1.2万字的回忆录。一方面，记录下自己这充实精彩的大学四年，方便自己日后回忆，让诸事历历在目；另一方面，回顾自省，对选择得失也有了更深刻的体会，更坚定了他认真生活、踏实做事的信心。

工作之后，勤勉如初

清华博士研究生毕业之后，单煜翔作为引进人才加盟三星（北京）研究院，负责手写文字的识别。具体地说，单煜翔要负责除中、日、韩文之外所有字母文字识别引擎的研发。这对于当时的三星集团还属于高新技术，需要他从零开始，一点一点地把整个系统搭建起来。

此外，当时还有一个法国的对手公司，在手写文字识别领域深耕多年，在业内已小有名气，无形中给他的压力更大。一开始，单煜翔小组选择的是一种比较成熟的方案，做了两年之后，与竞争对手难分高低，在不同语种上各有优劣。单煜翔认为再耗下去不是办法，必须另辟蹊径更换新的方案，才能全面超过竞争对手。经过一段时间的调研，单煜翔把新思路汇报给了上级。领导虽赞成单煜翔的方案，但奈何语种过多、人手不够，调配不了更多资源给他，开发初期的工作只能由他一人承担。单煜翔没有怨言，说干就干，从论文到实验，再到模型调优，竟然只花了两三个月就看到了初步的成果。

这时，公司便派了两三个同事来协助单煜翔共同开发，在这个过程中，难免磕磕碰碰，遇到很多挫折。比如，当时手机的存储空间不大，三星公司对手机预装软件包的体积非常敏感，要求把小型语种的软件包控制在 3MB 以下，像英语这样大型语种的软件包也要控制在 5MB 以下。试想一下，要把一个几十万字的词表还有各种各样的模型都塞到这样一个小小的软件包里面去，难度非常大，单煜翔他们几乎对每一个比特都要"斤斤计较"。除此之外，在手写文字识别上还有一些世界性难题，比如集外词（即生僻词汇）、多语种的问题等，单煜翔小组也想了各种办法来解决。

又经过半年的努力，单煜翔的团队终于做出了稳定的版本，并推广到了 50 多个语种。不管是识别的精度，还是识别的速度，乃至软件包的体积，都全方位超越了竞争对手。于是，他们开发的手写引擎令人自豪地集成到了三星 Note7 以后所有的手机和平板上。值得一提的是，在单煜翔尝试新方案的同时，国外的三星研究所也有人尝试了新的技术方向，但最终都没成功。

回想起这些往事，单煜翔并没有感到辛苦，反而非常享受这种为目标而奋斗的过程，哪怕加班熬夜也无怨无悔。领导和同事对他的评价很高，"技术能力强、踏实靠谱又厚道"。前往北京看望他的刘玉老师，也因为他的优异表现，受到了热情接待。

完成了三星公司的这个项目之后，单煜翔也曾"聊发少年狂"，与朋友们一起创业，组建了庞格数研所，做数字金融分析与建模，也取得了一些业绩。现在，单煜翔又回归老本行，加入了阿里巴巴达摩院的语音实验室，负责语音识别引擎相关的研发工作。

温馨花絮

单煜翔在 Dian 团队技术突出又特别靠谱，得到了刘玉老师的特别青睐，刘老师甚至还调侃："你是我心目中的最佳女婿人选。"2008 年，刘老师前往北京鸟巢观看奥运会时，单煜翔亲自接送刘老师，还帮着订招待所。当时，奥运会门票是 900 元一张，刘老师非常大气地送了他一张，师生同看奥运比赛。2014 年，单煜翔结婚，刘老师还专程去北京参加他的婚礼，送去最诚挚的祝福。

编后语

　　单煜翔师兄给我一种非常踏实稳重的感觉，不管是在学习科研上，还是在为人处事上。面对学习和工作中的技术难题，他肯下苦功夫，有钻研精神，本科低年级的数据库项目、博士研究生毕业后的三星研究院项目就是其中的典型案例；面对人生的重大选择，比如博士就读方向或离职去创业，他都没有太多的顾虑，既来之则安之，会沉下心来一心一意把事情做好；面对他人的求助、团队的期望，他会舍小家、顾大家，站在利他的角度做决定。单煜翔师兄在做人、做事、做学问等多方面，都为我等后辈树立了榜样。

杜欢：一面"玉"镜

| 执笔人：周耀海

杜欢，男，浙江奉化人，Dian团队045号队员。2000年从华中师范大学第一附属中学考入华中科技大学电信系，2005年考上电信系研究生，师从刘玉老师。他在Dian团队共参加过8个真实项目，并担任过6个项目的组长，后来成为第二任总教练。毕业后，杜欢入职过微软、百度、滴滴，其间他还与Dian团队134号队员郭启睿共同创业近5年，目前任职于北京互影科技公司。刘老师对杜欢的评价是："他是我工作的一面真实镜子。"

与Dian结缘

杜欢最开始与Dian团队结缘，是他从校内喻信星空BBS上看到了团队信息，对刘玉老师和这个团队很有兴趣，早就关注了刘老师的动向。在毕业设计找导师之前，他有好几个同学都加入了Dian团队，他们都建议杜欢主动报名。于是，他就给刘老师发了私信，希望能够有机会加入团队。

但是，他刚来就请了好几周的长假。那时的杜欢心气极高，他高中阶段就对自己未来要去的学校和专业有着清晰的想法和执着的追求，可惜高考发挥不佳，分数略低未能如愿。抱憾四年，等到大四考研他又有了新目标，想考入复旦大学微电子系。2004年春季考研成绩公布，他成功进入复旦大学的学校复试线，但专业课成绩在热门的微电子系里排名靠后。虽然大家都认为录取希望不大，但他仍然坚持前往上海，追求心中理想。他花了很长时间在复旦大学联系导师，但最后仍未被破格录取。这次打击，让杜欢决定二次备考，在第二次复习备考期间，他接受了刘老师的邀请，在Dian团队勤工俭学一年。杜欢与Dian团队的故事，从此正式拉开帷幕。

2006年4月2日，杜欢正在做团队文化培训

刚进入团队的第一个项目是与铁四院合作的Web项目，他展现出了不错的软件设计能力和与用户沟通的能力，于是很快变成"做项目"的核心骨干，接着又成为"管项目"的组长，按时保质完成了结题验收。当杜欢备战一年再次填写考研志愿时，他犹豫了很久，最终放弃复旦，选择留在Dian团队读刘玉老师的研究生。此时的他，已经改变了想法——在这里可以提升能力，这正是自己想要的发展方向。2005年，杜欢轻松考上华科电信系研究生。等秋季研究生入学时，杜欢已经在Dian团队做了3个项目，俨然是个"老司机"了。等他研究生毕业时，总共参加过8个项目，担任过6个项目的组长。

为Dian作战

在杜欢为Dian团队立下的赫赫战功里，难度最大的要算与华三通信公司合作的QSIG协议项目。这个项目所需要的技术，全团队没一个人懂，甲方公司派过来的项目经理也不懂该技术，只是负责协调内部资源和双方沟通。组长杜欢向刘玉老师一反映，刘老师便心急如焚地请电信系公认的网络专家韩涛老师来当项目顾问。当晚，韩老师便到Dian团队的东一基地旁听了杜欢主持的项目组会议，连续问了几个技术问题，包括本次项目的工作量、难度和解决途径，杜欢坦白地说出了自己的全部想法，最后忐忑地说不确定自己说得对不对。韩涛老师一离开会场就对刘老师说："您放心，这个项目有杜欢做组长一定能完成，他的思路都是对的，对困难的预计和应对措施也是对的。"他还表扬杜欢思路清晰，对项目的风险也做到了心中有数。这让刘老师松了一大口气，但仍有少许疑问。直到项目在北京顺利通过结题评审，软件产品在欧洲应用起来，刘老师这才高兴地"服了"杜欢解决陌生问题的能力。两年后，华三公司软件部领导告诉刘老师，公司销往欧洲的产品中，只有杜欢他们提供的软件一直是零投诉。

但对杜欢来说，QSIG协议项目还不算挑战性最强的。硕士毕业前他去北京微软面试时，面试官询问他做过的项目中哪个让他最有成就感，杜欢脱口而出"广东科技馆项目"。2006年，广东科技馆与华科电信系签订了一个2000多万元、包含27个子项的超大项目，Dian团队承接了其中2个子项，其中一个就是用交互方式在电脑上展现广东省的地理地貌及相关知识。现在想来竟有些虚拟现实的味道，只可惜十几年前并没有人懂什么VR、AR、AI。在这个重要关头，刘玉老师再次任命杜欢当组长，给他配备的组员却是完全不懂编程的8名"娘子军"。当时所有技术骨干都投入到另一个难度更大的子项去了，刘老师只好把Web组剩下的那些小姑娘分给他。但就是这支看起来毫无战斗力的"杂牌军"，在杜欢的带领下，打了一场漂亮的胜仗。

特别值得一提的是，杜欢在领导"灰度图像组"时，从武汉大学到 Dian 团队读研的 163 号队员刘维霞，被优秀的组长深深吸引继而心生爱慕，两人研究生毕业后"双飞"北京并建立了小家庭，成为 Dian 团队又一对幸福美满的"双职工"。

在Dian创新

说到 AI，杜欢早早就展现出了超越时代的理解。2006 年，Dian 团队与华三通信公司签订了一个大项目"X.691 语音编解码协议"。甲方对质量要求很高，我们乙方至少要提供 900 个测试样例用来检验和修复交付件的缺陷，其工作量足足需要 20 余人才能完成。身为核心骨干的杜欢认为，即使人工设计出 900 个测试样例也未必够用，于是他主动向刘玉老师请缨，让他带 3 ～ 4 人成立一个让机器自动生成测试案例的软件开发小组。"AI"的概念在 16 年前的国内尚未流行，刘老师询问这个自动化软件的开发周期，杜欢估计要在人工组即将完工时才能投入使用。刘老师本想劝他放弃，还是全员参加人工组比较稳妥，但看到杜欢很执着，又想起杜欢曾屡次刷新大家的认知，便答应了，并给这 4 人小组一个狭窄的实验室过道当讨论区。杜欢非常重视这个新的挑战，他每天夜里看书恶补知识到深夜一两点，临睡前还拿出小本本，用铅笔写上第二天每位组员当日任务和质量要求。天一亮就早早赶到华科"西伯利亚"的紫菘公寓旁的小楼，与三位组员站着开晨会，进行热烈讨论。虽然隔壁大机房的近 20 名队员不时传来欢声笑语，但这几位组员一点也不觉得孤单冷清。他们说，跟着杜欢能学到很多新东西，每个人都能看到自己在加速成长。

就是这样一个"极客"，在工程项目中提出了科研性质的设计思路，带领仅有的三个组员鏖战，最终真的开发出一种可编程的编译器，可以针对业务需求在少部分代码中加入定制化内容，从而完美符合华三公司的各种 code review（代码复查）意见，同时生成符合公司要求的业务代码、测试代码和注释文档。杜欢小组设计的自动化软件，终于赶在人工组完成 900 个测试样例前夕，开启全自动方式，"刷刷刷"一下子生成了 9000 多个测试样例，是人工组数量的 10 倍！有了这近万个测试样例对搭建的软件协议进行检查，Dian 团队项目组找出了交付件的几乎全部隐藏缺陷并及时加以完善。当年华三公司年会上，这个由在校学生组成的业余团队以"最低缺陷率"被评为全公司质量第一名，公司门口还竖起了光荣榜，令全职员工都佩服 Dian 团

2006年12月，杜欢担任"种子杯"总裁判，与157号队员李毅用机器人PK选手程序

队学生的技术与敬业。而杜欢在随后的硕士论文答辩中，凭借这个自动生成测试样例的软件设计方法，得到了评委们给出的 90 多分的高度评价，并且评委们一致认为杜欢具有攻读博士学位、成为优秀学者的极大潜质。

在 2006 年 Dian 团队承办的第二届"种子杯"软件编程 PK 赛上，杜欢作为总裁判又一次展现出自己强大的"AI"天赋，也造就了 Dian 团队"机器人胜人"的传说。那一届"种子杯"的决赛题目是，请参赛队伍现场设计"贪食蛇"的程序。所有队伍编写贪食蛇自动算法，每次移动前都会提供贪食蛇当前位置、障碍物位置和苹果位置，算法需要根据输入决定下一步移动方向。进行 PK 的算法获得的输入是完全一样的，最后以贪食蛇最终长度作为胜利条件，如果长度一样则移动次数较少的获胜。验收方法是，用杜欢他们裁判组制作的 AI 算法与选手的程序互相 PK，坚持回合多者胜。没想到裁判组即使把算法程序故意设计得比较简单，但参赛队伍大多很快撞障碍物"阵亡"，最终只好改为评判各队算法思路。这个故事口述至此，刘玉老师不禁感叹道："杜欢就是最早的 AI 专家！"

提Dian建议

讲到这里，刘玉老师眯着眼笑了。她继续说，杜欢并非 IT 宅男，他的"参政议政"意识也非常强。早在杜欢读研之前，一次周末例会结束后，杜欢主动找刘老师提建议。两人边走边聊，话题从 Dian 团队的管理方式到队员们的个性发展，越聊越宽泛。令刘老师印象最深刻的一句话是，杜欢呼吁刘老师要多多"利用"他，他还有很多想法和能力没机会贡献给团队。这一瞬间，刘老师的观念都被颠覆了！"利用"本是一个多么负面、城府颇深的词语，却被眼前这个温润斯文的年轻人赋予了无私、高尚的全新释义。刘老师推着自行车，陪同杜欢从华科西五楼走到校门口，又从关山口车站一直走到卓刀泉，整整聊了五站路，都快陪送到杜欢父母家了。在这次谈话后，刘老师不仅很快安排杜欢担任 Dian 团队第二任总教练，而且还将杜欢当作自己工作上的一面镜子，有任何关于团队管理的设想，刘老师都会先征求杜欢的意见，杜欢也往往直言不讳，真乃"琴遇子期，马逢伯乐"。

杜欢天生就具有批判性思维，对于导师的所有决策，他都会很认真地问一句："为什么？"2007 年 4 月，Dian 团队设立了"老队员捐赠基金"，在北京微软有着很高年薪的杜欢却迟迟没响应，刘老师单独找杜欢询问，杜欢很认真地说："刘老师，不是我舍不得捐款，我想问，捐了钱拿来做什么呢？"刘老师赶忙回答："我们要为 Dian 团队建立永久根据地，想盖点石大厦呀！"杜欢更加认真地说："Dian 团队出站队员总共就几百人，而盖一栋楼至少要上亿的资金，您觉得靠我们这些工薪阶层捐款能实现吗？"刘老师这才明白杜欢等出站队员心中的疑惑，于是引用愚公移山的例子，强调众人捧薪的目的是最终要"感动上帝"。以杜欢为镜，刘老师也意识到，老队员的捐赠应该透明公开，而且要尽量用到老队员身上。因此，在新制作的 Dian 团队队服上，专门标注一行小字"老队员捐赠"，后来在 Dian 团队基地的走廊上还增设了捐赠墙，把每位出站队员的编号、姓名和捐款累计金额都制成卡牌贴上墙，现已成为 Dian 团队文化墙一道靓丽的风景。

有Dian故事

　　Dian 团队承接的华三通信公司项目，最后一个阶段"系统联调"都必须由组长带队到公司所在地去"合版本"，时间少则一月，多则两三个月。杜欢带队赴京联调期间，由于积极在公司内部的论坛上讨论技术、分享体会，很快就在华三公司出名了。华三公司的领导想高薪录用杜欢，但杜欢心中早就定好了目标——微软公司。微软在 21 世纪初仍是当之无愧的"全世界最牛公司"，Windows 操作系统在 PC 市场几乎一统江湖。为此，杜欢提前一年就在做功课，每天夜里都坚持阅读有关书籍并做大量笔试和面试题目。当时进微软一共要过七关，每一关的最后环节都是面试官出于礼貌询问报名者："你有什么问题要问我吗？"每当提问反转时，杜欢就将自己早已准备好的"原创"问题抛出来："为什么 Microsoft 的第一个 o 有一个小缺口？"大多数考官被问得猝不及防、目瞪口呆，只有最后一关的面试考官说："我猜是不是为了防伪？"杜欢就这样出奇制胜地入职微软。

　　2010 年的一天，他在 Dian 团队 Web 组时的"徒弟"郭启睿（134 号队员），邀请他一起创业，担任自己游戏公司的 CTO。杜欢那时从微软跳槽到百度工作刚过一年，犹豫了一阵，最终还是"新体验"占了上风。创业之路这一走就是五年的光阴，其间沉沉浮浮，尝试了各种游戏类型，曾一度盈利千万元，也曾拿到过著名投资机构的融资，技术上也曾多次沉淀出各种技术框架与工具，可惜游戏行业的竞争极为激烈，最终因为创始团队心气不再而选择暂停创业。结束创业后，杜欢就被滴滴出行挖去做高级专家工程师。刘玉老师"怀疑"杜欢是否早就萌生去意，杜欢冷静反驳道："难道像我这样资历的人还需要自己去投简历吗？"在滴滴出行干了几年之后，杜欢再次投身创业公司，在北京互影科技公司担任技术副总裁，继续自己的漫漫创业路。

　　编后语

　　我在杜欢师兄身上学到的最重要的价值就是，保持进取心，并且勇于挑战。一方面，要挑战困难，攻坚克难华三项目组、合理规划广东科技馆项目、苦心钻研自动机器人系统等经历都令我非常钦佩；另一方面，要勇于挑战常识与权威，凡事多问"为什么"，如果有不同的意见或者建议，即便是面对自己的导师也一定要表达出来，这样才能在思维的不断碰撞与重建中，走出不一样的人生路。

段士龙：Dian团队的"段老大"

|执笔人：郭高超

段士龙，男，湖北郧县人，Dian团队053号队员。2003年从湖北郧县一中考入华中科技大学电信系，大一便加入Dian团队，担任过激光电源项目组组长以及核心层的组长代表。大四顺利保研，师从刘玉教授，留在Dian团队继续参与硬件类企业级项目。2009年硕士毕业后入职山东青岛的歌尔声学科技有限公司，2011年加入上海航空电器有限公司工作至今。

缘起：硬件高手，初露峥嵘

2003年9月的一天晚上，"骨灰级网友"刘玉老师在华科校园的白云黄鹤BBS电信版上看到有人发帖说：今天在校园里看到电信系的"小红帽"电器修理队在路边开展义务维修活动，其中有一位身着绿色军训服装、手持电烙铁的大一新生，此人焊接手法十分娴熟，完全不像刚进校的小同学，顿时觉得长江后浪推前浪，现在的孩子比自己年轻的时候厉害多了。刘玉老师看到后欣喜万分，觉得踏破铁鞋无觅处，得来全不费功夫：刚成立一年的Dian团队和武汉嘉铭激光公司有一个采用ARM7新型芯片的合作项目，芯片引脚有200个以上，与外围各种元器件极难焊接，此时正缺一位焊接高手。段士龙如果能加入的话，岂不就解了团队的燃眉之急？刘玉老师以同系教师的身份，很快便联系上了段士龙，特邀他加盟Dian团队。进入团队之后，段士龙果然不负众望，圆满完成了焊接任务。时隔多年，刘玉老师一提起段士龙，脑海里总是浮现出她与段士龙两人在华科五一基地并肩奋战的情景：刘老师用小刀刮去电阻电容等元器件引脚的氧化层，段士龙接着用专业的焊接手法准确、快速地进行焊接。完成这次任务后，刘玉老师好奇地问段士龙，这么强的焊接本领是怎样练成的？段士龙平静地说，他有五个叔叔，每人都拥有一家电器修理铺，他小时候经常去铺子里玩，不知不觉就学会用一些基本工具，也由此积累了电器修理方面的独特经验。此后，段士龙便以技术骨干或组长的身份参与了 Dian 团队几乎所有硬件方面的项目，成了 Dian 团队当之无愧的"硬件第一人"。Dian 团队所有队员都很佩服他，尊称他为"段老大"。

低谷：暂时"挂起"，修身养性

段士龙在 Dian 团队的成长并非一帆风顺，硬件方面的天分让他在做企业级项目时游刃有余，可是在课程学习方面他越来越觉得力不从心。大二上学期的一天，苦闷焦虑的段士龙向刘老师递交"辞呈"，说自己想退出 Dian 团队，觉得自己理论知识武装不够，且没有足够精力同时兼顾科研项目和课程学习。他说自己已经很刻苦、很努力了，可还是没能在课堂学习中取得令自己满意的成绩，也没能为团队的科研项目做出更大的贡献。刘玉老师对此很是惊讶，段士龙是团队的"硬件大拿"，说是"宝贝疙瘩"也不过分，这么优秀的队员怎么能轻易放弃呢？于是，刘老师特地去电信系教务科了解段士龙的成绩排名，得知段士龙的成绩在全年级处于中上等，其实并不差。刘老师猜测，段士龙极可能是对自己要求过高，一方面想尽快在团队做出成绩，另一方面想在课堂学习上达到在中学时那样优异的成绩。身边来自五湖四海的同学们都很优秀，但他无法接受这个现实，不能与自己的内心和解，于是心理压力日增。看到段士龙精神状态不佳，刘老师不忍心了，就跟他商议，能否暂时"HALT"（挂起），人离队不离，减负调整，状态变好后随时可以重返团队。于是，段士龙默默地消失在大家的视线之外。直到大三下学期，段士龙学业成绩优秀，学有余力，他自感专业知识的积累足以支撑自己在 Dian 团队继续参与项目，便主动回归 Dian 团队的大家庭，再次成了大家心中那个技术过硬的"段老大"。

回归：文武兼备，献言团队

稳重的人大多都很谨慎，段士龙就是这样一个人。他回归团队之后，马上便在硬件项目中担任组长，Dian 团队核心层的组长代表也非他莫属。每次开核心层会议，他都认真倾听，做好日常项目工作之余，他也会思考团队建设相关的问题。刘玉老师作为团队的创始人和掌舵者，是个性格爽朗的乐观主义者，喜欢尝试新事物和新方法，而段士龙恰好相反，是一个"悲观主义者"，轮到他发言时常常会提到存在的隐患和后顾之忧，两人是很好的互补。就像古语所说，"以铜为镜，可以正衣冠；以史为镜，可以知兴替；以人为镜，可以知得失"，刘玉老师即便觉得段士龙有很多想法过于保守，但在决策之时还是会充分考虑他的意见。段士龙最为忧虑的是，如何保持团队技术队伍的稳定性，尽量减少人员的流动性。当时，Dian 团队已经开始偏向从低年级本科生中招新，然后通过师徒制"以老带新"来培养人，这样等老队员

2009年6月21日，段士龙（右2）等三名研究生离校前夕领取特制的毕业纪念册

毕业时，新队员基本就可以上手了。但是，段士龙仍然忧虑，他说："我们团队是队员们用课余时间来做企业正规项目，遇到系统联调和出差到现场进行技术支持的事情，几乎全靠我们这些从本科就加入团队的研究生。但等我们毕业了，后面本硕连读的研究生可能会变少，即使能较多招收外校研究生，他们进来也要从头开始学起，接不上茬，这样是没办法实现团队可持续发展的。"他内心纠结于这个隐患而不能自拔，因此，每次在西三俱乐部召开的核心层会议上，段士龙几乎从不说话，倚靠在墙边，闭上眼睛思考，心情总是很沉重。

转机出现在 2006 年夏天。那一年分管本科教学的冯向东副校长（006 号顾问），听到刘玉老师呼吁"工科学生成绩评定要与动手能力挂钩"，便提出在信息大类高年级学生中选拔 20 人组建"基于项目的专业教育试点班"（简称"种子班"）的设想。刘玉老师欣喜若狂，她仿佛看到了能克服 Dian 团队发展"不可持续性"、化解段士龙忧虑的好方法，于是，她不假思索地就答应在启明学院做试点。按照冯向东的思路，种子班是一个体制内的创新实验班，全班大学后两年的专业课教学计划、课程设置和评分标准完全由 Dian 团队导师组制定，而不必效仿普通班的教学计划。如此一来，IT 类专业课便可以按照搭建大系统的方式，有序且高效地衔接和实施，让参与项目的学生从体制外的"第二课堂"进入体制内的"第一课堂"。

种子班开始试行之后，段士龙对于团队人才储备的焦虑完全消除了，他如释重负地说："刘老师，看到您采取了这种人才培养方式，我总算可以放心毕业离校啦！以后我们团队的发展一定会越来越好，人才也会越来越多的！"果不其然，种子班从成立之日起，就一直在为 Dian 团队输送人才，现在连刚进种子班的大三学生都能成为项目的核心骨干甚至项目组长，成了 Dian 团队名副其实的"黄埔军校"。

后记：定位准确，不贪名誉

2009 年底，Dian 团队注册了喻信点石科技有限公司，管理人员已经基本确定，但总经理人选一直没定下来。第二年，刘玉老师听说段士龙在青岛歌尔公司工作一年后有离职的想法，就赶紧邀请他回团队发展。收到刘玉老师的邀请，段士龙特地回武汉来面谈。刘老师对段士龙说："我们的喻信点石公司将来打算研发新产品，如果产品效果不错，会推到市场上去销售。你硬件能力全团队最强，是研发产品的好苗子，我觉得总经理的第一人选就是你。"常人一听这话，可能会马上欣然接受：成不成的先干着呗！不过，段士龙行事一向谨慎稳重，他认真考虑了半天，拒绝了刘老师的盛情邀请。他说："我觉得自己不适合做这个总经理。我这个人呐，不是那种擅长贡献 idea 的人。在青岛工作这一年来，我认识到自己的能力可能更多地体现在具体执行层面。比如说，如果已经有一款新产品需要量产、需要降本增

2013年9月24日，段士龙（左2）携妻回Dian团队探亲与两位导师合影

效的话，我可以把产品生产线拆解成若干个简单的操作步骤，实现流水线作业，让农民工也可以生产出高质量的产品。同时，我也是懂供应链的，对于原材料的选取比较有经验，能够在保证质量的前提下尽可能降低生产成本。但是，您期望的总经理需要带着大家去研发创新型产品，这不是我的强项，因此，我不能贸然接受您的邀请。如果将来喻信点石公司有新产品定型，需要生产线管理者的话，我会很乐意回来加盟，让产品价廉物美。"段士龙的一席话说服了刘老师，毕竟，把合适的人放在合适的位置上，才是对人才的合理利用。不过，自那时起，段士龙对自己准确的认知和定位，给刘老师留下了深刻的印象。

编后语

　　段士龙师兄与团队相互成就的故事，令我印象深刻：在他内心纠结的时候，团队没有放弃他；他"休整"完毕之后，则以更大的热情为团队建设做出贡献，让团队能够保持稳定的人才储备。同时，段师兄对自己清晰的定位也让我学到了很多，如果对自己没有足够清晰的定位，我们怎么能够扬长避短、精益求精呢？我相信，段师兄的成长故事，也会给读者朋友们带来许多不一样的启发。

张艺夕：自强不息，迎难而上

| 执笔人：何牧

张艺夕，女，云南昆明人，Dian团队100号队员。1999年从安宁市昆钢第四中学（现云南省安宁中学）考入华中理工大学（现华中科技大学）电信系，2004年底读研一年多才转至刘玉老师名下，随后加入Dian团队。她自强不息，只争朝夕，为团队牵线搭桥，引来了日后满载硕果和荣誉的超声波检测仪项目，助力团队技术进步和发展，带领团队走出一大批优秀的人才。毕业后投身职场中的她，一直努力拼搏，辛苦奋斗，荣获中兴通讯"十大金牌员工"称号。

结缘团队，因缘跨界

张艺夕与 Dian 团队的缘分非常特殊。2003 年底，已经本科毕业留本校读研的张艺夕，其导师不幸离世，不得已她只能设法另觅导师，遂求助也留本系读研的钱建安（052 号队员）、倪炜（059 号队员）等本科同学，恰好钱、倪二人都在 Dian 团队，于是向她介绍了刘玉老师。刘老师感觉张艺夕就像个无助的"孤儿"，很是心疼，马上就接收下来。而且出于同情，没给张艺夕安排很重的工作。

没想到，张艺夕自己却着急了，她觉得没有真实项目牵引的话，日子很容易荒废。在得知 Dian 团队有个与企业合作的 ARM9 项目谈判搁浅之后，她想起了正在中科院武汉岩土力学研究所读研的双胞胎姐姐——张艺凡。姐姐闲聊时曾提到：岩土所因为都是搞地质的，凡是涉及 IT 技术这一块，软件和硬件都很缺人；比如，她导师一直想把老的测量设备智能化，已经决定采用 ARM9 芯片，但因缺人迟迟没法启动。于是，张艺夕就跟姐姐提议两个单位跨界合作，由 Dian 团队来承接智能设备改造项目。

张艺夕兴冲冲地向刘玉老师汇报，刘老师先是纳闷，岩土力学跟咱们电信专业八竿子打不着，怎么会有项目合作呢？等听到是给岩土所做测量设备的智能升级，马上来了兴趣，立即在姐妹俩的陪同下前往中科院武汉岩土力学所，同张艺凡的导师（也是新产品研究室主任）面谈。刘老师一见那位主任就愣住了：这不是1974年高中毕业后同批下乡，1977年又同批考上大学的熟人吗？见到老朋友大家都非常惊喜，连称"有缘"，关于项目合作自然也谈得非常顺利。这个项目，就是后来给Dian团队带来极大荣誉的"多通道基桩检测声波仪"。

时不我待，积极进取

接下了这个6万元的"大项目"，Dian团队做嵌入式方向的队员们都很振奋，尤其是能采用当时特别"酷炫"的ARM9芯片作为主控CPU，简直太"高大上"了。但随之而来的复杂性，也给队员们制造了无数"拦路虎"。比如，主控电路板无法沿用以前的双层板，必须设计六层PCB板才行。这么复杂的工艺设计，在校学生没经验，只好委托给别人设计。没想到，张艺夕却不干了，主动找刘老师请缨。两人的对话，刘老师至今想起还恍如昨日。

> 张（激动地质问）："刘老师，您为什么不分配我画电路板？"
>
> 张（没等刘老师回答，她连珠炮式地追问）："今天开例会的时候，刘老师您说我们项目组的六层PCB板要出钱外包出去对不对？您宁愿交给外面的工程师，为什么都不交给我？"
>
> 刘（非常惊讶）："这可是六层板啊，很复杂呢！"
>
> 张（脱口而出）："我画过两层板，我可以学！"
>
> 刘（为难）："但这是企业项目要用的电路板，时间紧，也不允许失败呀！"
>
> 张（着急）："可我如果不做，那还怎么学东西呢？"
>
> 张（思索片刻）："刘老师，我们可不可以双管齐下？您先让外人画着，然后我也同时画，万一他最后还没咱自己画得好，岂不更误事？"
>
> 刘（大喜）："好，就这么办！"

这故事后来怎么样了？请看2005年底张艺夕写的全年小结：

> 整整一年了，我从2004年12月来到Dian团队，曾浏览过团队里每个人的年终总结。今天我自己也能写写作为一个Dian团队成员的年终总结，心情很复杂。这一年给我带来了太多变化，也有太多思考，带来了压力，也带来了喜悦！
>
> 去年年底，导师病逝，实验室只剩我自己，没人过问，刘玉老师第一次见我就说："电信系绝不会让你成为'孤儿'的。"转到Dian团队之后，我慢慢感觉找到了组织。开始很想能够立刻进项目组，因为我已经耽误了太多太多的时间，很想一刻不停地补起来。
>
> 年后为了嘉铭公司ARM9项目，钱建安、江涛和我开始了需求分析。这段时间我们

2005年7月8日，张艺夕在岩土所工作的场景

不断向规范的需求分析靠拢，三个人讨论、熊祖彪指导，虽然有些枯燥，但也学到了很多需求分析规范。原本以为可以立项的，甲方却突然中止了。当得知这一消息时，我傻了！一着急，想起了我姐姐提过中科院武汉岩土所想改进仪器的事，我们赶紧向刘老师汇报，便开始了岩土所项目。

5月初来到岩土所，江涛只待了2周，张仲昆也离开了，没人熟悉操作系统。项目停滞了，岩土所常常只有我和姐姐两个人，我们组遭遇了前所未有的危机。我拼命消化原理图，操作系统一直不能识别CF卡，键盘不通，触摸屏也不通……太多的问题，这些都和驱动程序有关，都没办法解决。熬到7月初，钱建安和王乐都没课了，整个组才开始正常运作。这7个月，让我有了诸多感触。

一、小组的凝聚力

我们组开始很艰难，都不被看好，钱建安也说过一些赌气的话，但是，我们都支持他，他也很理解我们组员，很替大家着想，了解我们的想法之后再做决定和安排。我们气馁了，快放弃了，组长却能顶住压力。在这个组，我看到了从来没有见过的凝聚力，这才是我们走到现在的原因。我是从一盘散沙的人群中出来的，很庆幸有机会进入ARM9组，我们做事不仅仅为了自己，大家都有共同目标——整个项目按时结题。

从项目启动直到输出评审，我都对当时情况不完全抱希望。但是，从ARM9板子调试通过、AD新板的双通道调通，到毛刺、CF卡、触摸屏、键盘等问题的逐个解决，我对按时结题越来越有信心，这都是我们组凝聚力的体现。

二、在小组中我找到了自己的位置

ARM9项目与其他硬件项目不同，PCB布线是甲方外包给别人做的（这本来是该我做的工作）。8月份原理图审完后，全组放假两周，但我没有回家，因为还有很多事要做。我和姐姐考虑清楚了，我回家就不能监督PCB的布线进度和质量，自己也失去了学习的好时机。我按照Datasheet制定了SDRAM、USB、网络和整个板子的布线规则，再交给外包布线人李姓工程师。与此同时，我开始使用Allegro制作封装库，这个工作量很大，小到一个过孔都要自己做。我和姐姐各有分工。李工封装器件有问题的地方，我就把Allegro下的库图片给他参考。暑假的这两周内，每一个规则我都自己实践过。

李工的进度和质量很让人担忧，制作的库错误有10多处。我觉得自己要做好接替的准备，如果最后李工的布线不合格，我就得在最短时间内拿出一个能投板的PCB图。还好，与李工交涉几次后，PCB质量提高了很多，我的精力重新放到检查PCB布线规则和网络连接上，一个月后终于拿到了完整的PCB图。我花一周的时间检查了两遍，修改了关键信号布线和错误网络标号，投板了。

投板过程也不顺利，阻抗控制总是没弄好，制作商几次半夜来电话要我确认。7天后板子寄回，国庆期间仅用3天我们就调通了，真是越调越顺利啊，没有飞一根线。当然，还有很多小细节我没检查到，不是特别令人满意，这是因为我经验不够，也是我的失误。

在这个过程中，我找到了自己的方向。我认识到，做硬件并不是简单的PCB布线，即使布线也不是简单地把相同网络标号的net连接起来，不是让PCB走线好看；真正的高速电路设计有很多学问，真正的高速PCB布线布局也是有很多规则的，需要很强的理论背景。我对高速电路设计越来越感兴趣，想把这块做好，我知道自己还有很多知识要补，很多实践要去做。

三、和大家讨论，学到了很多

和以往不同，我有了很多机会和大家讨论，说出自己的想法，听取别人的意见。我学到了钱建安的分析问题思路清晰、高瞻远瞩，还有王乐的冷静和透彻，他们从无保留，非常诚恳，让我在遇到问题的时候能够抓住主要矛盾，找到根源。

四、自己遇事还不够冷静

我和姐姐是双胞胎，都是火爆性格，特别是又待在同一个办公室，有时为了解决一个问题，很长时间都没头绪，反反复复就会急会怒，一旦出现分歧就更不冷静，谁也不服气，经常吵架。钱建安、王乐、廖义德都领教过，组长钱建安还得经常协调我们的矛盾，这里得检讨自己，非常抱歉给大家带来了很多麻烦。

五、项目后期更要冷静，不能浮躁

输出评审后，我们单元的技术都跑通了，总觉得离结题"快了、快了"，心里便开始浮躁，这时特别需要我冷静下来做好剩下的许许多多琐碎繁杂的事情。比如，把3块板子和显示屏放到一个箱子里，做成一个可以演示的样机，我本以为很简单，想快点做好，谁知折腾来折腾去，足足让我和钱建安忙活了两周。借用岩土所胡工的话："你们想做劳斯莱斯啊，完全手工制作，仅此一件。"但这两周时间没白花，岩土所张教授就是使用了这台样机后，才给我们出具结题证明的。后面还有很多未尽事宜，不过我都会拿出平静的心态去完成好，希望能画上一个圆满的句号。

六、自己的知识面太狭窄

我是做硬件的，从一开始就局限在这个"怪圈"内，不敢碰软件。在姐姐的催促、刺激以及钱建安的鼓励下，才接触了一点WinCE的驱动，阅读姐姐写的驱动代码，做了些调试，也修改过实时时钟的驱动代码，但是底子太差，也不够积极。在新的一年里，我一定要在拓宽硬件知识的同时，利用好周围的资源冲出自己的枷锁。

今年其实收获不仅仅这些，还有很多不知怎么写，能说的是感谢刘老师给我在团队锻炼的机会，她是严厉的，但我喜欢她的严厉。每次开例会，我若觉得自己这周做得不好就很怕见她，但正是这样才督促我不断进步。刘老师又是和蔼的，全心为学生着想，她对我和周围人的帮助，我都不知道如何感激，只有努力做得更好，为团队做更多贡献。

通过多通道基桩检测声波仪项目，Dian 团队不仅走出了一批技术过硬、刻苦钻研的优秀队员，而且凭借将单通道手动测试改为多通道全自动测试后的惊人效果，在 2007 年荣获第十届全国大学生课外学术科技作品竞赛终审决赛（简称"全国挑战杯"）特等奖，填补了湖北省从无特等奖的空白。Dian 团队也因此荣获了华中科技大学"五四青年先进集体"称号，三名组员还获得了免试推荐研究生的指标。追根溯源，张艺夕功不可没。

投身工作，创下佳绩

张艺夕研究生毕业后，便前往中兴通讯的南京研究所工作。2009 年底，刘老师到南京出差，晚上与几位在南京工作的老队员一起喝茶，张艺夕因为出差没到场。闲聊中，也在南京中兴工作的 123 号队员季思突然问道："咱们 Dian 团队是不是有一位师姐也在中兴通讯？"刘老师点头说"叫张艺夕"，季思一听就兴奋地大声说："我们中兴通讯全国员工投票，刚刚海选出'十大金牌员工'，张艺夕榜上有名呢！"刘老师既高兴又惊讶，张艺夕是刚入职场三年多的女性，而且既不在中兴深圳总部，也不是高精尖的研发岗，怎么会脱颖而出、名列全公司前十呢？

2010年Dian团队8周年团庆时，明星榜中的张艺夕特写

经过询问才知，原来张艺夕做的是售前服务，也就是说，是在客户签订单之前宣传和推介产品的工作，每年有 90% 的时间都奋斗在市场第一线。从 WAP 网关到中兴自研刀片 ZXA100，从云计算、云存储到 WEB CACHE，都是客户从未用过的新产品，市场开拓难度很大。2009 年的春节、清明、五一、十一，还有元旦，她都是在出差和加班中度过的。每一次出差或加班，她都能满怀激情、无怨无悔，高效率、高质量地完成任务。张艺夕曾经连续一周，每天凌晨四点才休息，清晨七点就动身去与客户方交流和沟通，甚至在出差途中累得流产。

张艺夕每年负责的产品销售额都在 2 亿元左右，是负责新产品和新技术最多的售前策划人，牵头和主要参与的项目超过了 30 个。经中兴通讯公司全国 7 万名员工海选，张艺夕高票当选"十大金牌员工"。

刘玉老师想起当年那个在团队里自强不息、迎难而上、珍惜分秒的瘦女孩，如今她能在平凡的岗位上做出不平凡的业绩，也在情理之中。于是，她提议把张艺夕的大幅照片放到 Dian 团队文化墙的明星榜专栏中，作为队员们"历平凡事，成放心人"的典型案例之一。

花絮两则

后来刘玉老师和张艺夕终于见了面，刘老师开玩笑地问："中兴这么大的公司，给'十大金牌员工'发了多少奖金呀？"张艺夕说："没发别的，就只发了一枚金牌。"刘老师撇撇嘴："你们公司也太小气了！"张艺夕莞尔道："但那个金牌是真的，九九金，还挺重的！"

刘老师在向笔者推送张艺夕的微信号时，顺手翻了翻张艺夕的朋友圈，马上递给笔者看，最近发的一帖是："累吐血了，渠道分销体系一个月就上线了……"张艺夕的拼劲，确实让人佩服。

编后语

　　记录完张艺夕师姐的故事，我顿觉热血沸腾、感慨万千。她从开始的可怜和倒霉，到抓住机会学本领、成就自己也成就别人，再到职场上奋力拼搏、誉压群芳，这一路的脚步走得多么坚定！

　　回想起我自己，刚加入 Dian 团队时，因为种种原因没能及时参与到紧张的项目开发中，只是参与一些文档编撰和资料整理的辅助工作，因此荒废了大量的时光。得知了张艺夕师姐如此励志的故事后，我想我应该从现在开始，抓紧每分每秒，主动寻找机遇、抓住机会，进而提升自己、发光发热、自强不息。

徐飞："游戏"人生

│执笔人：周耀海

徐飞，男，湖北武汉人，Dian团队150号队员。2004年从华中师范大学第一附属中学考入华中科技大学电信系。大二加入Dian团队，先后参与了ASN.1解码器项目和捕捉文字虫项目，并担任"文字虫"组后期组长，还担任了多媒体组监督员。他特别痴迷游戏编程技术，曾自行开发X3D图形编程工具包。2008年本科毕业后，徐飞先到广州"第九艺术"游戏公司工作，接着去北京跟随他在Dian团队的师父郭启睿（134号队员）共同创业。目前，在腾讯游戏部门从事游戏设计与开发。

我要"做"游戏

2006年4月，大二的徐飞在参加Dian团队的考核时，是刘玉老师亲自面试的。当时，徐飞表示，他只想参加游戏开发，对其他项目不感兴趣。刘老师问他为什么如此执着于游戏开发岗，徐飞兴奋地说，他从小就是资深游戏玩家，从小学二年级的红白机和街机，到长大后在电脑房打PC端游戏，一直对玩游戏保持着高度的热情。上大学学了OpenGL编程之后，他通过自学可以显示一些高级的Direct3D的纹理效果，这时他发现自己还可以用专业知识"做"游戏，顿时觉得这比"玩"游戏有意义多了，于是，他便立志要做出非常酷、非常有意思的"第九大艺术"。他听说Dian团队的"文字虫"项目组在做很酷的虚拟现实游戏，需要招收会3D动画编程的同学，于是来到Dian团队毛遂自荐。徐飞的这番话，给刘老师留下极为深刻的印象，二话不说就接受了他。

"捕捉文字虫"

"捕捉文字虫"，是2006年初Dian团队与广东科技馆合作的一个数码科技项目。大屏幕上随机出现的各种蝴蝶、飞蛾及花草树木等，全部要求三维呈现。观众手持捕虫网，通过控制投射到屏幕上的影子来捕捉那些昆虫，捕到之后立即出现该昆虫的学名。最后，根据捕捉难易程度获得不同得分，知识性和趣味性兼有。但是，在那个电脑软硬件配置都很低的年代，该项目的技术实现难度很大。

徐飞在134号队员郭启睿的精心引导下，加上自身技术过硬以及对开发游戏的狂热，很快成为难度最大的3D动画模块组长，全权负责各个组件的调度、最终游戏逻辑和整个框架的全局编码。暑假期间，徐飞为了加快项目开发进度，迅速搭建了整个程序的框架，并对3D场景需求和昆虫飞行做了设计，向全体组员做了两次设计工作汇报。导师组很满意，认为这个项目设计清晰，风险不大。

但是，暑假中徐飞私自接手了一个朋友的项目，消失了2个月，等他再次回到"文字虫"组时，一切都脱离了最初设定的轨迹，项目的动画部分完全停滞不前，甚至影响到识别功能。9月底，刘玉老师来检查，发现识别动作卡顿得不行、三维动画"挫"得不行、昆虫飞行假得不行！刘老师气坏了，马上召开紧急会议，严厉批评全组。这时，徐飞才意识到自己犯了大错，玩忽职守，违反团队规定接私活，于是，他赶紧将私活扔下重回岗位，并在接下来的3个月内力挽狂澜。

首先，国庆期间集体讨论目标识别方案，所有组员集思广益，182号队员甘俊最终想出了一个能大大加快识别速度的巧妙思路，073号队员周小明则连忙编程验证，很快确定了识别方案；其次，徐飞在阅读了《重构——改善现有代码》这本书后，突然意识到自己以前写的代码无法满足更灵活的场景管理和更复杂的昆虫运动，于是下决心推翻自己的框架进行重构；而昆虫的飞行模型如何更逼真，则是徐飞调动动画组所有成员一起不断讨论出来的，大家反复观看真实昆虫的录像，仔细分析，最后采取一种节点和路线的模型——节点包含的是状态改变信息而不是空间位置或方程。事实证明，这是一种相对比较容易实现并且以后还可以复杂化的模型。至此，三大难关被逐个击破，项目进度终于被抢了回来。

再后来，项目组大组长刘明（049号队员）要撰写硕士学位论文，于是，徐飞被任命为代理组长。这时，徐飞的压力更大了，但他已经学会及时总结，渐渐习惯站在高处往远处看。2006年12月13号，"文字虫"组迎来了广东科技馆业主代表检查团。在现场演示了捕捉文字虫的交互效果之后，广东方面表示非常满意，称这个项目是他们检查的20多个项目中最符合质量要求的。

2007年初，"文字虫"项目的实验室开发阶段结束，但在去广东科技馆实地安装部署之前，需要在武汉模拟现场条件进行仿真测试。根据刘勃老师的建议，队员们在学校南一楼大厅架起了3米多高的脚手架放置摄像头。身体小巧灵活的徐飞，腰间

2006年12月13日，徐飞向广东业主代表展示"捕捉文字虫"效果

捆根绳子当安全带，每天爬上爬下还乐呵呵的。

仿真测试成功之后，就要派人去广东科技馆实地安装了，这时徐飞成了最重要的主力队员，一趟趟去广州场馆工地，戴着安全帽，每天脸上都是灰扑扑的，像个地道的建筑工人。但不幸的是，刚刚安装好了全套设备，场馆内突然发生了严重火灾，消防水龙头四处喷洒，烟尘弥漫全馆，导致设备污损，连挂在墙上的屏幕也未能幸免。项目组只好重

2007年3月10日，徐飞爬上3米多高的脚手架做实景测试

新购买所有设备和器材，再次去广州安装，徐飞仍然任劳任怨，一直坚持在现场调试和维护。科技馆对外开放之后，即使他已经毕业离校到了广州游戏公司上班，一旦设备需要维护，他也会马上从工作单位赶到现场救急，体现出了高度的责任心。刘玉老师屡屡称赞：徐飞品行好，是个靠谱人。

付出即快乐

毕业 4 年后，徐飞写下了自己的回忆和感悟：

> 想起参与"文字虫"项目的日日夜夜，演示前通宵改 bug，多少次的实景模拟实验，体力活、脑力活都干遍了，其实都很有意思，组内大伙也有说有笑，虽然有过痛苦和不愉快的经历，但快乐和内心的满足远大于痛苦；还想起喻信 BBS 上交流和"灌水"的乐趣，那里有太多志同道合的同伴（就算"灌水"也是在投入对团队的感情啊）。毕业这么久了，每当回想起来，觉得大学里进入 Dian 团队实在是太幸运了，能认识这么多优秀的人，能全身心地做一些事情，能过得这么充实和快乐。
>
> 回想起我当年因太过于固执，为了自己那荒唐的"只做游戏"的兴趣，而回绝了"文字虫"之后的新项目，现在觉得很后悔，说到底还是没看清软件开发的本质。如何解决技术难题，如何管理项目进度，如何协调组员，这些是所有软件开发都会遇到的共同问题。任何技术领域都有吸引人、值得挑战、带有美感的地方，只是游戏稍微有点感官上的"乐趣"而已。现在来看，只要能做出"酷"的东西，都是吸引人的，如编译器技术、搜索引擎、软件的破解、庞大复杂的服务器集群等，只要是"酷"的都值得去做。退一步说，能圆满完成一个项目，这件事情本身也是不容易的，是很"酷"的！比如现在，虽然我在开发游戏，但枯燥的内容远大于有意思的，你都要认真地去对待，因为最终的结果一定是最"酷"的。你做出了别人喜欢的东西、别人爱用的东西，哪怕路上有乏味的景点，又有什么关系呢？付出和过程，本身就足以让你快乐、让你充实。

游戏四地跳

2007年8月，刘玉老师带徐飞去广东科技馆安装设备时，便将刚读完大三的徐飞提前推荐给一位在网易做游戏的校友。但徐飞临近毕业时，那位校友带着几个同事离职创业，取名叫"第九艺术"，希望徐飞也能够加入。徐飞斟酌良久，最终决定加入，他认为，跟随有10年职场经验者从创业开始做起，比在大公司里漫长的培养期能够更快成长。

他去广州后，刚入职便负责《古域》游戏开发，在此期间慢慢熟悉了公司内按模块分工、不分前后端的开发模式，还负责场景编译器、特效编译器，以及核心业务如角色状态机、宠物系统、飞行系统等。此外，他还负责过反外挂工作，很多东西都是边学边用。后来，他被委任为新项目负责人，主导开发《封神无双》的3D页游，是国内最早做Flash3D的。那时候，他天天自主加班，有时太晚了就直接睡在游戏房里。在第九艺术公司工作的5年里，徐飞在游戏开发技术方面打下了扎实的基础；而第九艺术公司也被业内戏称为"广州游戏业的黄埔军校"，就连游戏插画界大师肖壮悦也曾在该公司实习过。

2013年，徐飞受到他在Dian团队的师父郭启睿的邀请，奔赴北京一起创业，在手游领域开辟了新天地。徐飞主要负责客户端的图形和特效实现，还有大部分的业务开发。在这个创业团队，也同样不分前后端，大家都是全栈工程师。

两年之后，徐飞又跳到珠海西山居公司从事游戏开发。由于开发工具使用很熟练，他很快实现了多单位同屏战斗同时保持高帧率，以及地图高度数据的烘焙等复杂工作，得到了同事们的好评。此后，徐飞又加入了一个机甲题材的FPS MOBA游戏，主要负责其核心的战斗系统，实现了一套可视化逻辑的技能编辑器。所有逻辑都是可视化的，节点用线连接，与传统游戏基于配置表的写死规则技能系统相比，这算是一大突破。

2018年，徐飞被前同事挖到了深圳腾讯。虽然这是第四次换地方，但仍然是开发游戏。这次，他主研了一款名为《金属对决》的格斗pvp游戏，目前正在紧锣密鼓的开发中，也许，本书发行之日就是这款游戏问世之时。

✒ **编后语**

徐飞学长的故事告诉我们，人需要对自己热爱的事物足够了解，并且要矢志不渝地奔着目标前进。在徐飞学长2006年的年终总结里面，他一口气列出了34本书，其中大都是与C++编程和游戏设计等有关的技术书籍。这样的热情和魄力，真的令人钦佩。

"游戏"这个词，已经从以前家长和老师口中的"洪水猛兽"，变为一个"泛娱乐化"的象征，并且有可能在不远的将来真的成为"第九大艺术"，甚至会成为每个人生活中不可或缺的一部分。在此，祝愿徐飞学长早日实现自己的梦想——"成为一名出色的游戏开发者"。

孙静超&姚聪：见证Dian团队历史的"蜗居"旧照

| 执笔人：娄峥

孙静超，男，湖北十堰人，Dian团队151号队员。2004年从十堰市第一中学考入华中科技大学电信系，2006年3月加入Dian团队，同年8月加入种子班。本科毕业时留团队读研，硕士毕业后赴美国亚利桑那州立大学读博，在国际顶级会议和期刊上发表论文21篇。博士毕业后先后在硅谷雅虎和亚马逊工作，3年后加入Dian团队148号队员李玥及其博士后导师联手创立的MemVerge公司。

姚聪，男，湖北黄陂人，Dian 团队 180 号队员。2004 年从武汉市黄陂区第一中学考入华中科技大学电信系，2006 年 3 月与孙静超同时加入 Dian 团队，8 月同入种子班。大四保研到本校图像识别与人工智能研究所，后转入刘文予教授门下做 AI 方向研究并获博士学位，在国际重要期刊和顶级会议上发表论文 20 余篇。曾在旷视科技（Face++）担任云服务业务算法负责人，目前在阿里巴巴达摩院机器智能实验室担任 OCR 团队主管。

厨房如何变机房

姚聪和孙静超都是湖北人，他俩不仅同年考进了华科电信系，住在同一个寝室，而且在大二下学期同时报名参加 Dian 团队。两人在 Dian 团队不同项目组体验，大二结束时恰逢首届种子班招生。经历了几个月的团队历练，一方面被刘老师所激励，另一方面被 Dian 团队的氛围所感染，他俩认为和一群卓越的人一起做事很不错，因此又不约而同地报名种子班，成为第一批"吃螃蟹的人"。

2006 年 8 月下旬，钟国辉老师让种子班初录者集中 10 天在电信系机房学习，他用新式教学法讲授"微机原理"。姚聪和孙静超边干边学，与全班同学一样，都特别兴奋，也特别投入。等 9 月一开学，他俩便作为 Dian 团队正式成员，跟随项目组一起进入了"民房"改建的五一基地。其实，不过是华科东一区 51 号 202 室总共才 90 平方米的旧房，当时 3 个房间已经人满为患了，连客厅都被队员占据了。

虽然条件很差，但两人没有抱怨，更没有选择离开。他们发现，进门处的 2 平方米小厨房还没人占据。说是厨房，其实水管和灶台都被封死不准用了（防止失火和漏水），大家自运电脑来的包装箱从一个捡来的破桌子上堆叠到了天花板，灶台上还放置了元件柜和焊接台，只能算个小储物室。两人丝毫不嫌弃条件的恶劣，马上动手改造厨房，他们将所有的包装盒压紧堆放在元件柜的上方，腾出桌面。随后，两人赶紧从宿舍搬来自己的电脑，面对着被油烟熏得黄黑的窗户和墙壁坐下，就这样开始了他们的"新生活"。

2006年10月14日，2平方米厨房也变成机房

（左为姚聪，右为孙静超）

这段时间，刘玉老师在香港出差，不知此事，等她国庆节之后来五一基地才突然发现，脏乱、狭小的厨房里竟然坐进去两个大小伙子！她心疼得不行，尽管其他三室一厅早在 2004 年的"五一"Dian 团队搬进来时就已分别安装了小空调，但用作储物间的 2 平方米小厨房并没有装空调，两个大小伙子窝在这里又挤又热。孙、姚两人虽然都已经汗流浃背了，但仍旧稳坐在那里敲代码、赶进度。刘老师忍不住拿出刚在香港买的佳能相机，将他们两人的背影拍了下来，这张照片后来成了 Dian 团队发展史的经典证据之一。

拍完这张照片之后，刘玉老师含泪问他们为什么要待在这种窘迫的地方，没想到两人十分乐观："老师您看，五一基地不要我们付水费、电费和网络费，关键是晚上还不断电，夜里可以通宵加班，下楼就是百味小吃城，简直不要太爽！"刘老师不由感慨："Dian 团队的孩子都是一群主动想要快跑的马啊！"但她当时过于激动，忘记询问这两位队员的姓名。

照片真人今何在

2010 年 10 月，Dian 团队整体迁入华科本科生创新基地——启明学院之后，这张经典照片从此就一直挂在 Dian 团队 7 楼走廊的文化墙上。凡是有客人参观 Dian 团队，刘玉老师都会讲述这张照片之后的故事，可惜无法叫出他们的名字。

直到 2012 年 7 月 9 日下午四点，博士生姚聪陪同他的副博导白翔来 Dian 团队理论组交流和讨论合作事宜，参观 Dian 团队文化墙时，刘玉老师又指着这张照片"痛说革命家史"。这时，姚聪激动地指着左边的背影叫了起来，"哎呀，刘老师，那人是我耶！"刘老师惊讶地问道：

"右边那个是谁呢?""那是孙静超!"至此,这张照片的人物信息才被补充完整,也就确认了本文第一段"厨房开始的团队生涯"。

刘玉老师向白翔教授夸赞姚聪2006—2008年在种子班期间表现优异,不仅在华三通信项目组是核心骨干,而且理论学习成绩也非常好,大四保研综合排名非常靠前。最后,出于对人工智能的热爱,姚聪跨专业到本校图像识别与人工智能研究所直攻博士。因对新环境不太适应,在刘玉老师的帮助下,他又转回电信学院知名教授刘文予的门下继续读博。

通过这次接待,刘玉老师才得知姚聪后来的发展。他在刘文予教授的团队里受到精心培养,发表了多篇顶级国际会议论文。

博士毕业之后,喜欢动手的姚聪没有选择留在高校任教,而是去了人工智能领域的明星公司——旷视科技,成了旷视科技Face++云服务业务算法负责人,主要研究自然场景文字检测和识别,这与他博士期间的研究方向是高度一致的。

2020年底,他又入职阿里巴巴达摩院,继续做人工智能的研究。正是出于技术的纯粹热爱,他才能一直坚持,并取得十分骄人的成就。

那么,当年"厨房"照片的另一位主人公孙静超又有着怎样的成长足迹呢?

留队、出国和创业

姚聪喜欢做软件,而孙静超更喜欢做硬件。进入种子班之后,他选择了和中科院武汉岩土力学所合作的无线通信组,做底层和硬件方向。

刚进项目组没有多久,孙静超就成了技术骨干,责任心特别强。在项目结题验收时,岩土力学所派了两位专家来华科,在东边大操场的足球场露天测试无线测量装置能否满足合同规定的远距离要求。

2006年12月15日,寒风中跑远路为合作方送来热咖啡的孙静超

2006年12月15日,寒潮突降,冷风刺骨,在操场准备验收的双方无不瑟瑟发抖,都缩在厚厚的棉袄里。此时,刚刚跟着大家一起来的孙静超却不见了踪影。过了不久,刘玉老师突然发现,两百多米开外的人行道上,孙静超两手端着什么东西,正小心翼翼地向操场走来。待他走到跟前,刘老师才发现他端的是两杯热咖啡,原来,他发现甲方专家感冒咳嗽,所以专门买来了热咖啡送给合作方两位专家暖身。此举令客人非常感动,连夸Dian团队导师教育有方、队员待人贴心。

这一幕,也被刘老师用随身带的相机拍了下来。后来,刘老师对Dian团队进行道德教育时,时常会与"树枝教育"并列提起此事。她说：在 Dian 团队的早期,曾有队员做事不知道替别人着想,路上遇见横着的树枝都不会捡起来扔开,但到了 Dian 团队中期,刚上大三的孙静超便能主动在寒风中给客人送温暖,这是队员们成长的一种标志。

孙静超的英语功底十分好,加上本科学习成绩不错,因此,他在大四和研一的时候便萌生了出国留学的想法。在申请国外学校的过程中,孙静超去找刘玉老师给他写推荐信。他本以为凭借他平时的良好表现,应该能得到刘老师的推荐,没想到却被刘老师拒绝了。为何刘老师会拒绝呢?原来,就在前不久,因为团队内部其他学生的诚信问题,刘老师刚对外宣布,不再为任何人"背书"撰写出国推荐信。被刘老师拒绝后,孙静超觉得十分受伤和委屈。后来,孙静超在和刘老师的邮件沟通中提到："刘老师,您可不能一竿子打翻一船人啊!"他觉得自己"躺着中枪",自己没犯错误却无法得到硕士生导师的推荐信。但刘老师还是不为所动,因为刘老师认为外国的月亮并不比中国圆,不鼓励学生出国,在中国读研一样很不错。

2009 年 9 月,刘玉老师应邀去挪威访问,这是她生平第一次出国。在此之前,刘老师从未切身感受到中西方的差异,对于"外国的月亮比中国圆"等说法嗤之以鼻。可是,5 天的挪威之行,让她看到了北欧小国挪威极优的自然环境和丰厚的文化底蕴,还有极好的民众素养。深受触动的刘老师,回国后主动在 Dian 团队例会上分享这次挪威之行的体会,她在结束语中说道：队员们如果有机会,都应该尽量走出国门,去看看不同地区的人不同的生活、学习和工作方式,我们要虚心向别人学习。

看到刘老师转变了观念,孙静超非常高兴,散会后他给刘老师写邮件说："刘老师,您改变了观念后,将会造福很多很多学生。"果然,孙静超的预言成真。从 2010 年起,身为启明学院分管国际交流的副院长,刘玉老师不遗余力地为启明学子走出国门创造一切条件,数次赴美破冰搭桥,成建制地组织华科优秀学生到哈佛、MIT、斯坦福、伯克利等名校学习。

孙静超在邮件末尾提出,他打算硕士毕业后赴美读博,不是为了虚荣和赚钱,只是想增长见识,学习国外先进的理念、文化和技术。这次,刘玉老师爽快地给他写了推荐信。最终,孙静超获得全额奖学金,前往美国亚利桑那州立大学读博。孙静超出国之后,刘老师去他中学母校——湖北省十堰市第一中学做创新报告时,还特意向孙静超的学弟学妹讲述了他的成长经历。

在读博期间,孙静超先后在国际顶级会议和期刊上以第一作者或共同作者的身份发表了20 篇论文。读完博士之后,孙静超面临去高校做老师和去工业界做工程师两个选择,他考虑再三后最终选择了前往硅谷工作,先后就职于雅虎和亚马逊,从事大数据和机器学习方面的工作。

2016 年春节前夕,刘玉老师利用寒假到斯坦福和伯克利两所名校为华科学子夏令营打前站,孙静超和 148 号队员李玥闻讯特地分别从凤凰城和洛杉矶坐飞机赶到硅谷来探望导师。

2017 年，李玥博士后出站，利用所在团队的科研成果，与其导师及师兄一起走上了创业之路，联合成立了 MemVerge 公司。这家技术公司发展迅猛，在扩充队伍时，李玥想到了孙静超，他欣赏孙静超的技术水平。孙静超也了解他们团队研究成果的意义，于是决定加入这家初创公司。

编后语

　　姚聪师兄和孙静超师兄，两人在刚进 Dian 团队时就表现出了常人所没有的毅力和决心，不会因为环境的恶劣而影响到自己的学习热情。无论遇到什么情况，他们都坚定地向着自己的目标不断追求，在学习上不断深造、提升自我，在工作中也不断攻坚克难、积极解决各种问题。姚聪师兄如今能够在阿里达摩院继续研究，孙静超师兄如今在 MemVerge 也有了很不错的成果，两位师兄都是我们的好榜样。

刘焱：学术与工业融合的优秀代表

| 执笔人：侯京华

刘焱，男，湖北武汉人，Dian团队159号队员。2004年从华中师范大学第一附属中学毕业，放弃了清华大学而选择华中科技大学，就读于电信系。大二时加入Dian团队，后转入首届种子班，本科期间即发表多篇论文。本科毕业后，又放弃直攻博士机会，直接进入百度公司信息技术部工作，仅6个月便获得百度技术部创新奖。刘焱是国内第一批把AI技术大量引入安全产品领域的人，一直从事着学术与工业融合的相关工作，曾任百度云安全部基础架构安全负责人等。百度web安全产品线负责人、百度安全实验室（xlab）AI安全负责人等。2020年从百度离职，加入蚂蚁集团，领导专注于AI安全和数据安全的天堑实验室。

与众不同的选择

刘焱2004年参加高考喜获670分的高分，当时这个分数完全可以上清华大学或北京大学，但可能去不了信息大类等热门专业。刘焱考虑再三，决定以专业优先，于是选择了"高分学生专业可任选"的华中科技大学，以该校录取的数千名湖北考生中最高分进入了当时最热门的电信系。这种选择，令所有知情的师生十分惊讶。

刘焱与Dian团队结缘，要从大二上学期的"数据结构"这门课讲起。他当时觉得，比起"高等数学"等理论课，"数据结构"对自学编程的帮助大多了。他甚至还像高中时学习那样，主动购买辅导书，多做一些编程题。也是机缘巧合，刘玉老师便是"数据结构"的任课老师之一。刘焱在这门课上表现极其优秀，期末考试获得全系第一名，令4位任课教师印象深刻（全年级400多人，超过90分的不足10人）。

后来，刘焱听说Dian团队可以接触到真实的企业项目，十分锻炼人的能力，这正合他的心意，于是积极报名加入，刘老师当然非常高兴接收这位全系第一的学生。

综合能力的显露

在 Dian 团队，刘焱被分配到网络通信相关的项目组。当时，他对 IP、TCP、端口一无所知，甚至连自己电脑的 IP 都是别人帮忙配置的。组长让他负责 Socket 模块，不懂怎么办？他就去买许多参考书回来自学。一段时间后，刘焱便能去抓自己发的包，也能将网络连到 51 单片机上，一种很"爽"的感觉从心中涌出，他对网络的兴趣就这样在不经意间被触发，也直接影响了他对后续工作方向的选择。

在 Dian 团队锻炼了一段时间后，刘焱强大的技术潜力开始逐渐显露，凡是他参加的项目组，进去之后均能很快成为核心骨干。既然是骨干，也就意味着比别人更辛苦，经常熬夜，也经常出差。但正是这段经历，让刘焱很早就接触到了正规企业项目流程的管理，对于他是很好的启蒙。

刘焱正在种子班进行课程设计汇报，很有学术范儿

刘焱在团队里，时常会因为有点小马虎而被刘玉老师"挑刺"，但他知道刘老师也是为了他好，所以总是很平和地接受批评。刘焱非常认可 Dian 团队的育人模式，因此，在 Dian 团队大胆进行体制外向体制内转变的教学改革中，他勇敢地成为"吃螃蟹"的首届种子班成员。在这个特殊的班级里，他不仅养成了快速学习的能力，也学会了将学术理论与企业需求相结合。他把项目中得到的经验进行总结、提升，用数学工具将之理论化，在本科期间就发表了五六篇学术论文。大四上学期，成绩优异的刘焱顺利拿到了保研指标，并选择到本校一对博导夫妇的科研团队直攻博士。

放弃读博的背后担当

2008 年深秋，已经开始读博的刘焱找到刘玉老师，涨红脸说想放弃读博。刘老师大吃一惊，十分不解，刘焱低声说，父亲身患重疾，治病需要花钱，他是家中独子，应该帮母亲减轻经济压力。刘老师很惋惜："你本科期间都已经发了好几篇论文，一定会比其他同学更早博士毕业，能不能咬牙坚持一下呢？你父亲应该也不想看到你付出这样的代价吧？"但刘焱决心已定，他认为自己应该像个男子汉一样成为家中新的顶梁柱。

那时，各大公司的校园招聘均已进入尾声，很难再找到理想的岗位。刘焱却硬是凭着自己的技术积累，被百度公司信息技术部以社招名义录用，即刻赴京上岗。刚开始，刘焱有些不适应，因为北京的生活节奏比武汉快得多、压力也更大，但他无怨无悔。当时，百度使用的商业安全产品无法满足互联网灵活的需求，上级便让刘焱试试能不能自己开发。刘焱只花了 3 个月时间便完成了第一个版本，满足了公司的需求，领导为此赞扬说："其他安全公司用成百上千位工程师去开发一个系统，我们用一个人就搞定了。"

在百度仅仅工作了 6 个月的刘焱，因开发准入系统获得了百度技术部创新奖。Dian 团队培养了刘焱，他又为 Dian 团队争了光。从此，刘焱正式踏上了网络安全的研究之路。

工程与研究的融合

早在本科时，刘焱就善于将做项目积累的工程经验转化为研究成果（如论文），足以说明他在工程与研究的融合方面有异于常人的能力。2008—2013 年，是刘焱涉足网络安全领域的第一个 5 年，他担任百度信息技术部内部安全负责人；2014—2016 年，担任百度云安全部基础架构安全负责人，主要从事基础架构安全；2016—2017 年，担任百度 web 安全产品线负责人。他不仅在互联网安全领域年复一年地工作和钻研，也一直密切关注着学术圈的动态，如人工智能（以下简称"AI"）。恰逢当时的百度正全力投身于 AI 领域，他敏锐地捕捉到了把 AI 与安全结合的布局机会。刘焱凭借着对安全的兴趣和超乎常人的毅力，在工作之余花费两年时间自学了 AI 相关知识，研究了 AI 在安全产品领域的应用，并编著出版了 4 本介绍 AI 与安全结合的书籍，这也是国内第一批系统介绍 AI 安全的书籍。刘焱因为这些成果的积累，从坚持了 10 年的互联网安全"老战场"转向了 AI 安全"新阵地"，逐渐成了这个领域的资深专家。

2018—2020 年，刘焱担任百度安全实验室（xlab）AI 安全负责人。他判断，AI 与数据安全和隐私计算相结合，在金融领域会有更加强烈的需求。于是，他于 2020 年 6 月离开了工作 11 年 7 个月的百度，以资深安全专家的身份加入了蚂蚁集团，担任蚂蚁集团九大安全实验室之一的天堑实验室负责人。

刘焱不光投身于安全技术，还运营了自己的公众号"兜哥带你学安全"。随着这个公众号粉丝过万，声名远扬，刘焱开始以另一种身份被大家所熟知。他之所以会运营公众号，是因为在日常工作中他发现很多客户不太懂企业安全知识，而这些基础的安全知识在市面上并没有相关的书籍甚至缺乏入门的参考资料，这就让刘焱产生了用公众号做科普的想法。后来，刘焱根据自己所写的文章出版了一系列 AI 安全领域的书籍，帮助更多的读者了解 AI 安全，于是他在 AI 安全领域内的名气也越来越大。

回望当初，刘焱表示，Dian 团队的经历带给他最重要的技能——快速学习的能力，这项能力让他能够在毕业几年后仍能快速自学 AI 技术相关知识，并只利用两年业余时间

2018年9月，刘焱在ISC互联网安全大会的人工智能与安全论坛演讲

便熟练掌握 AI 相关知识，成功开辟了新的领域。他聚焦于安全领域十几年，致力于把领先的安全研究成果落地到企业，创造业务价值。这是刘焱的理想，也是他所追逐的"心中的太阳"。

编后语

　　刘焱师兄敢于走出舒适圈、勇于挑战自己的精神，给笔者留下了深刻的印象。在 Dian 团队期间，刘焱师兄不只满足于做项目，还不断尝试将项目中获得的经验数学化、理论化，最终形成研究成果。毕业后，他聚焦于互联网安全领域 10 年。虽然已经颇有建树，但他仍不满足于此，当看到新技术出现时，他便毫不犹豫地花费两年工作之余的时间自学 AI，然后投身于 AI 安全领域，并在新的领域获得了话语权。这种敢于走出舒适圈的拼搏精神，值得 Dian 团队在站队员们学习。

赵文路：朴实憨厚的"技术男"

| 执笔人：严茹丹

赵文路，男，河南叶县人，Dian团队195号队员。2005年从上海市复兴高级中学考入华中科技大学电信系，2006年加入Dian团队，大二下学期加入2005级种子班；2009年本科毕业之后继续留在Dian团队读研，2010年9月担任Dian团队第三任队长；2012年3月入职腾讯公司，工作一年多后辞职；2013年7月进入贝贝网，与Dian团队师兄们联手创业。

从宿舍到团队

赵文路刚进大学就对 IT 技术产生了浓厚的兴趣，一进校就加入了一个 Linux 开源社区学习。2006 年 9 月，刚上大二的他就在刘玉老师的"数据结构"课堂上听说了 Dian 团队，于是，一下课便与好朋友陆遥一起走到讲台边表示想加入。刘老师得知他俩都自学了一点 IT 技术，便约定与 Dian 团队 CTO 钟国辉老师一起去学生宿舍观看他俩各自的程序效果。

两位老师在陆遥房间看完他很长、很酷炫的程序之后，来到赵文路的房间，小伙子满脸忐忑，一个劲儿说自己不行，只准备了一个简单的 Linux 程序。他对着电脑屏幕向老师们慢慢讲解代码时，钟老师从后面伸出手，轻轻敲了几下键盘，代码便迅速在屏幕上闪过，然后开始向他提问。几个问题马上把小赵同学给问住了，他脸红耳赤之余，内心对钟老师佩服得五体投地。他哪里知道，钟国辉老师当时可是全校 Linux 第一高手！

钟老师虽然问住了赵文路，但对刚进校就热爱 Linux 开源技术的年轻人，内心是十分欣赏的，当即决定将陆遥和赵文路两人都录取。于是，陆、赵两位志同道合的好朋友同时加入了 Dian 团队，队员编号分别为 194 号和 195 号，这个编号比团队首任队长柯尊尧的 210 号都早呢！

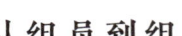

从组员到组长

刚进入团队的赵文路，经历了大半年的迷茫期。因为当时团队的项目不多，赵文路被分到量子理论组配合做仿真程序，但他对理论研究和写论文一直找不到感觉，还是想做与Linux 相关的东西。直到华三 NAS 一期项目启动，赵文路才找到感觉，因为分配的任务是基于 Linux 平台上的 NFS（网络文件系统）开发。一期项目顺利结束后，华三公司又发来NAS 项目二期合同，但做过一期项目的队员大部分已经毕业。于是，资历尚浅的赵文路就被"赶鸭子上架"当了组长，二期项目在武汉开发 4 个月，在深圳测试 6 个月。两个华三项目一年多的历练，让赵文路成长起来，他不仅提升了技术水平，了解了测试的辛苦，而且明白了"做正确的事，正确地做事"的道理，偷懒和侥幸的心理是要不得的。

NAS 二期项目结束后，团队与武汉嘉铭激光公司又合作新项目——USB 打标板卡。这是一个嵌入式项目，开发模式与华三公司的软件开发完全不同。嘉铭公司是小微企业，讲的是功能和效率，其他诸如详细设计、代码检查、白盒测试等环节统统省略，只要功能达标没有 bug 就算 OK。听起来好像很简单，但当时赵文路错误估计了这个项目的难度，原计划一年完成的项目，由于种种原因，输出结果总得不到嘉铭公司的认可，时间一拖再拖，已近两年。所幸，在周叶飞（361 号队员）、古国杰（403 号队员）等组员的大力支持下，项目终于结题。

经过这些项目的历练，赵文路的角色从组员、骨干、核心骨干直至组长，他感触最深的是：项目的成功与否主要与两个因素相关，一个是组长的非技术能力，另一个是组员的技术能力。组长的非技术能力，体现在与甲方的沟通、项目组氛围的营造以及项目风险和进度的控制上；组员的技术能力，体现在解决项目问题、保证项目进度上。如果这两点做好了，这个项目一定能成功。

要提升非技术能力，就得平时多读书。于是，赵文路挤出时间博览群书，比如《货币战争》《石油战争》等政治经济学方面的著作，《狼图腾》《大众哲学》等社会学、哲学方面的书，以及一些人际关系和管理学方面的书。他给自己定的目标是：带好一个项目，每月读一本书。

从技术男到领导者

2007 年初夏，第二届种子班招生，赵文路毫不犹豫地报名了。后来，他认为这是他做过最正确的选择之一。刚上大三的这批 2005 级同学（以下简称"05 级种子班"）共有 19 人，他们朝夕相处，大家一起学习，一起做课程设计，成了一个亲密无间的小集体。赵文路本来技术就很不错，无论硬件还是软件课程都驾轻就熟，加上性格温顺，人缘特别好，因此，他在种子班更是如鱼得水，班级认同感非常强。这个小班还承办过团队的很多文体活动，到现在都能在 Dian 团队的文化墙上看到当年的一些活动照片，比如第一届游泳节、圣诞篮球赛等，以及队员们与美国教授一家十口在学校操场中秋赏月。05级种子班的同学后来成了团队的中坚力量，第一届队委会的正副队长、第三届队委会的正副队长都出自这个班。

　　凭着优异的成绩和表现，赵文路2009年顺利获得了保研资格。经过一番考虑后，赵文路也与210号柯尊尧一样，选择继续留在团队读研，希望不仅在技术上而且在综合素质上都得到全面提升。2010年9月底，赵文路成功竞选成为团队第三届队委会队长。可是，他新官上任刚半个月便遇上了大事，Dian团队要进行"大迁徙"——从主校区的东七基地搬入位于东校区的启明大楼。全团队100多人的办公家具、实验设备等家当非常非常多，不用说，谁是队长谁就是搬迁总指挥。生病刚出院的赵文路冲在最前面，抢着干活，却忽视了组织协调才是他最重要的工作，导致好多队员站在一边不知道该做什么。出差刚赶回的刘玉老师看到这种情景，狠狠地批评他："你身先士卒是不错，但这不是队长该做的事，队长的职责是分配任务、协调各部门负责人，不能再是你以前拼个人能力的技术男思维，认为别人搬一把椅子我搬两把就算尽职。领导的个人魅力是需要全方位锻炼的，号召力、执行力、亲和力，你样样都得提高。"刘老师如今回忆起来，当时看到赵文路瘦弱的小身板，加上他之前因气胸住院大病刚愈，其实是很心疼的，但是又生气他只会蛮干不会调配人员，所以才严厉批评他。赵文路遭遇此事，虽然很委屈，但也由此意识到，一个组织的正常运转，有非常多的事情需要操心，所有人都要各司其职。要当好一个称职的干部，还有很长的路要走。

2010年10月2日，Dian团队从东七楼迁至启明楼时，队长赵文路身先士卒

从名企到创业

　　2011年秋天招聘季，即将硕士毕业的赵文路，凭借高超的个人技术能力和诸多真实项目经验，他顺利拿到了百度、腾讯、亚马逊中国和武汉百纳信息四个知名企业的offer，最终他选择了腾讯公司。赵文路当时主要考虑的因素是，第一份工作应该以提高个人能力为主，应聘的部门在公司里做的是不是核心业务，所做的项目或工作是否有利于提高个人眼界，而所在城市和年薪高低都不是第一考虑因素。在赵文路看来，对于刚毕业的学生来说，如果在校期间没有创业体验的话，还是选择业务线齐全的公司先学习为好。

　　2012年春，赵文路去腾讯工作的时候，同时毕业的种子班班长柯尊尧却去了杭州米折网创业，那里急缺技术人才。柯尊尧非常清楚赵文路的实力，所以力邀赵加盟米折网。经过一番考虑，2013年7月，赵文路从深圳腾讯辞职，来到杭州担任米折网服务器的主管。不久后公司切入母婴电商领域，创立贝贝网。伴随移动互联网的爆发，贝贝网发展特别迅猛，很快就有上亿用户量，服务器一刻都不能出问题。赵文路的责任心特别强，又特别能吃苦，每天都工作到很晚才回家。全年无休无假，就连 2017 年 Dian 团队 15 周年大庆他都没法回来。贝贝网 COO 柯尊尧特别解释说，我们贝贝网谁都可以请假离开，只有赵文路一时一刻都不能离开，因为他是服务器总管，但凡出一点事故都必须由他出面解决问题，由此可见赵文路在公司的地位。

从同学到亲戚

赵文路在贝贝网成天驻守机房，早出晚归，因此，其社交面特别窄。然而，公司女会计通常也走得比较晚，两人经常打照面，一来二去，两人便走到了一起。这个会计不是别人，正是同班同学柯尊尧的亲妹妹！于是，赵文路就成了柯尊尧的妹夫。刘玉老师听说后，还对

2021年6月1日，赵文路一家四口与柯尊尧（后）合影

柯尊尧打趣说："他俩相好，多半是你介绍的吧？"柯尊尧连忙辩解说："哪里哪里，公司都传开了，我才最后一个知晓呢。"

2020 年底，赵文路和柯尊尧两位战友加兄弟，还有 Dian 团队 305 号队员徐键，一起离开贝贝网，在创业路上重新起步。半年不到，他们便从种子轮、天使轮、PreA 轮融到了 A 轮，让我们期待米折网、贝贝网、贝店的奇迹再次发生！

编后语

　　写完赵文路学长的故事后，我最大的感受是，学长是一个稳重、靠谱的技术大牛，也是一个有责任、有担当的队长。大一入学时，就对技术怀有热情，且不断努力去学习。他最难能可贵的是有责任心，而且善良、好脾气，而 Dian 团队也给了他一片自我成长的沃土，从组员到组长，最后再到队长。在工作中，他是靠谱的同事，挑大梁的骨干。赵文路学长的故事，是一个纯粹"技术男"成长为"多面手"的典型案例，在此祝福他和柯尊尧师兄再次创业成功！

刘金柱：美玉精金，擎天之柱

···

|执笔人：石功成

刘金柱，男，湖北鄂州人，Dian团队203号队员。2003年从湖北省鄂州高中考入西南交通大学通信工程专业，2007年被保送到华中科技大学电信系攻读硕士学位。研二时，便担任Dian团队华三通信项目组组长。硕士毕业后，入职百度公司，两年后离职。从北京回到武汉后，主动回Dian团队报到，随后担任团队管理顾问。2012年，与026号队员颜庆华和189号队员赵威一起创立悦然心动公司。

拔得头筹，与Dian结缘

2006年，当时还在西南交大读本科的刘金柱，和小伙伴组队参加Intel杯嵌入式系统设计大赛，他们的想法是基于Intel公司的嵌入式芯片做一个车载智能系统。其中，智能系统的人机交互界面需要使用Flash技术，而他们完全没接触过，只好到一个Flash技术论坛发帖求教。这时，一位ID为awflasher的"神秘高手"出手相助，经过他的一番指点，这个车载智能系统项目实现得相当漂亮，在决赛中一举夺魁。

赛后，Intel公司还邀请冠军队成员到美国参观。刘金柱作为冠军队的核心骨干，不仅收获了访美经历，还得到了保研名额。怀着对awflasher高手的敬佩和感恩之情，刘金柱试着查询awflasher的"出身"，结果发现他竟是华中科技大学Dian团队的Flash大神、134号队员郭启睿。于是，刘金柱索性下定决心，选择到华中科技大学Dian团队攻读硕士学位！

2006年9月，刘玉老师在面试刘金柱时，听他讲完上面的故事，不禁感叹刘金柱与Dian团队的神奇缘分，喜上眉梢地收下了他，并希望他大四最后一学期的毕业设计也到武汉来做，由Dian团队导师组全力指导他。刘金柱连连点头，顺势展开了后面的生活图景，开启了一段充实而又朝气蓬勃的人生旅途。

技术之路，与书结缘

2007 年 1 月 9 日，刘金柱进入 Dian 团队的第一天，便给自己立下目标：刻苦钻研技术，毕业后进入世界 500 强公司。第二天，他便积极地开始接触与华三通信公司合作的项目，虽然不能完全读懂技术文档，但初来乍到的刘金柱深受触动，那些文档太正规了，这才是真正的做项目！

大型项目清晰的管理流程和严格的代码规范，深深地触动着刘金柱，引导他走进了华三项目组的生活。在做项目期间，刘金柱充分践行着"干中学"，他知道自己技术基础比较薄弱，于是买来很多技术书籍研读，经常熬夜学习来充实和武装自己。

刘金柱原本是个惜时如金的人，不太愿意参加非技术活动。但华三项目组的氛围很好，他在"被迫"参与几次活动之后，结识到了不少靠谱的朋友。这些集体活动，不仅丰富了他的业余生活，也温暖了他的心，更扩展了他的视野。谁都没想到，他在 Dian 团队游泳节上还能赢得冠军呢！

因为刘金柱大四毕业设计那时已经提前进入华三项目组，连毕业后的暑假也在继续工作，所以他到 Dian 团队正式读研后不久便完整经历了华三组 ALG 项目的全过程，包括需求预研、需求分析、概要设计、详细设计、编码及单元测试，还去北京参加了最后的系统测试和验收测试。等 10 月中旬项目结束返回武汉时，他在技术上已经有了明显提升，也对项目管理有了更深刻的认识，于是踌躇满志地想在第二个与华三公司北京研究所的合作项目中领衔。

谁料回到华科时，导师组通知他加入另一个有 20 多人参加的与华三公司深圳研究所合作的大项目"NAS 存储"。刘金柱当时心里是怎么想的呢？请看他在项目结束之后的小结：

> NAS 项目组太大了，加上华三深研所很多规范和制度不如北研所成熟，人越多，项目会混乱的概率越大，项目的效率也越低。但是，NAS 是具有研究性的新项目，作为团队的研究生，我没有理由在项目组需要我的时候不加入。
>
> 现在回顾此事，我的触动特别大，再次深刻体会到了一个朴素的道理：很多事情，如果你都不尝试着去了解和经历一下，你就真的看不清它到底是怎样的。很多你认为很好的事，其实并没有你想象中的那么好；同样，很多你认为很糟糕的事情，其实也远远没有你想象的那么糟。无论你最后做出了怎样的决定或选择，也不管是源于主动还是迫于被动，只要能坚持往好的方向走，就一定会遇到很多很多的精彩，而且很有可能走这条路会更精彩。
>
> NAS 项目历时近一年，可谓一波多折。最初，大家几乎都不知道 NAS 是干什么的，更不知道该如何下手做，项目需求力度比较大，需求变更也较为频繁，稳定度不高，项目的技术盲点较多。在 NAS 的上半期，项目的规范和流程控制比较乏力，另外，由于深研所的很多制度还不太成熟，加上公司也缺少 NAS 方面的专家，直接影响了项目最后的

各项审计得分。在 NAS 后期系统测试的过程中，一直带领我们奋战的甲方项目经理突然离职，着实打击了我们一把。在项目验收测试结束后不久，接管 NAS 的另一位甲方项目经理也离职而去，令我们更加郁闷。由于测试部的人员十分紧张，NAS 的验收测试一拖再拖。后来，测试部和项目组又在最初订立的验收入口条件上存在分歧，时间也越来越紧张，最后不得不改为内部验收……

2008年12月6日，"研究生沙龙"合影
（前排右3是刘金柱）

　　这其实就是最真实的 NAS 项目。谁也不会忘记 2008 年初，春节之前大雪纷飞的那 10 天，整个项目组的同学为了赶制小系统时的忙碌身影；今年在深圳 4 个多月的测试，也将成为我学业中最难忘的一段记忆。

　　在深圳进行 NAS 系统测试的半年时间里，我掏出了一多半的加班费买了大约 70 本书，利用空闲时间非常认真地阅读了其中四五本。我当时的想法很简单，不太愿意让自己最后的研究生生活虚度，想做点更有意义的事情。令人高兴的是，就是凭借对这四五本书的深入理解，我的求职过程比较顺利，如愿以偿地收到了我最心仪公司的 offer。这份 offer 就是 NAS 项目带给我的珍贵礼物，那 70 本书就是 NAS 项目留给我的宝贵财富。

　　自此以后，我慢慢养成了一个习惯，每个月都会买一两本中意的书，并且认真阅读。我最快乐的日子，就是手捧几本心爱的书，漫步在校园悠长的梧桐路上，然后找个静谧的位置"啃上几口"，不为别的，只是因为喜欢。我希望把这个习惯带到未来的工作和生活中。书中其实并没有什么"黄金屋"和"颜如玉"，但是，如果年轻的时候能多读一些书，将来真会带给我们"黄金屋"和"颜如玉"呢！

放下技术，坚守内心

　　2009 年夏，刘金柱硕士毕业后，如愿进入了当时如日中天的互联网公司百度，当年年底就获评"优秀工作者"。大家都以为他从此会在百度扎根，可是，他仅仅干了两年就离职了。刘玉老师既惋惜又疑惑地问他，为什么要离开百度？他说道："我在百度，每天上班就是编程。我看到我的领导，包括领导的领导，都 40 多岁的人了，每天上班也主要是做编程相关的技术工作。他们的今天就是我未来的写照，当一辈子这样的码农，可不是我想要的生活。"正是因为有了这样的忧虑，他开始思考人生的新方向。

辞职后，他并没急着跳槽或回到武汉父母身边，而是流连在北京大学的校园里，旁听各种人文讲座，特别是经济学、历史学等。他用了整整一年时间，重新审视自己，审视人生意义。

一年之后，他想明白了。自己过去"技术至上"的想法过于狭隘，要追逐理想，就不能走寻常路。Dian 团队其实是个很好的平台，为什么不能再次拥抱团队，实现双赢呢？于是，刘金柱把数年来收藏的价值万元的两大木箱技术书籍，全部寄赠给 Dian 团队。然后，他悄悄离开了北京，回到武汉。

面朝团队，等待花开

2012 年春节，刘金柱回 Dian 团队拜访刘玉老师。听到刘老师充满激情地描述看似有点天方夜谭的 Dian 团队新十年梦想，他万分激动，于是对刘老师说："我想重返团队，当您的义务助理。虽然我只在百度工作了不到两年时间，但我发现，公司的很多管理制度都值得我们学习。比如，日报制度、质量管理制度等，都可以引入团队。我愿帮助您更加稳定而高效地管理团队，帮助学弟学妹们加速成长。"

刘金柱的回归，让刘玉老师又喜又忧。一方面，他确实能给 Dian 团队的新十年梦想添砖加瓦；但另一方面，刘老师只能给刘金柱每月数百元的生活补贴，跟他在百度的优厚年薪无法相比。但刘金柱毫不介意，他诚恳地说："我在百度工作了快两年，积蓄足够维持我三年的生活。我这个人执行力很强，但创新性的点子不多。Dian 团队有上百名年轻学子，他们

2014年，悦然心动联合创始人合影

（左起：赵威、陈国兴、刘金柱、颜庆华）

一定会有各种奇思妙想，而我能够去实现之。我愿面朝团队，等待花开。"就这样，刘金柱成了 Dian 团队的管理顾问（编号 026），他也是团队 700 多位队员中唯一同时具有正式队员和顾问两个编号的人。

在 Dian 团队担任顾问后，刘金柱身体力行，努力让各项目组的管理工作更加规范化。虽然小队员们有些抱怨"杀鸡何必用牛刀"，但也确实体会到了大公司的不同之处。而刘金柱自己，虽然没有像他预期的那样等来小队员们的创意，却等来了同样怀有创业梦想的026 号队员颜庆华，还有他一进 Dian 团队就认识的学弟、189 号队员赵威。刘玉老师介绍他们仨认识后，因为都是靠谱的 Dian 团队队员且志趣相投，三人一拍即合，共同创立了悦然心动公司。他们没有到校外去租房，而是就在 Dian 团队的实验室里搞开发。不久后，刘老师介绍知名天使投资人、腾讯联合创始人之一曾李青与他们见面，他们仅用 15 分钟就打动曾总投资 100 万元。接着，他们又不断吸纳更多的 Dian 团队队员加盟，公司越做越大，于 2015 年 12 月登陆新三板。当刘玉老师看见他们仨都事业有成、生活幸福，内心由衷地替他们高兴。

编后语

刘金柱师兄刚加入 Dian 团队，就确定了自己的目标——毕业后入职 500 强公司的技术岗位，并且愿意为目标一心一意地潜心学习。在学习中，书籍是他最好的朋友。苦心人，终不负，毕业后他如愿以偿地入职百度。工作两年后，不甘心当一辈子码农的刘金柱师兄，希望自己能有更多作为，于是毅然回到了 Dian 团队。最终，既回馈了团队，又撷取了梦想。他是一个能够为理想而躬行的人，也是一个能够在这个浮躁社会中静下心来的人。笔者相信，刘金柱师兄不断奋斗前行的故事仍会继续下去。

徐裕键：克难有方的"键哥"

｜执笔人：董浣羽

徐裕键，男，广西平南人，Dian团队305号队员。2005年从平南县中学考入华南理工大学电信系，与202号队员司徒加旻师出同门，本科期间在徐向民教授的创新实验室经受锻炼。2008年，徐裕键获得保研资格后，选择到华中科技大学电信系读研，师从Dian团队刘玉老师。历任华三通信项目组组长、技术推广部副部长、基金部部长、移动通信组组长，毕业后先就职于北京人人网，后到杭州贝贝网创业，目前与210号队员柯尊尧再次联合创业。

敢于挑战，不懈求索

2008年9月中旬，还在华南理工大学读大四的徐裕键背着行囊来到武汉，他成功通过保研学生的面试被Dian团队导师组录取。老师们希望他能尽快参加团队的企业级项目，于是，徐裕键就这样提前留在了武汉，毕业设计课题也由导师组指定。虽然徐裕键在嵌入式技术方面很突出，但他希望进入软件工程类别的华三通信项目组，挑战之前从未深入接触过的领域。当时的华三通信组高手如云，徐裕键积极向前辈请教，很快便能上手。他骨子里有一种"精英情结"，十分注重细节，非常认可团训"优秀是一种习惯"，坚信Dian团队是一片创造传奇的热土。在这里，他找到了很强的归属感，也相信自己可以爬过一座座"山"，成为更优秀的人。刘玉老师得知徐裕键家境不是很好，因此在经济上比较照顾他，这让他感到十分暖心。很快与大家打成一片的徐裕键，日益活跃，经常与大家一起打篮球。

进入团队仅一年，徐裕键便参加了华三通信DHCP和NAS两个项目的奋战，特别是在NAS项目中，他还被派往华三公司深圳分公司进行系统测试工作。在这里，他真正领悟到了项目研发的精髓，同时感受到了大企业的管理和文化，对他后来的职业生涯规划产生了很深的影响。在深圳的那段日子里，徐裕键也认识了 Dian 团队在广东工作的一些老队员，师兄师姐的热情关照给了他诸多温暖。

进入 Dian 团队后，徐裕键在技术能力和沟通能力上都有明显提升，因此，他不仅顺利转正获得终身编号 305，而且凭借综合素质成为所参与的第三个项目"3G 组"的组长。

迎难而上，坚定不移

"人的成长总不会是一帆风顺的，因此，遇到失败和挫折的时候不用惧怕，关键是要坚持自己心中的信念，结果总是会好的。"参加 DHCP 和 NAS 两个项目只是"开胃小菜"，而领衔 3G 项目才是对他作为组长的重大考验。

3G 项目的背景是，国家"863"课题"超宽带 MAC 层协议软件设计与实现"由东南大学牵头，国家光电实验室的通信与智能网络研究部承担其中的一个子课题。Dian 团队的 3G 组，则承担该子课题中的部分工作，要在 ARM9 平台的 Vxworks 操作系统上实现 UWB 的 MAC 协议。

徐裕键和组员们完成调研后，大家分工学习了 ARM9 和 Vxworks，着手准备实现协议。刚开始冲劲很足，把重心放在了研究如何在 Vxworks 平台上编码来实现功能，对于协议的阅读剖析工作被暂时搁置了。然而，项目开始不到两个月，甲方的需求就发生改变，要求转用 Windows 内核驱动来实现协议，这就意味着大家前面所做的编码工作全部作废，项目组进度重新归零。3G 组的压力，一下子大了好多。

徐裕键带领组员们及时调整方向，加班加点，好不容易才迎头赶上。经此教训，全组更注重理解和掌握协议，根据协议再来确定系统方案，这才是正确的技术路线，即"磨刀不误砍柴工"。

旧的困难克服了，新的困难又来临。东南大学的硬件设备姗姗来迟，到达后原来的那部分进度又滞后，3G 组难以同步联调。幸亏徐裕键他们提前预计到硬件可能会拖慢开发进度，因此决定先用软件模拟测试，没想到反而提前两个月完成了开发任务，最终大获全胜。

身为组长，徐裕键不仅要平衡自己的学习生活，还要把控项目进度以及安排组员的工作。此外，他在队委会还担任了技术推广部副部长，团队大大小小的创新基金都要他操心管理进度和质量，他帮助队员们申请了一二十个创新创业新基金，争取了很多经费。压力越大，他的综合能力提升越快。

2011 年，徐裕键被调入 Dian 团队开辟的新方向"移动通信组"担任组长，与湖北移动合作，完成"MM 应用开发"的宣传、培训与参赛。移动通信组需要同时开发 8 款 MM 应用，而组员一共只有 3 人，还要同时支持 Android 和 iPhone 手机，任务压力很大。此时，徐裕键还没有学过 Java，幸亏他技术悟性很高，上手迅速，进步飞快。后来，学校 iPhone 俱乐部的成员也陆续加入了移动组，补充人手之后，项目才得以平稳推进。

2011年10月10日，徐裕键（中）向淘米网络创始人汪海兵展示作品

在移动通信组的开发体验，给了徐裕键很多不一样的认知。对于一个移动开发项目来说，不仅要开发速度快，还要创意好、设计好、用户体验好，这样才能获得市场的认可。移动通信组的所有成员，在一系列项目牵引下，都进步和成熟了起来。徐裕键组长在自身进步的同时，也不忘技术的传承。他组织了系列培训，还策划了移动设计大赛，为移动通信组培养了不少优秀人才，如278号队员周飞龙、395号队员袁威、400号队员陈浩、401号队员张猛、410号队员管灿等，也收获了一大波"粉丝"学弟，学弟们都亲切地喊他"键哥"。

然而，"MM移动设计大赛"结束之后，移动通信组出现了很尴尬的局面，组内人员竟然出现过剩，特别是产品设计岗位。徐裕键作为组长，第一要务就是四处揽项目。某电子出版社说好委托开发电子书用的APP，经费6万元，等活儿干完了，对方却说上级没批准立项，一分钱也付不了。后来，又谈了几个项目，也都不顺，他更加焦虑了。

此时，有一位客户主动找上门，带来一个12万元的外包性质项目，属于注册加速。徐裕键正"饥渴"呢，当即就答应做。可是，刘玉老师得知后摇了头。她认为，首先，这不是一个正经的技术开发项目，跟自己的价值观有些分歧；其次，这个项目有对赌条件，要在一个月内就完成数万的注册量才会付款，担心移动通信组二三十人全上阵也未必能完成。这时，一向温和的徐裕键急了，他倔强地表示，非常想接这个项目。关于项目是否"正经"，他认为，有事做总比大家每日都无所事事、自由散漫要好；至于是否能在规定时间内完成工作量，他说，万一人手不够，可以用"雇佣"方式调外援。看到徐裕键如此坚持，刘老师叹口气，默许了。

面对成千上万的任务量和紧迫的工期，项目进度如何推进？值得庆幸的是，正因为这个项目"不正经"，技术含量不高，所以人员培训难度比较低，徐裕键决定到附近的文华学院招揽外援。炎炎夏日，徐裕键带着两位组员前往文华学院的机房，对学生们进行技能培训，手把手教会了大家。

最终，这个项目仅用两周时间就完成了注册量，并成功通过甲方验收，12万元经费如约到账。此时，刘玉老师揪着的心也放下了。看到徐裕键把不可能变为可能，刘老师深有感触，由衷赞叹徐裕键克服困难的勇气和能力。此后，一有客人来Dian团队参观，刘老师就往移动通信组的实验室带，用心地将徐裕键推到"亮处"。

积极探索，走向创业

毕业季，各大公司的移动开发部门纷纷向 Dian 团队移动通信组的应届毕业生伸出"橄榄枝"。当时，很有名的公司"人人网"副总裁兼 CTO 从北京来 Dian 团队亲自动员，说该公司新增了移动通信部门，希望徐裕键加盟。移动通信组其他队员一看徐裕键答应入职人人网，立马也追随"键哥"同去，竟有十人之多！刘玉老师打趣地对那位副总裁说，你们人人网几乎把我们的移动通信组连锅端了，应该出钱为 Dian 团队盖一座"点石大厦"才对！

2013 年冬，在人人网工作满一年的徐裕键，正听闻公司要整合无线开放平台部门，便接到了 210 号队员柯尊尧的电话，邀请他前往杭州，担任贝贝网移动业务的开发负责人。

徐裕键爽快答应与战友共同创业，很快便订了机票前往杭州。他一下飞机，拖着行李箱，仰望着杭州碧蓝如洗的天空，感叹道："我早就该来杭州了！"在杭州安顿好后，徐裕键随即投入紧张的工作中。他夜以继日，不到一个月便将贝贝网的移动端 APP 开发完成。"双十一"当天，贝贝网 3 个亿的流水中，竟然有 6000 万是来自刚上线的移动端，这让 201 号队员张良伦和柯尊尧等高管大吃一惊。没想到仓促开发的手机客户端居然占了如此大的份额，这说明手机用户的增长速度惊人。自此，徐裕键成了贝贝网移动开发一把手，果然，第三年手机用户的比例便暴增到 99%。

除了技术上的巨大贡献，徐裕键对贝贝集团的人才建设也同样功不可没。他积极联络老队员，每年都会前往北京与团队新老队员聚餐，吸引他们加入贝贝集团创业。例如，151 号

2015年1月22日，贝贝网获得C轮融资1亿美元

（左起：305号徐裕键、210号柯尊尧、郁佳杰、201张良伦）

队员周亮、337 号队员李耀栋、283 号队员周黄玲、019 号名誉队员邓天生等十几位队员，都陆续加入了贝贝集团，并很快成为中坚力量。

与之前在团队里做那个注册项目一样，徐裕键非常善于借助外部资源，为贝贝集团积极争取对外合作项目，他曾牵头与腾讯云签约建立战略合作关系。在贝贝集团近 9 年的历练，让徐裕键在技术能力、团队管理和企业合作等方面都走向成熟，最终成为贝贝集团技术副总裁。

徐裕键虽然已身居高位，但依然谦和有礼、尊师重道。2015 年 1 月，刘玉老师前往北京参加贝贝网的 C 轮融资发布会，徐裕键特意从会场出来，穿过立交桥下的马路来迎接刘玉老师。北京的冬天很冷，徐裕键却跑得满头大汗，令刘老师非常感动。

编后语

徐裕键师兄在加入 Dian 团队第一年的年终小结中写道："登山提升人的境界，提升人对生命的理解。人们愿意相信，神灵只愿憩息在隐秘的群山之巅，在远离尘埃的地方，在众山之上。所以，登山总是让人倍觉神圣……"我眼里的徐裕键师兄，就是这样一位"登山者"。他是一位充满信念、充满活力的领导者，给了我很多精神上的启发；他面对困难的勇气和毅力，他在管理项目与平衡生活等方面的方法和经验，都值得我们这些后辈学习。Dian 团队的历史、文化和精神，需要被记录，更需要我们体悟践行，用实际行动将前辈们的积淀加以传承与发扬光大！

何理：热爱编程的"天才少年"

|执笔人：何理　刘玉

何理，男，四川成都人，Dian团队306号队员。2008年从成都市第七中学考入华中科技大学，大一便因荣获学校的"种子杯编程PK赛"冠军而免试加入Dian团队。2012年毕业后，先后加入萌购网、哔哩哔哩，目前跟随一位华科校友进行量化投资方面的创业，担任系统架构师。4年的大学生活，何理在Dian团队就待了足足3年半，很多人都认识这位"天才少年程序员"，但内向的他在毕业后飞向了远方，从此慢慢淡出大家的视线。刘玉老师主编本书时，特意到上海与何理相见，邀请他回忆自己十余年来的成长历程。

初识Dian团队

跟 Dian 团队结缘看似偶然，但其中也有必然因素。刚上大一时，何理在宿舍门口看到学校种子杯编程大赛的宣传海报，上网查看了样例题目之后，感觉这个比赛很合他的胃口：是面向应用的，而不是 ACM 大赛那种纯理论的。

其实，何理在高中就参加过 NOIP 信息学竞赛，拿过省赛一等奖，可以进省集训队受训，然后参加全国总决赛，但他放弃了。那时，何理越来越感觉到，这类比赛就是在出题人框定的范围内堆砌熟练度，而他内心真正想做的是用计算机技术解决实际问题，他认为这样才能真正改变世界。因此，他自己看书学习了 Visual C++ 和 Windows API，对一个高中生来说，这是相当的"不务正业"。何理发现，当时高考的机读卡需要填写考生姓名的 GB2312 代码，学校采用的方法很低效——每人发一本 GB2312 编码对照表，让学生自己回去查。于是，他就编写了一个图形界面的应用程序，可以根据输入的汉字快速查到其 GB2312 编码，他把这个小工具发给同学们使用，很受欢迎。可以说，这是何理最初的也是一直以来的梦想："如果说上天给了我们每个人才能，那么，我们应该怎样运用才是有意义的？我认为，有意义的

2008年12月14日，华科种子杯编程PK赛冠军队领奖镜头
（左起：刘飞、何理、樊溪，都是大一学生）

方式就是发挥自己的才能，帮助周围更多的人。"

因此，何理进入大学、进入计算机系之后，满心希望能继续他的应用开发之梦，同时也希望能遇到更多跟他有同样梦想、热爱编程的人。但说实话，他感到有点失望：周围很多同学并非因为热爱计算机才报考这个专业，而是因为父母、老师的要求。所幸，还有一两位跟他一样真正喜欢编程的同学，也就是后来跟他一起参加种子杯编程比赛的樊溪和刘飞，他们仨直到今天仍是保持联系的好朋友。

在种子杯比赛的启动仪式上，刘玉老师提到，上届种子杯的冠军竟然不是信息类专业的，言辞中流露出了对信息大类同学的失望。这下激起了何理这个"信息类"同学的斗志，他原本只是打算独自参赛随便玩玩，现在他下定决心要争获冠军，来为信息大类专业和所在班级争光。于是，何理开始找战友，先拉上了樊溪，其实他们刚进校两个月，彼此并不熟悉，交集仅是一次烧烤和一次篮球赛。但是，樊溪对这个比赛很感兴趣，因此，他爽快地答应了何理的合作邀请。

这个大赛的选手是不分年级的，报名者的资历全都比他俩高，因此，初赛时他俩做得特别认真。何理一天到晚都在琢磨，"我们的程序还有哪些地方没考虑到"，下了课就赶紧到图书馆查阅技术书籍。进入复赛和决赛时，与樊溪同寝室的刘飞同学也加入进来。刘飞擅长算法，于是，涉及算法的部分就由他负责，何理则负责程序的总体框架。

最后，他们仨在种子杯决赛中真的拿到了一等奖，这个结果让何理自己也感到有些意外，当然，这离不开樊溪和刘飞的鼎力相助。比赛过后，承办方 Dian 团队给进入决赛的 6 支队伍免试加入 Dian 团队的"绿色通道"待遇。何理感觉真实项目牵引的"干中学"模式正合他意，于是顺理成章地加入了 Dian 团队。

Dian团队海外组项目经历

进入 Dian 团队，何理参加的第一个项目组就是海外项目组，简而言之就是，帮美国需求方（以下简称"美方"）一些已有的软件项目改 bug，或者添加新功能。当时的组长是 215 号队员刘军，在刘军的带领下，海外组承接项目时能紧张地团队作战，团建时又不失轻松愉快，可以说是何理充分享受集体生活且快速成长的一段时间。

海外组是为何理的软件开发生涯奠定基础的项目组，他在这里最重要的收获就是，学习了严谨、规范的软件开发流程。每个中标的项目，都需要进行需求评估、编写代码、编写测试用例、静态代码检查，有时还需要进行代码覆盖率测试。其中，有很多工具和流程，何理都是第一次听说，但在美方的严格要求下使用之后，他便体会到这些工具对软件开发的意义。之前何理完全没有软件工程的概念，后来他在软件开发中便一直注意单元测试和静态代码检查工具的使用。另外，跟美方交流时他们常用的录屏工具 Wink，何理在后来的工作中也经常使用，直到现在他仍然认为，Wink 是最好用的展示软件功能的录屏工具。

做了一段时间的项目之后，何理有个深刻的体会：一定要主动跟需求方沟通，尽早达成对需求的一致理解，以免拖到后面影响进度。例如，有个项目，他主动用 Wink 录屏给需求方，对方之后提出 3 点建议。其中，有一点是需求文档已包含，但他没做到；还有一点是程序自身隐藏的 bug，但他做的部分触发了它。何理赶紧修正了这些问题，对方说看起来不错，这个项目正式提交后，美方直接判定为成功。何理在总结中写道：

> 我认为，项目成功与否的关键，在于能否做出让客户满意的软件。为了保证让客户满意，真正实现客户需要的功能，我们需要更主动、更积极地与客户沟通，而不仅仅是对需求文档有疑问的时候才去问客户。我们以前做的过程控制之类，总是把目光聚焦在我们自己身上，"吾日三省吾身"。但我想，要保证项目成功，我们还需要更多地在客户身上下功夫，充分了解客户需求。

何理在海外组做过的最得意的项目，是一个 Java 的测试覆盖率工具，要能在用户运行了测试用例之后，输出行、方法、类的覆盖率。在评估这个项目的难度时，韩涛老师对他说，不要因为觉得该项目很有挑战性就揭榜，接了之后又做不下来。果真，何理揭榜之后确实没能在一个月之内按时完成，只好申请延期。美方说 "It's pretty complex"，同意他延了几周。何理最初尝试 JDI 的技术路线，但测试后发现速度奇慢无比，这时半个月已经过去了。后来，他换成跟当时流行的 Java 覆盖率工具 emma 类似的方法，重写了大部分代码，还去图书馆借阅了一本《深入 Java 虚拟机》。最终，他成功完成了这个项目，他的 Java 技术也因此有了很大的提升。

何理在做海外项目的时候，很自然地会想到开发一些小工具来提高自己的工作效率，如批量下载需求文档、自动生成提交所需的部分文档，因为他的初心就是想用技术来改善人们的生活。他还在喻信 BBS 上跟大家分享了这些工具，因为海外组的工作是共通的，他遇到的这些问题，其他人也会遇到。就这样，何理在海外项目组慢慢地成了大家心中的"技术专家"。在 Dian 团队形成的这种为小组开发公共工具的习惯，也被他带到了后来的职场工作中。

华科"种子杯"裁判组经历

何理大一时获得华科"种子杯"编程 PK 赛冠军，没想到大二时就被承办方 Dian 团队"提拔"为裁判，后来还当了裁判组组长。2009 年"种子杯"大赛时，他负责复赛题目的设计和评分，那时的裁判组组长是 251 号队员李鹤，各方面都进行得有条不紊。2010 年的"种子杯"，何理也负责复赛，但评分环节有一些不太严谨的地方，导致有些选手申诉，也有人尖锐质疑。当时，

何理非常惶恐，不知所措，幸好 195 号队员赵文路出面抚平了大家的情绪。这让何理感到作为种子杯裁判的责任重大，暗自提醒自己工作一定要更加细心。

2011 年的种子杯，何理继续负责复赛出题，当时评分的工作量比较大，有好几天都是他待在实验室熬通宵才完成的。后来，同为裁判的 291 号队员汪洋同学批评他，做事总喜欢一个人扛。这让何理开始警醒和反思：为什么不能放手把工作分配给其他人呢？从那以后，他开始学习管理，学会将工作合理地分配给其他人做。

2011年11月20日，何理（右）在华科"种子杯"决赛现场指导选手

对Dian团队的贡献

大家认为，何理在 Dian 团队的主要贡献有：①在人力资源部参与招新出题和培训；②参与海外组招新和培训；③做了几次技术讲座，如 Windows 下的小工具、双拼输入法、Vim 等；④经常在喻信 BBS 上跟大家讨论技术问题。

何理确实比较喜欢跟大家讨论技术问题，因为他觉得交流能让双方都进步得更快，毕业之后他再没遇到像当年喻信 BBS 那样能畅快交流技术的地方。他也比较喜欢帮助新同学，喜欢开技术讲座等，尽自己所能帮助 Dian 团队提升集体技术力，当看到有效果时他便很开心。

毕业后经历

何理很早就决定，本科毕业之后立即去工作，因为他感觉在学校待久了，身上总有种"学生气"，会觉得自己还没有真正学会独立生活。

他大四曾到豆瓣网实习，毕业后加入上海萌购网，后者是一家以日本 ACG（动漫）为主营业务的海外代购网站。刘老师非常好奇，何理为什么想加入这样一家公司呢？何理告诉刘老师："说起 ACG，或者说日本动漫，这是我从中学开始的另一项爱好。喻信星空 BBS是我自上网以来第二个注册并发言过的论坛，第一个则是当时国内最大的关于日本漫画家 CLAMP 的讨论论坛——残翼论坛。我后来还加入了残翼论坛的翻译组，参与过几期漫画中文版的制作。我至今仍然记得，大三时我在武汉光谷跟残翼论坛的站长及几个版主第一次线下见面时的情形，那是我人生中最重要的回忆之一。"

何理曾经在一次 Dian 团队的年终总结中写过这样的话："我的人生理想是找到一群志同道合的人，至于是跟这群人去餐厅里刷盘子、去菜市场捡垃圾，还是坐在办公室里写代码，那对我来说都是一样的。"抱着"想要认识更多跟我有相同兴趣爱好的人"的想法，他先在萌购网待了 4 年，后来又去了哔哩哔哩，一晃也待了 4 年。

总体说来，何理对工作的选择可能跟很多人都不同，一直以来都提不起对"商业"的兴趣，某种程度上还有点反感。在他看来，有些商业模式都是基于对人性的利用，最后会导致为了追求利润而舍弃真正为客户带来好处。例如，短视频对人们注意力的"掠夺"，各种爆款公众号为了获取流量对大众情绪的"挑拨"；再比如，很多人都听说过的"计划性报废"、"苹果 CPU 降频门"等，公司明明可以生产更好的产品，但他们为了商业利润，故意把次品卖给客户。

何理毕业的时候很多人都去创业，那时候一提起程序员就等于创业，还有人邀请他去参加创业 cafe，跟其他人碰撞 idea。参加过几次类似活动后，他发现自己确实对创业不感兴趣。说起创业，很多人都崇拜乔布斯或比尔盖茨，想成为他们那样的人，但何理一直抱着怀疑的眼光看待商业。何理学生时代的崇拜对象是开发了 Linux 的 Linus Tovarlds、领导了"自由软件运动"的 Richard Stallman，现在可能还要加上创立了"仁爱之家"的特蕾莎修女、揭露了"棱镜门"的斯诺登，因为佩服于他们的勇气和虔诚。

何理说："如果可以不考虑生存而自由选择事业的话，我更愿意投身于开源软件的开发。如果我'帮助更多人'的愿望跟商业冲突，那我宁愿放弃商业。"

其实，何理自己也清楚，这些想法终究是过于理想，也许再过 100 年也不可能。因此，他也试着用自己的方法去理解商业社会。他在哔哩哔哩最后做到了游戏平台技术部的 Web前端主管，最多的时候管理组里十多个人。其间，他领导并开发了 B 站各种游戏的官网，以及 PC 端游戏中心。他在哔哩哔哩也跟当时在海外组一样，致力于提取公共代码，构建团队的组件库，完善自动化代码构建（CI/CD）流程，为每个人提供开发、测试的公共调试环境，等等。

在哔哩哔哩之后，何理选择了量化投资这个行业，来到上海一家量化私募公司做开发。量化投资是指使用计算机和统计方法进行投资决策，世界上顶尖的量化投资公司有 Two Sigma、D.E.Shaw、Citadel LLC（城堡投资）等。这个领域是他唯一感到自己能作为"商业"进行深耕的领域，或者说，是未来他有意愿自己创业的领域，因为这个领域可以让他发挥其计算机编程方面精益求精的特长。

2021 年底，刘老师到上海与何理私聊后，便向一位刚转型量化投资的华科创业校友力荐。两人一拍即合，何理随即加入该校友的团队，毅然前往深圳创业，主要负责交易和回测系统的架构。何理表示，刘老师是他的贵人，跟 Dian 团队的缘分还将继续。

编后语

何理大一就勇夺华科种子杯软件编程 PK 赛的冠军，创造了该赛事十余年来的年龄最小冠军纪录。但令刘玉老师印象更深的是，2009 年她接待珠海一家上市公司老总来 Dian 团队参观时，当她走到何理机位向客人介绍他夺冠的"奇迹"后，那位老总激动地摸着何理的头说："我要当他的天使投资人！"当时，刘老师和何理面面相觑，根本听不懂"天使投资"这个陌生的词语是何意。直到 6 年之后的 2015 年，刘老师开始当"创业红娘"，这才明白那个词的含义。直到今日，何理依旧是刘玉老师心目中的"天才少年"，一个有情怀的"天才程序员"！期待何理的下一个十年。

创业英才

颜庆华：Dian团队的首任"总教头"

| 执笔人：胡玉洁

颜庆华，男，湖南茶陵人，Dian团队026号队员。2001年从茶陵县第一中学考入华中科技大学电信系，2002年大二加入Dian团队，是团队首任总教练和第二任CTO。2005年保研至华中科技大学电信系，师从刘玉教授。毕业后到趋势科技（南京）工作，曾被评为趋势科技的季度最佳员工。后辞职回武汉创立了悦然心动科技公司，主营海外APP业务，获得知名投资人曾李青投资，四年后该公司成功登陆新三板并被收购退出。目前，兼任Dian团队导师。

软硬兼施，大显身手

颜庆华出身贫寒，进大学之前没机会接触电脑，但在大一物理实验课上用 OpenGL 做了一个三维软件，效果很好，从此对软件编程产生了浓厚兴趣。他大二时就报名进入 Dian 团队，因为当时团队的中坚力量都是高年级的师兄师姐们，颜庆华年纪小，就被安排到 C++ 组跟项目学习。刘玉老师在分配工作的时候，一直没敢交给他独立的任务，整整一个学期都让他"协助"别人。有次当他再被安排去协助别人时，颜庆华终于忍不住"抗议"说："怎么总是让我协助别人？不单独分给我任务，那我还怎么进步?！"刘老师惊讶地看着他："眼下这些软件模块，你想独立承担哪一个？"颜庆华毫不胆怯地选了一个图像处理模块，并在一周后圆满完成任务。颜庆华的自告奋勇，让刘玉老师解放了思想，发现低年级小队员同样可以"挑大梁"，因此，后来 Dian 团队便放手让大二甚至大一的同学在项目组中担任技术骨干。

通过这件事，刘玉老师开始器重颜庆华。当软件组组长毕业后，刘老师希望颜庆华接任组长，但他认为自己资历太浅而推辞了，刘老师只好私下去试探同组女研究生——049号队员刘明。

刘明表示愿为大伙服务，于是，Dian 团队便诞生了第一位女组长。这件事也反映了颜庆华谨慎有余，他自己深刻反思："一个女生都能勇挑担子，我为何会推辞？"接受教训的颜庆华，很快就抓住了第二个机会，爽快答应负责 Dian 团队新队员的技术培训，成了首任总教练。颜庆华很有领导艺术，每周六下午都对新人进行软件工具、代码规范等培训，布置课外作业后还要求每人登台汇报，并邀请老队员点评。新队员进步速度很快，都把颜庆华认作自己的引路师父。由于颜庆华在软件、硬件、管理、培训等方面都表现优秀，所以，在 005 号队员熊祖彪卸任技术总监后，他顺利成为 Dian 团队第二任 CTO。

团队建设，功不可没

在团队期间，颜庆华情商、智商双高，顺风顺水来到大四上学期，又顺利获得保研复试资格。他曾表示愿留团队读研，面试时被刘玉老师力挺。然而，颜庆华在复试结束后给刘老师写了封告辞邮件，表示要投奔某位兵强马壮的教授门下，因为他觉得当时的 Dian 团队项目既小又不稳定，管理上也很不正规。刘老师马上回了一封长信，其中写道："你嫌 Dian 团队差，请问你的作用在哪里？！"接着，颜庆华不可避免地被刘老师通知"请喝茶"，刘老师准备批评加告别。但没想到，颜庆华入座后的第一句话是："刘老师，我不走了，我决定留在团队读研。"刘老师奇怪地问他为什么改变主意，他不好意思地说："我给那位教授写了很长的邮件，但对方迟迟不回复，我突然就醒悟了，全校还有哪个导师像刘老师这样跟学生零距离、封封邮件秒回呢？"颜庆华反思说，虽然那个老师课题经费多，手下博士、硕士也多，但是，经费多并不代表就会向他倾斜，学长再多也不会帮他写论文，最终还是要靠自己努力。既然如此，为何要放弃在 Dian 团队打下的良好基础呢？就这样，他决心留在团队。刘老师接下来的一句话更是让他感触良多："我们应该联手建设 Dian 团队，而不是坐享其成。"经此风波，颜庆华和刘老师之间的距离反而变近了。后来，颜庆华为团队的管理提出了很多建设性的建议，包括团训最后一句"好态度带来更多机会"也是他的原创。很快，颜庆华成了Dian 团队核心层的干部。

颜庆华不仅在技术方面软硬兼施、大显身手，在团队管理上也十分出色。当时，Dian 团队与武汉嘉铭激光公司合作的 DSP 项目组进度严重滞后，电路板一直调不通，一连换了好几个组长，都说滞后的原因是人手不够。但是，颜庆华这个第 N 任组长上任没几天，反而决定裁员，当时组内有 7 人，他说至少要裁掉 3 个，因为据他观察那 3 人工作量并不饱和。裁员之后，反而激发了全组斗志，颜庆华带领大家很快找到问题根源，项目被大力推进直至结题，令全团队都为之振奋。至此，大家也看到了颜庆华异于常人的管理才能。

为团队做出巨大贡献的颜庆华并未骄躁，毕业前三个月他找刘玉老师提出新要求，说他在团队许多项目组都待过，但没参加过团队与华三通信公司合作的大型软件项目，希望能进入东一基地的华三项目组历练。刘老师爽快地同意了，并迅速委任他为项目组组长。他看到组员们工作时间很长，个个面露疲惫，于是，午饭后邀请组员们到东一楼下面的大草坪上晒太阳、聊天或小寐，队员们特别喜欢这样的休息方式。为了尽快培养新组长接班，颜庆华还独创了轮值组长制度，让几位技术骨干每人当一周组长，全权负责组员分工、进度控制、撰写周报等工作，通过这种方式考察谁适合做下一任组长。当时有个小队员叫李勇，个子瘦小，说话还有点结巴，但颜庆华把他也当组长苗子培养。刘玉老师内心惊讶，但相信颜庆华的眼光。后来，担任下一个华三项目组长的李勇（129号队员）果然不负所望，创造了华三项目缺陷率为零的奇迹。

团队探亲，重拾信心

即使颜庆华在保研时几乎"叛逃"，但刘玉老师坚信"回头好马金不换"，给予颜庆华最大的信任和支持。研究生毕业时，颜庆华被当时信息安全界赫赫有名的趋势科技公司录取，羡煞旁人。他说之所以能被趋势科技录取，得感谢刘老师同意他去华三组历练。因为面试官主要看中他在团队做的那个大型软件项目，请他用最简练的语言概括CMM流程的精髓，颜庆华缓缓吐出两个字"文档"，面试官让他再概括一个特点，他平静答复"review"（复查）。面试官十分欣赏，不仅录取了颜庆华，离开武汉之前还特意请颜庆华吃饭。

然而，去南京工作不久，颜庆华就郁闷了，因为公司里来自各大名校的优秀人才实在太多了，他几乎被"淹没"。他自我调侃说："如果我不是下班后在操场打篮球的弹跳力高，几乎不会被大家认识。"在Dian团队，他是"一人之下，百人之上"的总教头、CTO，可在公司里却默默无闻，天天被别人召集开会，导致他情绪十分低落，回到家也闷闷不乐。从Dian团队时期就"陪读"的妻子看在眼里，建议他回Dian团队"探亲"，以化解情绪。

于是，颜庆华真的利用节假日回团队来探亲了。善于利用资源的刘玉老师马上邀请他给百名在校队员做主题分享，颜庆华觉得自己的工作平淡无奇，就选择做知识分享，讲述《蓝海战略》，给在场的队员们带来了崭新的视野，赢得满堂喝彩。但是，导师们发现颜庆华的口才比在校时有所退步，情绪也不高。因此，当晚刘玉老师与钟国辉老师同去他住宿的酒店促膝长谈。了解到他入职公司后的郁闷缘由，两位老师对其给予了安慰和鼓励，告诉他不要奢望让陌生人为其鼓掌，要相信"路遥知马力"，更要相信Dian团队培养出来的核心骨干一定不会被埋没。颜庆华在Dian团队重拾自信后，回到南京心静了很多，不再焦虑，耐心从底层做起。三年之后，颜庆华果真成为趋势科技南京公司400名员工中的季度最佳，接着又被委以重任，派往英国当"接收大员"，接手一个并购的公司。事实证明，Dian团队的金子，到哪里都会发光啊！

依托团队，创业发展

在英国，颜庆华见到被收购公司的创始人竟然是一个年纪比他还小的年轻创业者，并且此前已经创办过三家公司，每个都成功溢价卖出，颜庆华从这个年轻人身上学到了很多关于创业的知识。刘玉老师看到他在新浪微博上感慨："我已经错过了 3 次创业的机会，第一次是 014 号顾问姚欣的 PPTV，第二次是 019 号顾问程延辉的开心农场（颜庆华的同窗任开心农场商务运营总监），第三次是 201 号队员张良伦的贝贝网，以后还有机会对我开放吗？"这时候，Dian 团队已经成立了喻信点石公司，但总经理职位空缺，于是，刘老师趁机邀请颜庆华回来担任总经理。颜庆华虽然回来面见了刘老师，但并没应允上岗，他说："Dian 团队这个喻信点石公司的性质，应该是一个帮扶队员创业的投资公司，算甲方。而创业者算是乙方，咱们要为乙方服务，就要知晓乙方需要什么。我从未创过业，体会不到创业者的需求，怎么能做好服务呢？能不能给我点时间去充当创业者的角色，体验一段时间后我再回来任职。"刘老师觉得他理由充分，就同意了。刘老师至今还记得那个夏夜，两人在华科东小门外的花坛边一直聊到深夜两点，被蚊子咬了一腿的疙瘩。

这次重要谈话结束后，颜庆华回到南京就开始行动，打算卖掉房子回武汉创业。这时，两位在百度工作的队员恰巧结伴回 Dian 团队探亲，刘玉老师通过交谈发现，在百度工作了三年的 203 号队员刘金柱竟然辞职了，在百度只工作了一年的 189 号队员赵威也表示如果有创业机会随时可以辞职。于是，刘老师立即把两人介绍给颜庆华，在鲁巷的秀玉红茶坊，三人正式"会师"。他们虽然年龄不同，在 Dian 团队待的阶段也不同，但正式队员的编号就是纽带和信用背书。畅聊完之后，年龄最小的赵威特别激动地说："一回北京我就辞职，没有比咱们更靠谱的团队了！"颜庆华计划瞄准海外移动方向，他发现 Instagram 图片用手机上传需要手指点四下，很是麻烦，他打算做一个插件改进，只用点两下，目标客户是美国的白领女性。刘老师十分怀疑这样的产品能够养活团队，刘金柱帮忙解释说，现在刚起步，一时也没有更好的点子，那就先跟着颜庆华的思路做，只当是创业伙伴之间的磨合。

2012 年春，Dian 团队举办 10 周年团庆，颜庆华携怀孕 8 个月的夫人一同返校。他真的卖掉了南京的房子，在 Dian 团队入驻的启明楼附近找了个潮湿的半地下室居住，办公场地则与也在创业的 052 号队员钱建安共同借用 Dian 团队的实验

2012年春，颜庆华携怀孕8月的妻子回武汉创业

室。直到他的夫人临产，岳父岳母前来帮忙，夫妻俩这才在学校西边租了个两室一厅。刘玉老师为了让老人放心，特意在校内百景园餐厅宴请颜庆华全家，表态全力支持颜庆华他们创业。餐后陪老人回住所，刘老师发现他们租的这个两室一厅，竟是 Dian 团队第一任 CTO、005 号队员熊祖彪博士曾经租住过的地方，直呼有缘！

回 Dian 团队创业不久，刘玉老师便为颜庆华他们介绍了著名的天使投资人曾李青（腾讯联合创始人）。颜庆华打开 PPT 汇报不到一刻钟，曾李青先生便打断说："你们最后创业成功的产品一定不是现在这个东西，但我看中了你们这个团队，你们任职的趋势科技和百度我都很了解，这说明你们都见过了一个大公司是什么模样。"曾先生转头对刘老师说："我先给他们投点小钱吧。"没等刘老师追问，他接着说："我准备投 100 万。"在场的师生，此前并没接触过投融资，都把 100 万当作巨款，喜出望外，连占股比例都没问。

得到知名投资人的青睐后，颜庆华将曾在华为任高管、在开心农场任市场总监的大学同窗陈国兴拉来入伙。刘玉老师疑惑地问小陈，为啥愿意屈就这个初创三人组，他说："一是回武汉离家近；二嘛，这可是著名投资人曾李青投的啊；第三，颜庆华是我的班长，靠谱！"就这样，颜庆华他们抱团创立的"悦然心动"公司迅速壮大，图片上传的插件大火后，他们又做了一个收费的 Fancy 输入法，专门卖给海外年轻人，用这个不起眼的小项目给公司带来了收益。

曾李青为颜庆华的团队投资百万，而 Dian 团队则为颜庆华他们提供了场地、人员和设备。经过仔细考虑，颜庆华在公司成立后给了 Dian 团队一部分股份作为回报，并在三年内

2016年，创业仅3年的颜庆华和伙伴以100万人民币回馈Dian团队

（左起：陈国兴、刘金柱、曾李青、颜庆华、刘玉、钟国辉、赵威）

成功回购了 Dian 团队的股份。2016 年夏天，刘玉老师举办首届点石论坛，邀请了很多投资人来武汉参会。同时，专门安排了一个捐赠仪式，邀请颜庆华和曾李青先生上台。颜庆华手持百万支票激动地说："俗话说，滴水之恩当涌泉相报。那 Dian 团队的桶水之恩呢，应当以百万相报！"曾李青先生也被队员与团队之间的深厚情感打动，当众宣布："Dian 团队的队员都很优秀，以后只要是两个及以上 Dian 团队队员创业，再加上刘老师推荐，我们德迅投资不问项目，直接投资 100 万！"

后来，颜庆华的"悦然心动"公司以数亿身价被上市公司并购，他自己也投资了好几家老队员的创业公司，真的当上了甲方。颜庆华和他的数位战友，既是首次创业就成功的典范，也是老队员抱团创业的楷模。

编后语

颜庆华师兄善于争取锻炼机会，敢于挑大梁，用自己的能力告诉了刘玉老师技术不看年龄；在做事时懂得自省，从刘明和英国创业者身上反思自己，最终一次次勇敢地向前迈出一大步；在团队内知人善用，在项目组里面调度有方，离任时还提拔了看似不起眼但颇有能力的李勇；离开团队后知恩图报，最终"桶水之恩，百万相报"。除了这些优秀品质，颜庆华师兄在 Dian 团队里还表现出惊人的管理才能和极高的技术水平，这些都是值得我们学习的。

当然，颜庆华师兄不仅对我们在站队员的发展给予了极大的帮助，他的经历也对团队许多已经出站或者即将出站的队员带来了非常大的影响。正如刘玉老师所说："Dian 团队培养了颜庆华，他创业成功又回馈团队，这是 Dian 团队第一个完整的创业环。"从这之后，创新创业似乎就成了团队基因的一部分，许多老队员在出站之后都或多或少受其影响走向了创业之路，颜庆华师兄真不愧是 Dian 团队的首任"总教头"！

王乐&李银锦：兄弟创业，荣辱与共

│执笔人：董思琪

王乐，男，湖北天门人，Dian团队063号队员。1999年从天门市张港高级中学考入中国地质大学石油工程专业，2004年到华中科技大学读研究生时加入团队，2007年前往深圳UT斯达康公司工作。

李银锦，男，湖北长阳人，Dian 团队 139 号队员。2004 年从长阳土家族自治县第一高级中学考入华中科技大学电信系，同年加入 Dian 团队。2008 年保研至华中科技大学电信系，师从刘玉教授。

这两人从编号上相差比较远，在学校时顶多擦肩而过，但间隔 4 年毕业的他俩怎么会在 2012 年联手成为创业兄弟呢？

王乐的故事

王乐 1999 年自湖北天门张港中学考入中国地质大学的石油工程专业，毕业一年后考研，考上了华科 2004 级电信专业研究生。刘玉老师面试时，只初扫一眼便觉得这位同学似曾相识，十分顺眼，想了好一会儿才明白，原来他和 Dian 团队的大功臣 007 号队员刘洋长得十分相像！于是，刘老师"爱屋及乌"，爽快地把王乐收入麾下。

2004 年 5 月，Dian 团队终于有了固定的场地"五一基地"，9 月开始与中科院武汉岩土力学所合作，用 ARM9 芯片开发智能设备。由于王乐有软件编程经验，所以刘玉老师将其放入项目里开发软件。

因为第一印象深刻，所以刘玉老师对王乐格外关注，经常找项目组组长询问王乐表现如何。组长反映：王乐写代码特别快，但是，写完之后会有一大堆的 bug；另外，他不爱与人合作，很多事喜欢自己单干，也不怎么来团队，经常闷在宿舍里一个人写代码。刘老师明白了：哦，原来是个"毛三快"！于是，她找王乐谈话："你的路子有点野哦！不要图快，而且一定要多来团队和别人沟通！"刘老师说王乐编程路子野，是对照当时与大公司合作的华三项目组，那边写代码的风格十分规范严谨，王乐没有经过正规训练，故而需要一定时间的磨合和调教。但就是被批得很厉害、经常被教训的王乐，居然做了一件令刘老师很意外的事。

来团队半年后的春季开学前，有人在刘玉老师家门口敲门，她隔着防盗门一看，竟然是王乐，他抱着一盆花腼腆地说："刘老师，新年快乐！"刘老师板起脸问，"你不知道 Dian 团队有章程吗？任何队员不得向老师及主管送礼，你不带东西我才会让你进来，此风不可长哦！"俗话说，伸手不打笑脸人，可刘老师硬生生将王乐赶走了。因此，很长一段时间，王乐尴尬至极，不敢正眼看刘老师。但毕业的时候，王乐在 BBS 上给刘老师留言：祝美丽的刘老师更加美丽！刘老师看了乐道："这是啥审美观啊？就我这丑老太婆还美丽？"

刘玉老师一直认为，王乐比较合适到大公司做个技术白领，或许能在大公司的氛围中磨掉单打独斗的习惯。但令刘老师意外的是，2012 年王乐创业了。而更令刘老师意外的是，Dian 团队核心层成员、139 号队员李银锦做了他的联合创始人。

李银锦的故事

李银锦 2004 年自湖北长阳一中考入华科电信系，大一就加入了 Dian 团队。加入团队一段时间后，他感觉自己在每个项目组都上不了手。于是，他在喻信星空 BBS 上给刘玉老师留言道，要退出 Dian 团队，因为跟不上项目组进度，也没办法为团队做贡献，自己感觉十分愧疚。他临走之前，还给刘老师提出了一些意见和建议，写了洋洋洒洒几千字，分析了 Dian 团队的现状，指出了团队的很多不足和乱象。刘老师刚看到时非常恼火，但最后看到他针对每一个问题都给出了很有操作性的建议，一下子顿生好感。原本 Dian 团队的本科生来去自由，但这次刘老师觉得李银锦颇具领导潜质，破天荒地写了封很长的邮件："你不仅要留，而且要留在核心层。你是个好干部的苗子，我不能放你走啊！"

李银锦大为感动，但去意已决，便回道："我连技术都做不好，哪里有资格去管理团队呢？而且最近神经衰弱导致失眠，实在不能胜任。"刘老师仔细想想，理解了他的处境：他学习成绩原本很好，想保送研究生，但现在成绩可能有点下滑，于是产生了焦虑情绪。于是，刘老师就回他道："这样吧，我给你几个特殊化：第一，不安排你进项目组，只要求你每周六的全体例会到场；第二，不安排你当干部，你就当个'秘密观察员'，做 Dian 团队的

2008年5月11日，李银锦（左2）大四重归团队后，参加项目组长培训

'第三只眼'，发现问题就提醒我。"就这样，刘老师在 BBS 上与李银锦来回沟通，极力挽留，最终打消了他退出的想法。

刘老师管这种特殊状态叫 HALT（挂起），一直到李银锦大四上学期获得保研资格后，选择回到 Dian 团队读研才算解除。刘老师张开双臂欢迎李银锦归来，他这时也开始认认真真地做项目，并连续参加了 WAPI、Netstream、DDoS、语音 Web、Capwap 共 5 个与华三通信公司合作的大项目。从跟项目、做项目，到管项目，后来不仅成为非常优秀的项目组长，而且进入了团队最高管理层——核心层。李银锦思路清晰，知道什么时候该干什么，而且口才很好，只要上台发言，总是比别人讲得清楚。他给全体队员讲述 DDoS 项目原理时，用拟人化的卡通形式来讲解，深入浅出，刘老师不禁感叹：他其实是个当教师的好苗子呢！

王李抱团创业的故事

2012 年 7 月，王乐从腾讯公司离职准备创业，恰巧李银锦当时也刚离职。两人在 Dian 团队深圳老队员聚会时，王乐得知了李银锦的近况，便把自己创业的想法告诉了李银锦。两人一拍即合，从此开始了创业之旅。他们一起开发了"TV 拍拍"手机软件，这款软件通过识别电视画面，在手机上可以获取电视节目相关信息，实现手机和电视的双屏智能互动。

2013 年初，有一天王乐和李银锦一起出门办事，在地铁里巧遇当年的小队员徐涛，才知他也到深圳了，正在 OPPO 手机公司做安卓开发。于是，他俩请徐涛帮忙兼职做了安卓版本的"TV 拍拍"软件。在此过程中，徐涛感受到了他们的创业热情，于是在同年 6 月也离职正式加入进来。在创业过程中，他们发现了另外一个机会，当时市面上缺少一款比较好用的手机看电视的软件，于是就一起开发了"云图 TV"软件。

王乐亲自编程写架构，厉兵秣马，经过半年左右的奋斗，他们的"云图 TV"APP 于 2013 年 10 月横空出世。这款软件一推出就大为火爆，下载量迅速达到 6000 万，然后节节攀升，一度过亿。2014 年，"云图 TV"便在手机 APP Store 的免费榜登顶！

得知王乐和李银锦联手创业的云图 TV 发展迅猛，按捺不住好奇心的刘玉老师便去深圳看望他们。她去云图 TV 参观的头一天晚上，与深圳分站部分队员聚餐，问道："明天我去云图 TV 参观，谁愿意和我一起去？"正在创维公司做硬件的 327 号队员熊亮立马回应愿意同去，015 号顾问唐德华也说同去。

第二天到了地方，大家才发现他们只是在深圳的城中村租了一处破破烂烂的家属楼！刘老师站在狭小的厨房门口，叹息道："咋这么艰苦呢？"王乐却毫不在意，笑着回道："就这么几个人，又不需要什么撑门面的场所，我们做的是线上业务，吃住都在这，很方便。"刘老师盯着王乐，越看越吃惊，他在团队的时候并没有任何领导经验啊！于是，她悄悄问李银锦说："王乐当头儿，你们服他么？他在 Dian 团队连组长都没当过啊！"李银锦说的话，又让刘老师吃一惊：创意是王乐提的，人也是他拉的，当然他当 CEO。当天上午参观完之后，熊亮便认为云图 TV 非常有发展潜力，但市场推广方面还不强，有适合自己的发展空间，于是很快离职也加入了云图 TV。

2014 年秋，刘玉老师再次去深圳探望，发现他们已经是兵强马壮，红红火火。Dian 团队的技术高手——116 号队员周劲松，也被王乐从阿里巴巴挖去云图 TV 担任 CTO，原来他俩毕业后曾在同一家公司工作过。王乐本人非常腼腆，但周劲松更腼腆，当年在学校 Dian 团队里几乎没有和刘老师说过话，也是那种只顾自己、单兵作战的类型。刘老师暗自在心里调侃：真是什么类型的 CEO 招什么人。

再后来，刘老师第三次去深圳，发现他们增加了手机安卓开发部，带头人是 288 号队员徐涛。徐涛在团队时曾讨厌编代码，此刻在云图 TV 却做了手机开发部的负责人，颠覆了刘老师对他的认识。刘老师非常纳闷，对此，李银锦又解释道：徐涛入职 OPPO 做安卓开发后，经过几年的磨炼，其写代码能力已经非常强，兼职帮我们的时候就立了大功呢！刘老师大为震惊：王乐确实有魅力，找的每一个人都出乎我的意料！

后来，云图 TV 拿到了深圳校友会秘书长杨华君校友的五岳资本的投资，更加策马扬鞭，迅速扩张业务。在公司业务蒸蒸日上之时，王乐却冷静地说，"不要太张扬，闷声发展即可"，好像斗志消退了似的。再后来，熊亮因为发展方向分歧而离开了，徐涛在分离的业务"A8 体育"任总经理，云图 TV 的股份也卖掉了不少，刘玉老师当时误以为王乐是"小富即安"、缺乏远大抱负。但现在回头再看，刘老师不得不感叹：王乐当时选择谨慎、低调实在太正确了，甚至可以说是洞察秋毫，有先见之明。因为任何创业公司的发展都不可能一帆风顺，面对可能遇到的陷阱或硝烟，一把手必须要有极其敏感的风险意识和超常的嗅觉。

2021 年初，王乐给刘玉老师打电话说，他已在澳洲加入了 Dian 团队的海外分站，李银锦和周劲松还在深圳继续创业中。他们都还年轻，一旦时机成熟，会不会迎来下一个"云图"时代呢？

2016年11月19日，创业兄弟在深圳合影

（左起：李序校友、王乐、周劲松、李银锦、徐涛）

编后语

　　王乐师兄说，非常感谢刘玉老师的知遇之恩，收他做学生，完全改变了他的命运轨迹。当年，跨专业报考华科热门的电信系，复试环节很难。王乐当时被几个实验室拒绝，后来只有Dian团队给了offer，是刘老师"收留"了他，此情此景至今还历历在目。毕业后，他被Dian团队其他队员的创业勇气和成功案例点燃了火花，最后义无反顾地赶上辞职创业大潮。创业路上，来来去去有很多朋友加盟，但最后一起走到底的还是Dian团队的师兄弟们。可以说，是时代和Dian团队的资源，帮助他走上了一条传奇的道路，有低谷的幽暗，有高峰的喜乐，青春无悔。

　　李银锦师兄说，当年在Dian团队中对王乐的印象，依稀只有年终茶话会上他吉他弹唱《丁香花》的样子，直到在深圳的老队员聚会上才相熟；而小队员徐涛当年在学校里也只是面熟，连话都没说过，是在深圳地铁偶遇才有了后来的兄弟之情；熊亮更是因刘玉老师带去参观后才加盟。他一度疑惑，难道真的是一个又一个的巧合，才让他们聚在一起奋斗与共？后来，他想明白了，其实是Dian团队的终身编号让他们血脉相连！

郭启睿：Dian团队"创业第一人"

执笔人：周耀海

郭启睿，男，湖北武汉人，Dian团队134号队员。2002年，从湖北省武昌实验中学考入华中科技大学电信系。他是Dian团队Flash顶尖高手，是集热情和谦虚为一体的"牛人"，在校期间他的IDawflasher就广为人知。毕业后，郭启睿在2009年即创办磁聚乐科技，之后连续创办品致幻享公司等。他是Dian团队当之无愧的"创业第一人"。

华科"Flash第一人"

2021年1月15日，郭启睿在微博上发布了一条动态："作为老一辈actionscript码农，（看到Flash的消亡）竟然有些伤感。"这条动态，不由让我们回忆起近20年前那个华科著名的Flash高手。

郭启睿大二时的数据结构课程由刘玉老师讲授，当时他是冰岩作坊的技术骨干，固然技术水平超群，却无暇顾及学业，最终导致数据结构课程考试挂科。在他找到刘老师请求补考时，刘玉发现他竟是自己大学同学的儿子，并且眼前这位"差生"还是华科"鼠绘第一人""Flash第一人"，不由对他刮目相看。大四下学期，刘老师邀请郭启睿进入Dian团队做毕业设计，没想到刚刚进入团队的郭启睿便立下了一个大功。彼时，Dian团队正好承接了广东科技馆的两个大项目，其中需要用到Flash开发。可是，团队内部能熟练运用Flash的队员寥寥无

2006年6月，郭启睿在Dian团队的Flash技术讲座上

几，于是刘老师安排郭启睿给 Dian 团队队员举办了一次 Flash 培训讲座。他竟然仅仅用 3 个小时便让所有参会队员都掌握了 Flash，然后他"手起刀落"将大项目的需求分解为多个子任务，让所有队员在会后自行开发，最终成功整合。没想到，这个令人头痛的 Flash 难题竟然被一个初来团队的成员轻松地解决了！后来，这场 Flash 培训讲座被记录在 Dian 团队 2006 年年鉴的"团队风采"专栏。之后，郭启睿在"捕捉文字虫"项目组中担任技术骨干，用 Flash 技术迅速做出交互原型向广东科技馆代表演示，受到高度肯定，为项目的完成立下汗马功劳。

我和Dian团队

大学毕业之际，郭启睿给刘玉老师留下了一份特殊的教师节礼物，那就是洋洋洒洒数千字的回忆录《我和 Dian 团队》，表达他对 Dian 团队的眷恋与推崇：

在学生团队中，Dian 团队的组织结构是十分先进的。根据能力与责任心，团队成员人数不一地分布于核心层到边缘层。一个有才华或者足够努力的成员，完全可能通过努力进入"核心层"；而一个不思进取、屡犯错误的成员，则会毫不留情地被边缘化，直到其自身再次努力。这种模式在普通的团队中也许显得不近人情或者难以执行，然而 Dian 团队却将奖惩制度执行得非常好。这是一个以作风著称的纯技术性团队最大的竞争力。尤其是进行严厉惩罚的执行力，是 Dian 团队能够一直进步的重要原因之一，也是 Dian 团队和普通学生所组团队最大的不同。

我在团队中短短的几个月时间，就亲见团队内部对两名犯错误的队员做了公开的严肃处理。其力度还是非常大的，不过刘老师也能做到让被处理的队员心服口服，返回预备队再努力回归一线。这一点是我最欣赏的。作为技术性团队，闭门造车及自欺欺人都是非常可怕的"死亡预兆"。我之前所在的团队，均没有如此之执行力。

Dian 团队有着本科生中最优秀（不仅仅是能力上）的"黄金阵容"，而且在不失学生团队灵活性的基础上，保留了极具凝聚力的团队组织纪律观念。尤其是在项目利益冲突时，Dian 团队有非常好（透明）的处理方式。Dian 团队虽然没有专业的财务，但从没在"财务"上有什么含糊。团队及项目组都有属于自己的经费支配权，当然，还有透明的经费处理流程。在 Dian 团队做项目，可以清楚地知道项目经费开销。团队也设置了 CFO、项目组长等岗位，各项目组的经费都交由人品绝对过关的组长来控制。

在项目开发上，就我所在的小组看，觉得项目管理还是比较正规的。我的项目组组长是刘明学姐，不愧是华工的 C++ 女高手。系统级的模块设计与整合都是她完成的，此外，她也参与了图像识别、视频流获取等核心模块的开发与算法研究。我起初并不习惯这种"正规作战"的模式，因为长期以来我都是"打野战"，再加上一直都在做 Web 相关的项目，说得好听是灵活，但灵活过度就是松散、低效了。在 Dian 团队做项目，每周都要提交周报和输出文档，起初我十分不习惯，但项目真正跑起来之后才发现这些工作的重要性。

初创之艰辛

毕业后，郭启睿来到北京，加入一家媒体公司——北京微视网。没过多久，他就盯上了人人网小游戏这块蓝海，他将自己的目标定位在游戏人物设计上。说干就干，他毅然辞职，只身创业。在他三尺见方的家里，在凌乱的电脑桌上，他开始了自己的第一次创业。刘玉老师到北京，看着这个只有郭启睿一人全职外加两个兼职的迷你型公司，真是既担心又疑惑。但令人意外的是，他成功了。

郭启睿将自己的创业内容定位为一款英文版网游，客户是俄罗斯、巴西、德国、波兰、荷兰、泰国等国的白领。刘老师无比好奇地询问，为何不把目标用户放在欧美，他无比自信地解释："开发游戏的目的是能留住客户，让客户上瘾，我咨询过心理学家，巴西人容易迟到，不像咱们亚洲人时间观念强，容易在游戏中沉浸。"谈及此，刘老师夸赞到，一直以来她都认为郭启睿情商很高，他将自己的高情商应用于企业发展和战略规划，无疑是为企业插上了腾飞的翅膀。

发展之成绩

刘玉老师后来再次到北京看望郭启睿的时候，欣喜地看到他的新办公环境，也看到他的队伍渐成体系。凭借着从海外发行公司手中挣来的钱，他们已经成功"鸟枪换炮"，从一个小小的出租屋搬到一个上下错层的办公室。他白天和同事在楼下客厅办公，晚上就在楼上房间休息。除了技术、策划、美术等十几人的团队，公司还请了一位阿姨帮忙做饭。更让人惊讶的是，他甚至请来了当年在 Dian 团队的师父杜欢（045 号队员）和他的徒弟徐飞（150 号队员）。杜欢曾担任 Dian 团队第二任总教练，在团队期间领导过 6 个项目，毕业后入职微软，这是何等身价！徐飞则是郭启睿在广东科技馆"捕捉文字虫"项目中的师弟，后来担任该项目验收组长，与杜欢都是技术、人品"双一流"。师徒三人抱团创业，郭启睿任 CEO，杜欢任 CTO，公司逐渐走上正轨，欣欣向荣。

2014年7月25日，刘玉到北京常营探望抱团创业的4位老队员

（左起：徐飞、杜欢、刘玉老师、郭启睿、谭杰）

挫折之体会

公司继续发展壮大后，又搬到北京一个大厦立下脚跟，他们快速招兵买马，一口气扩招到 70 余人，而且人均月薪两万元，由此可见当时公司核心层的野心。刘玉老师第三次来公司时便被这支庞大的队伍及其场地惊讶得合不拢嘴，当即决定把次日 Dian 团队北京分站的座谈会安排于此，郭启睿马上表示非常欢迎和荣幸。但是，就在这次会议上，刘老师嗅到了一种失败的气息，并且为公司的发展感到忧心忡忡。

在座谈会现场，桌椅杂乱，空调和电扇也没人提前预备，闷热的空气让现场所有人（包括 4 位在北京的 Dian 团队顾问）都汗流浃背、暗自摇头。郭启睿本人也因为有事未能及时到场。座谈会即将开始，刘玉不得不亲自动手整理公司电脑桌上的杂物，却被在场的 CTO 杜欢焦急阻止："这是员工的私人物品，我们不能清理，不然会损害员工的权利。"他还要求北京分站站长向他们的员工赔礼道歉，这令刘玉万分不解。如果一家公司的一把手不守承诺，二把手又没有管理权威，老板如此惧怕员工，那怎么能够生存呢？

果不其然，在辛辛苦苦创业 5 年后，因为公司对核心业务游戏（一款回合制卡牌游戏）过于在意用户留存指标，而没有关注用户循环数据，导致游戏迟迟没有发布，最后一款制作精良的卡牌游戏无奈前功尽弃。实际上，评价一款卡牌游戏不能仅看用户留存率，否则会让一款实际体验感很好的卡牌游戏错失机会。只可惜，公司和合作发行伙伴都过于纠结游戏本身的用户留存率，而此时市场已逐渐被友商开发殆尽，公司面临倒闭解散的下场，杜欢和徐飞这两位良师益友也先后离职，曾经的"锵锵三人行"如今只剩孤影。事后，郭启睿反思自己在巴西网游的经历只是走运，而非完全是自己能力使然。第二次创业受阻，主要是因为将注意力过于集中在产品研发上，没有意识到国内外游戏市场已经变成了产品研发运营和市场等精细化分工的工业模式。当时，公司核心层过于将注意力集中在上游，忽视了发行、渠道、宣传等一系列环节。另外，他们没有找最合适的合作伙伴，而是选择了一家虽然刚在纳斯达克上市但发展重心并不在娱乐的互联网公司，最终错失良机。

后来，其他创始人都选择了离开，郭启睿却依然坚持了好几年，做了好几个项目都不见起色之后才关闭了公司。解散公司之后，郭启睿加盟了前投资人的公司一起创业。十分期待 Dian 团队"创业第一人"再次为我们带来惊喜！

> ✒ 编后语
>
> 　　郭启睿学长的创业可谓是一波三折，既经历了成功时的一帆风顺，也品尝过受挫时的万般坎坷。郭学长的经历，给我最大的启发就是：创业不仅要有高技术，还要有高情商，要实时把握市场动态，揣摩用户心理，只有这样才能打磨出爆款产品。与此同时，我也意识到能力越强应当越谦逊的道理，这也告诫我要端正学习态度，向更高更远大的目标前进。

黄帆：青年创业家

| 执笔人：高培立

黄帆，男，湖北武汉人，Dian团队172号队员。2005年从华中师范大学第一附属中学考入华中科技大学光电系，大一就加入了Dian团队的量子通信理论组。本科毕业后，赴法国巴黎十一大学（现巴黎萨克雷大学）留学，在法国国立科学实验室开发了多项通信交互技术，并获得欧洲空中客车公司的博士奖学金。博士毕业后，黄帆回国到苏州创业，主攻光学成像，创立了好几家高科技公司，并研发了一系列高新技术，成为国内激光应用领域的专家。2020年，黄帆获评国家级人才计划。

心思单纯，想法出众，留学法国

黄帆初入大学，就与 Dian 团队结缘。来自光电系的他，虽然不是编程高手，但充满了好奇心，时常会提些"怪"问题，于是就被分配到量子通信理论组。在项目组里，他个子最高，心思也最单纯，说话语调更是稚嫩得像个中学生。因此，他一直被大家当作"小弟"看，直到本科毕业都没当过量子组的组长。但他特别热爱 Dian 团队这个大家庭，不仅各种文体活动都能看到他极为活跃的身影，就连自己过生日也会买个硕大的蛋糕带到团队与大家共享。

黄帆非常积极，想法也特别多，但可惜总看不到结果。往往是一篇论文写了一半，然后新的想法冒出来了，他又去写新的论文，因此直到毕业都没有发表过一篇论文。看到 148 号队员李玥、260 号队员张彬彬等队员的"高产"，黄帆的心理压力其实非常大，但他表面上总是没心没肺的样子。若干年后，刘玉老师才明白，那其实就是创业者必备的素质——"自尊心为零，自信心无限"。

2009 年，黄帆本科毕业前特意找刘老师咨询何去何从，刘老师总觉得黄帆还活在浪漫主义的色彩里，感觉没办法给他"画像"，只能反问他想干什么，没想到黄帆说打算去法国。理由是，当时他就读的光电系有个"中法合作班"，毕业后可以去合作大学——法国巴黎十一大学（现巴黎萨克雷大学）攻读博士学位。刘玉老师在心里犯嘀咕，这次会不会又是"猴子掰苞谷"，对困难缺乏足够认识呢？没想到，黄帆这次真的做到了。当他兴冲冲地跑来报喜时，刘老师终于松了口气，这孩子可算长大了。

2007年5月24日，"寿星"黄帆切蛋糕

2010年出国之前，黄帆还热心介绍他的"妹夫"、上海世博会挪威馆的设计师和承建师穆威来 Dian 团队做分享。那次讲座，可以用"大放异彩"来形容，对全体队员的创新意识、商业意识和浪漫情怀都有极大的启发。6年后，刘玉老师偶遇穆威，竟然还记得这位"黄帆的妹夫"，认为他所做的创新之事是很好的创业题材。于是，穆威真的到刘玉老师的"创业相亲会"进行创业项目路演，也真的拿到了刘玉老师的"红娘基金"种子轮投资。追根溯源，其实黄帆才是这个项目真正的"红娘"啊。

在法国学习期间，黄帆成绩优异，在法国国立科学实验室开发了多项通信交互技术，并且获得了欧洲空中客车公司的博士奖学金。可是，光鲜成绩的背后，他到底付出了多少汗水和心血，不言而喻。令刘玉老师最感动的是，远在异国他乡的黄帆，每年除夕晚上八点一定会给刘玉老师打来拜年电话；每年教师节当天，他也会打来电话问候老师节日快乐。刘老师非常心疼黄帆的越洋电话费，每次和黄帆通话时都不敢和他唠嗑太多。放下电话后，刘老师在心里不停地感叹：这孩子真有一颗实诚的感恩之心哪！

学成归国，创业成功，落户苏州

2015年，28岁的黄帆在法国巴黎萨克雷大学即将博士毕业。彼时的他，正处于人生选择的岔路口，是回到中国还是留在法国？正当黄帆难以抉择时，苏州市政府举办了"赢在苏州"全法创新创业大赛，黄帆带着他攻读博士学位期间的研究成果"激光探照技术"参赛，没想到竟荣获了唯一的一等奖。于是，借着这次机缘巧合，黄帆决定回国并落户苏州，开始他的创业之路。

2015年底，黄帆打电话向刘老师汇报，自己已经从法国学成归来，并创立了超视界激光科技（苏州）有限公司。刘老师惊得"下巴都快掉了下来"，因为黄帆在学校时连量子通信组的组长都没当过。刘老师原以为黄帆并不具备创业基因，而如今他居然成了创业公司的一把手，真是又惊又喜。刘老师得知黄帆的公司做的是高科技业务"激光照明"后，便开始连环追问：公司的撒手锏是什么？护城河是什么？核心竞争力又是什么？黄帆回答说，耗电功率小，照明距离远，同时，成本控制得也很低。刘老师非常好奇，很想亲眼一睹高科技激光灯的"庐山真面目"，黄帆允诺下次回武汉就带给刘老师看看。

没过多久，黄帆真的拎着旅行包来武汉了。傍晚时分，在启明学院Dian团队的703会议室，黄帆打开旅行包，拿出一个轻飘飘的长方形盒子，把电源一打开，一束又亮又直的灯光射向了远处的楼宇，将那边的建筑物照得一清二楚。这时，刘老师才对功率小、距离远有了切身体会，赞叹之余，对黄帆的科技创业含金量心里有底了。刘老师热切邀请他上自己的"创业相亲会"路演，但黄帆摇头说，他现在是被资本追着投，资金充足得很。

刘老师问黄帆为啥要落户苏州，而不是北京、上海，也不是深圳、武汉。黄帆说，苏州政府给的条件特别优惠，不仅"赢在苏州"全法创新创业大赛路演一等奖就给了500万元的奖金和启动资金，而且苏州政府大力支持高端人才落户苏州，提供了优厚的安家政策，同时还有其他服务政策支持。黄帆受到苏州政府的扶持后，又从法国动员了5个博士朋友回国联手创业，而且这几个海归博士也全都得到了苏州政府的创业和安家政策支持。这些支持，对黄帆公司的成长有巨大的帮助，后来，他在接受《新华日报》采访时提到："我们很感激政府的资金帮助，当时我就想，要对得起国家给的这份信任，在科研领域一直深耕下去。"

刘玉老师还有一个谜团未解，她问黄帆："为什么你能有这么强的号召力？当年在Dian团队可没看出来呀？"黄帆笑了笑说："我也不知道，但他们就是很认可我，觉得我有一种与生俱来的亲和力。"刘老师疑惑地问："亲和力难道是一个优点吗？创业公司不是更需要霸道总裁吗？"黄帆回答说："这些年经历了非常多的事情，唯有值得信任的人，才能合作去完成更大的事业。"黄帆揭开了谜底，刘老师满意地点了点头。

然而，更让刘玉老师出乎意料的是，黄帆后来还接二连三地成立了不同的公司，现在已经是两家公司的CEO，估值过亿美元。2020年，黄帆荣登国家级人才计划。谈到这里，刘老师感慨地说道："以后我可不能轻易给在校学生'算命'了，他们以后的发展可能会远远超出我的想象力！"

荣誉满载，扎根科研，为国贡献

2015年回国以后，黄帆带领创业团队一直从事激光产业化工作。他们一直保持高压工作模式，扎根科研第一线。功夫不负有心人，黄帆所在团队开发的压缩感知成像设备，性能达到世界领先水平。从白手起家到百项专利申请，公司慢慢步入正轨，黄帆本人也满载荣誉，荣获第16届"江苏青年五四奖章"称号，也获评了从省级、市级到国家级的各级人才工程，还被多家知名大学聘为正高职称……

特别值得一提的是，黄帆团队研发出的国内首款激光汽车大灯，实现了激光大灯的率先国产产业化，并使其价格下降了90%以上。当时，汽车上的一套激光大灯的价格大概是9万元，而黄帆团队开发出的激光大灯只需要 5000 元左右，并且可以马上拿到现货。黄帆团队研发出的产品，性能好、价格优惠，一经推出，便引起业内高度关注。黄帆团队通过算法优化的激光成像系统，可以实现 500 米以上的物体测距及成像功能；而这套设备能在水下实现数倍人眼视距的成像，现已遍布苏州水产技术推广站的各级养殖田；利用压缩感知成像精细化养鱼，极大地减少了生产过程中的粪便和饲料残渣污染，既取得了丰硕的经济效益，也实现了

黄帆在蛟视科技公司与同事一起研究新产品

巨大的环保价值，还能降低人力投入。2021 年 9 月，这项技术在《新闻联播》及央视的财经、新闻、农业和科技多个频道中进行了全方位的宣传。

虽然已是荣誉满载，但黄帆总是谦虚地说："现在离成功还很远，只是奋斗过程中收到了一点奖励而已。希望未来某一天，我们的研发成果能成为改变国家或世界面貌的力量。"

编后语

　　刘玉老师还跟笔者分享了一件事。2018 年，黄帆得知刘玉老师退休后又去当了为创投双方公益对接的"创业红娘"，于是热情邀请她去苏州举办"创业相亲会"。在他的积极撮合下，当年 10 月 27 日，刘老师真的带着 11 个全国各地的创业项目去苏州举办了专场红娘会并进行路演。头天彩排时，刘老师发现会场没有 LED 大屏，黄帆二话不说就自掏腰包花费万元租赁大屏，并连夜安装，保证了次日正式路演的效果。他又出力，又出钱，令刘老师十分过意不去，一直感动至今。

　　黄帆师兄的求学、创业经历十分辉煌，取得的荣誉和成就众多，但他始终保持初心，坚守科研一线。这种精神和境界，令人肃然起敬！黄帆师兄接受《新华日报》采访时说："作为一名青年党员，我想要为国家解决'卡脖子'工程，不断奋斗在自己擅长的领域中，拿出真正有用的东西回报党和国家。"这是黄帆最大的愿望，他希望在自己擅长的领域为党和国家做出更大的贡献。

张良伦：贝贝集团创始人

|执笔人：李韵

张良伦，男，四川犍为人，Dian团队201号队员。2003年从四川省犍为第一中学考入吉林大学电信专业，2007年被保送到华中科技大学电信系攻读硕士，师从刘玉教授，并加入Dian团队。毕业后入职阿里巴巴担任产品经理，2011年从工作了两年的阿里巴巴辞职创业，先后创办贝贝网、贝店等，现为贝贝集团创始人兼董事长，兼任APEC中国工商理事会青年企业家委员会委员。2013年，入选福布斯"中国30位30岁以下创业者"、《创业家》"中国35位35岁以下创业精英"、改革开放40周年"创新浙商"等荣誉称号。

机缘巧合，压线进Dian团队

说起张良伦和Dian团队的故事，颇有些机缘巧合。

张良伦本科就读于吉林大学，在本科期间就展露了与众不同的商业天赋：当周围同学还在为了分数而奋笔疾书的时候，张良伦就已通过销售电子产品、帮别人开发网站等斩获了人生第一桶金。

虽然进大学没两年就成了"万元户"，但张良伦很快冷静下来，他意识到，将来如果要创业成功，就需要拥有难以被抄袭的核心竞争力——技术。于是，带着对互联网技术的强烈追求，张良伦保研时放弃了中科大，而是选报了远在武汉的华中科技大学电信系。但他以前没有技术积累，面试时编程题不会做，语速奇快且夹杂着四川口音，Dian团队的干部评委都听不清他在说什么，刘玉老师也不禁叹气。但她注意到，这个学生虽然吐词不清，但表达时逻辑性还蛮强。再说自己名下的招研指标还剩一个，不能浪费。于是，张良伦就这样幸运地走进了Dian团队。

张良伦在大四下学期就提前来到武汉，他渴望学习互联网技术，于是申请加入Web组。

但刘玉老师劝他说，Web组里并没有企业级项目，是Dian团队对外宣传的事务组，研究生去了不仅屈才，日后还很难撰写硕士论文。张良伦内心失落，但出于责任心，还是服从分配进了华三通信公司"SIP主叫号码隐藏"项目组，并跟随组长李勇（129号队员）、组员杨超（140号队员）和史云志（199号队员）一起去北京做项目。他们四人团结一心，不仅提前一个月结题，而且代码缺陷率为零！紧接着，张良伦又被派到第二个华三项目"WAPI协议实现"，并先后担任其中CFG和Key的小组长，项目后期的结题文档也是由他执笔。不到一年的时间，张良伦从跟项目、做项目到管项目，进步速度惊人，得到了战友们的高度信任。

充满自信的张良伦，回到学校后已是冬天，此时有个大型项目NAS组正在年终冲关，极其缺人，导师组便把他调入这个组支援。实验室只有后面的角落还剩一个机位，刚坐下来，分管技术的钟国辉老师就给张良伦布置了一个任务。张良伦花了整整一周来熟悉Linux操作系统，写了1000多行代码来实现邮件收发功能。他本以为这辛辛苦苦的成果能得到老师的认可，可他将程序提交后收到的却是负面评价："邮件收发只需要写十几行代码调用就行了，你为何要写1000多行啊？"

听罢老师的点评，张良伦这才明白，原来接受任务时他理解错了需求，以为要自己从头搭建一个系统。脸红耳赤的他走回自己机位时，小声嘟囔着："代码再多余那也是我自己动手写出来的，反正我学到东西了！"可巧，这句话被刘玉教授听到了，她认为张良伦肯吃苦、求上进，心里默默给他加了分。

出任组长，能力格局提升

2008年春节后，华三通信公司有个新项目交给Dian团队，可是几位能力强的骨干队员都已经担任不同项目的组长了。正当导师组发愁的时候，一位优秀的项目组组长、140号队员杨超推荐由张良伦接任。他比张良伦早一年读研，曾经带过张良伦做项目。刘玉老师疑惑地问："张良伦加入Dian团队还不到一年，他当组长的话，能镇得住人吗？"杨超打包票说，尽管张良伦此前没当过项目负责人，但已经熟悉项目管理流程，而且他的沟通能力很强，若当组长定能调动组员积极性，士气很重要呢。有了杨超的"背书"，张良伦当上了华三POSA项目组长。他到底干得怎么样呢？请看他2008年的年终小结：

一年光阴，转眼离去。Dian团队的一年，我研究生生活的二分之一。感谢Dian团队，在时间流逝的同时，给予了我历练和成长。

细数这年，如果要列出我的大事件，那第一大事就是POSA项目了。感谢Dian团队与刘老师、钟老师给予的机会，让我有幸能以项目组长的身份参与POSA项目。POSA项目历时8个月，占据了我去年光阴的绝大部分，其间既有一帆风顺也有些许挫折，不过还好，总算顺利地走了过来。

整个项目过程走下来，积累了很多，也成长了很多，一一总结如下。

一、友谊的积累

POSA 项目在高峰时期的组员数达到了 15 人，是一个不折不扣的大家庭。在这 8 个月的项目过程中，人来人往，聚散离合，我们都学会了以一颗平常心去面对陌生和熟悉的面孔，以一颗包容的心尊重每一个人的来往选择。长时间的共事和相处，使我们建立了相互的真诚与信任，"把项目做好" 是我们的共同目标，而 "快乐且有责任感地工作" 则是我们的共同追求。

二、管理能力的提升

随着项目组长这个职位而来的，是一些促使我去思考和解决的问题。如何去计划一项工作，并有效地去执行这个计划？如何人尽其用，并充分考虑每个组员的感受？如何控制好项目进度与质量，并让大家更轻松快乐地工作？什么是项目组文化？如何构建一个良好的项目组文化？每个问题的思考和尝试，都带来我个人管理能力莫大的提升。

三、技术水平的进步

作为项目组长，我的目光，从局部问题的解决，逐渐转移到项目核心和薄弱模块的监督把关，以及项目整体技术的提升。正是这样的转变，开拓了我的全局视野，提升了我的技术领悟力。

四、更加活跃的思考和尝试

项目组长的重任，促使我更加主动地思考一些问题，更加主动地提出自己的见解，更加主动地尝试一些新的想法。

过去的一年忙碌但充实，它给了我继续前行的底气和动力。我将不断尝试，继续努力，就像我的 ID 一样，永远 keep try 是我的坐标与自省。

值得一提的是，在张良伦的精心管理下，POSA 项目质量优异，获得了华三公司第三季度超量级软件项目第一名，Dian 团队后续项目再没超越此殊荣。

团建活动，初显领袖气质

春游／秋游是 Dian 团队的特色活动，既可以缓和队员平日紧张的学习氛围，也可以促进组员之间的友好互动。为了让队员们全面发展，春游活动的筹划和实施都是由各项目组轮流来承办。

2009 年 3 月，春暖花开之际，轮到张良伦再次担任组长的语音 web 组来承办 Dian 团队的春游活动。这个组 2 月份才组建，人数很少，而他们选的地点又是九峰山森林动物园，团队核心层隐隐有些担心：几个人要组织百人团队的野外大活动，会不会搞砸？

但是，出乎所有人的意料，张良伦在这件事儿上办得十分妥当。他首先写出了一份十分周详的计划安排表，将当天各项活动的大致时间、内容、具体地点等都写得清清楚楚，并发给每位参加者；其次，他给自己所有组员都配发了红帽子和红袖章，创新性地引入了"春游志愿者"角色。他手持喇叭告诉刚下大巴车的众人，在春游时如果遇到任何问题，请找辨识度极高的"小红帽"和"红袖章"就好，顿时就让所有人都吃了定心丸。刘勃老师悄悄对刘玉老师说："你看这个张良伦，组织能力真强，将来一定是个帅才！"

2009年3月7日，张良伦小组设计的春游特色项目"摸鱼大赛"

笔者在 Dian 团队史料库里还找到一张特别有趣的照片，是那次春游中，张良伦小组设计的特色项目"摸鱼"，谁也不会想到，10 年后"摸鱼"一词已经成为年轻一代时髦的口头禅了。

毕业之际，电商才华尽显

时间过得很快，眨眼间就到了要写硕士论文的时候了。

刘玉教授对弟子的要求特别严格，除了数万字的毕业论文，研究生还必须在公开杂志上发表一篇学术小论文才行，否则不安排硕士论文答辩。当她看到张良伦勉强提交的学术小论文初稿时，大失所望，叹气道："你这稿子稀烂稀烂的，我连改都无从下手啊。"对此，张良伦也十分无奈："刘老师，我确实写不好通信技术的内容。如果一定要发表一篇小论文，我可否写电子商务的内容？"

刘老师虽然无奈，但考虑到制定规则主要是为了培养弟子们的概括提炼能力，再说电子商务也算与通信专业沾边，于是点头同意。没想到，张良伦后来交上来的电子商务论文十分精彩，无论形式还是内容，竟完美到了"可疑"的地步！她心中不禁打鼓，追问张良伦是否确属原创，又找同届其他队员了解，大家都为张良伦"背书"，说他每天都坚持在自己的博客上撰写电子商务方面的文章，有不少独到见解。这下刘老师才恍然大悟，怪不得能写出如此优秀的论文呢。果真，那篇论文很快就被公开发行的刊物录用了。

对电子商务钻研透彻的张良伦，毕业前求职首选阿里巴巴，当然也毫无悬念地被阿里录用了。阿里集团组织已签约的在校生提前去杭州做岗前培训时，张良伦还在北京做华三项目的系统测试，尽管他足足晚了一周才赶到杭州参训，可在最终的考核中，他居然同时拿到了

2013年，荣登福布斯创业新锐榜的张良伦
"标准照"

"优秀组长"和"优秀学员"的称号。回到 Dian 团队后，他在周末例会上讲述了自己如何在短短两周内由"迟到者"变为"领头羊"的详细过程，大家都十分钦佩他的拼搏精神和领导智慧。

入职阿里后，张良伦迅速展现出了自己敏锐的观察力和杰出的领导力，短短两年时间就成长为阿里巴巴的高级产品经理。他还提出了一个特别有影响力的改革方案，建议阿里旺铺免费，让普通会员不花钱也可以免费开通。这个方案一提出，遭到了付费部门的反对。张良伦没有因此退缩，反而积极说服公司高层，最终公司通过了该方案。此举增加了会员的活跃度，并取得了不错的营收效果。

2011 年，在阿里待了两年的张良伦决定开始创业，他当年所在项目组的战友、210 号队员柯尊尧迅速加盟，他们通过返利网站"米折网"获得了创业的第一桶金。3 年后，他们又选择了母婴电商的新赛道，成立了"贝贝网"，连续获得了多家知名投资机构的接力投资，短短 9 个月便一飞冲天，成为全国知名的"独角兽"。有了充足的"弹药"，他们便开始招兵买马，先后将赵文路、徐裕键、周亮、谢健芬、危浩、黄玲玲、陆遥、霍仟、龚小聪等 17 名 Dian 团队队员"挖"到贝贝网并委以要职。后来，又新增"贝店""希美"等子公司，形成了规模庞大的贝贝集团，员工数量突破 1000 人。2013 年，张良伦被推选为福布斯"中国 30 位 30 岁以下创业者"，是华中科技大学首位登榜的年轻校友。

 编后语

能有幸执笔撰写张良伦学长创业的故事，于我而言是一种荣幸，也给了我一个深入了解创业的切入点。

张良伦学长在创投圈获得了广泛的知名度，看起来光鲜，却离不开他背后所经历的挫折和痛苦。所有这些历练，让他不断成长，让他变得越来越好。

或许，有人认为，创业往往意味着巨额的财富。但张良伦学长的创业故事告诉我们，创业这件事儿，其实意味着"责任"。

你有了一个想法，拉了一帮认可你的人，然后整合周围的资源，来帮助你实现这个想法，这并不是件一劳永逸的事儿，而是要持续投入。其间，你会遇到各种各样的问题，要承担各种各样的后果，这就是创业之责任所在。

柯尊尧：Dian团队的首任队长

| 执笔人：周瑞松

柯尊尧，男，湖北阳新人，Dian团队210号队员。2005年从湖北省黄石市第二中学考入华中科技大学电信系，2007年大三时加入Dian团队与种子班，后留校攻读硕士，并师从刘玉教授。他是Dian团队第一任队长，担任过DHCPv6和SIP Trunk等项目组的组长，2009年与50名队员一起受到时任中共中央政治局委员、国务委员刘延东的接见。硕士研究生毕业后，他加入杭州米折网（现贝贝集团），并担任联合创始人兼COO（运营总监）。2017年入选福布斯"中国30位30岁以下精英榜"，2020年底创办杭州星云数字科技有限公司并担任CEO。

与Dian团队"相逢"

柯尊尧与Dian团队的结缘，要从三次"偶然"的重合说起。2007年，时任电信系学生会副主席的柯尊尧，偶然在小红帽义务维修现场目睹了Dian团队技术牛人的风采，令他心动不已，最后却因其他公干错过了面试机会。柯尊尧不甘心，直接联系刘玉老师进行解释，终于争取到"补面"机会。面试那天，提前到场的他被安排给刘玉老师亲自面试。此时的柯尊尧即将读完大二，刘老师问他本科毕业后准备去向何处，柯尊尧说想继续读研，但成绩处于保研边缘，并没把握。于是，刘老师很严肃地对他说：如果你加入Dian团队，那就意味着从此会投入大量时间到真实项目中，动手能力将会提高，但自习时间明显会变少，考试成绩很可能会下降，这样距离保研的目标可能会更远；解决这个矛盾的办法，就是大学最后两年转入Dian团队的"黄埔军校"——种子班，因为种子班的考核不以背记公式、定理为主，而是重点考评动手能力和解决陌生问题的方法；但这对你而言仍有风险，因为我从你的简历上没看到有技术实践经历，不如这样吧，我给你两个小时，你打电话征求父母意见，仔细商议之后再回复我。

没想到，只过了半小时，柯尊尧就再次推门进来，坚定地说：我决定加入种子班！刘老师问：你父母什么意见？柯尊尧答道：我父亲从我15岁开始就立下一条原则，以后他外出旅游绝不带我，我若想去就自己挣钱或想办法，父亲一直鼓励我学会自主和独立，所以他听说此事后就让我自己做决定；我纠结过后，最终还是决定遵从自己的内心，不甘心每天平平淡淡地上课、自习、复习、考试，这不是我想要的大学生活。于是，柯尊尧就这样加入了Dian团队和种子班。

2007年9月新学期伊始，刘老师突然发现，因为自己的疏忽，首届种子班在东五楼的固定教室已被学校安排了其他课程，柯尊尧他们第二届种子班没地方上课了！她急得大清早坐在管房校领导所在办公楼前的台阶上直抹眼泪，万般无奈之际，她想起Dian团队所在的东七基地顶楼有一间"别人的"会议室，因地面破损、没有空调而闲置，于是，她决定将这个热得像蒸笼似的会议室改造成第二届种子班的教室。随后，刘老师请老队员火速到广埠屯电脑城采购了20套桌椅的零部件回来，并收集了全团队所有的钳子、起子、剪刀等工具。

第二届种子班的第一课，就是自己动手安装桌椅，组建专用教室。柯尊尧被指定为班长，担起"重建家园"的重任。除了安装桌椅，还要管房间线路布局、搜集"破烂"、搬运仪器设备等，所有的事情一股脑堆在了柯尊尧身上。但他丝毫没有动摇自己的选择，身先士卒，很快便获得全班同学的认可。

十多年后，刘玉老师回忆起此事，询问该班一位同学当时是否觉得憋屈，那位同学说：恰恰相反，开学第一课如此特殊，像极了延安的"抗大"，极有意义，永生难忘。

与Dian团队"相知"

DSP组是柯尊尧加入的第一个项目组，虽然是中途加入，属于"跟项目"阶段，但也培养了他快速学习、现学现用的能力。他与战友们顶着武汉的烈日，背着沉重的实验器材，拖着疲惫的身体穿梭在校园和民营企业之间，不仅学到了知识，也加深了对团队"干中学"模式的理解。之后，华三通信公司给团队的POSA项目，柯尊尧便完整参与其中，进入了"做项目"阶段。再到后来的DHCPv6项目，柯尊尧在后期还担任了组长职务，进入"管项目"的阶段。对于项目组发生的每一件事、每一幕，他都牢记于心。他带领全体组员不懈努力，DHCPv6项目不仅按时结题，还荣登华三公司最佳项目排行榜。

"领航"Dian团队

2009年，柯尊尧顺利获得保研资格，留在Dian团队读研。在北京新华社任职的009号顾问何君臣当面给刘玉老师提意见：你们导师组三个人直接管理百名学生队员，过于扁平化，结构极不合理；你见过一个学生班没有班长、没有学习委员么？一个百人团队怎么能没有队长呢？刘老师解释，只设核心层不设队长，是担心很难挑出一个品行优异、技术高超的学生让所有人信服，何顾问立即反驳：你应该放手让大家海选一个同学来当队长，他们自己选的自然会服从管理。刘老师是一个行动力很强的人，从北京回来后的第一次例会就选队长。柯尊尧由于之前优秀的项目能力和管理能力，高票当选 Dian 团队首任队长。散会后，柯尊尧陪刘老师走出东九楼，刘老师忽然站住对他说："从今以后，咱俩就不仅是师生关系，而且是战友关系了，要一起建设 Dian 团队！"这番话，令柯尊尧无比激动、热血沸腾，而且一直影响至今。

队长的责任究竟有多大？柯尊尧并不知道。只记得他刚当队长不久就被刘玉老师责骂，因为刘老师深夜给他打电话时其手机是关机状态，第二天也没有主动联系刘老师。刘老师批评他说：你是百人团队的队长，手机必须 24 小时开机，即使因故漏接了，也要尽快补回电话；万一有队员半夜生病或外出有突发事件，第一个联系人就是你，你不回应会是什么后果？柯尊尧这才意识到队长这一职位的责任，此后，柯尊尧的手机就再也没关过机，而且养成了来电速接、尽量秒回的习惯，当十年后他已成了千人企业的联合创始人时也还是这样。在柯尊尧担任队长的这一年里，Dian 团队发生了几件大事。通过处理这些事务，柯尊尧在团队管理上积累了与众不同的经验。

2009 年 4 月，国务委员刘延东在人民日报社上报的 Dian 团队内参材料上做了重要批示："将科研、教学、团队合作与创新人才培养相结合，是一种有益的探索。"同年 11 月 20 日，刘延东正好来华科视察。这是一个十分难得的机会，刘玉老师向队委会提了几个要求：一是要拍一张中央领导与 Dian 团队师生的大合影；二是要把领导批示打印出来，让刘延东签字确认（原件存放于国务院办公厅）。柯尊尧很聪明，他找 307 号队员刘亘和 339 号队员刘宏娟来当"金童

2009年11月20日，中共中央政治局委员、国务委员刘延东与Dian团队师生合影
（前排右1是柯尊尧）

玉女"，并下令让他俩死守在会议厅门口等候刘延东，最终刘延东真的在题板上签字并署了日期，该题板一直悬挂在启明学院 7 楼 Dian 团队的会议室。

2010 年 4 月 25 日，Dian 团队做客央视一套《小崔说事》栏目，柯尊尧是前期筹备工作的主要参与者，他本人也上台展示了科研成果。当年 10 月 22 日，温家宝总理莅临我校时，柯尊尧也有幸与他握手合影。两年后的 2012 年春，Dian 团队 10 周年团庆之前，刘玉老师让柯尊尧去北京给教育部袁贵仁部长送请柬，部长办公室秘书惊诧万分，说从未见过这样胆大的外地学生。袁部长虽然不在，但第二天柯尊尧就接到部长本人的致谢电话，原来柯尊尧放下请柬时特意留了自己的手机号，足见柯尊尧的智慧和情商。

走上创业之路

柯尊尧卸任队长后，还受邀去华科记者团跨界学习，因组织管理能力出众，也受到了很高的评价，通过竞选连续担任了两届团长。他参与报题、采写稿件、担任编辑，虚心向小记者们请教，不仅使自己的新闻业务水平得到了提升，还根据自己的科研管理经验提出了新的工作思路和改进意见，并直接参与到改革推进实施之中。比如，用工科管理思路优化编辑流程（流程图、比较工具），进行成果汇总，将软件"敏捷开发"模式移植为"敏捷报道"。记者团的经历，让柯尊尧走上了复合型管理人才之路，为后来合伙创业打下了扎实的基础。

柯尊尧的上述履历十分亮眼，刘玉老师认为他是做行政管理的好苗子，建议他报考公务员，但柯尊尧一声不吭。在硕士研究生毕业前半年，柯尊尧突然找导师刘玉请假，说想去米折网（即后来的贝贝网）参加创业。当时，米折网只有张良伦（201 号队员）等两个人，还称不上团队。柯尊尧的父母和妹妹一起来武汉找刘老师，希望共同劝阻柯尊尧不要冒险，而应该去走仕途。刘老师在宴请柯尊尧家人之前，单独找柯尊尧私聊询问理由，他说张良伦是其初进华三项目组时的组长，对他的为人和能力都很佩服，张良伦对电子商务非常精通，每天都在博客上撰写文章、发表见解，也非常有商业头脑。之前，柯尊尧就对张良伦说过："大哥将来要是创业的话，可要记得带上小弟我呀。"因此，他现在下决心跟随张良伦创业，并非一时冲动，而是深思熟虑之后的决定。刘玉老师也是张良伦的硕士生导师，了解张的兴趣特长，于是内心释然。在饭桌上，刘老师对柯尊尧家人表态，支持柯尊尧做半年的创业尝试，并让柯尊尧在杭州抽空撰写学位论文，她会远程尽心修改以确保柯的硕士论文质量。刘老师还反劝柯尊尧的父亲：互联网创业是"三个月河东，三个月河西"，也许柯尊尧很快就会碰壁而归；可如果现在我们不让他去尝试一下，他即使"被逼"去当了公务员，这一辈子都会埋怨我们的。

就这样，2011 年 9 月，柯尊尧意气风发地去了杭州，张良伦分配给他的第一件工作就是公司工商变更。柯尊尧的效率极高，只用了 3 天左右就把公司工商事宜妥善处理完毕。这是因为他在 Dian 团队时还当过"喻信点石"公司的副总经理，办理过公司注册、工商执照等业务，而且对项目研发、生产、营销等全过程都有所接触，这对于一个在校生体验创业有很大的推动作用。这么快地融入业务和促进公司发展，这让其他两位创始人非常意外和欣喜，两人商讨后决定提前结束柯尊尧的试用期并分配股份，就这样，柯尊尧成为米折网的正式股东。米折网三位合伙人团结一心，各显其能，发展速度极快，2012年"双十一"那一天的交易流水就超过亿元。不久后，柯尊尧应邀回武汉在首届青桐会分享创业心得，在其他创业者大吐苦水的时候，他却讲述了创业路上的幸福点滴，得到了时任武汉市市长唐良智等领导的夸赞。

从此，柯尊尧便走上了创业"不归路"，从米折网做到贝贝网，一直都是COO。柯尊尧的人脉很广，并且他很善于整合资源。他邀请了不少Dian团队老队员到贝贝网工作，包括第二任队长周亮（131号队员）、第三任队长赵文路（195号队员）和第五任队长龚小聪（360号队员）。当贝贝网很快成为闻名全国的"独角兽"之后，柯尊尧曾于2016年荣获"最美杭州人——十佳来杭创业务工青年"称号，并荣登"2017福布斯中国30位30岁以下精英榜"。

2020年底，柯尊尧开始尝试自立门户，将创业模式创新转型为企业数字化服务。他与Dian团队的老队员兼老战友徐裕键（305号队员）、赵文路（195号队员）等，联合创立了杭州星云数字科技有限公司，半年时间连续完成3轮融资，估值近5亿人民币，投资方分别是高瓴资本、IDG资本等全球知名投资机构。

柯尊尧入选"2017福布斯中国30位30岁以下精英榜"

王艳龙：蛰龙云中起，纵马走八方

| 执笔人：严茹丹

王艳龙，男，湖北宜昌人，Dian团队227号队员。2005年从宜昌市三峡高级中学考入华中科技大学电信系，2007年加入第二届种子班，2008年8月去IBM中国研究院实习。2009年本科毕业之后，入职中国最早一批人工智能创业企业——苏州思必驰（AISpeech）科技股份有限公司，与企业共同成长。2015年他作为内部孵化者创立了"车萝卜"（北京乐驾），2020年"车萝卜"被母公司思必驰并购，他再次回到苏州定居。2021年，王艳龙一边在思必驰苏州总部工作，一边在清华经管学院进一步深造。

厚积薄发，一鸣惊人

王艳龙刚进种子班的时候加入的是 Web 组，当时的大背景是互联网 Web2.0 浪潮兴起，大量的新网站、新产品不断涌现，社交和新媒体尤为火热。正好 Web 组的项目也属于 Web2.0 的领域，他一边参与项目、学习技术，一边关注层出不穷的创新，隐约感到自己学习的技术能够在很多方面去创新应用。这个阶段的经历，为他埋下了"技术"的种子。

在种子班平平淡淡学了一年，他仍旧茫然于自己兴趣所在，困惑于未来去向。直到大三下学期，在学习"多媒体与数据库"课程时，他有幸遇到了张江山老师。张老师是华科电信系公认的多媒体与数据库高手，他给同学们布置的课程设计都比较新颖。当时，张老师让学生们做的课题是 VoIP 语音通话系统，王艳龙做得很认真，完成得也很好，因此，他逐渐培养了这方面的兴趣。结合种子班的课程实践以及 Web 组的项目实践，王艳龙对于互联网前端到后端的技术有了基础积累。2008 年暑假，IBM 北京研究院启动了"Extreme Blue"（青出于蓝）计划，在全国招实习生做 AI 语音方面的创新项目，王艳龙凭借自己课程设计所积累的经验，竟然接连通过了三轮电话面试，被录取为实习生。于是，刚结束大三学习的王艳龙便去了北京 IBM 中国研究院实习，成了全国 20 名实习生中仅有的两名本科生之一。

"一个创新项目，两位导师，三个月，五人团队"，王艳龙将 IBM 中国研究院的实习经历形容为 "Enjoy Work"。他非常喜欢那儿轻松自由的工作氛围，学会了如何专业地做事，如何与人沟通交流。实习期间，五人项目组完成的项目是，利用 IBM 研究院的智能语音识别技术应用于英语培训教育。他们经历了市场调研、核心产品定义、产品研发等阶段，最终，项目成功展示了 AI 智能语音辅助英语学习的应用场景。虽为实习生，但他每两周都能与 IBM 领导层进行一次圆桌会议，能够从成功者身上学习如何做人和做事，还有机会了解最前沿的研究方向和创新成果，并且有机会把技术应用到具体的场景产品中，这就更激发了他对该研究领域的兴趣。

王艳龙实习的工作方向是语音识别，尽管当时研究院的同事对语音识别的未来持悲观态度，但王艳龙心中还是埋下了一颗积极的种子，他相信智能语音技术能够有很大的应用机会来提高人的效率。实习期间，他花了很多时间泡在 digg/twitter/techcrunch 等网站上去发现、体验各类新产品和服务，经常在网上冲浪到凌晨两三点，对于"技术改变世界"开始有了更加直观的感受，自己也渴望去做出这种改变。

随着王艳龙工作越来越投入，IBM 公司迟迟不愿意放他回武汉，原定两个月的暑期实习被一再延长，一直留他到了当年 11 月。众所周知，每年校园招聘的高峰期都是从 9 月初就开始了，当 Dian 团队所有应届毕业生都找到心仪的工作之后，王艳龙还没返校，这时刘玉老师开始替他着急了。她直接电话询问王艳龙，IBM 中国研究院有无可能发 offer，一听说 IBM 在裁员且暂时不会招收正式新员工，她便催促王艳龙尽快回来应聘其他单位。可是，老实巴交的王艳龙，怎么都不好意思开口，还是刘老师亲自打电话给王艳龙的上司进行交涉，表达了要对学生前途负责的诉求，这才终于把王艳龙召回来了。可此时已近年底，所有招聘单位都结束招聘离校了，刘老师越发心急，十分担心他难以找到好工作。

其实，在北京实习的这段时间，王艳龙自己对未来的规划有了一些初步的想法。他更倾向于加入创业公司，加入一个靠谱的团队，跟随公司和团队一起成长，希望能有机会去实践"技术改变世界"的创新。

2008 年底，他在 Twitter 上写下了这样两句话，记录了当时的状态："未来十年，应该就是投身于智能语音行业了"（现在回头看，已经投身到这个行业 12 年了）；"创业不易"（那时已经基本确定要加入创业公司，对于创业的艰苦也有心理预期）。

追求兴趣，突破自我

王艳龙回到团队之后，便加入了海外项目组，一边做项目，一边找工作。12 月初，华三通信公司的新项目开始立项，是关于语音 Web 网管的，需要派人到北京与华三公司员工一起做需求分析。已经结束全部课程的王艳龙，被调入这个新项目组，再次来到北京。他在组里发挥了核心骨干作用，等任务完成返校后，被 Dian 团队评为 2009 年 5 月份的"技术之星"。

王艳龙的工作是什么时候落实的呢？其实，到北京参与华三项目之前，他就特意去浙江大学旁听了王坚博士的演讲，尝试"霸王面"王坚博士带队的阿里软件，虽然被拒，但王坚博士对于数据和人工智能的演讲还是给了王艳龙非常大的启发。到北京参加华三项目之后，他基本确定要找创业公司，于是在北京期间就悄悄接触了三家创业团队。这时，他在华科白云黄鹤 BBS 上又看到了一个从剑桥大学回国的创业团队，是落地苏州的一家公司，叫思必驰（AISpeech），看起来技术实力很硬核，并且当时的业务方向就是智能语音在语言学习中的应用，这与王艳龙在 IBM 实习的经历很匹配。当时，思必驰的技术团队还在英国，于是王艳龙申请远程面试加上熬夜一周写了个小项目，最终于 2009 年元旦被思必驰国内负责人高始兴约在清华东南门的星巴克面聊，由此便确定了工作单位。

刘老师知道后很为王艳龙惋惜，认为以他的技术水平加上在 IBM 中国研究院的实习经历，完全可以进知名大公司。王艳龙却不这么想，他认为思必驰公司的语音处理技术还是比较先进的，另外，他看到这家公司的创始人几乎都是从英国剑桥大学回来的高学历海归，做的又是他一直感兴趣的语音处理方向，他相信未来发展不会差，于是不计较待遇，毅然加盟。王艳龙感觉和这个团队一起无论做什么都是有机会的，因此，做出这个选择后他一直坚持了12 年。

2009 年 6 月，王艳龙本科毕业之后，与同班绝大多数人奔赴"北上深"等大城市不一样，他一个人去了苏州那家还不到 10 人的小公司，在那儿很快就成了技术骨干，也引起了公司CTO、上海交通大学计算机学院俞凯教授的注意。但创业维艰，公司研究的语音技术太过超前，市场需求有限，人工智能的认知度和接受度很低，甚至有客户认为人工智能是骗子，公司业

2009年6月14日，获评"五月之星"的优秀队员登台合影

（后排右1为王艳龙）

务迟迟不能盈亏平衡，又不巧赶上了金融危机，投资人撤资，内忧加外患，导致大量员工离职，即便创始人卖了两套房都无法挽回颓势。但王艳龙一直没有走，他一直对这个方向感兴趣，并坚信语音处理方向是有前途的，更重要的是出于对团队的信任，因此成了极少数坚持留下来的员工之一。在这个过程中，他坚持跟随业务发展需要，到最需要的岗位上去，不设限去挑战，这让公司几位创始人对他更为欣赏和器重。2015年，AI行业步入快速发展阶段，公司起死回生、蒸蒸日上之时，王艳龙毫无悬念地被委以重任。他的忠诚和坚定信念，以及关键时刻勇于担当、敢打硬仗，换来了其职业生涯的跨越式发展。

开创先河，牵线搭桥

王艳龙在思必驰的良好表现，使得俞凯教授对培养他的华科 Dian 团队和种子班产生了浓厚的兴趣，因此，2012年10月9日俞凯教授专程来了一趟武汉拜访刘玉老师和 Dian 团队。参观了 Dian 团队之后，俞凯教授大为赞赏，当晚，他给队员们做了一场精彩的学术报告《语音智能的艺术》。细心的俞凯教授从刘玉老师赠送给他的 Dian 团队年鉴"队员通讯录"中发现，Dian 团队还有出站队员正在做语音处理方向的研究，如正在清华大学电子系攻读博士学位的035号队员单煜翔和187号钱彦旻。于是，俞教授就主动联系他们，先后把这两位清华博士生请到苏州思必驰公司进行学术交流。尤其是钱彦旻，他早在2012年研发语音识别算法的过程中，就对著名语音识别开源引擎 Kaldi 进行过研究，最终成为 Kaldi 的联合作者之一。等钱彦旻从清华博士研究生毕业以后，便应聘到上海交大计算机学院，进入俞凯教授的研究团队，也正式成为思必驰公司的研究员。

因为公司领导层对王艳龙的印象特别好，加上俞凯教授又亲自考察过 Dian 团队，所以他们主动邀请 Dian 团队的导师去苏州思必驰公司参观。于是，2013年1月7日，刘玉老师、钟国辉老师、015号顾问唐德华和019号队员祝振汉组团去苏州参观思必驰公司，公司几位联合创始人给予了高规格的接待，其间对 Dian 团队的培养模式赞不绝口。王艳龙就这样为 Dian 团队增加了美誉度。

再后来，虽然王艳龙已经被思必驰派到北京去创业了，但是，当刘玉老师以创业红娘的身份在苏州举办创业相亲会时，活动结束之后她仍带着学生志愿者们到思必驰公司去参观走访，俞凯教授也会专程从上海赶到苏州接待。思必驰和 Dian 团队之间，就这样相互成就了一段佳话和一段友谊。

俞凯教授后来还多次来 Dian 团队分享语音处理技术的用途和尖端性，给队员们做了很多语音技术案例演示，引起了大家的广泛兴趣。越来越多的队员主动报名去思必驰实习，同时，也有优秀队员拿到保研指标后，主动报名去俞凯教授门下深造。俞凯教授对 Dian 团队队员格外重视，总是优先录取，先后录取了405号队员陈哲怀、552号队员陈宽、579号队员李晨达、584号队员张王优和615号队员许洪深。这都是王艳龙的出色表现给师弟们带来的机遇，

2013年1月7日，Dian团队导师组应邀去苏州思必驰参观访问

（左起：019号队员祝振汉、俞凯教授、刘玉老师、227号队员王艳龙、钟国辉老师）

而他却总说，是 Dian 团队和种子班给大家带来了机遇。2021 年 8 月 3 日，刘玉老师到上海探望老队员，当晚八点召开座谈会，王艳龙专程从苏州开车到上海参会。子夜一点座谈结束后，为了不耽误第二天工作，他又连夜驱车返回苏州，令在场师生深受感动。

自主创业，学无止境

2014 年底，思必驰公司面临重大转折点：在移动互联网领域的探索受阻，公司决定开启智能硬件消费电子新方向。从领导层提出想法，到决定北上启动新业务，前后不到一周。王艳龙受命离开时，连办公桌上的书籍、文具都没来得及收拾整理，而这一次出发，竟是长达 6 年的创业历程。

到了北京，王艳龙作为联合创始人创立了"车萝卜"（北京乐驾）公司，并担任产品研发副总裁。"车萝卜"（Carrobot）是全球第一款量产的全语音交互的智能车载机器人产品，用于车联网行业，打造了细分领域消费电子品牌。对于消费电子产品研发来说，在北京有更好的人才和外部资源，于是，领导层决定把"车萝卜"总部设在北京。王艳龙二话不说，毅然从苏州迁往北京。这是团队第一次研发软硬件一体化的智能硬件产品，研发、供应链、生产等各方面的挑战都非常大，但是，团队只用了 10 个月的时间就从 0 到 1 完成了高质量的量产交付。产品发布后，用户口碑很好，后来这个公司也不负众望，逐渐长大，获得过好几轮融资。5 年后的 2020 年，"车萝卜"被思必驰回购。王艳龙又接着在物联网、智能家居等领域继续探索新产品，致力于把领先的智能技术转化成具有用户价值和商业价值的产品。

2021 年，王艳龙开始在清华 MBA 进一步深造。他的学习之路永远都不会停下来！

在创业的经历中，"车萝卜"参与过几次创业红娘会的活动，虽未获得融资签约，但是，刘玉老师一直以来的鼓励和鞭策，对王艳龙这几年的创业之路确是极大的激励。尤其是 2016 年底开始的资本寒冬期间，这种鼓励，让王艳龙对于春天的来临有信心、有耐心。

✒ 编后语

　　王艳龙学长在本科期间尽管默默无闻，但是，对待工作他认真负责，对自己感兴趣的技术方向深入钻研。"多媒体与数据库"的课程设计，让他找到了自己的兴趣所在；在 IBM 中国研究院的实习经历，开阔了他的视野，增长了他的见识，坚定了他研究智能语音技术的决心；在种子班的经历，播下了"技术创新创业"的种子；在往后的日子里，兴趣与信心让他坚持了下来；此外，在遇到各种困难的时候，他都坚持自己最初的选择，坚信团队的力量，一直以种子班的班训"我选择，我担当"自勉，更愿意去做有挑战的创新和探索，最后取得了辉煌的成绩。王艳龙学长的故事告诉我们，对待任何事情都要全力以赴，对自己感兴趣的事更要坚持到底，选择了就要承担，说不定哪一天它将会是你成功的垫脚石。

徐涛：一封特殊的来信

| 执笔人：雷博

徐涛，男，湖北利川人，Dian团队288号队员。2007年从湖北利川考入华中科技大学自动化专业，2009年加入Dian团队的种子班。

2021年3月9日，刘玉老师收到了一封不寻常的来信，寄信人是已毕业10年的Dian团队队员徐涛。刘老师门下弟子众多，平时通过电子邮件与学生联系也十分寻常，但这种手写的纸质平信极为罕见。而更让人意外的是，信封上的落款并非大城市，而是广东韶关某小镇。刘老师迫切地读完这封信之后，非常激动，直呼"了不起"。这封信件到底是何来头？而徐涛又经历了怎样的故事？

非典型"理工男"

Dian团队是一个IT技术团队，但徐涛的技术基础比较差，他本人也对此常常感到困惑。但刘老师发现徐涛的文笔不错，于是调徐涛去负责团队首期工作简报的编辑——"既然他不是技术骨干，那我派他做兼职工作也不会影响项目组进度"。果然，徐涛效仿新华社工作简报风格的"处女作"，令刘老师相当满意。他设计的框架、格式、排版甚至文末落款等，一直被Dian队简报组沿用至今。

由于徐涛本人的"开山之作"一炮打响，所以顺理成章地成了团队简报组的首任组长，为团队的对外宣传工作做出了极为重要的贡献。2009年11月20日，国务委员刘延东来光谷和华科视察，徐涛作为Dian团队队员代表之一，身穿橙色队服参加了中央领导的接见。当天上午十二点活动刚结束，徐涛就主动火速整理出一期Dian团队工作简报的特刊，详细记录了刘延东同志视察的全过程，以及对Dian团队队员发表讲话的全文。等学校办公室当天下午一上班通知Dian团队提交文字材料时，未雨绸缪的徐涛所编辑的文档就成了最详细的报告。

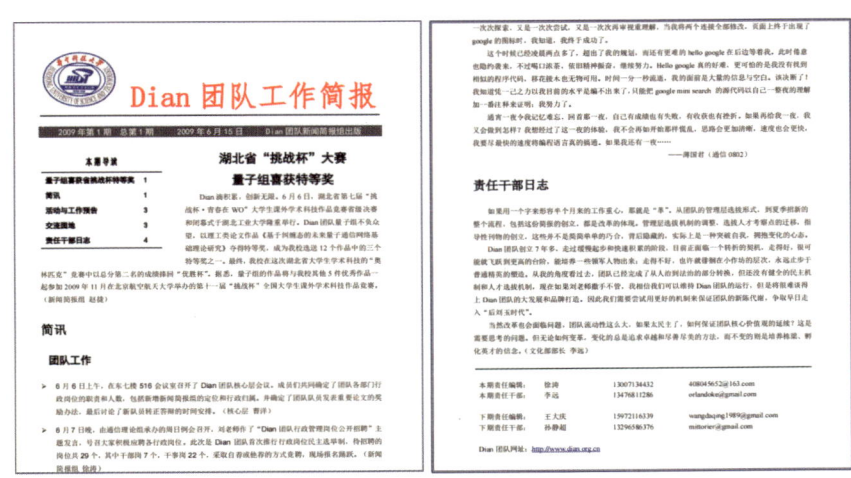

2009年6月15日，《Dian团队工作简报》第1期

到毕业前，徐涛参与了 Dian 团队前 30 期简报每一期的编辑和审校工作。很多出站多年或者在校外出差公干的 Dian 团队队员都表示，团队简报是他们了解和关心团队近况的最重要渠道。

本科即将毕业之际，徐涛幸运获得了保研推免的资格，刘玉老师也非常愿意担任他的导师。可没想到，在 9 月开学前夕，他在刘老师办公室门把手处留了一封信后就不辞而别，放弃了难得的保研机会，去了一家民营图书公司当了编辑。当刘老师电话问及原因，他说自己对编程工作提不起兴趣，而这两年的团队简报编辑工作给了他经验和信心，让他产生了在这个方向发展的想法。刘老师既无可奈何又十分担心，在徐涛工作了一段时间后特意从侧面打听了他的情况，果然，非文科出身又没有经历过系统训练的徐涛达不到老板的要求，不到一年就从公司离职了。

从投身创业到身陷囹圄

图书公司的工作经历，对徐涛本人来说是个很大的挫折。2012 年，他"被迫"加入了手机公司 OPPO，从事他不愿面对的 IT 行业，开始做起安卓平台的开发工作。当时，安卓手机才刚开始普及，懂安卓开发的人并不多，但那时的徐涛别无选择，只能硬着头皮做下去，没想到校内所学有所成。2013 年，同在深圳的 Dian 团队 063 号队员王乐、139 号队员李银锦等人创立了云图 TV 公司，需要招揽安卓方向的人才，徐涛就加入了他们的创业团队。凭借着在 OPPO 的技术积累，他很快成为团队中安卓方向的技术骨干，王乐和李银锦给予他很高的评价。刘玉老师听闻后也十分惊喜，她没想到徐涛在喜欢的文科方向受挫之后，却在本不喜欢的 IT 行业做出了业绩。后来，这个创业团队的发展迅速，还派生出了新公司。成长起来的徐涛，更是担任了新公司——上鱼科技的负责人，创业之路一片光明。

2017 年 5 月，刘玉老师主动邀请徐涛的"上鱼"项目参加她创业红娘平台在母校举办的创业相亲会（华科校友专场）。徐涛向投资人介绍"上鱼"是做户外钓鱼运动直播，对此，投资人提出三个疑问：首先，钓鱼这项"慢"运动的观赏性在哪里；其次，钓鱼的人群似乎很小众；最后，钓鱼直播如何做到盈利。徐涛逐一回应：第一，许多人愿意观看高手钓鱼的直播，一举一动都有人琢磨研究；第二，热爱钓鱼的人越来越多，但全国都没有将这群人组织起来并为他们服务的高质量社区，"上鱼"想当这方面的先驱；第三，"上鱼"与湖南卫视钓鱼频道合作，通过售卖钓鱼装备、钓饵等物资来获得盈利。徐涛虽然没能在红娘平台拿到投资，但他很快从其他途径获得了资金，并将"上鱼"APP 打造成了在垂直领域领先的直播社交平台，日活量达到十万级别。与此同时，公司还研发和运营了一款综合体育赛事社区——A8 体育，很快成为国内顶尖的体育直播平台之一，总用户达到 2000 万，日活量达到 40 万。这款球迷看球、聊球的专业 APP，包含全面及时的体育新闻资讯、电视体育频道在线播放，并全程覆盖各大联赛赛程。此时的徐涛，已不再是当年初出茅庐的青涩学生，已经成了一个非常自信的创业者。

本以为徐涛的创业之路会这么一帆风顺走下去，但不料 2018 年他迎来了人生的寒冬。当年正遇四年一度的俄罗斯世界杯，他的平台出于娱乐目的，开办了一个竞猜赚取积分的赛事活动，不料却触犯了法律的红线。他的公司被指控聚众赌博，活动被叫停，而徐涛和多位管理人员也被捕送审。听说徐涛在审讯过程中问他什么就承认什么，非常配合。不久之后，刘老师得知他被保释了，希望可以和他见上一面，但徐涛已经回到湖北老家闭门休养，无法联系。

2021 年 3 月 9 日，刘老师收到了徐涛从监狱的来信

正当大家都期待徐涛东山再起时，他却遭遇了第二轮寒冬。2020 年底，Dian 团队制作年鉴，需要更新全体出站队员通讯录。刘玉老师因为这份执念而亲自联系徐涛，谁知发微信仍无回音，原来徐涛再次入狱了。在经历了检察院两次退检、主要人员取保、法院一审退检再起诉等流程之后，法院最终判决"平台负责人徐某犯开设赌场罪，判处有期徒刑三年八个月"。他因刑期未满，被再次收监到广东韶关。听到此事，刘老师心里一凉：徐涛好不容易恢复自由却又二次入狱，他真的能经受住这一连串的打击吗？刘老师放心不下，想方设法试图与徐涛取得联系，最后得知唯一可行的方式就是通过中国邮政 EMS 寄信。于是，刘老师便写了一封关心宽慰

徐涛的信，同时还附上了一本 Dian 团队最新年鉴寄往韶关监狱。信件于除夕前一天到达，刘老师却迟迟没有收到回信。

一直到了 2021 年 3 月 9 日，刘玉老师中午下班回家，在楼下信箱里看到了一封盖着广东韶关邮戳的信。她迫不及待地拆开信封，里面是徐涛写满三张信纸的长篇来信。

来自监狱的信

刘老师，见信好！

收到您的来信非常意外和感动，我知道您在担心什么，上个月在与一个朋友的通信里我写道：

"我常在想，现在都不是迄今为止我人生里最糟糕的时候，还远未到那个程度。我人生里最糟糕的时候，是在刚进大学和大学毕业那两个时间。刚进大学时，我一下子失去了目标，不知道该干嘛了。大学毕业时，本应保研本系继续深造，但那时实在不知道读这个研究生到底意义在哪里。那两个时间的迷茫，让我痛苦不已，丧失动力，不堪回首。读大学前有明确的学习目标，大学期间有 Dian 团队一大群优秀的师兄弟在旁做参考，毕业后从工作到创业的职场选择是很确信的（我当时从 OPPO 出来参与创业都没什么系统规划，也做不了什么系统规划。但我内心一点都不害怕，觉得这就是我要做的事情，失败并没有关系）。哪怕是现在失去自由，我每天在理解自己，重塑自己的人生目标、原则和系统，我都感觉没那么糟糕，反而生出更多勇气。"

关于这件案子本身和我的体会，目前还不便多谈。2019 年我取保在外时，本想跟您联系沟通近况，但又一直想等事情完全了结时再来跟您汇报。那段时间乐行天下的周师兄的案件我也多有了解，因为我和他的律师是通过深圳华科校友会介绍的同一位律师。过去对于司法商业竞争和营商环境方面的了解还太过表面了，尤其是具体的司法实践，也一直停留在表面的认知上，缺少法律意识和经验，没有在运营公司时真正投入心力去做法律层面的规范建设。我个人是比较乐观和随和的性格，遭遇一些挫折并没什么，但让公司几个年轻人一并遭遇无妄之灾，是我一直耿耿于怀的地方。因此，这件事情无论如何我本人都应承担最大的责任，须做最深刻的反思。

除此以外，这段时间其实是有意外的大收获的。我虽然一直是个热爱阅读的人，但毕业以来时间和精力都过于分散和碎片化了。这两年突然多了大块时间沉下心来阅读，再系统构建我的知识体系，加深我对自己和对这个世界的理解，我常常读到深处大呼畅快，已然忘了自己身在何方了。我从近年来大热的《人类简史》三部曲开始读起，全面了解人工智能和生物科技在未来几十年对我、对他人和对整个社会的影响，由此延展阅读了一大堆相关的科学著作。最近，还托家人寄来经典 AI 教材《人工智能：一种现代方法》的英文原版来研读，用 AI 的视角来重新审视我熟悉和感兴趣的产业，用 AI 的思想来理解自己和人这种智能体的目标和行动的来源。这种新的视角和脱离原本生活框架的环境，让我从头开始思考一切，大开眼界，也迸发出一些可能／可行的产品想法。同时也意识到，过去我对自己的理解还太肤浅了，我追求的目标模糊不清，很多外界的虚荣和内心的情绪，未经审查地掺和在里面，让我始终不够专注，不能像刘老师您这样纯粹坚定地做事情。

实际上，Dian 团队年鉴拿到手上一翻开就停不下来。过去我就常常想，有 Dian 团队一大群导师和师兄弟在这个世界各个角落认真地生活和工作，我自己是无论如何都不敢懈怠的，现在也同样如此，不曾改变。因此，请刘老师放心，不管我身处何地，不管是否取得成就，我也始终会是一个正直的、向上的、勤于思考和勇于行动的人，"历平凡事，成放心人"的训言我一直记在心里。

如有闲，还麻烦您再寄一份种子班 2020 年的最新年鉴给我。目前，计划今年末或明年初即办理假释，届时再向您汇报情况。万分感谢您的关爱！

您的学生徐涛

2021.3.6

整篇来信的内容一气呵成，鲜有涂改，字里行间承载着徐涛的思考与感悟，而拿在手里仿佛有说不出的重量。刘玉老师万万没想到，即便是遭受了这样的打击，徐涛依旧没有丧失斗志，而是通过这段经历来反思自己，这份坚强和信心深深打动了刘老师。读完徐涛的来信后，刘老师直呼"了不起"，并当即表态："如果徐涛恢复自由后再次创业，我必鼎力扶持！"

 编后语

也许，此书出版之时徐涛已重获自由，而且这段经历已经让他参悟出自己未来的方向。徐涛的经历可谓坎坷，但笔者相信，能检验出一个人品质的或许正是那些挫折与磨难。徐涛失意却不曾失落，有成大事者的气量，他的经历不愧为一段传奇！

谢创：“天才程序员”

|执笔人：彭少青

谢创，男，Dian团队365号队员。2008年从全国闻名的湖北黄冈中学考入华中科技大学软件学院，大二下学期加入Dian团队，大三考入启明学院种子班。毕业后入职百度，不到三个月便辞职创业，他一人制作的单机版游戏累计拥有5000万用户。2019年到美国纽约大学游戏专业深造，毕业后入职西雅图谷歌公司。

谢创在小学时就非常喜欢鼓捣软件，高考填志愿时他主动选择华中科技大学的软件学院。由于羡慕同班同学陶怡然（358号队员）在Dian团队丰富的项目实战经历，大二下学期刚开学他就立即报名参加Dian团队春季招新。加入团队后，谢创短暂受训于龚浩（181号队员）教练组织的新人训练营，并随即加入了海外组。由于非常认同以解决实际问题的能力为考核标准的新教育模式，他于大二暑假结束前夕报名加入种子班。但是，Dian团队有很多人都具备这样相似的成长履历，为何偏偏说他是"天才"呢？

与众不同，特立独行

镜头回到2010年，谢创刚转入种子班，就遇到刘玉老师亲自讲授"科技创新方法论"课程，她布置了一项课下作业，让每位同学设计一个创新性的校园礼品。全班18人，17个人都在围绕梧桐叶书签或把校园景观做成扑克牌等，唯独谢创与众不同，他交给老师的竟然只是一个简陋的长竹片，若不是一端带了个穗子，刘玉老师简直怀疑他在恶作剧。翻过来一看，竹片上面用钢笔写了5个字——考试不挂佛。刘老师又好气又欣赏，气的是他太不正经，欣赏的则是他的构思出人意料，甚至觉得他这个创意可能还真有卖点。刘老师暑假刚带一批学生到美国名校游学，参观哈佛大学时发现校园里哈佛先生铜像的右脚被人摸得锃亮，导游说是因为学生们考试之前都会去摩挲哈佛铜像的脚，据说这样就能让考试不挂科。到普林斯顿大学参观时，该校也有传闻说，除了大一新生报到时从正大门进校，此后都不会从大门出去，因为毕业之前出校表示你是肄业生，很不吉利，所有人都只能从其他小门出去。如果我们对谢创这个创意赋予一点文化色彩，那不就是华科版的"哈佛右脚"了吗？因此，刘玉老师对谢创的"考试不挂佛"给予了极大的宽容。

英国著名作家赫兹里特说过，规章与模范会毁灭天才与艺术。所幸，谢创就是一个在思维上极不循规蹈矩且未受到过度抑制的天才。

心怀团队，敢言敢为

2012年谢创大四的时候，刘玉老师请来自美国名校的宋建建教授（005号顾问）给种子班上一门全英文的国际课程"信号完整性与电磁兼容"。谢创只听了一两次课，就无法忍受一大堆公式和复杂的电磁场理论，找刘老师说他不想修这门课，请老师直接给他打不及格算了，因为他想把时间和精力留着去做软件开发。刘老师十分惊诧，教了几十年书，只见过学生找老师要加分的，从没见过学生主动要减分的。刘老师提醒他：如果此课不及格，就没有保送研究生的资格了。谢创回答说，根本就不想保研，毕业了就出去工作。刘玉老师又提醒谢创，如果他主动挂科，可能还会减少种子班的保研总名额，

2012年1月13日，谢创（右）担任预备队员转正答辩的评委时仍然手不离键盘

因为挂科者不能计入候选人总数，学校按比例下保研指标时，分母小了，分子也会变小。谢创一听，他若放弃还会对班集体有影响，可能会让别人少一个深造的机会，这才又硬着头皮去跟班听课，并顺利通过结业考试。刘玉老师感慨地说，"谢创是一个知道自己要什么的人，而且他一点都不笨，他不爱学不等于他没有能力。"

德国诗人席勒说过，任何天才不能在孤独的状态中发展。每一个人的自由发展，也是和集体的发展休戚相关的。

打破陈规，独立创新

2012年6月9号，按照Dian团队惯例，所有应届毕业队员都要在周末例会上做告别演讲，轮到谢创上台时，他的演讲方式格外"奇葩"。他走上讲台，只讲了一句话：

"在座的各位，我以自制的游戏《Tron之轨迹》发表毕业感言，感谢导师，感谢和我一起走过的同学们。"然后，他就开始运行那个游戏程序，把自己大学四年的经历，从大一进校，到怎么进Dian团队、怎么进种子班，以及在Dian团队的各种项目历练等，全都变成打怪升级，还把刘玉老师设定为最终的大"boss"，游戏结局是他打败了大"boss"才终于通关毕业。

2012年6月9日晚，谢创（Tron）独特的游戏式毕业感言轰动全场

这个游戏式的毕业感言，在全团队引起了巨大轰动，给所有人都留下了深刻印象。刘玉老师笑着回忆说："那天我在外地出差，一回来就听说他引起了轰动。但他把我设定为终极魔头大'boss'这件事，队员们怕我不高兴，不敢把这个游戏程序传给我。过了好久，我才知道细节，但我一点都不生气，相反还非常高兴，这正说明谢创是一个与众不同的学生！"

爱尔兰剧作家萧伯纳说过，不要追随前人的足迹，去自己开路并留下足迹。谢创没有墨守成规地去讲一席寻常的毕业感言，而是用自己的创新思维让大家眼前一亮。更出人意料的是，他以此为始，从此走出了更加辉煌的足迹！

功成名就，心怀远方

谢创毕业后就去了百度，但是，他只在百度工作了三个半月就辞职了。刘玉老师听说他辞职后与343号队员陈曦骏、388号队员陈圆、390号队员王开豪合租房子，整天关在房间里独自写游戏，非常担心谢创没有收入如何养活自己。她借去北京出差的机会，当面问谢创："你辞职后就没有收入来源了，难道还要父母养你吗？你为什么不能用业余时间写游戏，而非要全身心投入呢？"谢创回答说："我在百度那两个月的薪水，可以支撑我简单生活大半年，因为我做的是原创游戏，从脚本到代码都得我自己写，所以需要有大量的时间和专注的精力才能更快做完。"

没多久，谢创创作出来的一款单机型通关类游戏"暴走大冒险"（后改名为"奇怪的大冒险"）火了，在安卓应用市场上很长一段时间内的下载量都排名第一。这款游戏与其他游戏最不一样的地方是：别的游戏，都是以过关斩将最后获取胜利并得到丰厚奖励为大结局；而谢创设计的游戏，打到最后一关时，男主和女主相拥在一起，随着男主倒地游戏结束。这个游戏，虽让玩家历经艰险却"被虐至死"，颠覆了游戏玩家以往的体验和认知。

你可能会好奇地问："'奇怪的大冒险'是从哪里得到灵感的？"谢创曾提到，灵感正是源于那次游戏形式的毕业感言。刘玉老师也曾疑惑，谢创一个人写代码她很相信，但美工、动画等任务他是怎么一个人搞定的？原来，谢创也明白自己的美工不行，所以他选择用简笔画那种粗线条来刻画人物，没想到这反而成为用户喜欢的原因之一。也曾为了更美观些，他另请美工重做了一套精致的素材，没想到玩家反而不接受。刘玉老师曾问他："那你为什么要做单机版游戏？为什么不做网络游戏呢？"谢创回答说，单机版游戏不像网络游戏那样需要服务器支撑，也不需要 24 小时在线为客户服务，所以自己一个人就够了。另外，谢创的游戏是免费的，那他是靠什么挣钱的呢？原来，本来是有付费解锁版本的，用户基数扩大后，免费版却成了收入的绝对大头，很多广告商就会找上门；但谢创一贯反感打游戏的时候不断出现广告，于是决定以极低频率来显示一个广告插屏，而这一个广告的收入就足以让他维持生活了。

刘玉老师还对笔者讲述了有关谢创的另一个故事。2014 年 9 月 20 日，因为 Dian 团队新老队员中已经涌现出 27 家创业公司，所以团队举办了第一届创业论坛（即点石论坛）。启明学院大厅摆满了各创业公司的宣传海报"易拉宝"，著名天使投资人曾李青也应邀参会。当他步入大厅，在一长溜的宣传海报中，一眼就看中了谢创和他的游戏，他指着谢创的照片对刘玉老师说："这小伙子不错，我想投资他！"刘老师马上激动地打电话："谢创啊谢创，好消息，曾老板要投你！"谁知谢创不为所动地说："我不需要别人投资。"刘老师说："你难道不想把事业做大吗？后面组建团队是需要钱的呀！"谢创却回答说："我也曾招过几个人，但后来发现还不如我一个人干效率高，所以我不想招人，连公司也不想成立，太麻烦了，就叫创工作室挺好。"

谢创就这样一个人继续做了下去，第二部游戏叫作"正常的大冒险"，后来又有了"比较简单的大冒险"和"没有人知道的大冒险"。

4 年后的一天，谢创突然写信给刘玉老师，希望刘老师给他写一封推荐信，说想去美国名校攻读游戏专业研究生。刘老师再次吃了一惊，6 年前他主动放弃国内保研机会，甚至还要求给他一门课程打不及格，他现在功成名就了怎么反而又想去国外深造了？不过，一听选择的是游戏专业，便明白谢创追求的不是文凭，而是新的高度。生活不止眼前的苟且，还有诗和远方，而谢创一直在追寻心中的远方！

不忘初心，追寻梦想

2018 年，华中科技大学党委宣传部举办"讲好华中大故事"创意传播大赛，向全校师生征集作品。当时，Dian 团队核心层认真讨论后，一口气提交了 3 个作品。没想到，

3 个作品均获奖。其中，创新创业故事《LED@HUST》荣获三等奖；刘玉老师的作品《我所认识的张小龙》荣获二等奖；最意外的是，Dian 团队外联部根据谢创那个奇怪的毕业感言改编的游戏《华彩人生》竟斩获一等奖！小队员们找谢创本人要来了当年的游戏源代码，增加了一些情节，比如，将《大学语文》当作小怪物，玩家的攻击方式就是"学习"，连谢创看了也哈哈大笑，说学弟学妹很有创意。2018 年 11 月 27 日，学校举行了盛大的颁奖晚会，Dian 团队第二代掌门钟国辉老师在颁奖典礼上激动地说："这个作品是有生活原型的。2012 年毕业季，2008 级谢创同学就是用这种方式做的毕业感言，我们非常感谢这位原创者。"

德国作家歌德说过，独立性才是天才的基本特征。确实，谢创是一个拥有独立性的人，他的很多做法都具有很强的独立色彩。门捷列夫认为，天才就是这样，终身努力，便成天才。高尔基也说，人的天才只是火花，要想使他成为熊熊火焰，那就只有学习，学习！芥川龙之介也感叹过，天才的悲剧在于被小而舒适的名望所束缚。

谢创在功成名就之后仍然学习深造，努力奋斗，他用实际行动告诉着我们：天才，是 99% 的汗水加 1% 的灵感。他不仅努力学习、积极上进，还有着与众不同的创新思维，以及从生活中获取灵感的能力，他是我们心目中真正的天才程序员！

✒ 编后语

　　谢创与我都是大二结束时从软件学院转到种子班，他算是我嫡系师兄，而他在进团队之前就已经是软件高手，进团队时更是备受关注，在团队中所做的软件方面的工作都非常出色，专业能力之强让人佩服；他的思维与众不同，为腾出时间做软件开发竟主动要求老师给自己选修课打不及格，在设计创新性礼品时用一根粗糙的竹片体现创意，毕业感言竟然是一个冒险游戏，创新创业精神之强让人赞叹；他在功成名就之后还主动出国深造，不断进取的精神让人佩服；缺什么学什么，一个人撑起了整个游戏，又像极了天才的模样！

贾林&陈浩：文武全才，携手创业

| 执笔人：魏子清

贾林，男，湖北武汉人，Dian团队385号队员。2007年从武汉市第四十九中学以艺术特长生的身份考入华中科技大学电信系，本科毕业后跨专业到本校公共管理学院读研。硕士毕业后，又跨回信息大类，到本校计算机学院攻读博士，同时也开始创业。

陈浩，男，重庆人，Dian团队400号队员。2009年从重庆市第二十九中学校考入华中科技大学计算机系，大二结束时考入Dian团队的"黄埔军校"种子班。毕业后不久，就回到武汉开始创业，一直持续至今。

这两人年龄不同，求学轨迹也不同，行事风格更是明显不同。即使创业，也是各开各的公司，他俩怎么会成为"兄弟"呢？且听我慢慢道来。

上篇　贾林的故事

顾此失彼，遭遇严师

贾林和Dian团队结缘，居然是因为挂科。大二上学期，贾林因忙于艺术团排练和演出，完全没时间复习专业基础课，导致"数据结构"挂科，只能下学期开学时补考。于是，贾林一放假就找到任课教师刘玉教授，希望刘老师能给他单独辅导一下。但是，一向很有原则的刘老师，不仅拒绝了这个学生，而且在开学补考的教室里，还特别盯住这个学生，生怕他耍什么花样。

铃声一响，贾林坦然地将补考卷子交到刘玉老师手上，整套卷子竟然密密麻麻地全部写满了。改卷完毕，贾林的分数最高。刘老师十分惊讶地问他怎么做到的，他说整个寒假都在自修这门课程，做了不少习题。至此，刘老师对他的印象才有所改变，心想：这孩子也许真的聪明！

转眼一年过去了，在 2010 年毕业季的《同歌同行》大型晚会上，演完艺术团节目的大三学生贾林正好在走道上遇见刘玉老师，连忙热情地又是帮忙找座位，又是寻了一瓶矿泉水递过来，还自我介绍是那个曾经补考的贾林。这令刘老师感到非常意外："他对如此严苛的老师怎么就不记仇呢？这孩子心可真大。"

逆袭之王，销售天才

电信系 60 周年系庆时，时任副系主任的刘玉老师见志愿者贾林很灵光，就调他当贴身助手。贾林正好想选刘玉老师做毕业设计导师，可是刘老师却婉拒："你的特长是吹拉弹唱，完全没有软硬件能力，不适合进入 Dian 团队的项目组。"贾林不甘心地说，他参加了学校的"大学生志愿服务西部计划"项目，获得了保研资格（但要保留学籍先去基层做一年志愿者），想日后到刘老师门下读研究生。刘老师建议贾林改选文科专业读研，别被"本科属于电信专业"的思维给禁锢住。至于本科毕业设计，如果非要留在 Dian 团队，只能分到"文理兼收"的移动互联网项目组去做一些技术性不强的工作。

贾林就这样"连挤带混"地进了 Dian 团队，但没过几天就成了团队的明星人物。他不仅颜值是妥妥的"高富帅"，而且入学经历也令队员们啧啧称奇。原来，贾林从小是学拉手风琴的，都考过了十级；中考过后，同学家长告诉他艺术特长有机会在高考时获得加分，他经过研究发现，学手风琴的人多但招生名额少，不符合差异化竞争，于是他决定再学一门新乐器——长号；因为基础较好，他只用了两年时间就考到了满级，高三参加全国艺术冬令营时，全国十余所 985 高校抢着与他签约，许诺只要高考能过"一本线"就录取他；最终填志愿时，他拒绝了武汉大学交响乐团的力邀，而选择了华中科技大学；加入学校艺术团之后，他又自学通俗歌曲演唱方法，连续多年以歌手身份登上《同歌同行》毕业晚会的舞台，堪称"百变王子"。当刘老师听完他的这些传奇经历之后，才彻底相信当年补考时贾林的高分完完全全是凭他自己的本事，第二次对他刮目相看："不得不承认，人跟人是不一样的啊！"

几乎没写过代码的贾林，在移动组里参加的项目是制作 5 个 APP 并落实 3000 个注册用户，他不仅将第一个"电子鞭炮"APP 开发出来提交验收，还仅凭一己之力就落实了 1500 个用户。然后，他又动员自己的同学和朋友，风风火火地将剩下的 1500 个测试用户也给解决了。这回，贾林不仅第三次令刘玉老师刮目相看，就连全团队的人都被"震翻"了，大家视他为"销售天才"。在这群敬佩他的队员里

2012年4月29日，Dian团队10周年庆典时，贾林（左1）与陈浩（右4）同框

面,就有移动组的技术骨干、400号队员陈浩。刘老师给贾林发了奖金和奖状。贾林将奖状留下,奖金却一分没留,全分给队员们了。

另辟蹊径,读研公管

刘老师和贾林的交流越深入,就越觉得这孩子不可思议。因此,刘老师更加坚定地认为,贾林应该选择人文社会科学专业,并建议贾林选报她丈夫钟书华教授所在的华科公共管理学院。贾林喜不自禁地说,钟书华教授是学科带头人,德高望重,正想选报呢,就怕钟教授看不上他。在刘老师的鼎力推荐下,钟老师答应接收,于是,贾林成了刘玉和钟书华这对教授夫妇共同的学生,至今仍属"唯一"。

贾林去了钟教授门下后,不仅受到了严格训练,还受到公管学院育人目标——"领导者的摇篮,政府的思想库"的影响,很快便担任校研究生会主席和湖北省学生联合会驻会执行主席,刘玉老师听说后,对贾林第四次刮目相看! 她想起20多年前在光电系当班主任时带过的一位学生,也是因为当过湖北省学生联合会驻会主席,后来"弃工从文"到中国人民大学经济系读硕士和博士,最后这位嫡系弟子进了中南海工作。刘老师预感,贾林也具有这样的潜质。

贾林本科毕业后,先被派往襄阳市谷城县工作一年。其间,为了不给单位增加负担,他主动申请住在条件艰苦的仓库里,结果被隐翅虫大面积叮咬,险些毁容。后来,贾林由于忘我工作,其事迹感人至深,因而在谷城的工作结束时,荣获了"湖北省志愿服务西部计划优秀志愿者"称号。

三跨计科,投身创业

读完公共管理学院的硕士之后,贾林想继续接着读博士,但钟教授希望招收能长期坐冷板凳的研究型博士生,没将指标给他。但贾林读博的决心非常大,经过一番折腾,他竟然又跳回IT领域,到计算机学院金海院长门下去读博了,第五次让刘老师刮目相看! 刘老师说,再也不敢对贾林"预测"了,其惊人之举已多到远超老师们的想象力了。

2015年,刚开始读博的贾林,又开始在创业方面折腾。2017年,他得到了400号队员陈浩的投资和技术支持。2018年,在原有业务的基础上,贾林决心要做一个全中国最严格的在线考试系统——鹰眼系统,用技术手段让每个远程考生都能一直被"活体监测",让作弊无处可遁。这并不是一件容易的事情,于是,缺乏资金、时间和经验的贾林向Dian团队求助,效仿026号队员颜庆华和052号队员钱建安2013年回团队创业那样,也借用Dian团队的实验室和在站队员,在刘玉老师眼皮底下起步。就这样,在刘老师的支持和帮助下,

2020年，贾林（左3）荣获武汉市人力资源服务业创新创业大赛一等奖

贾林在启明学院706——Dian团队大本营设立了"鹰眼"项目组，自此开始书写又一个抱团创业的故事。

技术骨干，忘年之交

计算机专业的陈浩，在大一刚结束的2010年7月，就主动加入Dian团队的外围组织"OPhone俱乐部"，成为第一批核心骨干。次年，正式加入Dian团队，成为与湖北移动合作的"移动互联网"项目大组的技术骨干，并担任其中小项目的组长。他与团队并肩奋斗了近3年时光，曾荣获Dian团队"技术之星"称号。大二结束时，他主动转入种子班，成为Dian团队"黄埔军校"的一员，由此激发了他的领袖潜质。后来，他真的当了Dian团队市场部部长，进入了团队核心层。

陈浩特别喜欢和刘玉老师聊天，刘老师也觉得他有着超出同龄人的格局和眼界。有天晚上，陈浩在启明学院7楼完成项目组的工作后，就到2楼刘玉老师的办公室，找刘老师聊天。两人一直聊到深夜两点多，在聊到当时热播的电影《让子弹飞》时，刘老师问陈浩对哪个镜头印象最深，陈浩回答说，是姜文撒钱撒枪都没法激发老百姓跟着造反，非得把假黄四郎打死并扛在门板上，才能解除百姓顾虑，众人涌入黄四郎府邸，这才把真黄四郎赶跑了。这一段，恰恰也是刘玉老师最受启发的一段，对带领Dian团队如何继续发展有着很强的隐喻价值。二人瞬间同时起身，隔着茶几紧紧握手，没想到，年龄相差半个世纪的师生，居然能有如此强烈的共鸣，可谓"高山流水遇知音"啊。从此，刘老师视陈浩为忘年之交，相信他迟早能成大器。

兵马未动，粮草先行

　　陈浩虽然是技术出身，但头脑很活，颇有产品经理的气质，在移动组做了不少有创意的APP，参加中国移动的"MM"大赛屡获大奖，于是，他内心便有了创业的想法。但他头脑清醒，认为自己身上所缺创业的微量元素甚多，想先去已经创业成功的游戏公司就职，练好内功。于是，刘玉老师把他推荐到对 Dian 团队十分认可的友好企业——北京乐元素公司（先后推出开心水族箱、开心泡泡猫、开心消消乐等知名游戏）。这时，陈浩又对刘老师提出了新的请求，他对刘老师说：如果要创业必须抱团，他在 Dian 团队领导的项目组内还有两个同龄的兄弟，虽然他们都顺利拿到了不同公司的 offer，可是一旦各奔东西，这个队伍就没了，因此，他请求刘老师将他们三人"打包"一起推荐到北京乐元素公司。刘老师为了扶持陈浩他们创业，再次找乐元素的老总"刷脸"，最后，他们三人在大四毕业设计期间便去了北京乐元素实习体验。实习了近一年、开了眼界之后，三人同时回到武汉，但他们仍然没有急着创业，而是又去了 026 号队员颜庆华创办的悦然心动公司，只为学习从 0 到 1 的创业公司是如何做起来的。直到 2014 年 6 月，陈浩和 476 号队员赵明、479 号队员陈国瑞这才离职创业，而且也效仿颜庆华起步时那样，回到 Dian 团队"借栖"，在启明学院 706 一待就是一年多。

　　然而，陈浩并没有按两年前的想法去做游戏软件，而是改做"移动端碎片化劳务众包平台"，动员全国的年轻人用碎片化的时间分布式地做一些诸如下载 APP 之类的刷单外包。刘玉老师很失望，不明白陈浩团队有很好的技术底子，为什么偏要做这个很"low"的东西。陈浩冷静地跟刘老师说：创业第一步是要把能快速挣钱的机会先抓住，只有把子弹、粮草备齐，有了经济实力，以后再想做什么高大上的创业项目才不会捉襟见肘。他这番话自成逻辑，刘老师只能选择相信他。

2013年6月，陈浩毕业离校前与Dian团队的桌上足球台合影

　　陈浩工作了一年就跳槽，有些人会质疑陈浩没有责任感，但刘玉老师对陈浩是百分百信任的，她也有自己的判断逻辑。陈浩大三结束的那个暑假，他和队长龚小聪一起，用启明学院给 Dian 团队的两个公费名额，去美国 Rose-Hulman 理工学院参加了 3 周夏令营。他在美国看到学生宿舍几乎都配了桌上足球，觉得这个设施对活跃气氛、增强凝聚力特别有用，心想 Dian 团队要是能配一个那该多好。回国后，恰逢他和贾林那个项目小组参加中国移动"MM"大赛获得 800 元奖金，他便

给组员们做工作，一分钱不留，上淘宝采购了一个桌上足球台捐给 Dian 团队。买回来那天，启明学院 7 楼就像过年一样，队员们看稀奇的、动手试的，可热闹了，就此开辟了 Dian 团队"标配"桌上足球的先河。但"便宜没好货"，陈浩买回来的桌上足球，没多久就被队员们玩垮了。这时，大家已经离不开这个有趣的设备，于是，同在一层楼创业的颜庆华和钱建安便轮流接力购置结实一点的桌上足球。陈浩正式回到团队创业后，看到第三代设备也摇摇欲坠，于是再次为 Dian 团队捐了一个很高档的桌上足球，大大延长了使用寿命。通过这件事情，刘老师确定陈浩绝不是冷漠自私之人，而是懂得回报的热心肠。

共同创业，道阻且长

前面说到，贾林的"鹰眼"项目启动时缺钱、缺人、缺技术，于是陈浩慷慨相助，不仅给贾林提供了数百万元天使投资，而且把自己的技术骨干也投入进来。两路人马就此在启明学院 706 "合体"，成为刘老师接待各方参观时必去的房间，作为 Dian 团队抱团创业的新案例。

贾林和陈浩兄弟联手创业，队伍不断扩大，706 房间已经挤不下了。可是，贾林还在校内读博，为兼顾两头，他提出搬到主校区的"红娘茶舍"，这里曾是刘玉老师接待创投双方、帮助对接融资的"风水宝地"呢。为了支持这些弟子，刘老师再次出手相助，他们在这里一待就是 3 年。目前，他们的项目日益发展壮大，他们已经搬出校园，到了美丽的东湖风景区附近继续创业，事业如火如荼。

编后语

　　贾林学长特立独行、守正出奇的经历，实在令人惊叹，敢于冒险的精神早已写进了他的人生词典里，他屡屡把不可能变为可能。从他身上，我们可以充分感受到创业者的那种活力和勇气。当然，贾林学长能在短时间内完成一次又一次的跃迁或跨界，还与他"深不可测"的潜能有关，这让刘老师一次又一次对他刮目相看，也让笔者钦佩不已。

　　陈浩学长则给人一种踏实、稳重的感觉。他波澜不惊地一步一个脚印向着自己的目标进发，有规划、有远见，沉得住气，不骄不躁，而且还能饮水思源、心怀感恩。他是一个实干家，也是一个逐梦者。

　　他们是 Dian 团队梦想之种，如星如火，如溪如泉，能奔跑，肯钻研。愿他们在 Dian 团队这片孕育无数追梦者的沃土上，能够点亮人生、点亮世界、点亮未来！

林佛钧&刘宏阳："微弹幕"创始人

| 执笔人：刘宏阳　林佛钧　刘玉

　　林佛钧，男，广东惠东人，Dian团队519号队员。2013年从广东省惠东高级中学考入华中科技大学软件学院的软件工程专业，大一下学期便加入Dian团队。刚上大二，便与刘宏阳联手开发创业项目"微弹幕"，用户超过百万人，相关媒体报道超过百余条。2015年9月，考入启明学院的创新实验班"种子班"，并担任班长。在Dian团队里，先后参加过挪威组、移动组、"微弹幕"创业组、华为组，还担任过Dian团队技术部部长。2017年夏，本科毕业后，他加入深圳腾讯游戏部，从事游戏研发已经4年。

　　刘宏阳，男，湖北洪湖人，Dian团队540号队员。2013年从洪湖市第一中学考入华中科技大学软件学院的软件工程专业。大二时，刚加入Dian团队，便与林佛钧一同鼓捣创业项目"微弹幕"。他也报考了"种子班"，再次与林佛钧成为同窗，并担任2013级种子班团支书。在Dian团队里，先后参加过移动组、"微弹幕"创业组，还担任过Dian团队公关组组长。2017年夏，本科毕业时，被保研至上海交通大学计算机系。从本科到硕士毕业的7年间，先后获得40余项荣誉或奖励（包括获评"上海市优秀毕业生"），获得2项发明专利授权，发表2篇学术论文。2020年3月，硕士毕业后，加入微软上海的Global Technical Team，从事Teams和Security方面的相关工作。

一样的来处，不一样的远方

　　华中科技大学有一个很特别的学院——软件学院，这里有着各种性格迥异、才能不一的学生，有人是因高考前在全国信息奥林匹克竞赛中斩获大奖而被保送至此的"极客少年"，也有人是在高考出分之后才用两三天时间翻遍专业名录而敲定报考专业的"计算机小白"。

这篇故事的两位主人公，便对应了上述截然不同的两类人。虽然他们是同大学同学院同专业，连寝室都是斜对门，但对未来要走的道路，却各自有着截然不同的期许。

进入大学，林佛钧延续了高中时代的作风，继续沉浸在代码世界中。他成绩优异，并愿意为身边零基础的同学提供编程帮助。因此，他的名号和口碑，在进校不久之后，就在年级中流传开了。

此时的刘宏阳，则一边在课堂上尽力记住那些以前从未听过的计算机术语，一边利用课余时间参加各种学生活动。他在学校的官方微信公众平台"华小科"团队里做视频，在校学生科协里设计海报，在远征协会参加骑行或徒步活动，甚至还去街舞社学习 Hiphop。

林佛钧和刘宏阳，或许在某堂课听过彼此的名字，或许在楼道间与对方擦肩而过，但他俩并无什么交集。

2014 年 4 月，凭借过人的技术本领和充沛的技术热情，林佛钧顺理成章地加入了 Dian 团队，并很快在团队里崭露头角。他发现这正是他所期待的大学生活，很是享受，常常在启明学院 7 楼 Dian 团队实验室里通宵写代码，甚至被称为"刷夜三剑客"之一。

2014 年 10 月，刘宏阳刚因为穿越长白山原始森林遇险，被长白山市政府用直升机从深山密林里救了出来。此番生死历练，带给他强烈冲击，重返校园时恍若隔世。这时，恰逢大名鼎鼎的 Dian 团队招新，刘宏阳抱着"换个活法"的念头报了名，在熬过"通宵测试"后，也加入了 Dian 团队。

刘宏阳第一次参加 Dian 团队的例会，就看到林佛钧在讲台上展示他在 Hackathon 上做的小工具"微信弹幕"。这个工具主要用于线下活动中演讲者和观众的互动，观众向指定的微信公众平台发送文字消息，那些内容就会以弹幕的形式出现在演讲者的大屏幕上。这个工具，既可以帮助演讲者涨粉，也可以让演讲者实时了解观众的情绪，其互动的属性马上吸引了刘宏阳。

林佛钧随后在 Dian 团队的内部社交平台"喻信 BBS"上发了一个技术帖，详细介绍了"微信弹幕"的技术细节。刘宏阳看到这个帖子后更兴奋了，马上就跑到隔壁林佛钧的实验室，表达了自己对这个产品的兴趣对它未来发展的看法。在沟通中，刘宏阳对这个小工具的兴趣越来越浓，希望更多人能使用这个小工具。刘宏阳认为自己可以帮助林佛钧让"微信弹幕"得到更多的推广，而林佛钧自然也很乐意看到自己的作品能被更多人喜欢，于是欣然接受了刘宏阳的想法。

一内一外，合作愉快

刘宏阳说到做到，当天晚上便风风火火地联系自己加入过的那些学生团队的熟人，开始扩大"微信弹幕"的使用范围。在主动推介和被动扩散的情况下，仅仅一周时间，"微信弹幕"就在华科校园的其他学生团队中扩散开来。

刘玉老师原本就对 Dian 团队例会上这个新鲜的小玩意儿有所注意，当得知这个工具开始被校园里其他学生团队也运用起来时，她特地找来了林佛钧和刘宏阳等几位同学一起吃了顿饭，建议他们把这个项目做得更大。就算没有现金流收入，但是，能扩大 Dian 团队在校园的影响力也是极好的。

所有的好故事，都会有一个不平凡的"开头"，但"微信弹幕"的初期进展之迅猛，仍然超出了大家的想象。"微信弹幕"比传统的"微博墙"更新颖、更好用，演讲者不需要架设额外的大屏幕来播放评论，还能用当时尚未大范围流行的"弹幕"这一新奇元素吸引观众，于是，"微信弹幕"在越来越多的学生活动中被使用起来。起初，林佛钧和刘宏阳还常常到活动现场提供技术支持，后来发现完全应付不过来了。于是，他们赶紧搭建"官方"网站，撰写使用指南，让同学们自助地免费使用"微信弹幕"软件。同时，随着用户的反馈越来越多，"微信弹幕"的更新迭代频率也越来越快。

后来，新闻学院有位同学在专业课程的结业答辩中，创新性地使用了"微信弹幕"，于是，这个产品便被新闻学子云集的学校记者团所报道。就这样，很快又扩散到校外，被一些传统媒体及自媒体报道,如《楚天金报》等，当时"微信弹幕"甚至被誉为"线下活动的互动神器"。

恰逢年关将近，许多企业都要举办年会，于是，不少公司主动联系他们，希望付费购买他们的软件和服务，为公司年会中演讲者和观众的互动提供技术支持。这也是他们的工作第一次得到物质上的回报。

另外，当时正值"大众创业，万众创新"的号召刚提出不久，资本市场的形势一片大好，过去不被投资人注意的大学生创业也得到了广泛关注。2014 年底，国内多家知名风险投资机构主动联系他们，有些投资经理甚至专程来学校找他们面议。刘玉老师也通过其深厚的人脉为他们牵线搭桥，把他们的项目推荐给投资机构。投资人提问较多的是："如果有必要，你俩是否愿意休学创业？"大二的他们热情正盛，对视一笑，毫不犹豫地回答道："没问题！"有投资人说："你们两位核心创始人的分工，还要更明确一些。"他俩便根据各自的擅长与喜好，确定了"一内一外"的协作模式：内部的技术研发，由林佛钧一手负责；外在的产品设计、商务接洽、融资谈判等事宜，则由刘宏阳一手负责。他们还最终确定，将更简洁的三个字"微弹幕"作为正式的产品名称。

最终，经过多方权衡，2014 年 12 月 25 日，这两位少年与深圳创新谷投资管理有限公司达成了 100 万人民币的融资协议，并随即于 2015 年 1 月 23 日注册成立了武汉成启点信科技有限公司。就这样，林佛钧和刘宏阳的人生轨迹从此有了更多交集。

创业不是请客吃饭

公司成立后，在刘玉老师和 Dian 团队的大力支持下，林佛钧和刘宏阳的"微弹幕"项目走得更快了。一方面，他们加紧扩充人手，吸纳 Dian 团队内其他队员加盟，高峰时"微弹幕"项目组有 9 人之多。另一方面，他们进一步加快了产品研发的步伐，将原来运行于电脑上的"微弹幕"软件命名为"微弹幕 PC"，然后围绕线下活动中的弹幕互动这一核心，又研发出"微弹幕 Chat"、"微弹幕 Lite"和"微弹幕 Admin"等3款手机软件，为用户提供更好的体验和服务。

从2014年10月创业之初，到2017年6月他们本科毕业时，使用过"微弹幕"系列产品的用户量累计超过百万人次，相关新闻媒体报道超过百余条。"微弹幕"系列产品的业务范围，也从最早的学生活动、公司年会进行了更深层地拓展。他们的产品，在翻转课堂、演唱会、婚庆、音乐节等场合也被广泛使用，产生了一定的社会影响力。华东师范大学的黎加厚教授来武汉讲学时，还特地邀请这两位同学吃饭，为"微弹幕"对课堂创新的帮助表示赞赏。

2015年3月5日，林佛钧和刘宏阳被紧急通知去深圳创新谷总部，向顶级投资人做汇报，为下一轮融资做准备，刘玉老师也主动要求同行。这一次的"深圳之行"，令林佛钧和刘宏阳大开眼界，他们第一次面对面地见识了国内的顶尖投资人，这些投资人来自红杉资本、今日资本、高榕资本、中国青年天使会等知名投资机构。此次经历，不仅开阔了他们的视野，也让他们对未来有了更多的展望。

然而，创业不是请客吃饭，不可能总是阳光明媚，激流险滩也是不可避免的。转眼就到了2015年6月的毕业季，眼看着团队中的部分师兄毕业离校，"微弹幕"项目面临缺乏人手的窘境。同时，因为竞争门槛低，所以市面上的竞品此起彼伏。林佛钧和刘宏阳毕竟才是大二的学生，他们虽然想法很多，但其技术力量和市场经验都不足，因此，"微弹幕"项目进展遇到了重大困难。更严峻的困难是，由于种种原因，创新谷当时承诺的100万人民币风险投资并没有顺利到账，公司的支出完全依靠提供付费服务而获得的收入来支持。

面对重重困境，林佛钧和刘宏阳都没有想过放弃。尽管学业日益繁忙，但他们还是将所有的课余时间都投入到创业项目中去，两人始终彼此勉励，常常在启明学院7楼待到半夜三更。那时的宿舍楼，还没有自动门卡，零点前早就锁了大门。他们常常不得不以"准备考试，忙得太晚"为由，恳求楼管阿姨开门放他俩回宿舍。有时，两人回到了寝室所在楼层，甚至还会在楼梯间席地而坐，探讨下一步的计划。"少年不识愁滋味"，所有的挑战，在林佛钧和刘宏阳看来，不过如同游戏的下一道关卡罢了。

除了在技术和产品上继续迭代更新，在市场和商务上持续拓展开发，林佛钧和刘宏阳还想方设法地争取更多的资源。例如，参加"互联网＋创新创业大赛"，参加"全国大学生创业实战大赛"，去拜访各种投资人，以争取融资机会。回首当年的日子，两人争分夺秒，恨不得一分钟掰成两分钟用。

2016年10月，林佛钧（左）与刘宏阳（右）在"第二届全国互联网＋创新创业大赛"决赛现场合影

他日江湖相逢，再当杯酒言欢

2016年9月，林佛钧和刘宏阳已上大四，开始面临人生阶段的重大选择：本科毕业后，何去何从？

当时，"资本寒冬"降临，投资人在投资时显得尤为谨慎。两人经历了好几次融资受挫，甚至其中一家投资机构的尽职调查都已做完，却被投委会最终否决。没有拿到下一轮融资，让他们本科毕业后继续创业的想法变得极为艰难。

创业的过程，让林佛钧和刘宏阳对技术和商业都有了更深层次的思考。他们意识到，虽然"微弹幕"的发展很快，但从本质上来看，它仍然是个技术门槛很低、科技含量不高的产品，两年前的先发优势业已式微，现在继续撑下去实在看不到出路在哪里。两人不得不承认，"微弹幕"项目大概率只能走到这里了。

他俩日后无数次复盘过当年的情况，深刻反思到：如果2014年12月拿到融资后全力以赴地把"微弹幕PC"做得更好，或许会比把有限资源分散投入到从零开始的三款APP中去要好得多；他们不仅仅是战略选择上还不够成熟，在具体的战术上也缺乏对产品和商业的足够理解，没有充分利用好竞争对手蜂拥而至之前的那一年宝贵的时间窗口，去把产品的"护城河"挖得足够宽、足够深。

本科毕业后，林佛钧选择去深圳入职腾讯，去"大厂"看一看，沿着他的技术之路继续走远。而刘宏阳，很清楚自己既没有天赋也没有兴趣成为技术大牛，于是选择保研至上海交通大学计算机系深造。因为他的本科双学位是金融学，所以他决定在"金融科技"领域再进一步，选择了"区块链"作为自己的研究方向。

当下一步的选择确定后，两人都明白，2017年6月本科毕业之际，也是"微弹幕"项目"寿终正寝"之时。虽然两人约定好毕业后继续自费维持"微弹幕"官方网站和服务器的运行，但他们也都心知肚明，自己未来不会在这个项目上再投入心血了。曾经并肩作战3年的战友，很快各奔东西。

2020年8月，林佛钧（左）与刘宏阳（右）在上海外滩合影

后来，林佛钧在腾讯的技术岗位上依旧耀眼夺目，连续两年拿到"五星员工"的称号，晋级迅猛。他的技术实力越来越强，对技术和产品的领悟也越来越深。刘宏阳则在上海交大的校园里继续探索着自己的内心，也不忘环游世界。他一边努力做科研、发论文，一边用心读书、写心得，同时也热衷于强体健身。本科毕业后，两人还有过几次相聚。只要看到对方，便又

回忆起当年的日日夜夜，回忆起当初的肝胆相照。这两个少年 20 岁的青春，都因为"微弹幕"这三个字，而产生了不可磨灭的印记。

或许有一天，他们中的某个人会再次创业，并向另外一个人发出邀请。或许有一天，他们会再次并肩站在一起，还如当年那样默契："产品和商务，交给我吧；全部技术栈，拜托你了。"如果他日再奔赴创业的战场，重续同袍之谊，他们二人必将更加强大、更加传奇！

✒ 编后语

　　林佛钧和刘宏阳的创业尝试，不仅给他们留下了终生难忘的体验，还促成了刘玉老师退休后的"华丽转身"。2015 年 3 月 5 日的"深圳之行"，使得刘老师有机会零距离旁听了今日资本的徐新、红杉资本的周奎、高榕资本的高翔、中国青年天使会的麦刚等知名投资人与创业者面谈的全过程，并看懂了他们判断一个项目优劣的逻辑标准，那就是"要么有数据，要么有案例"。

　　这次观摩，对刘老师不久后组织"武汉创业红娘"是极为重要的启蒙。她组织的"创业相亲会"公益活动，如今已坚持了 7 年，创投对接成功率达到 13.8%，为年轻的初创者融资 4 亿元，却从不收创投双方一分钱，誉满中国创投圈。而这一切的"果"，都起源于"微弹幕"那个小小的"因"。

金亦冶："步步好运"的名誉队员

| 执笔人：金泽铭

金亦冶，男，安徽安庆人，Dian团队002号名誉队员。2004年从华中师范大学第一附属中学考入华中科技大学光电系，毕业后连续赴美国两所名校深造，接着又回国创业。2015年，他入选了福布斯"中国30位30岁以下创业者"榜单。虽然金亦冶在学校期间无缘加入Dian团队，但因他毕业之后对团队有贡献，经两名老队员推荐成功加入了Dian团队。

心系母校

金亦冶，2004年考入华中科技大学光电系，大学四年内与Dian团队并无交集。他与刘玉老师的相识，既是巧合，也是出自他对母校的情怀。2010年7月，经在美国任教的Dian团队006号顾问宋建建教授牵线，刘玉老师率先为华科启明学院的国际交流破冰，带领7名同学去美国名校Rose-Hulman理工学院参加夏令营。刘玉老师抵达的第二天，宋老师就介绍说该校有位刚完成毕业答辩的硕士生金亦冶也来自华科，听说母校有师生来校很是激动，希望能来探望刘玉老师和学弟学妹们。

见面后，刘玉老师发现，她与金亦冶有着很大的缘分：刘玉老师曾在金亦冶本科就读的光电系教了16年书，金亦冶的父母也都在华科工作，且与刘玉老师住在同一教师小区。这种缘分，让两人都倍感亲近。金亦冶向母校师生汇报了自己出国留学的经历，他说自己本科期间并非学霸，但很早就明确了努力方向，一定要出国深造。因此，他努力学英语考托福，最终如愿来到了Rose-Hulman理工学院读研。不过，刚到美国时学习压力很大，期末考试之前熬夜复习得了头痛症，他靠吃止痛药坚持复习，最终坚持了下来，并且渐入佳境。毕业答辩时，导师对他的硕士论文非常满意，想推荐为该校百年来的优秀论文。在场旁听的大一女生曾裕璇，受到了极大鼓舞，觉得金师兄是最好的榜样。回国后，曾裕璇不仅马上加入了Dian 团队和种子班，成为 416 号队员，本科毕业后也像金亦冶那样去了 Rose-Hulman 理工学院读研。金亦冶在连续两年回 Dian 团队做专题报告、成为 Dian 团队名誉队员时，她也是推荐人之一。然而，金亦冶与 Dian 团队的一系列传奇故事这才刚刚开始。

高度责任感

　　金亦冶硕士毕业后，想接着攻读博士学位，因此申请了斯坦福大学并被录取。为了磨炼自己，他独自驱车 4000 公里，从美国中部的印第安纳州一路开到加州硅谷的斯坦福。2011 年，刘玉老师再次为启明学院去美国加州的斯坦福、伯克利等名校破冰，为华科特优生走出国门到世界一流高校游学做准备。刘玉老师在 2 月 14 日情人节的前一天到了硅谷，她第二天要去伯克利分校拜访，但没有合适的交通工具，这时突然想到了正在斯坦福深造的金亦冶，他不是自己有车吗？刘玉老师立即向金亦冶求助，金亦冶不仅爽快应允，而且为了保险起见，他当晚就把车开到刘玉老师在老同学的住处，与华科的老校友们夜聊到很晚。第二天一早，他便开车送刘玉老师去伯克利分校，并且陪刘玉老师一起去教室听课。刘玉老师心中暗暗称赞："这个小金挺靠谱。"

　　2 月 14 日下午三点多，刘老师准备离开伯克利，这时金亦冶详细询问刘老师下一站要去哪里，想要帮她好好规划一下捷径。由于金亦冶那天有课程活动想早点回到斯坦福，所以刘老师与即将拜访的电信系 79 级师妹张浩天女士相约在交通便利的星巴克见面。金亦冶把车停到那家星巴克的路边，刘老师边下车边向小金挥手告别。这时，金亦冶却关门下车说："我得陪您走进星巴克，亲自把您交到老校友手上才能放心。"恰好是这份靠谱的责任感，后来改变了他的命运。

　　金亦冶陪刘玉老师进门后，见到了在此等候的张浩天老校友，张学姐热情又细心地留小金喝杯咖啡，说提提神再开车远行，并热情地留电话说："我已经来美国 20 多年了，人脉资源方面比你熟，有什么困难你可以随时 call 我。"没想到，后来张学姐真的成了金亦冶的"贵人"。

　　金亦冶只在斯坦福读了 1 年多，就放弃 5 年读博计划，改为 2 年硕士毕业。斯坦福的创业气氛实在是太浓了，身边不时有人终止学业向大家告别说要创业去了，而周围的同学并不惋惜和挽留，反而发出对待英雄般的欢呼。就连他自己在食堂低头吃饭时，都有不认识的投资人凑上来递名片，询问有没有创业的点子。在这种氛围下，他也被催生了创业的想法。于是，他开始拉班子、凑点子，小伙伴的移动开发能力不足，他便找 Dian 团队远程合作开发 APP，但那个项目很快就"夭折"了，刘老师认为他犯了"拿着锤子找钉子"的错误。自己做出了产品，却没有用户买单。金亦冶受挫后十分沮丧，这时候他想起来张学姐，于是向学姐倾诉自己的烦恼。彼时，张学姐的丈夫正在中国创业，她对创业之艰辛感同身受，对小金说："你此前没有到任何一家创业公司去体验过，也没亲眼见过别人是怎么逐步做起来的，仅凭校园里的 idea 冲动创业，怎能不受挫？"金亦冶问那该怎么办，她提出了一个建议："你得先去创业公司好好体验。如果你对美国初创公司不熟，刚好我丈夫正在中国无锡进行技术创业，我可以介绍你到他的公司去体验一段时间。"金亦冶非常感激，能够获得这样的机会去体验、理解创业，正是他目前迫切需要的。张学姐说到做到，她很快联系丈夫并说明："这个小伙子有想法，能吃苦，将来肯定前途无量，但他目前缺乏对创业的感性认识，咱们不妨给他一个体验的机会。"于是，金亦冶参加完硕士研究生毕业典礼后，便毅然回国，来到张学姐丈夫的无锡创业公司做总裁助理，开始了他的新历程。

002号名誉队员

2010年那个夏天，刘玉老师初见金亦冶，便邀请他圣诞回国探亲时，能够到 Dian 团队做一次留学 Rose-Hulman 的读研经历分享。2012年，当金亦冶从斯坦福获得第二个硕士学位之后再回国探亲时，他主动到 Dian 团队进行第二次分享，并向团队赠送了斯坦福的校旗和纪念品。鉴于他对团队做出的贡献，在刘玉老师、宋建建顾问和极为敬佩他的小队员曾裕璇的联合推荐下，他顺利成为 Dian 团队 002 号名誉队员。

金亦冶去无锡后，第一时间便向刘老师汇报了行踪。刘老师想到他的名誉队员身份，马上邀他加入 Dian 团队的长三角分站，"你要向组织靠拢"，并对该分站站长、019 号队员祝振汉嘱咐，金亦冶情商智商兼备，但他孤身一人在无锡，希望能多加关照。祝振汉十分重视，亲自从上海前往无锡见了金亦冶，令小金充分感受到了 Dian 团队大家庭的温暖。

祝振汉在上海一直做金融领域的创业，而金亦冶在无锡参与的智能 POS 机项目也属于金融领域的创业，两人正好有共同的讨论话题。于是，金亦冶去上海出差时常会找祝振汉聊在，祝振汉的同事们也都认识了这个帅气的小伙子。两人越走越近，经常会产生思想的碰撞，长此以往，金亦冶便产生了新的创业想法。

2011年2月14日，金亦冶（右1）与刘玉老师等人夜聊中

在金亦冶参与的项目——智能 POS 机中，他发现了用户的一个痛点：小业主们都很想使用互联网移动支付方式，但是，老百姓付款的方式五花八门，有各种不同的银行账户，还有支付宝和微信等；小店主若要接受不同类型的付款，就要在所有银行或平台分别开户才能完成收付款，这对小店主来说不堪重负。因此，金亦冶想到，如果有人代替小店主把这个中间层的

接口做好，店主从其中一头的接口进去，中间层负责做好与各银行的对接，这样店主不就省大力气了吗？祝振汉对金亦冶这个想法特别赞同，鼓励他干脆出来创业，祝振汉还表示可以与同事们一起投资给予支持。这时，金亦冶有些纠结：他就这样离开无锡，算不算是对张学姐的"背叛"？于是，金亦冶和祝振汉特意询问刘玉老师的看法，刘玉老师表态很干脆："要创业，莫迟疑，只管走！当初张学姐推荐你去她丈夫的公司，就是为了让你体验创业之路后再次创业，你的终极目标没有变，并且你的想法十分可行。不要有顾虑。"这下，金亦冶心里踏实了，果断奔赴上海开始创业。他最初就安营扎寨在祝振汉的公司里，祝振汉也提供了种子轮投资，因此，他在很短的时间内便做成了支付聚合平台——Ping++，并很快实现了用户的快速增长。

后来，刘玉老师亲自去上海看望金亦冶，见面后，刘玉老师便问："你到底怎么做到用户增长速度如此之快，并且有还知名投资机构追捧？"金亦冶在黑板上写写画画，给刘玉老师讲述了Ping++的功能和意义。刘玉老师看到后顿时明白了，她总结出了Ping++的特点，就是"以不变应万变"。对于小店主是"不变"，而Ping++所做的就是"应万变"。金亦冶对刘玉老师说，他们做的不是APP而是sdk（软件开发工具包），并且这个插件的核心功能只需要7行代码就能完成。这让刘老师深感惊讶，她随即问道：你们如何收费？小金说：交易量在10万单/年以下的用户，Ping++免收费用；超过10万单的用户，也只收取极少费用；他的想法是，只要是服务大家，一定会有回报。随着Ping++大火，金亦冶的知名度也日增。2015年，在多位投资人的提名和推荐下，他入选了福布斯"中国30位30岁以下创业者"榜单。

2015年，金亦冶入选福布斯"中国30位30岁以下创业者"榜单

偶然与必然

刘玉老师多次提起，金亦冶不仅人长得帅，口才也好，而且很有情怀。2018年冬，刘玉老师在华科校友企业家年会上恰巧与金亦冶同桌吃饭，当金亦冶听说刘玉老师出资给"微信之父"张小龙和"PPTV之父"姚欣（014号顾问）当年住过的学生宿舍进行了文化装修，做成了"名人旧居"。他很激动地对刘老师说："您还要对哪位杰出校友住过的宿舍进行装修？我也想捐资。"刘老师正准备装修"罗辑思维"主讲人罗振宇住过的宿舍，于是，金亦冶便捐出双倍资金对罗振宇当年的寝室进行了非常精致的装修。另外，刘老师退休后参加了学校老年印巴舞队，恰巧金亦冶的母亲也在那个队里。当时，舞蹈队缺钱请老师，刘老师便打电话给金亦冶"化缘"，笑称"印巴舞队里有你两个妈"，金亦冶二话不说立即出资数千元赞助。

金亦冶曾对刘玉老师感慨："其实自己没什么能力和本事，好像创业路上的每一步都是偶遇贵人相助，只要任何一环失去帮助，都不会走到今天，完全是运气太好。"刘玉老师说："错！这一切看似偶然，其实是必然，是金亦冶你自身的高情商和责任感带来了好运气。"

✒ 编后语

确实，如果当初刘玉老师去Rose-Hulman理工学院参加夏令营时，金亦冶没有心系母校师生，也就不会与刘玉老师相识；如果金亦冶没有热心地在"情人节"当天有约的情况下开车送刘玉老师去伯克利，又出于高度责任感将刘玉老师交到校友手上才肯离开，他就不会认识张浩天学姐，也就不会有去无锡体验创业的机会；如果金亦冶没有热心地主动到Dian团队进行两次分享，他就不会成为Dian团队的名誉队员，也就不会认识挚友祝振汉，或许也就无法做出ping++这样的杰出产品。这一系列的偶然，其实也是必然。这种必然，恰恰完美印证了Dian团队团训的最后一句："好态度带来更多机会。"

跨界
创新

刘洋：Dian团队的"007"

|执笔人：李瑞源

刘洋，男，湖北广水人，Dian团队007号队员。1999年从广水市第一高级中学考入华中理工大学（现华中科技大学）电信系，大四加入Dian团队机要公文加密项目组。他凭借超高技术克服了文件隐藏的难题，为项目的顺利结题立下了汗马功劳，毕业后作为本科生被朗讯南京分公司破格录取。现在上海创业，创办了空棘智能科技（上海）有限公司。

一代传奇，因缘早结

刘洋和 Dian 团队的故事，要追溯到 Dian 团队成立之前的 2001 年初夏。那时，刘玉老师刚从华科光电系调入电信系任教，她主动到学生宿舍去了解电信学子的状况，以便上课时因材施教。当时，电信系有个第二课堂部和"小红帽"电器义务维修队，"小红帽"因为经常在社会上组织电器义务维修活动，被周边的市民交口称赞。刘老师到南二舍的"小红帽"基地去拜访，发现那个房间里只有一台脏兮兮的台式电脑，机型还是很落伍的 486 卧式机箱。因房间没有空调也没吊扇，为了散热，学生们把电脑的三面挡板全拆了，几乎成了名副其实的"裸机"，这台电脑上运行的就是电信系内部的 BBS 系统"喻信星空"。据说这台电脑还是"小红帽"团队的几位老队员在临毕业时你拼我凑捐赠的，显示器是一个不知名的师兄在毕业时捐赠的，团队每年只有 150 元购买零部件的耗材费"公款"。刘老师觉得这群学生实在可敬又可怜，在光学系当过优秀班主任、曾荣获全校三育人奖的她，实在于心不忍，当即表态要将自己刚换代、原打算送给父母的 686 型号电脑捐给电信系第二课堂部。当时，电信系第二课堂部部长就是刘洋，他带着两名同学晚上到刘玉老师家中搬机器，感谢的话说了一大箩筐。刘玉老师对他的第一印象，是个特别瘦削但十分精干的小伙子，眼睛中泛着灵光，于是开始对他格外关注。

刘玉老师怀着好奇心，悄悄到白云黄鹤 BBS 的电信系版面查询历史记录，瞬间便被刘洋的一个传闻给"雷翻了"，有人声称曾亲眼看到刘洋把自己的电脑主板放在公共盥洗室的水龙头下用流水猛冲来除尘。当时计算机不仅珍稀而且还是奢侈品,他怎么敢如此"胆大妄为"?!刘老师特意找到刘洋核实:"你为啥用这么匪夷所思的方式来除尘?难道你就不怕电路板短路烧毁?再说,用水冲难道比用皮老虎吹风除尘更有效吗?"刘洋满不在乎地说:"这没什么,怕水的就是硬盘和光驱,拆掉就可以了,其他的零件都没有机械部件,不怕水,无非就是冲洗过后充分干燥嘛!水洗当然比皮老虎吹尘更给力,我重新开机后整机温度有明显下降。"刘老师不禁感慨:"你真是艺高人胆大!"这时,刘洋才跟刘老师交底:自己在大二大三时就已经参加其他院系的教师课题组做过一些项目,既画过电路图,也做过加密板卡,还帮图像所电脑机房改造过网络系统。刘老师这才知道这是一个"软硬兼施"的技术天才。

删除文件,巧妙隐藏

2002年上半年,Dian团队的机要公文加密项目第一阶段任务完成后,002号队员李震和004号队员康锋就毕业离校了。项目需要增加人手继续往下做,刘玉老师一下子就想到了刘洋这位传奇的技术天才,于是邀请他加入Dian团队参与这个项目,并建议他用这个真实项目当作毕业设计选题。因为之前刘老师曾慷慨赠与第二课堂部电脑,所以刘洋十分相信她对学生的宅心仁厚,出于感恩便爽快应邀加盟,排序007号。刘洋一进入项目组便展现了他超强的技术能力,不论是硬件上要绘制PCB印刷电路板,还是软件上要编写代码,他都能高质量地快速完成。更令人目瞪口呆的是,他只用了不到十秒钟就破解了项目组第一代加密方案,并说用市购的加密U盘靠不住:它只能在正常的系统中才能防止机要文件被窥探,但只要转移到可以绕过操作系统直接读写硬盘文件分配表的软件下,机要文件照样看得一清二楚,根本防不住。这可把刘老师吓出了一身冷汗,当即召集全组开会进行"头脑风暴",一定要找到机要文件完全不被窥探者发现的新方案。刘洋再次展现出惊人的创新思维,他提出了一个巧妙的底层解决办法,大家一听都觉得合理,于是刘洋赶快进行了实验,结果显示该方案确实可行!虽然当机要文件过大时,底层隐藏需要耗费较多的时间,用户体验感会差一点,但是能保证无论在什么操作系统环境下都无法被窥探,极为安全。

为了解决大文件加密速度过慢的问题,再次经过全组"头脑风暴",005号小队员熊祖彪在刘洋的新思路的基础上,提出了一种快速的文件隐藏方法,可以做到"零等待"。刘玉老师欣喜若狂,立即提出要申请发明专利进行知识产权保护。于是,这个不到10人的小团队,一年内便有两项国防专利被受理。

刘洋不仅技术能力出色,也特别讲义气,在电信系学生中很有人缘。008号队员李伟霞和015号队员欧阳华,都是刘洋"拉"入Dian团队的。他们加盟机要公文加密项目组之后,研发力量更加壮大,推进速度更快。

2003年6月28日,刘洋毕业离校前,特意请刘玉老师为他"拨穗"

最终，这个项目保质、保量、按期结题，为 Dian 团队敢于继续承接企业级真实项目树立了极大信心。刘洋，这个与好莱坞大片主人公詹姆斯·邦德同编号的"007"，由此成为无数队员眼里的"祖师爷"。

求职尴尬，化险为夷

都说人无完人，刘洋也不例外。虽然他动手能力一流，理论课成绩却不太理想，加权成绩还不到 70 分。但他很想读研深造，于是埋头加入考研大军全心复习，错过了找工作的最好时机。等到毕业前两个月考研分数一公布，落榜的刘洋这才急忙四处求职，十分被动。刘玉老师帮忙把简历推荐给刘洋心仪的信息安全公司，但因成绩单有低分和补考记录而被对方婉拒。

刘洋又看中了一家知名外企——朗讯公司（前身是 AT&T，贝尔实验室是该公司的基础研究实验室），想让刘玉老师帮忙写推荐信，刘老师满口答应，为他写了热情洋溢的推荐信。刘老师认为，中国高校完全以笔试成绩来评价学生是不全面的，刘洋的能力远超他的考试分数，在项目组中的贡献有目共睹，应该让这些技术能力优秀的同学能有一个好的出路，不能单纯以分数论英雄（这也是后来刘玉老师开办种子班的原因）。刘洋很争气，应聘时与众多研究生竞争，用丰富的项目经历与出色的个人能力一路过关斩将，成为朗讯公司南京分部招收的少数应届本科毕业生。虽然毕业前临时求职过程有些折腾，但最终他还是得到了自己心仪的工作。到南京入职后不久，他向刘玉老师写信报喜说，公司居然要派他这个本科生到美国总部去出长差。刘老师相信，一定是朗讯领导也看到了刘洋与众不同的技术能力。

刘洋在朗讯公司工作了 3 年，学习到了很多企业规范、流程以及管理制度上的经验，但他认为在技术上的提升有限，于是跳槽到上海做通信媒体网关设备的 Tekelec 公司。但那里依然没有满足刘洋对职业发展的需求，因此他又加入杭州的 Seaway 公司担任移动产品部门的技术负责人，在这里积累了产品规划、技术研发和人员管理的经验。后来，他又回归上海加入了 WiWide 公司，在这个公司里，他独立负责一个硬件产品的原型设计到试量产，由此熟悉了硬件产品的研发、制造、生产到供应链的全过程，补齐了作为纯技术研发人员的短板。在这个过程中，他意识到自己在纯软件方面优势不大，而软硬一体化的工作更加适合自己。于是，刘洋在 2018 年创立了自己的公司——空棘智能科技（上海）有限公司，专门做智能硬件和物联网方向的产品，接着还会做一些运动控制和传感器的相关产品。

多年未归，仍系团队

刘玉老师在讲述了刘洋诸多传奇故事之后，也谈到一件他"人在囧途"的糗事。2005 年3 月，Dian 团队举办 3 周年团庆，刘老师非常希望刘洋能从南京回来参加，刘洋本人也很想再回团队看望诸多当年战友，感受家一般的氛围。但是动身那天，他需要参加公司的越洋电话会议，等会议结束写完邮件总结报告，已是深夜两点，所有车、船、飞机都没班次了，只好准备咬牙花大价钱打长途出租夜奔武汉。但可能是因为夜色太浓，作为研发人员的他平时也不太修边幅，出租司机有顾虑而拒载。第二天清早，刘洋打算坐头班飞机赶回武汉，买票时却发现身份证掉了，赶紧跑到居委会想办理临时身份证明，但那天恰好是周末没人上班，这下彻底"凉凉"了。后来出差多了他才知道，其实机场也可以办理临时身份证明。大家在武汉一直焦急地盼望他回来，他在南京也不停地反馈自己的情况，但终究没能赶上 3 周年的团庆，也算是"史上"一大遗憾吧。

2010 年 4 月，刘玉老师带领 Dian 团队部分队员登上 CCTV-1《小崔说事》节目，播出前刘老师给每位老队员都发了短信预告。刘洋在家中的电视机前目不转睛地全程观看，仿佛还是在学校坐在台下听刘玉老师讲课的学生。当刘玉老师介绍完 001—006 号队员，主持人崔永元调侃道："那 007 呢？"刘洋在电视机前情不自禁地大喊："007 是我！我在这儿呢！"谁知屏幕上的崔永元接着调侃道："哦，007 在以色列呢！"

2021 年 7 月 27 日，刘洋正在公司里审校这篇故事文稿

刘洋虽毕业多年鲜有机会回团队探亲，但他的心始终与团队紧紧联系在一起。他当年做出的贡献，我们永不会忘记。队员们带给刘洋战友般的深厚友谊，他也一直牢记在心中。长三角分站建立之后，刘洋积极加入其中，在 Dian 团队的老队员微信群中也经常参加讨论，为团队的发展建言献策。人虽远，心却近。

 编后语

　　刘洋师兄看了文稿之后说："看着文字，回忆起 20 年前的学习和工作经历，很有意思，谢谢刘玉老师帮我们记录了这么多故事。"

　　刘洋师兄真称得上是"一代传奇"，在当初那个各种资源都比较匮乏的年代，他能钻研得那么深，而且涉猎广泛，从硬件到软件都样样精通。也许"天才少年"这个词就是为他量身打造的，他对技术的热爱令我膜拜。现在网上各种资源应有尽有，但我们与刘洋学长相比，差的是一颗肯刻苦钻研的心。

王晓鑫："十大挑战学子"是如何炼成的

| 执笔人：陈久阳

　　王晓鑫，男，重庆人，Dian团队022号队员。2001年从重庆市巴蜀中学校考入华中科技大学光电系。他本是工程奇才，出于对科学研究的浓厚兴趣，又投身量子通信的理论研究。他本科便有论文发表于顶级期刊，斩获"全国挑战杯十大挑战学子"的殊荣，为何又在研究生阶段毅然放弃攻读博士的机会，入职飞利浦亚洲研究院？我们不妨来看看王晓鑫的成长故事。

IT天才却偏爱理论研究

　　王晓鑫入学军训时，辅导员便发现这个精干的重庆小伙与众不同的一面。他的书架上大都是世界史、军事史等书籍，跟周围理工男大不一样，辅导员暗叹："这是个胸怀天下的小伙子。"

　　大一的物理课上，王晓鑫展现出了优秀的工程实践能力。任课教师李元杰要求同学们对物理公式进行建模。王晓鑫通过强大的自学能力，熟练地掌握 openGL，做出了炫酷的三维模型，获得了老师的高度评价。这个建模软件，以开源的形式分享给全校学生使用，被称为"王氏软件"，在光电学院已流传 20 年。

　　2002 年，刘玉老师萌生了从全校信息大类专业招募成员创建 Dian 团队的想法。她首先想到的自然是自己曾经任教了 16 年的"娘家"——光电系，于是请当年教过的学生、时任光电学院辅导员推荐人才，就这样，王晓鑫被作为"IT 天才"介绍到刘老师面前。可在面谈时，王晓鑫却表示不愿进入工程项目组，他坚定地要加入量子通信组。刘老师很疑惑，不明白他为什么要放弃对软件技术超强的悟性，放弃自己最强的工程能力，转去搞理论研究？王晓鑫回答："软件编程能力再强，也只能改变世界的一小块，但如果理论做得好，则有可能改变世界的一大块。"王晓鑫的铿锵之语，直到 20 年之后，刘玉老师仍记忆犹新。

　　至此，王晓鑫正式加入 Dian 团队量子通信组，开始了量子通信理论的学习和研究。

热情高涨的量子组"新星"

加入量子通信组后，王晓鑫开启了极其忙碌的学习和科研生活。光学系的课程和实验繁重，每天都排得满满的，可以说王晓鑫是全组课余时间最少的人。当时，量子组的研究刚起步，谁都不懂高深的量子理论。组长王长强（003 号队员）便组织大家先分头自学量子通信的基础知识，然后每周集中交流 2 ～ 3 次，互教互学。不巧的是，大部分的组会都与王晓鑫的实验课"撞车"。常常是晚上快十点了，王晓鑫才气喘吁吁地出现在南一楼五楼的会议室门口，只能赶个组会的"尾巴"。但他仍会主动汇报自己本周的自学进度，这种高涨的热情与自觉性让刘老师大为感动与心疼。会后，刘玉老师问王晓鑫："你光学实验已经做到那么晚，直接回宿舍便可，为何还要如此辛苦跑来赶最后这半小时呢？"王晓鑫却认为很有必要："做完实验再赶来开组会确实辛苦，可只要能听到最后的组长总结，我就能知道组内所有成员的进度，对自己也是个参照。其次，量子理论术语多且难懂，我即使只听半小时也能多消化一点，何况大家常常讨论到快十一点才走，您看我今晚不是又跟大家一起待了一个小时吗？"

评审会上，王晓鑫向评委讲解展示量子组成果

王晓鑫凭着高涨的热情、强烈的责任感，愣是从繁忙的学业中挤出时间，完成了对量子通信领域的基础知识积累。在刘玉老师眼中，王晓鑫就是量子通信组一颗冉冉升起的新星，她把未来量子组出成果的希望寄托在王晓鑫身上。

大雨淋出的权威期刊论文

天才的成长，总是伴随着坎坷与阵痛。当量子组第一批师兄师姐毕业离校之后，组内只剩大三大二的本科生，畏难情绪逐渐蔓延，长期没有成果产出。王晓鑫也进入"高原反应期"，斗志衰退，不复之前的积极活跃。

为了扭转量子组的颓势，2004 年暑假来临时，刘玉老师决定亲自召开量子组全体会议，督促组员们利用暑假整理、提炼文献，定出学术目标，促使量子组回到正轨。

然而，天有不测风云。7 月 13 日下午，在西五楼 505 教室举行会议前，窗外下起了瓢泼大雨，还伴随着阵阵狂风。会议开始时，刘玉老师看到十余人的量子通信组只有组长、050 号队员李宁一人准时到场，王晓鑫等所有组员全都不见踪影。她当即打电话催促王晓鑫，没想到王晓鑫以雨太大、自己没有雨伞为由来搪塞。刘老师大为光火，怒斥道："王晓鑫，别找借口，你今天非来不可，我就在这个教室一直等着！"半小时后，淋成落汤鸡的王晓鑫狼狈地走进教室，等待他的则是刘老师劈头盖脸的痛骂。随后，刘老师给量子通信组下了死命令：不管情绪，不管基础，暑假这一个半月之内，每人必须写出一篇论文。对老组员王晓鑫，刘老师自然要求更高，给他两个目标任选其一：要么为已经学过的量子通信"乒乓协议"设计一个量子直传保密通信装置；要么找到乒乓协议的漏洞，提出改进方案。低头不语的王晓鑫，暗自掂量了一下，选择了他认为相对容易的前一个目标，不情不愿地走了。

没想到，经刘玉老师这么一逼，还真就逼出了奇迹。一周后，王晓鑫便拨通了刘玉老师的电话："刘老师，告诉您个好消息，经过我的论证，乒乓协议理论上确实没有问题，可在现实中根本不可能实现，这也是该协议发布两年以来没有一篇涉及实验装置论文的原因。"

刘老师："这算什么好消息?!"

王晓鑫继续兴奋地说："我发现，如果将乒乓协议加以简化，便可以用普通光学器件实现，只是安全等级可能会降低一点。"

刘老师大为惊喜，但接着提示："那你还需要证明降低的安全等级具体是多少。"

王晓鑫："是的，所以我估计这篇论文至少要写一两万字呢。"

刘老师："理工类学术期刊通常只接受 5000 字篇幅的论文，你得把以上工作进行分拆。"

于是，刘玉老师与王晓鑫一起拟定了三个论文主题：①乒乓协议的实验装置设计，论证该协议为何无法在现实环境中实现；②对乒乓协议的改进，通过简化协议，使之能在现实环境中实现；③论证改进协议的安全等级。就这样，原本只想完成一个"低级任务"的王晓鑫，一下子有了三篇学术论文的目标。于是，他精神大振，摩拳擦掌地开始了论文的撰写工作。

8月中旬，王晓鑫便完成了第一篇论文《安全传送明文的量子直传实验方案设计》。在刘玉老师的鼓励下，他将稿件投给当时国内光学领域最高级别的期刊《光学学报》。由于论文正切中当时的学术热点，编辑部以最快的速度完成了论文的审核。2004 年 9 月 22 日，王晓鑫就收到了《光学学报》的论文录用通知。光学系领导经过研究，对王晓鑫大学三年的加权成绩增加了 2.5 分的学术论文奖励，于是他稳稳地进入了保送研究生的名单，本科毕业后去了中科院上海光学精密机械研究所深造。

荣膺"十大挑战学子"

2005 年 11 月，命运将王晓鑫与 Dian 团队再次联系到了一起。在王晓鑫大四毕业之前，华中科技大学便选中王晓鑫的学术成果参加当年的湖北省"挑战杯"，并荣获特等奖，接着又被湖北省推送参加全国"挑战杯"决赛——该赛事被称为全国大学生科技成果的"奥林匹克"。于是，王晓鑫停下刚开始的研究生课程学习，随 Dian 团队量子组的兄弟们一同出征上海，参加第九届全国"挑战杯"，最终不负众望荣获全国"挑战杯"二等奖。

"挑战学子"王晓鑫第一个获得飞利浦公司奖学金

至此，王晓鑫的好运气还没停止。这届"挑战杯"的赞助方飞利浦公司，突然宣布要在参赛选手中评出十位"挑战学子"，给予奖学金资助，希望候选人具备理论研究潜质。同时，为了地域分布均匀，要求各省只能推选一人去竞争。当时，湖北省的参赛作品几乎都是应用型，理论型选手王晓鑫便当仁不让地扛起了为湖北省竞争"挑战学子"荣誉的重任。他一路过关斩将，表现优异，最终在 11 月 21 日下午的闭幕式上获得"挑战学子"的殊荣，并第一个登台与飞利浦公司签约奖学金资助协议，一下台便被记者和闪光灯包围，成为全场最耀眼的"明星"。

用智慧回馈团队

王晓鑫获得"挑战学子"称号之后，大家都认为王晓鑫非常适合读博，可是计划往往赶不上变化。2006 年年中，经历了一年的理论学习以后，王晓鑫在校园 BBS 上跟刘玉老师私聊，想放弃攻读博士学位。王晓鑫说，走出华科校门，与中科大等学校的理科学生朝夕相处，才明白他们那样的才适合读博，自己并不是那种"两耳不闻窗外事，一心只读圣贤书"的"宅男"，可能更适合往创新应用的方向发展。研究生毕业前夕，经刘玉老师点拨，王晓鑫实现了从理论科学向应用科学的转型，并如愿入职给过他"挑战学子"奖学金的飞利浦亚洲研究院，开启了新的奋斗篇章。

入职后的王晓鑫，仍然与刘玉老师保持着密切的沟通。在一次私聊中，王晓鑫提到，像飞利浦这种大公司，厉害的不仅仅是先进的理论和技术，更重要的是技术背后的文化底蕴和科学的管理方法。譬如，他刚学过的 MECE 分析法（mutually exclusive collectively exhaustive，即相互独立、完全穷尽），通过结构化思维，对问题的思考能更加完整、更有条理，可以帮助决策者理清思路，做出更加有效的决策。他强烈建议，Dian 团队的战略研讨也使用

MECE 分析法。刘老师喜出望外，希望王晓鑫能回团队传经送宝。2009 年 11 月 8 日，王晓鑫专程从上海回到武汉，为 Dian 团队详细介绍了 MECE 分析法，引导大家开展"团队如何培养卓越工程师和未来职业经理人"的专题讨论。他亲自担任主持人，持续站台好几个小时，完整展示了一个抽象的概念是如何逐步细化直至落地可执行的全过程。大家看到最终输出的结果时，都发自内心地感谢王晓鑫带来的科学管理智慧。

MECE 分析法，不仅为 Dian 团队带来了改变，也被刘玉老师推广到电信学院的教学改革研讨会中并取得了良好的效果。参会的华科常务副校长林萍华称赞说，该方法完全可以用于学校领导层面的战略研讨会。

编后语

追随着年少时"改变世界"的梦想，王晓鑫在入职飞利浦公司后，由研发人员转至产品设计方向。为了继续开阔眼界，王晓鑫毅然离职，获得奖学金前往北京长江商学院攻读了两年 MBA，并在康奈尔大学交换学习。完成学业后，王晓鑫选择加入阿里巴巴，在互联网行业做节奏快、变化快、更具挑战性的工作，继续怀揣着通过创新改变人们生活的理想不断前行。

笔者在记录完王晓鑫的成长故事后，问及他当年在 Dian 团队量子组的学术研究经历对现在的工作有什么意义时，王晓鑫答道："在 Dian 团队做量子通信研究，让我学到了研究和创新的方法，打开了认知世界的一扇窗。同时，做学术研究的严谨性和逻辑思维锻炼，对以后的工作很有帮助。最重要的是，在 Dian 团队收获了刘老师的严格要求和言传身教，深刻地磨炼了我的意志和品性，这也是我人生成长中的宝贵财富。"

蒋卫锋：别样的人生

执笔人：石功成

蒋卫锋，男，贵州盘县人，Dian团队031号队员。1994年从云南曲靖一个企业子弟中学考入国防科技大学物理系光电专业，毕业后分配到海军装备部驻重庆地区军事代表局；2003年通过强军计划考试，前往华中科技大学电信专业攻读硕士学位，并加入Dian团队，参加了武汉嘉铭激光公司的项目振镜标记机D/A板卡项目；2006年毕业后返回重庆部队，现就任于飞腾信息技术（成都）有限公司。

别样的入队

2003年，在海军某部任职的蒋卫锋，通过强军计划被华中科技大学电信系录取为硕士研究生。但他并不清楚在到武汉复试前是可以提前联系导师的，直到复试结束后他兴冲冲地挑选导师时，才发现心仪的导师已经提前接收了和他同样身份的几位强军计划生，早已满员。蒋卫锋尴尬地来到电信系研究生科，教务员看他无可奈何的样子，便建议他到研究生导师人数比较多的宽带通信研究中心去问问。当他走出门外，站在华科南一楼东边四楼的楼梯口时，正巧看到走上四楼的刘玉老师，于是赶紧询问："老师您好，我通过了华科电信系的强军计划研究生复试，但找不到导师，想到宽带中心问问。"

刘玉老师仔细打量了面前这个身穿白色海军军装、脸色涨红、热汗直流的帅气军人，好奇地问他："你本科是在哪个军校读的呀？"

"我是国防科技大学物理系本科毕业。"

"哇，那可是所好学校呢！"刘玉老师赞赏道。因为1984年她自己从华科电信系研究生毕业时，曾专程去过长沙的国防科技大学求职，所以对该校有所了解，印象颇佳。

"我就是宽带中心的硕士生导师，正好研究生还没招满，欢迎你来！"

就这样，因为在楼梯口的一次偶遇，也因为他焦急的发问，还因为刘玉老师多问了一句"出身"，于是，他便成了刘玉老师的研究生，并由此结下了长达20年的师生缘分。

别样的美称

2003年9月，蒋卫锋正式进入Dian团队。在部队期间，他便是做硬件技术的，尤其是电烙铁、万用表、示波器等工具和仪表，他用得都很"溜"。于是，刘玉老师将他安排到与武汉嘉铭激光公司的硬件合作项目——DSP组，从事嵌入式硬件开发工作。彼时，Dian团队刚成立一年多，连自己的根据地都没有，到处"蹭"借场地。蒋卫锋连个固定的工位都没有，只能跟着项目组打游击，但他毫无怨言，成天乐呵呵的。

然而，他还是有点"特殊"。一方面，因为是部队保送的现役军人，已成家，带职带薪，连刘玉老师对这位弟子的称呼都是"蒋参谋"，所以其他队员也都恭恭敬敬地喊他"蒋大哥"。另一方面，刚进校时他交往的圈子大都是强军生，军人们集中居住，有自己的支部，也没加入研究生专业班级，这让蒋卫锋时刻觉得自己像是一个局外人，游离于华科学子之外。所幸Dian团队有很强的团队文化，不分学历、不分年龄、也不分专业，日常都是以项目组为单位进行技术研发，这才使蒋卫锋得以慢慢融入，有了团队的归属感。他也受到大家的爱戴，并收获了许多美称，如Dian团队"第一焊接男""第一肌肉男""第一文档男"等。

2004年5月1号，在蒋卫锋入学大半年之后，Dian团队才有了第一个长期根据地"五一基地"，其实不过是租用了华科东一区51号居民楼里的一个三居室。刘玉老师专门留了一个9平方米的房间给DSP组，即便只有方寸之地，蒋卫锋也满心欢喜地把这个"小家"一砖一瓦地布置起来：小钳台，防静电烙铁……从此以后，他和小队员们每天早出晚归，全身心投入项目中。在DSP组从事嵌入式开发时，蒋卫锋很擅长焊接，而Dian团队的其他队员对焊接贴片封装的芯片技术很不熟练，每次他焊接总有小队员在旁边观摩学习。那时候摄像机还很稀少，但他还是设法借来了一个摄像机，拍摄了系列的焊接教学视频，手把手地教队员们如何焊接芯片。就这样，这位"蒋大哥"有了他的第一个外号——Dian团队第一焊接男。

2004年7月，Dian团队东一基地正式成立，其实不过是教学楼里面一间不能承重的45平方米的"危房"。当时，刘玉老师号召全团队都到东一楼门口卸车，往三楼基地搬家具。别的队员都是两个人抬一张电脑桌上楼，只见蒋卫锋钻到一张桌子下，把头从两个桌腿间伸出来，接着招呼别人往桌面上再倒放一张桌，一个人扛起两张桌子就上三楼。当时天气炎热，蒋卫锋只穿了一件海军部队的背心，身上发达的肌肉在阳光下熠熠发亮，筋肉突出隆骨，浑身上下都显露出解放军战士的豪气，团队其他队员全都看呆了！家具搬完后，他便多了一个称号——Dian团队第一肌肉男。

有了两个基地，Dian团队人员迅速扩张到百人以上，日常管理也步入了正轨。特别是每周末的全体例会，除了各项目组做一周进度汇报之外，也组织一些技术分享。蒋卫锋自告奋勇，主动向刘玉老师提议做一次对微软 Word 使用技巧的分享。刘玉老师纳闷："Word 文档谁都会用啊，值得专门安排吗？"蒋卫锋笑着说："Word 工具其实比我们认为的要强大许多，绝大多数人连 Word 文档 20% 的功能都没用到，里面有很多有趣的东西值得去分享，比如，Word 的表格也具有统计和计算功能，甚至还能按'列'选中进行字体、字号、颜色等改变呢。"刘老师一听，马上表示，一定安排讲座。于是，在 2004 年 12 月 5 日的团队

2005年4月26日，031号蒋卫锋（右）与090号谢宇鸣在五一基地工作中

例会上，蒋卫锋系统而全面地给大家介绍了 Word 中的格式、样式、域、窗体、宏和 VBA 的使用方法及一些应用技巧。这次分享讲座，让队员们醍醐灌顶，感慨颇深。就这样，蒋卫锋又多了一个称号——Dian 团队第一文档男。

蒋卫锋擅长动手（焊接、做小东西）和动笔（公式推算、写文档），在项目过程中他就主要负责焊接、推算公式、写文档等工作，他一直有着清晰的判断和自我定位，有着明确的目标不被他人所左右，勤恳耕耘，为 Dian 团队添砖加瓦，硕果累累。

奇特的妙想

2004 年夏天，蒋卫锋成为 DSP 组组长，当时负责的项目是设计一块控制激光振镜标记机的 DSP+PCI 板卡。他的想法是，找相近的东西做参考，设计整体框架，然后进行软件的编制。在这种系统思维的指导下，蒋卫锋开始阅读与 CAD、显示器、扫描成形、软件工程等相关的资料，一直思考如何将 D/A 板卡做成像打印机一样的全自动产品，安装好外围硬件和打印驱动程序后，即便用户使用普通文档也能完成标记工作。

蒋卫锋寻思着，显示器不就是光点通过线扫描形成图像吗？其实示波器也是，示波器的两个探头就是用 X 和 Y 两个方向来控制一个光点的轨迹，那如果用信号控制了示波器光点的轨迹，不就等效于程序控制了激光器光点形成图像的轨迹吗？对，说干就干，那时候五一基地连示波器都没钱购买，于是，蒋卫锋就用电脑构成虚拟示波器来验证。8 月 10 日，蒋卫锋终于在评估板 D/A 卡 + 仿真器 + 虚拟示波器环境组合下，成功输出了模拟打标图形！后来又经过一年的奋战，解决了不少工程实现中的难题，DSP 组最终于 2005 年 10 月 20 日提交了验收版本。之后，经过合作方近两个月的测试，系统达到各项指标的要求，2005 年 12 月 16 日"DA 板卡"项目顺利结题。

这个项目的成功，让蒋卫锋自信心大增，继而灵感继续迸发。他开始思考，示波器的 X 和 Y 两维控制信号能不能用更简单的东西代替？那时，MP3 播放器刚刚盛行，几乎每个队员胸前都挂一个用来听音乐。蒋卫锋看着他自己胸前的 MP3，脑子里灵光一闪：MP3 播放立体声时也有双通道，而声卡不就是一种工作在 D/A、A/D 连续转换状态下的设备吗？声卡有左右两路声道，便有两路 D/A 功能，那么，如果我们把 CAD 软件生成的纵横两个方向的标记数据，各自当作一种特殊的音频数据同步播放，就等于输出一种特殊的立体声，送到激光打标机的控制口，那就是激光点的两维坐标呀！不断同步输出这种特殊的数字信号"立体声"，就会让激光光点在不同位置发射，打在金属板上，不就可以形成工业环境想要的激光图案了吗？这个极具创新的设想，令他特别兴奋，也让组员们觉得新奇。大家议论纷纷，很快便传到刘玉老师耳中，她专门来基地详细听取了蒋卫锋的汇报。至今 18 年过去了，但当时的内容仍然让人记忆犹新。刘老师的意见是，虽然工业应用的打标机通常把电脑作为标配，没必要改用看不见任何界面的 MP3 去控制打标，但这种奇思妙想很难得，值得鼓励，可以申请专利。

别样的选择

2006 年，蒋卫锋硕士毕业，他再次回到重庆部队，仍旧怀揣着一颗沉稳的踏实报国的初心。之后又过了 10 年，蒋卫锋才退役。这 10 年工作期间，他因为发现并解决了为辽宁号航母配套的某型电子设备质量问题而荣立过三等功。退役后的蒋卫锋，虽然靠国家发放的退役金就能在成都很舒适地生活下去，但他总想着自己还能够再做些有意义的事情。于是，在朋友和家人的支持下他尝试创业，却因团队组建仓促，没能建立稳定的合作关系，遇到困难时成员四散，遭遇了"滑铁卢"。

2021年5月22日，蒋卫锋（右）回团队分享时与执笔人石功成合影

2020 年底，蒋卫锋入职飞腾信息技术（成都）有限公司，从事国产 CPU 的市场拓展工作。2021 年 5 月 22 日，蒋卫锋以老队员的身份回到 Dian 团队，为大家做了一次关于"选择"的主题分享。蒋卫锋谈及自己大学毕业的从军，谈及因缘进入 Dian 团队深造，谈及毕业后重返部队基层扎根中国的国防事业，他说，别样的耕耘自有别样的收获，别样的选择自有别样的人生趣味。最后，蒋卫锋还劝勉队员们，不要过于在乎一时的得失，20 年后回顾时会发现："一切都是最好的选择。"

编后语

　　蒋卫锋师兄的经历，让我内心感触良多。他虽然不像我们年轻学生那么善于编写大段程序代码，但有其他多方面的特长。在 Dian 团队里，他没有被大多数人的成长目标所影响，而是在尽力发挥自己的长处，反而获得了 Dian 团队成员中最多的美誉——"第一焊接男""第一肌肉男""第一文档男"。毕业后的他，也没有像大家一样前往 IT 行业"大厂"工作，而是继续返回部队为国效力。他用亲身经历教导我们这些后辈，不要总想着走寻常路，要敢于另辟蹊径，推陈出新。

彭棠："误入人间的天使"

｜执笔人：吴先柯

彭棠，女，湖北武汉人，Dian团队079号队员。按照刘玉老师的说法，彭棠是一个天赋与美貌并存的人物。2001年，彭棠从湖北省武昌实验中学考入华中科技大学电信系学霸云集的提高班。大二时，她先是加入了校内知名学生团队"冰岩作坊"，担任冰岩作坊的首席美工设计师，大大小小的很多学校网站主页都是她设计的。大四时，她又加入了技术社团新秀Dian团队的网页组，做出了特别的贡献。

Dian团队logo的设计者

2004年，彭棠加入 Dian 团队后不久，刘玉老师就给网页组布置了一个任务：设计 Dian 团队的队徽。过了几天，彭棠不声不响地拿出了如图 1 所示的 Dian 团队 logo，并笑着说："我设计的这个 logo 独一无二，不可能与别人撞车。"，刘玉老师问："为何如此肯定？"彭棠解释道：做这个 logo 设计时，她挑出电脑字库里面的花体字符后，怎么看都不太满意，所以自己手动改变和调整了一些局部细节，别人在字库中不可能找到一模一样的，而且她还巧妙地把 Dian 团队的成立年份也标注上，这样格外有纪念意义。

刘玉老师对彭棠这个独具匠心的设计非常满意，决定立即采用，并收录到 Dian 团队的年鉴和团队管理文件中，没想到这枚队徽一直沿用了 20 年。此外，彭棠还设计了 Dian 团队的公章等，并主动为刘玉老师的个人网站"海豚之家"主页做了全新的设计，雅致了很多。在刘玉老师心目中，美貌与才华俱佳的彭棠，活脱脱就是 Dian 团队的"林徽因"啊。

彭棠设计的Dian团队队徽一直沿用至今

不走寻常路的"学霸"

彭棠就读的电信系提高班是本硕连读，可是，大四本应顺理成章读研的她，却做了一个令人震惊的举动：主动放弃了保研名额，决定直接找工作。当时的学霸们都以到国内外名校读研为坚定目标，她却一反常态地主动放弃，真是太与众不同了。此举得到了电信系领导的充分理解和支持，认为应该鼓励学生们的多样化选择，不能所有人都闷头只走读研这一条路。因此，电信系把彭棠作为典型人物推荐给校团委，2005年春季她参加了校内应届毕业生巡回演讲团，每场演讲完毕都会引起轰动。

刘玉老师既佩服又不解，在她看来，像彭棠这么优秀的孩子，连父母都会力劝她继续深造呀。于是，刘老师特意私下询问彭棠真实原因，彭棠语调轻柔地答道："我已经认清了自己，不喜欢和物打交道，而更喜欢跟人打交道。"她认为，学历和分数在日后工作中可能并不重要，更被看重的应该是实际能力。读大二时，她就发现自己对工科课程虽然用心学习但并不热爱，于是便去做自己喜欢的事情——设计。这时，刘玉老师才彻底理解了彭棠，便主动向合作单位华三通信公司的招聘官推荐："我们Dian团队有一个极品'美眉'，才貌双全，能力很强，她想找一份与人打交道的工作，我特别推荐给你们公司，到所属部门当秘书如何？"可是，招聘官听了刘老师眉飞色舞的介绍之后，反而婉拒了。招聘主管说：如果彭棠真的像您描述的如此优秀，那就千万别让她应聘秘书，这个岗位不仅工作时间长，而且责任重，薪水却只能拿工程师的80%，越优秀的人当秘书越是容易离职。

可是，彭棠完全不受这些舆论的影响，坚持寻找"与人打交道的"岗位。某公司招聘时答应她，入职之后走HR这条路，但要先去测试部门锻炼一下。结果，锻炼了一年之后也没有给她转岗的意思，她就离职去了姚欣校友创办的PPLive创业公司做产品经理，她读书时就曾为PPLive做过网站。

工作两年后，她再度做出了一个令人震惊的举动：辞掉工作，开始背起行囊走天下。从2008年4月开始，她独自一人在中国的西南、西北和东北旅行，足迹经历了海南、广西、贵州、云南、重庆、西安、青海、北京、哈尔滨、山西，然后又折回西部地区来到宁夏、青海和西藏，去看了魂牵梦绕的珠穆朗玛峰之后，翻过喜马拉雅山脉去了尼泊尔。接着，又回到四川，经过重庆，再次去西藏后，重回尼泊尔，徒步珠峰南坡。彭棠一边走，一边在博客上记录下了她途中的所见所闻，同时，她还在"马蜂窝"旅行家专栏上记录下她曾经游历过的美好。

2009年，她再次去到尼泊尔，在喜马拉雅山下的一个小山村，给当地的孩子们当了3个月的支教老师。回国之后，她加入Lonely Planet"旅行指南系列"中文作者团队，参与撰写和编辑了其中的《湖南》《贵州》《苏州》等书。

支教尼泊尔

2008 年 10 月，彭棠在西藏徒步时，遇到了一个去尼泊尔当志愿者的香港青年，她又做出了一个令人意想不到的决定：跟着这位志愿者一起去尼泊尔支教。

在喜马拉雅山脚的一个小村庄里，彭棠给村里的 86 个孩子当老师，教他们美术、手工、音乐甚至汉语。尼泊尔山村的居住条件简陋，当地的移动通信网络也很差，她想与外界联系的时候，得爬到附近山顶上，把手机举得很高才有一点信号，才能勉强报个平安。在这样异常艰苦的环境条件下，彭棠却坚持了几个月，教尼泊尔的贫困孩子们读书。

2010 年 2 月，彭棠回武汉过年，早已从博客上了解到她独特经历的刘玉老师，特邀她回华科 Dian 团队，为在站队员们分享她在尼泊尔支教的经历。2 月 28 日晚，在华科东九楼的一间大教室里，彭棠以《我在喜马拉雅当老师》为题，详细讲述了她的经历和收获。演讲中，彭棠特意播放了她亲手制作的视频，孩子们银铃般的欢笑声和那一张张天真无邪的笑脸，感染了在场的每一个人。

互动环节中，有人提问说："中国也有许多希望小学，你为什么要跑到国外去支教？"彭棠回答说："这完全是机缘巧合，之前我就想做教育，但没遇到一个很好的机会。况且我一个人的力量很小，只能影响几十个人。但是，我坚持做，就能影响更多的人。看，你们不就被我影响了吗？"分享会后，大家纷纷在喻信星空 BBS 上留言：

001 号刘玉老师：我送彭棠离开的时候对她说，我发现她是一个极度追求自由的人，不愿受到世俗的约束。她求职只是为了积攒去追寻自由的本钱，手头宽松了就去寻梦，

2010年2月28日，彭棠分享她2008年10月在尼泊尔快乐支教的照片

手头紧了就再回到"凡尘"来挣钱，如此往复。由于她聪明有才华，所以随时都能找到"化缘"的饭碗。一句话，她追求的是自己能够决定自己行程的那种自由。但是，这种自由由于有了善良之心作为基础，所以不会给世界带来坏影响。会前我给她贴的品牌标签是"极品美眉"，会后我改为了"自由之女神"，即一个极度追求自由的非凡美女。

322号队员王倩茹：现实生活中，能很清楚地认识到自己喜欢什么、不喜欢什么并且去追寻自己喜欢的生活的人实在太少，大家都是按照既定的常规模式走，即学习、毕业、工作、成家立业。彭棠学姐给我们上了一次很形象生动的课，让我了解到现实生活中真的存在那种自由追寻自己喜欢做的事情的人，就像刘老师所说的"自由之女神"一样！

327号队员熊亮：彭棠学姐给我展示了一个梦一样的人生开端，而彭棠学姐能将她的梦拉回现实。现有的条件下，有几个同学能够将自己的梦想拉回现实呢？

347号队员霍仟：彭棠学姐是误入人间的天使！

353号队员刘里鹏：我很少佩服谁，然而，当我听了彭棠学姐的讲座，看了她的博客后，的确是从心里佩服她，她比"感动中国"的一些人物更能感动我，更能给我坚持的动力！

学校记者团的笔杆子、010号名誉队员王渊，则用一支巧笔写下了长篇报道《彭棠：世界朝你的双脚走来》，迅速刊登在华科新闻网上。3月16日，Dian团队的工作简报转载了该报道。第二天，Dian团队简报编辑邮箱便收到了时任华科校长李培根院士的邮件，李校长问：彭棠此人我可否一见？主编刘玉老师当即回复："彭棠刚巧准备参加完Dian团队8周年团庆活动再走，还在武汉，我来通知她！"

2010年4月2日，李培根校长与彭棠座谈镜头

于是，4月2日，Dian团队8周年团庆前一天，在华科的南三楼，李培根校长专门为彭棠举办了一场座谈会。根叔问她："在尼泊尔的山顶上，你教了孩子们什么？"彭棠说："从浅层上讲，我是教美术，他们此前连彩色笔都没见过。但是，从深层上讲，从教育的本质来讲，我是教他们做更好的自己。"根叔叹为观止地说："你才毕业几年，这么年轻，可是精神境界却远超我这个大学校长、工程院院士！"

在与彭棠座谈后不久，根叔便在主流媒体上发表了一篇文章，他认为：教育的本质，应该是让学生做自己、做更好的自己。根叔在文中特别说到，这是一位毕业才几年的年轻校友给我的启示。

落户伲娅山谷的"天使"

彭棠结束了尼泊尔支教后，在百度工作了两年，之后到贵州结婚生子，着实过了一长段平静的日子。2019年，她带着儿女又搬到了云南大理，她要住在"推开门一抬头就能看见大山"的地方。这次她开了一家名叫"伲娅山谷"的工作室，认认真真地开始从事咨询和疗愈服务。

编后语

　　彭棠学姐是一个喜欢美、追逐美、喜欢创造、追逐创造的人，正因为这是她热情所在，所以才能随心而动、随性而行，走出属于她自己的独一无二的青春轨迹。现在，彭棠学姐初心不改，仍然想要追逐美的世界，开设了"伲娅山谷"工作室。在此，谨向彭棠学姐献上祝福，希望她的工作室越办越好，让更多的人能够发现世界的美，并创造新的美。

姚磊："长大后我就成了你"

｜执笔人：肖婉佩

姚磊，女，湖北武汉人，Dian团队101号队员。2001年从武汉市武钢三中考入华中科技大学电信专业就读，大四时进入Dian团队做毕业设计。毕业后，本有机会进入知名IT公司，却选择成为中学教师。自参加工作以来，就不断"跨界"，每次都能在新的领域闯出一片天地。武钢三中信息学教师、团委书记姚磊，被师生们称为校园里的"神奇女侠"。

校园才女，文武双全热心人

姚磊虽然大学就读于电信系，但前三年与刘玉老师并无交集，她感兴趣的是唱歌、播音甚至篮球，几乎不沾技术的边，一点也不像工科女。

开朗活泼的姚磊，有着一副好嗓子，特别热爱播音主持工作，喜欢坐在话筒前当DJ的感觉。她在广播中的名字是"磊磊"，在学生中知名度很高，其主持的互动点歌节目《风中情缘》深受同学们喜欢。同时，她也是华科在线有声文学栏目的客座主持，录制的部分节目拥有上万的点击率，代表作在有声排行榜位居第二。2002年荣获华中科技大学广播台"优秀台员"称号，2003年被评为"湖北省高校广播工作先进个人"。

姚磊平时也积极参加班级体育活动，毕业杯篮球赛场上，她是班级女生得分主力。在争夺四强资格的比赛中，她是当天参赛女生中的MVP呢。

Dian团队024号队员张文跟姚磊同专业同年级，看到2005年3月Dian团队要举办3周年团庆，灵机一动想到了正在为毕业设计到哪里做而举棋不定的才女姚磊，鼓动她选报刘玉老师当毕业设计指导教师，这样能在团庆活动筹备中出一份力。于是，姚磊就这样进入了Dian团队。果然，她在Dian团队3周年庆典上做了很多工作，并得到了大家的认可，同时在张文当组长的网站设计项目组里出色地完成了毕业设计。

与众不同，甘心成为"孩子王"

2005 年春，姚磊即将毕业之际，面对待遇优越的通信公司和外企伸出的橄榄枝，她竟然意外地选择回到她的高中母校——武钢三中当老师。刘玉老师听说后，根本不敢相信，马上去找姚磊核实，才知道传言不虚，而且姚磊非常淡定地反问刘老师："当中学老师有什么不好？"刘老师看到她是真的热爱教师这一职业，并且对高中母校有很深厚的感情，于是不再惋惜。

入职武钢三中的第一天，姚磊就更新了自己的 QQ 个人说明，并且一直保持至今，用以鞭策自己："不要因为周围的纷繁而忘了最初的梦想：好好育人教书！勿忘：Dian 团队精神——高尚的道德情操、优秀的工作作风、扎实的专业技能！"从站上讲台第一天起，她就暗暗下定决心，要像刘玉老师一样，成为能带给学生正面影响、让学生难忘的良师益友！

虽然姚磊承担的是与她专业相关的信息技术课，但毕竟不是师范出身，刚工作的时候连备课都不会。她边学习边摸索，用动画、音视频和情景剧等形式，将枯燥无味的代码与数据变得生动有趣。姚磊还记得刘玉老师在讲"数据结构"时，通过设计开放性实验来引导学生思考、探索和实践，并对学生进行指导和反馈，将许多难以理解的枯燥知识点变得生动清晰、引人入胜。于是，姚磊在上课时也借鉴了这一教学方式，在讲数据结构的"队"与"栈"概念时，她让 6 个学生现场模拟数列，学生"秒懂"了它们的移动方式。她告诉学生，医院看病排号、微信步数排名、导航路径选择……这些都是信息学中算法的作用，学好它不仅可以通关"植物大战僵尸"游戏，还可以改变社会。姚磊把课堂教学与生活紧密结合，大大提高了学生的学习兴趣。

通过自身的努力，姚磊从对教学理论一无所知的非师范出身的"门外女"，逐渐成长为一名专业素质过硬的高中教师。她参与的"三优评比"，连年取得省、市、区级荣誉；2008 年，姚磊撰写的研究论文《运用心理效应进行有效高中信息技术课堂管理》获得中国教育学会论文评选全国一等奖；2016 年，姚磊执教的"对数据进行排序"课荣获信息学优质课竞赛全国特等奖。

感谢师恩，长大后我就成了你

2010 年 4 月 25 日 14：10，中央电视台一套播出了《小崔说事》Dian 团队专题节目《点亮未来》，时长 45 分钟。著名主持人崔永元与刘玉老师和几位队员的精彩对话，吸引了无数电视机前的观众，好评如潮。那档节目中，姚磊作为被采访者说了一些她的感想，笔者根据当年影像全文记录如下：

我当了老师后再回过头来看，觉得在刘老师身上我学到了很多东西，最重要的一点就是，她做的所有事情，一切都是从学生角度出发，一切都是为了学生的成长。换做我自己而言，比如说高中的教材，有些情况和现实是有些脱节的，比如现在还在教学生 Windows 98，我就从学生的角度出发，把教材重新整合一下，教一些对学生现在非常有用的东西。

2010年4月25日，姚磊在CCTV-1《小崔说事》中出镜

自 2008 年起，姚磊担任了武钢三中的信息学竞赛教练。2011 级信息小组的小陈同学有听力障碍，姚磊就把手写的教案做成动画课件发给他，还鼓励他：如果有不清楚的部分，可以在 QQ 上用文字和老师交流。师生共同努力两年后，小陈获得信息学竞赛全国一等奖，后被保送至同济大学。带竞赛班的几年里，姚磊辅导的学生在全国竞赛中屡屡获奖。关于姚磊，还有一个跟 IT 术语有关的段子。学校一名团干想加一位学生为 QQ 好友，对方的验证问题是："push（推）的反义词是什么？"这位团干填入了"pull（拉）"，却怎么都通不过验证，只好向姚磊求助。姚磊听说出难题的是一名搞信息学竞赛的学生，马上给出了正确答案"pop（弹出）"！

2020 年，姚磊成为武钢三中的团委书记。她带着学生团干开展了丰富多彩的活动，教他们合理分配时间，包括与人打交道的方法。为了走近青年，了解学生心中所想，姚磊主动走近"00 后"，注册了二次元视频网站 B 站会员，并设立武钢三中团委官方 up 主账号。注册时，她遇到了很奇葩的答题环节，如"key 社有大魔王之称的脚本作家是谁""《新本格魔法少女莉丝佳》中莉丝佳使用什么魔法"……于是，姚磊虚心地向学生请教这些二次元问题的答案。2021 年 2 月，姚磊带着团干们筹备的第一届湖北省中学生模拟联合国活动获得高度好评，她本人也因此获得共青团湖北省委颁发的第一届湖北省中学生模拟联合国活动优秀组织奖。

目前，在美国硅谷名企工作的 2008 级学生陈德勃说："遇到姚老师是件非常幸运的事情，她不仅课程安排合理，教学方式深入浅出，而且全心全意为学生着想、传道解惑，更重要的是她身上那种蓬勃燃烧的激情，鼓舞和影响着每个学生。"经过自身的努力，姚磊终于成了像刘玉老师那样能带给学生积极影响的优秀教师！

前赴后继，向团队输送"Dian二代"

姚磊进入武钢三中担任信息教师，带领学生参加全国信息竞赛，很是辛苦。刘玉老师听说后，非常担心姚磊会承受不住压力，看着自己的同班同学一个个挣了大钱或是创业成功，

2012年4月25日，Dian团队"祖孙三代"在武钢三中合影

（左起：101号姚磊、001号刘玉、451号容康、380号张志炜）

会不会在较为平凡的中学岗位待不下去？没想到姚磊不仅屡获嘉奖，还向Dian团队输送了不少新鲜血液。

姚磊带的参赛学生，在高中阶段就学习了计算机语言、算法和数据结构，具备了一定的专业素养。寒暑期与这些学生朝夕相处，更是有了很深的感情。姚磊希望他们进大学后能有更大的发展，于是引荐和鼓励一些获奖同学在成为华科保送生之后尽快加入Dian团队，这些小朋友后来真的成了名副其实的"Dian二代"。如380号队员张志炜、451号队员容康、489号队员孙讷敏等同学，都是经姚磊推荐，在高考前后就进团队了，成为年龄最小、最具活力的队员。他们具有一定的计算机基础，以及认真的学习态度，依托团队中良好的学习氛围、宽广的锻炼平台，很快便崭露头角，成为技术骨干，令Dian团队师生赞不绝口。因此，团队后来默认，凡是由姚磊推荐的学生，可以免除笔试和面试，以"直通车"方式加入Dian团队，这也是对姚磊极大的肯定。而每当姚磊在工作中取得好成绩时，她都会很开心地向刘玉老师报喜，刘玉老师也跟着她一起高兴，并鼓励她继续前行。2012年4月29日，Dian团队10周年团庆时，姚磊的孩子刚满月，一家人便开着车前来参加庆典，她怀抱着褓褓中的婴儿，令刘玉老师十分感动，称她是"有温度的人"。也是在那个月，武钢三中领导邀请刘玉老师给学生们做"长江科技论坛"报告，刘老师特别带上Dian团队的"祖孙三代"一起在会场亮相，并在武钢三中校园内合影留念。

编后语

　　记得小时候，我自己的理想也是做一名人民教师，希望像我的老师那样优秀热情，成为带给学生积极影响和温暖力量的良师益友。当年的姚磊老师，应该也是被刘玉老师教书育人的热忱和高尚的道德情操所震撼，于是将刘玉老师作为自己的学习榜样，并通过自身不断的努力，在教师的岗位上发光发热，将这股温暖的力量传递给更多的青年学子。

李远：屡败屡战，不言放弃

| 执笔人：李韵

李远，男，河南巩义人，Dian团队228号队员。2005年从巩义市第二高级中学考入华中科技大学计算机系，大三转入电信系种子班，并以全班第一名成绩获得保研资格。2009年进入北京大学光华管理学院企业管理专业深造，硕士研究生毕业后创业至今。

从迷茫到坚定，一路在成长

李远第一次高考仅以9分之差落榜清华大学，不甘心的他选择了复读，第二年高考竟超出清华分数线30分，可惜因为估分比较保守，所以填志愿时选择了华中科技大学。

进入大学校园后，李远倍感迷茫，整个大一和大二的课程学习没有感觉到什么压力和挑战，轻轻松松就可以获得很高的绩点，一时也找不到更高的目标。每天的生活，就是机械地上课、打篮球或是打游戏，不知道自己该做些什么。

李远的命运转折点，来自巩义老乡、Dian团队143号队员李玮玮。经后者介绍，李远知道了Dian团队及其"黄埔军校"种子班，于是他毅然跳出自己的舒适区，进入Dian团队第二届种子班并担任学习委员。

加入种子班之后，李远终于找到了新的目标。不同于以往纸上谈兵的理论课，种子班有一半的课程都配备了实际动手操作的环节，而且，种子班成员等同于Dian团队预备队员，要求每人必须参加企业级的真实项目，这让李远感到既新鲜又富有挑战性。天资聪颖的他，很快从一名普通的项目组组员成长起来，2008年11月被任命为Dian团队史上最大项目组"海外组"的组长。

海外项目组的合同经费是15万美金，按当年汇率计算，高达百万人民币。这个项目的获得，要感谢时任华科校长的李培根院士。他去美国拜访海外校友时，提到Dian团队真实项目牵引的"干中学"模式，当场就有位老校友递纸条，希望能与母校师生合作。李校长一回国便亲自批示，建议 Dian 团队与老校友合作。面对"天上掉下来的馅饼"，全团队人心振奋，可是挑选谁来当项目组组长，可让导师组犯了难。除了要有组织能力、技术能力之外，这个项目还要英语好，否则无法与美国甲方沟通。于是，挑来挑去就锁定了种子班的学霸李远。

由于之前从来没有过当组长的经历，一下子要领导近 50 名组员，而且整个 Dian 团队谁都没有做过那种全球竞标的短平快软件项目，李远心里一点底都没有，所以没有勇气挑这副重担。

看出了李远的胆怯，刘玉老师强硬要求李远必须接下这个项目，说这是挑战也是机遇，既然李远学有余力，就应该大胆超越自己。在刘老师的鞭策和鼓励之下，李远咬牙应承了下来。他如履薄冰，投入了全部精力，最终带领全组创造了所有中标项目合格率百分之百的奇迹。在 2008 年的年终小结中，李远写道：

> 作为团队第一个海外的项目，团队对海外组的投入和支持不可谓不多，那么作为回报，海外组只有做得足够优秀，才能够承受得起诸多的殊遇。
>
> 海外组的意义，如果让刘玉老师来讲，会说出很多高瞻远瞩的战略思想。而从一个项目组组长的角度看过去，我更看重的是它所具备的培养优秀人才的潜力，给队员们增加了一个新的选择。团队从来不乏培养人才的环境，然而，不管是嵌入式、华三组还是理论组，都属于长线培养的范畴，其他组又无法容纳大量人员。在这样的情况下，我们很缺乏能让新人在严酷、紧迫的环境中快速成长起来的机会，而且很缺乏让新人独当一面的锻炼机会。海外组的出现，填补了这个空缺，而且还不仅仅如此。它独特的短周期、快节奏、强压力、高输出的特点，对个人的综合素质要求比较高：能在这里迅速崭露头角的，也可以到别的地方去加深培养；而能在别的地方做出成就的，也可以到这里来强化训练。
>
> 当然，在刚刚筹建的时候，我对海外组的态度并不赞赏（但这并不妨碍我努力去把工作做好），然而，随着了解的增多和实践的深入，我慢慢看到，海外项目在人才培养上的独特潜力是目前团队很多其他项目都不可比拟的。
>
> 面对这样一个新的项目组，我对它有个特别的期望。Dian 团队已经是学校中的佼佼者了，我理想中的海外组应当成为 Dian 团队中的佼佼者，希望这里能够成为凝聚和培养独当一面的优秀人才的地方，而且希望能由此成为 Dian 团队"技术年"的试点。

后来，海外项目组凭借高强度、高收入及高成功率，一跃成为 Dian 团队最"富"的项目组。在分奖金的时候，李远感觉自己在所有子项目中只负责了调度和人员安排，在组员遇到困难时也只是帮其寻求协助，并未直接参与编写程序代码，他觉得自己不应该参与奖金分配，因此将所有奖金全部分给了下属组员。

2008年12月30日，李远（左4）等接待海外项目的美国合作方——赵东明老校友

得知这个消息的刘玉教授，不仅没表扬李远大公无私，反而狠狠批评了他：项目组组长负责了整个队伍最重要的统筹工作，能让合适的人做合适的事，便是最优秀的领导；如果一线指挥官自己都不拿奖金，那下属队员又怎么好意思拿奖金，并且这个举动会给后续接任的组长造成心理压力，还有谁会接手这个既辛苦又没有奖金的"烫手山芋"呢？

这次挨批，也让李远得到了团队管理上的教训：做事情不仅要考虑自己的想法，还要考虑决策的外部效应，更要考虑到自己的"好心"也可能会造成负面后果。

从偶然到必然，兴趣转教育

2008 年春，刘玉教授去长沙开会，将随身携带的一本 Dian 团队年鉴赠送给了同屋一位高等教育出版社的会议代表。此人是北京大学光华管理学院组织行为学方向的硕士毕业生，她回北京后就把这本年鉴送给了自己的导师。那位教授翻阅这本年鉴后很是欣赏，马上表示愿意招收既有工科背景又懂组织管理的 Dian 团队学生到他门下读研，进行组织行为学的研究。刘玉教授知道消息后欣喜不已，马上推荐当时在种子班排名第一的李远。就这样，在一本 Dian 团队年鉴的神奇引导下，李远在读完本科 4 年之后，终于弥补了自己两轮高考都失之交臂的超级名校梦，顺利进入北大光华管理学院深造。

在北大从事学术研究和社会调查的过程中，李远得到了一个让他十分震惊而悲哀的研究结果——寒门再难出贵子。但是，充满情怀的李远十分希望通过自己的努力，让更多的寒门学子有更多的上升通道。此时，李远恰好接触到了一个教育领域的创业公司，与他的理念很吻合。因此，他决定长期兼职，搭建年轻人成长帮助体系：帮助孩子的家长提升认知水平；帮助孩子建立良好的目标感和行为习惯；根据每个孩子的性格，设计专属的成长规划，并通过定期的接触与指导,对其进行鼓励与纠正。在 5 年的兼职工作中,一个个孩子在他的指导下,行为习惯和思维方式都有了很大的提升,这让他获得了满满的成就感,也为他日后的创业铺设了一层社会公益的底色。

从深造到创业，初碰区块链

在 Dian 团队的实践中,李远自认为并不适合当一把手,刘玉老师也曾经如是评论李远:他在具体操作上有超强的执行力,凡事亲力亲为、尽心尽责,但在关键节点上往往不够果断决绝,是很好的辅助角色,成不了杰出的决断者。

可是,随着时间的推移,李远作为同龄人中思想更为"早熟"者,还是按捺不住想自主创业的念头。更何况,他在北大光华念书期间参与过一些项目实践,其组织力和领导力都有了很大的提升。

李远创业的项目名称是 Selfsell——用区块链实现个人价值折现的众筹平台,通过对年轻人的未来进行当下的投资,实现个人发展能力和投资者财富的共同增长。通俗的解释就是:在一个人还没有成名或者没有成就的时候,给他提供资金、人脉、资源等帮助,换取其未来收入的 5% 作为回报,有点类似于用区块链来做经纪人公司。前期先签约海外的体育明星,后期想逐步推广到签约在校大学生。这在常人的理解中是奇异和不靠谱的,哪怕是李远 2018 年 4 月都到刘玉老师的创业相亲会上进行了路演,也未得到在校队员的认同。而将区块链视为信仰的李远,却坚信这是未来的光明之路。但是,这个项目最终还是走向了失败。

2021 年 4 月,李远应刘玉老师之邀返校给点石创校 8 期学员授课时,详细描述了这段创业过程。项目启动初期是十分顺利的,以李远的能力和行业影响力,加上当时所处的时代机遇,很容易就受到了知名投资机构的青睐。公司在初期进行了很多开创性的工作,甚至在行业中第一个签下了全球一线球星。但随着项目的推进,他的理解开始产生了一些偏差,没有意识到区块链的时代其实并没有来临,眼下只是第一波泡沫。一方面,作为一个公司的 CEO,本应考虑宏观战略,但李远太过关注项目的具体实施,而没有考虑更高层面的东西,以致没能及时察觉到资本市场的风向变化。另一方面,在整个行业周期向下的时候,本应及时套现来保证公司的过冬资金,但缺乏资本经验的李远并没有这样做,反而拿出个人的资产来维护市值,最终导致公司和个人的资产在行业的大周期下双双大幅折损。

从风光到平静，愿当反思案例

事后,李远进行了反思:当机遇来临,能否把握住时机,其实更多是看你的认知能否匹配得上你想成就的事业;作为一个公司的 CEO,应该更多考虑公司的大方向,而不是专注于

2021年4月10日，刘玉老师为李远颁发华科点石创校授课讲师聘书

一两个具体项目的实现水平；长期主义和短期主义的不同认知，让人在看待问题时会有不一样的思考方式，而宏观思考和微观思考的方向也会不相同。

站在 35 岁的节点，李远回顾自己之前起起伏伏的人生经历，向学弟学妹们道出了肺腑之言：创业和非创业是两种截然不同的生活方式，一定要想清楚自己想要过什么样的生活，并不是每个人都适合创业，一旦决定了要创业，就要做好心理准备去应对各种未知的挑战；并且，一定要做一个长期主义者，目光越长远，越不容易被眼前的利弊所影响。

编后语

在往日的学习生活中，我们所听到的有关创业者的故事，或是一帆风顺地成就了一番大事业，或是历经坎坷最终达成了自己的目标。而李远学长用自己的亲身经验告诉大家：创业是一条九死一生的道路，并不是所有的坚持和努力都会成就最后的事业，天时、地利、人和诸多条件缺一不可；人生最重要的就是弄明白自己究竟适合走什么样的道路，并不是所有人都适合去自主创业；但是，一旦下定了决心要走这条注定崎岖、艰险的道路，就要对得起自己的选择而全力以赴；在前行的路上，不要因为走得太久，就忘记了当初为什么出发，坚守初心，方得始终！

陈曦骏：Dian团队的"瑞士军刀"

| 执笔人：董季坤

陈曦骏，男，湖南湘潭人，Dian团队343号队员。2008年从湘潭钢铁集团有限公司第一子弟中学考入华中科技大学电子系，后成为2008级种子班的一员。在Dian团队的项目经历，主要有海外组、挪威组、创业组等，曾获全国电子设计大赛一等奖。他不仅是Dian团队顶尖的"软硬兼施"小牛人，而且是"能文能武"的街舞达人，刘玉老师评价他是团队里的一把"瑞士军刀"。毕业后，他先后就职百纳信息、出门问问、Airbnb。2021年，入职谷歌（英国）。

Dian团队的"舞林高手"

在 Dian 团队里，优秀的技术达人可谓灿若繁星，而多才多艺尤其善舞者却寥若晨星。二者兼备者，当数 2008 级种子班大神——陈曦骏。

陈曦骏原是电子系的学生，Dian 团队招新时，他被团队软硬件均涉及的多元培养模式所吸引，于是积极报名，却在简历关就被淘汰。但他不放弃，暑假自学 C++ 编程语言，努力提升技术。第二次报名时，他吸取第一次失败的教训，特地做了一个小游戏附在简历上，成功过关。那时，Dian 团队的海外项目组很缺人，但能否适应时差则需要增加"通宵测试"，于是，陈曦骏比别人又多闯了一关。好在他特别能熬，终于被录取。

陈曦骏小小的个子，眯眯眼，特别有亲和力，说话之前常先笑，而且总会给人

2009年9月，陈曦骏（前左）正参加Dian团队海外组的通宵测试

出乎意料的惊喜。与他相处的人，常会惊叹道："啊，你还会做这个?!"

2009年秋，他加入Dian团队后不久，就"舞"惊四座。为迎接Dian团队8周年团庆，需要动员20位体力好的队员排练开场鼓舞《逐日青春》，陈曦骏不动声色地报了名。第一次排练他就显得鹤立鸡群，原来，他大一时就加入了学校的街舞社，能腾能旋能倒立。大家都为发现了一位"舞林高手"而备受鼓舞，他也自然而然地成了开场舞的领舞和教练。

2010年4月4日，有位华为公司武汉研究所的嘉宾到现场观看Dian团队的8周年团庆大典，对开场鼓舞展现出的那股阳刚之气非常欣赏，印象深刻。等到当年年底华为武研所也筹备年终晚会的时候，他便特邀陈曦骏去公司担任舞蹈教练，演出效果同样很好。公司领导为此奖励了陈曦骏一部"随身听"，令队员们羡慕不已，但无人能预料这部小小的电子设备后来对陈曦骏所产生的巨大影响。

光阴如梭，转眼就到了2012年毕业季。比陈曦骏低两届的2010级种子班同学，在刘玉老师的"创新方法论"课程上创作的舞蹈《寻梦》，被学校艺术团选中参加大型毕业晚会《同歌同行》。《寻梦》展示了大学生不断追寻自我、发现自我、从自卑到自信、团结向上的精神，而且由一群工科学生来演绎，从内容到形式都非常独特。

谁能担当起这个舞蹈的主角和负责人呢？非陈曦骏莫属！可是，除了陈曦骏外，其他10名队员却毫无舞蹈基础，区区一个月的准备时间，真的可以登台演出吗？为了准备好这个节目，陈曦骏可谓用尽十二分努力，他积极组织排练，并根据演员现状与艺术团的罗德瑞老师和张森学长共同修订了很多次，改舞蹈、改音乐、改队员，只为呈现更完美的舞台效果。

"只要没课，他们就在启明学院2楼大厅排练，平时一般是从晚上六点练到十一点甚至更晚，而周末则是全天排练。"罗德瑞老师深情地回忆道。面对这群几乎没有任何舞蹈基础的工科学生，她曾颇感压力大，但是，这群参演学生以自己的执着和认真感动了她："我很喜欢这群学生，他们用精彩的表现和几乎完美的细节征服了我。"

"辛苦但不痛苦，即使身上的每一个细胞都想睡觉，也要坚持到最后"，这是每一个队员共同的心声。功夫不负有心人，Dian团队的舞蹈《寻梦》在光谷体育馆《同歌同行》大型毕业晚会上登台表演，并大获成功。参演的队员们都得到了一次精神上的升华，身为应届毕业生的陈曦骏，更是用这种特殊的方式向母校告别。

2012年6月，舞蹈《寻梦》剧照
（右前为陈曦骏）

Dian团队的"救火队员"

别以为陈曦骏只是"劲舞男",他在项目组内也是技术担当,无论是在海外组、挪威组,还是在创业组,大家都十分认可他。笔者查阅连续三年的 Dian 团队年鉴,发现他的技术能力都被评为五星。

2011 年暑假,陈曦骏和种子班同学詹国敏(375 号队员)、石葆光(402 号队员)三人报名参加全国电子设计竞赛,他们一路过关斩将,最终在 9 月 24 日的决赛上脱颖而出,一举夺得高频组一等奖,为 Dian 团队和学校争了光。

在项目组中,陈曦骏经常充当着"救火队员"的角色,电子设计竞赛之后,这种情况越来越多。当各项目组缺人的时候,他做的工作就更杂了:从 PC 软件的串口驱动,到嵌入式软件中的一些硬件驱动,再到部分通信协议的验证,还有硬件的 PCB 绘制、调试等。什么地方缺人,什么模块没人做,他全都顶了上去。团队里经常听到这样的对话:

"组长,组长,这个地方我不会做,怎么办?""去找陈曦骏。"

"组长,组长,我遇到 bug 找不出来!""去找陈曦骏。"

照此看来,陈曦骏果然是 Dian 团队既高能又硬核的"宝藏队员"呢!

以一当十的"技术大神"

2012 年本科毕业时,陈曦骏放弃读研,去了兄弟团队"联创"在北京的创业公司"百纳信息"。2014 年离开百纳后,他希望自己学习和开发一些有趣的应用,于是做了一年的独立开发者。当时,也在北京做独立开发者的,还有同班的 365 号队员谢创。两人聊天时,谢创说跑步太枯燥,要是能配些音效就好了,于是,陈曦骏就花精力做了个"步伐"APP。

2015 年 4 月,陈曦骏在一个空闲的周末,报名参加"出门问问"创业公司主办的"CreaTic 智能手表黑客马拉松"大赛,谁知一口气创造了"三个一"的记录,即第一个报名、一个人组队、赢得第一名。他利用那两天的比赛时间,把"步伐"APP 适配到了手表上。于是,大家看到的作品是一个非常酷炫的智能手表 APP,可以在跑步时匹配与步伐速度相应的音乐:当步伐变快,APP 就会选播旋律比较活泼的音乐;当步伐变慢,APP 就会播放旋律比较舒缓的音乐。就这样,陈曦骏凭借浑身的艺术细胞产生与众不同的灵感,又凭借"软硬兼施"的多面技术将灵感迅速变成产品。他夺冠之后,主办方"出门问问"便力邀他加盟。这是 Google 投资的一家中国人工智能公司,他加入之后,该公司迅速成为市值 70 亿的"独角兽"。

2019 年,陈曦骏离开了"出门问问"公司,加入了世界知名创业公司 Airbnb(中国)。他以前工作在规模相对较小的创业公司,成长很快,收获也很多。但现在,他希望了解大公司的运行方式，特别是国际化的企业是怎么开展项目研究的，希望新的工作经历让自己的视野更上一层楼。2021 年，他更是得到了谷歌技术经理的青睐，主动邀请他到谷歌（英国）去工作。

各方面的"人生赢家"

陈曦骏技术拔尖，能文能武，性格也非常温和。无论何时何地，接触他的人都如沐春风。

他的好性格，也为他带来了幸福。他就读的 2008 级种子班有位女生，即 370 号女队员鲍黎，身材高挑，容貌出众。陈曦骏和鲍黎一进团队就认识，平时一起吃饭，一起散步聊天，但是谁都没有想到，他俩能走在一起。

毕业后，鲍黎十分果断地嫁给了陈曦骏，因为在她眼里，陈曦骏是个标准的"暖男"。如今，陈曦骏在事业和爱情上都稳步前行，此故事定稿之日，便是他俩飞往英国体验另一段新生活之时。在今后的日子里，他俩一定会更加幸福美满。

> **编后语**
>
> 刘玉老师早年托人在国外购置了 5 把瑞士军刀，只送给最德才兼备的优秀队员。陈曦骏毕业的时候，刘老师特意赠送给他一把，足见对其何等器重。写完这篇文章之后，笔者忍不住想说："非常般配！"就像这把瑞士军刀一样，陈曦骏学长不仅有内蕴的锋芒，更有外在的温润与平和。祝福学长学姐今后的生活顺风顺水，阖家欢乐！

刘里鹏："九万里风鹏正举"

| 执笔人：贾然钧

刘里鹏，男，河南信阳人，Dian团队353号队员。2007年从河南省商城县高级中学考入华中科技大学电气学院，2010年受刘玉老师邀请加入Dian团队。2011年本科毕业时，由五位教授联名推荐获得保送研究生资格，留校在电气学院高电压工程系攻读硕士。2013年提前获得硕士学位，赴瑞典皇家理工学院攻读博士学位。现就职于瑞典COMSOL公司。

敏而好学，钟情翰墨

刘里鹏出生于河南省一个普通农民家庭，他从小天资聪颖，具有钻研精神。大一学习高等数学的微积分课程时，他觉得课本知识编排和老师的讲课方法更关注于把微积分当作工具来讲解，却不能让学生学习和掌握微积分的精髓。他不满足于仅仅记住微积分的公式和定理，在课外时间广泛阅读各种关于微积分的书籍，特别是介绍微积分发展历史的科普书。刘里鹏认为，只有了解了微积分的历史，才能真正理解微积分的思想，才算是真正掌握了微积分。为此，他想探索出一种把科普和教材结合起来的新写法，既有科普的趣味和易懂性，又有教材的严谨和深刻性。

2008年暑假，刘里鹏利用两个月的时间闭门写作，废寝忘食地写完了他的第一本专著《从割圆术走向无穷小——揭秘微积分》。在写这本书时，他并没有想过要出版这本书，只是觉得这是一件很有意义的事情。暑假过后，在一位网友的介绍下，刘里鹏把书稿发给了湖南科学技术出版社的编辑。湖南科学技术出版社是全国知名的科普出版社，对书稿质量要求很高，但没想到编辑第一时间就对书稿高度认可并签下了出版合同。

经过烦琐的修改和校对，《从割圆术走向无穷小——揭秘微积分》于2009年7月正式出版。

新书一出版，立刻引起了轰动，得到了很多读者的高度评价。比如，北京大学元培学院的数学老师，把这本书作为教学参考书推荐给了学生。刘玉老师笑着对笔者说，翻阅此书的序和第一章，文字非常老到，俨然是位老教授的口吻，任何人都不会想到此书竟然出自大一学生之手。

大一学生居然能写出这样一本广受好评的书籍，这出乎很多人的意料。一年后的暑假，刘里鹏又写完了两本书：一本是用通俗易懂的语言介绍微积分发展史的《好的数学：微积分的故事》，这本书作为约稿很快被湖南科学技术出版社出版；另一本书稿是对傅里叶变换课程自学方法的总结，书名为《基于"HWW分析法"的傅里叶变换解析》，这本书由华中科技大学出版社出版。

结缘团队，担任组长

因为连续成功出版了两本关于微积分的图书，刘里鹏名声大噪，华中科技大学校报、校新闻网以及校外媒体都纷纷报道刘里鹏的"天才"事迹。2009年底，已经上大三的刘里鹏作为特优生的代表，被推选在华科启明学院首届创新年会上做分享，帮他"打磨"PPT的恰好是启明学院副院长刘玉老师。刘老师通过细致考察，得知刘里鹏出身寒门，两本微积分书籍的出版都没有任何"拼爹"的背景，暗暗称奇赞叹。得知其第三本书《基于"HWW分析法"的傅里叶变换解析》即将由华中科技大学出版社正式出版发行，于是迅速将刘里鹏引荐给时任华科校长李培根院士，并代刘里鹏邀请"根叔"为新书题词。根叔对刘里鹏独立思考的能力大加赞赏，满口答应。只过了一天，根叔就通知他们去办公室取字，师生二人一看，大喜过望，连连称绝。原来，根叔巧用了李清照《渔家傲》中的名句"九万里风鹏正举"，将刘里鹏名字中的"里"和"鹏"巧妙融入其中，也表达了对刘里鹏一飞冲天、前途广阔的殷切期盼。

2009年底，刘里鹏的第三本书出版后，他与刘玉老师已成忘年交。当时，成立7周年的Dian团队在校内已经赫赫有名，刘玉老师也希望吸纳更多的理论人才，便邀请刘里鹏加入Dian团队。刘里鹏精力充沛、兴趣广泛，虽然已经在校内的化成天下网、校广播台、电气学院新闻中心等都有学生工作岗，但他仍然希望加入Dian团队提升技术，于是就申请加入了网络组。可是，当时组里暂时没有大的企业项目，刚进网络组的刘里鹏感到有些失落。

李培根校长为刘里鹏新书题字："九万里风鹏正举"

恰在这时，Dian 团队特聘了一位新的兼职导师——刘合群医生。刘合群是京城名中医，一根 20 厘米长的银针在他手中被运用得驾轻就熟，医治了很多疑难症患者。Dian 团队 009 号顾问何君臣，把刘医生介绍到 Dian 团队，希望团队成立一个医学研究小组，运用理工科的思维，把刘医生丰富的实践经历提升至理论层面，写出高质量的学术论文。刘里鹏善于归纳理论和方法，也擅长将这些内容凝练成文字，是特别合适的人选。于是，在组建医学组时，导师组就直接任命刘里鹏担任组长。

但是，Dian 团队队员几乎全是做 IT 技术的，对于医学全都是"门外汉"，于是，刘玉老师又特招了 2008 级临床医学的白涛同学（356 号队员）进入 Dian 团队。此外，刘玉老师还想起一个人。她曾在面试 Dian 团队新人、电信系女生何明斐（308 号队员）时，得知何明斐高考时的第一志愿本是广州中医药大学，最后因为高考超常发挥多考了几十分，父母和老师都觉得上本地中医药院校太可惜了，于是替她修改志愿选报了"985"大学华中科技大学的热门专业——通信工程。此时何不把何明斐从海外项目组调入医学组呢？

不惧困难，认真实干

刘里鹏就这样"被动"地领导起一个"拼凑"起来的课题组，在不是他专业的医学领域开始了探索。他们查阅书籍、寻找资料，还去四川成都与正在那里开展循证治疗的刘合群医生当面交流，观察记录刘合群医生治病的过程。

但是，项目的进展并不顺利。因为无法通过 B 超、CT 等医学仪器动态实时观测刘医生治疗过程中患者体内有何变化，而一时也找不到其他合适的体内监测方法，所以，医学组撰写的中英双语论文《一种新型针刺复合技术治疗——34 例原发性高血压的临床观察报告》，最终还是只能停留在现象描述（What）和理论设想阶段，缺乏足够多的论据和因果阐述（Why），而难以被高水平杂志录用。Science 杂志的副主编来中国分享评稿标准时，刘玉老师和何明斐还专门请教了这位副主编，但医学组最终的论文仍然无法回答"Why"。

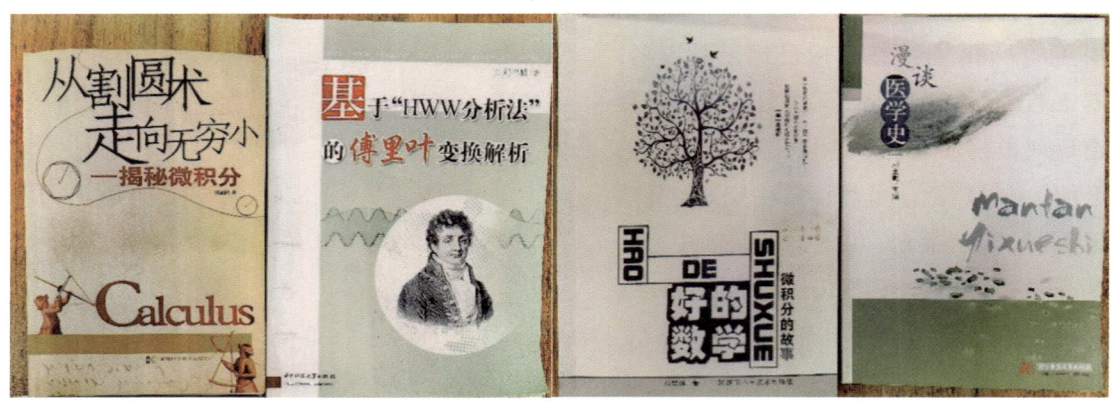

刘里鹏本科 4 年出版的 4 本书

2010 年下半年，大四的刘里鹏已经临近毕业。Dian 团队其他理论组在过去的一年间都有业绩产出，医学组却因为论文无法发表而没有任何可展示的成果。责任心强的刘里鹏，忍不住对刘玉老师说："既然论文无法发表，那我们就写一本医学发展史的书，来作为我们的产出，以此回馈团队、回馈学校。"这个聪明的点子，立刻被全组认可并投入实施，刘里鹏作为主编，把此书命名为《漫谈医学史》。"十一"假期，医学组的同学们都放弃了外出和休息，日夜赶稿，用不到两个月的时间就完成了这本 18 万字的书稿，与华中科技大学出版社签约出版。

在此书中，医学组的同学们站在客观的立场和宏观的视角，按时间顺序梳理了中西方医学从起源到发展、从远古到现代的历史。这本书的第五章——现代医学史部分，由刘里鹏亲自撰稿，他分析了西医和中医目前的发展状况以及各自遇到的困境，在最后一节他特别提到了刘合群医生的无创针术。他认为，虽说无创针术只是诸多探索中西医结合方法的一种途径，任何新的医学思想也都需要足够的实践来检验，但是，为医学发展所做出的任何有疗效的探索都应该被提倡和关注。

不忘初心，锐意探索

刘里鹏大四的时候有继续读研的想法，但因为把大量的业余时间都投入到编写书稿、学生工作甚至是创业（华科化成咖啡创始人）等课余活动，以致课程加权平均分（简称 GPA）达不到保研要求。幸好，华中科技大学对创新人才有特殊政策，如果有 3 位教授联名推荐，就可以破格参加保送研究生的复试。于是，在刘玉老师等 5 位教授的倾力推荐下，刘里鹏凭借优秀的综合素质，被保送为本校电气学院高电压工程系硕士研究生，导师是电气学院当时分管本科教学的副院长。

2013 年，刘里鹏提前毕业，远赴瑞典皇家理工学院攻读博士学位。2017 年 5 月，他博士研究生毕业后又留校做了一年研究员。他的博士学位课题，专注于研究雷电物理中两个非常重要的转化阶段。他的研究实现了包括电离层在内的电晕放电的二维数值模拟，阐明了电晕向流注放电转变的物理机制；实现了长间隙放电中考虑"暗区"和不稳定先导的动态模拟，阐明了先导起始阶段流注－先导转化的内在机制。由于在数学、物理及数值计算方面的丰富积累，刘里鹏得以加入研发总部位于瑞典斯德哥尔摩的 COMSOL 公司，开展多物理场耦合仿真计算的研发工作。

自离开 Dian 团队医学组后，刘里鹏并没有继续开展中医研究。刘玉老师说："我压根儿就没指望队员们可以一下'爆个原子弹'，我只是想用具体案例引导他们如何进入一个陌生领域做探究。我认为，选择什么医疗技术作为研究对象并非十分关键，重要的是医学小组的同学们面对一个完全陌生的问题，经历了从一无所知到有所收获的全过程。在这个过程中学到的研究方法和不断增长的信心，会让他们终身受益。"在医学组的这段经历，对于刘里鹏来说，的确是一笔宝贵的财富。

编后语

　　刘里鹏学长特别善于归纳，文采也非常出色。从大一开始，他就能够从学习知识的过程中提炼出独特的方法，并融入自己的思考汇总成书，然后主动分享给更多的人，这是非常了不起的。然而，更为打动我的，是他热爱思考又求真务实的精神。在 Dian 团队成果展示橱窗中，整齐地陈列了刘里鹏在大学期间的 4 本著作，这些都是他在大学时代敏而好学、踏实奋进、锐意探索的有力见证。他的这些作品，连同医学组的事迹，都是 Dian 团队宝贵的财富。

石姝玥：文艺"小石头"，创业CTO

|执笔人：胡玉洁

石姝玥，女，湖南常宁人，Dian团队431号队员。2009年从常宁市第一中学考入华中科技大学光电信息工程专业，2011年通过种子班招生加入Dian团队，本科毕业后跨专业保研到生命科学学院生物医学工程专业。2016年研究生临毕业之际，与师兄袁戎博士联合创立上海睿佳科技公司，现任公司技术总监。

在大一、大二的两年，石姝玥就读于光电学院。她兴趣爱好广泛，每天除了打篮球就是弹吉他、唱歌，是个十足的文艺青年。当时的她，从未想过要加入 Dian 团队这样以技术闻名的团队。而她的一位学霸室友，却一直对 Dian 团队十分关注，在大二结束后就想要报名进入种子班，于是拉着石姝玥陪她一起报名。结果，考试当天，她的室友有事不能参加，石姝玥只好一个人踏进了考场。由于本来只打算陪考，事先毫无准备，石姝玥笔试虽然合格了，但 12 小时的"通宵测试"并没有做出任何结果。没想到，她最后竟然还是被录取了。时隔十年，石姝玥自己仍在疑惑："当年的我为什么会被录取？"

才思泉涌，十足文艺范

机缘巧合之下，石姝玥加入了 Dian 团队。只是没想到，在这样一个理工思维占主导地位的 Dian 团队里，最先让她崭露头角的，竟然是她身上自带的文艺基因。

2011 年，在大三的第一个学期临近期末时，学校决定在年终为优秀教师举行颁奖盛典，要求做到像"中国好人"颁奖那样隆重，承办任务交给了启明学院人数最多的 Dian 团队。Dian 团队的队委会为此着手拍摄了数十个视频，但是，拍完之后就遇到了大问题：没人会剪辑呀！

于是，队委会请来了当时担任2009级种子班文艺委员的石姝玥帮忙。一开始，石姝玥也是干劲十足的，为了做好这件事，她不分昼夜地伏案于实验室，用心编辑每位教师的颁奖词并制作配套视频，整整一个星期都没有回宿舍睡觉。在颁奖会前夜，石姝玥满心欣喜，任务终于全部完成了！然而，此时窗外哗啦啦的雨声似乎已经预示着，事情没有这么简单。果然，前来验收的刘玉老师仍有刺可挑："颁奖视频里面的字体、字号不太合适，赶紧换一个！"在刘老师眼里，这是学校十年难遇的大型颁奖典礼，要力求尽善尽美，才配得上那些优秀教师的感人事迹。可是，石姝玥看到刘老师不容商量的态度，顿时崩溃了。要知道，若按刘老师的要求修改，就意味着每一个视频都要重新调整字幕，这个工作量无异于从头再来。石姝玥此时身体疲劳至极，本来认为自己只是来帮忙的，结果承担了全部的任务不说，最后还要在字号这样的小事上被挑刺，十分委屈。情绪上来，她也不辩解，扭头就冲出了实验室，冲进了雨夜，留下还不知道事情原委的刘老师在实验室发愣。

　　直到周围其他同学帮忙解释，刘玉老师才得知石姝玥已经苦干一周，连宿舍都没回，这才理解到她的委屈，不解也瞬间化为了心疼。她当即出去买了很多小零食，正准备打电话把人找回来好好开解，回头却看见，石姝玥已经红着眼睛自己回来了。也不等刘老师安慰，就自己坐回了电脑前，一言不发地按要求修改起来。第二天上午，教务处的严副处长前来验收，对石姝玥制作的颁奖视频赞不绝口。此时的石姝玥，刚熬了一个通宵，牙没刷、脸没洗、早饭也没吃，满脸疲惫。严副处长了解情况后，非常心疼她，同时也百思不得其解："刘老师对学生如此严厉，但为啥学生竟然没有怨恨，在高压状态下居然自觉以任务为先呢？"当天下午的优秀教师颁奖典礼，盛况空前，受到400位参会教师的高度好评。当晚，严副处长特意设宴慰劳全体志愿者，点名特邀石姝玥出席。宴会上，严处长的疑问才得到了回答。在石姝玥看来，一时的情绪谁都会有，发泄过也就好了，但是，如果因为情绪就撂挑子，那之前付出的努力岂不是要前功尽弃？更何况，她再委屈也是明白基本道理的，如果没有刘老师的严格要求，又何来最终结果的尽善尽美呢？

　　做完这次颁奖典礼之后，石姝玥投身于紧张的考试准备当中，这时候Dian团队的年终茶话会又如期而至。既要准备考试，又要参加项目组的节目，2009级种子班的同学们每个人都身兼数职，忙得焦头烂额，几乎没有时间留给自己班级的节目了。此时，担任文艺委员的石姝玥就想到了分镜头拍摄一部微电影，这样可以省去大量的排练时间，将每个人的负担都减到最轻。微电影虽然节省时间，但同时又非常考验编剧的才华，而石姝玥一个人就完成了《蝴蝶效应》的剧本。然而，初审时刘玉老师只看了开头就掩卷摇头，"没有格调"是刘玉老师对《蝴蝶效应》的第一印象。但这时候时间已经来不及了，不行也得行，石姝玥坚持说："请老师相信我，这定是一部充满正能量的视频。"

　　短短几天拍摄后，在Dian团队的年终"小春晚"上，《蝴蝶效应》刚播放完全场掌声如雷，最终《蝴蝶效应》高票当选第一名。《蝴蝶效应》前半部分用幽默的方式，讲述了一名男生想要向心爱的女生表白，却因为中间发生了一系列一环扣一环的事情而未能如愿的故事；后半部分却巧妙地设计了一个大反转，原来他失败的根本原因，竟然是他没有捡起地上可能会绊倒行人的一截树枝。这样的情节，连参演者也十分惊讶，原来《蝴蝶效应》一直是在保密的情况下拍摄的，饰演角色的种子班同学只知道自己演的几个片段，而不知道整个故事情节，但石姝玥最终在故事中巧妙地融入了 Dian 团队"树枝教育"的精髓，这也初次展现了她惊人的编剧才华。

2012 年，大三下学期队委会换届时，石姝玥当选为行政部部长。时值华中科技大学建校 60 周年，Dian 团队 021 号顾问张志（网名"秋叶大叔"）提议，Dian 团队应该献一份礼——制作一个以数字形式夸赞母校的小视频，毫无悬念，石姝玥再次被队委会任命为编剧兼导演。经过石姝玥天才般的奇妙构思，《点说华科》系列短片横空出世，先轰动全校，继而轰动全国。其中，第一集"单车上的华科"结尾处提到了"微信"，连"微信之父"张小龙校友看过视频之后都称赞："拍得很好，很有分寸感。"此后，每年刘玉老师去各地重点中学做报告时，都会播放这套短片，以至于有的中学生误认为 Dian 团队的强项是做新媒体。连湖南卫视一位编导都打电话给刘老师，索要短片中配音男生的联系方式，希望能合作。

个性鲜明，敢做追梦人

随着石姝玥在队委会承担越来越多的工作，刘玉老师也越来越欣赏她的独立个性、高情商与担当精神，于是，在把罗伯特议事规则引入 Dian 团队时，特意嘱咐石姝玥先自学。在知名人士袁天鹏（罗伯特议事规则引进中国第一人）来团队普及罗伯特议事规则时，石姝玥顺理成章地成了袁先生的助手。不久后，石姝玥与袁天鹏先生联合主持了一次团队工作讨论会，对于她的中性风格，袁先生表示了赞赏。石姝玥在出站之后，甚至还被请回 Dian 团队担任罗伯特议事规则的教练，当然，罗伯特议事规则也是 Dian 团队赠予石姝玥的一份特殊礼物。

石姝玥毕业感言

文艺青年最后要说……

我是那样缺乏天赋异秉，
或许永远无法成为一名优秀的程序员；
我又是如此不够志存高远，
大概也做不成牛逼的编剧、导演或是策划。
我不知道自己未来的路会走到哪里，
所以就无法许诺会以怎样轰轰烈烈的方式来回报今天的一切。
但在今天、明天，今后的每一天，
我都将尽我所能，努力生活，去成为一个真正内心强大的人。
我想，假如生活不曾欺骗我，
即便有一天，我只能坐在某个天桥、地铁站，
抱着破木吉他，唱着不知名的歌，
那歌声，也必定是温暖的，能够安抚人心。
毕竟，不是成功了才幸福，
而是幸福了，也就成功了
——不只是自己的幸福，而是力所能及，最多人的幸福……

大四来临，石姝玥在种子班成绩很优秀，保研排名第五，此时她却开始面临艰难的选择。一方面，《点说华科》引起社会关注的时候，湖北广播电视总局的一位工作人员曾私下邀请石姝玥考虑跨界入职；连刘玉老师和石姝玥身边的朋友也都认为她在编剧方面天赋异禀，假以时日必将成为 Dian 团队走出去的最有名的编剧。另一方面，石姝玥有机会加入了 Dian 团队与中国运载火箭研究院合作的一个项目，即"火箭组"，在项目组组长 360 号队员龚小聪的指导下，经过种子班实践 + 理论的课程训练，石姝玥快速成长为项目骨干；而正是"火箭组"的经历，让石姝玥坚定了自己一直隐藏在心里的对技术的兴趣，"原来写代码是可以让我这么快乐的"。

正当她两难之时，数字 PET 实验室谢庆国教授（后来成为石姝玥的研究生导师）刚好到 Dian 团队宣讲，为她打开了新世界的大门，第一次让她看到了生命科学的意义与前景。这时候，她才清醒地认识到，编剧也好，代码也罢，兴趣不过是开始的第一步。真正决定一个人能不能长远地走一条路，在于这条路是否能够创造足够的价值，从而支撑她克服艰难险阻。于是，石姝玥毅然决然地跳出了"舒适区"，进入谢庆国教授门下做毕业设计。2013 年，石姝玥拿着湖北省优秀毕业论文（设计）奖，离开了已经熟悉且站稳脚跟的 Dian 团队，正式在数字 PET 实验室入学。

2016 年，还在攻读硕士学位的石姝玥，正在准备最后的学位论文和答辩，在一个很偶然的机会下看到了一条消息：德国拜耳的 grants4 APP 项目将首次在中国落地，在上海成立孵化器，并且开始招收数字医疗领域的初创项目。当时，石姝玥所在研究组的袁戎博士兴奋地问她，要不要和他一起去试一下？当然要去试一下呀！虽然当时他们都没有毕业，但其实早在团队的时候，石姝玥就已经受到团队创业氛围的影响，做好了创业的决定，立志要把自己在学生时代研究的东西产业化并推广到市场上。非常幸运的机会真的留给了有准备的人，他们注册了公司去报名，经过很多轮的筛选，最终成了当年入选的三家 startup（初创企业）之一。

2021年3月，参加"Ladies Who Tech"武汉圆桌会议（左为石姝玥，右为本文执笔人胡玉洁）

从此，石姝玥踏上了医学影像软件开发的漫漫长路。虽然创业维艰，项目早期也没有收入，但是，石姝玥团队的"RayPlus"得到了刘玉老师的创业红娘助力，2016 年便在"红娘会"亮相。不久，刘老师便带着一位上海投资人到他们实验室参观，那位投资人只了解了 20 分钟就决定投资。2020 年遭遇新冠疫情，睿佳科技的营收不降反增，2021 年第一季度更喜人，订单额超过去年全年，石姝玥的事业从初创期进入了发展期。

2019 年，石姝玥作为两名中国科技女性代表之一参加了瑞典"WOMEN　IN

TECH"年度大会。为了做"有价值的事情"，石姝玥还利用工作之余的时间成了"Ladies Who Tech"的志愿者，同时也是将"Ladies Who Tech"推广到武汉的引荐人。

2021年3月10日，石姝玥的妈妈为感谢Dian团队对石姝玥的培养，特意请刘玉老师吃饭。这时，刘老师才第一次解答了石姝玥的十年疑问："我们录取队员不只看结果更要看过程，在你们测试的时候，会有人悄悄对毅力评判。你没中途逃跑，就会被加分。"回想起在Dian团队中的成长经历，石姝玥不禁感叹道："谁能想到我现在的角色是CTO呢？这都要感谢Dian团队的影响和种子班的培养！"

花　絮

石姝玥毕业之后，Dian团队15周年团庆想制作宣传小视频，她又被请来当编导和教练。Dian团队的核心竞争力如何用视频形象来展示，石姝玥思考了好几天，设计了一个倒金字塔模型，还给这个视频起了个别致的名字《倒塔传奇》。《倒塔传奇》思路新奇，从哥伦布把鸡蛋竖在桌面上引出怎样把金字塔倒立在桌面上，最终引出了Dian团队"点滴积累、点石成金、点亮世界、点亮未来"。

编后语

正如刘玉老师所言，每一个与石姝玥师姐接触的人都会很乐意与她交往，她身上的热情洋溢感染着身边每一个人。她敢于向刘老师提出质疑，不畏惧权威，有着自己独立的人格，同时也具有担当精神，不会因为自己的情绪而放弃任务，为我们诠释了一个有个性又有担当的Dian团队队员的形象。在毕业之后，石姝玥师姐甘心把青春奉献在医疗事业上，哪怕一时没有很好的收益，她也一直在追求"有价值的事情"，这值得正处于人生重要转折期的每一位大学生去思考和学习。

何流：批判性思维进小学第一人

| 执笔人：李韵

何流，男，湖北黄石人，Dian团队484号队员。2011年从肇庆市高要区第二中学考入华中科技大学软件学院。何流在Dian团队里与绝大多数技术男很不相同，他在刘玉老师的指导下，根据自己的性格特点选择了一条与众不同的成长之路：担任批判性思维推广工作的志愿者，成为在我国小学课堂讲授批判性思维的第一人。

Dian团队的粤语讲解员

何流是个见人就笑眯眯的男孩子，他的笑容极富亲和力，像是一盏暖黄色的台灯，让人不自觉就放松下来。但2013年暑假前，快结束大二生活的何流报考 Dian 团队的种子班时，面对赫赫有名的刘玉老师，他却笑不出来了，心中颇为忐忑："我听说你们只招收全校 IT 技术很牛的学生，可我一点也不牛，你们会收我吗？"听到这里，刘老师苦笑："这是误解，我们确实需要技术人才，但很多同学刚进来的时候技术都是不行的，我们考察新人最主要的还是看他们的态度。因为你们是一群想跑得快的马，只是暂时还没有找到方向而已。"听到刘老师的回答，何流认真地对刘玉老师说："那我坚决报名 Dian 团队的种子班！"

就这样，何流依靠好的态度被种子班录取，自然也就成了 Dian 团队的预备队员。有趣的是，从小在广东长大的何流，还成为 Dian 团队公关组的一名英语／粤语讲解员，负责接待海外和港澳地区到 Dian 团队参观的访客。

种子班平时的专业课理论和实践环节，何流的表现并不突出，刘玉老师曾有些担心，他会不会在工程项目组中拖大家的后腿。然而，不久后，刘玉老师就惊喜地发现了何流身上的闪光点——他的批判性思维课程竟然拿到了全班最高分。"批判性思维"是 Dian 团队从2006年就引进的海外特色课程，专门邀请加拿大 McMaster 大学哲学博士、华中科技大学客座教授董毓（023 号顾问）授课。董教授的中文讲义，在 2010 年就由高等教育出版社出版，成为全国百所高校采用的教材。何流能够得到董毓教授的认可，足以证明他在批判性思维这方面确有浓厚的兴趣。刘玉老师意识到，未来适合何流的也许是非技术性道路。

2013 年 8 月 18 日，刘玉老师在给董毓教授的邮件中，对何流的工作是这样安排的：

> 我给何流描述他未来的发展之路正合他意，英语好、口才好、兴趣广泛，但在 IT 技术上不是"疯子"，成不了顶尖程序员。
>
> 何流具备当批判性思维培训师的潜质，值得培养。我已经向 Dian 团队队委会提出，调用何流做我这个"批判性思维"秘书长的专职秘书，负责《批判性思维与创新教育通讯》的排版和发行、"批思"网站的建设和维护，协助我做分指委的大量工作，比如，下半年的展览和会务，给"批思"年度发展报告做调查问卷的发放和回收，等等。另外，每年的全国"批思"年会和培训，我都会带他参加，让他当好志愿者。

华科附小的"哥哥"老师

教育部文化素质教学指导委员会的主任委员杨叔子院士，曾经当面对刘玉老师提过，批判性思维也要从娃娃抓起。听了杨院士的建议，作为文化素质教指委下属的"批判性思维与创新教育"分指导委员会（筹）的秘书长，刘玉老师便有了一个大胆的想法，即把批判性思维引入小学。但是，董毓教授远在加拿大工作，每年只能回国一个月，重点做高校批判性思维课任课教师的培训，无法兼顾批判性思维在基础教育领域的推广。何流的出现，让刘玉老师看到了希望，能不能让受过董毓教授亲传的在校大学生，去给小学生进行批判性思维启蒙呢？于是，她把这个想法告诉了何流。

作为刚受过批判性思维启迪的大学生，何流深知这种思维对学生成长的重要性，他也很想将这种优秀的思维工具传递给稚嫩的娃娃们。何流说："以前我的大脑是别人观点的跑马场，但是，学了批判性思维之后，我有了独立的观点。刘老师曾经感叹，不会提问题是目前大学生中的普遍现象，我希望可以帮助孩子们从小就养成批判性思维。在学习的过程中，不是仅仅被动地接受知识，而是要主动探讨知识、主动思考知识。"

就这样，何流成为刘玉老师推广批判性思维进小学校园的重要帮手。2014 年初夏，两人一起来到距离最近的一所小学——华中科技大学附属小学进行试点。附小李晓艳校长得知刘玉老师来自本科生创新生态区——启明学院，很快便给予信任和支持。但是，具体实施时仍然遇到了一些困难。

首先是教学对象的选择，太小的孩子还不足以形成理解批判性思维认知的能力，六年级的孩子又面临着"小升初"的压力。经与附小领导商议，最终将教学的对象选定为四年级和五年级的学生。另外，根据有关规定，小学新增设的"校本课"，不能占用"国本课"和"市本课"的教学时间。因此，批判性思维课只能安排在每周五的"快乐周末"时段，让学生们在五花八门、有趣有料的校本课程中自由选报此课，何流十分担心孩子们不会选择这种听起来单调枯燥的"思维"课，如陌生深奥的"图尔明模型"。如何在坚守批判性思维内核的同时，将主要内容转化成为孩子们通俗易懂的形式，这让何流和附小的老师们感到有些棘手。

其次，在中国长年累月的应试教育环境下，凡提问必有"标准答案"的概念已经深入人心，而批判性思维则恰恰不给"标答"，而是强调"辩证的思考"、"清晰的思考"、"正—反—正"原则、"三的原则"，强调批判性阅读和批判性写作，这对孩子们的思维习惯是一种冲击甚至颠覆。同时，不少家长和孩子都以为批判性思维就是"挑别人的刺"，这种误区也需要花费很大力气才能扭转。

第三，虽然何流可以用志愿者身份给孩子们授课，但他次年6月就要毕业离校，后续师资怎么落实？总请外援不可持续，也不稳定，如何本土化？办法总比困难多，何流与另一位志愿者——湖北大学青年教师陶文佳博士，以及华科附小科学课程组三位经验丰富的老师一起，组成了课程组，集体备课和打磨。何流和陶文佳博士系统学习过批判性思维，于是将自己所掌握的理论知识尽数传授给附小的老师们，还精心摘选了适合小学生理解的若干条理论原则。而附小的老师们，虽然以前没有接触过批判性思维理论知识，但教学经验相当丰富，知道什么样的授课形式容易受学生欢迎。

在备课过程中，何流展现出了极大的热情。没有合适的素材和参考资料，何流就拿出在种子班的听课笔记和董毓教授的课件，重新编写通俗易懂的导论；没有教学经验，何流就偷偷在四、五年级教室门外偷看附小老师是怎么讲授其他知识的，回到寝室后还上网搜寻小学生上课的视频来找感觉；遇到困惑就远程向加拿大的董毓教授和北京的谷振诣教授请教，也经常与一起备课的刘玉老师和江汉大学的李文浩教授面对面地反复切磋。

经过充足的准备和数次试讲，2014年9月12日，何流终于走上讲台，给小学生讲授批判性思维导论"冲破盲从"。这对他个人来说只是一小步，但对批判性思维进入中国基础教育领域来说可是一大步，何流因此成为批判性思维走入中国小学的第一人。

2014年9月12日，何流给小学生讲授批判性思维导论，开创全国第一

批判性思维进小学的第一炮就这么打响了。看着台下一双双渴求知识而又稚嫩的眼睛，望着教室周围坐着的前来观摩和学习的附小老师们，一种从未有过的感觉在何流心中油然而生，既是对首次公开课顺利完成的自豪感，也是对后续课程能持续推进的自信心。

孩子们在批判性思维课程导论课结束之后，都喜欢上了这个温文尔雅又学识丰富的大哥哥，也对批判性思维有了初步的理解。501班的肖欣宇同学说："批判性思维课程教我们如何想，而其他课程只是教我们想什么。"家长也发现了孩子们的可喜变化，503 班严序的妈妈发现原本性格内向的女儿近半个学期变化很大。"以前孩子非常内向和沉默，现在回到家主动描述这门课的内容。以前周末劝她培优只会用噘嘴反抗。现在再劝时，她叫我先摆出三条理由，发现驳不倒后，便心甘情愿接受了父母的意见。"看着这些因为学习了批判性思维而收获颇丰的孩子们，何流更深刻地感受到自己工作的意义。

华科附小成为"全国样板"

为了尽快培训本土教师，后续的 11 次课，采取了分人包干、集体审核、备一课讲一课的形式。附小的老师开始深度参与，何流则"退居二线"，与刘玉老师同在幕后帮助附小的老师一起列授课大纲、准备课程案例，并反复听试讲、提建议。每周五授课时，何流都坐在教室后面全程旁听，下课之后立即与老师们共同"复盘"，点评教学成果，找出不足之处，优化课程流程，同时确定下周新课如何承上启下。这与 Dian 团队"干中学"的模式特别相似，在教学中丰富课程理论体系，在实践中深化对批判性思维的理解，在回顾中提升下轮教学质量，在交流中丰富教学经验。

2014 年秋季批判性思维新课在华科附小首开成功之后，紧接着在 2015 年春季再次开课，何流继续参与备课和优化。大四这一年的特殊经历，是何流大学生涯中最浓墨重彩的一笔，每每回想便觉珍贵。他十分感谢刘玉老师的慧眼识珠，才让技术水平并不出色的自己能够在另一片天地有广阔的作为；同时，也十分感谢共同切磋备课的附小老师们，她们平时要承担常规工作量，完全是用额外的时间来讲授这门新课，十分辛劳；当然，更要感谢华科老校长杨叔子院士和刚卸任的校长李培根院士的高瞻远瞩，以及董毓教授、李文浩教授等老师的热心帮助。正是大家的齐心协力，才让批判性思维在全国率先走进小学课堂，才能让更多的孩子在漫漫人生路的起点便掌握了这种终身受益的思维方式。

2014年9月，何流（右3）与华科附小的老师们集体备课

在刘玉老师的大力推动下，在李晓艳校长的亲自带领下，在何流及课程组所有老师的辛勤践行下，华科附小的批判性思维课程不仅在国内开了先河，而且很快从一门选修课推广到附小所有学科和所有年级。集体备课的那套讲义，经过每学期不断迭代，升级成了《小学批判性思维教程》并于 2017 年 9 月正式出版，接着又出版了《小学生整本书批判性阅读教学案例》，影响力逐渐走向了全国。2019 年 7 月 6 日，第四届全国基础教育批判性思维研讨会特意在华科召开，就是为了让会议代表能现场观摩华科附小的多门示范课。在会议期间，代

表们分头观摩了语、数、外、美术、体育、批判性思维六门公开课，大家都很震撼，给予了高度好评，认为华科附小全员、全学科、全年级都能融入批判性思维，堪称全国样板和标杆。

2018年底，《中国高考报告》写作组的专家们从北京专程到华科附小观摩了批判性思维融入各学科的现场教学之后，一致认为应该把批判性思维融入中考和高考的试题中，重点考核分析能力和独立思考能力。果然，2019年和2020年的高考试题，真的都出现了批判性思维的内容！

更令人鼓舞的是，就在这篇故事写完初稿的2021年5月28日，习近平总书记在中国科学院第二十次院士大会、中国工程院第十五次院士大会、中国科协第十次全国代表大会上的讲话中明确提出："培养创新型人才是国家、民族长远发展的大计。当今世界的竞争说到底是人才竞争、教育竞争。要更加重视人才自主培养，更加重视科学精神、创新能力、批判性思维的培养培育。"

这是我国最高领导人首次使用"批判性思维"一词，这就意味着，从此该词不再是令人心存忐忑的词语。也意味着，刘玉老师、何流等一大批推动批判性思维在我国普及推广的志愿者的付出和奉献不再受到质疑。

毕业之际，何流被知名企业亚马逊（中国）录用，前往北京工作。工作3年后，他又去了杭州，入职阿里集团，目前是阿里跨境B2B&B2C业务部门的中坚力量。

2021年3月20号，毕业6年的何流回到Dian团队探亲，在Dian团队例会上回顾了他的大学生活和成长经历。他笑着说："Dian团队带给我更多的是一种行事风格，是坚持不懈，也是竭尽所能去解决生活中一个个问题的精神。刘老师卓尔不群的执行力和极富创造性的思维使我受益匪浅，我将永远铭记那段在Dian团队的时光。"

编后语

一万个读者的心中，也许有一万个哈姆雷特。何谓成功？在何流学长的身上，我看到了坚持的力量，看到了把一件事情做专、做精的态度，也看到了面对困难和挑战从不放弃，在交流与反馈中积极解决问题的勇气，这就是一种成功。漫漫人生路，没有任何一个脚印是无价值的，也许它无法为你带来金钱、名利和地位，但是，它可以是你人生的重要铺垫，给你未来的生活增添一分坚毅的底色。面对"批判性思维进小学"这个从来没有人尝试过的课题，何流学长从面对未知领域的担忧和害怕，到最后课堂上游刃有余的讲解，背后付出了常人难以想象的时间积累和精力投入。你必须要十分努力，才能看起来毫不费力，这也许就是何流学长用自己的切身体验教给我们的宝贵经验吧。

张子昂：从心而行，敢想敢做

| 执笔人：张子昂　刘玉

张子昂，男，广东广州人，Dian团队545号队员。2012年从广州市第二中学考入华中科技大学生命科学学院，2014年暑假因渴望创业寻找技术伙伴而与Dian团队结缘，后在两位导师的推荐下加入Dian团队。毕业后放弃名企高薪，跟随刘玉老师创立创业红娘公益服务中心，体验了创业服务、投资经理等角色，然后，又以创业者的身份先后加入创业红娘投资的项目——TOUCH潮贴和小贴显微镜。

几经周折，弃理从工

2014年暑假的一天，刘玉老师的邮箱里收到了一封陌生的邮件。一位大二学生说自己有个专利，希望在Dian团队找到做技术的伙伴，想实现产品化。类似这样的邮件，刘老师每天都能收到好几封，并不以为然，不过还是简单回信，给这位同学指了条路，说可以到启明学院704找Dian团队硬件组的同学协商。

邮件的作者叫张子昂，华中科技大学生物科学专业2012级本科生。他虽然是个不折不扣的理科生，却不爱静心看文献、做实验，平时喜欢去捣鼓小发明创造。早在大一的时候，他就申请了两个专利，其中一项专利是多功能智能药盒。做这个药盒的想法，源自他患有慢性病和轻微老年痴呆的奶奶，因为老人总是会忘记吃药或吃错药，所以他想设计一款能智能配药、定时定量提醒用户服药的药盒。然而，当他画出了草图，申请了专利，却苦恼于不知道如何具体实现使之变成产品。这时，他正巧看到了Dian团队的宣传片，了解到这是全校大名鼎鼎的技术团队，这才有了开头冒昧写信给刘老师的一幕。

张子昂拿着自己的专利证书，鼓起勇气走进了启明学院704实验室。Dian团队硬件组的组长李允恺（493号队员）了解其来意之后，嘱咐组员丁立志（514号队员）具体协助，仅用一个月就成功实现了智能药盒的硬件控制部分。颇有成就感的张子昂又自掏腰包，找学校3D打印团队帮忙制作外壳，成功做出了这款"一种分体式的智能药盒"的原型机。

两个月后的一次 Dian 团队周末例会上，刘玉老师听说智能药盒竟然做成了，也得知张子昂跟 Dian 团队的同学们相处很融洽，于是和钟国辉老师商议，以导师联名推荐方式，破格接受张子昂加入 Dian 团队。

一进 Dian 团队，张子昂便动了转专业"弃理从工"的念头。因为做智能药盒项目的经历打开了他的新世界，他感觉工科男调试电路板把 LED 灯点亮，远比做生物实验有趣得多。可是，学校规定只有大一的学生才可以转专业，而他已经念到大三了，按照规定是不能转专业的。张子昂又一次本着"初生牛犊不怕虎"的精神，跑到学校南三楼，直接堵住教务处郭处长。他激动地跟郭处长讲述了自己搞发明做智能药盒的经历，又讲到自己被 Dian 团队破格录取的心路历程，郭处长被他感动了，遂破例打电话给生科院的院长，特批了他从生物科学转专业到生物医学工程（医疗器械方向）的请求。

就这样，张子昂"神奇"地转专业成功，从此天天泡在点亮他人生的启明楼里。这件事让他明白，人生的道路和机会是要靠自己去努力争取的。

加入红娘，结缘创业

进入 Dian 团队后，张子昂先后参与了多个项目，其中"数字化全景式钻孔成像系统"获得了全校"求是杯"特等奖，这是一套能全方位获取地质结构图像信息的高清数字化钻孔成像系统。接着，他又到当时很缺项目的移动通信组担任组长。他接手后，立即寻找外包项目，在他的不懈努力下，终于接到了一个与腾讯合作的项目，开发一款宣传工具。

刚开始，组员们都很开心，觉得能跟腾讯合作真是个好机会。但在合作过程中，因为甲方产品经理是个年轻的实习生，经验不足又没有决策权，需求总是频繁修改，导致多次返工。组员们的积极性很受打击，部分人甚至不想干了，张子昂遭遇了当组长以来最大的考验。该怎么办呢？经过几天的思索，他制订了如下方案：先去找腾讯的武汉负责人谈话，请求领导拍板，将需求固定下来，同时，请腾讯颁发盖了公章的奖状给每个组员，用以表彰他们对项目做出的贡献，这样对组员毕业找工作是一个很好的"背书"。这样调整之后，情况大为改观，项目做完后效果远超预期，上线半天点击量就超过 4000，腾讯也给予好评。这次项目经历，让张子昂得到了宝贵的管理实践经验。

2015年4月第2期红娘会，张子昂（右）向真格基金刘元经理请教

2015 年 3 月，刘玉老师转型当创业红娘，

免费为创业者和投资人提供投融资对接服务。她最开始找了校学生会的两位干部当助理，但没干多久，两个助理就同时不辞而别。然而，下一期创业相亲会筹备在即，这时刘老师想到了既热心又对创业有感觉的大三队员张子昂，特邀他接任红娘助理。张子昂怀着报恩之心，临危受命，没想到这一接棒，就做了整整三年。

2017年6月，马上要毕业的张子昂面临了一个选择：一方面，他早早手握腾讯offer，腾讯不仅年薪高，而且离家近，他父母也希望独子留在身边，看起来是个完美的选择；但另一方面，刘玉老师也恳请他继续留在创业红娘公益服务中心，师生携手一起把事业做成。

经过一番考虑，他出人意料地放弃去腾讯入职，选择跟刘老师并肩战斗。因为他觉得，当初是刘老师给他机会让他加入Dian团队，现在刘老师需要他，他应该报答。况且这两年的创业服务工作让他觉得，创业红娘为创投双方牵线搭桥是很有价值的事，跟着刘老师也能得到很多锻炼机会和积累更多人脉资源。就这样，张子昂安心地留在了刘老师身边，并成为创业红娘公益服务中心的秘书长。

在师生同心同德努力了3年之后，凭借高性价比的服务品质，红娘平台赢得了"人靠谱、事落实、有情怀"的口碑，逐渐在创投圈声名鹊起。2018年6月，刘玉老师发起了一只华科系校友的创投基金"史前基金"，专门投资早期项目。张子昂特意花3个月时间攻下了CFA I（特许金融分析师一级）和基金从业资格证，身份变为该基金的投资经理，给选投项目工作带来了很大方便。

史前基金的"处女投"，是刘玉老师在办理执照之前就拍板的，这个项目引起了张子昂的注意。"90后"创始人蔡剑军是个潮男，但他祖上是宫廷御医，于是，他想把传统中医和新潮文化结合，做年轻人的新潮中医消费品牌——TOUCH潮贴。张子昂在为这个被投项目服务的过程中，和蔡剑军成了好朋友，甚至还愿意把自己准备买房的首付款投给蔡剑军。于是，蔡剑军极力邀请张子昂加盟。刘玉老师虽有"失臂"之痛，但想到，若蔡剑军创业有成，不也是红娘平台的成果嘛，于是没有阻拦，还笑着对小蔡说："我可连人带钱一起投给你了哟！"

有了刘玉老师的投资"背书"和猛将张子昂的加入，TOUCH潮贴项目高歌猛进。经刘玉老师鼎力推荐，这个项目入围了2018年英国约克公爵安德鲁王子发起的第二届龙门创将（Pitch@Palace）创业大赛42强，并获得了到北京钓鱼台国宾馆的高端路演机会。在短短30秒的路演时间里，TOUCH潮贴项目就吸引了赫赫有名的大健康品牌碧生源集团赵一弘董事长的300万元投资，轰动全场。有了碧生源的"背书"，TOUCH潮贴又很快获得了两轮融资，成了投资市场上的新宠儿。

TOUCH潮贴创始合伙人蔡剑军（左）和张子昂（右），与刘玉老师同去钓鱼台国宾馆路演

然而，创业之路不可能一直顺利，虽然有资本的加持，但市场竞争残酷无情，团队偶尔也会迷失方向。这让负责市场营销的张子昂压力极大，心情焦虑，加上父母再三劝他回广州，张子昂选择尊重父母的意见，怀着遗憾离开了 TOUCH 潮贴团队。

重新出发，不忘初心

回到广州家中后，张子昂也没闲着，除了照顾家人、读书沉淀，也在寻找新的工作机会。正在这时，红娘基金重仓投资的华科校友项目"小贴显微镜"的 CEO 黄凯来找张子昂，盛情邀请他担任商务总监，负责珠三角地区的大客户商务拓展工作。因为光学是自己不熟悉的领域，一开始张子昂很犹豫。但 CEO 黄凯非常耐心，不断与他沟通和交流，还带他去东莞见了几位上下游的客户。随着对该行业的市场前景和团队技术能力的了解加深，张子昂觉得自己还年轻，还想再拼一下，于是决定再给自己一次试错的机会。就这样，他正式加入了小贴显微镜创业团队。加入团队之后，公司对张子昂委以重任，负责的第一个大项目就是与广东某知名企业合作，负责制造平板电脑上所搭载的显微镜外挂设备。

起初，项目进展十分顺利，但随着合作的深入，甲方的标准也越来越高，提出了一些很难实现的需求，此时还有其他供应商也挤进来参与竞争。在极度困难和重重压力下，张子昂坚持下来了，曾经经历的艰难和磨炼，给了他面对考验的勇气及毅力。面对考验的勇气及毅力。他把甲方的"挑刺"视为做好产品的共同愿景，并且不断鼓励同事积极乐观应对，一份方案行不通就换一个方案，一个细节没有打磨好就迅速返工。在大半年的时间里，张子昂和伙伴几乎都是住在工厂解决量产问题。经过千百遍的修改和调试，终于做成了客户满意的效果，顺利通过了试产测试。他们的产品，很快量产并投放市场，市场反馈非常好。

在庆功宴上，甲方项目负责人钦佩地说："你们两个初入行的新人，完成了我们这边 20 个经验丰富的员工才能完成的任务，真心佩服！"不仅如此，该公司很快就与小贴显微镜团队签订了长期合作协议。

> **编后语**
>
> 在 Dian 团队创始人刘玉教授的眼中，张子昂是一个脚踏实地、敢想敢做的优秀队员，是一个矢志不渝的追梦人。虽然创业道路荆棘密布、大起大落、多舛难行，但他依旧选择坚守自己的初心，矢志不渝地朝着自己的梦想行进。回顾这些年的经历，张子昂觉得自己很幸运，他深刻感悟到：一定要为自己喜欢的事情和认定的事情去努力争取，不怕失败，就怕遗憾；要以"长期主义"的视角去看待眼前暂时的困难，不投机取巧，这样才能保持初心行在大道上。

海外
外
赤子

熊祖彪："英雄出少年"

｜执笔人：任志远

熊祖彪，男，湖北石首人，Dian团队005号队员。1999年，年仅15岁的熊祖彪从湖北省石首第一中学考入华中理工大学（现华中科技大学）少年班。2001年暑假，因跟随电信系朱光喜主任做科研实习，而认识当时的系主任助理刘玉老师。他是Dian团队的联合创始人之一，本科毕业后留校直攻博士，后经刘玉老师推荐，到美国休斯敦大学ECE系陈戟教授门下做博士后，现定居美国。2021年，加入148号队员李玥的创业公司。

不鸣则已，一鸣惊人

2001年暑假，华科电信系朱光喜主任的科研团队，接受了8位数理提高班或少年班刚读完大二的学生做科研实习，全班年龄最小的熊祖彪和王宇（006号名誉队员）也在其中。那时，刘玉老师刚从华科光学系调过来不久，兼任朱主任的助理，于是，朱主任就把管理实习学生的具体工作交给了刘玉。

起初，刘玉老师手上没有科研课题，于是让那些学生做科研中心的网站等信息化建设工作。说来也巧，没过多久，刘玉老师带过的光学系1988级学生徐一新请她指导如何撰写在职研究生论文。刘老师听说徐一新长期在部队信息化部门工作，就让他想想还存在哪些痛点，徐一新立马就想到刚被上级通报过的一件事——电脑中的机要公文没有被彻底隐藏。于是，他希望能与刘老师合作，共同开发一个"机要公文加密系统"，并愿意支付3.5万元的研发经费。

刘玉老师既高兴又发愁：高兴的是调到电信系不久便能接到科研课题，发愁的是手上没有一兵一卒、一砖一瓦、一分一厘。好在她在华科的校园BBS上还比较有知名度，于是发"英雄帖"招贤纳士，吸纳了3名大四学生李震、王长强和康锋（后分别成为Dian团队002、

003、004 号队员），组建起本科生的真实项目小组。

这个项目需要编写大量软件代码，刘玉老师打算从 8 位提高班学生中再挑人加入项目组。个子瘦小的熊祖彪虽不是学霸，但听说他 C 语言编程能力比较强，于是，刘老师就把这个"小家伙"和一位女生夏媛安排入组，由此开始了长达 20 年的师生之缘。

2002 年春季开学时，"机要公文加密系统"项目组正式开工。当时，条件特别艰苦，公用电脑只有刘玉老师当助理用的一台旧 PC，只要开了机就不敢关，因为下次还能不能正常开机都不敢保证，大家只好轮流三班倒使用。每周一次正式例会，都是借用走廊上的一张旧沙发和几个破板凳，可平时如何交流？3 月 1 日，熟悉校园网的刘老师请一位叫窦善俊的同学在他私人的 BBS 上增开了一个秘密讨论区，方便大家隔空讨论，5 名本科生就这样开始了对项目的攻坚。当时，窦同学利用刘老师的网络 ID 给这个板块起名为 Dian，这就是 Dian 团队名字的由来。

3 个月之后，李震、王长强和康锋这 3 名大四队员圆满完成了一期目标，顺利毕业。但是，二期目标任务更艰巨，要用硬件方式对公文进行彻底加密。于是，刘玉老师再次把目光转向在校本科生，动员电信系二课部部长刘洋（007 号队员）等加盟。这时，先到一步的熊祖彪，虽然年纪小但已经成了骨干队员。

一次讨论加密方式的例会上，大家对市面上销售的硬件加密"狗"都不甚认可，刘洋十秒钟就破解了。如何设计一个安全系数更高的加密方式？颇具巧思的学长刘洋想出了通过搬移文件进行隐藏加密，而此方式的缺点是解密速度极慢，如何改进就成了下一个"拦路虎"。熊祖彪年纪小，一直少言寡语，一周后他却主动发言，侃侃而谈，就如何更快速地隐藏和解密公文讲述了他的解决方案，大家一听都拍案叫绝并马上在电脑上证实是行之有效的。面对大家赞赏的目光，吃透了 Windows 操作系统的熊祖彪谦虚地说："我也是受刘洋的启发。"此时，熊祖彪在大家心目中再也不是"小家伙"，而是一鸣惊人的创新之星！

不久之后，刘玉老师带着刘洋和熊祖彪前往华科校内的专利事务所，让他们二人各自撰写了一份国防专利申请，5 年后正式获得授权证书。这也是 Dian 团队最早的科研成果。

千锤百炼，帅才诞生

2003 年，刘玉老师承接了第二个项目，是武汉嘉铭激光有限公司与 Dian 团队的试探性合作。此时，参与公文系统项目的一批大四队员都毕业了，003 号队员王长强虽然留下读研但主要负责量子通信理论课题，而几位新来的准研究生也都毫无开发经验。思来想去，刘老师还是大胆任命熊祖彪为新项目的组长，尽管她知道熊祖彪在大学期间从未当过学生干部甚至还童心未眠，但非常看重他的系统架构能力。

面对刘玉老师的任命，熊祖彪却满心不愿意，他拒绝说："组内好几位新来的研究生都比我大两岁，我怎么能管他们呢？我顶多只能把自己负责的一块做好。"但是，刘老师决心已定，不管他嘴撅多高都不妥协，硬是逼迫他走马上任。后来，Dian 团队的发展史证明，刘老师这种"强人所难"的行为，挖掘和提升了一届又一届的 Dian 团队队员，因为如果没有这"天外一掌"的推动，许多人都不会主动走出自己的舒适圈去尝试做更好的自己。

此前，还有一个插曲，熊祖彪在少年班＆提高班的综合排名位置很尴尬，排在他前面的同学全都获得保送研究生资格，排在他后面的同学都挂过科，毕业就准备工作。唯独他一人"高不成、低不就"，保研无名额，就业年龄小，幸亏电信系主管教学的严国萍教授细心过问，特地拨名额给少年班的他再读研三年。这也是刘玉老师想长期培养他的另一个理由。

武汉嘉铭激光公司的委托开发项目叫"一体化标记机控制系统"，最初指定用 8 位单片机，但熊祖彪和组员们认为应该采用刚刚兴起的 32 位 ARM 芯片，理由是可以支撑图形界面，后续可扩展性很强。当时，刘老师非常犹豫：8 位机的主控芯片只有 40 只引脚，而最低端的 ARM 芯片都有 256 条引脚，学生们无论是从课堂还是从实验室都没有获得过任何相关新知识。但学生们说，ARM 一定是未来智能控制领域的主流芯片，愿意花大力气去自学。看到熊祖彪他们兴奋的眼神，刘老师一咬牙，就去说服嘉铭公司的 CTO 王书文。正巧王部长也是一个喜欢琢磨新技术的人，很快便同意了，而且签订了 2 万元的合同经费，约定半年后提交整机结题。于是，2003 年 8 月，"一体化机"项目组的 5 个人（熊祖彪、033 号队员薛强、028 号队员阮航、029 号队员陈竞、032 号队员张志华），高高兴兴地开始了技术创新之路。

熊祖彪兴冲冲地网购了一个 ARM 教学开发板，拿起说明书就开始试用，但没过几天，他脸色就由晴转阴，两周后神情更加焦躁。阻碍他前进的，并非 ARM 指令和编程有多难，而是在电脑上写好的 ARM 程序硬是写不到开发板上。那个 JTAG 通信电缆怎么鼓捣都不通，最后不得已找商家更换了一根才搞定，方知是配件质量差，而这时已过了一个月。

克服了这个意想不到的困难之后，负责软件开发的熊祖彪把进度推进得很快。此时的难点转至几位研究生新生负责的硬件设计工作，阮航画好了印刷电路板，但元器件焊接需要防静电的电烙铁，调试也需要示波器等，而在南一楼刘玉老师那个机位上完全没法干活。情急之下，刘老师跑到西七楼去找电工电子基地的尹仕老师求援，希望能借他那方宝地，尹老师与刘老师在实践育人理念上高度一致，于是爽快答应连设备带工具还有实验桌都借给 Dian 团队做项目。

按计划进度，春节前必须把 ARM 控制板每个功能分别调试通过，否则年后无法按时结题。熊祖彪怕春运紧张，寒假之初就跟老乡一起提前买好回石首的长途汽车票。他悄悄找刘老师请假，瞬间被痛批："你身为项目组组长，怎么能带头先跑路？"熊祖彪嘟囔道："我的软件工作已经完成，要是后面还有我的事，春节以后我提前来就是。"刘老师听罢，立马打消他的念头："现在大家都在干活，你组长不配合，还要先走；大家春节后都没返校，你一个人来，谁配合你？别忘了咱们是个团队啊！"

那个时候的熊祖彪，心智还很不成熟。在刘老师的高压下，他虽然不得不退了票，但抵触情绪一触即发，从此"噤声"，像个毫无知觉的机器人。直到腊月二十五的攻坚战，队员们群策群力的同时把钟国辉老师也请过来帮忙，强攻巧打之下终于把所有的模块全部调通，在大家的欢呼声中熊祖彪看到了集体攻关迸发出的巨大力量，没有血色的小脸终于露出了笑容。

第二天，刘玉老师带组员们去武汉亚贸广场庆功、犒劳，奖励每人150元的购物额度。她看到熊祖彪在鞋柜试新鞋,这才发现他脚上的旧鞋都破得露出了脚趾,心里疼得一揪。随后,她又看到熊祖彪把新鞋脱下来,小心翼翼地放进鞋盒再放入书包,于是好奇地问他,为何不扔掉旧鞋、穿着新鞋回家？熊祖彪说，长途车很挤,会弄脏鞋子。刘老师这才意识到,他家境肯定不好,也很内疚自己平时在生活上对学生不够关心。

春节之后再返校,大家仅用十几天就把系统联调完毕,然后到嘉铭公司车间进行了现场打标测试,终于在合同规定的最后期限顺利通过企业的验收。大家一起到华科大门口的金福盛餐厅"搓"了一顿,上来的第一道"菜"就是一沓封口的信封,那是刘玉老师用自己的工资给大家发放的项目结题奖金。那个项目的合同经费只有2万元,而实际开支4万元,刘老师倒贴了一半。回来后,刘老师还特意给熊祖彪拍摄了在电工电子基地的工作照。

通过这个项目的历练,熊祖彪无论是心智还是管理能力都有了明显提高,开始跟刘玉老师讨论更多的问题。例如,他看到Dian团队项目管理上的无序、业余和暗坑四伏,不由得忧心忡忡,不赞成再接企业后续的硬件项目。但刘老师认为,队员们如果没有真实项目牵引,便很难学到真本领,好不容易赢得嘉铭公司的信任,怎能不接着做呢？

那段时间,师生二人观念冲突很厉害,交流特别频繁。除了在BBS上互动,熊祖彪还到刘玉老师家里去深谈过。刘老师由此了解到他的家庭和童年经历,了解到他中学和大学的读书过程,针对他的种种顾虑或支招或鼓励,给了他很多的温暖和力量。

2004年5月,Dian团队迎来了新机遇,接到知名外企华三通信公司15万元的大项目。刘玉老师又任命熊祖彪当组长,这次他不再胆怯和推托,只要求再配备一个管生活的副组长。大项目的开头和结尾都在北京进行,中间开发阶段回到武汉,Dian团队专门租了校内"民房",后称"五一基地"。在15名队员夜以继日、斗志高昂的努力下,该项目进展特别顺畅,8月底就顺利结题。得到企业正规培训以及资深项目经理的指点,旗开得胜的熊祖彪归来之后,刘老师发现他又有了很大变化,举手投足间开始有大将雄风,不禁惊叹："整个人的气质都变了!"

2004年2月28日，年仅19岁的项目组组长熊祖彪在电工电子基地的工作照

技术大牛，赴美博后

2004年9月,熊祖彪决定从硕士转为直攻博士,从校园东边搬到了最西边的博士生楼。刘玉老师力荐熊祖彪选择她读研时的恩师朱耀庭教授当博士生导师,但希望熊祖彪还能在

Dian 团队兼职担任技术总监（CTO），负责监督项目进度和质量。

由于熊祖彪完整经历了有大量 C 代码的"机要公文加密系统"、软硬兼施的"一体化标记机"嵌入式系统以及用业界最规范的 CMM 流程做的华三通信软件工程项目，读博时又参加了国防"探索一代"理论项目，所以他妥妥地成为 Dian 团队当年综合实力最强的技术牛人，赢得了全体队员的尊重。不管什么项目，他只要参与了讨论，就能迅速看出问题。例如，团队里的软件组队员遇到了一个 bug，怎么都检查不出来错在哪里，刘玉老师请"熊博"来会诊。他到五一基地后，一坐下就按住鼠标，盯着屏幕，把大段 C++ 代码飞速往下拉，偶尔停下细看一眼，接着又快速下拉，然后突然停住，指着屏幕说这里可能有问题。小队员定睛一看，果真有错，修改后立即编译通过，由此对熊博简直佩服得五体投地。

刘老师亲眼看到这一幕，整个过程还不到 5 分钟，赞叹之余也无比好奇，于是，她逼着熊祖彪给全团队讲述软件调试经验。熊祖彪摇摇头说，真没啥可讲的，无他，惟手熟尔。刘老师这才明白，原来他就是业界流传的"一万小时"理论的典型案例啊。

在 Dian 团队里，当队员们的称呼从"小熊"变成了"熊 sir"和"熊博"之后，熊祖彪也真的变成大人了。每天晚上十点多，在东边的五一基地开完项目组会议，刘玉老师就推着自行车陪熊祖彪走回西边的博士生宿舍，两人讨论的话题越来越多也越来越深，到了宿舍门口还在聊，一直到值班员锁门为止。这时，已经不是老师批评教育学生，而是战友共商团队发展了。2010 年，刘老师做客央视《小崔说事》时，跟崔永元说道：因为想把熊祖彪培养成"帅才"，所以跟他交心、谈心至少花费了 400 学时。此话毫不夸张，请看熊祖彪的短文《深夜路聊》。

深夜路聊

在 Dian 团队记忆最深刻的事情，就是与刘玉老师"深夜路聊"。数不清有多少个晚上了，有时是开会散场后同行，有时是刘老师专程电话相约，有时是收工离开实验室正巧碰到，就一路走一路聊，探讨团队发展，事无巨细，竟皆聊来。往往出发之时是十点多，到达终点不得不分道之时就已过了十一点。若是谈兴正浓，不忍匆匆结束，就把"坐骑"立起，两人杵在楼下顶着星星和月亮继续侃，侃过零点也是时常会有的事。当然，刘老师是主讲，我是主听。以与团队相关的话题为主，无论适不适合公开的事，刘老师都毫无保留，悉数讲给我听，并会以她的经验做评点。而我就尽量以自己浅薄的知识发表一些意见和建议，我的眼界和见识就这样开阔起来。有时，刘老师也会对我的做人和做事进行一些教育，例如，"与他人同行要让自己走在靠路中间"，"不要浪费了父母赋予自己的智慧"，等等。偶尔想起，仍如晨钟暮鼓，发人深省。这么多年"深夜路聊"过来，一路陪伴着我们的"坐骑"都换过好几轮，我是因为自行车老是丢失，而刘老师则是将自行车升级成了电动车。路聊的起点和终点更是数度迁徙，我的宿舍换了好几次，刘老师的家也从东三区搬到了如今的喻园小区，而 Dian 团队的着落之地则从南一楼的旮旯之角迁至宽敞的东七楼。呜呼，陪伴着 Dian 团队从三五人发展到如今的规模，我也从无知小儿成长起来，在这其中独享那么多"深夜路聊"，何其幸也，何其欣欣然也。

2009 年，熊祖彪博士顺利毕业，刘玉老师非常希望他能留校任教，将来成为 Dian 团队第二代掌门人。但看到学校晋升职称条件变严，要求申请者至少要有一年海外经历，刘老师便想办法帮他满足这个条件，推荐他到美国休斯敦大学陈戬教授（华科电信系校友）那儿做博士后。陈教授听说熊祖彪是 Dian 团队的 CTO，喜出望外，以最快速度帮他办好了出国手续。在出国前夕，熊祖彪听说 Dian 团队新接的美国大项目非常有难度，便亲自担任开路先锋，写代码、带新人，尽心尽力。

去了休斯敦大学后，熊祖彪表现异常出色，还当上了陈戬教授博士生团队的主管。他以前因家庭贫困借过刘玉老师 1 万元救急，但在出国后很快便具备了偿还能力。

由于 Dian 团队出身的熊祖彪博士和首届种子班毕业的冯石（149 号队员）在陈戬教授门下表现都特别优秀，所以陈教授干脆每年都送给 Dian 团队全奖直攻博士名额。截至 2010 年末，到休斯敦大学深造的队员已有 10 人之多，最后刘玉老师索性连春节都飞到休斯敦大学去跟队员们一起过。

陈戬教授有很多与企业界合作的大型项目，自己也开办了公司，因此一再挽留熊祖彪，直到他娶妻生子变成了"熊爸"，并最终定居美国。正当刘玉老师唏嘘"这孩子好像丢了似的"，又传来可靠消息：2021 年 6 月，熊祖彪正式加入了 Dian 团队 148 号队员李玥等创办的高科技创业公司——MemVerge，与先期加入的 151 号队员孙静超、182 号队员甘俊、190 号队员严牧西等数位 Dian 团队技术牛人携手并肩创业。他们将开创何种辉煌的未来呢？指日可待！

2011 年 2 月 13 日，熊祖彪送刘玉老师离开休斯敦时在机场合影

✒ 编后语

　　刘玉老师和熊祖彪的关系，不仅仅是师生，更像母子。刘老师给予熊祖彪的教育，也不仅仅体现在技术管理上，更加体现在熊祖彪的人格成长上。从刘老师亲切称呼的"小熊"，到后来受队员尊敬的"熊 sir"和"熊博"，再到现在的科研"大牛"，熊祖彪 20 年来的成长脚印极为清晰。这个故事，既展示了他努力钻研、超越自己的拼搏精神，也记录了一个小小少年如何成长为技术大牛的点点滴滴。

欧阳华：不忘初心，志登绝顶

│执笔人：谢威

欧阳华，男，湖北武汉人，Dian团队015号队员。1999年从湖北省武昌实验中学考入华中理工大学电信系（现华中科技大学电信学院）。2004年进入香港中文大学读研，毕业后赴佐治亚理工学院攻读博士学位，毕业后进入苹果公司工作。

低谷期室友相助，"雪中送炭"加入Dian团队

2003年春天，大四毕业季，早早就完成了毕业设计的欧阳华一个人百无聊赖，刚刚送走好友出国，此时正情绪低落。而此刻的 Dian 团队，正如火如荼地进行着团队创立来的第一个项目——计算机网络信息加密方法的研究，极缺人手。该项目组成员、Dian 团队 007 号队员刘洋向刘玉老师提议，能否请他最要好的室友、软件高手欧阳华来帮忙，希望能借这个项目让他从情绪低谷中走出来。刘老师担心即将毕业的欧阳华参与时间太短难有贡献，刘洋却很有把握，他给刘老师讲了欧阳华的一个小故事。

那是他们大三时，电信系一位老师在网上看到南京依维柯公司需要将大量意大利文进口清单等表格文档录入到数据库，想设计一个识别 PDF 文档并自动录入的软件。他们之前全靠人工录入，非常耗时费力，后来想开发自动化录入程序，但模式识别部分不知道怎么做，便在网上发文"悬赏"。这位老师通过刘洋找到欧阳华，结果，他不仅只用了两个礼拜就完成了，而且程序运行速度快、效果好，软件性能也稳定可靠，南京方面为此支付了 2.4 万元酬金。之所以是这个价钱，是因为当时欧阳华想买一台笔记本电脑，就直接给对方报了一台笔记本电脑的价格。依维柯公司一口答应，欧阳华后来回想起来笑道："他们当时肯定觉得好便宜。"刘玉老师听完这个故事，马上表示要见他一面。

欧阳华初到 Dian 团队，戴个眼镜，情绪不高。刘玉老师说，你以前做的是纯应用软件，

现在需要你配合刘洋做嵌入式软件，他点头应允。刘老师略有不解，问道："听说你自己的毕业设计早就做完，只等答辩毕业了，那到我们这里来，工作也加不到毕业论文中，相当于做义工，你不觉得亏吗？"他摇摇头，表示无所谓。刘老师不由对欧阳华又增好感。

就这样，在Dian团队的真实项目牵引下，欧阳华逐渐从低落的情绪中走了出来。看到项目硬件方面缺人手，欧阳华又帮忙刻制印刷电路板，"软硬兼修"。项目结题后，欧阳华不仅撰写了一篇论文，被原《华中理工大学学报》录用，还申请了两个专利，给Dian团队增加了不少学术性成果。

回馈团队项目，欧阳华与Dian团队双赢

好友大学没毕业就出国留学了，欧阳华骨子里藏着一股不服输的精神，他也下定决心要出国深造，毕业前夕他果真接到了剑桥大学的录取通知书。但因为是自费，顾及母亲长期病休、家境拮据，他不得不放弃这个机会，在家潜心准备，决心来年再争取名校全奖。

欧阳华父亲在铁道第四勘察设计院工作（现中铁第四勘察设计院集团有限公司，以下简称"铁四院"），单位需要做一个内部网站。负责人知道欧阳华很聪明，而且正好"待业"在家，便有意交给他来做。欧阳华认为，创建网站的技术虽然不难，但后期需要多次迭代和长期维护，需要一支长期稳定的队伍。于是，他想到了Dian团队。

2003年冬天，Dian团队正好缺项目，刘玉老师接到欧阳华的电话后非常高兴，马上带着020号队员熊小琴、045号队员杜欢等去铁四院接洽。事先已了解需求的欧阳华，用笔画出了系统架构的软件框图送给队员们，增强了大家的信心，项目很快便谈成了。刘老师主动提出，这个项目要签订正式合同，让队员们增强契约精神。刘老师还建议，5000元合同款分两次支付，签合同时付50%，项目完成后再付50%，帮铁四院规避质量风险。这给对方留下了非常好的印象，铁四院也由此成了Dian团队的"回头客"。

在做项目的过程中，刘玉老师经常去铁四院，顺道对欧阳华家访。刘老师这才得知，欧阳华母亲很早就因病退休，不同意欧阳华自费出国，希望他能赶快工作或在国内高校读研，但他父亲的态度则完全相反："我砸锅卖铁也要让儿子出国深造。"刘老师非常清楚欧阳华的实力，她向欧阳华父母表示："欧阳华特别聪明，文武双全，技术实力强，是个难得的人才。他只要想出国，就一定能出得去，而且我有信心他能获全奖。"刘老师的一番话，打消了欧阳华母亲的顾虑，家庭意见从此统一。

2004年2月，铁四院项目洽谈会后，刘玉老师与欧阳华合影

好态度带来更多机会

2004 年春天，香港中文大学电子系教授代表团来武汉面试已投递简历的华中地区学生，在武汉某高档酒店设立了面试点。因刘玉老师曾访问过香港中文大学，所以代表团的李丹教授邮件邀请刘老师叙旧。刘老师灵机一动，想推荐正在家中为出国备战的欧阳华去该校深造，便让欧阳华带着简历同去。

巧的是，李丹教授与欧阳华都是武昌实验中学毕业的，是中学校友。李教授和欧阳华面谈之后，也觉得这小伙子素质不错，但仍为难地说，通知来面试的各地学生都早就提交了简历，你现在想直接进入面试不合规矩。刘玉老师见状提议说："你们在武汉没有熟人，不如让欧阳华来做你们的志愿者，帮忙接待考生。"通过这种方式，欧阳华进入了香港教授们的视线。欧阳华说话、办事都很机灵，教授们很喜欢他，相当于变相面试了欧阳华。李教授说，由于欧阳华是后来才补报名的，不能直接正式录取，只能将欧阳华加入替补队列中看有无机会。

态度好，就会有更多机会。果不其然，数月后有被录考生放弃去香港中文大学的机会。最终，欧阳华成功替补，不仅被香港中文大学录取，师从这位年轻的李丹教授，而且还获得了全额奖学金。

2004 年初夏，当铁四院的项目结题时，刘玉老师想给欧阳华发贡献奖，被他婉拒。于是，刘老师邀请在家"赋闲"的欧阳华再来 Dian 团队参加刚与华三通信公司签订的第一个"大"项目（合同额 15 万元），这样他在 9 月赴港入学之前每月伙食费可以不再向家长要。2004 年 5 月，欧阳华再次回到了校园，与 Dian 团队的兄弟们并肩战斗。

本科生翻译经典教材

欧阳华重返校园不久，又有一件事找上门来。刘玉老师的师弟吴立民教授接到了电子工业出版社翻译哈佛大学教材 *The Art of Electronics* 的任务。这本美国经典教材集模拟电路、数字电路和微机原理的内容于一身，苦于翻译人手不够，吴教授想请刘老师帮忙，刘老师马上就推荐了欧阳华。一是欧阳华正在苦练英语且水平不低，二是可以让欧阳华挣点稿费，三是翻译经典教材也能增添欧阳华申请海外名校的砝码。

结果，欧阳华一看到原版书的书名就特别兴奋，开心地说："我太愿意翻译这本书了。"原来，他在准备出国的过程中，已经自学过一遍这本原版教材，而且他非常喜欢这本书的风格——既把中国大学三门课程的知识整合得系统全面，又用精炼浅显还略带艺术性的描述把每个知识点讲得清晰透彻。欧阳华认为，在翻译的同时自己还能复习专业课的内容，一举数得，于是欣然接受了翻译的重担。

担任译著主编的吴立民教授，半信半疑地接受了刘玉老师推荐的这名本科生。没想到，欧阳华不仅英语好，中文的文笔也非常好。起初安排给他的翻译任务只有两章，当整本书稿拿到出版社，编辑评价只有吴教授和欧阳华翻译的那几章质量不错，其他章节都需要重译。于是，吴教授安排欧阳华又翻译了两章，前后翻译了第 3、9、10、11 章，共四章，欧阳华也因对此书贡献突出而登上了译著《电子学》的封面，并署名为第三译者。这本译著，后来被包括清华大学电子系在内的国内多所高校的院系使用，至今在网上还是同类教材热销榜第一。在翻译知名教材方面，一个本科生能与教授一起署名，在 18 年前是非常了不起的。

欧阳华是经典教材 *The Art of Electronics* 的主要译者之一

赴美读博，报恩母校

赴港之后，欧阳华在李丹教授手下做语音处理方面的工作，表现不错。获得硕士学位之后，欧阳华还是想圆他的西方名校梦。于是，他效仿本科毕业那段时光，在香港中文大学又多待了一年，兼职打工，最后，终于考上了美国名校——佐治亚理工学院，之后获得博士学位。目前，在苹果公司工作。

欧阳华在美国就读博士期间，华中科技大学校长李培根院士到佐治亚理工学院访问，但一时没能落实接机的校友。一位外省的老校友向在武汉的刘玉老师紧急求助帮寻志愿者，说根叔（李培根校长）的飞机很快就要抵达，而且会直接去佐治亚理工学院访问。刘老师马上联系上了欧阳华，欧阳华立即开车去机场把根叔接到了佐治亚理工学院。当晚，欧阳华在酒店陪根叔聊了很久，觉得自己获益匪浅。李培根校长回国后，向刘老师夸奖："你的学生欧阳华很不错。"那位外省的老校友亦向刘老师盛赞欧阳华，说 Dian 团队的队员真是靠谱！

编后语

听了欧阳华学长的故事，笔者的钦佩之情油然而生。毕业季，当同学们纷纷读研深造或高薪工作的时候，欧阳华却一直坚持着自己的出国深造梦，从未放弃。宝剑锋从磨砺出，梅花香自苦寒来。师兄虽在本科和硕士研究生期间各"踏步"了一年，但最终成功地圆了世界名校梦。师兄这种不忘初心、志登绝顶的精神，值得我们学习。

肖何："左撇"高手

|执笔人：赵轩磊

肖何，男，天津人，Dian团队041号队员。2002年从天津市第四中学考入华中科技大学计算机系，本科毕业便被美国Synopsys公司上海研发中心录用，创下了2006届本科生年薪10万元的"神话"，轰动校园；2008年被派往Synopsys美国总部工作了3年，接着又先后到世界500强公司亚马逊和IBM工作；2021年，他跟随好几位Dian团队海外队员的创业脚步，也加盟了148号队员李玥的高科技公司。

半路拦下刘老师，执着加入大项目

肖何是个软件技术发烧友，刚上大二就凭着灵敏的嗅觉加入了 Dian 团队，但那时项目不多，他被分到 web 组做网站。

2004 年 4 月，Dian 团队承接了华三通信公司 15 万元的"大"项目——8043 路由器 web 管理系统，为此还准备租用校内家属楼的一套"民房"，简称"五一基地"。4 月底的一天，刘玉老师骑着自行车行进在华科南一楼西边的主干道上，突然被人行道上两个学生叫住，回头一看，边跑边喊的正是肖何，后面跟着的是他的好友朱张帆（后成为 070 号队员）。

刘玉老师心头一惊，不知这两位小队员出了啥事。等肖何一开口，她才知道，原来他俩坚决要求加入华三公司那个大项目。刘老师连连摇头，认为他俩刚上大二，学业开始繁重，无法抽出太多时间投入到这个大项目中，加之技术积累还不够，万一跟不上便会对项目进度有很大影响。

一般人可能听了刘玉老师这番话就自行退却了，但肖何特别不甘心，他反驳道，这个项目的主要内容是 web 管理，他俩一直是学校广播台 web 网络组的成员，是有技术积累的，有信心不拖后腿。至于投入的时间如何保证，肖何自信地说，"马上就是五一节了，要放整

2004年5月22日，首个华三项目组的全体成员在五一基地门口合影

（前排左起：欧阳华、周全、华三经理李蒙、谢传荣、汪典）

（后排左起：熊祖彪、杜欢、肖何、汪恒晶、朱张帆）

整7天的假，刘老师，我们7天可以干好多事情呢！"刘老师问："那五一长假之后，不是还得继续去上课么？这个项目要持续到暑假，你们期末考试怎么办？"肖何仿佛早就料到刘老师会问这个问题，他胸有成竹地说："我们计算机系的课程安排不一样，是提前期末考试，再安排两周的软件课程设计。我们觉得考试负担并不重，关键是最后当别的组员都去复习考试的时候，我俩反而有很多时间投入项目。"刘老师又问："那你们的软件课程设计还不是一样要花工夫吗？"肖何与朱张帆相视一笑："哎呀，刘老师，我俩软件基础都很好，那个软件课程设计，我们花两天就可以圆满完成了。"

刘玉老师被肖何他俩浑身散发的上进心和自信心感染了，看到两个小同学这么主动，实在不忍心打击他们的积极性，于是同意他们加入首个华三项目。五一节刚放假，两人便欢天喜地地搬进了五一基地，像是捡了金元宝一样。

"左撇子"闻名团队，"灵脑瓜"建言献策

进了五一基地，大家朝夕相处，这才发现肖何原来是个地地道道的"左撇子"。他不仅用左手吃饭，还用左手握钢笔写字，就连在黑板上做分享的时候，也是用左手拿着粉笔一路向右蹭着写的。此外，肖何思维太快，往往说话速度跟不上大脑运转速度，有时候激动起来还有点小结巴。大家都认为肖何是个"奇才"，因为左手写字的人通常小脑都比较发达嘛。刘老师一直担心肖何的学业成绩会因进入项目组而下降，结果肖何期末考试成绩照样很棒。

2005年7月27日，肖何（右3）和朱张帆向老师们展示"数据结构精品课程"网站

他因为太能干，所以从大二上学期完成华三项目之后，又在团队里领衔了很多 Web 方面的项目，一直做到本科毕业。比如，他率领"软件二组"为电信系搭建了"数据结构精品课程"网站，方便的操作和人性化的设计受到了电信系教师课程组的好评。此外，他还担任了 Dian 团队预备队的 Java 教练。

刘玉老师对笔者说，肖何是个"热心肠"，经常给 Dian 团队建言献策，至少可举三例。

例1，肖何热心地向刘玉老师推荐他的班长陈朝东来 Dian 团队周末例会做财商分享。他说，陈朝东是一个很特殊的人，他虽然不算技术男，但赚钱是一把好手（详见陈朝东的故事）。他认为，团队例会不必每次都交流技术，也要让非技术性的人才来交流碰撞，这样才能促进团队均衡发展。陈朝东来分享之后，果然引起轰动，队员们都觉得有趣、大开眼界。于是，刘老师特批陈朝东加入 Dian 团队，成为 127 号队员。

例2，肖何进团队早，技术能力强，成长进步快，很快就当了项目组组长。按照团队的管理制度，组长每周末都要向导师提交项目周报，还可以在周报最后的备注栏附言。其他组长一般都不写什么，可是肖何却在备注栏里写了足足 2000 多字，比周报正文还长，涵盖团队建设、项目管理、组员评价等，字里行间都透着他那颗火热的心，主人翁意识超级强。

例3，肖何还经常主动申请在团队周末例会上做技术分享，让例会内容变得更丰富。他每次都分享软件设计的点滴小技巧，一次次积累下来，队员们也跟着收获了很多。

放弃保研选择工作，十万年薪"傲视群雄"

2005 年秋季，学习成绩优秀的肖何，却完全不考虑保送读研之路。他认为研究生阶段无非就是多做几个项目，而他在 Dian 团队已经提前经历了这个过程。如果本科毕业进入名企，所得到的锻炼一定比读两年研究生要多。于是，肖何应聘了一家美国公司Synopsys(音译新思)上海研发中心，年薪 10 万元。那时，应届本科毕业生的年薪能有 5 万元就很不错了，所以肖何一下子就名扬全校，人称"肖十万"。校学工处也把他作为本科生放弃保研就业名企的典型，在全校各院系巡回做"报告"。

肖何总结当时能拿到新思的 offer，主要原因有三：首先，当时新思公司来学校组织笔试时，涉及的范围挺广，如计算机、操作系统这些知识，因为他平时都认认真真上课，所以回答得不错；第二，后来的几轮面试，因为他项目经验比较丰富，面试官所问的问题大多数在项目中有所接触，所以他都能一一回答出来，给考官留下了较好印象；第三，他英语听说读写的水平比较好，这家美国企业认为他能胜任工作。

肖何对入职什么公司，也有自己的考量标准。他会考虑该公司的价值观、研发的产品与个人兴趣是否符合，以及工作地点和薪酬等硬条件。肖何很欣赏新思公司的价值观，特别强调 integrity（诚实、正直），而当时很多民营企业是缺乏文化建设的。他自己也一直认为，无论做事，还是人与人之间相处，都要诚实和正直。

外企工作收获颇丰，金门大桥一见倾心

2006 年夏天，肖何毕业后从武汉到新思公司上海研发中心工作。他非常喜欢在新思的那 8 年工作经历，那时外企员工中的应届毕业生居多，年轻有朝气，讨论问题往往热火朝天。他非常感激当时的上司——一位心思极其细腻的上海女性，这位女上司比较在意员工的感受，为大家创造了各种机会。因此，在这里肖何交了很多朋友，做了很多优秀的项目，也获得了一些大开眼界的机会。

工作之初的肖何，并没有出国的念想，觉得国内发展空间已经很大了。直到有一次赴美出差，他和同事周末开车出去游玩，来到旧金山的金门大桥，桥边公园里有个观景点，他在那儿看到好多人带着自己的孩子，有各种各样的肤色，各种各样的文化背景，吃饭也有五花八门的种类与习俗。他忽然觉得，去美国一段时间，感受不同人的生活，会是件非常有意思的事情。当时，正好新思美国总部有个产品要做，于是肖何就申请去了美国。

到美国以后，肖何在新思总部待了三四年，等圆满结束项目之后，他便跳槽去了世界 500 强亚马逊公司。在亚马逊虽然学到了很多东西，但也特别累，比如，要求他随身带一个 BB 机，24 小时待命，随时准备上线解决问题。最终，他大病一场，拖垮了身子。肖何幡然醒悟，想起了刘玉老师曾经对他说过的话，身体是革命的本钱，如果忙到最后落得一身病，那反而得不偿失。于是，他离职去了另一家世界名企 IBM 公司，担任项目主管，手下有七八个人，组内的各种工作流程、交流渠道和项目管理都由他负责。在华科时项目周报备注栏的那些建议，现在变成他自己就可以拍板的决策，感觉很爽。

春节团聚休斯敦，人海寻找朱张帆

2011 年 2 月，刘玉老师飞往美国休斯敦，跟休斯敦大学的 10 位 Dian 团队队员和年轻校友一起过除夕夜。听说大休斯敦地区还有 148 号队员李玥、190 号队员严牧西和肖何，刘老师非常想见他们，于是大年初三清早就乘坐 005 号队员熊祖彪的车，前往德州农机大学所在

2011年2月6日（大年初三），刘玉老师与4名队员在美国TAMU小镇合影
（左起：熊祖彪、肖何、刘玉老师、李玥、严牧西）

的 TAMU 小镇。肖何闻讯，也从奥斯汀驱车赶来会合。见面之后，刘老师发现，肖何还是一如既往的语速特别快，神态朝气蓬勃，一如当年那位少年，从未改变。

2020 年底，Dian 团队年鉴要更新所有队员的通讯录，其中 070 号队员朱张帆一直失联，刘老师马上就找肖何，请他帮忙联系当年好友。肖何特别热情，多方查找，终于寻到其下落，巧合的是，朱张帆竟然就在肖何工作过的新思上海研发中心就职。真道是：咫尺天涯不曾见，因 Dian 得缘再相牵。

编后语

肖何现仍然任职于 IBM，担任一个私有云产品的 Technical Lead。10 年前因刘玉老师赴美"探亲"而拍摄的春节合影四员大将中，有三人已经抱团创业了，他们会不会动员肖何这位兄弟"入伙"呢？那应该是下一个十年的新故事了。

李玥：从量子到存储

｜执笔人：张锐堃

李玥，男，江西新余人，Dian团队148号队员。2004年从新钢中学考入华中科技大学信息安全专业，2005年读大二时就加入Dian团队。本科毕业后前往德州农机大学硕博连读，之后到加州理工学院做博士后。2017年起在美国创业，作为联合创始人创建MemVerge公司，担任首席技术官。2018年，MemVerge在北京和上海开设了两个研发办公室。

醉心理论研究的"好苗子"

2002年创立的Dian团队，导师与学生几乎全都是电信系的，那么，计算机系信息安全专业的大二学生李玥是怎么加入Dian团队的呢？他在2005年底的小结中是这样描述的：

> 我意识到在大学期间做一个充实的人、做出一个正确选择的重要，身边无数优秀同学的事例也催促着我不停地努力。因此，在大二的这一年，我选择了继续奋斗，同时选择了加入Dian团队——这个让我成长、助我成功的优秀集体。
>
> 初识Dian团队，是在计算机学院的班长例会上，辅导员当时向我极力推荐了这个团队。听辅导员谈到里面队员学习、做研究的认真和热心，我的心马上沸腾了起来，对知识及进步的渴望难以抑制，顿时坚定了加入Dian团队的决心。我马上向辅导员询问了相关事宜，得知Dian团队是电信系刘玉教授领导的基于导师制的本科人才孵化站，已经硕果累累，研究能力很强。于是，加入Dian团队的想法越来越强烈，回到寝室便马上查找报名方式，写邮件给刘玉老师，介绍我学的是信息安全专业，有做研究的兴趣。刘老师很快回复我，并热情地邀请我去旁听Dian团队量子通信理论组的例会。我那次去旁听便获得了破格加入的机会，宣告了Dian生活的开始。
>
> ⋯⋯

今天是 2005 年最后一天，量子组今天召开了年度最后一次例会。同时，我也很好地完成了自己第一次分享——论文思路归纳，得到了同伴们的肯定，心中充满了感激与快乐！

展望 2006 年，面对 Dian 团队的将是更多的项目申请压力——国家基金、航天基金、广州科学中心项目等等，但只要我们团结协作，Dian 团队一定有更辉煌的明天！

喜欢做理论研究、英文很好的李玥，在量子组成长很快，不久就成为核心骨干。2006 年夏，刚结束大二课程的他，出于"追赶先进"的惯性，报名加入了以培养动手能力为主的首届种子班。导师组因材施教，让他延续在量子组的理论工作，仍然属于真实项目牵引的"干中学"模式，期末就用所发学术论文的质量来考核。这下他更是如鱼得水、全身心投入，大三、大四这两年竟发表了 4 篇论文，成为量子组第一位本科生组长（以前都是研究生担任）。

2007 年春，李玥兴冲冲地向刘玉老师申请，想去维也纳参加一个量子相关的国际会议，刘玉老师一听这个会议规模还不到 50 人，觉得花几万元公款不太值当。李玥急了："我已经发表的两篇论文，都参考了不少近年文献，这些文献的作者大都会出席这次会议，是很高端的呀！为了能参加这次国际会议，我还特地投送了一篇论文，很荣幸被录用，这才获得参会资格。我知道您舍不得用 Dian 团队的横向课题经费资助我，可我不是申请到了一万元国家大学生创新基金吗？以后我再继续申请纵向课题就是了。"刘老师这才了解到，李玥为了这个国际会议已经做了许多准备和周密安排，最终被他的坚持所打动，于是同意李玥出国参会。

李玥办理出国手续时，银行需要他提交 5 万元保证金，冻结 3 个月。李玥又去求助刘玉老师，这次刘老师丝毫没有犹豫，拿着自己的存折到银行担保，还跟李玥开玩笑说："你可别出去了就不回国啊，千万别坑了我。"同年中秋节，已经从维也纳回国的李玥回江西探亲，经济条件不差的李玥父母这才知道刘老师用私人存款替李玥担保 3 个月之事，狠狠数落李玥不懂事，李母马上打电话给刘老师哽咽道歉，并表示感谢。

2007 年 8 月 27 日，大三学生李玥远赴维也纳参加国际青年量子科学家会议

在本科毕业之前，李玥已经发表了数篇论文。刘玉老师满以为他会拿着丰富的学术成果去海外名校深造，没想到李玥却选择了美国德州农机大学的计算机系。刘老师既可惜又疑惑：美国那么多好学校，为什么会选择这个人们并不熟知的德州农机大学呢？李玥解释道，因为"C++ 之父"Bjarne Stroustrup 在那所大学任教，而且自己对计算机系统结构很感兴趣。当时，Dian 团队的大多数技术开发都采用 C++ 语言，刘老师一听李玥即将师从"C++ 之父"，知道录取门槛不低，这才释然，转而为李玥感到自豪。

李玥一开始去德州农机大学只是读硕士，获得硕士学位后，他选择继续留下来读博，师从蒋安骁教授。博士毕业后，他又横跨大半个美国到加州理工学院再做博士后，师从 Jehoshua Bruck 教授。

情商不断提高的"大男孩"

　　李玥很喜欢信息安全专业,加入种子班后不得不改拿电信专业文凭,内心是遗憾的。因此,他对于自己不喜欢的课程比较抗拒,如"电磁兼容"(EMC)这门课程。这门课程涉及高频、天线等电磁场内容,偏爱软件的他觉得枯燥难懂就逃课,刘玉老师还专门去当时的东七楼实验室寻到他,批评他不珍惜资源,因为此课属于海外课程,专门聘请美国名校宋建建教授(005号顾问)来华上课,双方都付出了很大代价。刘老师心想,虽然李玥学分已经修满,但首届种子班是个集体,宋教授每次不远万里前来授课若看到班里有人缺席,心情一定会受到影响。

　　李玥在家任性惯了,到了大学集体环境,一开始说话总是直来直去,很少考虑他人的感受,刘玉老师曾多次批评他这一点。随着在 Dian 团队项目组与战友们朝夕相处,身边优秀的榜样越来越多,李玥也受到打磨和陶冶,开始发自内心地尊重别人。李玥加入 Dian 团队一年后,他母亲特意给刘玉老师打电话,说李玥以前每次从武汉回到江西老家都不愿与父母交流,父母问他在学校情况,他总不耐烦地顶一句"说了你们也不懂"。可是现在回家后,对父母礼貌多了,还主动汇报自己在 Dian 团队和种子班的情况。李妈妈认为是 Dian 团队改变了李玥,是导师让孩子变懂事了,说了很多感谢和动情的话,最后泣不成声。

　　大四下学期,当李玥成功获得德州农机大学全额奖学金之后,刘玉老师希望李玥能够在毕业前做一件好事,帮助同班同学冯石(149 号队员)备考英语四级。冯石与李玥截然相反,冯石特别喜欢电磁兼容课程,宋建建教授十分欣赏其深入思考能力。可是,冯石打小就对英语无感,尤其不爱背单词,四级英语屡考不过,毕业前如若再考不过,连华科的学士学位证都拿不到。这时连刘老师都急了,她将自己的办公室腾出来,把冯石"锁进去",责令他全力冲刺,还为他配一位英语特别棒的同学进行一对一辅导。接到任务之后的李玥很是认真,每天都为冯石准备一套四级模拟试卷,等冯石做完后还帮他逐题分析讲解。"闭关冲刺"9 天之后,冯石就上考场了。最终,他竟高出英语四级及格线 25 分,显然,李玥这个小老师立下了汗马功劳。

　　在李玥出国深造三年后的 2011 年 2 月,刘玉老师赴美与休斯敦地区的十几位海外队员一起过春节。再见到李玥时,刘老师发现他的情商又提高了不少。2 月 5 日大年初三,李玥一见到刘老师就来了一个大大的拥抱,他和同校的严牧西(190 号队员)热情地带着刘玉老师和随行队员参观了德州农机大学,还特意带他们前往"C++ 之父"Bjarne Stroustrup 教授的办公室,不巧的是,教授本人不在。刘玉老师在"C++ 之父"的办公室门口看到一幅教授本人的漫画像,李玥说老先生很喜欢,特意用这幅漫画取代姓名牌当作办公室的标志。受到"C++ 之父"的启发,刘玉老师五年之后也在 Dian 团队群英谱处挂上了一幅自己的漫画像(是一位创业者赠送的),果真增添了一些趣味。

　　李玥和严牧西还绘声绘色地向刘玉老师讲述了有关德州农机大学吉祥物的故事。这个吉祥物是一条活生生的狗,名字叫 Reveille,有将军军衔。学校规定,当这条狗走进任何一间教室时,这间教室当即就下课，于是学生们都很期待吉祥狗来临。刘老师惊讶的同时，也很欣赏这种浪漫独特的大学文化。李玥说，为何咱们华科就没有吉祥物呢？这或许就是文化的差异吧。

跳出舒适圈的"创业者"

2017 年 2 月，刘玉老师带华科特优生到硅谷参加冬令营，李玥特意从洛杉矶赶到硅谷与刘玉老师相见，此时他还在加州理工学院做博士后。刘老师希望李玥出站后最好能留在加州理工学院或美国其他名校当老师做学问，李玥却说他已经开始创业了。原来，他所在课题组有一项重大科学突破，他们找到了一种材料，用这种材料制作出来的存储器，不仅读写速度可以像 RAM 一样快，而且可以避免 RAM 掉电会丢失数据的缺点，更重要的是，这种存储芯片的成本非常低廉。李玥相信这项技术一定会引起当今存储器的革命，希望能够通过创业将他们的成果推广到全世界，为人类进步做出贡献。当年 8 月，李玥作为联合创始人，真的在美国创立了 MemVerge 公司并担任 CTO。2018 年，MemVerge 在北京和上海开设了两个研发办公室。

2019年9月17日，李玥（右4）回到Dian团队做技术分享

2019 年秋，李玥回到武汉母校招聘人才。9 月 17 日，他回到阔别已久的 Dian 团队，向师弟师妹们讲解 MemVerge 的技术，鼓励团队里对存储领域感兴趣的队员加入他们公司。截至 2021 年 8 月，MemVerge 公司已经有 6 名 Dian 团队队员加入，除了李玥，还有 005 号熊祖彪、151 号孙静超、182 号甘俊和 190 号严牧西，他们全都是技术高手。现在 MemVerge 已经是明星企业，距离李玥造福人类的梦想或许不远了。

编后语

李玥师兄技术过硬，责任感强，最初留学海外从事科学研究，后来利用研究成果创业，是很典型的从学者走向创业的人物。李玥师兄在个人发展的同时，也不忘利用团队的资源，和团队中志同道合的队员共同奋斗。他目标明确，为了自己热爱的事业而奋斗，热情地向着梦想前进，希望 MemVerge 的分布式存储系统能够早日在世界普及。祝李玥师兄的梦想能够早日实现！

冯石："是金子总会发光"

| 执笔人：肖婉佩

冯石，男，湖南长沙人，Dian团队149号队员。2004年从湖南省长沙市第一中学考入华中科技大学电信专业，大二时加入Dian团队，大三时成为首届种子班成员；在校期间，冯石在学业中的严谨态度、在项目中的出色表现和超高效率，都令老师们印象深刻，后来被刘玉老师和005号顾问宋建建鼎力推荐到美国休斯敦大学深造；获得博士学位后，在美国洛杉矶从事有源植入医疗设备研发。

自驱力强，善抓机会

冯石刚上大二就加入了Dian团队的数据库组，他是一个"自驱力"很强的人，不仅爽快接手电信系教师工作量考核系统的维护和升级，还特别喜欢"扎堆"到集体环境。尽管当时Dian团队租的"民房"里已经装满几十个队员，大家跟他也不是一个项目组，但他情愿自带昂贵的笔记本电脑在杂乱无章的客厅找一个旧沙发窝着做事，很享受那种氛围。这给刘玉老师留下了极为深刻的印象。

由于他"常驻"Dian团队大本营，所以消息很灵通。2016年元旦，他听说团队与华三通信公司签订了一个近50万元的大项目"X.691语音编解码"，非常兴奋地要求参加，刘玉老师连连摇头说："第一，你才大二，低年级进入时间紧的大项目肯定会影响学业；第二，这个项目有20多人，五一基地装不下，我们借用了华科最西边紫菘公寓附近的机房，离你东校区的宿舍有6站路的距离，你每日比别人至少要多花一个小时在路上。"然而，机灵的冯石很快就想好了对策，他这样回答刘老师："正因为我才大二，所以愿意当试验品，万一能胜任，您以后不就可以大胆启用低年级队员了么？距离远我能克服，我已经买了旱冰鞋装在书包里，下课去实验室比自行车还快呢。"看到冯石如此坚定地想做第一个吃螃蟹的人，刘老师也不忍心打击他的积极性，只是暗暗担心自己任教的"数据结构"课堂上的这个学霸，期末考试成绩是否会直线下滑。

出人意料的是，在每天工作到晚上十一点才"滑"回宿舍的高强度工作之下，冯石的期末考试成绩不降反升，加权成绩从 90 升到 92！刘老师惊喜之余，急切地想知道秘诀，冯石说："进了项目组之后，我比过去任何时候都珍惜时间。上课抢坐第一排认真听讲，有疑问在课间 5 分钟就找老师解决掉；晚上 11 点才离开项目组，确保完成手头工作；从西边小楼机房轮滑到东边韵苑宿舍只要 20 多分钟，刚好赶上宿管阿姨关门；宿舍熄灯了，就用应急灯在蚊帐里写作业。"

刘玉老师问："那你没有自习时间怎么办？"冯石说："我每天做作业的时间也就一个多小时。别人都睡着了，我没法请教他人，也拿不到他人作业借鉴，全靠自己独立思考，这反而培养了我对习题的独立见解和做题速度快的习惯，期末考试的时候我自然是胸有成竹。"

面对如此优秀且善于管理时间的弟子，刘老师认定冯石有大将之才，定会从"跟项目""做项目"很快过渡到"管项目"。果不其然，让冯石展现帅才之能的机会来了。

勇挑重担，出任"少帅"

2006 年春天，当冯石跟随师兄们做完 Dian 团队当年最大的企业项目之后，夏天他又完整参加了一个新的华三通信合作项目。9 月，他毅然加入了首届种子班（即基于项目的专业教育试点班），无论是理论学习，还是动手实践，他的表现都非常好。2007 年上半年，他还参加了 Dian 团队的一个硬件项目（岩土所无线通信项目组）。随着时光飞快流逝，他在技术上和心态上都已远超同龄人了。

2007 年下半年，Dian 团队又承接了华三通信公司更大的项目"NAS"，合同经费高达 74 万元，显然项目研发的周期也相应会长一些。导师组再三斟酌，考虑到几位有经验的研究生中途就要硕士论文答辩和离校，若担任组长无法"从一而终"，选来选去就选中了还是本科生的冯石。

要管理这么大的项目和这么多的组员，冯石起初是不敢应承的，尤其是部分组员是比他学历高的研究生，还有不少是与他同级种子班的同学。他一再说自己才疏学浅，但刘玉老师相信他的技术力和学习潜力，给他撑腰，又派有经验的研究生杨超（140 号队员）"传帮带"，于是，冯石便走马上任成了破纪录的"少帅"。这个项目对冯石的锻炼究竟有多大，在此摘录两段他 2007 年底的总结：

> 4 个项目组，3 段组长经历，2 次眼泪，1 次团庆晚会；比人生 21 年加起来还多的通宵次数，比 21 年加起来还多的叹气，比 21 年加起来还多的考虑各种各样的问题。这就是我的 2007 年。

作为 NAS 项目的组长，我第一次感到了巨大的压力。以前参加华三项目，我只需要完成自己的任务，几乎可以说是"轻松"，因为任务很明确，可以很专一地考虑事情。可是，当问题多元化时，什么都变得复杂起来。之前学到的软件工程及项目管理的知识还是太书本化了，只有真正碰到了，才知道该怎么去思考。之前刘玉老师就一直跟我说，希望我别非得通过积累经验才能提高自己，但最终我还是没能绕开，即使一直以来接受了很多关于管理、关于大局的培训。

2008年1月，NAS项目组组长冯石（前右）与组员一起工作

这个项目，冯石一直坚持到他本科毕业后的暑假才做完，付出了全部的心血。

深造之路，一波三折

在学业和项目上如此优秀的冯石，在深造的道路上却并非一帆风顺。虽然他的理论与实践课程分数都相当高，但因为英语"跛腿"，大学英语四级屡考不过，不仅没有保研资格，甚至还可能拿不到学位证书，他因此承受了巨大的心理压力。在 Dian 团队的东七基地，心急如焚的刘老师把冯石叫来，斩钉截铁地说道："从现在起，你给我从项目组彻底'卧倒'，赶紧出来！"还把自己办公室钥匙交给他："现在离你毕业前最后一次四级考试时间还有 9 天，你得每天在我办公室闭门复习，不管你对英语有多厌恶，也必须给我把英语考过！"刘老师还特地委托英语成绩十分出色的 148 号队员李玥来辅导他，李玥每天监督他记忆和巩固四级单词。冯石其实人挺聪明，就是不愿在背单词这种枯燥的事情上下功夫，一旦观念转变了便进步飞快。考完出分，他竟然比及格线还高了 20 多分，最终顺利拿到了学位证书。

冯石很想继续深造，于是，刘老师推荐他到香港某大学攻读工商管理硕士。但他去了不久就发现，自己当时对工商管理实在不感兴趣，毅然退学后回到老家长沙备考托福和 GRE，全力准备赴美读书。

2009 年，在美国休斯敦大学任教的华科校友陈戟教授回母校访问，想物色几位优秀学生赴美读博，Dian 团队海外顾问宋建建议老朋友陈戟教授先找刘玉老师。刘老师热情推荐了几位优秀的应届毕业队员后，还特别向陈戟教授推荐了已经毕业的冯石，并绘声绘色地讲述了冯石在种子班课堂上的一个故事。宋建建老师在给种子班上全英语电磁兼容课的时候，在黑板上写下了一个公式，课后冯石向老师指出这个公式是错的，而且还推测出以前的推导者是在哪一步出的错。当时，宋建建老师感慨道："我在美国教了此课三年，没有一个美国学生发现公式有错，没想到在中国第一次给种子班上课，冯石这个英语'最差'的学生却能发现这个公式有错，还知道错误是怎样产生的，并且推导出正确的公式。"刘老师认为，冯石虽然已不是应届生，但实属可造之才。陈戟教授听后十分赞赏，说回国之前也听宋建建校友提起过冯石，并帮冯石想到一个特别的办法，即先邀请冯石作为访问学者到休斯敦大学进修，然后再转读博士。

到了休斯敦大学后，冯石一边做科研，一边备考托福。同时，他还和应届生一起修博士课程，因为一旦他转为博士生身份，这些课程就可以免修。可惜，考完托福之后，他离入学分数线仍差1分。不过，他最后还是如愿成了一名博士生，这是怎么回事呢？

原来，冯石在陈戟教授实验室做项目时，一台实验设备出现了故障。由于设备本身工作电流较高，有一定危险性，与陈戟教授合作该项目的 Ben Jansen 教授建议联系厂家维修，暂停实验。当时，冯石使用该设备做实验已有一段时间，对该设备有一定的了解。简单排查后，他觉得只是仪器的控制电路出现了故障，并不涉及风险较高的部分。于是，他干脆到实验室里自己动手修设备。果然，问题并不复杂，冯石很快就把设备修好了。消息不胫而走，有个中国学生居然自己修好了实验仪器，太棒了！就因为冯石这个"壮举"，教授们一致同意破格录取他为博士生。

提携后辈，心系团队

冯石和 005 号队员熊祖彪是最早去休斯敦大学深造的队员，冯石去做访问学者，熊祖彪去做博士后，他俩的优异表现为华科学子在休斯敦大学打响了名号。此后，陈戟教授每年都来华科电信系招生，陆续前去深造的队员们在休斯敦组建了一个 Dian 大家庭。在刘老师心

2011年2月3日，除夕夜华科师生在休斯敦合影
（前排左起：熊祖彪、姜蕾、刘玉老师、郭沛晨）
（后排左起：冯石、刘兰超、辛曦尧、阮家彪、伍林森、金蒙）

中，149 号队员冯石是一位非常优秀的人才，最常说的一个形容词就是"了不得"。冯石 4 年就修完了本需要 5 年的博士学位课程，毕业后就职于 Abbott CRM 部门，工作领域是有源植入医疗设备核磁共振安全性分析，与他的博士学位研究方向一致。工作几年后，其博士学位攻读期间在 *IEEE MTT* 杂志上以第一作者身份发表的论文 "A technique to evaluate MRI-induced electric fields at the ends of practical implanted lead" 被美国 FDA 认可并写入 ISO10974 标准。冯石在 Abbott 工作的 6 年多时间里，多位华科

师弟（如 342 号辛曦尧）在他的推荐下也相继加入了 Abbott。

2011年2月13日，冯石与刘玉老师在休斯敦机场告别留影

冯石说刘玉老师与他母亲同岁，有种天然的亲近感。2011 年初，休斯敦大学邀请刘老师去访问，刘老师干脆把行程定在腊月二十九，飞到休斯敦与 10 位自己推荐过去的华科学子共度除夕，冯石开着他的跑车去给刘老师接机。刘老师从武汉带了很多热干面，冯石还从实验室借来了投影仪，吃过年夜饭之后大家一起看春晚的网络录播，师生其乐融融地过了一个特别的中国年。

10 天后，刘老师离开休斯敦，熊祖彪负责送行，冯石也执意要跟着去。刘老师说："我来的时候是你接的，走时应该换个人送，你就不用再贴时间了。"冯石这时说了一句话，让刘老师瞬间泪目："娘来了，当儿子的怎么能不送呢？"最后，冯石和熊祖彪一同去了机场，硬是把刘老师一直送到安检入口。此时，刘老师按中国习惯向他俩挥手道别，女安检员看着他们依依不舍的样子，用英语笑着说："怎么不来个拥抱呀？"

✒ 编后语

　　天才的道路大都不是一帆风顺的，只有经历过各种磨难，才能让一个人能够淡然面对世间的起起落落。在搜集有关冯石的年鉴记录时，看完他 2006 年的个人小结，笔者十分震撼，字里行间的缜密逻辑和全局观让人很难想象是出自一位大三学生之手。当时，冯石不仅经常挑大梁带着大家一起做项目，而且还要保持课业的优秀成绩，这其中需要付出的努力与坚持是不被外人所知的。在人生的大方向上，冯石总能做出清醒、理性的选择，哪怕当时遇到诸多不顺利，他也始终坚定执着地不断前行。冯石用自己的实际行动践行了种子班的班训"我选择，我担当"，其低调谦逊、善于思考、懂得感恩的优秀品质值得我们每一位队员学习。

石小兵：不忘师恩，年年念念

| 执笔人：李韵

石小兵，男，辽宁大连人，Dian团队183号队员。2004年从大连市第二十四中学考入华中科技大学计算机科学与技术系，2006年经过面试加入Dian团队。本科毕业时保研到北京中科院计算所龙芯微处理器研究中心，随后前往加拿大McMaster大学继续深造，并于2016年获得博士学位。现就职于美国黑莓信息安全公司。

目标明确，信念坚定

2004年的夏末，石小兵背着厚厚的行囊，从生养自己的大连来到了一座完全陌生的城市——武汉，开启了崭新的大学生活。尽管此时的他还不知会迎来怎样的大学生活，但他内心有一个坚定的信念：我一定要成为一个优秀的人。

"合抱之木，生于毫末；九层之台，起于累土；千里之行，始于足下。"石小兵清楚地知道，若想在大学期间有所建树，必须有坚实的知识积累。整个大一，石小兵将自己沉浸在书本的世界里，像一颗渴望成长的种子，努力将根扎得更深。

正所谓"天道酬勤"，一直到大二下学期，石小兵的成绩一直在班上数一数二。也正是在这时，他通过一个偶然的机会听说了Dian团队。怀着三分憧憬、三分好奇和四分坚持，他向Dian团队递交了申请书，希望可以加入这个以本科生为主的技术团队。

说来也巧，他的面试官正是刘玉教授。看着石小兵傲人的成绩单和坚毅的脸庞，刘老师心生喜悦，这孩子是个可塑之才，但同时又隐隐担忧，于是问石小兵："我们Dian团队是一个以实践为主的团队，需要投入大量时间做真实项目，你的成绩排名恐怕会受影响。"

石小兵诚恳作答："学习成绩和项目实践并非不可兼得，书本的知识可以引导项目顺利做成，同时，项目实践也可以加深对书本知识的理解，这是一个相辅相成的过程，毕竟'纸上得来终觉浅，绝知此事要躬行'。"

刘老师授还是有些不放心："北大清华每年只招收年级排名前三的特优生，若是你因为 GPA（加权平均成绩）下滑而失去保研名校资格怎么办？"

石小兵的表情开始严肃起来："保研并非我现在考虑的事，况且 GPA 和做项目两者本可相得益彰。我的 GPA 一直稳定在 90 多分，若有缘加入团队，那做项目的经验让 GPA 多 2 分岂不更能证明能力？"

显然，石小兵的选择来自深思熟虑，刘老师便放下心来："石小兵同学，欢迎加入 Dian 团队！"

例会风波，"真的不想走"

刘玉教授创建的 Dian 团队，是一个纪律严明、作风踏实的团队，每周六雷打不动都要开一次全体例会，交流项目进展，提出遇到的问题，全团队头脑风暴、群策群力。但 2007 年春，刘玉教授因公出差了三周，没有了悬在头上的那柄"达摩克利斯之剑"，大家都开始放飞了自我，变得有些懒懒散散。等到刘老师出差回来再参加周末例会时才发现，原本应该坐满 100 多名队员的东九楼大教室只稀稀拉拉来了 27 人，缺席率高达 80%！刘老师心中顿生一股怒气："在场的所有人，立即通知没来的队员马上赶到教室，今晚赶不到的以后就不用来了！"

石小兵接到了同伴打来的电话之后，顿时就慌了：经过几个月的朝夕相处，Dian 团队对石小兵来说就像温暖的家一般，现在由于自己的疏忽和懈怠有可能被逐出这个大家庭，石小兵不敢想接下来会怎么样。

惴惴不安的石小兵，一路狂奔到了教室，在转角处就听到了刘老师对迟到者的训斥，继而看到教室门口排着队等待做检讨的一长溜队员。他突然停下了脚步，不知道今晚之后还能不能留在 Dian 团队，而自己还有一份工作没完成——要为包括他自己在内的转正队员写一份年终茶话会上的朗诵稿——即使可能被开除也要把承诺的事做完。想到这里，石小兵转身又跑回寝室，立马打开电脑继续创作，怀揣着焦虑与不安的情绪，石小兵火速完成了这份朗诵稿。等他再次回到教室的时候，已经过了晚上十点。看着刘老师愤怒又失望的眼神，石小兵控制不住自己，两行热泪流了下来："刘老师，对不起，是我错了。我刚才已把朗诵稿写完，尽到了责任。现在即使被开除，我也认了。"

看着这个满脸络腮胡的东北小伙当众哭得像个孩子，刘老师被打动了，甚至反

2007年3月18日晚，写完朗诵稿再赶到教室含泪检讨的石小兵

过来对石小兵产生了一丝歉疚。石小兵真的是一个对团队有感情、有责任心、有是非观的队员，面对自己的错误不找借口，在极大的压力之下还想着自己未完成的责任。从此以后，石小兵和当晚所有到场队员再也没有无故缺席过周末例会。

攻坚克难，拿下"挑战杯"特等奖

2006 年，Dian 团队的 ARM 组与中科院武汉岩土力学研究所合作的"多通道基桩检测声波仪"项目正式开展。老式的检测仪在野外工作时，需要工人将超声检测仪手动下垂到井底，以 40 厘米为一层，逐段往上测量，并且一次只能采集一个方位的坐标，而每层需要轮流测量三个方位，这种操作非常复杂且精度也不高。当中科院岩土所领导发现三方位超声探头已经面市，便想开发自动化程度比较高的多通道基桩检测声波仪，因缺乏自动化技术人才，于是委托 Dian 团队开发。石小兵加入这个项目组之后，主要负责构建高效声波采集及检测自动化软件。

岩土所（甲方）要求能实现高自动化和可定制化，可石小兵分析了前任留下的软件架构后，发现已不能应对甲方不断更新的需求和指标。在经历了分析和思想斗争后，他根据嵌入式项目的高实时性、稳定性等要求，从零开始重新搭建软件框架。后来证明，这次费力重建，为后续系统升级节省了大量气力，而且这些特性都成了参加全国"挑战杯"的亮点。

在项目与甲方联调阶段，石小兵和小伙伴走出校门，卷起铺盖住进了岩土所附近的农家小院，白天密切分工合作，傍晚遍尝街边大排档美食，深夜加班归来更是秉灯畅聊谈笑风生。其间，尽管遭遇一些技术难题，如软件上受嵌入式环境限制导致显示不够实时、硬件上遭遇"地弹"现象的困扰，但经不懈研究，他们集结组内外队友的讨论会诊，问题都逐一解决。于是，新一代全自动超声检测样机便问世了，将以前人工 4 小时测一根基桩缩短为 20 分钟，而且精度大为提高，完美做到了"省时与省力并重，速度与精度齐飞"。

2007年11月，荣获全国"挑战杯"特等奖的主力队员合影

（左1为石小兵）

起初，大家并没有以此参加全国"挑战杯"的计划，或者说，并不是为了参赛而做这个项目。但当项目成果逐渐展示出它的亮点之后，适逢 2007 年"挑战杯"征集作品的机缘，团队决定报此项目参赛。项目组虽然在校级、省级选拔赛中，遭受了学者型评委的"论文水平不高""专利不是发明类型"等质疑，但在南开大学承办的全国"挑战杯"决赛中，受到了来自国防科工委等一线工程专家的高度认可。最终，团队喜获全国"挑战杯"特等奖，

并且是全场第一个走上领奖台的项目，打破了湖北高校"零"的记录。石小兵也因此如愿被保送到中科院计算所，并以出色的面试成绩被该所最引人瞩目的龙芯微处理器研发中心录取。

不忘师恩，年年念念

毕业之后，石小兵作为 Dian 团队的一分子，始终难以忘记导师刘玉的教诲：在团队内部因为技术问题难以攻克而出现悲观和消极情绪的时候，刘老师用《亮剑》里李云龙"明知技不如人也要拔剑"的精神来鼓舞队员；当整个项目组都快要放弃的绝望时刻，刘老师当机立断将所有队员召回团队开会，并请 CTO 钟国辉老师和团队所有硬件高手共同会诊。刘老师身体力行地告诉队员们，没有解决不了的困难，只有勇敢的华科人。出于对刘老师的尊敬和感激，出于对那段青葱岁月的怀念，石小兵从 2009 年毕业后第一个春节起，每年的大年初一都会给刘玉老师写一封 E-mail，汇报自己一年来的成果和感悟，已经坚持了整整 13 年。

从武汉的华科到北京的中科院，再到加拿大的 McMaster 大学，石小兵对于恩师的铭记从来都没有卸下心头。当被问到是什么样的动力让石小兵在毕业离开 Dian 团队之后还坚持每年春节都给刘玉老师写信汇报工作时，石小兵说："这对我来说，就像每年向长辈拜年一样自然，唠唠家常，说说自己的近况，以及关注到的团队和老师的新鲜事。可以说，唠什么不太重要，而每次必落笔于寄祝老师阖家欢乐、身体健康才是最想说的。"以下是石小兵给刘老师的部分春节来信摘抄。

2016-01-28，石小兵从加拿大 Mc Master 大学给刘玉老师来信

主题：收桑榆一瞥十载，祝老师鸡年吉祥

刘老师：过年好！

一瞬过了"2016"一日，也一瞬过了"2006"十年。算自入队已十年，与老师的师生缘分也绵长十年。自华科向中科院，进而留学深造，去年于 McMaster 大学博士毕业，现暂任职于 McMaster 大学并开展若干芯片结构和 CAD 算法研究，同时也关注工业界动向以择时试水。一路以来学生深记老师的教导和帮助，感谢在团队中的锻炼与收获。而团队十年，我闻如是，从"新"向"大"，探路徐行。

若我们那时像是在孵化站里盼着老师把各大公司项目"邀山走来"，那后来在探索中得来实践班、批判思维、教育创新、牵红线而携创业、带大队以师名校便是一步步"向山走去"，而老师带动了一些教育名词走红的背后，是默默积累的长期教育实践，所以"名词终有尘冬尽，老师总把杨柳新"。时间尤瞬，发展尤迅，楼犹如此，队何以然。记得在东七楼，我常趁大家午睡时借来华三或量子组的隔壁会议室钥匙，伴着从东操场飘来的午后阳光与打球声，一个遗世独立葛优躺似地靠在沙发椅子上盖本书"思考人生"。这样的"美好"画风，会不会贴在 Dian 历史画报的幽

默里，或在未来团队年会上"演绎历代队友休息"的小品里以悦队友的笑声呢？希望在新的一年里，老师的教育工作会继续开心顺意，而团队继续发展壮大有序。

值此佳节，学生再祝老师和家人合家欢乐，身体健康！

Dian 学生　石小兵

2016—01—28

2019-02-06，石小兵从加拿大黑莓公司给刘玉老师来信

主题：思老师金句，迎一九大年

刘老师：过年好！

每逢岁首，学生必撷一年心得，汇报近况，并寄怀思；您每每热情回信，鼓心励志，见字如面。今稍有不同，因近六年再次在加拿大过年，感受就是"bloody 冷"啊。有趣的是，我家乡话用"血冷"表达极冷，英语 bloody 竟亦有同款表达。仿佛字字夹着雪花，遥寄江城母校或更带一丝瑞雪祥意。不仅天气，时评亦多见"冷"字，例如手机市场。然自去年加入黑莓这家被商业案例"誉为"多年"冷板凳"的公司，又能感到和同事上下勠力调整、紧跟市场之士气。算一年有余，适逢总结，部门殊获好评。大家言谈间各表逃出"坐吃山空"困局、"从冷板凳跑向热炕头"之感，用一词盖领——向山走去——尤为妥帖。在学生时代，您常以此勉励队员，指导团队发展，用时下词讲，即是"金句"。今而视之，其对初创公司，以至对有志东山再起的企业，亦有裨益。今又视之，从团队剪影、文章一睹，老师在一线活跃依旧，为学生教学、创业寻山指路而热情不减。学生注意到您近期多以红装出场，于将寒时，似增一分喜庆，而又明一种乐观，无言而有声。再借时下词讲，即是一种"燃"的姿态，英语表达"high-octane"异曲同工，如字面意"高烷值"一般，抱一团星火，于阑珊将雪时，点亮山前路，温暖在心中。

故值此新岁之首，愿跟随老师、团队一样的姿态及步伐，在一九年继续向前迈进。同时，更祝老师心情愉快，合家欢乐，适时保暖，身体健康！

Dian 学生　石小兵

2019—02—06

2021-02-14，石小兵从加拿大的春节来信

主题：老师在汉我在加　我为老师贺牛年

刘老师：春节快乐！

一早方和公司组里唠唠咱春节习俗，便来向老师汇报学生一年近况心得。打开邮箱，却见去年和老师的笔谈倏上心眉，想起那时您在群里直播"温哥华辗转返汉记"，蒿目队友后来分享见闻，撕裂的讨论……然后赶忙对回忆喊声"收"——整顿衣冠安坐下，老师在汉我在加，如此，又能一桌一笔和您聊着，便已挺好。

这里的生活工作尚好，请老师放心。去年借着在家办公之便，搬至伊利湖不远的小镇朝迎寒暑晚迎灯，今春响应全球就地过年的号召，也于此地边烹小鲜边春晚了。说这年年的春晚也是咱们年年文化环境发展的侧写，几家流量争首页，多少屋檐获春光，这儿外国同事都知道抖音发红包直播。说起直播艺术，这方面您还是我老师，不仅在直播里您谈笑自如（遥想我们团庆时，您口头禅"哎呀，那真是"一出，无论后面接啥都自带喜感），而且分享的琴乐寄情小视频也洋溢屏外。

前年还寻思着根据以往和学生问答也做个播客，仿胡伟武老师风格戏说"按一下回车键，从晶体管到网络安全上发生的事儿"；不过后来想想还是借小镇地僻读读书来得好，长风破浪不着急，直挂云帆浮于海嘛。近来更喜些大家晚期作品，比如学者周有光《朝闻道集》、叔本华《附录与补遗》（叔还自题一个鸡汤标题《人生的智慧》，就是一篇哲学论文的东北炕头唠嗑版）、芥川《侏儒的话》等，不是因文字随年纪会有多深刻（且也不见得，更像是浴盆曲线），而是这时还诉诸笔下的，更像是放下了标签与顾虑、庙头的周叔芥婶儿们，拉到一起唠唠家常，重释曾收在记忆里的故事。借春晚热词说，比起于格局之顶的指点，能挺到格局之外写下的话更为难得。记得您说等退休后欲执笔写一个咱团队人的故事选集，学生也期待着从咱团队的"51"小楼，到"一百人一百万"，到"种子班"，再到出站后不断涌现的"批判课程""创业"等团队发展探索中的高光时刻和多姿故事呢。

春晚既毕，春日即来，学生期待咱团队百花齐放，也祝愿刘老师阖家平安，HAPPy牛 Year！

Dian 学生　石小兵
2020-02-13

2022-02-02，石小兵从加拿大的春节来信

主题：回忆迎国庆　岁首祝新年

刘老师：过年好！

白驹过隙，团队二十年，学生已出站十余年，可并未觉与老师、团队疏远。适逢迎团庆，和团队的互动也上了我去年日历的"热搜榜"：讨论采访队员小传、准备团队例会分享，关注全球老队员大讨论，联络分发咱团队纪念衫，不一而足。而参与热闹之中，也盼团庆顺利，宣传得硕果。其中，为准备云例会分享团队故事时，虽后因时间安排作罢，但回忆借机翻涌，个中谐趣遐想，写文案时　笑起来，也算是中年程序员在家办公的一种休闲。此撷取一二，以记与团队之缘。

那时，晚上看到海报，白天东九面聊。我误将面试的学长认作某大软件作者，顿觉团队深不可测，后问一同学，他也是这么想的。学长听我一通描述课设，问了个问题，我愣愣就答俩字母"DC"。兴许是见我实诚，道一"好"字便离开，遂成就后来故事。

东九一遇，就是和这团队文化一遇。正如赵四问"就这么自然吗"，是，团队信缘分，信诚实。聊想"若放团队现今我还会进吗"，想来大二的我"估计不会"，也许在"通宵编程"关（在团队简报中得闻）就回了；"又遇各种校外机会时还会在团队吗"，回望经年的我"肯定会"，被社会锤炼的机会实繁，而只有在团队能找到老师愿为学生的"天"。明白"团队""大学"是个抽象的概念，因刘老师与那些同行的队友才令人怀想，也籍此团队展示出了另一种大学的打开方式和广阔天地……2002，团队属马，愿今继续载着队员驰骋。

有次，老师在京和队友聚会时曾表达"纵退居二线而团队依旧前行"的愿景，而多年来您仍一直为团队亲力亲为，以至团队不断壮大。学生谨祝老师保重身体，团队与时俱进！顺祝新春小憩怡情，合家欢乐！

Dian 学生　石小兵

2022-02-02

编后语

当刘玉老师让石小兵师兄准备一个云分享后，他便一直寻思着该对师弟师妹们说些什么。在此，分享石师兄给 Dian 团队队员们的寄语："祝各位队员在 Dian 团队有独特而珍贵的付出与收获，可以结识团队老师和志同道合的队友，获得将课堂习得知识实践于市场项目的第一手信心与经验，并以此迈向独立而所望的发展道路。"

严牧西："时间管理达人"

| 执笔人：王溢学

严牧西，男，四川绵阳人，Dian团队190号队员。2006年从四川省绵阳中学毕业，因参加全国青少年信息学奥林匹克联赛获得提高组复赛一等奖，于是被保送到华中科技大学电子信息与通信学院电子信息工程专业。大一时加入Dian团队，本科毕业后赴美国名校德州农机大学深造。博士毕业后，先到硅谷的谷歌工作，后加盟148号队员李玥所在的创业公司。

能文能武，张弛有度

因为在高中参加过信息学竞赛，所以严牧西在进大学之前就有软件编程经验。但是，他认为自己还应该做一些真正的项目，因此一进大学便打听在哪里可以积累项目经验，班主任便向他推荐了 Dian 团队。严牧西壮起胆子给从未谋面的刘玉老师打电话，表明自己的意愿，并强调自己参加过信息学奥赛、做过单片机。刘玉老师听罢很高兴，让他马上来面谈。于是，严牧西凭借自己出色的能力，大一上学期就加入了 Dian 团队的 DSP 项目组，承担部分软件模块的设计工作。

严牧西的个子特别高，极有辨识度。但刘玉老师每次去实验室的时候都没看到严牧西的身影，于是对这个新人的工作态度产生了怀疑。她对 DSP 组长说：严牧西是个学霸，软件、硬件能力都很强，本想委以重用，却几乎看不见他的人。DSP 组长告诉刘老师，严牧西的课业很重，为了保持学习成绩不掉下来，他每天都要保证一定的自习时间，所以确实很少来实验室；但他的工作效率极高，常常在宿舍用碎片时间就把所负责的任务完成了；他虽然来实验室的次数不多，但只要一来就会提交工作结果，完成质量也很高。

Dian 团队有个不成文的规矩，如果某位队员一周来实验室的时间没超过 20 小时，大家

2007年6月，Dian团队DSP组武汉江滩之行合影

（前排左起：刘明、徐玲、魏喜燕、张琦）

（后排左起：严牧西、雷诚、司徒加旻、王强、颜庆华、钱彦旻、黄勇）

便会觉得这个人不够投入、态度不端。然而，严牧西是罕见的例外，项目组组长不仅不批评他，还表扬他效率高。于是，刘老师对严牧西的印象也因此有了改观。

即便如此，刘老师依然找严牧西谈了话。她告诉严牧西，虽然他的工作效率高，但不能倡导"单干"的做法，因为 Dian 团队是一个注重合作的团队，"不是我拼，是我们拼"；队员们除了完成技术相关的任务之外，还要学会交朋友，感受团队的文化；如果要交朋友，就需要经常来实验室"刷脸"，让大家记住自己，不然预备队员转正时有一条标准"认识 50 人，且被 50 人认识"就很难达到。此时，严牧西才意识到，Dian 团队不是一个唯任务论的单纯的技术团队，而是一个有丰富文化底蕴、有灵魂的团队。后来，严牧西来团队的时间明显增多，也逐渐和大家打成一片。

2010 年 5 月 7 日，即将毕业离校的严牧西，送给刘玉老师一张在韵苑体育馆举办的"青春琴缘"钢琴演奏会门票，并告诉刘老师，他自己也会登台独奏。刘老师十分惊讶，她没想到严牧西居然还会弹钢琴！刘老师兴致勃勃地去"韵体"观看演出，可是，没想到千人体育馆早已座无虚席，她只好站在临近舞台的侧面。临近尾声之时，才终于等到严牧西出场，只见他身穿白衬衣上台，全程镇定自若，非常流畅地完成了演奏。看完了严牧西"白马王子"般高贵典雅的独奏，刘老师刷新了自己对这位学生的认知。这才了解到，严牧西并非有童子功，而是上大学以后在公选课上才第一次接触钢琴，只跟着艺术团的姜丹老师学了两年。刘老师只知道，在这两年时间里，严牧西没落过一节课，也没耽误过一件 Dian 团队的任务，因此无法想象他还能挤出多少时间去琴房练琴，但他能登台完成如此完美的钢琴独奏，绝对没少下功夫。以前，刘老师认为，专注做一件事的学生才是好学生，可是严牧西完全颠覆了她的认知：懂得规划时间、高效学习、多才多艺、全面发展的学生，才是真正的好学生。严牧西是刘老师见过的效率最高的人，堪称"时间管理达人"。

出国读研，"斜杠青年"

严牧西对未来的规划十分清晰，很早就立志要出国读研。大三时，他就开始准备考托福和 GRE，并向多个海外名校投递了申请。虽然一开始并不顺利，但天赐良机，正好德州农机大学（Texas A & M University，以下简称 TAMU）计算机系的熊子祥教授来华科电信系交流，刘玉老师便赶紧推荐严牧西去参加这次交流。熊教授对严牧西很满意，返回美国后，很快便发来了 TAMU 计算机系的录取通知书。严牧西早就听说，"C++ 之父"Bjarne Stroustup 在 TAMU 计算机系担任教授，正在 TAMU 深造的 Dian 团队 148 号队员李玥是其"徒孙"。严牧西十分羡慕李玥能近距离接触到"C++ 之父"，虽然 TAMU 的录取通知书中并没有提供奖学金，但他还是决定去该校学习。

在 TAMU，博士学习的头两年主要是修课程学分。当时，有位老师讲授网络编码，严牧西非常感兴趣，于是他主动旁听这位老师的课，并积极参加课上和课后的讨论。数次课后，他表示希望加入这位老师的实验室，该老师欣然同意，并且给予严牧西 Student Worker 的职位，以另一种方式对严牧西予以经济支持。严牧西跟着这位老师做研究，当年年底就发表了第一篇论文。进入实验室还不到 4 个月就能发表论文，这足以证明严牧西的优秀，因此，那位导师便接纳他为正式门生，严牧西也从此名正言顺地获得了奖学金。严牧西的导师，不仅有很多研究项目，而且有很多偏向工程的项目，因为在 Dian 团队早已积累了丰富的工程经验，所以严牧西在这些项目上屡立战功。

读博期间的严牧西，也并非整天待在实验室做研究。空闲时间，他竟然去学开飞机，并在博士毕业之前拿到了飞行执照。同时，他还抽时间学习交际舞，参加过奥斯汀的 Austin Open 比赛，并且在铜牌步级别获得了一等奖、二等奖、三等奖各两个，而且每一个奖项都是不同的舞步。严牧西说："技术是我生活的主线，但是，生活中还有很多好玩的东西，没必要一直将自己钉在技术这条线上。在尝试过生活中的那些好玩的东西之后，思维会更加开阔，效率也会提高。"

2013 年春节，刘老师特意去休斯敦与队员们一起过年。大年初三，刘老师特意去 TAMU 参观，严牧西担任校园导游，边走边讲。有一个小细节，让刘老师的印象极为深刻，严牧西和李玥绘声绘色地向刘玉老师讲述了该校的吉祥物——一只活着的狗，而且是一只有军衔的狗。这只狗的名字叫 Reveille（军队起床号），这是因为第一代小狗像"起床号"一样叫醒军校学员而得名。在"二战"期间，美军允许学生们用 100 美元给他们的宠物购买"将军"称号，于是，学员们筹集了 100 美元让第一代 Reveille 也成了"将军"。

TAMU 每一代的吉祥物都有不同的来历，每一代也会为 Reveille 增加不同的传统。比如，第一代 Reveille 拥有自由进出任何场所的权利，如果它在哪一间教室吠叫了，该教室的这堂课就会被取消，学生们便欢呼雀跃。从第二代 Reveille 开始，会指派专门的学生饲养，这名

2016年12月3日，严牧西在美国旧金山湾区的Mission Peak

学生则被称为"mascot corporal"（吉祥物军官）。严牧西感慨地说，美国几乎所有大学都会有吉祥物，也会在重要场合如橄榄球比赛时亮出吉祥物。不过，很多大学的吉祥物，要么是不存在的东西，要么是某一类物种。唯有TAMU的吉祥物是独一无二的活物狗，而且每一代狗都有自己的故事。刘老师惊讶的同时，也很欣赏这种浪漫、独特的大学文化。

2016年6月，严牧西博士毕业之后，便去了自己最喜欢的公司——谷歌，负责开发和维护大名鼎鼎的RPC框架——gRPC的iOS库。他入职前，其实完全没接触过，但到了2017年他已经挑起了维护gRPC iOS库内部框架的大梁。2019年10月，严牧西升职，转入了gRPC核心组件的开发团队。在工作期间，严牧西也会抽时间去开飞机，追寻生活中有趣的事。

2016年寒假，刘玉老师带华科特优生去硅谷参加冬令营，其中有一个环节是去谷歌参观。严牧西和数位Dian团队老队员，一起接待了刘老师一行数十人，十分热情地为大家讲解。

2020年3月，已经创业的李玥邀请严牧西加盟。严牧西觉得这是一个很不错的机会，于是从谷歌离职，加入了李玥的创业团队。在Dian团队期间，严牧西是DSP组的成员，李玥是理论组的成员，两个人本没有太多的交集。但留学期间，二人成为德州农机大学的校友，兜兜转转，现在严牧西又成了李玥的创业战友。刘玉老师听说后，对李玥感慨道："能把严牧西拉入你的创业队伍，你可是占了大便宜啊！"

编后语

严牧西师兄真的是"时间管理大师"，本科、读博及工作期间，他都能高效地安排时间，既锻炼了高超的技术，又收获了多彩的生活。师兄是一个拥有有趣灵魂的人，他永远保持着一颗好奇心，善于发现生活中有趣的事物，并能够合理安排时间去追寻自己心生向往的有趣事物。从师兄的经历中，笔者感悟到，只要用心投入每一件事，最后做事的效率必定很高。Dian团队这本《点亮人生》的百名队员故事，应该有助于打破人们对理工男的刻板印象。

耿莉：人生就是不断地挑战自己

|执笔人：郭高超

耿莉，女，江西奉新人，Dian团队213号队员。2005年从江西省奉新县第一中学考入华中科技大学通信工程专业，2007年春季加入Dian团队激光电源组。大一学年加权不到85分，班级前五都没进，进入Dian团队后直到大四，一直保持加权平均成绩90分以上，每学期都是班级第一、年级前十。本科毕业后，赴美国纽约州立大学石溪分校直攻博士。博士研究生毕业后，在纽约城市大学的城市理工学院担任助理教授至今。

学习&项目，互为助力

2007年春季，就读大二的耿莉报名参加Dian团队，她当时一副稚气未脱的清瘦模样，竟然选择到激光电源组做硬件。刘玉老师认为，小女孩要成天面对高电压、大电流的"重活"，极不合适。但是，激光电源组的组长053号队员段士龙（因技术很牛，人称"段老大"）坚持要把耿莉招进来，他对刘玉老师说："我觉得耿莉可以，您就同意让她进来吧，我亲自当师傅。"刘玉老师看到段士龙的态度很坚决，于是勉强答应让耿莉进组，从此也格外关注这个小丫头。

有天中午十二点半，刘玉老师和几位队员一起从Dian团队东七基地下楼去食堂吃饭，忽然看到耿莉背着书包匆匆忙忙跑进东七楼，与刘玉老师擦肩而过。等刘老师和队员们吃过午饭聊着天回来时，又看到耿莉火急火燎地从东七楼冲下来，差点与刘老师撞个满怀。刘玉老师很疑惑，叫住了耿莉："你这么慌里慌张地跑来跑去，遇到啥事了？"耿莉急匆匆地回答道："我上午四节满课，下午两点还有课，只有中午能来实验室。"闻此，刘老师更疑惑了："午休时间那么短，你干嘛还要来呢？"耿莉一边开着自行车锁，一边回复说："我要是中午不过来的话，哪还有时间完成任务呢？"说完，她匆忙骑上自行车，直奔教学楼而去。那次对话后，刘玉老师对耿莉的日常学习还有身体状况更加担忧：一个瘦弱、小巧的女孩子，课业如此紧张，

2007年5月10日，激光电源项目组通过嘉铭公司输入评审后合影

（前排左3是耿莉，后排左3是组长段士龙）

还要牺牲午休时间来东七楼加班加点地工作，课堂知识没时间消化，到期末她的成绩岂不是会一落千丈？而且长此以往，身体能吃得消吗？

这样的担忧，一直持续到学期结束。暑假后一开学，刘玉老师就关切地悄悄问耿莉："你上学期花了那么多时间做项目，自习时间一定变少了，考试成绩是不是下滑了好多？"听到刘老师这样问，耿莉红着脸羞涩地说："刘老师，我这学期加权平均90多分，班级第一，年级排名前几位。"听到耿莉的回答，刘玉老师万分惊讶，半信半疑地问道："你大把的时间花在了团队这边，哪有那么多时间消化、吸收课堂上的知识呢？"

"我感觉进了团队之后，学习目标明确了很多。以前学电路理论，只是单纯地跟着老师和课本学，压根不知道这些内容学了之后将会用到哪儿，又该怎么用。等我进入激光电源组之后，发现这些理论实在太有用了，做项目的时候，我不仅把书本上的知识付诸实践，而且又自学了好多电子器件和系统设计的知识。正巧我们这学期有不少电路方面的专业大学分课程，我在听老师讲课的时候，时常会结合项目中遇到的实际情形进行思考，因此，听得特别认真，理解也特别深刻。以前上课主要是为了应付考试，现在的每一节课我都当成是难得的学习机会，课后还经常会向老师请教。期末考试时，这些课程如'模拟电路'和'数字电路'，我分别考了94分和96分。其中，'数字电路'考试，我几乎给每道题都写了第二种甚至第三种解法，连监考老师在旁边看我答题后都对我直竖大拇指。还有，'电子线路设计'那门实验课，我做得又快又好，助教老师直接把我的结果当成验收标准，这些更是完全得益于在项目组的训练。"

听闻至此，刘玉老师恍然大悟：Dian团队的真实项目实践，对学生的理论学习不仅没拖后腿，反而能帮助深化理解，甚至能为理论学习提分。从此，每当有人质疑Dian团队让学生"不务正业""影响学业"时，她都会把耿莉当作典型案例，讲述她课内与课外完美互补、理论与实践有机结合、成绩不降反升的成长故事。

背水一战，出国深造

2008 年 4 月底，已就读大三下学期的耿莉，因成绩优异被选拔进了学校组织的公派出国攻读博士班。不过，虽然是公派，但与自费申请出国要走的流程一样：考试、选校、申请这些流程，都要自己去办理。不同的是，如果到次年 2 月底前能拿到半额奖学金或者更高级别的奖学金，经过学校评选之后，就可以拿到公派出国的生活费补助，这可以大大减轻出国后学费和生活费的压力。

耿莉定下出国留学的目标后，便开始加紧准备。整个过程自然是烦琐和煎熬的，比如，5 月份的期中考试前后，她每天早出晚归。白天上英语培训课，虽然老师讲的单词很多都不认识，但她还是硬着头皮学了下去。更让她难以忍受的是，因为筹备出国渐渐脱离了"一课"的学习，回到寝室无法融入大家的节奏，此外，还落下了 Dian 团队项目组的工作进度。这"三座大山"压在心上，是她不能承受之重。直到有天早上，她照常背着书包去东十二楼上自习，还没走到教学楼就差点晕倒，只能跟跟跄跄地回宿舍躺了一天。恰巧项目组组长段士龙有事情给她打电话，听着听着，想到自己这段时间复习的压力和孤独以及对团队的愧疚，她忍不住哭了。她对段老大说："这不是我想要的生活，我不想脱离大家。"段士龙听到徒弟哭得这么伤心，自己也帮不上忙，只能安慰说："优秀就注定要吃苦，要忍受孤独，等到成功的那一刻，回看这一切就算不了什么。"哭过之后，耿莉还是咬牙坚持，靠着心中的一股韧劲，先后经历了 7 月份的生产实习、8 月份的 GRE 考试、9 月份的托福考试。8 月份恰是武汉一年最热的时候，当时学校没有空调，她就干脆黑白颠倒，白天睡觉，晚上学习，半夜饿了只能啃干粮。到备考托福的时候，她又每天早起，背着书包去自习室跟考研大军抢位置。

不料到 9 月份，学校政策出现变化，导致耿莉只能在公派出国和保研两条路上二选一。这时，刘玉老师劝她选择保研这条稳妥的道路，因为刘老师知道她家里经济条件很不好，担心出国深造这条路变数太多，后面经济负担过重。但是耿莉觉得，自己已经付出了这么多的辛苦，不甘心就此放弃，不如干脆断了自己的后路，放开脚步往前冲。因此，她 9 月 21 日赴河南洛阳考完托福之后，回校第一件事就是去签署了放弃保研的宣誓书，破釜沉舟，背水一战！

放弃保研这条路之后，耿莉反而轻松了些，心无旁骛地准备考试和学校申请。虽然过程依然烦琐、艰苦，但她已经变得十分坚强。人们常说，机会总是留给有准备的人，耿莉最终如愿以偿得到了全额奖学金出国深造的机会，前往纽约州立大学石溪分校直攻博士。

恩师来访，热情接待

2010年暑假，启明学院选拔了17名学生赴美参加世界名校游学营，由时任启明学院副院长刘玉老师带队。当时，同学们住在纽黑文，距离耿莉就读的石溪分校只有一河之隔。刘老师想到了在那儿读博的耿莉，灵机一动，在同学们的游学日程上又添加了一项活动：8月6日，坐轮渡去河对岸的石溪分校参观访谈。刘老师从耿莉那儿得知，下了轮渡到石溪分校还有几英里远，刘老师便打算带着大队人马步行去学校。结果，刚下轮渡，刘老师就看到耿莉在出口处笑脸相迎，身后还一字排开五六辆小轿车。自己没有小车的耿莉，却能动员石溪分校电子计算机系的好几位年轻人开车来当志愿者，刘老师非常欣慰地看到耿莉在领导力上的成长。

一行人进了校园下了车，耿莉自然而然担任导游，她十分热情地向学弟学妹们介绍石溪分校的自然景观、校园设施和各种文化特色。参观的同学一边听着耿莉学姐的讲述，一边欣赏石溪分校的校园风貌，都感到受益匪浅、不虚此行。不知不觉间就到了饭点儿，耿莉带着大家到校内餐厅吃比萨午餐。这时，在前面排着队的刘老师与耿莉却起了"冲突"：耿莉坚决不让刘老师付款，她觉得母校师生越洋而来，理应由自己款待大家；但刘老师知道耿莉现在只是个学生，每月生活费只有1000多美金，游学营18个人的餐费对于耿莉来说是一笔不小的花销，所以无论如何也不让耿莉付款。不过，最后刘老师还是没能拗过耿莉，这笔200多美金的账单还是让耿莉抢着结了。后来，刘老师拿出现钞想塞给耿莉，但耿莉言辞恳切地说："刘老师，您也许不知道，我在Dian团队学到的东西让我受益终身，一直很感激团队对我的

2010年8月6日，耿莉（左2）在纽约州立大学石溪分校接待母校师生

培养。现在母校的老师和学弟学妹们跨过大洋来到我这里，一路舟车劳顿，作为东道主我是无论如何也要招待你们的。"这次美国之行，刘玉老师不仅深切感受到耿莉在组织能力上的变化和成长，更感受到了她对团队的赤诚和感恩之心。

耿莉的道德情操和坚韧性格，一次次为她带来好运。如今，她顺利博士研究生毕业，结婚生子，并获得纽约城市大学城市理工学院的教职，担任助理教授。可以预见，她的精彩人生还在续写新篇章。

编后语

耿莉学姐在审核完本文后来信说：

万幸我早早就第一时间把 Dian 团队的资料和照片复制了，所以有关团队的资料都完整保存着。感谢刘玉老师还能记起这么多的细节，再次读起这些记忆，"小家伙"的亲切扑面而来，言犹在耳，更觉自己惭愧。

翻看着以前的照片，感慨良多，似有千言万语却不知从何表达：对刘老师的感激，对团队赋予我这段无比充实的岁月的感恩，对那段每天顶着酷暑烈日和段士龙还有李航一起往返嘉铭激光公司的战斗情谊的怀念，还有段士龙组长的那句"只要耿莉认准了想做的事情就一定能做好"给我的莫大鼓舞。我无法想象，假如我大学期间没有加入团队会是怎样一番光景，会错失多少良师益友，会是怎样的浑浑噩噩。

记得 2017 年我去加州主持 IEEE 一个 workshop 期间，恰逢团队海外站的烧烤聚会，见到很多队员们，不管认识或不认识的，就是倍感亲切！很神奇的感觉！同时，不禁感慨：哇，不愧是 Dian 团队的人，做事就是靠谱，一个烧烤聚会都组织得如此有声有色。

华科的本科生中，加入业余社团的人很多，获得保研名额的人不少，Dian 团队中出国留学的也不少，耿莉学姐却如此与众不同。她以单薄的身躯、强韧的意志、惜时如命的精神，书写了属于她自己的传奇人生。而她出站后仍对团队心怀感恩，更是让人动容。

刘亘：Dian团队"入职谷歌第一人"

···

| 执笔人：苏秦

刘亘，男，湖北武汉人，Dian团队307号队员。2007年从武汉市第六中学考入华中科技大学电信系，大三考入2007级种子班并担任班长。毕业后，前往美国加州大学圣地亚哥分校（UCSD）攻读计算机硕士学位。2014年6月，入职硅谷的Google总部，成为Dian团队入职谷歌第一人。

寻梦：因"种子杯"结缘Dian团队

2007年9月，刘亘一进大学就积极参加社团活动，加入了电信系学术部，10月份参与了2007年"种子杯"编程大赛的筹备工作。在大赛的宣讲会上，他第一次见到刘玉老师，对她一番慷慨激昂、振奋人心的动员讲话印象尤为深刻，同时也领略到了裁判组那些Dian团队技术牛人的风范。当他了解到Dian团队的培养模式是与企业真实项目结合的"干中学"，内心便产生了向往。一年过后，在2008年"种子杯"大赛的筹备工作中，他与刘玉老师和Dian团队队员有了更多的接触与合作。比赛后，由高年级学长郑欢（219号队员）引荐，他顺利加入了Dian团队。当时，寒假已开始，周围同学都在收拾行李准备回家过年，而刘亘却不得不"留守"学校，参加Dian团队为期两周的技术冬令营。这次培训，也是能否进入团队高达百万元的中美合作项目组（简称"海外组"）的一次考核。在没有暖气的宿舍，武汉的冬天是"冷酷"的。他每天早上冒着寒风骑车从东校区的韵苑宿舍前往主校区的东五楼培训，晚上回到空无一人的冷冰冰的寝室继续消化白天的知识。那段时间，刘亘过得很孤独也很辛苦，但他学到了大量书本之外的知识，为后来承担真实项目打下了坚实的基础。

析梦：实验室"泡"出来的技术

进入海外组，刘亘看到工业界的真实项目和学校里的课程设计真是千差万别——庞大复杂的软件系统、动辄几十万行的代码库、五花八门的技术和框架，还看到全组每周都要与乌克兰、印度以及我国北邮、武大的中外团队同时在网上争抢美方发出的五花八门的小项目。更要命的是，抢到后还有时间限定，常常只有 2 ～ 4 周的交付时间。这对于接触编程不久的刘亘来说，是很大的挑战。那段时间，他除了上课，几乎整天都"泡"在实验室里赶项目进度。宿舍楼一到晚上十一点就拉闸熄灯怎么办？他便干脆留在实验室通宵工作，与其他队友热烈讨论技术方案，同时与地球另一边正好是白天的美方公司沟通。这段时间，刘亘每天都能学到新知识，技术能力也得到很大提升，到学期末他已独立完成了四个招投标的项目。这时他才明白，在外人眼中闪耀着梦幻般光芒的 Dian 团队，其实是百名队员长年累月踏踏实实靠汗水拼出来的。

当时，海外组是 Dian 团队最大的项目组，20 多名组员几乎每人都是"单兵作战"，同一时间有许多项目同时进行，这给质量管理和项目管理带来了不小的挑战。项目失败也常有发生：有些在前期被低估了难度导致不能在规定时间内完成；有些没有完成对方所有的需求；有些因为对方测试环境不同而被判为失败；有些则是因为没有按要求提交的低级失误。临近 2009 年暑假，由于项目失败率的升高，项目组面临被美方降级的危机，这意味着招标项目的数量和质量都会降低。刘玉老师很快召集了海外组全体人员商量对策，会上确立了项目评审流程。刘亘临危受命担任了 Java 方向的项目小组长，暑假期间，他每天早上召开小组晨会，跟进各个项目的进度，协调资源。项目评审机制确实提高了项目的质量，可新的问题又来了，因项目评审也由组长负责，项目数量之多让组长不堪负荷，亟须组织组员互评。为了保证互评的质量，刘亘创建了评审报告模板，统一了评审的标准，同时也提高了效率。刘亘还对组员的考核机制提出建议，以前完成项目的数量是唯一考核指标，他提出了一套积分方案，以此来衡量组员的贡献值。除了做完项目，后期评审项目、编写指南、提交项目总结都能对个人"加分"，相反，失败的项目则会"减分"。这套新的考核方案，调动了大家项目互评、经验分享的积极性。暑假结束时，海外组的项目质量有了明显提升，整体状况回到了正轨。

2009 年 9 月底，刘亘同时承接了 3 个相关的项目，这些项目让他认识到非技术能力的重要性。这 3 个项目要求在一个大型软件项目中替换第三方库，技术难度看似不高，可随着项目的进行，刘亘发现新库中的有些接口与原有程序并不兼容。他积极与需求方进行了多轮沟通，修改了原有代码的一些接口，才使得新的程序编译和测试顺利通过并正常运行。这 3 个项目总金额达到 3000 美元，可招标阶段无人问津，可能是其他团队也发现了接口兼容性的问题便早早规避，而刘亘凭借细致的考察和充分的沟通最终获得了需求方的认可。

2009年，刘亘（左2）在Dian团队海外组与队友们通宵奋战

从海外组项目中获得的软实力，对刘亘后来的职业发展产生了巨大的影响。特别是在项目中收获的快速学习新知识的能力，在后来海外求学和工作的道路上，对他快速适应新的岗位和新的环境有非常大的帮助。还有，当年提交给美方的项目需要遵守严格的代码规范，还要附带英文的说明文档；在需求不明确的时候，还需要主动与对方用英语沟通。因此，刘亘的代码规范、文档写作及英语沟通能力都得到了很大提升。毕业后，刘亘赴美国读研究生期间，到某位教授那儿做编程兼职工作，教授看了他写的代码，惊讶地说："真规范，这可不像一个学生写的呀。"

筑梦：放弃Rose-Hulman全奖

2010年暑假，华科启明学院选出7位优秀学子，由刘玉老师带队，前往美国名校——Rose-Hulman理工学院参加科技夏令营。身为2007级种子班班长的刘亘被任命为学生队长。此次夏令营，面向全美高中应届毕业生，举办方策划了丰富多彩的活动：各类讲座，如职业规划、团队合作、工程设计、杰出校友经验分享等；每人可自选不同学科完成工程项目；还有各类文体活动、才艺表演、企业参观，以及最终的项目展示。他们师生8人，作为观察员和助教，参与了全过程。第一次出国的刘亘发现，虽学习了多年英语，但由于不适应语速、口音以及不了解文化背景，自己在交流中仍感吃力，而且难以找到共同话题。于是，他抓住一切机会锻炼口语，同时向刚毕业的魏平云校友求助。魏学姐安慰他："等进入了项目，你们就会有聊不完的话题。"

项目实践是该校夏令营的最大亮点，学生们根据兴趣加入不同学科的项目组。刘亘以助教身份进了计算机科学组，学生们要从零基础开始学习用Python语言编程，然后组队在两周内编写出一款能运行的游戏。刘亘每天都要解答学生们的各种问题，在与这些学生的技术讨论中，他逐渐建立起了自信，不知不觉中也能用英语讨论技术以外的话题了。这次出国，让刘亘对美国的教育有了直观认识。这些高中生通过三周的夏令营，深入了解了大学的各个专业，找到了兴趣点和未来发展方向。这不禁让他回想自己在填写高考志愿时，竟然对所填专业一无所知。同时，刘亘也看到了美国高中生的综合素质和能力，他们只用了短短两周时间就可以在陌生的领域做出成果，并在展示环节自信地介绍，在舞台上也能自信地表演，在运动场上更是充分展示了矫健的身手。刘亘暗暗决定，毕业后一定要前往美国继续深造。

因为刘亘在夏令营中表现出色，所以 Rose-Hulman 理工学院给了他全额奖学金读研的机会，专业也是很对口的电子工程（Electrical Engineering）。但 Dian 团队海外组的软件开发经历，让刘亘对计算机科学产生了更浓厚的兴趣，他梦想着将来要去硅谷，在世界一流的软件公司工作。于是，刘亘做出了一个"反常"的决定——放弃 Rose-Hulman 的全奖，改为申请美国加州地区计算机专业的自费硕士。之前在团队做海外项目以及赴美参加夏令营的经历，令刘亘的简历与众不同，再加上 Dian 团队海外顾问宋建建教授的一封推荐信，他顺利申请到了美国加州大学圣地亚哥分校（UCSD）的计算机自费硕士生资格。这所学校离硅谷只有几百公里，刘亘离自己的梦想又近了一步。

逐梦：再抵美国，孜孜求学

2011 年 9 月，刘亘第二次抵达美国，开始了留学生活。他将一张标满各大科技公司的硅谷地图贴在书桌前，时刻提醒自己。在课程上，他对自己高标准、严要求。美国学校讲授"操作系统"这门课程时，不像中国高校以教材为主，学生需要在每节课前阅读好几篇该领域的经典论文，教授一来上课就组织学生们讨论那些论文中的细节，考试题也都是开放性的。刘亘一丝不苟地阅读每一篇论文，并归纳总结它们之间的关联与差异，上课时积极参加讨论，考试前对每篇论文的精华进行总结并做到烂熟于心。"操作系统"的课程设计，是对某一款操作系统进行各方面（处理器、内存、硬盘、网络）性能测试。刘亘选择了当时已热门的安卓系统，精心设计了测试方案，撰写了 30 多页的报告。该报告获得了教授和助教的赏识，还表扬了他认真严谨的态度，给了他特优（A+）的成绩。毕业时，刘亘多门功课都拿到了 A+，最终 GPA（加权平均）达到了 3.9/4.0，成为名副其实的学霸。

学习之余，刘亘还在学校里找到了开发安卓应用的兼职工作。学校离墨西哥边境不远，每逢周末和节假日，美墨边境口岸都会排起长队，人们需要等待好几个小时才能通关。在教授的指导下，刘亘开发了一款安卓应用，让人们能方便地查询各个口岸的当前等待时间，并显示历史数据走向，帮助他们规划行程。该应用程序很快就受到了用户的好评，获得了好几万的下载量，当地媒体也对他们团队进行了报道。第二学年，他还凭借不错的英语口语，获得了助教的职位，从而减免了学费。

圆梦：Dian团队入职谷歌第一人

刘亘的两年半研究生生活，因忙碌而显得特别短暂，很快就来到了毕业季。有一天，刘亘突然收到了来自谷歌的邮件，原来招聘人员从 LinkedIn 网站上看到了他的个人资料，觉得他是一个人才，便主动询问他是否对谷歌感兴趣。当时，刘亘的心情既兴奋又忐忑，谷歌是他一直梦寐以求的公司，但他又担心自己无法通过严格的考核环节，因为万一通不过的话一般要等一年后才准再次报名。

其实，刘亘入学后不久就了解到，美国科技公司的面试主要考察算法、编程和系统设计的能力，面试者需要当场在白板上写代码。于是，他买来相关书籍进行练习。事实证明，这些准备成效显著，他顺利通过了第一轮电话面试。几周后，刘亘来到谷歌山景城总部参加复试。那天一共进行了三轮面试，每轮 45 分钟，结束后他自我感觉总体表现还不错，于是就飞回圣地亚哥等待结果。谁知几天后公司来信说还需要对他增加一轮面试，这让刘亘放下的心又被提了起来。对方解释说，每人的复试都应该是四轮，是由于他们的失误才给他少安排了一轮。补试被安排在谷歌南加州的分部，刘亘需要起个大早驱车一个多小时才能赶到面试地点，结束后还得立即赶回来上课。好在面试很顺利，经历了一波三折，刘亘终于如愿收到了录取信，成为 Dian 团队入职谷歌的第一人。

2014 年 6 月，刘亘入职谷歌，成了一名 SRE（Site Reliability Engineer，网站可靠性工程师），也可以说是谷歌的"救火队员"。值班的工程师需要随时待命，当生产环境中出现故障的时候，必须在五分钟之内冲到第一线进行排查。这些故障会直接影响用户体验以及公司的收入和名声，因此，处理故障时的压力是可想而知的。这项工作，他整整干了三年，处理了大大小小数不清的故障，弄清了谷歌后台技术栈的方方面面，并锻炼出了沉着冷静的心态以及快速分析问题、解决问题的能力。

2014年6月，刘亘入职谷歌，成为Dian团队进入该公司的第一人

2017 年，刘亘加入了谷歌知识图（Knowledge Graph）项目，这个项目把百亿条信息存储到一个巨大的知识图中，为谷歌提供了高质量的搜索结果。刘亘主要参与了图的索引、更新和存储方面的工作，进行大规模分布式数据处理系统的开发和维护。2020 年，刘亘又加入了与谷歌有血缘关系的全球自动驾驶领头公司Waymo，从事自动驾驶和人工智能领域的开发。

当年Dian团队海外组和赴美夏令营的经历，让刘亘决定出国发展并帮助他申请到了名校，更让他快速适应了海外的学习和生活。在母校的技术积累，又帮助他进入了心仪的公司学习更先进的技术。而贯穿这一切的是一种习惯——"优秀只是起点，卓越才是目标"，这是当年海外组实验室里张贴的标语。刘亘至今记得这条标语："它一直提醒和激励着我上进，也将一直陪伴着我未来的道路。"

编后语

　　寒假留校备战、实验室通宵、对待学业一丝不苟……刘亘师兄的这些经历告诉我们，在成为一个闪闪发光的人之前，需要踏踏实实付出汗水，需要承受孤独与磨炼。刘亘师兄明确的目标、坚定的信念和为之不懈奋斗的精神，都令我感到极为钦佩和振奋，让我认识到心中一定要有前进的方向，更让我充满了为梦想奋斗的力量。

刘阳："种子讲坛"创始人

| 执笔人：刘阳　苏秦

刘阳，男，湖北武汉人，Dian团队406号队员。2009年从武汉市第一中学考入华中科技大学电信系，大二加入Dian团队，后转入种子班。他一手创办了"种子讲坛"，使之成为种子班的一大特色活动，并延续至今。本科毕业后赴美国名校Rose-Hulman理工学院深造，现工作于硅谷领英（Linkedln）公司。

在美国硕士毕业之后，刘阳来到硅谷工作五年有余，算上读研的时光，在美国生活已经七年多了。在这里，他组建了家庭，有一个相爱的妻子，共同养育着可爱的三岁女儿；有了工作，从事着自己喜爱的互联网行业，同时不断学习和积累，接受着各种项目的挑战。

大学前期/点团队/种子班

刚进入大学的刘阳，与大多数入校新生一样，并没有一个明确的奋斗目标，只是迫不及待地想要离家远一些，摆脱老师和家庭的"管控"，拥抱新鲜的环境和体验，享受难得的自由。

可是，没过多久，刘阳就患上了"高考后遗症"。高考前的目标非常明确和单一，就是要考上心仪的大学，也确信高中老师所说"考上大学你们就解放了"，等真正进入大学后却发现并没有想象中的轻松。且不说各种令人眼花缭乱的社团招新，即使苦读四年，毕业时也仍会面临多种选择：或直接步入社会开始工作，或考研、保研、出国继续深造，或留在校园内应聘教辅岗位，或直接下海创业……

大学的头一年半，刘阳四处体验，却一直没找到合适的方向，只觉得时光流逝之快，让人焦虑不安。此时，恰逢身边有朋友报名Dian团队，于是刘阳也同去，并幸运地通过了笔试、面试和很奇葩的"通宵测试"，最后进入了Dian团队的移动通信组。这是团队新成立的一个项目组，主攻安卓手机的应用程序开发。刘阳参加了其中一个应用的开发，提前学习了安卓编程，算是先人一步掌握了当时最热门的技术。这个经历，也拓宽了他的视野：原来，大学生活可并不局限于专业课程，还能够和朋友们一起搞发明创造，把想象变为现实。

有了一些项目经验之后，刘阳不再迷茫，还增加了自信和对 Dian 团队的感情，每天都关注团队内部的 BBS 论坛，积极参加团队事务的讨论，想为团队发展出一份力。导师们非常认可刘阳的积极表现，让他作为学生代表参加了师生联席会，之后又担任了第五届队委会的外联部部长。在团队承担的责任越多，和团队的共鸣也就越强。这种强烈的共鸣，也促使刘阳在大二结束时毫不犹豫地转入了一个特殊的拔尖创新人才试点班——种子班。

创办"种子讲坛"

加入种子班的初期，刘阳似乎又找到了高中时那种名列前茅的"优越感"。种子班是 Dian 团队的"黄埔军校"，聚集了来自全校信息大类不同专业的同学，他们是 Dian 团队各个项目组的中坚力量，不少人都担任项目组组长。种子班的课程，也与普通班级很不一样，不仅实践性学分占据了 50%，甚至还开设了"批判性思维""商业企业管理"等课程，以培养 IT 行业的领军人才为目标。每一位种子班的同学，都被极强的使命感召唤着、滋养着，意气风发地追求着各自的人生目标。

和同学们朝夕相处了一段时间之后，刘阳越发感受到每个人的独特和优秀。有的人深挖技术搞科研，有的人琢磨产品搞创新，还有人课余时间学炒股，讲起投资来头头是道……刘阳不禁扪心自问，他们都仿佛拥有独步天下的"绝学"，那我自己的"绝学"又是什么呢？他很想深入了解每个人的爱好和擅长的领域，向他们"偷师"。

这样的"私心"纠缠了刘阳很久，直到他发现了网上冒出来一种新花样"TED 演讲"。每隔几天，他就能看到一个精彩的演讲在社交网络上迅速传播，每期的主题都截然不同，而且时间很短只有十几分钟，可是观众们都看得兴趣盎然。这个演讲形式，启发了刘阳：何不弄一个种子班的"TED 演讲"，让同学们都来演讲自己的爱好、分享自己的特长；这样不仅能够促进同学间的了解，讲台上的同学也能锻炼公开演讲能力，提升口才，更好地与别人沟通、展示自己、影响他人；Dian 团队的导师不是经常在各种场合教导队员们不能只会做，还要会写会说嘛，他们一定也会支持的。

既然是多方受益的事情，那还等什么呢！刘阳按捺不住内心的激动，迅速起草了

2012年4月29日，Dian团队10周年团庆现场2009级
种子班合影

（前排正中是刘阳）

2013年2月27日，刘阳（右）参加培训

一份策划方案，准备组织全班同学每周轮流做一次分享。分享的内容，可以是任何自己感兴趣或擅长的，时间也仿照TED演讲限定为15～18分钟。至于活动的名字，刘阳效仿央视很火的《百家讲坛》，起名为"种子讲坛"。

2011年9月29日，刘阳把策划文案发给了全班，也汇报给刘玉老师。刘老师果真极力支持，还说对分享活动十分期待。就这样，"种子讲坛"诞生了。

由于形式简单、内容丰富，同学们从活动中都受益匪浅，"种子讲坛"迅速成为2009级种子班的一个固定节目，后续各届种子班也主动传承。10年来，每届种子班的同学都在这个讲坛中分享着、学习着、锻炼着。真没想到，刘阳当初出于小小"私心"播下的种子，竟然长成了一棵大树。

毕业出国/奖学金

大三时，身边同学有的忙着实习，有的联系教授保研，有些学霸更是早早就为出国深造做各种准备，如各科考试力争高分、报名新东方考托福考GRE、给国外教授写申请信等。刘阳的母亲是英语老师，一直希望他能出国深造，可他因为大学前两年思想迷茫无规划，几乎没有任何准备。

情急之下，刘阳找到了刘玉老师，告知毕业去向是出国深造，希望老师能支持和推荐。刘老师见刘阳的专业课成绩并不突出，以为他的英语水平也不高，于是与他"对赌"：如果他的托福成绩能超过90分，刘老师就愿意帮助他联系国外导师。

幸运的是，作为英语老师的孩子，刘阳小时候有"童子功"，高考时英语单科全校第一，大学英语四、六级考试"裸考"都拿到了高分。因此，他立即答应了刘老师的条件，开始准备英语考试和申请材料。

托福和GRE，这两个英语考试并不容易。先是抢约考位，接着自制复习大纲和进度表，大三的那个寒假刘阳几乎没出过家门，疯狂背词汇、做模拟题，实在学累了就看一集美剧放松一下。他知道自己已经没有时间多次参考选出最高分了，机会只有这一次，必须全力以赴。

托福考试成绩公布，刘阳超过了100分，他终于松了一口气。然而，GRE考试难度更大，于是他又在家闭关复习了一个月，最终也取得了不错的成绩。

经过刘老师的推荐，刘阳拿到了美国休斯敦大学和Rose-Hulman理工学院两所学校的录取通知书。刘阳更心仪Rose-Hulman这所注重理工教育的学校，但可惜的是，他并没有获得这所学校的全额奖学金。私立学校的学费，对他这个单亲家庭的孩子来说，简直是天文数字。当刘阳向刘老师诉说了困难后，刘老师再一次向前推了他一步。她向自己的老同学、在 Rose-Hulman 当教授的宋建建（也是刘阳后来的硕士导师）鼎力推荐和担保，说刘阳是一个值得培养的好苗子。于是，宋教授为刘阳争取了一个额外的奖学金名额，圆了他的出国梦。

在两位老师的接力帮助下，2013 年夏，刘阳背起行囊如愿踏上了赴美求学之路。

研究生/爱情

宋建建教授不仅是刘阳的研究生导师，也是 Dian 团队 005 号顾问。每年暑假，宋老师都会从美国来华科给种子班的同学们讲授特色课程"非线性高频数字电路设计"，刘阳第一次见到宋老师也是在这门课上。宋老师的课程内容丰富生动，重视理论基础，很有挑战性。

有了 Dian 团队的经历和导师们的培养，读研究生的刘阳不再像刚上本科时那样迷茫了。从入学 Rose-Hulman 开始，他的目标就特别清晰——毕业后进入美国的互联网行业。尽管他的专业是 Electrical Engineering（电子工程），更偏重硬件，但美国高校的选课是开放的，学完专业必修课可以再选听其他课程。既然目标已经确定，刘阳又"逆向工程"了一下，制订了新的学习计划：一是拿到足够多的学分，写完论文顺利毕业；二是尽可能多选修一些和计算机软件相关的课程。

学习之余，刘阳每周都去参加当地的华人聚会，接触更多的朋友。第一次参加聚会，就在门口遇到了一位女生，她后来成了刘阳生命中最重要的一个人——他的妻子张昶。经过宋老师的介绍，刘阳得知她是南开大学的经济学博士，当时在印第安纳州立大学做访问学者。两人这次虽是相识了，但学校不同，居住小区也不同，后面并无来往。

直到 2013 年的圣诞假期，早一年来读研的程歆宇学长（364 号队员），邀请刘阳参加西海岸自驾游，同行的人里也有张昶。在这两周假期里，他们一行人从北加州的旧金山启程，先去欣赏了优胜美地国家公园的美景，又沿着一号公路一路向南游览了洛杉矶和圣地亚哥。两周的朝夕相处，让刘阳和张昶彼此更加了解。旅行之后，他俩交往逐渐密切起来。一起在公寓做饭，一起去健身房锻炼，一起看电影，一起出游。刘阳还向张昶分享了很多在 Dian 团队里的经历。

欢乐的时光总是过得特别快，张昶做访问学者的时间只有一年，暑假过后就要结束了。刘阳开车送她去芝加哥机场，去时心情还好，但在回程路上，刘阳的眼泪止不住地流，好像心里缺了一块儿，特别难受。就在那一刻，刘阳明确地知道，大他 7 岁的张昶已经住进了他的心里，再也不想和她分开。

关于爱情，刘玉老师有个观点："要找一个愿意为你送牢饭的人。"这句话初听很奇怪甚至有些极端，但刘阳明白刘老师的意思：适合的对象应该是对你不离不弃，愿意随你到天涯海角；就像在外国婚礼上新人们念的誓词一样，无论境遇好坏、富贵贫贱、病痛健康，至死都不分离。刘阳很确定，无论他去哪儿，张昶都愿意与他同往；无论自己在哪个地方，只要两个人在一起，那儿就是家。

在灵魂的契合面前，一切世俗之见都不再重要。刘阳向宋老师和其他长辈求助，请他们给自己一些建议。临近硕士研究生毕业的时候，他邀请母亲和小姨来美国参加自己的毕业典礼，在庆祝人生又一重要里程碑的同时，也让她们更多地了解他在美国的生活经历，希望能同意他毕业后立刻结婚的请求。见刘阳的心意已决，母亲最终选择了接纳、支持与祝福。

从毕业到入职，刘阳和张昶只有一个月的间隔时间来准备婚礼。刘阳回国后，立即和张昶拍了结婚照，办好了证件，筹备了婚礼……幸运的是，每件事都很顺利，也许这就是所谓的天作之合。在武汉举办婚礼时，宋建建教授恰在华科给种子班授课，于是当了证婚人，刘玉老师也到场祝福。两位老师再次见证了刘阳的又一件人生大事。

事业/工作/人生规划

婚后，刘阳如愿来到硅谷，加入了雅虎的广告部门。工作一年半后，他又入职领英（LinkedIn）的广告部，一待就是四年多。刘阳加入的小团队开发的是匹配受众功能，从正式对外发布，到一路发展为 LinkedIn 广告部营收的重要支柱之一，刘阳也从普通组员成长为项目骨干。

刘阳热爱这份工作，但同时也并不知足。在 Dian 团队时，他目睹了太多优秀的队员和太多创业的案例，也有过一些小小的尝试。只有创造出一个独特的产品或服务去解决问题时，他内心才能得到最大满足。因此，他一直在观察和思考，积蓄能量，等待时机来临，创造那份属于自己的事业。

刘阳认为，现在的工作更像是准备阶段，到了某个合适的节点，他会从工作的状态自然而然地"毕业"，进入事业的下一阶段——创业。尽管创业的失败率很高，风险很大，挑战也很多，但成熟的创业者都不是只靠简单的一次性尝试，很多人都是屡败屡战，不断调整方向，最后才成功的。尽管出身和选择限制了他，使他不能无所顾忌地试错，但或许在行业积累、修行十年之后，特别是能给家人一个稳定的环境之后，他便会义无反顾地追求事业的下一阶段。

寄语队员

这些年的成长，让刘阳意识到，一个人成绩的获取，其实并不完全依赖于个人的能力，而是有赖于各式各样的"红利"。以我们这代人的成长经历来说，这些年享受过的红利有很多：大到时代红利——和平稳定的社会环境让我们每个人都能追求自己的发展；中到行业红利——爆炸式发展的信息产业让我们这些从业者赶上了风口；小到家庭红利——稳定的生活和父母对教育的重视让学生时代的我们可以全心投入到学习中；尤其是团队红利——Dian团队金字招牌下源源不断的项目给了我们更多的成长机会；以及导师红利——导师们对每一位学生的个性化指导和大力支持让我们获得了更大的发展。

编后语

　　刘阳师兄是一个敢想敢做之人。尽管他刚进大学时也曾迷茫，但重要的是，觉醒后他做出了选择并付诸行动。师兄一手创办了"种子讲坛"，为后面每届种子班都留下了宝贵的财富。笔者加入种子班以来，就一直非常喜欢"种子讲坛"，它既加强了班级内部交流，又让大家能够得到放松，还能收获一些有趣的东西。

阴浩："吹响Dian团队改革号角"的第12届队长

│ 执笔人：周耀海

阴浩，男，内蒙古呼和浩特人，Dian团队595号队员。2015年从呼和浩特市第二中学考入华中科技大学计算机学院，2016年冬季加入 Dian 团队。两年半内，从技术新手成长为项目负责人，先后参与或领导过 Intel 5G等6个项目。大二结束时，加入种子班，并担任班长。2018年3月，通过竞聘担任 Dian 团队第12届队长，有勇有谋，被导师组誉为"近年来最具管理能力的队长"。

"改革复兴"，挺身而出

2018 年 3 月 10 日晚，Dian 团队正在进行第 12 届队委会的竞选，加入 Dian 团队才 1 年零 3 个月的大三本科生阴浩，登台竞选这个百人技术团队的队长。他的竞选演讲与其他人不同，高亢激昂而且颇有格局。他强调自己与前三届队长都交往密切，在他们的言传身教下，无论是技术项目，还是团队的各项行政事务，他都比别人熟悉；他还强调自己是 Dian 团队 2018 年初春战略研讨会的参会代表，对团队改革的方向有着清晰的思路和理解；他认为，团队正处于改革复兴的关键时刻，自己理应站出来带领大家共同前进。阴浩的演讲，引发了队员们的热烈掌声，最后，他毫无悬念地高票当选第 12 届队长。那么，阴浩说 Dian 团队"正处于改革复兴的关键时刻"，究竟特指什么呢？

就在 Dian 团队队委会改选的前半个月，导师组召开了核心层扩大会议（简称"师生联席会"），指出 Dian 团队 15 周年团庆之后，表面上看似欣欣向荣，内部却暗流涌动，诸多隐患露头，至少存在三大问题：项目经费减少，团队留不住人，不是大企业的大企业病。虽然团队已经度过了初创期、发展期和稳定期，但如果不时时警惕，就会像一头身躯庞大的狮子在悬崖边上踱步，一步不慎便是深渊。

2018年3月10日，Dian团队新当选的第12届队委会干部合影

（左起：外联部部长王晓纤、技术部部长王杰、队长阴浩、行政部部长彭哲坤）

　　为了找出有效的改革方案和措施，Dian 团队效仿 10 年前在学校附近的梦天湖酒店召开转折性重大会议那样，用封闭式战略研讨会来解决重大危机。2018 年 3 月初，刘老师再次把师生骨干拉到梦天湖酒店召开了整整一天半的封闭式战略研讨会，详细总结出团队的 10 大问题，分组连夜起草了 16 份改革提案，并针对每一份改革提案又详细确定了 31 项改革措施，由此拉开了 Dian 团队"复兴期"的序幕。

　　改革之路注定遍布荆棘与坎坷，而资历尚浅的阴浩此时站出来揭榜挂帅，担任第 12 届队长，体现出非同常人的勇气和胆量。

刀锋向内，身先士卒

　　虽然 Dian 团队战略研讨会出台了 31 项改革措施，但具体执行还得依靠队委会。队长阴浩参加了方案的制订，加上本身又自带霸气，因此，他行动时根本不需要导师组点拨，直接就雷厉风行地开始行动。

　　首先，他从项目组长抓起，对基层技术干部的要求从严从紧。比如，对项目质量严格把控，严肃处理项目组内的末位队员，不合格就劝退，具体细化"每月之星"的评选流程和标准。

　　其次，他对队委会的行政部门也严格要求，对"大企业病""甩手掌柜"现象进行专项整治。阴浩亲自担任主策划，迅速推动团队 Web 平台的升级，建立新论坛、更新官网、上线"私有云"、重整服务器、优化内部工具，让 Dian 团队整个 Web 体系焕然一新。

　　2018 年下半年，阴浩又着力狠抓实验室环境整改，翻新了 Dian 团队所有实验室，彻底解决了大家抱怨已久的插座不足问题。队员们进入整洁干净的房间后，精神无不为之一振。

2018年6月，阴浩队长正在做招新宣讲

阴浩任期内，另一项重大改革成果是，Dian 团队开辟了人工智能（以下简称"AI"）新方向。年初时，虽然人人都知道 AI 时代已经到来，但 Dian 团队一时找不到能落地的企业级 AI 项目。阴浩担任队长后，任劳任怨地承接了大量图片数据采集标注（简称"打标"）项目，迈出了 Dian 团队在 AI 工程化方向的第一步。

此外，第 12 届队委会还探索了一系列宝贵的创新模式，比如：创立了队员代表大会，让每个实验室都选出普通队员代表，能代表民意发声；扩充了导师组阵容；分别出台对团队公共设备的管理方案以及对项目组的管理方案；等等。

阴浩当队长期间，各种事务非常繁杂，比如，全校招新、全队打标、预备队员转正仪式、年终茶话会、新年寄语、春游、运动会，以及无数次例会主持、对外讲解接待等。但是，他不仅没被压垮，还能把事情安排得井井有条。由于阴浩队长大刀阔斧的超强执行力，加上全团队上下共同努力，一项项改革措施顺利实现，整个团队由内而外焕然一新，逐步走出了当年年初的低谷。

2019 年春，第 12 届队委会在一年任期届满之时，特意向全体在站队员做问卷调查，追踪改革一年后的情况。问卷结果显示：团队改革一年后，新人流失率降低；AI 方向研究有所发展；导师在团队中的作用提升；内部交流更加顺畅；整体创新氛围和创新能力有所提升。

2019 年 3 月，钟国辉老师在第一次团队例会做"新学期寄语"专题发言时，对阴浩带领下的第 12 届队委会给予了极高评价，说他们是 2002 年建队以来最强干的队委会前三甲。钟老师特别欣赏阴浩同学的技术能力、组织能力和实干精神，说他是"近年来管理手段最好的队长"，给全体队员树立了学习的榜样。

总之，第 12 届队委会的出色工作，为团队的持续发展打了一剂强心针，而在这场"改革"运动中，吹响了号角、身先士卒的队长阴浩，功不可没。

重情重义，责任如山

阴浩在 2018 年底的个人小结中，曾写下了自己对团队深深的感情：

> 经过去年一年的历练，今年注定是丰收的一年，也注定是迎接更多机会和挑战的一年。如果说，去年是加入团队之后，感觉自己进步最大的一年，我想说，今年的经历和收获，则是我大学前三年的总和。……这一年，在平平淡淡之中，收获很多，也付出很多。对于团队，千言万语，唯有感谢。因为有你，让我的大学有"Dian"不同！

阴浩既像野战军将领一样有足够的霸气和大局观，但也有平易近人、善解人意的一面。比如，在他担任与世界五百强 Intel 公司合作项目的组长时，有一位新人进 Intel 项目组学习了一个多月都没有完成新人培训作业，而且也不关注身边学长学姐的工作，每天只是闷头做自己的事情，于是，阴浩就在例会上狠狠批评了这种现象，却并没有指名道姓。这样的处理，既让这位同学感受到了压力，也保留了这位小队员的颜面。

与此同时，阴浩还一直担任 Dian 团队 2015 级种子班的班长。种子班的培养目标，要比 Dian 团队队员更高，简而言之：种子班要培养全才和帅才。阴浩对此深表认同，因此，在竞选班长时，他就喊出了"要在团队打造属于我们 15 级种子班的时代"的口号，并且用强大的正能量和顽强的意志推动着班级成长。因为有了阴浩这个灵魂人物，全班凝聚力之高令人惊叹，平时的春游、KTV、班聚及海底捞聚餐等活动不计其数。最不可思议的是，2019 年 6 月毕业季时，阴浩组织同学们去日本旅游，全班 21 人竟有 17 位同学积极参加了这趟跨国旅行！毕业之后，2015 级种子班同学仍旧保持紧密联系，并且在 Dian 团队遇到难关时纷纷出言献策，把"我选择，我担当"的班训一直贯彻下去。

2021年10月28日，在美国留学的阴浩身穿团庆纪念衫点赞

更令人感动的是，当大家都毕业离校、奔赴远方之后，阴浩却没有急着回他的内蒙古老家休假，而是继续留在 Dian 团队的 Intel 项目组，带领组员把项目尽快完成，把徒弟尽快带出师。其间，他还根据做项目时收获的经验和灵感，和团队的同学一起在 WNS3 会议上发表了学术论文《Ns3-Ai》。

品学兼优、全面发展的阴浩，获得美国华盛顿大学一位教授的青睐，欣然接受他去攻读电信专业博士学位。当他赴美深造两年之后，该教授恳切地表示，非常乐意招收更多 Dian 团队的同学来美国继续深造或者交换学习。很显然，阴浩出国之后的表现，令导师十分满意，无形中成了 Dian 团队和种子班的质量名片。在 Dian 团队 20 周年大庆前夕，他特意穿上刚收到的团庆文化衫，从大洋彼岸发来祝福团队的照片。

编后语

　　阴浩学长一直是我非常敬重的一位学长，在与他的交流中，我很明显地感受到他对 Dian 团队的热爱，以及在团队改革工作上其思路的清晰和行动的坚决。透露一下，正文中提到的那位 Intel 项目组新人就是我，我当时在难为情之余，也感受到了他的温暖。正是从那次挨批之后，我开始认真参与团队项目，最终一步步走到了今天，成长为 Dian 团队第 15 届队委会的行政部部长。

　　2021 年暑假起，Dian 团队核心层再次启动了一轮战略改革。当我翻阅 2018 年春季战略研讨会的历史资料时，发现团队当时的困境和眼前面临的问题竟有诸多相似之处。我也希望能像阴浩学长当年那样，倾力投入，逆挽狂澜，为团队的持续发展做出奉献。

破茧成蝶

祝振汉："弥勒佛"也能成"金刚"

| 执笔人：金泽铭

祝振汉，男，湖北武汉人，Dian团队019号队员，Dian团队上海站站长。2000年由武汉市武钢三中考入华中科技大学电信系，现任上海讯联数据服务有限公司董事及股东，并兼任多家公司董事、监事及股东。祝振汉性格十分温和，他最终走上创业之路，令刘玉老师和许多熟人惊讶。这位"不适合创业的人"，最终不仅担任多家公司高管，还能孵化出子公司，并扶持其他创业者。他是怎么一步步走到今天的呢？

初入团队担重任

祝振汉资格很老，是Dian团队第一代"革命家"。2002年的暑假，Dian团队刚成立不久，刘玉老师在华科校园BBS上发帖，为有意暑期实习的同学提供企业真实项目，来应征的几个同学中就包括个头高大但低调温和的祝振汉。刘玉老师带着这群学生去一家民营企业——武汉嘉铭激光有限公司拜访，这家公司说想改版他们公司的网站，希望能将静态首页改为动态首页，此外还需要建立内部生产管理的数据库应用系统。刘玉老师觉得这两个项目本科生也可以上手，就把任务接了下来。

刘玉老师将这些同学分成两个小组，祝振汉被分到了数据库组。但是，刘老师对这个组的同学一摸底才发现，组内没人学习过数据库的相关知识，甚至连接触过其他软件开发的人都没有，连个组长都选不出来。这时，祝振汉身上的一种特质引起了刘老师的注意，他比别人都显得着急，经常主动询问对方需求，关心项目落地情况。因此，刘老师大胆任命与别人同样毫无技术基础的祝振汉为数据库项目组的组长。

万事开头难，毫无项目经验的祝振汉忐忑不安，生怕自己带不好这个项目，于是他更加主动地请教刘玉老师该如何入手。刘老师给出的建议是：无论做什么项目，都应该先写需求分析文档，理清客户需求。祝振汉规规矩矩照办，认认真真到嘉铭公司各个部门进行调研，记录甲方的需求，然后回来独自执笔写出一份很长的需求分析文档。没想到刘老师看了后，不仅没表扬，反而将祝振汉狠狠批评了一番，说祝振汉写的东西一没逻辑框架，二没分类汇总，只是流水账似的拼凑。接着，刘老师对着祝振汉的电脑屏幕，对整篇文档逐字逐句进行修改，一边改一边批，祝振汉窘得满脸通红、汗如雨下。

这件事情过后，刘玉老师也有些懊悔，觉得自己批评太过严厉了，担心祝振汉撂挑子。但第二天看到祝振汉又照常乘公汽去嘉铭公司沟通，刘老师不由一笑：他真是一个心宽体胖的"弥勒佛"啊！刘老师后来还是忍不住询问祝振汉对挨批之事为何不介意，祝振汉很诚恳地说：自己技术基础差，以前也没接触过真实项目，完全是瞎想瞎写；感谢刘老师的严格教导，令他收获很大，只有这样才能快速成长。果不其然，祝振汉再次整理的项目文档，刘老师审核时发现有了质的飞跃，顿觉他是个可塑之才。刘玉老师由此总结出 Dian 团队队员的一大特点："自尊心为零，自信心无限。"

选定方向快提升

随着时间推移，转眼祝振汉本科即将毕业，他很想读研，但是考研分数不够高，华科电信系录取不了。这时，武汉（中科院）水生所有调剂名额，举棋不定的他便向刘玉老师

2004年6月25日，刘玉老师为Dian团队2000级毕业队员设宴饯行

（前排左起：020号熊小琴、001号刘玉老师、023号侯丽珍）

（后排左起：033号薛强、045号杜欢、019号祝振汉、042号赵元、021号姜珊、046号王恺）

征求意见。刘老师一听就摇头，她认为，祝振汉本科所学的通信工程专业属于国家信息化大发展的热门专业，人才紧俏，如果仅仅为了追求一个硕士文凭而将所学电信知识完全放弃，改行搞水生方向，得不偿失。祝振汉被刘老师的观点说服，放弃了调剂机会。但这时已到年底，用人单位大规模校招已近尾声，刘老师以为祝振汉很难找到理想工作了，但是万万没想到祝振汉竟然拿到了上海银联的 offer。刘玉老师认为，这不仅是祝振汉的运气好，更重要的应该是招聘人员也看到了祝振汉身上那种"不懒、不贪、不蠢"以及温良随和的优点。

2004 年 2 月 16 日到 4 月底，刘玉老师批准祝振汉到上海银联去实习，参加中国银联的信息转接系统测试和验收，而实习内容正好与他毕业设计的数据库方向吻合。实习结束时，他在 Dian 团队内部 BBS 上写下长篇实习总结，涉及内容非常专业，文字表述也特别清晰，与他头年暑假撰写的那份需求报告相比，简直是天壤之别。刘老师特邀祝振汉在 Dian 团队周末例会上给全体队员分享他的实习收获，发现他的口才也有了明显的进步，由衷为他高兴。

工作岗位显能力

通常，毕业离校的学生有了自己的新生活之后，与导师的来往就很少了。但是，祝振汉不同，毕业后仍经常与刘玉老师联系，视刘玉老师为家人。2007 年 8 月，刘玉老师去上海出差，想起了这个憨厚的孩子，决定去上海银联公司看看他。祝振汉热情地带着刘老师在公司里四处参观，细心的刘老师发现祝振汉的工位比其他人的工位要宽敞一些，于是断定祝振汉应该已经晋升为管理人员了。接着，刘老师在墙上贴着的优秀共产党员的光荣榜上看到了祝振汉的名字，并在另一张项目经理榜单上再次发现了他的名字。刘老师可真是高兴坏了，她一直担心没有硕士文凭的祝振汉在升职加薪方面会吃亏，这下总算放心了。

祝振汉的进步和成长速度，让刘玉老师惊讶。在学校时，祝振汉的能力并不是特别突出，也没有做过很多项目，但他在工作岗位上为什么可以进步如此之快？沉思良久后，刘玉老师得出结论，一定是与他的个人品质有关。在校期间，他虚心请教，不计较、不抱怨，任劳任怨。在工作岗位上，他肯定也是吃苦在前、虚怀若谷、团结同事。后来，刘玉老师了解到，祝振汉所在的中国银联国际部，经常需要和国外客户开电话会议，由于双方存在时差，开会时间经常定在半夜，工作了一整天，原本就相当辛苦，但祝振汉每次都是提早做好远程会议的各种准备，踏实靠谱。由此，刘玉老师更坚定了对祝振汉的猜测，一定是凭好的态度带来了更多机会。她感叹：Dian 团队出去的人为什么进步快？因为队员们都有着同样的特质——历平凡事，成放心人。

创业团队当头兵

对于大多数人来说，中国银联名头大，待遇好，非常稳定，因此，刘玉老师以为祝振汉会在银联稳稳当当地干到底。但是，2010年祝振汉做了一个惊人的决定——与银联的几位同事辞职创业，成立了上海讯联公司。刘玉老师得知此事后惊呼："你怎么可以这样？胆子太大了！"在刘老师心目中，祝振汉就像个弥勒佛一样，性格温和，完全不具备创业的气质，不免对祝振汉能否当好创业合伙人捏一把汗。

上海讯联是一家第三方支付解决方案服务商，为国际卡组织、银行、第三方支付机构提供完整的支付服务解决方案。在当时的背景下，上海讯联顺应了市场的需求，发展得很迅速，很快便获得了红杉资本等头部机构近亿元的天使投资。后来，公司一路顺风顺水，直至今日，祝振汉都担任内部孵化公司的总裁多年了，刘玉老师没有听到过他的任何负面消息。

2007年10月，Dian团队长三角分站成立，编号019的"老革命"祝振汉便被大家选为站长，他一直勤勤恳恳，出钱又出力，义务服务至今。刘玉老师每次去上海，祝振汉都是亲自开车接送，全程陪同。刘玉老师待几天，他就陪几天，完全不像一个职务繁忙的人。刘老师起初很疑惑，以为祝振汉的公司小且不是头儿，后来才得知，祝振汉是数十人公司的总裁，一把手！之所以每次都能全程陪同刘老师，是因为他十分看重这份师生情谊，很用心地提前安排好工作，挤出时间来接待，这让刘玉老师十分感动。而且事实证明，祝振汉的领导能力十分出色，不仅带着创业团队蒸蒸日上，还扶持了Dian团队名誉队员金亦冶的创业公司，并先后照顾过不少求职的队员，如104号队员李智超、007号队员刘洋，甚至还包括巴勒斯坦籍的448号队员Areen以及Dian团队的一位顾问。

2021年7月17日，祝振汉组织长三角分站队员团建活动，玩剧本杀

（右起：祝振汉和女儿、540号刘宏阳、161号李长林、友人、653号刘静雯、489号孙讷敏）

支持老师当红娘

2015 年起，刘玉老师创办了创业红娘公益服务中心，祝振汉一直给予高度关注，多次作为志愿者参加刘老师举办的"创业相亲会"。2018 年，刘老师效仿美国斯坦福大学附近的 StartX 孵化器模式，想筹集成立一个专投极早期项目的"史前基金"。她想找十位投资人作为 LP（有限合伙人），得到了龚虹嘉、汪潮涌、屈向军、朱伟豪、姚欣、曹向英、唐路遥等华科知名校友的热情支持。但这个基金还需要有 GP（普通合伙人）从事日常管理和执行，刘玉老师希望 Dian 团队的老队员担任 GP，她找颜庆华和祝振汉协商，两人都毫不犹豫地出资100 万元，并且一次性付清，成了这支"史前基金"管理团队的一员。祝振汉曾说过："刘玉老师创办的公益事业，我们一定要支持。但是，这种支持不是为了去赚钱，更不是为了钱生钱，而是觉得刘玉老师创办的创业红娘公益平台很有意义，能帮助很多创业者与投资人。"

编后语

祝振汉师兄在校园里能力并不突出，但他的好态度让刘玉老师记忆深刻，因此被委以重任，能力提升飞快。到了工作岗位上，祝振汉更是全心全意投入工作，踏实坚定地付出，职位屡屡晋升。创业时，刘玉老师眼中性情温和的"弥勒佛"，却凭借着自己独特的能力以及坚韧、认真的态度带领着创业团队蒸蒸日上，成为百折不挠、"金刚不坏"的创业公司 CEO。祝振汉师兄的故事，完美地印证了 Dian 团队的团训："优秀是一种习惯，细节决定成败，态度决定一切，好态度带来更多机会。"

张志华："好态度带来更多机会"

| 执笔人：陈逸飞

張志华，男，江西南昌人，Dian团队032号队员。1999年从江西师范大学附中考入华中理工大学（现华中科技大学）电信系，大四考上本系研究生，师从刘玉老师，由此进入Dian团队；2006年研究生毕业后入职华为（上海），2009年前往成都担任算法和技术创新团队LM（团队能力建设的主导者）；2016年被派往加拿大做客户联合创新工作，2018年回国后担任华为（成都）5G开发团队部长，2020年又被公司调回上海，做5G产品规划相关工作。

加入团队，做大家的"勤务兵"

2003年春，张志华考研的笔试成绩公布了，有资格进入面试环节。但是，他的笔试分数并不惊艳，本科3年多没有任何项目经历，也"秀"不出像样的技术。张志华递来的简历，着实让Dian团队掌门人刘玉老师犯了难。

张志华深知自己的短板，也看出了刘老师的顾虑，于是他苦苦恳求刘老师给他一个机会，哪怕是先试用也行，如果实在跟不上，他自己会再找其他导师，不占用Dian团队的宝贵资源。刘玉老师被他表露出的学习欲望及诚恳态度打动了，张志华就这样走进了Dian团队，成为032号正式队员。

人是留下了，可安排张志华干什么活又成了一道难题。2003年的Dian团队才刚成立1年，名不见经传，也没什么项目，只有和武汉嘉铭激光有限公司合作研发的"一体化激光打标机"项目。然而，相关软、硬件的研发任务都早已分配给了团队里的技术骨干们，并没有什么独立的工作可以交给张志华干，就算是刘老师也不敢贸然将复杂的开发任务交给一个零技术基础的研究生。

张志华心态很好，没因被"冷落"而感到气恼。技术基础不行，那就端正自己的学习态度，从最简单的活开始干起，慢慢积累技术储备呗。于是，他成了 Dian 团队里最积极、热心的勤务兵。无论哪个模块，无论大事小事，他都乐意去帮忙，帮忙刮刮电阻的引脚，帮忙采购一下元器件，帮忙递个螺丝刀、老虎钳……

张志华对谁都谦逊有礼，即便面对比他年龄小、学历低的本科生薛强，因为对方是团队里的技术骨干，他也能放下研究生的架子虚心求教，给薛强打下手。也正因如此，在 Dian 团队早期的 30 多名队员中，虽然张志华的技术水平是最差的，但他和其他队员的人际关系是处得最好的，大家都没有因为张志华的技术水平差而轻视他，反而对他印象特别好。

担任组长，做项目中的"黏合剂"

张志华不光在团队内勤勤恳恳，出外勤也任劳任怨。他常常转 3 趟公共汽车，只为去企业进行一次实地调试，帮忙跑腿提交项目资料。这样勤恳的态度，给武汉嘉铭激光公司的员工留下了深刻的印象。刘玉老师也觉得他态度好，最起码研究生毕业不成问题，但是，对他有朝一日能够成为 Dian 团队的技术骨干仍不抱希望，也就没有刻意给他压担子。

直到有一天，武汉嘉铭激光公司的 CTO（首席技术官）与刘玉老师闲聊，他认为刘老师经常挂在嘴边夸奖的某位软件高手其实并不适合当程序员。刘老师大吃一惊，反问："为什么？"这位 CTO 说，您欣赏的那位同学在我们这里实地测试时，每当我指出他的软件有 bug，他就会说："这怎么可能呢？这不是我的错。"内行人都知道，任何软件不可能无错，像这种有着本能抗拒心理的人，其实不具备程序员的素质。这时，站在一旁的董事长插话说："我看你们那个张志华以后可以当新项目的组长，他一看到我们师傅不满意的样子，就会马上跑过来问'是什么问题呀？你们快讲讲，看看是不是我们的问题'，并且张志华很善于沟通，不'炫'专业名词，他解释的技术原理，师傅们都能听懂。"听完嘉铭激光公司领导对张志华的这番评价，刘老师受到特别大的启发，此前 Dian 团队历任的项目组组长都是从技术能力过硬的队员中挑选，没想到企业合作方更信任态度认真、谦逊好学之人。因此，当 Dian 团队承接下一个嘉铭激光公司新项目时，她便突破旧规，任命张志华担任项目组组长。

听到自己被提拔为项目组组长这个消息，张志华保持自己一贯的谦虚态度，坦诚自己的技术还不够扎实，也不会设计系统的整体架构，但愿意成为项目组中的"黏合剂"和"润滑剂"，为组里的技术骨干尽力提供服务。在他的努力下，组内的软件高手和硬件高手完美协调，整个项目

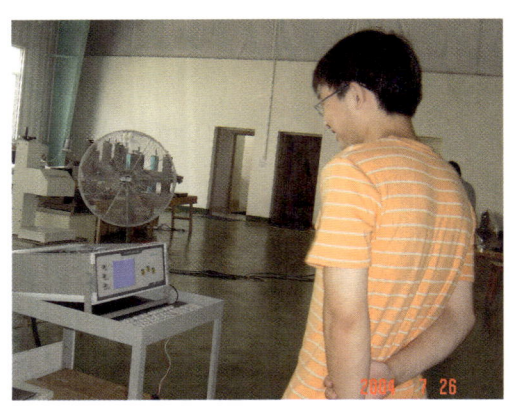

张志华看着自己的作品笑了

组的氛围非常团结，成员互帮互助。最终，张志华不负刘玉老师和甲方的期望，带领组员顺利完成了项目，按时结题交付给甲方。后来，026 号队员颜庆华提议，团训应该加一句"好态度带来更多机会"时，刘老师脑海里浮现出的第一个"形象大使"就是张志华。

武汉嘉铭激光公司的项目结题十分顺利，张志华的领导能力显露锋芒。在张志华硕士研究生毕业之前，刘老师还委派他去与 UT 斯达康公司做了网络测试的软件开发项目。历经几个不同项目、不同角色的锻炼，张志华的技术力和领导力都得到了进一步提升，为他之后的工作生涯铺平了道路。

态度诚恳，学业工作双丰收

张志华诚恳的态度，不仅在项目组中给他带来了许多机会，同时也让他在学业上更加顺利。当张志华研三临近毕业时，他事先认真研读了刘玉老师提供的硕士学位论文范本，最后写出的硕士论文令导师很省心，很快便通过了答辩，成功获得了华中科技大学工学硕士学位。

找工作面试的时候，张志华不卑不亢，始终用真诚、踏实的态度来对待每一次面试。当华为公司的面试官问到较陌生的问题时，他就老老实实说自己不懂；当碰到自己了解的问题时，他便十分有条理地进行分析和解答。没有利口巧辞，只有一贯的谦逊、诚恳态度，以及在 Dian 团队稳扎稳打习得的并不酷炫却实用的技术能力，华为（上海）算法设计工程师的 offer 就这样被他收入囊中。

2006 年夏，张志华告别华科，奔赴上海，在华为上海研究所的算法部门默默做 3G 研发。2007 年，华为开始启动 4G 研发，张志华出于对新技术的好奇心积极报名，谁知名额有限，这时他在华为的师父主动把自己的名额让出来，使得张志华有幸成为第一批从事 4G 通信系统的算法设计人员。当时，商用压力小，小团体内学习氛围很浓，大家分头阅读协议，彼此串讲甚至争论，经常争得脸红脖子粗，而且当时的主管是一位上海交通大学的博士，也给这个团体创造了非常好的"小气候"。这段经历，让他打下了比较牢固的技术基础。半年后，团队决定开发一套 4G 的仿真系统，从某种意义上看，这件事算小团体里面的苦活累活，但张志华并不介意。刚入手时找不到感觉，绩效只评为"C"，但坚持了一年半之后，仿真平台终于成功推出，极大提升了算法设计效率和准确度！通过这个项目，张志华把前面学习的协议知识融会贯通，对通信系统有了全局的认识。当年，他得到了来华为之后的第一个"A"，也让主管眼前一亮，觉得这个小伙儿是一个值得信赖的人，后来给他打开了新的"机会"空间。

2009 年，适逢华为公司进行业务扩张，技术已过硬的张志华被华为领导派往成都，去组建新的算法团队。他从招聘当地员工开始，一步一步，从无到有，摸索着打造成都团队。这是他遇到的第一次角色转变，从个人贡献者变为团队贡献者。所幸华为公司提供了很好的培训系统，当时的 PLDP 培训（项目负责人发展计划）令张志华有意识地用更多时间去激励组员，帮兄弟姐妹们把事情理清楚。当时面临华为 4G 进入日本市场，日本客户对技术和细节的要

2021年9月16日，张志华在华为上海研究所门前

求特别严格，但通过这场硬仗的磨砺，张志华和他的团队都快速成长起来，事成人爽。

2013 年，张志华再次转身，被公司派去做解决方案版本 SE（系统工程师）。当时，他带着自己设计的版本去韩国客户实验室做准入测试，不夸张地说，连吃住都和客户在一起。虽然大家英语都不好，但在黑板上比比画画，交流得竟还顺畅，和客户建立起深厚的信赖关系，最终打开了韩国市场。

2013 年底，张志华被公司从韩国紧急调回来，因为华为已经慢慢开始在技术上引领业界，所以，产品线领导决策要成立一个为创新而生的全兵种的特种部队。张志华被任命为技术创新团队的第一任 LM（即团队能力建设的主导者），这时候他在思维上和团队管理上再次遇到挑战，幸亏以前有技术上的积累和与韩国客户打交道的经历，张志华很好地做到了技术和客户需求双轮驱动，带领团队贡献了团队第一个"十大发明"。

在华为工作，就意味着要持续折腾。2016 年，张志华被公司派往加拿大做联合创新工作。当时，加拿大是华为 5G"进攻"美国的桥头堡，意义非常重要，同时公司也希望让张志华积累更多客户层面的经验。在加拿大，张志华协同客户做了第一个 5G 的试验局，双方紧密合作，堪称华为与加拿大客户关系最好的蜜月期。可惜，随着 2018 年底举世震惊的孟晚舟事件，一切都变了，非常唏嘘。

2018 年回国后，张志华升职为华为成都 5G 开发团队的部长，负责独立交付高频产品。2020 年，公司号召更多的研发骨干充实产品线和商业管理队伍，于是张志华再次积极响应召唤，回到事业梦想开始的地方——华为上海，做 5G 产品规划的相关工作。

编后语

　　张志华师兄的成长经历，可以说是"大器晚成"，对我的榜样作用格外巨大。他强烈的自我驱动力，是对 Dian 团训"好态度带来更多机会"的最佳注解。愿师兄在华为继续发光发热，在 5G 领域继续耕耘，为我国 5G 建设事业添砖加瓦！

刘海容：寒门学子的成才之路

|执笔人：赵轩磊

刘海容，男，湖北宜昌人，Dian团队034号队员。2000年从湖北省宜昌县三峡高级中学（现宜昌市三峡高级中学）考入华中科技大学电信专业，后留校深造，获硕士与博士学位。博士毕业后，前往新加坡国立大学与美国普渡大学做博士后研究工作，出站后到百度硅谷研究院工作至今。

人脑替代电脑，家境贫寒也有自学之路

2003 年，已上大三的刘海容报名加入了 Dian 团队。那时的他，虽然已经通过了高级程序员考试，并且自学了 C++，还做过一些编程小任务，但因家境贫寒，一直没有购置电脑。刘玉老师难以置信地问："你连电脑都没有，怎么会把计算机学得这么好？看你的水平，比我们团队好多人的编程能力都要强呢！"刘海容腼腆地解释说，虽然自己没有电脑，但从大一开始，他就养成了"大脑仿真运行"的能力。比如，计算机基础、C 语言这些课程需要上机实践的时候，他就到自习教室先在草稿纸上把程序（包括注释，还有预定的输出是什么）全都写好，回到寝室后再拿着草稿纸仔细推敲，看看哪些地方逻辑不够严谨、有无什么漏洞，睡前躺在床上便用大脑代替计算机把程序一行一行地执行一遍，每个分支都走到直至得出正确的输出。总之，他在脑中穷尽所有的可能，修改程序中隐含的 bug，反复推演、修改、再推演、再修改……直到找不出漏洞之后再去上机。到了机房以后，别的同学面对屏幕才刚刚开始编程，而他要做的只是把草稿纸上的内容输入到电脑中，除了偶尔因为中英文符号没及时切换导致的编译报错，一般每次调试很快就能通过。他用这种方法为自己节省出了大量机时费，这样，他就可以在自学了更多的编程知识后，还有机会自己去机房编程实践。如此这般，才有了如今的积累。

听了刘海容这番话，刘玉老师特别感动，这孩子居然用人脑代替电脑来做测试，学习方法非同一般，又令人动容，由衷钦佩这位寒门之子所走的成功之路。

初入团队接手项目，单枪匹马重构系统

刘海容加入团队后，接手的第一个项目是"计算机网络信息加密方法研究"。那时，负责该项目的老队员已经毕业，软件部分的维护和升级工作就分配给刘海容接手。当时，项目甲方提出要在原系统上增加一个新的功能，但在最初版本中没有留下足够的升级空间，如果想要实现新需求就需要对原程序进行多处补丁式修改。刘海容仔细消化了该项目的软件代码之后，提出了一项激进的建议：在老版本上完成这个新功能所耗费的工作量并不小，与其投入这么多的人力资源去完成软件升级，还不如直接重构该软件系统。刘玉老师吓了一跳：刘海容才刚加入团队，没有任何企业项目经验，而之前负责该项目的一批老队员投入了那么多的精力，已经写了几万行代码，如果刘海容要推倒重来，不仅工作量大，还可能会出现各种各样预料不到的问题。出于这些顾虑，刘老师问刘海容，完成重构他有多大的信心，一共需要多少人？刘海容却淡定地说，他一个人就够了，这样反而可以避免出现更多的 bug。刘老师听了，更加目瞪口呆：一个连电脑都没有的本科生，怎么可能完成呢？但是，刘老师看他说得那么自信，又想到他过去三年独特而严谨的学习方法，纠结很久之后，最终还是选择相信他，把自己的电脑连同座位一股脑都让给了刘海容。

从此，刘海容进入了一种废寝忘食的拼命状态。整个大四，直到毕业设计结束，他果真就靠自己单枪匹马把整个系统都顺利重构了，创造了 Dian 团队新的奇迹。

放弃工作选择保研，向研究之路转型

本科毕业时，刘海容因为家境贫寒本打算选择参加工作，但他成绩特别好，直接进入了保研名单。他犹豫了很久，到底要不要读研究生？他内心是向往继续做研究的，但又迫于家庭经济压力不得不考虑工作。刘老师认为，这孩子是个奇才，不继续读书可惜了。刘海容受到老师们的鼓励，再三权衡之后，还是"月亮"战胜了"六便士"，最终选择跟着刘文予教授硕博连读。后来，刘海容虽然离开了 Dian 团队，但因为刘玉老师跟刘文予老师在同一个科研中心且是同一个教学小组，所以师生俩还能经常见面，刘玉老师也能近距离关注他的成长。

刘文予教授研究的是理论课题，刘海容就跟着往理论方向上走。刘玉老师亲眼看见他从一个只想多编代码的程序员，逐步变成一个图像视频编解码算法的研究者。据刘海容自己回忆，起初这个过程非常坎坷，因为他从来没有接触过纵向科研课题，在 Dian 团队完成的都

是应用性很强的工程任务。但是，既然走上了读博之路，出于高度的责任感，就要硬着头皮去读文章、想 idea、做实验，慢慢地也就适应了做理论研究。

在读博期间，他最大的收获就是学会了科学研究的思维方法，同时对自己研究的细分领域也有了非常深刻的理解。刻苦的钻研换来了优异的成绩，他的博士导师刘文予教授对他评价很高，特意送他去位于北京的微软亚洲研究院实习了 8 个月。在那里，他收获了更加丰硕的成果。在整个读博期间，他发表了多篇论文，其中，在计算机视觉的顶级会议 CVPR 和顶级杂志 *IJCV* 上各发表了一篇论文。

2009 年博士毕业后，刘海容决心继续走学术研究之路，先后前往新加坡国立大学与美国普渡大学做博士后，继续在计算机视觉和机器学习的很多子领域（包括物体识别、物体跟踪、图算法等）进行深入的研究。机器视觉方面，他在顶级会议 CVPR 和顶级杂志 *IJCV* 上发表了 4 篇论文，在另一个顶级杂志 *IEEE PAMI* 上发表了 2 篇论文。机器学习方面，在顶级会议 ICML 和 NIPS 上发表了 2 篇论文。

2009年，刘海容在新加坡国立大学做博士后期间，在顶级会议CVPR上发表论文

刘玉老师在接受笔者采访时特别提到，刘海容有一个习惯：虽然早已离开华科和 Dian 团队多年，但是每年 9 月 10 日教师节当天，他一定会给刘玉和刘文予两位老师发送教师节的慰问邮件。刘玉老师发现，邮件的样式渐渐从中文变成了英文，得知他已到国外深造，但样式再怎么变，没变的是那颗感恩的心。

硅谷接待恩师，巧遇名人吴恩达

2016 年 5 月，刘海容加入了百度硅谷 AI 研究院，担任研究科学家，研究方向是语音识别。半年多后的 2017 年 1 月，刘玉老师在退休前最后一次带华科启明学院的学生去美国硅谷参加冬令营。在冬令营即将结束的前两天，Dian 团队在硅谷的老队员与刘老师相聚时提起，034 号队员刘海容博士也在硅谷工作，是在百度的硅谷研究院研究语音识别，而且是在赫赫有名的人工智能专家吴恩达的研究团队里。刘老师非常惊喜地说：真的啊？那我一定要去看看他！第一，我很想去探究一下，百度在硅谷设立研究院一定是想创新，具体在干些啥；第二，我要去探望刘海容，他离开学校这么多年，不知过得怎么样；第三，我也想了解一下刘海容的研究进展。当她用微信联系上刘海容时，已经是回国前的最后一晚了。

第二天清早，刘玉老师带上全部行李，在 024 号名誉队员李林楠（253 号队员杨骑宇的夫人）开车陪同下，直奔百度硅谷研究院而去，刘海容早早地就等候在了停车场入口。看到空

2017年1月26日，刘玉老师与刘海容在百度硅谷
实验室合影

2017年1月26日，刘玉老师与人工智能顶级专家
吴恩达在百度硅谷合影

荡荡的院子，刘老师这才发现，这天是周日，刘海容是大清早从很远的家中专程赶到公司来的。他向刘老师详细地介绍了公司，一边带刘老师参观百度的无人驾驶车，一边回答刘老师连珠炮般的提问。

师生三人正在小会议室聊天的时候，看到玻璃窗外恰巧有一个人经过。刘海容兴奋地向刘老师介绍说，这便是他的老板吴恩达（英文名 Andrew Ng），是人工智能学界公认的顶级专家，也是 Google Brain 的创始人。李林楠更兴奋地说，在刚刚播出的《最强大脑》节目中，吴恩达率队出镜，用百度的人工智能算法，在人脸识别任务中以 3：2 的比分击败"世界记忆大师"王峰，过程非常精彩。这时，刘老师才知道，刘海容不仅是吴恩达的直系下属，而且两人的机位都是面对面的。

刘海容悄悄透露，吴恩达刚刚离职，今天应该是趁周日无人，最后一次来收拾东西。能在此刻遇见真是太巧了，于是刘海容热情地跑过去跟吴恩达说，他的中国老师来美国访问，今天要回国，能否一起合个影。吴恩达爽快应允，于是，刘玉老师就在会议室里与这位顶级大牛愉快合了影。没想到，她在朋友圈刚发出下面这张没有任何说明的照片，就被很多朋友一眼认了出来，点赞者无数，都十分羡慕刘老师的好运气。这也算刘海容赠送的意外福利吧。

 编后语

听了刘海容学长的故事，笔者的钦佩之情油然而生。大学期间，他虽然没有电脑，却用自己独特的学习方法成为同龄人中的佼佼者；大学毕业后，他坚持着自己的科研梦想，一步一个脚印成了一位资深的研究者。宝剑锋从磨砺出，梅花香自苦寒来。师兄如今早已摆脱寒门窘境，在新技术的前沿迎风破浪。我羡慕他，更要学习他！

邹佩琳："密码女孩"破茧成蝶

| 执笔人：艾沐

邹佩琳，女，湖南衡阳人，Dian团队039号队员。2001年从湖南衡阳县第六中学考入华中科技大学电信系，2003年加入Dian团队量子通信研究小组。本科期间便在核心期刊《光通信技术》发表论文《一种安全的量子明文直接传送方案》，并因此获得2005年湖北省大学生优秀科研成果二等奖，2005年被保送到西安电子科技大学通信学院读研。她的成长经历，曾刊登于《人民日报》2007年4月19日第13版。

基础薄弱，静听例会

2003年暑假伊始，刚读完大二的邹佩琳，混杂在一群女伴当中，报名加入了Dian团队。她的电信专业学习虽不吃力，但对IT技术似乎并不擅长，无论是软件还是硬件都没什么亮点，于是，导师组把她分配到唯一的理论研究组——量子通信组。

量子通信，即利用量子位进行信息传递的一种绝对安全的通信方式，今天已是世人皆知的高新技术，可是20年前这个名词在本科生中几乎还没人听说过，邹佩琳自然也是一头雾水。刚进量子组时，组长让邹佩琳自己去找量子力学方面的书看，她完全看不懂，但还是硬着头皮边看边做笔记，把《量子计算与保密通信》这本书通读了一遍。不过，项目组每周例会上，大家热火朝天地进行讨论时，她还是觉得自己根本插不上话。一开始，刘玉老师和老队员都觉得这个小姑娘很内向甚至木讷。慢慢地，刘老师注意到邹佩琳的优点：尽管她总是坐在角落一言不发，就那么静静地听着，好像什么想法也没有，但每周例会从不迟到也不早退。就这样，邹佩琳在量子通信组整整打了一年的"酱油"。在这一年间，和她一同进入Dian团队的女伴们因无法适应团队的严格要求而纷纷离开，还劝她说："你在量子通信组总是被师兄师姐批评没有产出，干嘛还不退？"邹佩琳犹豫再三，还是咬紧牙关留了下来。数年后她回忆道：

"我当时想，我进 Dian 团队时一无所有，如果就这么退了，我还是一无所有，那我这一年岂不是白待了吗？无论如何我都要有所输出，有所进步，然后才能考虑退的事。"

憋出论文，破茧成蝶

一晃，第二年（2004 年）的暑假又来临了。刘玉老师为了"PUSH"（推动）邹佩琳有所产出，对她下达了一个死命令：这个暑假必须撰写一篇学术论文，如果觉得自己水平太差，不足以写出原创的论文，那么，就将近两年量子通信领域公布的"BB84 协议"以中学生都能理解的方式，写一篇科普性的介绍文章，争取在普通期刊的综述栏目发表。邹佩琳觉得导师树的这个标准，自己跳一跳也许还能够得着，于是就点头答应了。

就这样，每天早上八点到晚上十点，邹佩琳整日泡在实验室和图书馆里查文献、写阅读心得。刘玉老师每周都要组织量子组开会，让每人汇报工作进展，所以邹佩琳也必须开足马力赶写文章初稿。她提交的第一稿，被刘玉老师痛批一顿，说连语法都不通，全组没人能看懂她写的是什么意思，责令她重写。邹佩琳性格很好，一言不发便去改稿。就这样，她本着"导师虐我千百遍，我待导师如初恋"的精神，一个多月内，前前后后改写了四次，最后终于让老师和组员们都认可。这的确是一篇用通俗语言向普罗大众描述量子通信新协议的科普文章，应该连中学生也能看懂。

接下来，便进入投稿阶段。刘玉老师知道邹佩琳完全不懂投稿步骤，于是亲自带她去华科图书馆的现刊室浏览各种学术期刊，还特意指着中学生的科普读物《光的世界》说，你若是能在这份刊物上发表一篇"豆腐干"综述文章也算有成果了。

没想到，邹佩琳在图书馆泡了好几天之后，对刘老师说："我仔细看了今年所有现刊的目录，科普类刊物并没有登载量子通信方面的内容，而更偏学术的期刊却登载过。我写的文章是《一种安全的量子明文直接传送方案》，我想投更专业一点的学术期刊。""这孩子对自己的期望值是不是有点太高了？"刘玉老师心里想。

8 月中旬，邹佩琳要求在开学前回一趟湖南老家。刘老师开始不同意："你的文章还没按学术期刊的格式要求改完外投，怎么能离校呢？"邹佩琳承诺，剩余的收尾工作，她回到湖南老家后一定继续做完，保证在开学之前外投。想到邹佩琳每次例会都不迟到、不早退，恪守本分，于是刘老师给她准了假。

9 月 6 日下午五点多，刘玉老师（通信作者）在电信系的教师信箱里收到了《光通信技术》的录用通知函。她感到万分惊喜，一是这份期刊级别不算低，属于中文核心期刊；二是该论文是邹佩琳 8 月中旬离校后才向外邮寄的，如此快就被录用，实属罕见。她立即用挂在脖子上的小灵通给邹佩琳打电话报喜，当时邹佩琳正在食堂吃晚饭，听闻被录用的消息，一下子从板凳上蹦了起来，连声大喊："是真的吗？真的吗？"

这篇文章，不仅标志着邹佩琳圆满完成了暑假任务，也改变了她的命运。

额外名额，幸运保研

文章被录用之际，正是大四学生前三年综合学习成绩排序、进行保研选拔之时。邹佩琳的"裸分"成绩属于中等偏上，但在近 500 人的"大"电信专业，她还是进不了保研候选名单。但那时学校有规定，如果在核心期刊上发表过学术论文，可以在裸分之上加 2 分，然后以综合成绩再进行保研排序。但遗憾的是，别人也有其他方面的加分，不少人都"水涨船高"，邹佩琳最终只排到保研线下第 2 名。

这时的邹佩琳，已经放弃保研的幻想，开始背着书包每日到东九教学楼自习，准备考研。可是没过多久，事情又有了转机——西安电子科技大学（以下简称"西电"）通信学院认为华科电信系培养质量好，特意留了一个保研名额，想招华科学生。恰巧保研名单中有两人决定出国留学，线下两人上移到名单内，于是西电送来的这个保研名额便轮到了邹佩琳！

西电负责招生的通信学院院长要求对候选学生进行电话面试，邹佩琳在宿舍走廊里匆忙接了电话。院长问她对什么科研方向感兴趣，她便老实回答：谈不上兴趣，只是在 Dian 团队的量子通信组学过一年，刚写了一篇论文被录用。这位院长一听，如获至宝，他连说太巧了，自己正准备开辟一个新的科研方向，正是量子通信，热烈欢迎邹佩琳直接加盟到自己的课题组。这次电话面试就这样顺利结束了，双方都欢喜不已。

"好态度带来更多机会"，刘玉老师这样评价邹佩琳的这段经历。没错，邹佩琳正是凭借平日里优良的学习态度，最终获得了这个令人羡慕的机会。

毕业设计，万全准备

获得西电保研资格之后，邹佩琳不用再去复习考研，便回到 Dian 团队量子通信组，准备提前进入毕业设计阶段。刘玉老师本想建议她将暑假写的那篇论文再补充一个实验，就可以当作毕业设计论文核心内容了。没想到邹佩琳却对自己提出了更高的目标，准备将量子计算的仿真算法移植到量子通信领域，形成一套新的仿真算法。

刘玉老师问："这种量子计算语言你知道吗？"她答："我了解过，叫 QCL。"

刘："就算知道，可你以前编程基础并不厚实啊。"

邹："团队里面这么多编程高手，我可以请教他们。"

刘："可团队的公用电脑很紧张，没有计算机供你使用啊。"

邹："我已说服父母给买了一台价值一万多元的便携计算机。"

刘："QCL 要在 Linux 系统上运行，你的便携机却是 Windows 操作系统呢。"

邹："我已经找人帮忙在 Windows 系统上装了个 Linux 虚拟机。"

2005年6月19日，刘玉老师向即将离校的邹佩琳（中）等毕业队员祝酒

这番对话下来，刘玉老师简直不敢相信，眼前这个自信满满、主动迎接新挑战的小姑娘，就是一年前那个躲在会议室角落里一言不发的"潜水员"。在邹佩琳的万全准备下，她的毕业设计内容非常充实，质量优秀，并主动撰写了第二篇学术论文向级别更高的学术期刊投稿，毕业后一年内得以发表并被 EI 收录。

邹佩琳的第一篇论文，让她获得了2005 年湖北省大学生优秀科研成果二等奖；邹佩琳的毕业设计，让她获得了 2005 年湖北省大学生优秀学士学位论文。

机缘巧合，一鸣惊人

2007 年 4 月初，Dian 团队举办 5 周年团庆，正在西电读研的邹佩琳重返 Dian 团队参加庆典。临走前，她向刘玉老师领取毕业很久之后才送到学校的那张湖北省大学生优秀科研成果二等奖的获奖证书，恰逢刘玉老师和 Dian 团队 005 号队员熊祖彪、045 号队员杜欢正在接受《人民日报》记者杨明方的采访。刘玉老师从荣誉展柜中拿出了那份获奖证书原件交给邹佩琳，并笑着向记者介绍："这位女队员的成长经历，堪称'破茧成蝶'。"杨记者一听，马上对这个"不速之客"的故事产生了极大兴趣，转而采访起邹佩琳来。

2007 年 4 月 19 日，《人民日报》刊登了杨明方的长篇报道《"密码女孩"破茧成蝶》，故事的主人公正是邹佩琳。Dian 团队首任量子组组长、毕业后在某公司国际市场部工作的王长强（003 号队员，人称"大师兄"）最先看到了这篇文章，他立刻打电话向刘玉老师报喜，全团队的新老队员都热烈祝贺，有队员羡慕地说："邹佩琳只需凭借这篇文章便可以找到很好的工作了。"果不其然，邹佩琳硕士毕业后去了北京一家信息安全公司工作。

美国之行，师生重遇

2009 年，邹佩琳陪同学医的丈夫赴美深造。2010 年暑假，刘玉老师带领启明学院 17 名特优生前往美国名校游学，住在纽约附近的一个小镇上。附近的 Dian 团队队员得知此事后，不约而同去看望刘玉老师。远在匹兹堡的邹佩琳也排除万难，乘坐 8 个小时的长途大巴，又转乘火车前往刘老师所在的小镇。在车站月台，刘玉老师在车头等她，她从车尾下车，两人同时看见了对方，互相奔去。所有的思念都化作了泪水，两人如同多年未见的母女一般，紧紧地拥抱在了一起。接着，邹佩琳与母校师生夜聊很久，第二天还陪大家一同参观了耶鲁大学，然后才依依不舍地告别。

如今，邹佩琳已随丈夫回到武汉定居，成为两个孩子的幸福妈妈。她积极热心地参加 Dian 团队华中分站的各项活动，在新冠疫情肆虐之时，与同在同济医院工作的丈夫一起抗击病毒，"军功章上有我的一半，也有你的一半"。

2010年8月7日，邹佩琳与刘玉老师在耶鲁大学校园合影

🖋 编后语

　　邹佩琳的运气令人羡慕，然而，好运气其实掌握在自己手中。她比别人更好运，那是因为她有好的学习态度和坚韧不拔的毅力，以及"自尊心为零、自信心无限"的好性格。衷心祝愿她一家四口幸福美满，生活多彩！

陈建武：海边少年的"家国情怀"

| 执笔人：高辰凯

陈建武，男，福建莆田人，Dian团队072号队员。2003年从莆田第一中学考入华中科技大学电信系，大一下学期便加入Dian团队，曾获评"热心队员"。本科毕业后被保送到中科院微电子所直攻博士学位，曾荣获中国科学院院长奖学金，并获得中国科学院"三好学生""优秀学生干部"和北京市"优秀毕业生"称号。博士毕业后加入中国航天五院从事研发工作，作为主要完成人曾荣获中国航天科技集团科学技术进步奖和北京市科学技术奖技术发明奖。

海边少年的"技术梦"

2003年，一口闽南乡音的陈建武来到了华中科技大学。次年5月，出身贫苦的他怀揣着最单纯的"技术梦"，敲开了Dian团队五一基地的门。那时的他，毫无编程基础，仅凭一腔激情，就迫切地想加入Dian团队。刘玉老师得知他没有电脑，于是委婉地说，Dian团队几十名队员只有四台公用电脑，要优先让任务重的项目组使用，新人没有电脑是不能进来的。陈建武急切地追问："是不是我搞到了电脑你们就会收我？"看着不善辞令但满脸渴望的陈建武，刘老师心一软便点了头。没过几天，陈建武兴冲冲地扛着一台二手电脑来到五一基地，说是从隔壁中国地质大学应届毕业生手里淘来的。刘老师看到他决心如此之大，破例收下了他。可是，只过了一天，就有队员向刘老师抱怨："您怎么啥人都收啊，这位陈同学基础也太差了，连Windows系统都不会装，全靠我们帮忙，这也太菜了吧！"想到2002年创建Dian团队的初衷便是"让贫困生不拼爹也能找个好工作"，刘老师决定还是给陈建武一个学习机会。

很快，暑假来临了，无比思念父母的陈建武却选择了留校。他在2004年底的年鉴中写下了自己的心声："既然我选择了加入，就应该为自己的行为负责。作为一名组员，最本职的工作就是配合其他组员一致前进，何况这对自己来说是一个千载难逢的学习机会。虽然我也知道父母希望自己能回去和他们相见，但我更晓得四年时光的短暂，自己的成长也许才是父母最希望看到的。"经过暑假两个月"跟项目"，零基础的陈建武慢慢成长起来。

Dian团队的"热心队员"

提到陈建武，刘老师赞不绝口的便是他的热心肠。2004年下半年的Dian团队，人数已经突破百人，但仅有90平方米的五一基地无法召开全团队会议，因此，只能找学校教务处借用西五楼的教室来开周末例会。每个周日晚上，陈建武都是第一个到教室，默默地擦黑板、打开讲台电脑和投影仪等。如果当晚例会安排有校外嘉宾来分享，他还会细心地去西五楼值班师傅那里借一把椅子搬到教室讲台上。以前每周例会最后一个离开教室的都是刘玉老师，但自从陈建武加入团队后，他就"抢了"刘老师的这个"倒数第一"。有时例会结束后，会有队员找刘老师讨论问题，无论多久，陈建武都会安静地待在一旁，等大家讨论结束后离开教室，他再整理桌椅、关门关窗。这件不起眼的工作，陈建武自觉自愿地坚持了整整一年。2005年底，虽然那时他在技术上还没冒头，但他凭借着"简单的事做一千遍就不简单"的好态度，获得了队员们的一致认可，被高票推选为第一届"热心队员"。

他不仅仅在Dian团队里热心和细心地照顾着大家，在课堂学习上他也同样如此。大二时，他在刘玉老师的课堂上学习数据结构，刘老师说他是"最称职的课代表"。刘老师上课喜欢用彩色粉笔来凸显重点，于是，每次课前陈建武都会检查讲台上的粉笔盒，看看是否颜色齐全，如果不全他还会去其他教室或者到楼下值班室去取。课间擦黑板等活计，也都被他包揽。他不仅帮老师，也帮同学。刘玉老师发现电信系女生学习数据结构有畏难情绪时，便号召她任教的五个班各推选一名女生自学较难的KMP算法，两周后当小老师登台宣讲。陈建武得知女生们心里没底，便主动组织"五朵金花"集体备课，为减轻各人负担并提高宣讲效率，他把算法拆解成五部分，与她们一起自学后，辅导她们制作PPT并反复试讲。

两周之后，"五朵金花"在150名同学期待的目光下走上讲台，用接龙方式讲解KMP算法，效果出乎意料的好，尤其是其中一页PPT竟出现了50多个动画，把算法实现过程描述得活灵活现。五位同学全部讲完都没用满一节课，这个教改活动获得了同学们的一致好评，也极大地提升了那几位女同学的自信心。其中一位女生，一年后就大胆申请赴英国留学，并在数年后拿到了英国名校博士学位。

陈建武的热心肠，深深影响着周边的人。在帮助别人的同时，他自己的学习能力和管理能力也迅速提升：不仅成绩日益优秀，毕业前还成为Dian团队ARM9组的继任组长；研究生期间，曾担任团委副书记和研究生会主席，并荣获中国科学院"优秀学生干部"称号。

Dian团队是他的"第二个家"

在 Dian 团队待的时间越长,陈建武对这个集体的感情就越深,主人翁意识也越强。笔者特意查阅了 Dian 团队 2006 年的年鉴后发现,他刚加入团队的 2004 年,年终总结主要谈的是自己的个人发展,但 2005 年的年终总结则更多地涉及了自己在团队日常中发现的一些问题,并提出自己的看法和建议,Dian 团队俨然成了他的"第二个家"。请看 2005 年陈建武的年终总结(节选):

> 每次项目小组开会,很多时候谈论的并不是技术问题,这样的小组交流会就成了"交代会"。这也是新人预备队存在的问题。我们在学习过程中总会遇到一些问题,解决之后心里或多或少会有些欣慰,如果能把从发现问题到解决问题以及思考问题的整个过程在个人周报上都详细描述出来,不仅锻炼了总结能力,也训练了表达能力,还加深了对问题的理解。这样不仅自己受益,而且对其他队员也有帮助,也为团队日后的培训提供了较好的资料。总结也是一种能力。因此,我提议增加预备队教练,一个是技术教练,另一个是思想教练。技术教练偏向于抓技术层面,从训练内容、技术交流、训练安排等方面指导新队员;而思想教练则侧重于组织例会、点评周报等,促进小组的交流,以及负责对成员的督促和评价等。

看了这份总结才知道,Dian 团队的预备队教练这个岗位,原来是陈建武 2005 年提议设立的,之后才诞生了众多的明星教练,如 026 号颜庆华、045 号杜欢等。笔者很好奇,几乎所有业余时间都泡在 Dian 团队里的陈建武又是如何获得免试推荐研究生资格的呢?正好他在 2006 年的年终总结中有所解释:

> 大三下课程比较紧,但是项目任务又有点多,每周都要去嘉铭公司好几次,因此经常缺课。每每上完上午第一节课就得转三趟车赶往嘉铭,"逃课"成了我学习生活的一部分。大三这一年的成绩是很重要的,同学们都很不理解我的行为,既要忙碌着参与项目,又想把成绩提上去,还经常缺课,这种学习方式恐怕会出问题。不过我对自己很有信心,相信自己可以平衡一课和二课,因为我在科研中找到了兴趣,愿意投入时间参加实践,而且课外的学习又能很好地促进我课堂的学习。最终的考试成绩也证明了我的想法,成绩反而比以前都要好。……从 3 月份到 7 月份,我和黄勇、吴旦昱、李勇一起做项目的同时,也成了好朋友。我们一起讨论问题,一起很晚才去吃饭,一起在晚上十一点才离开实验室,骑自行车赶回宿舍。这段时光,过得很开心,也很充实,每天都有新的收获。
>
> 在联系读研学校的过程中,在 Dian 团队的科研经历成了我简历的一个亮点,否则仅仅凭我的成绩是不可能把自己"推销"出去的。特别感谢刘玉老师在我保送过程中给予无私的帮助,也感谢 Dian 团队给我参与项目的机会,给我锻炼成长的契机。

2007年11月19日，陈建武从北京赶到天津"挑战杯"决赛现场

2007年11月，Dian团队ARM9组的作品《多通道超声波无损检测系统》荣获全国"挑战杯"特等奖

　　陈建武不仅获得了保研指标，而且还被吴旦昱师兄所在的中科院微电子所录取，两人再次成为师兄弟。他到北京读研才两个多月，听说毕业前负责的ARM9组项目"多通道超声波无损检测系统"正在南开大学参加全国"挑战杯"终审决赛，他不顾天寒地冻，立刻从北京赶往天津为组员助威。那天的风很大，但再大的风都没有刮走他对于团队的殷切关心。闭幕式上，该项目荣获"挑战杯"特等奖并第一个上台领奖，小队员们相拥而泣，陈建武也万分自豪。

　　陈建武不仅关注着团队在站队员的动向，对于出站队员的动向也非常关注。当他得知跟他同在中科院微电子所的108号队员吴旦昱在研究高速DDS芯片上取得重大指标突破，并在国际顶级会议上做论文口头报告后，他立刻发送邮件向Dian团队报告这一喜讯。当团队各地分站成立后，他担任了北京分站中关村片的片长，一有活动都会积极响应，有求必应。2008年暑假，陈建武特意绕道武汉，回到Dian团队给暑假留校的队员们做了"优秀是一种习惯"的分享，并赠书给团队。

个人小康与家国情怀的抉择

　　当陈建武获得微电子学与固体电子学博士学位后，他做了一个令人费解的决定：放弃对口企业高薪的诱惑，选择加入中国航天五院。在外人看来，家境不好的他，理应选择能尽快改善家庭环境、好好赡养父母的机会，而他却优先选择了报效祖国，将对战友、对Dian团队的热情升华成了对祖国的热爱。在他看来，相比于更高的薪资，为祖国奉献自己的一分力量才是更有价值的；相比于去赚钱的企业工作，自己的满腔热血更应该挥洒在祖国需要的地方！在工作中，陈建武继续发扬"优秀是一种习惯"和"好态度带来更多机会"的Dian团队工作作风，踏实工作、勤于思考、开拓创新、攻坚克难。作为项目骨干，他成功申报了国家重点

陈建武工作照

研发计划项目和国家自然科学基金重点项目，曾荣获中国航天五院研发先进个人称号、中国航天科技集团科学技术进步二等奖（排名第二）和北京市科学技术奖技术发明二等奖（排名第三）。

编后语

　　陈建武捧着赤子之心来到Dian团队，谦虚、热情是他的标签，对于团队他默默付出，对于同学他热情相助，对于知识他不懈追求。

　　他怀揣报国热情离开团队后，放弃高薪与个人富裕的生活，前往中国航天集团坚守祖国的科创高地。他对于同学的热情、对于团队的热情、对于国家的热情，都注入团队代代传承的精神中，流淌在团队血液中，让后辈学子燃起热血、奋勇向前！

杨鑫：Dian团队年鉴编辑第一人

| 执笔人：金泽铭

杨鑫，男，湖北武汉人，Dian团队094号队员。2002年从华中科技大学附属中学考入华中科技大学电信系，大二加入Dian团队，历经网页组、多媒体组和软件组；2004年底，参与主编了Dian团队第一部年鉴，以及第一批老队员专属纪念册；2006年本科毕业后直接创业，2007年考入华科图像识别与人工智能研究所的模式识别与智能系统专业攻读硕士学位，2009年硕士毕业后被推荐免试攻读博士学位，后转入本校生命科学与技术学院，从事医学图像处理相关研究；读博期间创立了武汉必拓科技贸易有限公司，2013年博士毕业后加盟湖北微模式科技发展有限公司；2014年入职中山大学肿瘤防治中心放疗科，任"医学物理师"至今。

匠心独具，弥足珍贵的第一部团队年鉴

2003年，杨鑫在华科记者团担任学生记者，在社团工作中得知Dian团队创始人刘玉教授荣获湖北省高教系统"三育人奖"，于是对刘老师进行了深入采访。面对面交流后，他不仅在校报发表了纪实文章《Dian团队"零距离"》，而且还被Dian团队和刘玉教授的双重魅力吸引，干脆报名加入，经考核后进入了Dian团队当时的Web组。

时值团队刚刚租用了华科东一区51号"民房"（简称"五一基地"），2004年底，在003号队员王长强的提议下，创始人刘玉老师决定编制Dian团队年鉴，记录团队的发展历程以及每位队员的成长经历。Dian团队于2002年3月1日成立，前面两年还很弱小，保存的资料也不多，于是，刘老师决定：2002—2005年这三年的资料，都收录到第一部年鉴中。

"大师兄"王长强作为提议人，主动地给年鉴搭建大纲框架，将年鉴分为上下两篇：上篇是"团队历程"，主要记录团队各种数据、成果、大事记，以及队员、导师、顾问的详细通讯录；下篇是"团队文化"，主要收录在站队员的年终小结、原创精彩文萃、团队风采照片，以及媒体报道汇总等。该结构条理清晰、逻辑明了，一直沿用至今。

当时，杨鑫在喻信星空（团队内部BBS）、白云黄鹤（校园官方BBS）上发言特别活跃且文笔颇佳，加上他家住华科附近方便寒假随时来校，因此，刘老师找到他希望他能利用寒假时间担任Dian团队年鉴的主要执笔人。就这样，杨鑫便成为Dian团队首部年鉴的执行主编。

对于这段经历，杨鑫可谓是印象颇深。整个年鉴的制作过程，从收集资料、编写内容、格式排版、清样预印到正式印刷，杨鑫都全程参与。此外，刘玉老师还给他布置了一个附加任务：要为前两年已经毕业的队员制作一份独一无二的专属纪念册，等春节后2005年的阳春三月即Dian团队成立3周年庆典时，赠送给前来参加庆典的老队员、顾问和友人。老队员的纪念册，每本内容都是"私人订制"的，从文字到照片都须精心挑选，要求尽量采用独一无二的素材。

杨鑫想尽一切办法，从各种渠道搜集素材与资料。春节期间，他独自待在五一基地，把Dian团队的喻信星空BBS、团队服务器甚至基地的每台公用电脑都浏览了个遍，尝试从中找出可用的素材，为此在基地熬过好几个通宵。素材找到之后，杨鑫又独自承担起排版的任务，有很多的排版技巧都是现学现用，花费了大量的功夫。这段经历，也为杨鑫后来各个阶段的学位论文的撰写提供了宝贵的经验。

对Dian团队年鉴和老队员纪念册的封面设计，杨鑫与079号队员彭棠、080号队员王晓扬（时任组长）商议后，分别采用了两种风格，前者采用简约清新的水墨风，后者则采用烫金硬壳加铜版纸全彩印以增加厚重的历史感。制作过程都全程参与，每个步骤都精心设计，杨鑫花费了大量的心思，这才有了团队第一本年鉴和第一批出站队员纪念册的问世。

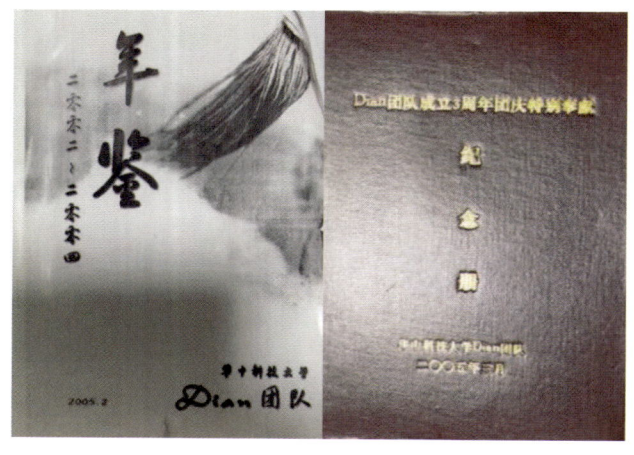

2005年2月—3月，Dian团队首部年鉴和出站队员纪念册的封面设计

2005年夏天，杨鑫兴奋地穿上Dian团队首件球衣

特别值得一提的是，年鉴的清样稿，刘老师建议换人进行校对工作，以免杨鑫因审美疲劳而对错误"视而不见"。于是，杨鑫推荐了春节留校不回家的哲学系大二学生汪熙。来自湖北恩施山区的汪熙特别能吃苦，过年前后那几天，他干脆住进了冷冷清清的五一基地，不仅把多达410页的年鉴纸质清样从头到尾细致地校对了一遍，而且对"Dian团队"这个名字进行了哲学意义上的诠释。他说，Dian团队这个名字起得太好了，"点"意味着"点"滴积累，由"点"到面，"点"聚成团，这个解读令刘玉老师拍案叫绝！后来，又经过多年的迭代，增加了"点"亮理想、"点"亮未来、"点"亮世界，直到本书付印前又定名为"点"亮人生。而那位汪熙同学，虽然早已毕业分到恩施民政局工作，但刘老师一直记得他的独特贡献，并与他一直保持联系。回忆起这段编撰年鉴和纪念册的经历，杨鑫说道："当时虽然辛苦，现在想来，却是满满的幸福。"

弃而不馁，走在创业的路上

年鉴和纪念册的工作完成后，杨鑫又在团队待了一年。其间，他在团队的软件组工作，并且是团队的宣传骨干。本科毕业后，杨鑫创业了一段时间，还是想继续深造。因为杨鑫的社会科学知识比较丰富，所以刘玉老师还以为他可能跨界去考社会科学的研究生，谁知杨鑫还是选择了工科专业，考入本校图像所读研，硕士毕业后获得推免资格继续读博。

在读博期间，有一次杨鑫主动跟刘玉老师汇报说，自己正在和几个好朋友一起创业，做汽车车牌的自动检测与识别。刘老师回忆，杨鑫在Dian团队只承担过网络设计和媒体工作，并没有工程经验，内心颇为质疑，但是，看到杨鑫充满斗志、无比兴奋的样子，便不忍心打击他。过了一段时间，杨鑫找到刘老师倾诉，说自己的公司解散了。问其原因，杨鑫说几个好哥们去工商局注册公司的时候，为了股权之争竟然在工商局门口打起来了。杨鑫说，自己怎么都没想到，创业居然可以让好到穿一条裤子的朋友在一夜之间就翻脸断交。可是，车牌检测这个项目当时已经接下来了，虽然人散了，项目还得做完呀，于是，杨鑫和其中一位同窗就坚持把这个项目做了下去。然而，他们设计的识别算法，在实验室环境的识别效果非常好，但是，到一个小区做现场实验的时候，出现了遮挡、污染、光线、运动速度等各种因素干扰，现场识别结果非常差。而这些实际状况，是杨鑫以往在实验室里从来没有考虑过的。刘老师当时心想，这就是在团队的工程锻炼不够啊。不过，他的车牌识别项目几经挣扎，最终还是勉强交付了。博士毕业后，热衷创业的杨鑫又做了一个"三维超声探头夹具"的项目，想用于临床，但当时对用户画像不够精准（痛点何在分析不够），细分市场过于狭小，最后也"夭折"了。由此可见，创业之路的艰难，非亲身经历不可知也。

刘老师回忆道，2013年春，杨鑫在参加Dian团队华中分站的一次森林公园聚会时，整个人特别迷茫。等傍晚人散之后，杨鑫与刘玉老师在附近一家北方饺子店里谈了很久。他当时对于创业已经心灰意冷，连找工作都没法清晰定位。他的求学经历太曲折，本科读电信系，研究生读图像所，中途又转到生科院，每个阶段都是不同的专业方向，其自我评价"杂而不精，博而不纯"，最终导致涉猎虽多却学得不精。那时的他，沮丧到什么也不想干，只想放空自己，慢慢疗伤。

柳暗花明，人生何处不相逢

暗夜再长，黎明总会到来。经历了一段难熬的日子之后，恢复一些精气神的杨鑫，因为妻子在广州工作，所以他也选择去广州求职。由于其医工交叉的学科背景，他最终被中山大学肿瘤防治中心录用，从事医学物理师职业。

就在刘玉老师以为除了团庆再不会和杨鑫有交集的时候，2019年杨鑫又帮了刘老师一个忙。刘老师退休后创建的创业红娘平台，其中一位20多岁的女性创业者得了鼻咽癌。对于这种癌症，中山大学肿瘤防治中心是全国治疗手段最先进的单位之一，但也因为太有名，以至于首诊的专家往往"一号难求"。看到她痛苦地在朋友圈求助，刘老师突然就想到了杨鑫，赶紧问他是否能帮忙。于是，杨鑫帮这个创业者联系到了主诊教授及其下级医生，女患者得到了准确的诊断和规范的治疗，很快康复回到武汉。

笔者通过采访了解到，杨鑫现就职于中山大学肿瘤防治中心放疗科，他的职位是"医学物理师"，其主要工作涵盖临床及应用、研究和开发、教学与交流。这是一个很小众的职业，全国仅约4000人，却是非常关键的岗位。每一名肿瘤患者在接受放疗前，医生都要在患者CT影像上勾画需要照射的肿瘤病灶和需要保护的正常器官，再由医学物理师设计出符合临床要求的放射治疗计划，并确保放疗设备能精准、高效、正确地实施该计划。

现在回头再看杨鑫的经历，从电信系到图像所再到生科院，他在电信系做的是虹膜特征识别，在图像所做的是导弹航迹规划，在生科院主攻生物医学工程中医学图像处理。频繁地切换学习方向，曾经是杨鑫求职路上感到迷茫的原因之一，最后却意外地找到了这个非常匹配的职位！真是应了那句老话，"天生我才必有用"。

有趣的是，杨鑫在现单位依旧是宣传骨干，从构建科室网站到新闻外宣，他都积极参与其中。恐怕杨鑫自己也没料到，20年前读本科时在学生记者团工作，在Dian团队编撰团队年鉴、采写新闻稿，在白云黄鹤BBS上担任版主，这些非技术方面的经

2021年，杨鑫的职业照

历,都成了他如今职业发展独有的宝贵助力。这让人不禁感叹,也许读书时所做的那些"毫无用处"的事情,多年后却能成为自己的优势,也算是践行了Dian团队倡导的"历平凡事,成放心人"吧。

编后语

　　采访杨鑫师兄后,笔者细读了Dian团队首部年鉴,无论是文字内容还是排版形式都非常优秀,感受到了师兄那种工匠精神。师兄独特的求学经历——从电信系到图像所再到生科院,虽然每个阶段看似都不关联,但是,走过的每一步路都很扎实,最终都成了他宝贵的人生财富。只要前进在路上,终会找到自己的价值!

黄勇：四川娃的"赤子之心"

｜执笔人：陈逸飞

黄勇，男，四川遂宁人，Dian团队121号队员。2001年从四川省遂宁市第二中学校考入国防科技大学电子科学与工程学院通信工程系，2005年9月考研至华中科技大学电信系，进入Dian团队读研究生，师从刘玉老师。2007年研究生毕业后，入职长虹集团技术中心，从事DSP（数字信号处理）、芯片研发、创新技术等相关工作。2016年获得电子科技大学微电子与固体电子学博士学位，是2021年四川省委党校经济班学员。先后在长虹集团技术中心的绵阳、硅谷、深圳、成都研发部工作，曾担任长虹集团技术中心总经理和党总支书记。2021年3月，进入成都爱旗科技公司工作，担任公司董事、总经理、党支部书记。四川省学术带头人后备，四川省科青联理事，Dian团队西南站秘书长。

勤恳钻研，与Dian结缘

2005年9月，当时的Dian团队已经成立了3年，拥有了五一基地、东一基地这两大"根据地"，与电信系办公楼的南一基地一起，形成了三位一体、三足鼎立的格局，进入了快速发展期。

此时的黄勇，刚通过考研进入华中科技大学电信系，选择了刘玉老师作为导师。因为此前来自国防科大的031号队员蒋卫峰表现非常出色，所以刘老师对国防科大的考生"来者不拒"。黄勇说他本科接触过DSP技术，想在Dian团队从事嵌入式项目，刘老师更是不胜欣喜，顺理成章地将他分入当时刚成立的五一基地DSP组，成为121号队员。

接触归接触，上手却有难度。黄勇在本科阶段仅是对DSP有一些了解，能力和知识储备还远不足以应付Dian团队当时C6000系列高速DSP控制板的项目要求。因此，黄勇在起步阶段"打酱油"居多，对DSP项目组里的任何一项技术都感到新鲜，但苦于自己的实践经验不足，以至于组内大部分技术研发工作都没法马上接手。黄勇清楚地认识到自己与其他组员

2006年5月，激光Q开关项目评审后，师生在武汉嘉铭激光公司门口合影

2007年6月，黄勇在华科电信系修改毕业论文

的差距，但他并没气馁，而是摆正了自己的态度，甘当组内的勤务兵，虚心地向同组的颜庆华、张瑛、蒋卫峰等优秀队员学习。

在五一基地的日子，黄勇天天泡在DSP组的实验室里，虚心向周围同学求教，勤恳钻研，默默努力。黄勇性格温良，很少发脾气，操着四川口音的普通话，一双大大的眼睛见人就笑，积累下了一大片好人缘。因此，在项目组里，虽然黄勇的技术实力不算太强，但是，组员都对他有着强烈的好感，愿意毫无保留地将经验和心得分享给他。就这样，他在DSP项目组里慢慢积累、渐渐提高，厚积薄发，最终在研究生快要毕业的时候成了DSP项目组的组长，后续还和团队一起完成了激光声光Q开关驱动器和DSP纯数字激光电源两个项目，掌握了激光标记的系统配套技术。

赤子之心，一腔热忱

在毕业时黄勇做出了一个令所有队员都十分意外的决定——前往他家乡的长虹电器任职。刘玉老师听闻黄勇的这个决定后，感到十分可惜。刘老师认为，当时川渝地区较东部沿海地区的发展相对落后，创新创业也还没有成气候。在刘老师的心目中，黄勇这种十分爱好创新的人才，要去四川绵阳发光发热，只怕会应了那句古话："蜀道难，难于上青天。"此外，黄勇在Dian团队读研究生期间一直在钻研DSP技术，这是属于数字电路领域的技术，而长虹电视机厂是做模拟电路相关技术的企业，刘老师觉得，黄勇前往长虹可能会埋没了他在DSP技术上两年的研究积累。

面对刘玉老师的顾虑，黄勇回答道："第一，长虹集团是国有大企业，在电子信息行业积累多年，急需人才但去的人较少，入职后可以接触比较全面的工作，同时，我也非常愿意为家乡的企业发展尽自己的绵薄之力；第二，长虹集团想向数字电视和多元化转型升级，需要有丰富的 DSP 技术积累和项目经验的技术人才，因此，应聘到长虹集团技术中心研发岗位，我能够更好地运用研究生期间在 Dian 团队 DSP 组里的技术积累，也算是不负所学。"听完这一番话，刘玉老师被黄勇的满腔热血深深打动，理解并支持他前往四川长虹发展。

2008 年 5 月 12 日，汶川发生里氏 8.0 级大地震，刘玉老师和队员们都很担心身在四川绵阳的黄勇。他第一时间向大家汇报自身很安全，并且立即自发投入到多项抗震救灾工作中去，参与安顿北川中学千余师生和紧急转运机场物资等工作。地震后，黄勇没有选择离开四川，反而坚定了在那片土地发展的决心。2010 年与武汉大学法学院毕业的肖娓娓选择在绵阳安家定居，2014 年"Dian 二代"黄宥宁出生。

黄勇对生长于斯的家乡一腔赤诚，对传道授业的师长也同样心怀感恩。在毕业步入社会后，每年他都会用不同的方式向 Dian 团队的导师们汇报自己的近况。只要有机会出差到武汉，他一定会前往华中科技大学，探望 Dian 团队的导师们，汇报自己最新的技术进展和生活动态等。黄勇在一次拜访中告诉刘玉老师，长虹在深圳设立了一个创新中心，集团决定将他从四川调任到深圳当负责人，非常欢迎刘玉老师和珠三角分站的队员们前往参观了解。后来，刘玉老师真的带着珠三角分站的队员们专程参观了长虹的深圳创新中心。看到黄勇独当一面的劲头，刘玉老师不禁感叹道，黄勇都成了长虹集团在珠三角地区的"封疆大吏"了！后来，长虹集团还再次把他调到美国硅谷 Santa Clara 和中国成都高新区从事相关技术工作。在黄勇转战南北的背后，始终是他的一腔赤子热血，支撑着他为了家乡的长虹集团贡献着自己的力量。

2020年2月，黄勇（左2）与华科四川校友为武汉捐赠蔬菜

2020 年初，新冠疫情突如其来，黄勇在武汉封控前一周刚好到武汉考察一家待投资企业，晚上还探访了 Dian 团队。在抗疫形势最为严峻的时候，他得知刘玉老师被困在了西双版纳的小旅店无法返汉。黄勇二话不说，把自己成都家里的一套房子腾出来，主动邀请刘老师到成都去暂住。虽然因为疫情防控原因刘老师无法离开西双版纳前往成都，但黄勇的这一片热心还是让刘老师十分感动。2020 年 4 月初，刘玉老师从西双版纳飞长沙绕道回武汉。在回家的出租车上，刘老师突然接到了某花店店员的电话，说是有一位学生给她订了鲜花。为刘玉老师订鲜花的这位学生，不是别人，正是远在四川的黄勇。虽然这束鲜花因为疫情管控封校的原因没有送到刘老师手中，但是，黄勇那拳拳的尊师之情，着实是温暖了刘玉老师辗转折腾之后疲惫的心灵。后来，黄勇还积极参加了华科四川校友会组织为武汉捐赠蔬菜的活动，同济医院的医护人员纷纷夸赞川菜新鲜美味。

刘玉老师返回华中科技大学后，坚持继续举办公益活动——创业相亲会，但不得不从线下转为线上。可是，举办云上创业相亲会，一没经验，二缺资源。当时，许多企业刚开始复工复产，对企业自身的生存和发展问题都应接不暇，遑论抽出时间来参加相亲会。

2020年5月，时任四川长虹集团技术中心总经理的黄勇，代表长虹集团主动提出，希望能够与创业红娘公益服务中心联办一场云上路演。正巧，华中科技大学当时正在举办"校企行"系列活动，而长虹集团正好就在教育部确定的全国100所企业名单之中。双方一拍即合，马上投入到了创业相亲会的筹备对接工作当中。在第54期"创业红娘·创业相亲会"上，黄勇邀请了四川长虹控股集团CTO阳丹作为致辞嘉宾，还将长虹集团AI首席科学家、同为华科校友的展华益博士请到了直播现场为长虹智能电视做专题介绍。而谦虚的黄勇说他自己就不用出镜了，还是在刘玉老师的坚持之下，他才同意主持人介绍自己在长虹集团的身份。

在参加工作的近15年里，黄勇每到一个地方都会到Dian团队所在分站"报到"。在深圳，参与Dian团队深圳站创业活动；在加州，参加Dian团队海外站技术交流活动，并邀请约10名队员到住所为自己马上出生的女儿取英文名；在成都，参加组织Dian团队西南站活动，带新队员游览成都。回忆起在Dian团队的生活，黄勇认为自己收获的不仅是一门技术，更重要的是，学会了如何做人做事，如何无缝接轨企业需求，而且不断刷新了对优秀定义的理解。2006年，黄勇的家人来到华科，刘玉老师直接给他父母吃了"定心丸"：一是黄勇毕业后工作不用家长操心；二是黄勇在校学费不用家长操心，会给他全奖；三是当天的活动费用不用家长买单。这对于当时正遇到青黄不接的家庭是莫大的鼓舞，这种"传承"式教育对黄勇后来处理复杂的工作关系产生了很大影响。

编后语

黄勇师兄在学校时并不是一飞冲天的天才式技术人员，出校门后却逐步攀升，他赢在了作风、态度和创新思维上。他用满腔热忱积极影响周围的人，勤恳钻研，并虚心请教牛人；他主动承办Dian团队的年终茶话会，积极编排节目，给团队留下了不少美好的回忆；出站后，他依然非常热心，担任Dian团队西南站的秘书长，承担了西南站的不少日常工作。

黄勇的热心、恒心和好奇心，令他步入社会后发展后劲十足，并富有领导力。他切实践行了Dian团队的团训："优秀是一种习惯，细节决定成败，态度决定一切，好态度带来更多机会。"祝愿黄勇师兄在四川继续勇攀高峰，谱写更辉煌的发展篇章！

杨超：好伯乐，好杨哥

| 执笔人：杨超　刘玉

杨超，男，湖北省武汉市黄陂人，Dian团队140号队员。2002年从武汉市黄陂一中考入华中科技大学电信系，2005年夏天加入Dian团队；考上研究生后，师从刘玉教授，主要参与Dian团队和华三通信公司的合作项目，先后完成了X.691、RCP、SIP、WAPI、NAS、POS等项目；在团队期间，成长迅速，从普通队员到项目骨干再到项目组长，先后领衔WAPI项目和NAS项目，曾担任POS项目组的QA等职务；此外，还担任过Dian团队核心层、首届种子班班主任，曾被评为Dian团队2007年度"优秀组长"。"好态度带来更多机会"，这句话在杨超身上体现得淋漓尽致。

那年夏天，初识Dian团队

杨超加入 Dian 团队并不算早，大三结束的那个夏天，他才听班长廖义德（102 号队员）提起这个以本科生为主做真实项目的技术团队，顿时心生向往。他当时对自己的现状并不是很满意，眼见大学都过去 3/4 了，想做点实际的东西却苦于没有一条明路。于是，杨超主动给刘玉老师发了一封邮件，当天就得到刘老师的回复，并约好面谈时间。虽然还没见到刘老师，但杨超已经感到很亲近。那个周末，杨超按门牌号找到了东一区 51 号，也就是著名的 Dian 团队五一基地。当时，刘老师正忙着接电话，接待他的是一位个子不高但相当健谈的学长。后来，杨超才知道，那位学长就是当时 Dian 团队首任预备队总教练颜庆华（026号队员）。刘老师打完电话后，也加入了两人的交谈，虽然氛围比较轻松，但杨超还是感到了隐隐的压力，生怕自己被拒。几天后，杨超再次收到了刘老师的邮件，欢迎他加入 Dian 团队的大家庭。

进入华三组，备受打击

杨超为何会害怕被拒呢？因为他此前并没有实践经历，技术弱、基础薄，当时自己又计划考研，刚进团队就得请长假复习，Dian 团队凭什么"养"一个闲人呢？

可是，刘玉老师却宽容地接收了他，只因面谈时问他"你们寝室如果有人缺钱急用，第一个会找谁借"，杨超毫不犹豫地回答"肯定会找我"。他说，自己虽然不是班干部，但心是热的，会主动关心身边同学的生活和思想状况。这让刘老师认定杨超是符合 Dian 团队价值观的人，愿意等他结束考研之后再进入项目组。

2006 年春节前，考研刚一结束，杨超便赶紧加入了华三公司和 Dian 团队合作的大型软件项目"X.691 语音编解码软件"。进去之后，他发现，不仅同龄人单煜翔（035 号队员）已经是这个大项目的组长，而且比自己低一两届的小队员几乎都比自己强，由此暴露出很多先天不足。软件牛人杜欢（045 号队员）经常会很严肃、犀利地指出杨超的不足，有时甚至不留一点情面，这让刚得知考研拿了高分、铁定可以留在 Dian 团队读研的杨超，面子上多少有些挂不住。但正是由于杜欢的直截了当，自尊心超强的杨超才决定努力提升自己，不断弥补自己的不足。

再遇贵人，蓄势待发

虽然"半路出家"的杨超在 X.691 项目中表现不太理想，但刘玉老师还是希望给这个刚来不久的研究生弟子更多的锻炼机会，于是安排他到华三公司北京研究所参加后期的系统测试。组员们都知道，能够参与后期去甲方公司做系统测试，这是一份莫大的荣誉，也是一次很好的让自己成长的机会，大家都很羡慕杨超。

在北京测试的日子是紧张而充实的，项目进度的压力迫使每个人都全力以赴做出 120 分的成绩。最终，在各方的努力下，项目顺利交付。紧接着，华三公司又提出了第二个项目 RCP 的需求，说来也是缘分，这个项目的组长恰是杨超的引路人颜庆华。直到现在，杨超还十分感激颜庆华，没有颜庆华的认可和支持，也许就没有后来杨超在华三组的故事。

颜庆华对于杨超的影响，除了技术，还体现在为人处事、领导能力以及对待组员要保持耐心并给予信心等诸多方面。正是由于颜庆华的信任，杨超得到了一次担任代理组长的机会。在代理组长期间，杨超每天的事情很多也很杂，一方面要安排任务，另一方面要关注进度并实时调整任务分工，另外，还要完成自己负责的模块的工作。RCP 这个项目组比较特殊，大三的种子班成员多达 4 人，他们都特别繁忙，一方面要完成课堂上的理论和实践学习，另一方面要完成项目组的工作，两者都不能有任何松懈。在这段时间里，杨超充分体会到种子班同学的不易，因此，他后来担任种子班班主任就特别尽心。

杨超（前排左4）和种子班同学合影

出于责任心和对来之不易的机会的珍惜，杨超付出了比别人更多的时间和精力，管理和技术一肩挑，这也让他收获了很多。在技术能力提升的同时，其管理能力也上了一个台阶。

好的准备，可以带来更多的机会

刘老师一直关注着杨超在华三项目中的表现，经历了 RCP 的点点滴滴，刘老师也看到了杨超的成长。等第三个大项目 WAPI 来临时，刘老师便放心任命杨超当组长。这个项目规模大，难度也大，连华三公司都委派了两位项目经理同时入驻团队。

在华三公司北京研究所做完前期的需求分析后，杨超一回到武汉就从零开始组建团队，并且下力气培训新人。虽然在一些外人眼中，华三项目只是刻板遵守既定流程，创新性并不强，更不酷炫，但如何把低年级的小"菜鸟"带好，从而整合成一支训练有素的队伍，这是杨超面临的第一个挑战。于是，他组织了多方面的培训，包括流程、技术、团队管理等内容，尤其是如何为团队后续的华三项目培养好接班干部。这是刘老师在项目启动之初交给杨超的额外任务，杨超也暗暗下决心，一定要做好"伯乐"和教练，对团队和刘老师都有所回馈。

新项目伊始，各方面都进行得有条不紊。但是，杨超很快便发现自己的角色很特别，一方面要向 Dian 团队导师和华三公司派来的两位经理负责，另一方面又要对组员同学负责。起初，两位华三经理希望杨超专心当行政组长搞好管理，不要参与具体的设计。杨超当时觉得不妥，但为了大局还是答应了。然而，过了一段时间后他发现，项目组内各模块的组员能力参差不齐，有时会导致大面积返工。于是，杨超主动找到两位经理分析现状，建议重新分工：项目经理甲主要负责与北京公司充分交流和协调，避免新项目跑偏；项目经理乙和杨超则负责技术，同时杨超还负责组员分工和人力管理，如果遇到问题则要求快速解决。

也不知是与生俱来的忧患意识，还是在前几个华三项目中锻炼出来的风险意识，在 WAPI 项目中，杨超常常会自我反思：是否还有什么事情需要注意？是否还有潜在的问题？

一旦发现有问题隐患，便早早地预备好解决方案。因此，每当刘老师提出新要求的时候，他总是出人意料地亮出早已备好的预案。刘老师为此评价说，杨超的风险意识极强，凡事都能想在别人前面，是个让人放心的好组长。

杨超没什么文艺细胞，但为了搞好团队气氛，他会主动提出项目组每周要举办篮球赛，也会组织大家"K歌"等。此外，杨超对组员们特别包容，不仅无条件信任，给他们发挥的舞台和机会，而且在组员做错了事情之后也不会一棍子将人打死，而是带着组员一起重做。和大家一起在一线打拼的日日夜夜，让杨超收获了很多的支持者、追随者和接班人，包括后来在华三组发热发光的201号队员张良伦和139号队员李银锦等人，以至于这个项目到北京做系统测试之际，竟然出现了候选人才过多的"幸福的烦恼"。到北京之后，虽然遇到了很多甲乙双方配合上的新问题，但这些对于一个已打磨成型的团队而言，都算不上什么。最终，WAPI项目顺利完成了交付，同时还荣获了公司全年度超重量级项目排行榜第一名的优异成绩！

在其位谋其政，不在其位助其政

随着在华三项目中的表现日益出色，杨超也获得了更多的机会，包括给华三项目新人做培训、物色和培养新的项目组长、为华三项目撰写规章制度等，尽自己所能为华三项目保驾护航。他在担任POSA、NAS等新项目QA（质量监督员）的过程中，一方面努力做好项目经理与队员之间的沟通桥梁，另一方面尽力辅佐经验还不够丰富的新项目组长。正是像杨超这样的热心人一层层地"传帮带"，才沉淀出了Dian团队特有的文化。此外，他还曾担任首届和第二届种子班的班主任，并很快成为Dian团队中非常优秀的核心层干部。

2008年1月，Dian团队核心层全体干部合影

（前排左起：钟国辉老师、刘玉老师、段士龙、杨超）

（后排左起：熊祖彪、周亮、张文君、王道新、冯亮）

又是一年夏天，华丽转型

2008年6月，即将研究生毕业的杨超考虑再三，选择直接入职与Dian团队合作多年的企业——华三通信公司。原因之一是，华三软件部周部长非常欣赏杨超，承诺杨超入职后可以跳过试用期，直接参加内部各种晋级考试。果真，他刚到公司不久就被破格任命为项目经

理，带领 20 多名大学生的外包团队做项目。那个项目完成后，获得了公司项目排行榜第一名，他本人也获得了公司和部门级别的很多荣誉。

在公司里，他带项目、做设计、做架构、参与质量管理和团队管理等，在技术和管理两条路上同时"开挂"。也正是由于在华三公司 6 年的出色表现，杨超变得更加自信，并迎来了职业生涯的第一次转折。2014 年底，他接受了四川迈普通信公司董事长的邀请，从北京回到家乡武汉，创建迈普武汉研发中心。杨超再次从零开始，快速建立团队，按时完成公司的产品任务。经过几年的努力，迈普武汉研发中心已经达到了百人规模，杨超主导研发的产品也成了迈普主力销售的产品。

跳出舒适区，不断挑战自己

在迈普工作的 6 年，杨超凭借管理和技术上的优势，不断取得骄人的成绩。但是，2021 年杨超放弃了在迈普公司的高职位和好待遇，主动跳出舒适区，选择了创业之路。显然这是一条更难走的路，但他认为是正确的，并毅然决然地走了下去。深知他个性的夫人，也理解和支持他再次拼搏。

编后语

杨超到底在做什么创业项目呢？他不主动说，大家也就不问。也许未来的某一天，在 Dian 团队的宣传册上能看到一个不一样的杨超，一个让刘玉老师惊叹的杨超：啊，原来你还可以做这事儿呀！

张文君：Dian团队西南分站的首任站长

| 执笔人：石功成

张文君，男，Dian团队156号队员。2002年从重庆市南开中学考入华中科技大学电信系，本科毕业前考入本系读研，师从刘玉教授，由此加入Dian团队；研二时，成为华三项目组长；毕业后，进入华为成都研究所，从事软件开发；2011年转到中国移动重庆公司工作，现任网管监控部室经理。

选择深造，加入团队

2005年，大三下学期的张文君面临人生选择的十字路口：工作还是读研？他觉得自己没技术基础，直接去求职的话，实在平淡无奇，于是毅然决定深造，要将过去浪费的光阴追回来。在顺利通过全国统考之后，还要到所报考专业进行复试和选择导师，为此张文君专门打听了一下，这才知道电信系活跃着一支导师带领学生创新的"Dian团队"，为学校争得了不少荣誉。通过网站、校报和同学等渠道，张文君渐渐对Dian团队有了比较具体的认识。"优秀是一种习惯，细节决定成败，态度决定一切，好态度带来更多机会"，"先要做人，然后才是做事"，这些话让张文君印象深刻且高度认同。在准备复试的期间，张文君还特意去旁听了几节刘玉老师讲授的"数据结构"课程，刘老师的教学既生动形象又鞭辟入里，更坚定了张文君要前往Dian团队读研的决心。

张文君第一次和刘玉老师面对面交流，是在Dian团队的招新考试上，刘老师询问了张文君加入团队的原因和打算，特别提示加入后他可能面临的困难，这让张文君感到非常温馨。

Dian团队的技术面试，由钟国辉老师和总教练045号队员杜欢主持，其中很多问题张文君都回答得似是而非。这场面试，令张文君印象深刻的是钟国辉老师的总结："这几个问题中，你只答对了一个，就是那个时钟频率是38M的。"这让他很沮丧，但后来Dian团队还是出于"本系学生基础应该不差，只是过去没努力"的理由而接受了张文君。刘玉老师告诫说，他的技术根基确实太差了，以后需要比别人付出更多的努力才行。对于刘玉老师的提醒和期望，张文君铭记在心，从此以提高自己的技术能力和成为项目组组长作为自己的读研目标。

攻坚克难，登堂入室

2006年暑假，本科刚一毕业，张文君就把电脑搬进了华科西边紫菘公寓门口的一栋小楼里。因为Dian团队与华三通信公司合作的大项目"语音编解码"正在那儿"借地"进行，虽然已接近尾声，但刚来的张文君并没畏缩，他决心从头开始了解整个项目的流程，为后期跟随出差去北京系统联调做准备。当时，该项目由与他同龄的本科生单煜翔（035号队员）担任组长，总教练杜欢协助。大家对初来乍到的张文君很热情，只要遇到困难，总会有人停下工作来帮他，这让他有了"家"的感觉。在北京两个月左右的联调过程中，张文君见识了杜欢和单煜翔的"可爱"，也真切体会到了队员们对技术的孜孜以求和对细节的一丝不苟。

回到学校以后，张文君开始以主力队员的身份参加华三公司的新项目"RCP"，此前他并没有完整的项目经验，但他知道这是一次非常难得的锻炼机会。RCP项目难度不大，但流程非常标准和规范，尤其是026号老队员颜庆华担任这个项目的组长时，特别注重培养新人领导力。颜庆华让张文君等骨干轮流担任"组长"，放手让他们对每日工作进行统筹安排和分配，还不时传授一些带领团队的经验，由此带动了整个项目组的共同进步。更有趣的是，华三公司派来的项目经理，竟然是119号出站队员杨荣虎。有了这层"亲戚"关系，大家配合自然更加默契，张文君心里更踏实了。

华三RCP组在北京开战时的黄金搭档合影

（左起：杨荣虎、颜庆华、杨超、张琦、刘焱、徐玲、张文君、冯石）

2007 年，对于张文君来说是不平凡的一年，这一年张文君经历了两次角色的转变：一是由"做项目"升为"管项目"；二是由"平民"升为"核心层"，担任了团队行政部部长。两个重要职位一起担上身，他要考虑的事情一下子多了很多，责任也就更重了。

刚升为华三 ALG 项目组组长的张文君，由于技术不够精、底气不太硬，加上管理经验缺乏，项目起初做得并不顺利，走了不少弯路。例如，张文君最初将组员按人数平均分为 4 个小组，却忽略了部分组员的流动性：有的小组含有 3 名种子班同学，按人头来算，这个组可谓兵强马壮；但是，遇到种子班上课或有活动不能来的时候，全组进度就耽搁了，反而成为整个项目的瓶颈，致使项目出现延期风险。幸好此时刘玉老师主动要求旁听项目组例会，她用木桶效应打比方，提醒大家，影响一个木桶容量的因素并不取决于最长的那块板，而在于最短的那块板有多长。这个分析一针见血，张文君立刻认识到了问题所在。那次会后，张文君马上将各组任务做了调整，要求每个组员除了负责自己原来手中的任务以外，还要额外去了解另外一个组员在做什么、是怎么做的，以便一旦有人忙不过来的时候，其他组员可以随时顶上去。经过合力奋战，2007 年 8 月，ALG 项目顺利结题，并荣获华三公司季度质量奖。

高尚的道德情操，优秀的团队文化，一直是 Dian 团队所倡导的精神追求。作为团队行政部部长，张文君自然与团队荣辱与共，义不容辞地为团队的发展出谋划策。在进入核心层后的几个月当中，从谈心活动到树枝教育，张文君提出了一系列涉及道德作风建设、团队发展方向变更等议题。在一次次的思想碰撞当中，张文君渐渐认识到运营一个团队所需要的条件，体会到老队员创业时的艰辛，从此与团队的感情更深厚了。

2007 年 4 月 7 日，Dian 团队举办成立 5 周年庆典，记录在年鉴上的 200 多名老队员同时返校参加团庆。在晚会上，刘老师亲自指挥队员合唱队歌《咱团队的人》，合唱结束后，全场灯暗，《祝你生日快乐》音乐起，巨型蛋糕从后台沿红地毯缓缓推向舞台中央。那一刻，张文君真切地感受到了 Dian 团队的气魄和魅力。当晚，出站队员按照以前参与的项目组，与在校的项目组小队员对口交流，新老队员彻夜畅谈，前辈学长们毫无保留地向大家讲述着项目组曾经的奋斗历史，原本不相识的人就此结下真挚的友谊。慨"先辈"创业之艰辛，幸队友无私之回报，张文君默默地激励自己也要成为一个感恩知报、坚守梦想的人。

步入职场，厚积薄发

2008 年初夏，综合素质有了极大提升的张文君圆满完成了研究生学业，被华为公司录取，并分配到华为成都研究所从事软件开发工作。虽然在 Dian 团队曾做过 5 个华三合作项目，但主要使用 C 语言，而到了华为之后，第一个项目就要求使用 C++，既要写上层软件，也要写底层驱动，这对张文君来说无疑是一个新的挑战。但此时的张文君不再惶惑，他深知，语言只是一个工具，项目的核心还是在于架构和算法。

张文君在师父的指导下，仅用半个月就摸清了 C 和 C++ 的联系和区别；又凭借在 Dian

团队里跟冯亮、王道新等队员交流过驱动程序开发的一点经验，很快便适应了新项目的开发节奏；不到 3 个月便在同批次入职的新员工中脱颖而出，独立承担了一个自上而下的特性开发工作，半年后转正时被评为"优秀新员工"。

2009 年，公司一个新项目启动时，张文君被任命为小组长，带领团队独立完成了核心功能模块的开发工作。2010 年初，凭借扎实的技术功底，张文君被公司派往巴西，独自支撑某运营商大客户在里约的骨干网 IP 化产品开局。在里约的 3 个多月里，因为与国内存在 12 小时的时差，张文君每天只休息 5 个小时，白天要配合当地员工和客户讨论需求、梳理开局模板，晚上则与国内同事沟通，将问题和支持需求反馈给总部，不断修正产品功能和开局模板。在充分准备好之后，里约网络开局一次性成功，受到了当地客户和华为巴西代表处的高度赞赏。

回国后，张文君便被任命为运维主管。一年多时间里，他带领团队支撑了 10 余个海外局点的开局和日常维护工作，因为时差原因他经常从半夜两点开会到天亮。不知不觉中，他的身份也由项目主管逐步转型为技术专家。

2011 年 7 月，因为家庭原因，张文君从华为成都研究所离职，入职了中国移动重庆分公司。刚开始，他主要负责传送网的质量管理。2015 年左右，宽带业务大提速，他被委以重任，担任重庆移动互联网（CMNet）的运维主管。凭借在 Dian 团队做华三项目时积累的熟悉大量数通特性的经验，他在 CMNet 的运维管理工作中游刃有余，既能对内做好网络优化，又能对外与友商接洽互联互通等需求，为重庆移动的互联网发展做出了自己的贡献。

2018 年，张文君被任命为网管监控部室经理，负责整个重庆移动的网络 7×24 小时运行的监控管理工作。在这里，张文君接触到了整个重庆移动所有的网络形态，他的视野从传输、承载，向核心网、物联网、业务平台等不断扩大，其业务知识体系不断丰富。因为所在的监控部门还要负责应急指挥调度工作，所以张文君还积累了重要会务、防疫、防汛、抗旱等各种保障、应急抢险的指挥调度经验，再次完成了由纯技术向技术管理的角色转变。

西南建站，首任站长

2009 年初，刘玉老师发现在西南诸省工作的队员已经超过 10 人，于是向张文君提议建立 Dian 团队西南分站，张文君当然拥护并立即着手筹备。2009 年夏天，刘老师从武汉专程飞抵成都参加 Dian 团队西南分站成立仪式，她说这是继北京站、华中站、长三角站、珠三角站、海外站之后的第 6 个分站，要努力成为西南地区出站队员的"交流之家"。

Dian 团队西南站成立当天，在成都工作的出站队员几乎全部到齐，张文君除了见到黄勇、韩斌等老朋友以外，还终于见到了薛强、蒋卫锋、张志华、曾鹏举等只在 Dian 团队年鉴上看到过照片或只在刘老师嘴里听到过故事的几位"牛人"。这让他对师兄们有了更加立体的认识，虽然是第一次见面，但大家聊起天来毫无陌生感，亲如一家人。

在 Dian 团队西南站的成立仪式上，刘玉老师和参会队员共同推举张文君担任站长、黄勇担任秘书长。彼时的西南站主要覆盖云、贵、川、渝、桂等地区，起初仅 10 人左右，经过 10 余年的发展，队员人数已增长到 25 人。西南站虽然体量仍然较小，但心特别齐，每年都会组织线下活动，微信群里也一直热闹，大家互相分享近期的工作、生活状态，也相互提供商机、就业机会等，俨然是气氛融洽、团结奋进的大家庭。在 Dian 团队转型创新的过程中，西南站也为团队提供了不少的思路与建议。尤其是在认捐本书的过程中，西南站的人均认捐册数遥遥领先，位居 Dian 团队十大分站之首，令其他各站钦佩不已。

2018年12月1日，西南站在成都宽窄巷子聚会合影
（左起：曾鹏举、黄勇、张志华、韩斌、张文君、王文奇）

编后语

　　张文君师兄虽然本科时没有技术基础，但有幸进入 Dian 团队后，他找到了归属感和前进动力，在研究生阶段真正超越了自己，实现了奋斗的小目标。在工作后，他依旧秉承踏实稳健的做事风格，一步一个脚印地沿着自己的人生规划不断前行，同时也不忘回馈团队，结合自己的经历为团队的发展出谋划策。沉稳做事，设定好每个人生阶段的奋斗小目标，并向着它不断进取，这些都是张文君给 Dian 团队后辈们树立的榜样。

赵威：Dian团队的"理论家"

| 执笔人：侯京华

赵威，男，河南民权人，Dian团队189号队员。2004年从民权县高级中学考入华中科技大学计算机系，2006年加入首届种子班。2008年取得保送研究生指标之后，重返计算机系读研，师从"973计划"（即国家重点基础研究发展计划）首席科学家冯丹教授。2011年入职百度公司，工作一年之后便回到武汉，与026号队员颜庆华、203号队员刘金柱一同创业，担任武汉悦然心动公司的产品负责人，还负责指导Dian团队的"悦然心动"项目组，形成校企结合的"双师教学"模式。

伏 笔

赵威与 Dian 团队的缘分，要从大二下学期遇到种子班首届招生说起。

其实，早在 2004 年 9 月，赵威刚一入学便展现出了对软件技术的热爱，在进入 Dian 团队前就自学了一些编程方面的知识，也参加了一些比赛，很快体验到了成就感。他偶然听同班同学提到 Dian 团队和种子班，被"真实项目牵引"和"干中学"的模式吸引住了，于是马上写了一封邮件给 Dian 团队创始人刘玉教授，表明了自己的看法，并咨询了种子班有关信息。不久后，他顺利转入了首届种子班，开始了与 Dian 团队交织在一起的人生。

进入团队后的日子，并没有赵威想象的那样一帆风顺，这个不到 20 人的小班藏龙卧虎、人才济济，他那点自学的技术完全不算啥。讲授"微机原理"的金牌教师钟国辉，在课程设计验收后，与赵威有过一次谈话。钟老师告诫赵威，做技术要踏实、细致，要钻透原理。赵威零距离感受到了钟老师踏实的技术作风，但又过了很久他才更深刻地理解到其中的深意。

赵威接触 Dian 团队的第一个真实项目，是华三通信公司的"SIP"项目。这家大公司与学生团队合作的特点是，对细节和交付质量要求很高。但是，赵威以前所参加的竞赛更偏重于难点问题的攻克，而交付运行的环境相对简单，代码能满足演示需求即可，对文档书写质量的要求也不高。进入项目组后，赵威过于单一和不成熟的技术观就暴露出来了。和同组的姚聪等人相比，他对于会做的工作做得不细致，对协议标准的翻译和代码单元测试等基础工作又看不上。"眼高手低"导致赵威成了项目组的边缘人，他感觉自己很被动。好在组长张文君师兄等队员一直给予耐心的指导，赵威总算磕磕绊绊地完成了自己的那份工作。

2007年夏天，华三公司的新项目"NAS"启动，恰逢暑假，于是，赵威和同班的冯石被安排做新项目的技术调研，为项目正式启动做准备。赵威对新东西是很感兴趣的，所以调研很积极，还提前实现了一个单独的模块。但随着项目的深入，按照严格的管理流程，全体组员的工作都要以文档驱动为主。这时候，赵威的技术缺陷又暴露出来了：文档不够细致，代码不够规范统一。幸好，刘玉老师后来及时安排了一批老队员支援这个大项目。看着杨超师兄熟练地把自己的代码和文档一步步修正，赵威深刻感受到了交付的重要性。更刺激他的是，虽然大部分工作已经完成，但因为收尾工作马虎，最后被打了个低分，拖累整个项目的评价不高，教训极为深刻。

虽然赵威在技术项目上比较被动，但他对创意类的工作比较擅长，他代表NAS项目组创作的年终晚会配音类节目《NAS传奇》获得全团队一致好评。这也让大家看到了赵威原来还有这样有才的一面，于是渐渐知晓了他更多的特长，例如，他的军事知识极为丰富。刘玉老师也调侃他："你该转行去读教育理论。"这类非技术的才华，为他不久后的好运埋下了伏笔。

金 句

临近毕业选择去向的时候，赵威想要继续深造。按照保研的规则，他的加权成绩并不足以直接保研，于是他暗下决心"不行就考研"。但以刘玉老师对自己这个学生的了解，她觉得赵威是考不上的。也算天赐良机，计算机学院的冯丹教授是"973计划"首席科学家，刚好有一个较晚下拨的保研名额，她愿意招收种子班的同学。当时，没有找工作的只剩赵威和另一位比他成绩略高一点的同学，刘老师决定让两人一起去面试，由冯丹教授挑选。那位成绩略高的同学由于不善辞令，进去面试几分钟就出来了。但赵威的面试持续了很长时间，他在知识和技术上的广度以及很强的表达能力，给冯丹教授留下了好印象，于是被顺利录取了。

冯丹老师的主要研究方向是计算机系统结构，其实验室里有不少非常厉害的老师和学长，她在科研上对学生约束不多，允许学生尝试不

2007年12月，Dian团队圣诞篮球赛，赵威（左2）正在防守

同的方向，这就非常对赵威的胃口。过去两三年 Dian 团队对细节和质量的追求，已经在赵威心里留下了深刻的烙印，他发自内心地认为，科研工作确实需要扎实的落地。种子班丰富的课程设计，以及经常在陌生环境下解决问题的经历，对赵威的硕士阶段起到了重要的作用。他最开始的任务，是做 NFS 网络文件系统在光纤通信协议上的移植。这项工作当时的公开资料非常少，需要同时理解 NFS 和光纤通信两部分的底层知识。正是在 Dian 团队的经历，让他能沉下心来细致地开展工作，很快便带领同组伙伴完成了既定的目标。

但赵威的能力并不只限于此。还在 Dian 团队种子班读本科时，赵威就展现出了突出的总结能力。有一次，刘老师组织大家对队员培养路径进行讨论。赵威结合自己的经历，提出了"跟项目、做项目、带项目"的三部曲模式。刘老师赞道"这个总结独到而且精准"，随即作为"金句"沿用至今。细心的读者可能会发现，本书中也有多次引用，这可是赵威的原创呀。

在冯丹教授麾下，赵威再次发挥了出色的总结能力，为实验室起草了一份软件方向的开发流程，并确定了科研工作的交付标准。很显然，这是借鉴了 Dian 团队的文档要求。赵威后来的研究方向转向了 Xen 虚拟机的网络系统优化，而在 Dian 团队形成的文档习惯对他后来撰写专利和论文都非常有帮助。最终，他顺利达到了实验室的外出实习标准，获得了前往腾讯实习的资格。

团　队

腾讯实习，是赵威第一次接触到大型移动互联网公司的运作方式。在 Dian 团队的真实项目锻炼，让他再一次"吃到红利"。实习一开始就比较顺利地融入了新环境之中，实习结束后便拿到了腾讯的口头 offer。在赵威看来，腾讯是一家待着非常舒服的公司，产品经理的文化底蕴深厚，对细节体验非常重视。这种对"像素级"细节的追求，就像当年 NAS 组的一行行代码，规范之中有一种特别的感受。但赵威还是希望去另一个全新的环境，感受不一样的公司文化，因此，他研究生毕业后选择了北京的百度。

赵威在百度的工作，是分布式集群的运维开发。同事中，有很多厉害的技术高手，让他大开眼界。这些高手，除了技术好，还和 Dian 团队队员一样靠谱。一件事可以大胆、放心地交给他们，最后会得到及时、优质的交付。百度的文化里有一句叫"简单可依赖"，这与 Dian 团队的培养目标也相互呼应，赵威由此醒悟到：Dian 团队的培养方式不是脱离实际的，而是对"靠谱人"最基本品质的培养。这些工程师文化，对他后来的创业产生了非常重要的影响。

在百度工作期间，赵威的代码质量和工作质量都经受住了考验，并获得了季度新人奖。在百度工作一年后，赵威陪同相识多年的师兄、203 号队员刘金柱回 Dian 团队"探亲"。碰巧刘老师正在为 026 号队员颜庆华回团队创业而筹谋，三位战友相见，马上一拍即合，决定抱团创业。赵威兴奋地说："再没有比我们更靠谱的创业伙伴了，我马上回北京办辞职！"

在创业初期，刘老师帮忙安排工位、引荐投资人，给予了他们非常大的帮助。赵威他们从启明学院"借宝地"白手起家，成立了武汉悦然心动公司。其间，通过负责员工招聘和公司的实际运营，赵威对"如何培养人"的认知更加深刻。为了帮助悦然心动公司，Dian 团队成立了"悦然心动"项目组，还允许队员直接去该公司实习。因为刘玉老师很放心颜庆华、刘金柱和赵威，相信他们几位老队员一定会尽心指导小队员。在种子

2021年夏天，赵威和Dian团队种子班几位老友相聚
（右起：赵威、雷诚、王兴刚、朱传聪）

班小队员进行"工程实训"答辩时，赵威还特意到场担任评委。他明显感觉到了新一代年轻人不一样的地方，"00 后"有着更广阔的技术视野、更明确的目标，也有更多的选择。但是，Dian 团队所倡导的对道德情操、工作作风以及对交付细节和质量的严格要求，在这个日新月异的时代，不仅没有过时，反而显得更加珍贵。

编后语

　　笔者在赵威师兄身上学到的是"稳重"。他以前在 Dian 团队项目组工作时不够稳重，不看重细节，但在项目历练中渐渐变得稳重。后来，他在冯丹教授的实验室中沉着且细心，不但带领同组同学顺利完成任务，而且还在任务基础之上进行总结，并从中提炼了一套实验室的验收标准。创业后的赵威师兄更加稳重，他将"靠谱"作为对自己的要求之一。他认为，扎实的作风和靠谱的人品，是一名合格的工程师所必备的素质。赵威师兄的成长，真正体现了 Dian 团队的培养目标：高尚的道德情操、优秀的工作作风、扎实的专业技能。

杨骦宇："翻盘选手"

| 执笔人：王溢学

杨骦宇，男，河北丰润人，Dian团队253号队员。2006年从河北丰润车轴山中学考入华中科技大学光电学院。大二结束时，加入Dian团队种子班，在团队中慢慢成长起来，并留团队读完硕士，成为种子班人才培养的典型案例之一。硕士研究生毕业后，前往美国排名第一的电磁兼容实验室攻读博士，毕业后入职硅谷Google总部。

从"学渣"到项目组长

2008 年初夏，已读完大二的杨骦宇，发现自己对光学专业的课程越来越不感兴趣，日趋懒散。他偶然听说电信专业的种子班是一种真实项目牵引的"干中学"培养模式，顿时兴奋起来，马上报名参加了 2006 级种子班的选拔。面试时，刘老师看到他前两年的加权平均成绩只有 70 多分，认为他学习一定很吃力，不愿接收。杨骦宇对刘老师说，并非"学无余力"，而是因为对光电专业理论课实在没有感觉，所以才会不求上进；他非常想换个活法，希望能在种子班"干中学"的模式中振作起来，而且他对自己的动手能力还是有信心的。刘老师觉得杨骦宇说得有道理，如果种子班的选拔标准仅仅是看加权平均成绩，那种子班就和高考选拔进来的实验班选"学霸"完全没有区别，这就违背了种子班建立的初衷。

在加入种子班之后，杨骦宇虽然喜欢琢磨，经常泡实验室，但因为是零基础，所以，他在很长一段时间内都是"跟项目"和"做项目"，轮不到他"管项目"。直到 Dian 团队签下了武汉高德红外公司的一个项目，成立了云台稳像组，杨骦宇才得到一个"管项目"的机会。这个项目组要设计实现一个机械稳定平台，这个机械稳定平台要求摄像机放在上面后，哪怕是在海浪起伏的船上，也能随时调整对准某个方向并输出稳定的视频。杨骦宇被任命为项目组长，这是他第一次真正的从头到尾带整个项目，对他而言，既是前所未有的大挑战，也是证明和提升自己能力的机遇。最开始，他完全不知道如何下手，在刘勃老师的指导下，他终于慢慢成长起来，攻克了一个又一个难题，从"bug 山 error 海"中一点一点前进，最后成功验收结题。正是这次的难得机遇和宝贵经历，奠定了他扎实的执行力，还有敢于面对问题的勇气和最终解决问题的自信。

杨骉宇的收获，还不限于此。在云台稳像项目进行芯片器件选型的时候，杨骉宇表现出一种"钻牛角尖"的特点。在计算某一个参数的时候，他始终觉得此前的想法不够全面，忽视了一些重要的细节，为此废寝忘食地刻苦研究了一个星期，终于将参数计算得更加精准。刘勃老师曾感慨地对刘玉老师说："我发现杨骉宇很喜欢钻牛角尖，他这个性格适合去读博士呢。"

同时，杨骉宇还十分热心，在团队中总是主动帮助队员们，合作精神特别强；大家有问题，经常找他解决，他也从不推脱，努力做到"凡事有交代，件件有着落，事事有回应。"因此，杨骉宇在队员中广受好评，获得了 Dian 团队"热心之星"的称号。

不知不觉，大三这一年就过去了。2006级种子班为保研排序而计算成绩，按照以往的规则，每人进大学头两年在原专业的成绩要占 50%。综合成绩计算出来之后，导师组惊讶地发现，杨骉宇的排名在比较靠后的位置，与他在团队这一年的表现不符。这一年，杨骉宇积极参与项目，主动承担团队事务，担任项目组长，工程训练实践课的分数很高。同时，他认真对待专业课，在课程学习中收获了很多，专业课分数也很高。这一切，老师和同学都看在眼里，大家都觉得这样的结果对于杨骉宇来说不够公平。

2008年冬，杨骉宇参加种子班"工程实训"答辩的情景

这也促使导师组反思，种子班计算前三年加权成绩的方式不太合理，进入种子班之前原专业成绩的占比过高，这会导致动手能力强、积极参加项目的同学的总成绩反而不如一心冲绩点的同学，这就违背了种子班的培养初衷。杨骉宇的例子，就像一面镜子，反映出种子班评估制度的缺陷。

于是，经过导师组的讨论，大一、大二的成绩在最终成绩计算中的占比被削减到 25%，并且引入了"360 考核"机制，占比 5%。刘勃老师指出："种子班的培养模式，就是要让像杨骉宇这样动手能力极强、考试能力偏弱或者头两年对原专业不感兴趣的同学，有翻盘的机会！"

种子班的成绩计算方法修订后，杨骉宇的保研成绩排名前移了很多，他最终成功获得保研指标，极限翻盘。在老师和同学们的鼓励下，杨骉宇选择了留在 Dian 团队读研。

从硕士到海外深造

2012 年，在杨骦宇硕士研究生即将毕业的时候，一个绝好的机会降临了。美国排名第一的电磁兼容实验室——美国密苏里大学罗拉分校的 EMC 实验室，其原主任 Dr. James Drewniak 教授和新主任范骏教授来中国武汉招生。听说 Dian 团队种子班的培养模式很特别，学生们的动手能力都很强，于是，他一下飞机就对来接他的老师说："我优先招 Dian 团队种子班的同学，请通知他们来面试。"接待老师说："种子班的学生确实十分优秀，但是，他们大部分时间都用在了做项目上，没有精力考托福和 GRE，不符合你们的报名条件吧。"但两位教授很坚持，说这些条件都可以在面试通过之后补上。接待老师分外惊喜，连忙打电话转告刘玉老师，并请她推荐几名学生参加面试。

刘玉老师喜出望外，马上推荐了 2009 级种子班的学习委员、413 号队员李梁同学。在准备推荐第二位同学的时候，她脑子里闪过了爱钻牛角尖、适合读博的杨骦宇。但是，杨骦宇已经在 Dian 团队读了 3 年研究生，如果要去美国读博又得从头读 5 年，时间太长了，杨骦宇会愿意吗？带着这样的担忧，刘玉老师征询了他本人的意见，没想到杨骦宇很乐意赴美深造。后来，杨骦宇在 Dian 团队"干中学"的模式中，也慢慢发现自己适合做研究，所以只要有机会深造，他一点都不担心浪费时间。

面试在电信学院的会议室举行，有十几位电信学子排队等候。李梁和杨骦宇一直等到了中午十二点，李梁先进去面试，两位教授对他很是满意。过了 10 分钟，轮到杨骦宇进去面试，他明确告诉两位教授，自己是研究生，就算自己不能以研究生的身份过去读博，也愿意放弃

2012年12月28日，Dian团队5位研究生答辩后与评委合影

（前排左起：刘玉、刘勃、钟国辉、韩涛）

（后排左起：杨骦宇、江涛、周叶飞、廖昕、周飞龙）

研究生的学位，从头学起。面试的两位教授问了很多问题，杨骕宇都镇定自若，对答如流。在了解到杨骕宇在大三时做过一个刘勃老师指导的大学生创新基金项目之后，两位教授觉得杨骕宇做的这个项目和他们实验室的项目有很多相似的地方，十分匹配，对他更加感兴趣。

这次面试之后，大家本以为杨骕宇可以顺利公费出国了。但是，美国这个 EMC 实验室要求很严格，要实验室 5 位全职教授全票通过，才能发给学生正式的录取通知书。因此，当年年底，EMC 实验室又安排正在上海招生的 Dr．David Pommerenke 教授对赶到上海的杨骕宇进行了复试。过了些天，James 教授要求与刘玉老师视频通话，他说："几位教授对杨骕宇面试的表现都很满意，但都很疑惑，为什么杨骕宇大一、大二的学业成绩不尽如人意？"于是，刘玉老师将杨骕宇加入种子班前后的经历都一一陈述：杨骕宇在原学院对专业课程并不感兴趣，于是报名加入了种子班；到了种子班之后，课程设置和教师资源都合他的口味，于是，他开始刻苦学习，专心致志地投入到项目实践中；他在大三、大四的表现非常出色，每门课程都是 90 分以上。

刘玉老师说："种子班就是要让这样的同学有翻盘的机会，种子班成立的初衷就是要用能力来代替卷面上的分数去评估一个学生。请你们重点关注杨骕宇大三、大四的成绩，看看他的进步速度。"James 教授很满意刘玉老师的解释，由此消除了对杨骕宇的质疑。至此，杨骕宇大一、大二的成绩留下的影响终于结束，他再次翻盘，于 2013 年 8 月飞往美国密苏里深造。

杨骕宇在美国深造期间，他发现 Dian 团队的同学们出国以后大都转向了软件，询问后才知道，北美的计算机软件比硬件工作机会要多很多。他结合外部条件和自身经历综合考量以后，决定同时申请软件和硬件岗位。Dian 团队的技术牛人、种子班同窗汪方（265 号队员），给杨骕宇推荐了由谷歌组织并提供经费、面向全球绝大多数国家在读学生的在线编程项目 Google Summer of Code。于是，杨骕宇再度发挥自己超强的学习能力，研究算法题，自己一个人刷 leetcode（这个平台收集了许多科技公司的软件算法面试题目）。毕业之后，他如愿加入了在美国硅谷的 google（谷歌）公司，并迅速成为 Dian 团队海外分站的积极分子，经常带着夫人一起为海外分站的集体活动跑前跑后。后来，连他夫人李林楠也对 Dian 团队心向往之，最终成为 024 号名誉队员。

✒ 编后语

　　从最初的零基础到留团队读研，从去美国深造再到最后成为 google 的技术牛人，杨骕宇师兄作为种子班培养模式的成功代表，一次次逆风翻盘，最终达到了自己理想的高度！

　　师兄逆袭的经历，让我惊艳，也让我认识到种子班培养模式的优势。种子班为同学们提供了逆袭的机会，大家学到的不仅仅是技术，更多的是能力，是对自我的追寻。种子班这个国家拔尖创新人才培养试验区，必将为社会贡献更多的人才。

龚小聪：雷厉风行的"火箭"组长

| 执笔人：董季坤

龚小聪，男，湖北随州人，Dian团队360号队员。2008年从随州市第二中学考入华中科技大学计算机系，连续4次报名Dian团队才得以加入。大二结束时，又考入2008级种子班并担任班长。留在Dian团队读研期间，通过竞选担任Dian团队第5任队长，刘玉老师评价他是Dian团队最有管理能力的两位队长之一。硕士研究生毕业后，赴杭州加入Dian团队老队员的创业公司贝贝网。5年后入职网易，目前在云音乐部门工作。

屡败屡战

龚小聪一进大学就很想参加学生社团组织，第一次报名Dian团队时，因为简历几乎是空白，所以网上提交后很快被刷掉了。但他没有气馁，大一下学期再次报名Dian团队，却在笔试关被卡住。他不服输，经过半年努力学习IT专业技术之后，大二上学期第三次报名Dian团队，笔试、面试还算顺利，可在最后一关"通宵测试"败下阵来。说起来这个"通宵测试"确实有点变态，考生们晚上八点进机房，马上被分配陌生的软件任务，逼着每个人自己上网查资料、寻找解决方案，一直熬到凌晨六点被叫停，接着再让每个人制作PPT描述对任务的分析和解决全过程。可能是因为动手能力略有欠缺，龚小聪没能把任务做完。"Dian团队这么难进，那我还非要进去不可！"龚小聪抱着不服输的精神，大二下学期第四次报名Dian团队。功夫不负有心人，两年的打磨使得他积攒了足够的实力，终于加入了梦寐以求的Dian团队。

憋足了一股劲儿的龚小聪，在Dian团队中表现非常突出，积极乐观，工作效率高，做什么事情都雷厉风行。在Dian团队的"黄埔军校"种子班招新的时候，他出于对种子班真实项目牵引的"干中学"教学模式的认可，忍痛放弃计算机专业，义无反顾地加入种子班。2008级种子班虽然人才济济，但推选班长的时候大家都愿意投他一票，因为他在Dian团队已经待了半年，而且非常活跃、知名度很高。

进了种子班之后，龚小聪发现种子班的课程实践性特别强，几乎每一门课程都需要用电脑。可是，自己家境贫困买不起手提电脑，隐忍了很久，直到全班只剩他一人没有配备，这时为了学业，他只好悄悄去找刘玉老师借2000元买电脑。刘老师很惊讶：种子班的班长怎么会如此生活拮据？

"2000元怎么够你买手提电脑呢？"刘玉老师问道。

"我从大一起，一直都有奖学金，再加上助学贷款就只差两千元了。"

"好，我马上取钱给你，可是，你连生活费都没留，吃什么啊？"

"如果我实在没钱了，我父母在农村种地，他们就拖一板车粮食去卖掉来补贴我。"

刘老师良久无语，没想到21世纪之后的"985"大学中，还有学生的家庭背负着如此沉重的经济压力，但从平时开朗乐观、嘻嘻哈哈的龚小聪身上又丝毫看不出这种压力。太让人心疼了！

从此，刘老师格外关注龚小聪，希望能给予他更多的呵护。

初露峥嵘

2011年初，龚小聪回家过年期间，到母校随州二中探望了当年班主任，汇报了他加入Dian团队的情况。他的班主任那时正好担任高三年级组组长，认为华科这种"干中学"的育人模式应该让正在备考的中学生也能从中受到激励。于是，龚小聪受托邀请刘玉老师在春季开学后去他的母校做一场创新教育报告。

2011年3月25日，龚小聪陪同刘玉老师乘火车到随州二中做创新教育报告。刘老师精心准备了PPT，还提出要请龚小聪的父母坐到礼堂第一排。但是，随州二中的重视程度之高反而给她带来了尴尬。校方安排刘老师到大操场露天演讲，希望全校从高一到高三的2000多学生都能受教育。看着蓝天白云和林立的校舍，望着密密麻麻席地而坐的学生们，刘老师哭笑不得，图文并茂的PPT和精彩的视频全都白准备了！不过，经验丰富的刘老师马上随机应变，用讲故事的方式介绍了Dian团队的创新模式之后，笑着向中学生们隆重介绍坐在主席台她旁边的龚小聪，请大家欢迎龚学长现身说法，讲述自己的成长故事。

2011年3月25日，刘玉老师在随州二中做创新教育报告后与龚小聪一家合影

只见龚小聪拿起话筒，竟然从主席台上走了下去，一直走到操场正中的同学们中间。面对 2000 多双眼睛的注视，他毫不胆怯，谈笑风生，口吐珠玑，偌大的操场成了他一个人的舞台。台上的刘老师既吃惊又自豪，心想这活脱脱就是一个当 Dian 团队队长的好苗子啊！

这次宣讲，让随州二中的学子们牢牢记住了华中科技大学和 Dian 团队。其中，有一位高二的学生，心情尤其激动，从此设定高考目标就是上华科和加入 Dian 团队。两年后，在 Dian 团队九月招新时，刘玉老师面试了一位来自随州二中的新生，得知他叫纪德益，正是当年那个在操场上席地而坐听完报告后就立下志向的学生。后来，纪德益真的成了 Dian 团队第 530 号正式队员，成就了一段特殊的佳话。

美国之旅

2011 年夏天，华科启明学院组织特优生去美国 Rose-Hulman 理工学院参加暑期科技夏令营，但要求对报名者面试英语口语。Dian 团队有两个公费名额，因龚小聪的英语很好，发音也特别地道，于是首推他赴美。团队很多人都惊讶，龚小聪家境贫寒，不像大多数同学有条件上英语培优班，英语怎会如此优秀？龚小聪自己解释，小学没学英语，初中英语师资也弱，他刚上高中时英语很糟糕，为了赶上大家，通过高考改变命运，他开始拼命背单词、练听力、攻口语，到高三时英语成绩竟在全年级名列前茅，上大学后仍然很突出。在赴美一个月的交流中，他担任学生队长，成为领队老师的好帮手，还担任了美方教授的得力助教。

龚小聪在 Dian 团队和种子班里样样拔尖，顺利获得保研资格并留在团队读研，并当选为 Dian 团队第五任队长。就在他刚上任不久的 2011 年 10 月 29 日，突然接到在扬州出差的刘玉老师的紧急电话，说有一位华科电信系校友（是著名软件 Foxmail 开发者）正返校参加班级聚会，要求龚小聪好好接待，并希望这位校友能给大家做技术分享。龚小聪雷厉风行，立即调动人手，从启明学院大门开始热情讲解和拍照，并组织大家到教室聆听。这位校友讲述了整整 40 分钟"微信的产品观"，可惜那时听众中只有龚小聪等两三人刚接触微信。数年后，大家回看那次接待的照片和笔记，才感觉到无比珍贵，原来这位校友就是改变了全中国十几亿人生活方式的"微信之父"张小龙！

2011 年 10 月 29 日，龚小聪（左）热情接待微信之父张小龙（右）

"火箭"组长

龚小聪成了"带头大哥"之后，每当重要的新项目降临团队时，他往往都是项目负责人首选。2012 年 8 月，经在北京宇航系统工程研究所工作的 027 号老队员张仲琨牵线搭桥，导师组认真洽谈，Dian 团队正式立项了"基于 J2EE 下 Web Service 数据中心的存储及判读技术开发"项目，内部简称"火箭项目"。这是 Dian 团队首次与中国航天事业单位合作，任务既光荣又严峻，能力突出的龚小聪便受任为"火箭组"组长。按一般规律，所有与国企合作的项目，十有八九都会延期。但是，龚小聪展现出了超强的管理能力，科学地将项目由大化小、合理分配，并且将项目各阶段目标的进度节点有意识提前，与甲方沟通也非常及时，使得该项目的每一阶段任务最终都提前完成。

据龚小聪回忆："火箭项目从 2012 年 8 月启动，至 2013 年 5 月结题。其间，因为需求拟定、开题汇报、各个阶段测试和最终验收，我和组员共出差北京 6 次，钟国辉老师和刘玉老师也曾一起出差。我和容康（451 号队员）在北京城南边的火箭研究院测试期间，侯迈（419 号队员）正好在北京城西北边的豆瓣实习，中途有两个周末，侯迈大老远从公司赶来我们租的房子里一起修改代码。中途甚至还改过两三次方案，折腾了不短的时间，测试期间还因为其他协作单位的模块进展缓慢，导致我们有两周无法测试，只好先返回武汉。但是，项目最终于 2013 年 5 月 16 日顺利通过验收，比预定结题时间提前了两个半月！"

该项目的经费，按合同本应分三期支付。甲方第一期按时付款，到第二期付款日，因为对龚小聪项目组的能力和质量实在太满意了，竟然直接连第三期尾款都一起支付！这是 Dian 团队唯一一次提前收到甲方结题经费的项目，创造了新纪录。

责任为先

刘玉老师在讲述龚小聪的故事时，特别提到一件事。2012 年 6 月，第二届全国批判性思维全国研讨会在华科召开。担任秘书长的刘玉老师，见参会代表不太多，便只调派了 3 名 Dian 团队队员担任志愿者，即 340 号队员薄国君、360 号队员龚小聪和 376 号队员胡敏，并让龚小聪担任秘书处学生负责人。

虽然各地代表只有 50 人左右，但是，志愿者负责的接待、会务和食宿等工作一项也没减少。那两天，各种忙碌和处理突发事件，弄得三个志愿者身心俱疲，龚小聪很鲜见地露出了不情不愿的神态。会议一结束，他就给刘玉老师写邮件吐槽，说这次做义工，虽然听从刘老师指挥没打折扣地完成了任务，但做得很茫然。他认为，批判性思维研讨会是社会科学范畴，与搞 IT 技术的 Dian 团队一点关系也没有，什么收获也没有。面对龚小聪的不满，刘老师很生气地回信说，迟早有一天，你会知道这件事究竟有多大的意义。

后来，因为一批有识之士的咬牙坚持，第三届研讨会报名者众多，第四届年会则由北京大学接力举办，如今这个年会已成为全国批判性思维领域最高级别的会议。而培养学生批判性思维能力的呼声，已经影响了高考的指挥棒，得到了中共领导的充分肯定。

如今，龚小聪终于明白了刘玉老师为何要坚持做"不相干的事"，而刘玉老师也看到了龚小聪的另一个优点：他可以把不喜欢、不情愿的事情，凭借高度责任感去做好，这种"靠谱"更加难能可贵。

破壳在望

2015 年 6 月，龚小聪研究生毕业时，选择到杭州的贝贝网工作。贝贝网是 Dian 团队老队员张良伦、柯尊尧等人创建的，经过几年快速扩充，已经变成贝贝集团，各部门技术高管几乎都是 Dian 团队老队员。因此，刘玉老师对贝贝网领导介绍说："龚小聪在我眼里，可是不亚于柯尊尧的人才啊，希望你们能重点培养！"

然而，龚小聪在去贝贝网工作一段时间之后，便看到了自己的差距，他由衷地对刘玉老师说："我还差得很远，贝贝网的师兄们能力都很强。"

后来，他离开贝贝网，到了同在杭州的网易公司，想让自己的格局和眼界更上一层楼。接受笔者采访时，他对贝贝网仍有深厚感情："创业公司没有那么多条条框框，没有复杂的人际关系，大家都很年轻，加入的目标和原因也大致类似，加上初期业务发展比较猛，有挑战、有成长，所以还是很不错的。"

龚小聪至今仍在积蓄力量，刘玉老师对他的前途充满信心，相信他一定可以打出自己的一片天地。

编后语

  Dian 团队的每一位队员都是十分优秀的，能让优秀的人全都信服的队长，自然是最出色的佼佼者。当刘玉老师说龚小聪还是历届队长中的最优之一，我更是对龚学长高山仰止。

  在和学长订正细节的时候，他基本都是在 30 分钟以内准确回复我的疑问，反应迅速、效率极高，让我从他身上看到了优秀队长是一种什么样的综合素质。龚学长的专注和责任感，都是我现在所欠缺的，我应当以龚学长为榜样，砥砺前行。

万庆徽：不断寻求超越的追梦人

| 执笔人：石功成

万庆徽，男，安徽无为人，Dian团队471号队员。2007年从安徽省无为中学考入武汉理工大学，大四时通过研究生入学考试考入华中科技大学电信系，到Dian团队导师刘勃老师门下攻读硕士学位。读研期间，联合创立了小苹果网络科技有限公司，开发了"全民广场舞"APP。2017年底，万庆徽加入字节跳动，开发了一个当年现象级直播答题产品"百万英雄"，现任抖音机构运营负责人。

扬长避短，开基立业

万庆徽于2011年考上华中科技大学电信系研究生，面试时刘玉老师觉得他虽然没有技术基础，但心态积极且愿意接触新的知识，便代表Dian团队导师组接纳了他，成为刘勃老师门下弟子。万庆徽第一次来团队时，看到群英谱上一张张朝气洋溢的面孔，听着刘玉老师对他们的介绍，心中充满了景仰。

导师先把他安排在与华三通信公司合作的DNS项目组，需要有互联网通信技术基础。万庆徽由于之前没有接触过类似的项目，加上技术薄弱，一直都无法很好地完成组长分配的技术任务。后来，导师们便把他安排到了新成立的移动通信组做APP开发，以及参加中国移动第二届MM杯营销策划挑战赛等。他在这个更需要自由创意的组里活跃多了，和大家建立了很好的协作关系，迸发出许多火花，这也奠定了他今后与新媒体、移动互联网的缘分。知道他不喜欢也不擅长编写代码，导师也不强求，只希望他能够顺利毕业。

不知不觉，两年的研究生时光很快结束，同届队员都已经提交硕士学位论文初稿给导师审阅了，但万庆徽迟迟不动笔，导师催他交稿，他总是面露难色。想想也是，他几乎没有完整地参加过一个工程项目，如果要他从总体方案到技术路线、从创新之处到数据分析及实际

2013年1月12日，万庆徽（前左1）在移动通信项目组参加例会

测试各环节都描述清楚，写出几万字的学术论文，急也急不出来呀。刘勃老师找他长谈了一次，他自己提出推迟一年答辩，导师组同意了。一晃一年过去了，再问他进展，没想到他希望再推迟半年，其态度之安然洒脱，令指导了十几年研究生的刘玉和刘勃两位导师觉得"前无古人"，直呼"不可思议"。

真的是万庆徽能力太差而写不出论文吗？其实不然，真实原因是，他当时和Dian团队已经毕业的张志炜（380号队员）、陈圆（388号队员）等创立了小苹果公司，开发了一款"全民广场舞"APP，专门提供中老年人广场舞的教学视频，帮助父母一辈群体去学跳广场舞。他不着急毕业，是想充分利用政府对在校大学生创业的优惠政策，为公司获得更多资源。当刘玉老师得知实情之后，惊叹万庆徽的想法与众不同，骨子里也许真的有创业基因。

2015年3月，"全民广场舞"APP下载量已经突破30万，比当时很多创业项目的成熟度都要高。当3月底刘玉老师以"创业红娘"的身份举办首场创业相亲会时，"全民广场舞"被推选为上会的第一个项目。前来参会的投资人都认为，老年人市场是一片蓝海，"全民广场舞"作为这个市场的一个入口，有很大的想象空间。于是，张志炜、万庆徽团队很快就获得投资，成为创业红娘平台第一个成交的项目，不仅创业团队欢欣鼓舞，也令刘玉老师这个"红娘"非常有成就感。

特立独行，胸怀宏略

其实，万庆徽的特立独行早在Dian团队读研一期间已初见端倪。尽管当时他在团队里既没有理论研究兴趣也没有工程实现能力，而且他对技术提升和研究生学业都好像心不在焉，但作为Dian团队掌门人也是导师组唯一正教授的刘玉老师对万庆徽格外宽容，这是为什么呢？刘老师笑着对笔者说："这要感谢批判性思维在我校的推广。"

早在2009年，刘玉老师就为Dian团队的"黄埔军校"种子班增开了一门新课"批判性思维"，特邀旅居加拿大的董毓博士每年回国授课，后来还聘他为Dian团队023号顾问。在董毓博士的倡议下，华科教育科学研究院的老师也逐渐开始参与批判性思维的学术研究工作，例如，对大学生的批判性思维能力进行测评并做对比分析。教科院有个课题组设计了一份测试量表，对学过批判性思维的种子班学员进行了测试之后，又提出对Dian团队里非种子班的队员也进行对比测试。刘玉老师被誉为在中国推广批判性思维的"坦克"式推手，当然满口答应配合教科院的测试，并直接安排在Dian团队的周末例会上进行全员测试。几天后，教科院课题组组长特意找到刘老师说，发现有一位队员的反思和质疑那一项分数（70多分）远高于所有人，而其他绝大部分队员那一项得分都只有 20 分左右。这个人正是当时很不受待见的万庆徽。刘玉老师深知，反思和质疑是批判性思维非常重要的能力，是中国学生特别缺乏的。她十分惊讶万庆徽竟天生具备这种能力，立即对万庆徽刮目相看。此前，万庆徽在团队里的言行确实异于常人，有人甚至担心他"不正常"，此刻刘玉老师才恍然大悟：万庆徽并非"精分"而是奇才，要给他宽松的空间去成长。因此，即使万庆徽一再主动延期硕士论文答辩，刘老师也没有大发雷霆，而是耐心询问他的真实想法并宽容待之。

万庆徽第二次让刘玉老师刮目相看，是他们在"全民广场舞"APP 拿到投资后的一次谈话。拿到投资后的小苹果项目，发展速度反而慢了下来，注册用户数并未如愿呈井喷式增长，更要命的是一直没有找到变现的方法，全靠烧钱维持，投资人不满意，团队内部也开始出现摩擦。这让刘玉老师感到担心，于是，她分别找团队成员单独谈话。与万庆徽谈话时，他与其他成员的沮丧、焦虑很不一样，而是意气风发、语出惊人，他用宏观的市场分析描绘了公司将来可能占据多大市场份额的愿景，还有实现愿景的一些路径和核心打法。这场"隆中对"式的对话，让刘老师对万庆徽喜忧参半：一方面，她欣赏万庆徽的格局之大、想法之新，真心希望公司前景能如他所设计的那样蒸蒸日上；但另一方面，她又担心万庆徽的执行力差，不能渡过眼前的难关，对投资人没法交代。

北漂求职，一战成名

刘玉老师的担心最终成了现实，小苹果项目苦苦支撑两年后还是宣告失败，公司解散，万庆徽等人各奔东西。2017 年，万庆徽"北漂"到京城，加入国内"最头部"的广场舞产品"99 广场舞"做合伙人，此后与刘玉老师联系逐渐少了。

万庆徽再次出现在刘老师的视野，是在一年后了。2018 年初，字节跳动旗下多个产品（西瓜视频、今日头条、抖音、火山小视频等）同时上线了一个直播答题产品——"百万英雄"；这个活动不分男女老少，也不分学历或资历，参与门槛低，只要参加答题，答对了 12 题就能瓜分 100 万元奖金；这个消息一夜之间传遍全国，跃跃欲试者众，马上便成为 2018 年初最火爆的互联网产品。活动结束后，有人告知刘老师，这个项目的负责人居然是万庆徽！刘老师这才知道，去北京闯荡的万庆徽已经加入当下高速增长的字节跳动。于是，刘老师便趁赴京出差之际，邀约万庆徽给 Dian 团队北京分站的队员们分享他加入字节跳动和策划"百万英雄"产品的传奇经历，万庆徽欣然同意。

2018 年 6 月 1 日，当在中国人民大学泊星地咖啡馆再见到万庆徽时，刘老师再次感叹"士别三日当刮目相看"，他已不复当年的偏激和稚气，变得谦虚沉稳。在交流会上，万庆徽谈道，自己是被字节跳动的企业文化和快速增长的势头吸引加入这家公司的，他对这家公司的整体执行效率和突破能力感到惊叹：他提出项目的产品方案后，在上千人的协同下，不到一个月

2018年6月1日晚，万庆徽（中）在北京分站分享活动策划经验

就进入测试阶段，并且赶在元旦左右上线，很快引爆了全行业。他还谦虚地说，自己只是项目的负责人而已，能做成全国爆款，得益于整个团队的高效协作和密切配合。

"百万英雄"整个产品，让万庆徽在公司里获得了不错的影响力。2019年底，他开始担任抖音电商运营负责人。2020年8月9日，新冠疫情后尚未完全恢复线下活动的Dian团队，特邀老队员线上分享，刘玉老师再次邀请万庆徽给全体队员讲述抖音电商的发展和思考。万庆徽侃侃而谈，干货满满。他谈到了直播电商的马太效应（即直播电商推荐优化系统导致了优者更优的正反馈），还谈到近几年直播电商的机遇和挑战：作为一个接近2万亿规模的增量赛道，对于各个平台都是不小的诱惑，相比于常规的店铺销售，直播电商可以给顾客充分的信任感；而现在的电商平台，正是通过让顾客形成对直播达人的信赖来增加销量。万庆徽还告诫在校的学弟学妹们，要充分认识到，所有的能力，抽象出来就是解决问题的能力，无论在哪个行业或者阶段，这种能力都需要培养。他还介绍了能力圈模型，从内到外依次是正在做的事的能力圈、认知圈、未知的世界。他认为，一个人成长的过程，往往是不把自己局限于正在做的事情，并且要不断扩大自己的认知圈和能力圈。

编后语

无论遇到什么坎坷，万庆徽师兄都很自信和安之若素，即使延期毕业两年，也没有影响他的心态，因为他很清楚自己绝不能随波逐流。刘玉老师是万庆徽师兄的伯乐，能发现他的批判性思维特质与众不同，并给予了这匹未来的千里马足够的信任。对一个人不能只看一时的成败，是金子总会发光，经过几年的成长，万庆徽师兄终于找到了适合自己的土壤，并完成了自我蜕变，厚积薄发，破茧成蝶。

比翼双飞

刘明&杨威：学霸与偏才的"一家两制"

| 执笔人：胡玉洁

刘明，女，湖北武汉人，Dian团队049号队员。2001年从武汉市实验中学以优异成绩考入华中科技大学数理提高班，2004年以保送研究生身份到Dian团队做毕业设计，硕士毕业后被上海一家外企录取，目前在上海Unisys工作。

杨威，男，湖南长沙人，Dian团队085号队员。2001年从湖南省长沙市第一中学考入华中科技大学电信系，2004年通过暑期实习加入Dian团队，本科毕业后被华三通信公司录用，五年后辞职创业，经历了完整的创业过程，目前正进入第二次创业周期。

刘明：细致内敛的硕士学霸

2004年年初，刘明经同学推荐找到刘玉老师，希望加入Dian团队。刘老师一听她的名字就乐了："你的姓名和我弟弟一模一样，真有缘！可你既然是数理提高班的，那一定是学霸，为什么想到我们这个小团队来？"刘明回答道："其实我在数理提高班既不是名列前茅的学霸，又不像其他同学有文体特长，颜值也不高，想来想去，要想与众不同，那就多学点软件编程吧。"刘老师很欣赏刘明的实话实说和目标明确，就这样同意她加入Dian团队，并如她所愿分到了软件组，主攻C++编程语言。从跟项目到做项目，无论分配什么任务，她都认真踏实干，从不讨价还价。

没过半年，软件组组长姜珊（021号队员）毕业离校，组长一职空缺了出来，刘老师一览软件组众人，或太"技术宅"、亲和力不足，或过谦、怯于当组长，于是想到了唯一的女组员刘明。黄昏时分，就在东一基地刘明的机位旁，落日余晖映出两个纤细的轮廓，刘老师与刘明促膝长谈直到房间昏暗，最终刘明表态："刘老师我明白您的意思，如果实在没人当组长，那我就试试吧。"此前Dian团队还从未有过女队员担任C++软件组的组长，而刘明不负刘老师期望，组长当得既有威信又有亲和力，上任不久，所有组员都对她心服口服。

后来，刘明不断被调任新的、更重要的项目组，如华三通信项目组、广东科技馆"捕捉文字虫"项目组等，她都立下了汗马功劳。

2005 年，脾气好又认真细致的刘明被任命为 Dian 团队的首任 CFO（首席财务官），顺理成章地进入了 Dian 团队的核心层。没想到，在这个干部圈里，少言寡语、惜字如金的刘明也曾一鸣惊人。

2006年3月23日，"捕捉文字虫"组长刘明（前）向广东科技馆领导演示

2005 年的 Dian 团队，虽然已经取得华三通信公司的信任，但还没有达到长期合作、稳定发展的状态，其他小项目也经常青黄不接，正如 029 号队员陈竞调侃的那样："Dian 团队就像群山贼，没有固定的收入来源，饿得不行了就下山抢一票。"正当此时，一位软件公司的老总看中了 Dian 团队的技术能力，主动找刘玉老师提出一个诱人的"并购"方案：聘请刘玉老师为首席科学家，每年可以给 Dian 团队 20 万元运行费用以维持团队运转，并与导师组签订 50 万元／年的项目经费，以保证每位导师工作量考核达标；更诱人的是，对于项目组长可以提供 7000 元月薪，骨干队员可以提供 4000 元月薪；交换条件只有一个，即要求 Dian 团队所有队员都去校外该公司做软件项目（每天专车接送）。面对看起来可让 Dian 团队一劳永逸的丰厚条件，刘老师动心了，但是心动之余，又隐隐觉得有些不对劲。面对那位老总"请尽快答复"的着急态度，刘老师想，兹事体大，必须提交团队"核心层"讨论才能决定。于是，她通知全体核心层成员连夜赶到华科紫菘公寓门口的西边小楼（华三通信项目组借用别人机房所在地）召开紧急会议，这次会议在 Dian 团队历史上意义重大。

干部们到齐之后，刘老师通报了"并购"条件，并在一块白板中间画了一条竖线，左边列举了并购后的一堆好处，右边请大家列举被并购的坏处。结果只有一条"距学校远"，决策结果似乎已经呼之欲出。这时，极少发言的刘明轻言细语地提出了一个疑问："刘老师，如果这样做了，那从今以后，我们跟您就再也不是师生关系，而是雇佣关系了。"一听此言，刘老师如梦方醒，心里那种不对劲一瞬间就找到了原因，这是要她丢掉教书育人的初心、变成一个单纯逐利的商人啊！于是，她声音洪亮地说道：刘明所提的这一条坏处，足以驳倒白板左边的全部"好处"，我们不能忘记成立 Dian 团队的初衷，不能变成单纯赚钱的"包身工"。刘明这句话，避免了被"并购"，挽救了 Dian 团队。刘老师至今回忆起这件事，仍然盛赞："刘明的这句话对我的震撼极大，甚至影响了我的后半生，从那之后我再也没有被任何诱惑撼动过。她虽然轻易不发言，但其思想深度却非同一般。"

鲜为人知的是，如今 Dian 团队每人都会经历的"预备队员"阶段，也是刘明十几年前提出的建议。她认为，不应匆忙给新进队员送正式编号，而要像软件开发设立"缓冲池"一样，建立新进队员的"缓冲池"，实行双向观察与磨合，凡不适应 Dian 团队的可以及早自退，不符合团队理念的也可以及早劝退。这个"缓冲池"，后来更名为"预备队"。本书的执笔者，绝大部分都是加入 Dian 团队不久的预备队员，整理老队员的故事就是预备队的文化培训作业之一。

杨威：虚心受教的编程偏才

　　杨威和 Dian 团队的缘分起源于大二下学期"数据结构"课，任课老师正是刘玉老师。第一次上机实验，杨威姗姗来迟，可是没过一会儿他就举手申请验收。刘老师一看，不仅运行结果正确，他还在只能显示字符的简陋 DOS 系统界面，巧妙地用几种字符搭成二叉树的图形显示！

　　刘老师惊讶不已："你不是迟到刚来吗？怎么做得又快又好呢？"

　　杨威回话："我宿舍有电脑，已经自己调试好几天了，刚才运行成功了，才把程序拷贝到磁盘带来机房。"

　　刘老师十分赞赏他的做法，又问道："你才刚上大二，但是这编程水平可不低，你什么时候开始学编程的？"

　　"我从小学五年级就开始编程了。"

　　刘老师暗自惊喜，人才难得，一回家就给杨威发出热情洋溢的电子邮件，邀请他加入 Dian 团队做真实项目。但不常收邮件的杨威，竟然漏看了刘老师的邀请，错失缘分。

　　2004 年夏，读完大三的杨威因 Dian 团队热心队员占幼平（060 号队员）散发给他的"Dian 团队招聘暑期实习生"海报，报名面试时再次与刘老师相见。那时，刘老师已知杨威的综合平均成绩（简称 GPA）是全班倒数第一，但更了解他的编程水平，认为这是一个偏才，立即招收，并把他放到与武汉嘉铭激光公司合作的最大项目组"主控组"去负责软件开发。然而，意气风发的杨威写好一长串 C++ 程序后，到嘉铭公司现场调试时却频繁出问题，嘉铭的王部长怀疑是杨威的软件模块有 bug。

　　杨威条件反射般喊了起来："怎么可能？我写的软件怎么会有 bug？"

　　见到杨威这种态度，王部长私下对刘玉老师说："你们这个杨威呀，压根不适合当程序员，因为程序员都知道，任何一个软件都不可能没有缺陷，只能通过测试尽量减少罢了。可他怎么能完全否认软件有 bug 呢？"

2004年8月10日，主控组在嘉铭公司连续奋战的第35天（前中为杨威）

刘玉老师转述这个评价给杨威之后，他内心受到了很大的震动，进行了深刻反思。自这次项目经历后，杨威养成了虚心受教的习惯。这让他不仅在技术上成长更快，也充分认识到"更多的成功来自做人和处事的方法"。

改变了观念的杨威，还提炼出一个后来闻名全国的"树枝教育"的案例。2004年深秋，一个刮着大风的周末晚上，在华科西五楼开完Dian团队例会后，刘老师推着自行车与杨威等同学边走边聊。看到路中间横着一截长树枝，前面十几位队员嘻嘻哈哈跨了过去，身旁的杨威更是毫不在意地蹦了过去。刘老师见此，马上把自行车往旁边一立，叫住了大家，生气地说："这么大一根树枝，你们年轻人跳过去了，后面有老人经过怎么办？如果天黑有一位骑车的老师路过会不会摔跤？举手之劳的事情，为什么这么怕脏，这么怕累，这么自私！"杨威很委屈地解释说："刘老师，我真的不是怕脏，也不是怕累，而是从小到大都没有人教育过我，做事要替别人考虑。"刘老师这才意识到，现在的家长和老师，对孩子的要求完全围绕着中考和高考的分数，已经很少教育他们在道德水准上要懂得"利他"，"德"已成为稀缺资源了。那么，Dian团队就应该把"高尚的道德情操"作为核心竞争力来培养，并写入Dian团队的章程。当年年底，杨威在年终小结中把此事取名为"树枝教育"。

两年后，刘玉老师向学校工会主席李爱珍讲述了Dian团队育人理念和"树枝教育"案例。李主席非常重视，当中央电视台到学校拍摄"名师名校"纪录片时，特别推荐刘老师讲述这个故事。最终，"树枝教育"出现在了2007年央视纪录片"喻家山下的传奇"中，给许多观众留下了深刻印象，纷纷表示受到了很大触动。

举案齐眉的模范夫妻

2005年春，即将本科毕业的刘明与杨威两人一同进入华三通信项目组，并在收尾阶段一起前往北京进行系统测试。在这段时间，杨威的细致体贴打动了刘明，两人开始了甜蜜之恋。

刘明和杨威年龄相当，但杨威找工作比留校读研的刘明早了整整两年。他即使参加与Dian团队已深度合作的华三通信公司的招聘，也因不擅长笔试而差点被刷，幸亏因为是Dian团队成员才得以破格进入面试。华三公司的面试官翻出杨威的笔试卷子，叹着气说："看看你的笔试卷子吧，有好几道考题你竟然都空着没做呀！"

杨威解释："您只看到我有一部分考题没时间解答，能不能看看我前面解答了的那部分，程序编写是否正确？参数定义是否完备？代码书写是否规范？"面试官听到这句话，又细看了杨威所写的工整、严密的代码，当即改变看法，把杨威录取了。

杨威进入华三通信杭州总部研发部，安心工作了五年之久。这期间，读完硕士的刘明被知名外企Autodesk（上海）录取，于是两人把小家安在了上海，但到2010年，杨威忽然向刘玉老师通报："我准备从华三离职。"刘老师很不理解他为何要放弃稳定的高薪工作，杨威

2010年8月22日，刘玉老师与刘明夫妇在Autodesk公司合影

说他遇到了一个很优秀的台湾创业者，决定与几个伙伴一起跟随其创业。

2010年8月下旬，刘玉老师从美国公干返回时，要从上海转机回武汉，她特意在上海多停留了两天，特意到已经结婚的刘明和杨威家里借住，一是想看看小两口的生活和工作情况如何，二是想了解杨威创业的项目到底是做啥的。

在分别参观完他们两人各自的工作单位之后，刘老师请杨威详细介绍他的创业项目。杨威说，现在手机正逐渐普及，但屏幕太小，直接观看电脑的web网页时画面会很丑，用手机逛论坛、发帖子就更不方便了，因此，他们要做一款能自适应手机屏幕的移动端社区论坛"Tapatalk"。刘老师一听这个浏览器是免费的就急了，马上扭头问刘明："他创业做这种不收费的产品，对家庭经济没有任何贡献，风险这么大，你会同意吗？"刘明笑着说："我若不同意，他会辞职出来吗？"刘老师连忙嘱咐："那你可要好好保住外企的高薪职位，'一家两制'我才能放心啊！"

有了夫人刘明当坚强后盾，杨威便义无反顾。天道酬勤也酬勇，仅仅过了3年，随着公司融资3000万美金，杨威作为创始股东之一而身价飙升，一度成为Dian团队"隐形富豪"。2020年，杨威决定从陪跑了风雨十载的公司退出，养精蓄锐，准备第二次创业。

编后语

　　刘明师姐和杨威师兄的故事，令我印象最深刻的就是刘明师姐在Dian团队那次重大会议上的一鸣惊人。即使素未谋面，我眼前也勾勒出了刘明师姐沉默寡言却做事认真细致、思考深刻独到的形象。而杨威师兄，无论是在技术上还是在品德上，他乐于接受批评并及时改正是让我佩服的品质。刘明师姐做事思路清晰、考虑周全、目标明确、顾全大局，杨威师兄特立独行、敢想敢拼、认真细致，两人可谓"性格互补，天作之合"。祝福这对伉俪同舟共济，家庭幸福！

钱建安&张瑛：凤凰于飞，梧桐是依

|执笔人：胡玉洁

钱建安，男，浙江温州人，Dian团队052号队员，1999年从芜湖市第一中学考入华中科技大学。

张瑛，女，湖北武汉人，Dian 团队 058 号队员，2000 年从武汉市第一中学考入武汉科技大学。

2004 年，钱建安与张瑛同时进入华科电信系读研，并加入 Dian 团队；毕业后，两人同时入职中兴通讯（上海），后双双返汉工作，结婚生子；又先后辞职，创立了小安科技，目前分别担任小安科技 CEO 和副总。

初入团队：黄灯闪烁，绿灯常亮

2003 年 9 月，在武汉科技大学刚上大四的张瑛获得保送资格，她想到华科电信系读研。由在华科工作的亲戚推荐，她选报了刘玉教授为导师。然而，在武汉科技大学成绩优秀的张瑛却在面试时备受打击。

面试时，张瑛提到对硬件很有兴趣且学过 DSP 技术，因此受到了刘玉老师及 Dian 团队核心层在此技术细节上的连番追问。张瑛被"虐"得面红耳赤，只好自嘲："我只是在课程设计上了解过一点，不算精通。"面试结束刚离开教室，张瑛就忍不住打电话向亲戚哭诉："这个老师太不近人情了！"但那位了解刘老师口碑的亲戚劝说张瑛：一定是报考刘老师门下的学生太多，她如此严厉其实是为了吓退意志不坚定者。张瑛恍然大悟，最终顶住了刘老师的"压力测试"，从闪烁的黄灯下冲出重围进入了 Dian 团队。

如果说张瑛是华科电信系的"插班生"，那么钱建安可以说是华科电信系的"子弟兵"了。钱建安1999年考入华科电信系读本科，毕业后仅工作数月便又想返校读研。2004年1月，在考研成绩尚未公布时，他就先行到导师面前"刷脸"："刘老师，请问我能否加入Dian团队做项目？"当时的Dian或许还不能称之为Dian团队，仅仅是Dian小组。没有办公室，没有实验设备，队员都在西一楼借用电工电子基地的两张实验桌来做工程项目。但即使是这样寒酸的条件，钱建安的态度依然诚恳甚至卑微，表示："只要能参与，我情愿给大家义务打杂。"

于是，在实验室里经常能看到钱建安积极主动的身影，一脸憨笑着向其他队员请教问题。见此，即使小钱技术基础薄弱，刘玉老师也慷慨承诺道："只要你的考研成绩过了电信系的复试线，我就招你做研究生。"最终，在刘老师点亮的绿灯下，钱建安如愿读研。

队内发展：水到渠成，风波频起

2004年3月，钱建安已经在Dian团队磨炼了两个月，张瑛也提前进入团队做大四的毕业设计。4月份，团队组织了成立以来的第一次春游，钱建安和张瑛都参加了这次特别开心的团队建设活动，两人就此熟悉起来。9月初，钱建安和张瑛同时进校读研，都志在硬件，并且在团队内多次同组做项目。

其实，在加入Dian团队之前，钱建安和张瑛各自已有"另一半"。但进入Dian团队后做企业项目要投入大量的时间和精力，在他们疲于应付各种棘手问题之际，情侣之间的感情也渐渐疏远，最终两人都恢复了单身。次年，Dian团队又一次组织春游，由钱建安和张瑛所在项目组承办，两人一同去东湖磨山踩点，直到傍晚才回到团队。刘老师奇怪地问道："你们踩点怎么要这么久？"此时两人脸上的笑容藏也藏不住，就这样他们之间的窗户纸被

2004年4月，Dian团队在东湖落雁岛举行第一次团建

（左2为张瑛，右3为钱建安）

这次团建活动戳破了。随之而来的是所有队员的衷心祝福，以及钱建安与张瑛风雨同舟的后续故事。

在 Dian 团队里，张瑛与钱建安被真实项目牵引，通过"干中学"模式积累技术，磨炼作风，进步迅速，最终双双成功跻身"核心层"（即后来的队委会）。然而，钱建安和张瑛在团队里面的发展并不是一帆风顺的。

2007 年初，学校教科院以 Dian 团队为样本做了一次心理测试问卷调查的研究，造成了钱建安和张瑛与刘玉老师之间巨大的隔阂。测试结果显示，钱建安和张瑛都私心偏重，然而以他们在工作中的表现来看，"自私"这个词与钱建安和张瑛完全风马牛不相及，但这个结果难免让刘老师心存疑虑。

不巧，一波未平，一波又起。此后不久，恰逢"例会"风波（见《点亮未来》一书"史上最痛的例会风波"），已是研三且身为核心层干部的钱建安和张瑛两人，本应做好表率，却连续两周无故缺席周末的团队例会，并且拒绝做检讨，这让刘玉老师大为光火，更加偏信测试数据的"准确"。由此，师生对立情绪更甚。最终，还是钱建安主动写了一封信给刘老师，提出尖锐意见："您为何宁愿相信一张试卷的打钩题，也不相信自己亲眼所见我们两年半的表现？"原来，他俩故意不配合，不过是对刘老师那种教条式的不信任做出的无声抵抗。这封信让刘老师如梦方醒，并诚恳反思，从此 Dian 团队慎做心理测试。

甫一出站：产品火爆，初心不改

2007 年夏，获得硕士学位的钱建安与张瑛，双双被当时的知名国企——中兴通讯公司录取到上海研究所工作。三个月见习期还未满，中科院武汉岩土力学研究所（简称"岩土所"）便派人"二顾茅庐"，力邀钱建安到该所工作。他们为何如此重视钱建安呢？

时间回到毕业前一年，Dian 团队与岩土所签订了合作项目"多通道基桩检测声波仪"，该项目的组长正是钱建安。在钱建安的得力领导下，项目组不仅解决了该公司十几年都没实现的全自动功能，而且 Dian 团队还以此成果赢得全国"挑战杯"大赛特等奖。接着，岩土所想把样品变成产品，他们深知只有钱建安才是全面掌握核心技术的人，于是特意成立了一个新公司，聘请钱建安出任技术总监。由于钱建安在上海中兴的岗位与他感兴趣的嵌入式技术不对口，所以他答应了岩土所的热情相邀，回到武汉准备大展拳脚，未婚妻张瑛随后也回汉。

钱建安到职后，迅速开始批量生产产品，市场火爆，供不应求。刘玉老师找钱建安借一台样机到北京参加中国科技展，"没有样机，全都卖光了"，钱建安回复道。"那你们用来做对比调试的设备能借一台参展吗？"钱建安无奈回答："连调试的机器也被客户买走了。"刘老师没想到他的产品如此火爆，只好再退一步："那损坏了拿回来修的总有吧？""有是有，只不过一修好就得立马送回去，客户那边催得很急。"最终，刘老师只好带着一个外壳去参展。

产品如此火热，新公司发展蒸蒸日上。而当年营收突破 8000 万元时，钱建安却想辞职了。

2010 年，当钱建安回团队透露辞职的意图时，刘老师十分诧异："你在公司地位这么高，产品这么好，为什么要辞职？"钱建安回答道："作为技术总监，我应当以不断开发新产品为己任，但现有产品卖得太火爆了，我每天只能应付这一个型号的量产，无暇开发新产品。这样下去，后续发展会乏力的。Dian 团队教给我的创新精神，我不想丢弃。"于是，他毅然辞职回家，在储藏室开始了单干。随后不久，在邮科院工作、月薪高达 9000 元的张瑛也表示："我也想辞职和老钱一起创业。"刘老师坚决不同意："你们同时创业，谁来养家糊口带孩子？风险太大了。"

钱建安单干了一段时间，真的研发出了一款野外施工探测仪器。但是，没有了国企背景的渠道和资质，即使价格非常优惠，客户也不敢尝试他的新产品。钱建安多方奔波，却四处碰壁。尽管创业之路如此艰难，钱建安依然初心不改。直到 2013 年，钱建安和当年 Dian 团队的战友——026 号队员颜庆华一起回到 Dian 团队大本营，借用启明学院 7 楼团队实验室各自创业。有了 Dian 团队提供场地、设备和人力，甚至连饮用水都可以"蹭"，创业成本大大降低，钱建安的队伍逐渐强大起来。

不过，同时创业的颜庆华的互联网公司已经快速融资盈利，以智能硬件研发为主的钱建安的公司却还在苦苦挣扎和不断尝试。钱建安一直咬牙坚持，与他一起创业的 Dian 团队老战友 078 号江涛、059 号倪炜也不离不弃。

事业发展：创业突破，活水循环

钱建安创业之路频频受阻，然而机会似乎总是喜欢考验人的耐力，就在"山重水复疑无路"时，刘玉老师为他们带来了"柳暗花明"。

2015 年 3 月上旬，刚刚转型为创投双方做融资对接的"创业红娘"刘玉，接待了一名外校学生。对方拿着一个自称具有自行车防盗功能的简陋电路板来报名融资，但刘老师询问了几个技术参数后，发现根本不可行。为了更有说服力，刘老师把硬件经验丰富的钱建安叫来当裁判，钱建安与老师的看法完全相同，那位学生马上放弃了这个项目。但事后钱建安嘀咕："如果改做电瓶车的防盗器，用车载电池供电，还是可行的，而且以我们公司的硬件经验，很快就可以出样品。"于是，刘老师向钱建安建议："我的电瓶车和电瓶都被偷过三次了，那就请你们马上试做一个电瓶车的防盗器吧！如果真的可行，欢迎上我的第一期创业相亲会，也算 Dian 团队老队员支持我转型！"

果真，钱建安的团队仅仅用了一周就做出了可以报警的电瓶车防盗器样品，并参加了第一期红娘会的路演。看到观众反响不错，钱建安开始认真琢磨起来，继续投入力量完善这个新产品，从单纯的防盗报警和路线追踪，直到做成电瓶车的"智能大脑"。产品功能越来越完备，却迟迟没有经济效益，因为让老百姓将已经买回的电瓶车再掏钱去加装一个藏在电池旁的小盒子，推广难度很大。但钱建安看到共享单车已经风靡校园和城市，坚信未来定会出现共享两轮电单车，最后4公里的首选交通工具非电单车莫属，而"智能大脑"将是其必备部件。因此，钱建安咬定青山不放松，苦苦坚持。可惜，当时共享电单车迟迟没有红头文件批准，不能在校园和市区内运营。

钱建安带领全公司员工提前储备共享技术，坚守信念，苦熬了整整三年，终于等到两轮电动车进入了共享市场。于是，小安科技公司迎来了快速发展期。此时，张瑛也辞职加盟，支援钱建安创业。

在启明学院"孵化"了五年的小安科技公司，在具备量产能力后，迁往校园外的留学生创业园。截至2021年，小安科技已有10名全职的Dian团队队员，052号钱建安是总经理，058号张瑛是副总经理，078号江涛是技术总监，017号名誉队员刘宇飞是市场总监，122号柯菁是小安（南京）研发中心主任，还有年轻一代493号李允恺、512号吴相鑫、532号郭承颖、541号白恒培、562号李超超都是技术高管。这些人中，不乏腾讯、网易、华为等大公司辞职者，他们为什么甘愿放弃大企业的高薪而来到小安科技呢？

小安科技技术部主管李允恺，从Dian团队毕业后去阿里工作了两年，但如他所言："那两年是没有梦想的两年，每天上班写四个小时的代码就可以完成任务，下班无聊就打游戏。"其实，他和钱建安一样，那颗从Dian团队里面带出来的追求创新的心一直在跳动着。当初在团队时，李允恺就一直在钱建安的项目组锻炼。2017年，钱建安的公司正值发展期急需骨干的时候，李允恺出于对团队的情感和对师兄师姐的信任，毅然从阿里辞职，回武汉加入了小安科技。郭承颖一进Dian团队就开始接触小安项目，毕业后毫不犹豫地直接入职了小安科技。李超超同样是在本科期间便在小安项目组锻炼成长，毕业后在华为工作不到一个月便接到钱建安的邀请电话，他立即说服家里人，跳槽回到了小安。

从老队员自己的回忆中，我们不难发现小安科技能够团结一心、"抱团创业"的原因。这一切都始于2013年，钱建安刚进启明楼里创业时，Dian团队免费提供场地和小队员，并要求钱建安以企业导师身份指导和培养团队的嵌入式技术人才，希望能再孵化出一个可以拿"挑战杯"特等奖的项目。与小安科技的合作，虽然暂时还没能让在校生参赛获大奖，但培养出了572号严子怡和583号汪宇豪两位优秀的本科毕业生（2018年），创下Dian团队应届毕业生年薪的最高纪录，也为小安科技自己培养了一批核心技术骨干。

Dian团队帮助小安科技有了一片立身之所，小安科技则帮助小队员成长。小队员成长起来之后，部分人又回到公司帮助小安继续成长，另一部分人则成为社会认可的优秀人才。小安科技与Dian团队之间不断地活水循环，最终三方受益。

且看今朝：团队精神，扎根小安

2020年初，武汉因新冠疫情而封闭管理。地处武汉的小安科技，一度被竞争对手恶意散播"濒临破产"的谣言，但他们没有示弱，反而提前布局供应链，在形势最紧张的时候，小安科技的核心层（几乎全是 Dian 团队队员）亲临生产第一线，满足客户的采购需求，反而巩固了与客户的关系。

副总经理张瑛回忆说，2020 年 1 月 20 日，武汉封控前夕，小安科技刚巧提前放了假。封控之后，身居外地的核心层干部敏锐察觉到了危机，立即让采购部门加急采购各种原材料在苏州组建新厂。意识到武汉短时间不可能复工，他们又立即在南京成立了研发中心。在疫情最严重的 2 月初，小安科技便复工于南京，是疫情期间最早复工的武汉企业之一。

疫情期间，深圳也受疫情影响，很多产业不能复工，有些产品的原材料在市场上买不到，只能从小安科技在武汉的仓库里取到。那时，封在武汉的 541 号队员白恒培便冒着生命危险出门，全副武装回到小安科技公司，一个人把物料打包并发货，保障了苏州工厂可以正常开工。疫情期间，从武汉发出的快递，客户都不敢接收，于是，货先被转发到钱建安的老家安徽芜湖，钱建安组织家人消毒打包之后，再发货到苏州，连顺丰快递员都吃惊："芜湖这么个小地方，咋在这个时候有这么多货发出呢？"

2021 年 3 月，小安科技部分骨干队员合影
（左 4 为钱建安）

钱建安感叹道："不仅出身 Dian 团队的骨干们奋勇向前，公司其他员工也受到 Dian 团队文化的影响。武汉 4 月 8 日刚解封，员工们便纷纷返汉，4 月 12 日小安科技就线下全面复工。"此时此刻，小安科技展现了许多公司都无法比拟的团结一心、上下一致，就像 Dian 团队的队员们为了把团队建设得更好一样，不计得失，齐心协力。正是靠着这种从 Dian 传承而来的团队精神，小安科技在疫情期间不但没有裁员和降薪，反而迅速增员扩张。2021 年，小安科技荣获"武汉市最具成长力的十佳企业"称号，成为估值数亿的"瞪羚企业"。

编后语

　　无论是刚进团队时张瑛师姐展现出的坚定意志，钱建安师兄表现出的积极主动、谦虚踏实的良好态度，还是面对矛盾与误会时钱建安师兄的敢于表达、敢于质疑，都是让人钦佩的品质。当然，最值得我们学习的，还是毕业后钱建安师兄和张瑛师姐不惧艰难险阻，目光长远，行动力极强，不断追求创新、追求技术突破，并不断传承团队精神，最终让小安科技从零起步进而发展壮大。

冯亮&魏喜燕：Dian团队的"神仙眷侣"

| 执笔人：许逸飞

冯亮，男，湖北武汉人，Dian团队109号队员。2002年从华中师范大学第一附属中学考入华中科技大学，以优异成绩进入电子信息数理提高班；大二时加入Dian团队并留下读研，历经项目组长、团队核心层、第三任总教练等管理岗位锻炼，陪伴团队一起成长壮大；毕业后被世界五百强CISCO（思科）公司上海技术部录用，现就职于AVIAGE SYSTEMS（昂际航电）公司。如果用两个标签概括冯亮，那就是"细心做事""挑战自我"。

魏喜燕，女，河南洛阳人，Dian团队204号队员。2004年从洛阳第一高级中学毕业考入华中科技大学电信系，她是男生眼中典型的女神形象，端庄典雅，且动手能力极强，丝毫不让须眉；从首届种子班毕业后，被保送到武汉大学电信专业读研，现就职于华为技术有限公司。如果同样用两个标签概括魏喜燕，那就是"沉静内敛""聪颖干练"。

冯亮：细心做事，挑战自我

细心做事，态度至上

冯亮是2002级电信系数理提高班（华中科技大学电信、计算机、电子、电气等相关专业学生遴选出的本校保研班级）的学生，在这个学霸云集的尖子班上，他仍然名列前茅。说起冯亮加入Dian团队，还有一段故事。在2003年的一个周末，冯亮在南二楼电信系机房练习编程，当时遇到一个故障调试了很久也没有解决。于是，他向当时值班的助教请教。在助教的帮助下，故障的原因终于找到了，冯亮欣喜若狂。助教说："我看你这几个周末都来机房编程，应该是对技术很热爱，我们学校有个Dian团队，有很多真实的项目可以给学生锻炼的机会，你可以考虑申请一下。"这是冯亮第一次听说Dian团队，缘分也就这样埋下了。到了大二的暑假，提高班学生必须参加科研训练，冯亮在那位助教（85号队员杨威）的引

2006年7月27日，曹经理（右2）听取冯亮组长（左1）的输入评审汇报

荐下，便选择了刘玉老师。刘老师非常器重来自提高班的精英，立即安排冯亮到Dian团队与他专业最对口的无线通信项目组。冯亮说话办事谦逊低调，而且认真刻苦，很快就成为无线通信组的骨干。冯亮完成了"跟"项目和"做"项目的阶段后，接着就迎来了一个"管"项目的机会。

那是2006年初春，肆虐全球的传染病"非典"虽然消停，但人们仍然谈之色变。有个做口罩等医疗耗材出口的曹姓商人，看到香港医院护士害怕被传染而纷纷离职，于是灵光一现，想开发一种可以远程操作传染病房内部十几种医疗设备的智能控制装置，并认为一定有市场前景。于是，这位商人装了一书包现金，慕名来到Dian团队委托开发。

队员们听了这个需求，都觉得很有社会价值，又听那位商人说要是能用手机短信去控制医疗器械就好了，大家都认为这个"隔离式医疗设备无线控制"项目难度不大，于是就推选冯亮带领几个人承担开发任务。虽然甲方那位曹经理提供不了具体的医疗设备装置，但大家认为，只要把短信控制执行部件的功能做出来，项目必成。于是，充满激情的冯亮找来了电吹风、台灯、电炉等肉眼可判断是否启动的代用品，成功用手机短信控制它们的通断，还在团队例会上展示，引得队员们阵阵赞叹。

然而，国庆节的时候，细心的冯亮突然想到，在节假日（特别是春节）高峰期内，短信很难及时送达，有的拜年短信甚至会滞后好几个小时，这对于医疗设备的控制来说是致命威胁啊。他的心情一下子跌到谷底，马上组织全组讨论新方案，最终找到了使用电话TDMF脉冲编码的控制方式，成功解决了延时的问题，最终顺利完成了项目。

主动请缨，挑战自我

冯亮是个性格内向但很爱思考的人，他听说团队计划为预备队总教练配备一名助理，负责帮助与新队员沟通等事项，便立刻找到刘老师毛遂自荐。刘玉老师好奇地问："你看起来好像很腼腆啊，为何愿意承担这个沟通交流的任务？"冯亮回答说，正因为自己性格内向，与人说话都脸红，一上台就手抖，所以才想要挑战自己，通过教练助理的角色锻炼自己，从而克服弱点。刘老师听后大赞，马上同意冯亮成为预备队第二任总教练杜欢的助理。

冯亮说到做到，利用一切机会提高自己。有次Dian团队周末例会刚结束，冯亮就跑到前排找刘玉老师，说刚才老师的长篇发言很精彩，想看看她手里的笔记本是如何撰写发言提纲的。当看到刘老师的提纲只有半页纸还满是修改痕迹时，他吃惊地问："这么短的提纲，您是怎么扩展到两小时的演讲的呢？"刘老师非常欣赏他的钻研精神，把演讲诀窍如数教给了他。就这样，他从那个"与人说话都脸红"的腼腆大男孩，逐渐成为一个善于倾听和交流、在各种会议上表达自如的"外交达人"，最后还成长为 Dian 团队第三任总教练。冯亮在之后的教练和培训岗位上越干越顺，游刃有余。

2007年6月初，冯亮主持Dian团队新人培训

细致总结，达成目标

2007 年秋的求职旺季，即将研究生毕业的冯亮也加入了面试大军。在经历了多次面试之后，冯亮做了详细的总结，从技术的考察要点到公司对软技术的关注点，都一一做了分析，堪称"求职宝典"。刘玉老师给了冯亮一次在全团队例会上做分享的机会，令在场队员获益良多，深深叹服。冯亮同时也担任了电信系本科一个班级的班主任，他不仅将求职的经验分享给了同学们，还邀请了被保送清华读博的 Dian 团队师弟给班上同学们进行求学的交流和分享。

在求职季的末尾，冯亮又接到世界 500 强之一的通信巨头思科公司给他发来面试通知。冯亮很纠结，一方面他已经有了意向公司，另一方面他对面试思科也没有太多把握（思科招聘的人数很少，整个华科也只有两人接到面试通知）。刘老师知道了，替冯亮拍了板，只要有一丝机会都应该试一试。最终，冯亮以在 Dian 团队多年的项目经验和细致总结的积累打动了面试官，成功拿到了思科的 offer。

刘老师后来去上海出差时，专程去思科公司探望冯亮，得知他不仅工作出色，业余时间还积极参加公益活动，教农民工子弟学校的孩子们学摄影，内心十分欣慰。

魏喜燕：沉静内敛，聪颖干练

小小课程，新的天地

魏喜燕一上大学，就加入了学校电工电子创新基地，从事嵌入式技术的学习和比赛。她在电信系"数据结构"的课堂上结识了刘玉老师，被其人格魅力所打动，又恰好凭借优异的成绩获得了特优生身份，于是选择刘老师当她的特优生指导教师，请求提早进入科研环境，就此进入 Dian 团队。

2006 年 6 月，Dian 团队想把体制外的"第二课堂"锻炼变为体制内的第一课堂教学新模式，于是，导师们筹建了一个 20 人的"基于项目的专业教育试点班"——种子班。听闻此消息的魏喜燕，十分认同种子班"干中学"的理念，被这种教改举措所吸引，颇有些动心。但是，从传统班级转换到试点班，教学模式和考核标准都发生了极大的改变，存在许多未知风险。经过深思熟虑，魏喜燕终于下定决心，即使承受再大的艰难困苦，也愿意加入种子班。

勤奋能干，默默沉淀

种子班的第一门课，是 Dian 团队 CTO 钟国辉老师担任主讲的"微机原理"，与普通班教学方式极不相同，能充分体现种子班新的教学模式。于是，专家组特意把开课时间提前到每年 8 月中旬，让报名的同学体验完这门课之后，再决定是否从原专业转入种子班。魏喜燕由于转入 Dian 团队及种子班的时间较晚，未能赶上钟老师讲解的前面几节课。但是，她凭借超强的自学能力和理解能力，遇到问题就请教老师，或与种子班同学讨论，最终成功完成了 Linux 系统裁剪的课程要求，让钟老师对她刮目相看，同时也给同学们留下了靠谱的印象。

魏喜燕一直喜欢偏硬件的项目，在 Dian 团队待过的项目组有 ARM7 组、激光电源组等。虽然从项目组名称听起来，都不适合这个柔弱的小女生，但她不仅全力投入，而且是响当当的核心骨干。即使在见多识广、阅人无数的刘玉老师看来，魏喜燕身上这种强烈反差都是罕见的。这种刚柔并济到底是怎么形成的呢？至今仍然成谜。

2008年3月，Dian团队生日Party上的5位女"寿星"
（左起：魏喜燕、王飞、闫瑞、耿莉、邹丹）

相守一生的爱情

2006 年那会儿，冯亮和魏喜燕都在 Dian 团队的五一基地做项目，虽然不是同一个项目组，但都是嵌入式项目方向。在学习生活上，两人常有沟通交流，也为之后感情的发展铺垫了基础。

2008 年春，魏喜燕已经以优异的成绩获得保研资格，并在刘玉老师的推荐下被武汉大学录取读研，而马上研究生毕业的冯亮也要赴上海思科公司工作。情投意合的两人，即使面临"异地恋"的考验也没有放弃，两年后硕士毕业的魏喜燕选择去华为上海研究所工作，两个人很快在上海安了家，有了圆满结局。

如今，十几年过去了，两人的爱情依旧如童话般美好。目前，冯亮已经离开了思科公司，正在参与国产大飞机 C919 项目，为祖国建设添砖加瓦。追忆过往，冯亮表示，Dian 团队那几年的培养使他受益终身，不管是技术能力和项目经验，还是做人做事的软技能，都得到了极大的锻炼和提升。还未离开团队时，他就曾这样概括 Dian 团队："以技术吸引人，以道德培养人，以感情留住人。"

编后语

两个技术牛人，从青涩到成熟，在偶然和必然的交织中最后走到了一起，令人羡慕不已。从聆听刘玉老师的口述历史，到对故事主人公的采访，笔者仿佛同他们一起经历了十几年的岁月。冯亮师兄从最初的腼腆请缨到如今的口若悬河，勇于挑战和细心钻研，成就了团队的佳话；魏喜燕师姐则波澜不惊，勤恳低调和日积月累，铸造了最好的自己。

周亮&谢健芬：因Dian结缘，共面风雨

执笔人：卢玮

周亮，男，湖北枝江人，Dian团队131号队员。2003年从枝江市第一高级中学考入华中科技大学电信系，2005年暑期加入Dian团队。2007年本科毕业时，周亮响应学校"2+2"的保研政策，留校先担任两年辅导员再读研。周亮担任过Dian团队第二届队长，也曾登上央视《小崔说事》节目。出站后，周亮先后就职于亚马逊中国、乐视、贝贝网，现为阿里巴巴资深技术专家。

谢健芬，女，广东清远人，Dian 团队 169 号队员。2005 年从清远市第一中学考入华中科技大学电信系，2006 年大一下学期加入 Dian 团队，拜周亮为师。在团队里，谢健芬从一个技术小白、美工师，逐渐成长为 Web 组组长。2007 年，转入种子班学习。2009 年本科毕业后，谢健芬在华科电信系互联网中心读研。硕士毕业后，先后就职于亚马逊中国、贝贝网，现就职于蚂蚁集团。

周亮和谢健芬因 Dian 团队而相识结缘，携手共同面对人生的风风雨雨。

因缘际会，与Dian相识

2005 年 6 月的一天，还没读完大二的周亮偶尔上紫菘音乐网浏览，不经意点开了刘玉老师个人主页"海豚之家"，又不经意浏览了留言板，发现这个老师逢帖必回，而且还很详细，觉得真不简单。看到很多同学都在上面申请加入 Dian 团队，周亮也跟着试了一把，但内心其实比较忐忑，觉得自己什么技术都不会，只会一点 HTML 脚本语言，勉强能搭个 Web 网站罢了。没想到过了不久，周亮便收到刘老师的邮件，说 Dian 团队暑期招新，欢迎去面试。周亮心里很紧张，此前他参加过其他两个社团面试都被刷掉，这次或许也会刷掉。最后，他竟然通过了面试，刘老师也高兴，说这是"缘分"，还送给周亮一本 Dian 团队年鉴。正是这个缘分，开启了周亮 Dian 团队生活的大门，将他带往了新的方向。

钻研技术，默默付出

加入团队后，周亮选择在 Web 方向继续钻研。刚进预备队，刘老师就交给他一个任务：搭建 Dian 团队人才网。于是，周亮利用暑假系统学习了网站制作技术，包括 Dreamwear、数据库、ASP、VBscript、Javascript 等相关知识。周亮被明确的任务目标逼着去学习 Java 语言，逼着自己快速阅读英文的帮助文档，学会上网快速查找资料。这个过程其实是漫长而困难的，对于很不自信的周亮而言，更是如此。但是，当他用 Java 的多线程机制把"操作系统"课程要求的上机程序写出来后，当他为同学搭建了一个简单的 ASP+SQLServer 的网上书店系统时，周亮第一次看到了自己的进步，开始有了一点自信。

虽说周亮潜心钻研 Web 技术进步明显，但当时并没有什么企业委托 Dian 团队搭建 Web 网站，自然接不到开发合同，因此，周亮就只能和别人打配合，甘当配角。比如，某个项目组要做一个网页、Dian 团队要做个宣传网站等等，只要跟前端技术有关系，就会找周亮帮着一起来完成。也正因如此，周亮很长一段时间都不是那种叱咤风云的主力队员。但周亮的脾气不是一般的好，虽然一直为他人"作嫁衣"，但他都认认真真、兢兢业业地尽心完成，把握住每一次锻炼能力的机会。

担任组长，展示锋芒

2006 年，在 Web 方面钻研已久的周亮被任命为新成立的多媒体组（简称"Web 组"）组长。这个组的主要任务就是，协助时任电信系副系主任的刘玉老师，做好电信系的对外交流、信息化建设以及 Dian 团队的信息化建设，周亮终于等来了自己大展拳脚的机会。

早在 2004 年，Dian 团队就给电信系的教师做了一个年终工作量考核数据库系统。这个系统是由 2001 级和 2002 级的张仲琨（027 号队员）、单煜翔（035 号队员）、刘禹圻（037 号队员）、武锐（038 号队员）等数名队员开发的，可是没过两年，这些队员全都毕业离校了，维护升级的工作自然就落到了周亮的手里。后来，周亮还接手了电信系教务系统开发、电信系门户网站的制作和维护以及办公室信息化平台等工作，处理了数不清的突发状况，修补了数不清的软件和硬件 bug。有一位教务员在周亮替她排除了故障之后，跟刘老师猛夸："你们那个周亮，电话一叫就急忙赶过来，忙得一头汗水也从不发脾气，总是笑眯眯的，刘老师你怎么把学生的耐心培养得这么好啊？"刘老师笑着说："不是我培养得好，是周亮他的性格和耐心本来就是我们 Dian 团队最好的，连我都从没见过他发脾气呢！"

2006 年，广东科技馆与华科电信系签订了千万元以上的大项目，分为 20 多个子项目。Dian 团队也承担了两个子项目，其中"虚拟实验室"是个 PC 端的多媒体科普游戏，正适合 Web 组承担。在项目开发中，周亮配合组长杜欢（045 号队员）做了很多技术层面的工作，带领一群"娘子军"（也包括他现在的夫人谢健芬）加班加点，终于完成了这个项目。

新人入组，细心指导

周亮担任 Web 组组长时，对组内新人的培养尽心尽力，认真指导。在给学校科技处搭建网站时，他是唯一一个有建站经验的，新人几乎全部是技术"小白"，周亮不厌其烦地给每个人制订学习计划，帮助他们尽快提升。

谢健芬也是"小白"之一。她面试 Dian 团队时，评委问她会啥编程语言，她说都不会。刘老师便追问了一句："那你会啥？"谢健芬答："我会画画。"当时，团队正缺美术人才配合做 Flash 动画，小谢这个回答让刘老师暗喜，于是马上录取了谢健芬。

虽然谢健芬最初是以美工的身份加入 Dian 团队的，但她并不愿一直被锁定在美工这个角色上，很想学技术。于是，她不断寻找转型的机会，甚至报名参加了技术男云集的"种子杯"软件编程 PK 赛。在参赛过程中，谢健芬真正意识到了自己在技术上的薄弱之处。虽然止步于初赛，但她从中总结了大量的编程经验和教训，诸如模块拆解与协同、系统框架的构建等。正是这次尝试，激发了谢健芬的编程兴趣，她主动要求在项目组中承担编程工作，甚至还向刘老师和周亮"摊牌"，要求大幅度减轻她的美工任务，她要将更多时间投入软件编程。刘老师和周亮见她态度如此坚决，也就接受了她的选择。在广州科技馆的"虚拟实验室"项目中，谢健芬终于以"擅长美工的程序员"身份参与其中，华丽转身成为一名"IT 女"。

"周导"上线，身份变化

2007 年，周亮大四了，他很想再继续读研深造，但保研排名刚好在"孙山"之后。当时，学校出台了一个"2+2"政策，即如果你愿意留校先当两年辅导员，就保留两年研究生学籍，等辅导员工作期满再读研。周亮没有过多犹豫就报名参加"2+2"，连刘老师都替他感到委屈：周亮已经是 Dian 团队 Web 组的组长，技术强，人缘好，威信和才干已经远超同龄人，如果比同龄人晚两年读研，那就等于晚两年毕业，实在"太亏"了。但是，周亮仍然坚持自己的选择，一心想多读点书，多学点本领。

周亮的性格非常温和，一般人都认为他不太适合做辅导员。但是，因为周亮本科期间承担了整个电信系的门户网站和数据库的维护工作，电信系领导也乐意留下他担任信息化保障工作，这恰好印证了 Dian 团队的团训"好态度带来更多机会"。就这样，周亮一边当辅导员，一边承担着电信系信息化方面的技术支持。按理说，周亮当了辅导员，就应该离开 Dian 团队，但周亮自己不愿离开，仍然留在团队中参与项目工作。这两年间，周亮和刘老师既是师生，又是电信系的同事，关系十分有趣。而团队里的小队员，则叫他"周导"，从此，这一称呼便成了他的"外号"。

谢健芬同样也迎来了身份的转变：从一名口头上喊"我要做技术"的小丫头，成长为

2009年元宵节，周亮（右1）和谢健芬（右2）在东七基地507室请海外组组员吃元宵

Web 组组长，并在大三伊始加入了种子班。当时，Web 组再次对电信系教师工作量考核系统进行改版，利用暑期很快完成了 Struts 版本的最小系统开发。但开学后一试用，便发现这个框架在表格数据显示和标签支持方面有缺陷。于是，全组开会讨论，有人提出全盘推翻暑期版本，重新使用 JSF 来构建数据库系统。谢健芬身为组长，起初特别担心从头再来会大大延缓项目进度，年终时耽误教师们的工作量考核。但是，随着项目推进，她发现其实自己能够掌控进度，甚至用户中途提出新的需求变更也能及时响应——这是因为技术力在不知不觉中已经有了积累。

除了技术上的成长，在项目管理上谢健芬也提升了不少。初当组长时的谢健芬属于"任务式"驱动，导师分配啥就做啥，完成后再去申请新任务。开始还好，后来因为这样的工作方式，谢健芬被周亮批评："你不要老是问'有什么事情让我做'，你要自主观察和思考，学会问'这件事情能不能让我来做'。"于是，谢健芬开始学着为项目组进行前瞻性思考，随之增长的，是一份与项目组荣辱与共的使命感和责任感。

在周亮大四的时候，谢健芬和周亮就彼此看对了眼，从组长和组员转变成了情侣。后来，周亮留校当了辅导员，两人也不忌讳"师生恋"，感情越来越好。周亮工作一年多后，两人便举行了婚礼，是 Dian 团队最早的"双职工"之一。

回Dian读研，担任队长

2009 年，结束了两年辅导员工作的周亮正式读研，重新全身心投入到 Dian 团队的工作当中。回来的这一年，恰逢团队海选首任队长，周亮也报名参选。但种子班班长、210 号队员柯尊尧得票数更高，于是，周亮担任了首届队委会的市场部部长。

第二年，周亮再次竞选队长，他在台上憨厚地说："我想把 Dian 团队营造成一个亲切和温暖的家。"坐在第一排的刘老师心想，Dian 团队以真实项目牵引，与企业合作有严格的合同时限，得像一支野战军拼命打冲锋，你把团队搞得像个安乐窝一样，这不有问题吗？可是，周亮这句话打动了很多队员，他以德服人，高票当选为第二任队长。

2010年4月25日，周亮在央视《小崔说事——点亮未来》节目中出镜

2010 年是 Dian 团队的"高光时刻"，不仅上了《人民日报》，部分师生还远赴北京走进央视《小崔说事》栏目接受访谈。队长周亮在节目里是特写人物之一，他走上舞台进行科技作品展示时，还被崔永元调侃说："看你这一头汗，怎么紧张成这样了？"周亮则老老实实回答："不是紧张，是你们舞台上的灯烤得太热了。"他的憨厚逗乐了全场观众，连崔永元也忍俊不禁："看看，我们 Dian 团队的人还真是实诚！"

毕业求职，备受青睐

2011 年，周亮研究生快毕业了。因为有着丰富的项目实践经历，又当过队长，周亮一下子成了很多用人单位青睐的对象，包括世界五百强亚马逊。不久后，周亮应亚马逊（中国）的邀请，前往北京公司参观，并最终决定入职。

没想到，周亮前脚刚对亚马逊表态，后脚就接到了北京"创新工场"董事长兼 CEO 李开复亲自打来的电话！李开复曾任谷歌全球副总裁、微软全球副总裁，是中国大学生最崇拜的人生导师之一。李开复盛情邀请周亮加盟"创新工场"，并说会提供合适的项目和职位。得知周亮刚把三方就业协议寄出，李开复仍劝说："对方是大公司，相信不会为难你。"

李开复这个"抢人"电话，让周亮始料未及。心情激动的他，经过再三思量后，还是决定选择亚马逊（中国），他对开复老师说："谢谢您对我的信任与青睐，但是我前面已经答应了亚马逊。就像谈恋爱一样，心里有了一个人，就再也装不下第二个了。虽然她可能不是最美的，但是她已经先走入我的心里，我得从一而终啊。"这段实诚而又感人的话，连记者都被感动了，周亮这段插曲和憨厚的形象后来又出现在了武汉的报纸上。

二人齐心，共对风雨

当了两年辅导员的周亮硕士毕业之际，正好也是小他两届的谢健芬在华科电信系互联网中心硕士毕业的时间点。经过这些年的相伴，两人当然希望能入职同一家公司，共同面对未来人生的风雨。在周亮拿到亚马逊（中国）的 offer 前往北京的时候，谢健芬也拿到了亚马逊（中国）的 offer。2011 年夏天，两人携手一同前往北京的亚马逊入职。

后来，210 号队员柯尊尧跟随 201 号张良伦创业，从米折网又生出贝贝网，发展迅猛，急缺"干部"。于是，柯尊尧前往北京动员周亮加盟，一口一个"周导"叫着，好不亲切。在柯尊尧和 305 号队员徐裕键的不懈努力和真诚邀约下，周亮决心离开北京，入职杭州贝贝网，谢健芬毫无怨言也随周亮一同加盟贝贝网。数年后，刘玉老师到贝贝网去参观，发现贝贝网所有员工都喊周亮为"周导"，显然这是受到公司里 Dian 团队队员的"传染"。不同的是，当年在 Dian 团队，周亮因为身兼辅导员才被大家称为"周导"，而在贝贝网，周亮成了一家千人公司的高层业务领导，成了真正的"周导"。

新冠疫情尚未彻底结束的 2020 年，电商巨头阿里巴巴向周亮抛出了橄榄枝，邀请他担任资深技术专家。经过深思熟虑后，周亮接受了邀请，入职阿里巴巴。随后，谢健芬也跟着入职了蚂蚁集团。相信在未来的日子里，两个人还会一直相互扶持下去，共同面对人生的风风雨雨！

编后语

周亮师兄和谢健芬师姐的故事，对我触动颇深。两个人最开始都并不擅长于技术，但在 Dian 团队里一直专心于 Web 技术的学习和积累，最终都成了技术大牛，为团队做出了贡献，也给团队带来了荣誉。那段技术孕育期是最难熬也是最痛苦的，但他们都熬了过来，最终看到了光明。我希望自己在团队接下来的日子里，也能潜心磨炼技术，为团队做出自己的贡献！

王飞&李沛：Dian团队的"暖姐"与"护花使者"

| 执笔人：武显奇

王飞，女，湖北襄阳人，Dian团队170号队员。2004年从襄州区第一中学考入华中科技大学通信工程专业，在大三期间加入Dian团队。她是团队的"润滑剂"，特别热心和细致，恪尽职守，被队员们视为"知心大姐"或"暖姐"。本科毕业后，前往深圳发展，她主动筹备Dian团队的珠三角分站，是该分站首任站长，深受大家信任。

李沛，男，因积极参与 Dian 团队深圳站和团庆活动，主动与队友们交流合作，从而被推荐成为 009 号名誉队员。

初识Dian团队

王飞在大三的时候受身边同学影响，逐步了解 Dian 团队，再经历社团活动磨炼后，对导师制和干中学的培养模式产生浓厚兴趣，选择主动靠近观察团队。

于是，王飞以做过电信系媒体组的宣传作为"背书"，加入了 Dian 团队。进入团队后，她马上就被分配到比较容易上手的广东科技馆项目"捕捉文字虫"，并负责团队的摄影和新闻报道，还主持 Dian 团队每个月的生日 Party。

醒脑游戏

2007 年冬季，Dian 团队与华三通信公司签订了一个 74 万元的大型软件项目"NAS 存储"，需要 20 多名队员参与，刘玉老师把王飞也调到这个组支援。可是，她的编程能力弱到垫底，没法跟上项目开发节奏，因此只好坐到实验室后排角落做一点文档工作。在这种情况下，换了别人，要么自己退出团队，要么被导师劝退。但是，王飞既没有申请离开，刘老师也没有劝退她，这是为什么呢？

NAS项目是团队首个高额经费合作项目，既要保证各阶段交付质量，又不能耽误学生学业，所以只能在期末考试后的寒假初期集体加紧赶工。王飞虽然技不如人，但她特别热心，会主动去做项目组一些不起眼的杂事，让实验室的硬环境和软环境不知不觉地好了起来。刘老师这样评价道："王飞是一个'暖姐'，她虽然在任何地方都不起眼，但若有一天没有她的时候，你会发现整个机器转得就不再那么灵光，她是很好的润滑剂。"

2007年5月，王飞（前排左2）主持了Dian团队的生日Party

王飞的作用体现在哪里呢？例如，有段时间雨雪多，大家中午吃完饭都不方便回宿舍，就趴在电脑桌边小憩片刻。但午休后醒来时，大都睡眼蒙眬，要过好久才能缓过神来重新投入到工作中。细心的王飞观察到了这一点，于是便主动向刘老师提议，要每天午后给组员们做个几分钟的"醒脑游戏"，让大家开心一刻，大脑也就清醒过来了。刘老师欣然同意，让王飞全权负责这个活动，但内心很疑惑，每天中午都要主持几分钟的醒脑游戏，王飞上哪儿去找那么多点子呢？

第一天中午，组员们一醒过来，王飞便提议，请大家每人说一句自己家乡的方言，队员们觉得简单有趣，都积极配合。一人来一句调皮的家乡"土"话，实验室里笑声连连，大家一下子全都清醒了过来，更加高效地投入到工作中。

第二天中午，她用扑克牌当道具，让大家猜数，醒脑效果同样明显。

到了第三天中午，等队员们午休醒了后，王飞突然提议说，今天的"醒脑游戏"是所有人跟我上天台，看雪后初晴的"午景"。刘老师起初听了还不以为意，心里暗想："这算什么'醒脑游戏'？这有什么新意？这小姑娘是不是黔驴技穷了？"大家将信将疑地一起跟着王飞去了天台，刘老师也跟着拾级而上，推开天台门，往雪地上一站，顿感神清气爽。原来，王飞觉得，五楼实验室人员密集、二氧化碳过多，容易使人烦闷，当天户外大雪初晴、温度回升，因此去实验室楼上的天台观景，顺便呼吸清新空气，应该是一种很好的"醒脑游戏"。那一刻，刘老师对王飞刮目相看，发现她竟然是个创新型人才！

后来，王飞继续设计了一系列好玩的"醒脑游戏"，每天不重样，伴随了NAS项目组的整个项目开发过程。可以说，王飞在项目组中起到了不可替代的作用。

暖心夜宵

尽管NAS组全员持续奋战，但直到寒假来临，还是难以达到甲方经理的要求。于是，大家只能朝时间要效率，早上8：00就来实验室，晚上11：00之后才回寝室，每天至少工作12个小时。王飞看到队员们寒冬腊月天天加班非常辛苦，便主动向刘老师提出，能否买一个微波炉，便于加热饭菜，还可以给大家做一些宵夜吃。刘老师非常赞同，当即提出带王飞一起去鲁巷商场买微波炉。

那是 2008 年 1 月，不巧碰上武汉难得一遇的大雪，市内交通几乎瘫痪。但是，刘老师和王飞为了能给加班赶项目的队员们做夜宵，仍然冒着大雪去了鲁巷商场。没想到，买到了微波炉，商场却不负责送货。两人抬着包装箱走出商场，街上啥车都没有，即使偶尔有车驶过，但怎么拦都不停。两人只好在雪地里一直走，鞋里灌满了雪，整双鞋子很快湿透，脚冻得发麻。也不知道走了多久，王飞终于强行拦住了一辆出租车，两人这才把微波炉运回了 Dian 团队。

此后，王飞每天晚上便用心地给全体组员制作各种夜宵，刘玉老师每晚也在家里煮熟 20 多个鸡蛋，踩着深雪送到东七基地。

相亲相爱一家人

2007 年，Dian 团队争取到了东七楼 5 楼几百平方米的空间，以前分散在五一基地、东一基地、南一基地的不同项目组，得以全部迁入东七基地。这是 Dian 团队第一次全员大集中，大家喜气洋洋，从四面八方蚂蚁搬家似的把家当运上东七楼的 5 楼。

其实，东七基地的条件并不好，楼道阴暗，桌椅破旧。可是，有一天，刘老师气喘吁吁地爬上 5 楼，在楼梯口一抬头，便看见一块旧黑板上挂起了一条横幅，上面写着"相亲相爱一家人"。简简单单的 7 个字，用 7 张黄纸随意地粘到横幅上，但顿时让人感觉暖意浓浓，让破旧的东七基地陡然有了灵魂，队员们的精气神也完全不一样了。刘老师高兴地询问这条标语是谁贴上去的，得知是王飞，当即大大表扬了一番。

这 7 个字，在东七基地保留了好几年。很多校外来参观 Dian 团队的客人，一上 5 楼第一眼便能看到"相亲相爱一家人"的暖心标语。大家都觉得，仅这 7 个字便彰显了 Dian 团队的文化底蕴，一下就能感觉到这是一个特别有爱的集体。

王飞为团队的付出，人人都看在眼里，所以年终评选"热心队员"时，王飞几乎全票当选，这也是大家对她付出的肯定和感谢。后来，王飞担任了 Dian 团队文化部部长，进入了团队核心管理层。她的文笔很优秀，担任过 Dian 团队年鉴的主编，也承担了黑板报的新闻报道。刘老师说，可惜那时候还没有推出 Dian 团队工作简报电子版，不然王飞一定是简报创刊号主编呢。

2008 年夏天，王飞本科毕业，前往华三通信公司深圳研究所做技术工作，这得感谢 NAS 项目甲方经理的特别推荐，也正是王飞的好态度才使她获得了外企大公司的岗位。

随着 Dian 团队毕业队员日益增多，在北京工作的老队员率先成立了北京分站。接着，队员众多的珠三角地区也设立了分站，首任站长是 020 号老队员熊小琴，但她在珠海工作，难以兼顾分站事务。等王飞 2008 年 8 月去了深圳，珠三角分站的队员们都不约而同地推选热心的她接任站长。虽然她是最晚加入分站的队员，但大家公认她就是最理想的站长人选。她任职的数年间，一直尽心尽力地为大家服务，组织了很多次分站活动，包括组织排练文艺节目参加 Dian 团队的 8 周年团庆和 10 周年团庆。可以说，珠三角分站的建立和壮大，王飞功不可没。

"护花使者"李沛

王飞能数年如一日地为 Dian 团队无私奉献，离不开一个人的全力支持，那就是"护花使者"李沛。说起来，这个外号还是刘玉老师给起的呢。

2007 年冬天，在 NAS 项目组加班的那些夜晚，王飞每天都是最后一个离开实验室，她要负责关灯、断电、锁门。有一天，刘老师陪王飞最后收尾，出了东七楼，发现有个高高大大的男孩子在外面等候王飞，经过询问刘老师才知道他是王飞的男朋友李沛。刘老师问王飞："你应该知道男朋友在楼下等你吧，为什么不早点下楼呢？人家在外面站着，那得多冷啊！"王飞说，她和李沛每天都是约好时间等候的，他已经习惯了。刘老师听完十分感动，因为东七楼在主校区而王飞住在东校区，李沛每晚十一点来护送她步行回到东校区，这样长时间的默默守护堪称模范"护花使者"，着实令人敬佩。

东七基地的标语暖人心

后来，刘老师感叹地说："我们团队能够发展，不仅离不开每位队员的奉献，也离不开队员身后家属的支持，这也说明，王飞的优秀品质已经深深影响到她的家属。"王飞和李沛毕业后，很快就步入婚姻的殿堂，现在已经有了 3 个爱情的结晶。

Dian 团队珠三角分站成立后，李沛也是各项活动的积极参与者，经多位老队员推荐，李沛成为 Dian 团队 009 号名誉队员。后来，李沛自主创业，刘老师还专门陪顾问一起去深圳为李沛的创业项目"会诊"，为他创业提供帮助。

> 编后语
>
>   Dian 团队是一个技术氛围浓厚的团队，但也是一个团结友爱、饱含温情的团队。是什么让 Dian 团队如此与众不同，以至于大家毕业后还能聚在一起？正是队员们互帮互助、处处为他人着想、充满人情味的团队精神。王飞师姐一个个暖心温情的举动，是凝聚队员的黏合剂，也是团队运转的润滑剂。

翦浩&张琦：Dian团队的"顶梁柱"组长夫妇

| 执笔人：熊楚贤

翦浩，男，湖南桃源人，Dian团队181号队员。2004年从湖南省桃源县第一中学考入华中科技大学电信系，大二结束时加入Dian团队，并转入首届种子班。本科阶段是ARM7项目和华三建行加密项目的骨干；2008年留在团队读研后，担任ARM7项目组和华三VMS项目组的组长，带领大家完成了喷印机控制系统、钢板标记系统、视频监控存储等项目。他工作态度积极，技术能力出色，是团队公认的"技术牛人"，也热衷于培养和"折腾"新人。先后培养过至少三代徒弟，还担任过组长培训和新人培训的教练。

张琦，女，河南巩义人，Dian团队176号队员。2004年从巩义市第二中学考入华中科技大学电信系，也是大二结束时加入Dian团队，并转入首届种子班。本科毕业后，也留在团队读研。她先后参加过6个企业级项目，完整经历了"跟项目—做项目—管项目"的三个阶段。

这两位优秀队员本硕相连，携手在Dian团队度过了将近5年，攻坚克难，完成了一个又一个项目，是项目组组长中的"顶梁柱"，也是团队里令人羡慕的"明星夫妇"。如今，二人定居北京，翦浩在脉脉（北京）工作，张琦在阿里（北京）工作，都是所在公司的技术骨干。

自我驱动的初心

以翦浩加入Dian团队和种子班为例，他自己是这样描述的：

加入Dian团队：

大学的前两年过去了，我发现我的大学生活与高中生活没有什么不同：上课、吃饭、上自习。这种单调而乏味的生活我不喜欢，更重要的是我发现自己并没有掌握实际的本领，课本上的知识对我来说平淡无奇。家长的叮嘱时时回想在耳边 成绩一定要好，考试分数要高……

2006年夏，翦浩和张琦同时进入五一基地嵌入式项目组
（左起：张琦、王道新、翦浩、肖骁）

我并不是一个十分热爱学习的人，尽管自己的成绩还不错（全专业前15名），却没有热情更近一步，取得更好的成绩。高中那种一定要取得第一名的热情早已不存在，因为我开始认为，学习成绩不能作为衡量一个人能力的标准，我还要在更多方面得到锻炼。

今年暑假我没回家（在家里什么事情也做不了，缺乏气氛），所以留在了学校，一边在武汉烽火集团实习，一边自学java及C++等编程语言。我发现，编程书籍虽然看得很快，但是马上就忘了。我从中得到了一个结论：编程不是光看书就能掌握的。

有一天，我从同班同学张琦那里得到了一个消息，"Dian团队要开办一个试点班，以锻炼学生的动手能力为主"，我一听就很激动，终于有了一个可以动手的平台了。

后来，我马上联系钟国辉老师，希望他能给我个机会。当时，钟老师的回复是"认真考虑一下"。我原以为没什么戏了，但还是不死心，手机一直都没关机，每隔一两个小时就看一下手机是否有消息。

终于有一天，钟老师打来了电话，说让我试一试，那天我很开心。第三天，我就搬进了五一基地，到喻信星空BBS上注册了ID，这也标志着我加入了Dian团队。

令人郁闷的开端：

钟老师把我领进五一基地的时候，我觉得进入了一个很神奇的地方，虽然那个"民居"装饰得很简陋，但也还不错，有一种家的感觉。

最开始，我对做项目一点概念也没有，我和张琦都在嵌入式项目组，但我不知道自己能够做什么，好像什么都不会，心里有点慌张，看着那一行行的代码，似懂非懂的感觉，真是让我……用两个字形容，就是"郁闷"。

渐进状态：

能够从郁闷走到这个状态，我真是很高兴，这得益于种子班暑假10天的"痛苦"训练。那10天是令人难忘的，那10天内我成长了很多很多。每天睡眠时间不足6小时，所有的实验基本上得靠自己搞定，郁闷和兴奋交织。那10天我学到的东西，不仅仅是写汇编程序，更重要的是学到了分析问题和解决问题的方法。

全线开工：

既然进入了状态，就得开工了。说句实话，给老程序改版的工作不是个好差事，既要花时间看懂前辈的代码，又得花时间思考怎么改才合适。有时候，我干脆把一段代码删了自己重写。这段时间，工作虽然比较苦闷，但是，看着界面部分一点一点地完成，内心也是充满了喜悦。（翦浩现在认为，改代码并非坏事，因为学习最直接的方式就是模仿。）

总结：

说了这么多，现在总结一下自己的感受吧。进入 Dian 团队，感受最深的就是"良好的团队氛围"。在团队里，尤其是在组内，大家都很团结，相处得很愉快，互相帮助……

在做项目的过程中，自己性格方面也改进不少。遇到问题以后，不再像以前那么慌张，能够冷静下来，慢慢地去分析问题，然后想办法解决问题。

另外，虽然没有学到很多的实际技能，但是，我觉得自己的学习能力有了一定的提高，也就是说，学会了学习。学习的目的也应该是如此吧。

永不服输的冲劲

翦浩有着一股永争第一的冲劲，遇到困难绝不轻言放弃。他无论做什么，哪怕是非技术方面，进步都比别人快。比如，2007 年 Dian 团队搬到东七楼 5 楼后，在走道的小隔间放置了一个乒乓球台，一下子就成了队员们休闲放松的"香饽饽"。翦浩完全凭借着一股冲劲，在很短的时间内就从众多乒乓球新手中脱颖而出，晋升到了全团队的一流水平。对于自己特别想提升的技术能力，翦浩就更拼命学了，从硬件入手、软硬结合，再到纯软件开发，最后成为全团队软硬兼施、令小队员仰慕的"大神"。他靠着那股不服输的冲劲，一步一步往前走，就像打乒乓球时一样，只要还能往前，就绝不后退。

2007年12月，张琦（控制台边）等队员冒雪到嘉铭公司做系统调试

刘玉老师至今都记得，翦浩毕业离校之前给大家分享他的成长经历时，有小队员问他："翦大帅哥，你怎么能掌握那么多不同的技术，你的时间和精力是从哪里挤出来的？"他豪气地回答说："男人嘛，就是要对自己狠一点！"后来，刘老师在鼓励和教育队员要有"终身吃苦"的精神时，无数次地引用过翦浩的这一豪言壮语。

张琦的身上，同样也有着一股永不言弃的干劲。例如，刘老师把她分配到与嘉铭激光公司合作的钢板飞行打标项目负责 PLC 模块，一开始她是不情愿的，因为她没有学过 PLC，她觉得即使掌握了也与今后个人职业发展方向不吻合。但是，既然签订了正式的合同，本着契约精神，Dian 团队也需要有人去具体完成任务。于是，她还是服从指挥，加入了这个项目。一旦投身进去，那就逢山开路、遇水搭桥，张琦很快独自完成了 PLC 模块开发工作，配合项目组顺利完成了任务。

2007 年底，武汉遭遇大雪天，本来从华科到嘉铭公司就要转 3 趟公汽，那段时间全组到嘉铭公司去系统联调更是艰难，连出租车都打不到。Dian 团队文化墙上，至今还保存着一张张琦带领组员在露天工棚里调试的经典照片，刘玉老师在全国各地做创新创业报告时，也一定会对着这张照片讲述队员们"冬练三九"的故事。

"啪啪打脸"的文档

撰写技术文档，是一项非常烦琐但又十分重要的工作，关系到项目的持续传承。翦浩刚开始加入项目组时，对动手的活儿积极性特别高，但对动笔的事儿却十分讨厌，他宁愿长时间去敲代码、焊板子，也不想静下心来写文档。翦浩加入种子班后，"文档编写与配置管理"这门课可把他愁坏了，本来就不愿意做文档工作，这下还要专门上这种课，可想而知翦浩有多抵触，提交的结课报告是全班最敷衍的，任课教师也只能无奈摇头。

随着时间推移，翦浩升为了项目组长。身份变换后，他终于意识到文档对于项目传承的重要性，开始对组员们不动笔而愤愤不平，要求大家多写文档。导师忍不住调侃了他一番："想当初，你当组员的时候，不是也不愿写文档吗？"对此，翦浩的解释是：在不同层面和位置，他所看到的东西和思考的问题是不一样的；做组员的时候，想尽量多写代码、多焊板子、多调硬件，觉得这是技术硬实力的体现；但进入组长的角色之后，不单单要关心个人技术，还要考虑到整个项目组的交接与传承，这时文档的作用就体现出来了。翦浩说，既然要交给其他人看，那就要有责任感，得把文档写好。

令人羡慕的爱情

翦浩与张琦加入 Dian 团队之前，钟国辉老师教他们班的"数字电路"课程，当时，钟老师就感觉到他俩关系不一般，至少能看出翦浩对张琦有好感。当张琦加入 Dian 团队后，翦浩也想加入，于是，钟老师便约他到五一基地面谈。钟老师至今还记得，那天见面前刚巧下起了大雨，他和翦浩同时狼狈地跑进了五一基地。师生两人聊着聊着，钟老师就同意翦浩加入 Dian 团队了。

翦浩和张琦在同一个项目组共事一段时间后，又一起加入了种子班，本科毕业后又同时留在团队读研，成双成对，羡煞旁人。有一次，Dian 团队组织干部们团建——夜游长江，

2018年9月，翦浩和张琦在九寨沟留影

中途游轮上的厕所门坏了，翦浩被困在里面一时出不来，张琦急得都快哭了，生怕翦浩出什么意外，这让大家看到了张琦的真情流露。两人的爱情，就这样在团队里生根发芽，历久弥坚，最终收获了甜美的果实。

编后语

　　在 Dian 团队的文化墙上，翦浩和张琦竟然在 6 个项目组的组长一栏中留下了大名，堪称团队之最。他俩在 Dian 团队的 5 年，相互鼓励，共同进步，有收获也有挫折，两人用泪水与汗水最终浇灌出了绚烂绽放的成功之花。无论是他们攻坚克难的项目经历，还是甜蜜的爱情生活，都贯彻着两个关键词："坚持"和"努力"。感谢师兄师姐为我辈树立了如此优秀的学习典范，在此，也祝愿师兄师姐的事业能百尺竿头、更进一步！

甘俊&梁芊芊：Dian团队"落户硅谷第一家"

| 执笔人：叶泽坤

甘俊，男，湖北武汉人，Dian团队182号队员。2004年从武汉市第六中学考入华中科技大学电信系，大二刚结束就加入Dian团队实习，紧接着又加入首届种子班，毕业后前往深圳华为工作。2011年9月，他放弃了华为的高薪工作，前往美国南加州大学读研，并在该校认识了华科校友梁芊芊。研究生毕业后，甘俊于2013年2月前往美国硅谷的Fortinet公司工作，并与梁芊芊在硅谷结婚安家。

梁芊芊，女，因积极参加 Dian 团队海外分站活动，成为 022 号名誉队员。

创新思维，崭露头角

甘俊是如何加入 Dian 团队的呢？他自己在 2006 的年终总结中这样写道：

我想我永远都不会忘记 7 月 7 号这一天，那是我第一次亲密接触 Dian 团队，也就是在那一天我得到了进入 Dian 团队实习的机会。借用一句阿姆斯特朗的名言，迈进那个会场的一小步，却是我大学生涯的一大步，甚至很可能是我整个人生的转折点。如果没有进入 Dian，我真的不知道自己还要荒废到什么时候。

也就是在那天我填写了想要加入试点班的调查表，也就是在那天我在刘老师的建议下进入了"文字虫"项目组。

于是，我第一次放假了仍然住在学校，每天一面没头没脑地自学 C++，一面艰辛地完成着刘明（049 号队员）组长布置给我的在她看来很简单很简单的任务。坦白说，我当时是很郁闷的，甚至都有点想要放弃，因为对于这样一个崭新的东西，我真的不知道该如何入手……虽然自我感觉很不好，但周围的人似乎也是半斤八两，于是我默默地告

"文字虫"是个什么项目？那是华中科技大学电信系承接广东科技馆数字多媒体超大项目中的一个交互式三维数字媒体子项目，全名为"捕捉文字虫"。

在这个"捕捉文字虫"的互动游戏中，用户挥舞捕虫网的同时，程序需要不断判断投射到屏幕上的捕虫网影子是否捕捉到屏幕中飞舞的蝴蝶，并根据判断的结果给予玩家相应的分数奖励。刘玉老师把甘俊也调到了这个项目组中，这个项目组里还有 049 号队员刘明、073 号队员周小明、134 号队员郭启睿、153 号队员宫士敏、150 号队员徐飞等人，在这个全是软件高手的小组中，甘俊的编程能力是相对较弱的。

那年初夏，郭启睿用他擅长的 Flash 技术飞快地做出了一个二维的游戏原型 Demo。接着，全组在暑假中兵分两路，核心骨干周小明带着甘俊做捕虫网识别算法，而组长刘明则带着其他组员主攻二维升三维和人机交互等技术。然而，他们在识别椭圆形捕虫网影子的方向性时，遇到了椭圆算法耗时长、判断费劲的难题。大家在查阅文献、改进算法后，仍然未能明显改进，甘俊回忆："项目组可谓濒临失败边缘，动画效果没体现，识别算法几乎被全盘推翻。"于是，刘玉老师对全组同学说："大家都太疲倦了，要不先放假两天，大家回去把具体研究内容做成 PPT，返校后再开组会每人汇报。"但是，在 9 月 20 日的汇报会上，大家对于捕虫网的识别算法如何提速还是没有大的突破。直到最后轮到甘俊汇报，他说："我无能力对现有算法进行提速。但我有个想法，咱们识别用户挥舞捕虫网的方向时，不一定非要识别捕虫网前端的椭圆形来判断。也许可以通过识别捕虫网的杆子来判断捕虫网的位置和运动的方向，这样可以大大简化识别捕虫网的过程，复杂的椭圆计算就变成了简单的直线计算，能满足互动的实时性。"听完甘俊这一席话，大家都愣住了，随后立即展开了热烈的讨论，很快便认可了甘俊的建议，大家都有一种"柳暗花明又一村"的感觉。就这样，因为甘俊的创造性构想，加上软件高手周小明迅速给予实现，捕虫网运动的方向识别和计算速度这两个难题很快就被破解了。最后，项目组势如破竹地在全系率先完成了这个"捕捉文字虫"项目，甘俊也因为创新性解决问题的贡献在组内的地位大大提升。过了不久，他就被刘玉老师调到了 Dian 团队最核心的华三软件工程项目组中。

2006年10月4日，"捕捉文字虫"项目组在测试新算法的效果

错失保研，圆梦结缘

在刘明组长的推荐下，甘俊顺利进入华中科技大学首届种子班。他学习刻苦，与大家相处和睦。在项目组中，他工作严谨、一丝不苟，编程能力也在"干中学"中慢慢地得到了提高。到了大四，种子班的保研选拔工作如火如荼地展开，但甘俊的综合排名在保研分数线下几名。尽管刘玉老师又在国家光电实验室争取到了几个保研的名额，然而，他还是以0.02分的极微小差距失之交臂。刘老师觉得太可惜，又去找图像所密码学教授打听保研空额，并打电话问甘俊如果争取到了名额是否愿意跨系读研。当时，甘俊正在北京做华三项目的验收测试，已经下定决心去找工作了，于是就跟刘老师说："算了，非常感谢您费心，我还是自己出去闯荡，就不劳您欠人情了。"就这样，甘俊选择了毕业后入职华为公司。

甘俊在华为工作的一年半，依然保持了在 Dian 团队刻苦和严谨的作风，发展顺利。然而，出乎所有人意料的是，他突然主动放弃华为的高薪，于 2011 年 8 月自费前往美国南加州大学读研。笔者向甘俊了解他当时的留学动机，他说一方面是因为在企业工作陷入了枯燥乏味状态，另一方面是因为在了解国外的一些情况后心生向往，于是决定辞职留学，并不是为了文凭。

时间转眼就到了 2016 年 2 月，当刘玉老师准备去美国硅谷出差时，有同学告诉她：甘俊 2013 年从南加州大学毕业后就到美国硅谷工作了，现在他不仅结了婚，还在硅谷安了家。于是，刘老师便马上联系甘俊，并要求住他家体验生活。等刘老师抵达甘俊的联排别墅后，才知道甘俊竟然是 Dian 团队第一个在硅谷买房的。她高兴地说："甘俊你创了一个 Dian 团队之最呢，成为 Dian 团队第一个在硅谷买房安家的！"甘俊高兴地对刘老师说："我虽然放弃了华为的工作，自费到美国南加州大学读研，但是在那儿遇到了华科校友梁芊芊，她现在成了我的夫人，我俩对这个缘分都特别感慨呢！"刘老师在硅谷期间，梁芊芊放下了她的工作，每天开车接送刘玉老师到各处访问参观，当然也去了甘俊任职的那家信息安全公司参观。一进门，刘老师便被满满一墙的发明专利震撼到了，这才得知甘俊口中"没啥名气"的公司，竟然是"邮件门"事件中希拉里家中所用防火墙的制造商，是在网络安全领域很有名的、拥有 5000 多员工的上市公司呢！

梁芊芊见丈夫过于低调，于是向刘老师补充介绍说：甘俊入职后，在技术水平上不断积累提升，已经成功晋升为软件经理。

2016年2月，在FORTINET公司，甘俊一人用三台显示器工作

因Dian结缘，互利发展

看到甘俊和梁芊芊无微不至又特别得体的待客方式，刘玉老师向他们建议道："我来你们家借住之后感到非常的惬意舒适，希望你们家可以作为我们 Dian 团队在硅谷的联络站，成为联结 Dian 团队队员的纽带。"后来，甘俊和梁芊芊又先后接待了 201 号队员张良伦和 026 号队员颜庆华等。2017 年 1 月，刘玉老师再次带学生到硅谷斯坦福大学参加冬令营时，梁芊芊携带了很多巧克力，专程前往看望母校师生，并与部分同学进行了深度交流。在 Dian 团队海外分站的各项活动中，梁芊芊都积极参与，并对 Dian 团队高度认可，因此，刘玉老师与 Dian 团队海外站站长程歆宇（460 号队员）一起推荐梁芊芊成为 Dian 团队名誉队员。

当刘玉老师做了几年创业红娘、有了一定知名度之后，上海有家投资机构的总经理专门询问她，能否推荐一位英语水平很好、文笔也不错、目前定居海外的女性当兼职投资经理，刘老师立刻想起了在硅谷已经安家、熟悉孵化器工作、对金融一直感兴趣的梁芊芊。就这样，梁芊芊很快就被那家投资机构录用。因 Dian 结缘，互利发展，梁芊芊和 Dian 团队的故事就这样成了 Dian 团队里的一桩美谈。

有意思的是，甘俊在 Dian 团队海外站的交流会上提到他自费在 Udacity 上学习无人驾驶课程，刘玉老师再次惊讶："你已经在信息安全公司都做到中层管理者了，为什么还要自费去学习人工智能方面的知识呢？"甘俊回答道："未来人工智能一定是一个重要的方向，必须跟踪学习新的知识，否则最终必然要被时代所淘汰。"三年后，甘俊果然再次跳出自己的舒适区，投身到种子班同学李玥（148 号队员）的高科技公司去抱团创业了！

编后语

　　每个人都有属于自己的时刻表和人生节奏。虽然甘俊师兄在刚进 Dian 团队时技术薄弱，但是，他用与众不同的创新思维解决了项目难题，为团队做出了独特的贡献。甘俊师兄几次毅然跳出舒适区，不断挑战自己、超越自己。勇于创新变通，思维才会敏捷；敢于放开思路，思想才能深刻。他和他夫人品德优秀、热情大方，先后与 Dian 结缘，并伴随 Dian 团队互利发展，这正是 Dian 团队团训"好态度带来更多机会"的生动写照。

陆遥&霍仟："工"与"文"碰撞出的火花

| 执笔人：苏秦

陆遥，男，贵州安顺人，Dian团队194号队员，2005年从安顺市第一高级中学考入华中科技大学电信系。

霍仟，女，湖北团风人，Dian 团队 347 号队员，2008 年从湖北省团风中学考入华中科技大学新闻系。

陆瑶和霍仟因 Dian 团队结缘走到了一起，研究生毕业后，两人先后到北京亚马逊和腾讯工作，接着一同加盟贝贝网，后又携手前往阿里。一位是精于技术的工科男，一位是长于采编的文科女，两人前后整整相差 3 届，在华科的"森林校园"里分属一工一文两个毫不相干的院系，他们又是如何相遇、相识、相知、相恋于 Dian 团队的呢？

陆 遥

自学能力化身"敲门砖"

2006 年，陆遥刚上大二，就在"数据结构"这门专业基础课上认识了主讲教师刘玉。第一堂课上刘老师就宣布，如果通过了高级程序员国家考试，便可以免听这门课。于是，陆遥一下课便来到讲台边找刘老师，说自己已经考过了。刘老师猜测，这个学生可能不简单。陆遥谈到自己的经验："考初级程序员，看一本书就能过；考高级程序员，看三本书也能过。"原来，陆遥一上大学就开始对编程痴迷，他大一上学期就自学完了 C 语言，等老师讲授这门课时他又开始自学软件工程。等自学完了这两本教材后，他感觉不应该只停留在书本和小的程序验证上，还应该将两种知识贯通实践，动手做点系统性的东西出来。了解到这些，刘玉老师觉得这个学生挺"牛"，当场表示欢迎他加入 Dian 团队。

两个8000行代码

虽然有刘玉老师推荐，但进入 Dian 团队时，面试是必需的。团队的核心层干部颜庆华、软件组组长刘明等人，请陆遥现场演示他的作品，他将自己搭建的 BBS 论坛功能进行演示，并打开后台源代码进行讲解。C++ 组长刘明看了陆遥写的代码，心生疑窦："简直完美得可疑！"因为，代码不仅多达 8000 行，其中注释严格按照软件工程的要求占了至少 30%，而且分号对得特别整齐，说明他不是用 Tab 键而是用空格来对齐的，充分考虑到了不同系统的兼容性，远超大二学生的水准。于是，考核组希望刘玉老师调查陆遥的家庭背景，看看其家中是否有高人相助。刘老师询问陆遥后得知，他家里根本没人懂编程，他完全是进入大学上了"计算机概论"课后才启的蒙。刘老师向陆遥提出，能否再做一个小系统出来，打消"核心层"的疑虑。陆遥没有露出半分委屈，马上表示愿意接受挑战。

没过多久，陆遥就报告说完成了任务，这次他做的是一个火车票订票系统。此时，刘玉老师教授的"数据结构"刚开课三周，她便提议让陆遥在课堂上当着五个班同学的面进行展示，陆遥再次毫不迟疑地答应了。2006 年 9 月 27 日，他不慌不忙地走上讲台运行了新程序。

陆遥是贵州人，因此他做的就是北京到贵阳这条线的火车票订票系统。谁知刘玉老师也是半个贵州人，每次随丈夫回贵州也乘坐这条铁路线，正好撞枪口上了，于是刘老师随意报出沿路某站名，测试陆遥的系统是否准确。陆遥当众输入关键词，立即显示出硬座票价和卧铺票价，还有行驶时间。经测试，陆遥的系统可谓又快又准，刘老师脸上呈现出一个大大的"服"字。一问用了多长时间？两周。再问多少代码量？又是 8000 行！陆遥说罢，教室里长时间鸦雀无声，无人鼓掌。刘老师非常疑惑，课后询问前排学生。同学们表示，当时全体同学都被陆遥的高水平给彻底震傻了！

2006年9月27日，刚上大二的陆遥在课堂上展示他8000行代码的火车订票程序
（左图：刘玉老师和学生同看陆遥演示；右图：陆遥正在讲台上运行程序）

陆遥凭真才实学进入 Dian 团队后，立即被派到当时"最高端"的项目组——海外组。说其高端，原因有四：一是由李培根校长将海外校友的需求亲自介绍给 Dian 团队；二是金额为 15 万美元，按当时汇率超过了 100 万元人民币，至今为止都是单笔合同最高；三是运行方式与国际接轨，与不同国家和地区的软件公司共同竞标；四是难度极大，要经常对外国人用陌生编程语言编制的程序进行修改和升级，极大考验全组队员的技术实力。善于自学、效率极高的陆遥，毫无疑义地很快便成为海外组的绝对主力。

辞职也要考研

　　刚上大四，陆遥又打破了 Dian 团队一项记录——本科在读期间便拿到了系统分析员证书，这在华科全校本科生中都是罕见的。接着，他又做了令刘玉老师意外的决定：毕业后先不工作，用一年时间来复习考研。这是因为他的技术能力虽然出众，但平时的考试成绩总拿不到高分。他复习考研之后，分数虽然过了国家线，但离华科的录取线仍有较大差距，只能设法调剂到外校。于是，刘玉老师把他推荐给中国传媒大学的一位华科校友。那位校友是从事网络舆情分析的教授，正想招一位软件高手，真是瞌睡碰着枕头——正对路。陆遥到北京后不久，该校友导师向刘老师反映，陆遥的技术能力确实很强，交给他一个难题很快便能解决。陆遥研究生毕业后，被亚马逊中国研究院录用。在那儿工作三年之后，他应 131 号队员周亮之邀，前往杭州贝贝网任研发经理。

霍仟

破例招入的文科生

　　霍仟是一名纯正的新闻系文科生，2008 年刚上大一时就加入了华科记者团。原本她与工科的技术团队八竿子打不着，但有次她接到记者团一个任务——采访 Dian 团队。霍仟来团队采访时，特别有职业范儿，提问很有深度，完全不像初出茅庐的大一女生，给刘老师留下了深刻的印象。当时，Dian 团队已经小有名气，经常被外界约稿，正考虑增设宣传部，于是破例招收了三个文科女生霍仟、王渊（010 号名誉队员）和马娜（012 号名誉队员）加盟，她们仨就这样加入了 Dian 团队。

　　2010 年 2 月 28 号，霍仟在 Dian 团队周末例会上，聆听了 079 号老队员彭棠《我在喜马拉雅当老师》的主题报告。她被彭棠到尼泊尔支教的公益行为深深感动，连称彭棠是"误入人间的天使"。于是，她和王渊一起为学校新闻网撰写了专题报道《彭棠：世界朝你的双脚走来》，并在 3 月 16 日的 Dian 团队工作简报上转载。校长李培根院士看到简报后，立即写信给编辑："这位彭棠同学我可否一见？"于是，便有了下图这张照片。

2010年4月2日，李培根校长会见Dian团队彭棠及校记者团成员

（右起：李培根校长、347号霍仟、079号彭棠、012号名誉队员马娜）

　　2010年，Dian团队成立8周年庆典前，009号顾问何君臣校友建议对Dian团队进行重点报道，并投稿主流媒体。他恰巧是华科记者团的创始人，便将这个采访任务交给记者团，最后落到了霍仟头上。霍仟很用心，为了写好这篇长文，她精心酝酿，反复斟酌。在刘玉老师家里，霍仟和刘老师两人并坐在电脑前逐字修改润色直到凌晨三点，最后疲倦得和衣而眠。霍仟的稿件投给《人民日报》后，编辑又进行了加工，最后以《未来工程师"点"亮江城——记华中科技大学刘玉教授和她的Dian团队》为题，在2010年4月2日第8版醒目刊登，篇幅长达4500字。这也是华中科技大学有史以来被《人民日报》报道的最长篇幅，霍仟一战成名。

为数不多的央视实习生

　　霍仟作为新闻专业的学生，一直非常向往中央电视台这个国内最知名的新闻平台。但由于华科远离京城，没有地理优势，一直又给人以工科为主、文科较弱的偏颇印象，因此，华科学生获得央视实习的机会是难之又难。但是，好态度带来更多机会。Dian团队8周年庆典时，刘老师考虑到霍仟是新闻系学生，又是Dian团队宣传部的大将，便将接待央视资深策划人余仁山（016号顾问）的工作交给了霍仟。细致周到又耐心热情的霍仟给余顾问留下了很好的印象，而霍仟也感受到了央视新闻人的魅力，想去央视实习的愿望更强烈了。余顾问以前负责《新闻调查》栏目，于是将她推荐给该栏目的策划人白云升。霍仟向白老师表示，可以不要实习工资，也不要实习鉴定，只要能学到东西她就满足了。凭借自身过硬的能力和一颗真诚的心，霍仟最终真的获得了在《新闻调查》栏目的实习机会。

《新闻调查》是周播的深度新闻栏目，节目大部分都是在北京以外的地区制作，报道过青海玉树地震，也报道过长江三峡洪水。但霍仟只能待在北京的大本营办公室里，无法接触到一线实战的记者。坐以待毙从不是霍仟的风格，她处处留意能够提升自我的途径。她惊喜地发现，办公室中也隐藏有珍贵的资源——大量录像带。于是，她便开始大批量观看，从里面学习顶级的媒体人实地采访的第一手原始资料，从中大有收获和提高。实习结束回到学校后，她感觉自己就像变了一个人，见证过了山顶的风光，视野的格局一下子就开阔了起来。

金子处处发光

毕业前夕，霍仟志在从事新闻行业，想继续深造，她把目标锁定了文科知名学府——中国人民大学。于是，她刻苦备战考研，竟然以最高分考入了人大新闻系，就连很了解她的刘玉老师也深感意外，连连惊叹。

在人大读研期间，霍仟仍然抓紧寒暑假的机会去各种新闻媒体实习，等硕士研究生毕业时，她实习过的中国青年报社盛情邀请她去正式工作。但霍仟婉拒了这个机会，而是去了腾讯。刘老师听说后十分不解，本是极佳的新闻苗子，为何不走新闻这条术业专攻之路，反而跨界去腾讯"打工"呢？原来，霍仟在 Dian 团队的经历和见闻，让她看到了互联网的巨大红利和未来强劲的发展势头。基于对时代发展的敏锐把握，她果断放弃了传统媒体的工作机会，毅然选择入职互联网巨头腾讯，事实也充分证明了霍仟这次选择的正确性。她深厚扎实的文科积累与高速发展的互联网产生了奇妙的化学反应，凭借着优异的综合素质，她很快便成了腾讯的五星级产品经理。正当她在腾讯成为冉冉新星，却在 2016 年选择离开了腾讯，与陆遥携手加盟创业公司贝贝网。直到 2020 年，两人又携手去了另一家互联网巨头——阿里。

陆与霍

一次"主动"，一生缘分

在 Dian 团队期间，霍仟尽管不太懂软件编程，但经常到各实验室串门，尤其爱"混迹"于人数最多、最热闹的海外组。大家很快就跟这位文科的小姑娘熟络了起来，还说她和组里的一个队员特别像，一定很聊得来，这人正是陆遥。

没几天，在 Dian 团队的周末例会上，霍仟就听到了陆遥的专题分享。她发觉，此人真的不像传统的工科生，反而更像文科生，讲的东西也非常有趣易懂。她心想，这个朋友她交定了，于是等陆遥一下台就马上跑去打招呼，还主动留下联系方式。一来二去，两人就越来越熟，也越聊越投机。两人逐渐互相吸引，最终确定了恋爱关系。

后来，两人都在北京读研，毕业后两人先是都在北京大企业工作并结婚，三年后又携手加盟杭州贝贝网。贝贝网企业的创始人和众多技术高管，都是 Dian 团队队员。在这里，夫妻俩与熟悉的同学、队友并肩奋斗，俨然找回大学时在团队的感觉。2020 年，疫情使得贝贝网有所转型，两人志在互联网，便又一同前往了杭州阿里巴巴工作。

一个是工科男，一个是文科女，同在互联网工作，又都是有趣的灵魂，自然碰撞出不一样的火花。在工作以外，夫妻俩都热衷于自媒体，经营着各自的公众号和视频号。陆遥侧重技术管理内容，霍仟则更喜欢从工作生活中提炼总结管理技巧和人生感悟，并善于将其转变成图文的形式予以记录和分享。现在，两人经常秀恩爱和晒娃，还坚持互相收割对方每条朋友圈的首赞，非常幸福美满。

编后语

听了陆遥师兄和霍仟师姐两人的故事，笔者非常佩服陆遥师兄强悍的自学能力，短短两周之内便凭一己之力写出 8000 行规范的代码；霍仟师姐积极主动的心态也让我受益良多，她总能明确自己的目标，及时总结反思，懂得抓住机会提升自己，这些都非常值得我们学习。

刘诗毅&郝梓贝：才子佳人的"寒门童话"

执笔人：董浣羽

刘诗毅，男，广东广州人，Dian团队209号队员。2005年，从广州市第二中学考入华中科技大学电信系；刚上大二，就因参加Dian团队承办的"种子杯软件编程PK赛"勇夺冠军，从而走绿色通道加入Dian团队的无线通信组；大二结束后转入第二届种子班，毕业后继续留在团队读研；2012年，研究生毕业后，前往深圳腾讯公司工作。在团队期间，曾担任Dian团队质量部第四任部长、Dian团队第三任副队长，曾参加央视《小崔说事》节目录制，为团队建设立下汗马功劳。

郝梓贝，女，湖北随州人，Dian 团队 427 号队员。2009 年，从随州市第二中学考入华中科技大学社会学系，因机缘巧合得到刘玉老师欣赏，由此加入 Dian 团队，担任刘老师的兼职秘书。曾担任 Dian 团队外联部公关组组长，还作为主角参演了挪威项目组的光影节目《田小点成长记》，为 Dian 团队文化的传播做出了很大的贡献。

刘诗毅和郝梓贝两人，相识、相知、相爱于 Dian 团队，至今已携手走过 10 年的风风雨雨。

坚毅洒脱的"理工男"

初入大学，刘诗毅便是个有激情与活力的"理工男"，立志要创一番事业。为了让平淡忙碌的大学生活更有目标，他决心加入一个创新团队，以此开阔视野、磨砺能力，于是大一下学期就加入了电信系的"创新基地"。大二上学期，他又与小伙伴组队参加了 Dian 团队承办的全校"种子杯软件编程 PK 赛"并夺得冠军，由此获取了进入 Dian 团队的"直通车"门票。春节后一开学，他便加入了 Dian 团队的无线通信项目组，很快成为项目骨干。

加入团队不到 3 个月，刘诗毅又遇到 Dian 团队的"黄埔军校"——"基于项目的专业教育试点班"（即种子班）招生，他很认同真实项目牵引的"干中学"模式，于是马上报了名。

2006年12月10日，刘诗毅（左2）和小伙伴获得"种子杯软件编程PK赛"冠军

面试时，刘玉老师得知他在普通班成绩名列前茅，一年后能稳稳保送研究生，便好意提醒他：种子班的评价标准与普通班不同，不是看笔试分数有多高，而是看实际能力与项目贡献值；如果他选择种子班，相当于放弃现在的优势从零开始。刘诗毅洒脱大气的回答，令在场的评委印象深刻："没有保研资格也无所谓呀，大不了我不读研究生，直接去找工作呗！"一条路走不成，走另一条路何尝不可？

刘诗毅对嵌入式技术有着十分浓厚的兴趣，先后参加了无线通信组和数字电源组，在师兄们的指导下进步很快。不过，在参加"DSP全数字激光电源"二期项目时，他遭遇了很大挑战。因为第一期原理样机的开发者全部毕业离校了，除刘诗毅和208号队员李航有一点硬件经验外，其他人都只懂软件，硬件方面都是"白纸一张"。幸亏项目组长是留团队读研的053号师兄段士龙，但无奈项目难度偏大，涉及的知识多且难啃，先后有多名队员顶不住压力离开了电源组。在人心惶惶的气氛中，刘诗毅顶住了负面影响，默默坚持着，他独立承担了软件设计工作，为项目进展做出了极大的贡献。而且，刘诗毅那时还担任着Dian团队质量部的部长，要监督团队所有项目的进度和风险，他技术和管理双肩挑，任劳任怨，从没跟着别人吐槽和散布负能量。在战胜各种"惊涛骇浪"后，"DSP全数字激光电源"二期项目终于保质保量结了题。

电源组的激光电源项目告一段落后，热爱挑战的刘诗毅又转战与烽火通信公司的合作，做"分组域数据业务分析系统"立项调研，技术含量很高。刘诗毅担任了这个项目的组长，随着与甲方直接沟通交流的机会增多，他的技术能力和交流沟通能力大受锻炼。虽然这个项目最终没能立项，但这个经历使得刘诗毅的思维水平有了质的提升。他从原先的"技术迷"，开始注重综合能力的提升。2009年夏，即将留团队读研的刘诗毅，主动申请加入华三公司另一个项目"CAPWAP"，担任骨干，尝试寻找新的立足点。7月中旬，当别的毕业生都趁入职或读研之前游山玩水，他却连续作战，赴北京参加CAPWAP项目的需求分析，迅速适应了华三项目的快节奏、高强度，以高昂的工作热情投入到项目中去。

说起留校读研，导师组至今还流传着刘诗毅的一段佳话。当年种子班的前三名才有保送外校的资格，排名第二的刘诗毅本可以任选外地名校深造，但他看到班上有位排名在他之后的同学特别想去外校读研，于是很大度地放弃了保送外校的机会，留在团队读研，帮那位同学达成了心愿。

2010年4月，Dian团队应邀去中央电视台录制《小崔说事——点亮未来》专题节目，刘诗毅等10名队员同行前往。在节目现场，刘玉老师提到Dian团队许多队员都是贫困生，因此想让这些孩子不"拼爹"也能找个好工作。刘玉老师讲述了209号刘诗毅、202号司徒加旻等队员的故事，大家听后都深受感动。

书目中，刘玉老师还分享了一个故事。她曾赴广州出差，临行前向一位广州籍队员表达了家访的意愿，但队员表示为难，坦言道：自己父母是非常欢迎老师的，但父母都是地道的广东人，只会说当地方言，不会说普通话，交流起来有困难；另外，家里空间非常小，只有20多平方米，自己从小到大都住在阁楼，条件太差，没法接待客人。刘玉老师听后十分难受，这才知道，看起来阳光上进的队员，平时背负着多大的生活压力！因此，她下决心要让这些优秀的贫困生有个好的前途。这个故事的主人公，就是刘诗毅。

从组员到核心骨干，刘诗毅一步一个脚印，脚踏实地地走了5年。5年来，团队见证了他的成长，他也陪伴着团队成长。

勇敢自律的"文科女"

郝梓贝大二时，在 Dian 团队创业组的室友邀请她一同参与创业活动——向毕业生售卖"同歌同行"校园卡贴，她因而有机会近距离了解 Dian 团队。此次校园卡贴售卖活动中，郝梓贝的销售业绩很突出，她也十分喜欢 Dian 团队"干中学"的培养模式和友爱共进的氛围。欣赏郝梓贝销售才干的刘玉老师，正好需要一位学生秘书，于是，刘老师破格将郝梓贝作为秘书招入 Dian 团队，让其加入创业组，主要负责团队里面的非技术工作。

郝梓贝长得十分漂亮，却没有一丝娇气，待人和善，做事麻利。团队大大小小的各种开销，都需要整理发票和记账报账，这个工作看似很小，实则烦琐。正式报账之前，必须事先做好筹划，才能够减少无谓的返工，从而提高效率。比如，出发去找相关人员之前，先电话联系；交各种表格之前，先通过邮件让接收者审阅一遍，再送纸质文件过去；遇到问题的时候，多问几句，以寻求解决问题的办法；发票审查的过程中，会遇到各种变动，所以要多带几张发票和报账单以备不时之需……郝梓贝用了5个月的时间，在一次次试错中总结经验，把报账这件小事做到了极致。在这个过程中，她对细节的洞察力以及统筹规划和快速反应的能力都得到了锻炼，心理素质也在一次次锻炼中得到了提升。

郝梓贝在 Dian 团队是耀眼夺目的"队花"。她不仅长相精致、身形挺秀，还很有才华，是学校蓝天话剧社的骨干成员。2012年初，在筹备 Dian 团队10周年团庆时，队员们创作了一个光影节目《田小点成长记》，是根据418号女队员田泽华的亲身经历改编的。远在甘肃的田泽华，在高考填报志愿前夕，与家人偶然间在电视上观看了《小崔说事——点亮未来》，被 Dian 团队的故事深深吸引，于是马上填报华科，并立志加入 Dian 团队。田泽华一进华科，就参加了 Dian 团队的招新考试，可惜因无技术基础而未被录取。后来，经过第二次参加招新考试才成功加入 Dian 团队，并逐渐成长为一名优秀的 Dian 团队队员。这个节目最初由田泽华本人出演，然而，试排时大家发现田泽华的屏幕影像不够理想，因此，节目负责人陈俊曦特邀郝梓贝出演主角"田小点"。所有的故事情节和情绪的传达，都要靠肢体表演，以光影形式投射到白幕上。郝梓贝在极短的时间内完成了排练，节目效果十分出色，最后，《田小点成长记》在 2012 年 4 月 Dian 团队 10 周年团庆大典演出时获得了高度好评。后来，刘玉老师到甘肃重点中学做招生宣讲时，还专门把《田小点成长记》的节目视频播放给那里的师生看，这种新颖的表现形式惊艳到了所有观众。郝梓贝等队员创作及演出的精品节目，在 Dian 团队历史上留下了浓墨重彩的一笔。

郝梓贝温文尔雅，谈吐间流露出很好的教养。几乎无人料到，她的家境其实非常贫寒，弟弟年幼，而父母收入微薄。郝梓贝的独立坚强与优雅从容，令人羡慕，更令人敬佩。

相遇相知"709"

令刘玉老师没有想到的是，刘诗毅在研究生毕业前夕，居然俘获了当时 Dian 团队"队花"郝梓贝的芳心。这是怎么回事呢？

原来，2011 年 7 月底，刘诗毅在北京将他负责的华三项目结题之后返回团队，发现原项目组的房间已被新项目组使用，没有机位的他就暂时到创业组所在的 709 房间过渡。因此，他得以与常驻创业组的郝梓贝认识。2011 年 10 月，刘诗毅向郝梓贝表明心迹，二人正式确立恋爱关系。

此事令刘玉老师非常惊讶，她问郝梓贝，自身外形和性格等条件那么好，为什么选择家境同样窘迫的刘诗毅呢？两人以后的经济压力会不会加倍？郝梓贝答道，正因为两个人的家庭背景相似、成长经历相似，加之彼此的三观比较契合，也很容易互相理解，所以才能走到一起。

2012 年，刘诗毅取得硕士学位后，前往深圳腾讯公司工作。2013 年，郝梓贝本科毕业后，也前往广东发展，在互联网企业担任 HR。由于毕业时间不同，两人还经历了一年的"异

2011年秋，Dian团队创业组在启明楼709的集体照

（前中为郝梓贝，后中最高者为刘诗毅）

地恋"。直到 2014 年 11 月，两人才在广州结婚并安家，2016 年迎来了他们的孩子，成就了一段佳话。

一位是坚毅洒脱的理工男，一位是勇敢自律的文科女，自 2011 年他们相遇于 Dian 团队的"709"算起，两人已携手 10 年，谱写了一段令人赞叹的"童话"爱情。相信未来他们还会谱写新的幸福篇章！

●●

不苟言笑"小花絮"

刘诗毅赴京参加《小崔说事》的录制时，坐在第一排。节目录制了 90 分钟，央视的编辑连夜剪辑出 42 分钟。剪完之后，央视编辑打电话向火车上的刘老师"吐槽"："坐在第一排正中间的那位男同学的笑点好高啊！从头到尾大家都在笑，他却一直都不笑，我们只有 90 分钟的素材，想刻意避开他的镜头也做不到，他是不是对我们节目内容不满意啊？"刘玉老师赶紧问刘诗毅怎么回事，他说："我觉得节目拍得挺好，没啥意见，而且我一直觉得自己在笑呀！"刘玉老师这才知道，刘诗毅不是"笑点高"，而是"喜怒不形于色"。其实，他毕业前与郝梓贝合影时，已经很会笑啦！

编后语

"对于一个技术团队来说，技术力是立足与发展之本；对于项目组来说，执行力是项目顺利进行的重要保障；对于一个大集体来说，凝聚力是生存、发展与壮大的精神保证。对于我们 Dian 团队这个集以上三者于一身的集体来说，技术力、执行力和凝聚力都是团队竞争力的重要因素，尤其是凝聚力。"刘诗毅在年终个人小结中的这段话，给了我很深的触动。通过刘诗毅的故事，我们看到了，一个专注于技术的队员，如何成长为一个心系项目组与团队的领导者。作为 Dian 团队的成员，我们要努力做好团队的事，提高技术能力，谨言慎行，保护好前辈留下的"金字招牌"，保护好 Dian 团队的文化！

郝梓贝师姐的经历，也给了我很多启发。她是一位勇敢、坚强、睿智的女生；面对困难，她不轻言放弃；面对难题，她悉心观察、勤于总结……这些都是值得我们去学习的地方。她曾在个人小结中如是说道："在这次活动中，我收获颇多，最大的收获不是能力和胆量的锻炼，而是做出了一个正确的抉择——加入了一个开放的、有梦想并为之执着付出的团体，一个一直激励着、影响着我的团队。""不忘初心，方得始终"，希望我们在疲惫或迷茫的时候，也不要忘记自己的初衷，要怀着坚定的信念走下去。

薄国君&刘宏娟："同道者，必相遇"

｜执笔人：冼健文

薄国君，男，河南南阳人，Dian团队340号队员。2008年，从南阳市第一中学考入华中科技大学电信系。

刘宏娟，女，新疆和田人，Dian 团队 339 号队员。2008 年，从和田一中考入华中科技大学水电系。

2012 年夏，两人同时本科毕业后，薄国君进入外交部工作，刘宏娟前往中南大学读研（现就职于中国地质调查局自然资源航空物探遥感中心）。2015 年，两人在北京结婚。

引言：缘之所起

薄国君和刘宏娟都是"技术小白"，他俩能加入 Dian 团队，得益于 2009 年春的团队招新改革。2002—2006 年，是 Dian 团队的初创期，那时"求生存"是第一要务，技术能力薄弱的队员很可能拖项目进度的后腿，因而技术水平是衡量和考核队员能力的重要甚至唯一标准。2006 年底，当 Dian 团队进入"一百人，一百万，三七开"（指常年 100 名在站队员，年营收 100 万元以上，研究生占比 30%）的平稳期之后，刘玉老师便提出 Dian 团队要多元化发展。

因此，有些报名者虽然在 Dian 团队颇具技术特色的"通宵测试"中表现并不突出，但在之前的面试中表现出了灵性和悟性，也被破格录取了。例如，刘玉老师在面试中注意到刘宏娟来自水电系，十分惊讶："你是水电专业的女生，为什么想加入 IT 类型的 Dian 团队呢？"刘宏娟回答："好奇。正是没有技术，才更要加入学习新东西呀。"而薄国君更是凭"文才"当敲门砖，也给刘老师留下了深刻印象。于是，二位"菜鸟"都被刘老师留用。如今回首再看，刘老师当年的眼光实在是"毒"。

加入 Dian 团队后，两人都被分配到与华三通信公司合作的大型软件项目组，从"跟项目"学起，开始了他们的团队生活，也搭起了两人的奇妙缘分。

上篇：谦谦国君，点亮功勋

文采斐然

大二时，薄国君向刘玉老师赠送了一本由他父亲整理印刷的个人文集《走出乡关》，里面汇集了薄国君从小学到高中撰写的文章，从游记到诗词，从中文到英文，可谓文采斐然。刘玉老师通读之后颇为赞叹，赞他文字中洋溢的才华，更赞他字里行间流露出的辩证思维，以及远超同龄人的洞察力。

例如，薄国君在《我说豁达》一文中写道：

> 多一份豁达吧！坦然的心态乐对人生，每天都笑得灿烂，正如弥勒佛一样：
> 大肚能容，容天下难容之事；笑口常开，笑世间可笑之人。

还有《残缺也是一种美》中的一段，也让刘老师欣赏不已：

> 瑕不掩瑜，残缺未必不美。形式上的残缺，不能掩盖精神内涵的辉煌。形式上残缺，精神上完整圆满，那么残缺也是一种美。

薄国君出色的文采，给刘玉老师留下了极为深刻的印象。她敏锐地察觉到，薄国君身上有着理工科学生少有的人文素养，这也为刘玉老师挖掘这支"潜力股"提供了想象空间。

另辟蹊径

刘老师为薄国君设计了一条不同寻常的培养路线，即让他在项目学习之余兼职担任《Dian 团队工作简报》的编辑。这份电子半月刊，是外界了解 Dian 团队日常工作的窗口，更是 Dian 团队记录、传承文化内核与血脉的载体。而负责编辑的简报组，就是 Dian 团队自己的"新华社"。刘老师这一手安排，为薄国君施展才能提供了广阔的舞台。2009 年 6 月 15 日，刚入团队的薄国君，以新队员身份向《Dian 团队工作简报》创刊号的"交流园地"投稿，随后便加入了简报组，一直干到毕业才换人。连他自己都没料到，这份简报后来能成为 Dian 团队的一大文化品牌。

薄国君还因为自己的"非技术"能力，在大四毕业前被刘老师再次"点兵点将"，调他担任 2012 年第二届全国高等教育批判性思维教学研讨会的会务组成员。头年的首届研讨会盛况空前，特别是 Dian 团队种子班的"批判性思维"课成了全国公开示范课，当时，大会秘书长刘玉老师调动百名队员承担了大会会务。可是，第二届研讨会报名人数特别少，因此，刘老师将会务只交给三名队员，其中一人便是薄国君。

会务工作能获得什么？如果不能，为什么要干？以 IT 技术为重的同学，感觉这项任务是个"沉重的包袱"，但薄国君的想法与其他人不同，在他的眼里，并不只在项目中学习技术才是收获。Dian 团队始于技术，但绝不止于技术。在承办这届批判性思维研讨会的过程中，他发现不仅能近距离接触到自己感兴趣的人文科学，还能积累组织工作方面的经验，甚至能和与会的师生建立友谊，用当下流行的理论来形容，便是 T 字形人才。薄国君正是用 T 字形人才的标准来要求自己，兼顾广度与深度，以饱满的热情参与大大小小的平凡之事，从而成为"历平凡事，成放心人"的又一个案例。

书 史 留 名

其实，在大三的时候，薄国君还曾被刘玉老师"校场点兵"，被任命为"前军少帅"。

2011 年，刘老师在策划次年春天的 Dian 团队 10 周年团庆时提出，要将 Dian 团队的 10 年发展史写成一本书，作为献给团庆的纪念品，也算是为 Dian 团队积累宝贵的史料。可是，这个任务周期长、压力大，还需要很好的文笔，非一般人能扛得住，这时她脑海中第一个想到的人便是薄国君。

当时采取的方式是口述历史，刘玉老师讲述 Dian 团队 10 年来的历史，薄国君根据刘老师的口述回忆再整理成文字，最后编纂成书。10 年的历史，300 余人的故事，工作量是惊人的。由于白天要在项目组里做技术工作，所以薄国君和刘老师只能晚上十点以后在启明学院 2 楼刘老师的办公室碰头，进行口述笔录，几乎每次都长达 4 个小时。薄国君扎实的作风，体现

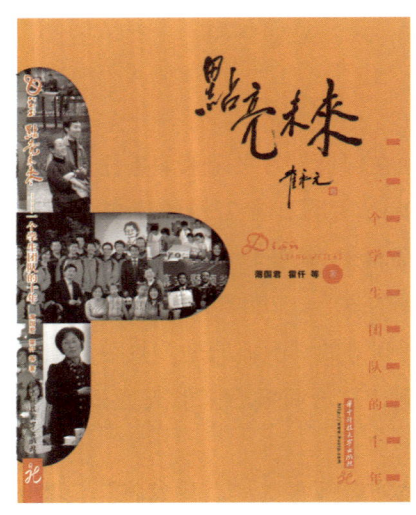

2012年4月出版的《点亮未来》封面

在以下几个细节中：第一，设备齐全，每晚他都携带录音笔、摄像机、便携电脑等设备，多角度、全方位进行记录，以便日后查阅；第二，主动进行引导性提问，他不仅仅是一个听众和记录员，更像是一位导演，在刘老师回忆往事的过程中，引导老师描述更多细节。这样高强度地工作了一周，薄国君就将 Dian 团队 10 年历史的故事线收集完了。

刘玉老师虽然讲完了，但心里可没底，因为薄国君不过是一名大三本科生，估计交出来的文字稿很可能只是一份语音转文字的粗糙文稿。但是，薄国君所提交文稿的质量之高，比他当年那本《走出乡关》更加让刘老师震撼。他别出心裁地把 Dian 团队 10 年历史分成了初

创期、发展期和稳定期三个阶段，又把每个时期的苦与乐总结成"克服N个困难的故事"，并排列成如下格式："学生缺机会，成立Dian团队"，"新人缺基础，从预备队到正规军"……最后，一共归纳出团队不同发展阶段面临的33道难题，以及如何一步步由"缺"变"全"。刘老师惊喜万分，激动地评价道："薄国君已经有了超越专业编辑的能力！"因此，在华中科技大学出版社2012年4月正式出版发行的《点亮未来：一个学生团队的十年》一书封面上，第一主编写上了薄国君的名字。

《点亮未来》是薄国君为Dian团队打造的最美的礼物，也是他在Dian团队最杰出的贡献、最光荣的功勋。这本书在出版6年之后，被武汉市委组织部认定为"创业者必读"读物，再次印刷数千册，被誉为"初创团队克服困难的宝典"。

下篇：婉婉宏娟，热诚可宣

义不容辞

刘宏娟和薄国君一样，在团队中最闪亮的"主战场"，并不是项目组内的技术工作，而是她为Dian团队的"每月一善"活动做出了开拓性贡献。其中，难度最大、记忆最深的一次，当数2011年3月的"每月一善"，意义重大且性质特殊——为华科1961届老校友50周年聚会寻找1/3的失联人员。这次校友聚会，由刘玉老师的恩师——朱耀庭教授夫妇组织。由于Dian团队此前已经有为老校友寻亲的公益服务经验，于是，刘玉老师便和刘宏娟商量，可以再用"每月一善"的活动形式协助朱教授寻找失联校友。

刘宏娟是一个为人热诚的"利他主义者"，其考量任务的初衷不是对自己是否有利，而是这件事是否属于正能量。因此，她马上响应刘玉老师的倡议，立即组织部分队员开展志愿者活动。当然，志愿者活动不等于盲目行动，她深谙"凡事预则立，不预则废"的道理，做足了准备工作。比如，提前进行"头脑风暴"，明确注意事项。再比如，特意把与某位失联老校友同城市的小队员安排成一对一"寻亲"的志愿者。此外，刘宏娟还周全地考虑到了注意事项，如隐私问题、最小扰动原则、工作进度汇总等。

峰回路转

笔者阅读了刘宏娟当年撰写的"寻校友"万言总结，对其中一个小故事特别有感触。刘宏娟本人负责寻找校友朱谱贵，而在她尝试之前，朱耀庭教授已经联系过北京首体南路公安部一所，包括该单位的退休办，都一无所获。刘宏娟可犯了难，朱教授地位高、人脉广、做事仔细认真，他已经联系过一遍了，自己是否需要从头"两眼一抹黑"地再联系一遍呢？当时，手头信息极其匮乏，没有别的办法，刘宏娟只得硬着头皮再次尝试朱教授已经试过的方法。她打电话到北京首体南路公安部一所，对方表示应该联系退休办，而退休办工作人员只是说，有信息一定会通知。这几步都与朱教授尝试的一致，此时，刘宏娟已经十分沮丧且不抱什么希望了。

但是，颇有韧性和责任心的刘宏娟，发挥了她出色的应变能力和灵活的处世之道。她没有像朱教授一样就此作罢，相反，她再次打电话给那个单位的退休办，将寻找朱谱贵是为了老校友毕业 50 年聚会之事向工作人员详细陈述，晓之以理，动之以情，最终打动了对方。这位工作人员诚恳表示一定帮助找到朱谱贵，并让刘宏娟留下姓名和联系方式。刘宏娟心想，朱谱贵校友并不认识自己，但一定记得朱耀庭教授，于是，聪明的她留下了自己的联系电话，姓名却留的是朱耀庭。事实上，通过两轮沟通，刘宏娟心里清楚，对方即使知道朱谱贵的联系方式也不会随便透露，因为朱谱贵属于公职人员，要保护隐私。所以，刘宏娟才留下了朱耀庭教授的名字，静待朱谱贵主动联系自己。

功夫不负有心人，数天后，刘宏娟在去上课的路上，果真接到了朱谱贵校友的电话，她强忍着激动的心情向老校友详细介绍了事情的经过，并告知了朱耀庭教授的联系方式。失联将近半个世纪的校友再聚首，朱耀庭教授万分激动，亲自致电刘宏娟，向她表达感谢。

不负所获

"好奇"是刘宏娟加入 Dian 团队的"诱因"，从好奇到观察，再到参与其中，最后到全权负责，刘宏娟终于从一名"观察者"成长为她曾经仰望的那群"有趣人"中的一员。Dian团队的经历，对于她而言，更多的是一种态度，是一种追求和生活方式。她从团队中学到的不仅仅是技术，更重要的是"利他"的价值观让她在团队中体会到了人性的温良、品德的力量及伙伴的情谊。刘宏娟在总结中写道："之前与这几个小伙伴都不怎么熟悉，但通过这件事情让我对他们都有了深入了解，也很喜欢他们。大家为了同一件事努力的感觉让我很开心。"志同者不以山海为远，同奋斗共欢笑的美好日子，是彼此成长经历中最美好的回忆。

刘宏娟在寻找老校友的过程中，发现有好几位已经不在人世，这种情谊永存但阴阳两隔的落寞与无奈，让刘宏娟对自己在大学中收获的情谊加倍珍惜。半个世纪的世事变迁，未曾想一别竟是永恒。书本中的理论或许终有一天会被遗忘，但共同的经历与收获将永远闪耀在记忆的脑海深处。

婉婉宏娟，热诚可宣！

后序：心心相印

薄国君与刘宏娟同时加入 Dian 团队，同时加入华三项目组，同时转正，就连正式队员编号也紧挨着。他们同时兼职团队各种非技术工作，都很热心也很能干，甚至暑假里 Dian 团队举办游泳节时，两人还共同担任比赛主持人呢。但他俩从未卿卿我我，就算到了大四毕业季，老师和同学也没看出他们有啥"儿女私情"。直到刘宏娟从中南大学硕士毕业前往北京工作，与在外交部工作的薄国君团聚，刘玉老师才从北京站队员那儿得知这段"天仙配"，不禁感慨："同道者，必相遇。"

2016年2月14日，薄国君和刘宏娟夫妇在美国圣路易斯与刘玉老师相逢

2014年，薄国君被外交部派驻到纽约总领馆工作，按说远隔重洋极难再与导师相遇。但无巧不成书的是，2016年寒假，刘玉老师到美国圣路易斯访问时，竟然在情人节那天与薄国君和刘宏娟夫妇相遇了！他俩原本打算去休斯敦，听闻刘老师春节探亲到了美国，于是直接就改成了去圣路易斯的机票。当晚，刘玉老师激动地记录了这次相遇的情景：

> 刘宏娟当年在团队时就深得我的信任和喜爱，几乎是私人助理的关系，现在她嫁给同样得到我信任与喜爱的文学才子薄国君，两人专程从纽约飞来看望我，令我双倍感到高兴。我与刘宏娟的合影温馨得像母女，我发到微信朋友圈之后，瞬间赢得100多个赞。

Dian团队20周年团庆前夕，筹备组准备出版《点亮人生》一书，讲述百名队员的成长故事。这时，刘玉老师再次呼唤远在墨西哥大使馆工作的薄国君帮助审校文稿，他二话不说就接下了任务，认真修改文稿。

✒ 编后语

相邻的队员编号，相同的价值观，即便是有缘分，也难得如此奇妙。薄国君和刘宏娟，都是怀有真挚情感的热心人，从Dian团队中明德，用不同的故事诠释着相同的Dian团队文化与精神。这样一对志同道合的才子佳人，实在太令人羡慕了！

钟晶&王晓宇：战友知音，同舟共济

｜执笔人：武显奇

钟晶，男，四川自贡人，Dian团队421号队员。2006年从四川省绵阳中学考入武汉理工大学，2011年考入华中科技大学电信系读硕士，师从刘玉老师，由此加入Dian团队。2014年硕士研究生毕业后，一直坚持创业，他的"英雄蛋生"和"花赚"项目先后上过刘玉老师的"创业红娘·创业相亲会"。目前，其公司已运作接近5年，业务涵盖导购电商平台、本地生活SAAS系统等。

王晓宇，女，辽宁营口人，Dian 团队 387 号队员。2006 年从辽宁省盖州市第一高级中学考入华中科技大学电信系，2010 年本科毕业后先到基层当了一年选调生，然后保研到刘玉老师门下，由此加入 Dian 团队。2014 年硕士毕业后，入职深圳腾讯，一直工作至今，现为腾讯 CDG 事业群企业金融产品部的高级产品经理。她曾荣获腾讯年度优秀员工，也曾长期担任 Dian 团队珠三角站站长。

两位"技术菜鸟"的相遇

2010 年夏末，刚上大四的王晓宇拿到了一个选调生的保研指标，但毕业后需要先做一年调干生，然后再回华科读研。王晓宇拿到指标后，就来投奔刘玉老师了。刘老师很清楚她的短板，没做过技术项目，计算机类课程分数也不高，可以说是一个"技术菜鸟"。但是，刘老师也看到了她身上的闪光点，如学生会活动经验丰富、文娱能力突出、有感染力，这在当时以技术为主旋律的 Dian 团队比较少见。因此，本着"不拘一格降人才"的宗旨，刘老师收王晓宇做了自己的研究生，希望她毕业设计期间就能够快速提高自己的技术能力。

王晓宇在大四做毕业设计期间进入团队，当时是很压抑的，没怎么受过表扬，几乎全是批评。但到 2010 年初春，刘老师为 Dian 团队 8 周年团庆大典挑选主持人的时候，王晓宇自告奋勇地报了名。上了舞台的王晓宇，不仅光彩照人、落落大方，而且说话得体，赢得了一片好评。刘老师一下子就看到了王晓宇的闪光点，原来她有很好的沟通表达能力和分寸感，以后也许能担任项目组长呢。

钟晶与王晓宇一样，也是2006年考上大学，但他是2010年从武汉理工大学毕业后，花了一年时间专心考研，2011年才考上华中科技大学电信专业研究生。钟晶在本科阶段，除了课程设计外，也没有做过什么技术项目，用刘玉老师的话形容，便是"在大学里欠了债了"。

这时，王晓宇到基层锻炼一年也归来了，刘老师见他俩都没什么技术基础，于是将他俩一起分到当时最大的项目组——与华三通信公司合作的"ADVPN"项目。就这样，两个"技术菜鸟"在跟着大家一起学习做项目的过程中，逐渐成了朋友。

因出差结缘的爱情

钟晶进入团队后，接受了Dian团队"干中学"的培养方式，技术实力很快提升，读研第二年便成为项目组组长。到了项目验收阶段，组长要带领部分组员去北京合作企业出长差，进行系统测试和联调，同为研究生的组员王晓宇因课程比较少，所以也被派去北京。

在北京出差时，两人朝夕相处，加上之前在项目组里彼此印象就很好，于是两人暗生情愫，不久后就公开了恋人关系，成为在团队期间"秀恩爱"时间最久的一对。两年之后，他俩毕业前夕，负责为他俩制作纪念册的学弟学妹在Dian团队的服务器上收集照片时发现，凡是有王晓宇出现的地方就一定有钟晶，他俩亲密同框的照片特别多，羡煞一群小队员。

2014年3月，钟晶和王晓宇同时完成研究生学业，又一同去深圳发展。王晓宇就职于深圳腾讯公司，她根据自身优势，选择做产品经理。随着经验不断积累，又能吃苦熬夜，工作越做越顺，质量越做越好，多次被评为优秀员工，现已成为腾讯CDG事业群企业金融产品部的高级产品经理。尤其值得一提的是，当珠三角分站的站长王飞学姐因为生二胎辞去站长工作时，在腾讯工作已经非常忙碌的王晓宇，还是咬牙接力顶上，而且一干就是七年。刘玉老师每次去深圳，几乎都是王晓宇和钟晶夫妇接送，甚至连春节也不例外。

2014年1月，Dian团队研究生毕业旅行合影
（左2为钟晶，左3为王晓宇）

初次创业，"英雄蛋生"

钟晶的发展轨迹，则与王晓宇的"从一而终"截然不同。他毕业不久，就开始创业。

2015年5月，刘玉老师刚开始转型当"创业红娘"，免费为创业者和投资人做投融资对接服务，远在深圳的钟晶便主动找刘老师报名，想参加"创业相亲会"的路演。刘老师一听他的创业项目是卖土鸡蛋，立刻就生气了，很直接地对钟晶说："Dian 团队好不容易把你培养成有技术、懂管理的项目组组长，你却卖鸡蛋去了，我觉得很丢人啊。"钟晶解释说："您不要以为卖土鸡蛋很 low，我们这个创业项目叫'英雄蛋生'，是可以溯源的产自湖南大山里原生态的高端农产品，我们要做鸡蛋里的'爱马仕'。"刘老师还是疑惑不解，一个土鸡蛋能做成什么样的"爱马仕"？

但是，当钟晶把"英雄蛋生"的样品在桌子上打开之后，刘玉老师彻底惊呆了：每个鸡蛋上都粘有一个可爱的卡通贴纸，并且附有检测证书，包装也十分精致，外观看起来十分高大上，一盒土鸡蛋真的做出了高端礼品范儿。

钟晶这个创业项目，其实是顺应了新消费、新零售的时代趋势。尽管每个鸡蛋要 3 块钱，但都是原生态的，并且包装精美，这是很多年轻的新中产阶级所喜好和需要的。刘玉老师试探性地用"英雄蛋生"礼盒作为春节礼物寄给 Dian 团队的顾问们，没想到顾问们一致赞扬，感谢 Dian 团队送了他们一个好礼物。大家如是评价："英雄蛋生"的鸡蛋，蛋黄十分黄，味道很香，是地道的土鸡蛋。其中，有位企业家顾问，还马上通过刘老师联系钟晶，订了很多盒送客户。钟晶的"英雄蛋生"项目，得到了极大的肯定，也鼓舞了刘老师的信心。

后来，"英雄蛋生"发展速度突飞猛进，年卡会员很快增长到 2300 多名，还有 6000 多名普通会员，每个月都会卖出 10 万~ 25 万枚鸡蛋。连续两三年，Dian 团队每个月都给每位导师和顾问寄送一盒鸡蛋，发货方都是钟晶，而钟晶为了回报团队，没有收 Dian 团队一分钱。

值得一提的是，Dian 团队每个月还特别赠送一盒"英雄蛋生"给德高望重的杨叔子院士。杨院士虽然不是 Dian 团队的顾问，但他非常肯定 Dian 团队真实项目牵引的"干中学"模式和重视道德培养的做法。有一次，刘玉老师去杨院士家汇报在批判性思维推广方面的工作，她由衷感叹杨院士这么大年龄还精神焕发、耳聪目明，杨院士夫人风趣地说："这是因为你们送来的土鸡蛋有营养，每个月 30 枚，刚好一天一个，专人特供呢！"

二次创业，同舟共济

钟晶的"英雄蛋生"项目蒸蒸日上，正当刘玉老师和其他创业顾问以为钟晶的"英雄蛋生"会成为农业电商知名品牌，钟晶却突然告知大家他退出那个创业团队了。因为湖南那座大山里的土鸡蛋，每天最多产出 9000 枚，但是，订单过多之后，就容易出现用别的鸡蛋来填充的现象。显然，这个项目是有天花板的，要么规模总也上不去，要么就默许"鱼龙混杂"。而后者是钟晶和 Dian 团队的价值观所不认可的，因此，钟晶就选择离开了。

2017 年秋，沉寂不久的钟晶又找到了新的创业方向，他开始了第二个创业项目"花赚"。"花赚"的核心理念是，用购物花掉的钱来赚钱。用户通过"花赚"去淘宝、天猫购物，购物金额可作为消费存款存入"花赚"钱包中，存入的钱可以产生利息收益，这实质是一种创新的返利模式。

刘玉老师又开始存疑，因为钟晶不像贝贝网创始人张良伦（201号队员），人家在Dian团队读研时每天都能写一篇高质量的电子商务博客，而钟晶没有这种知识积累，也没有经验。但没想到，钟晶竟然通过自己的号召力，邀请到好几位Dian团队的老队员加盟，如古国杰、陈贵华、黄盼军等。这几人在Dian团队里不是当过队长就是当过技术部长，他们纷纷从大公司辞职来加入"花赚"项目，给钟晶带来了巨大的助力，成为Dian团队抱团创业的又一个典型案例。而王晓宇作为妻子，也是全力支持钟晶创业。钟晶自从创业后，几乎没有私人时间，每天早上九点出门，晚上十一二点回家，周末也不休息，全部泡在公司。王晓宇毫无怨言，甚至周末还经常跟钟晶一起去公司加班，一起交流产品体验和业务发展思路。钟晶和王晓宇虽然选择了两条截然不同的职业道路，但是，他俩相互支持、相互鼓励，既是各自独立、追求卓越的个体，也是坚定的相互依靠、彼此成就的伴侣。能够遇到如此契合的另一半，他俩都由衷地表示，要感谢Dian团队，是团队让两人有相遇的缘分，同时也培养了两人"优秀等于终生吃苦"的价值观。

做"花赚"项目时，正值微信小程序刚刚兴起。钟晶敏锐地判断，小程序会是大势所趋和下一个风口，于是，他们狠抓"花赚"小程序的研发。后来，正如钟晶所料，微信小程序成了巨大的流量入口。他们抓住了时代的机遇，很快就实现了盈利和用户增长。钟晶成功的背后，王晓宇的默默付出也同样功不可没。

创业并非一帆风顺，而是布满荆棘与挑战，但是，每一次钟晶都能靠着不服输的精神和坚持到底的韧劲，带着团队杀出重围，找到继续前进的路。目前，钟晶的公司已经运营近5年，其主要业务有以"花赚"为主的导购电商项目，也有微信小程序本地生活SAAS系统等，已形成稳定的业务生态，正开始向下一座高峰发起挑战。

2021年2月，钟晶和王晓宇在深圳自己家中

洪昊&谢羽连：Dian团队的特殊"双职工"

│执笔人：洪昊

洪昊，男，湖北鄂州人，Dian团队507号队员。2010年从湖北省鄂州高中考入华中科技大学电信系的数理提高班，属于"天才少年"。大四获得保送读研资格，师从刘玉教授，由此进入Dian团队。毕业后，入职华为。

谢羽连，女，湖南新邵人，Dian 团队 495 号队员。2009 年从湖南新邵县第一中学考入华中科技大学电信系通信工程专业，大四获得保研资格进入 Dian 团队读研，师从刘玉教授。毕业后，入职阿里（广州）。

男孩比女孩低一年级，进校不同年，离校也不同年，他俩怎么会成为一家人呢？让我们来看看他俩的故事吧。

洪昊的故事

只要一小段助跑便能起飞

洪昊是大四保研进的 Dian 团队。保研之前，他已经依靠编程拿过数模比赛国内外的奖项，算是小有功底。但以前编程只是为了解决问题，因此算是"野路子"出身，写出的代码属于能跑但难懂。确定保研来到 Dian 团队后，刘玉老师了解到他的情况，直接把他安排进当时刚成立的 RRM 项目组。RRM 项目是 Dian 团队从华三通信公司接下的真实项目，要在当时的华三路由器上做一个管理进程。由于代码需要企业验收，并交与华三公司做后续维护，所以对代码的可读性和可维护性有较高要求。当时，华三公司派来和他们一起做项目的项目经理说："若非确有显著性能提升，否则代码定要以'可读和可维护性'优先。"这个要求，在日后工作中也使洪昊受益良多。刚进团队的他，面对陌生的业务知识、不熟悉的同伴、高标准的代码要求，颇有点无所适从。所幸团队有"传帮带"的传统，每个项目组里都会安排有经验的师兄师姐当师父，悉心指导刚进团队的新成员。当时，组内有位女研究生，辅导新人特别细心温柔，大家都叫她"学姐"。在前辈的帮扶与自身的不懈努力下，不到 3 个月，洪昊就被评为 Dian 团队的"技术之星"，成为所在项目组的核心骨干。这是他在团队的起点，也是一场爱情的萌芽。

Dian团队是一个技术团队

　　Dian 团队的团训是："高尚的道德情操、优秀的工作作风和扎实的专业技能。"当时，团队导师对于这条团训的解释是，希望队员们在学技术之前先学会做人和做事。洪昊在团队做了很多看似和技术无关的事情，例如，进团队不久，他就被任命为人力资源组组长，负责团队招新。人资组的工作，主要就是负责一年两次的团队招新，包括确定评分标准、制订流程、出考题、面试等。后来，他还参选队委会，当上了 Dian 团队行政部部长，负责团队内部各种大小事务，甚至还筹备过好几场大型会议。这些工作，让洪昊很有成就感，他甚至想，将来自己不做技术去干管理，貌似也可以干得很好呢。

　　Dian 团队在每次活动结束后，导师都会组织复盘会，指出队员们工作中的不足，提出改进意见，以便下次再做同样活动时少犯错误。对洪昊而言，这些非技术工作，其实是展示人格魅力的一个窗口，也许正是这时的自己吸引了学姐谢羽连的注意，后来才有机会修成正果。参加工作之后，学生时代的这些宝贵经历，让他形成了一套自觉优化的思考习惯，让他在生活中的方方面面都受益匪浅。

2013年10月，洪昊（后排右3）和谢羽连（前排右1）在同一项目组的合影

武汉到广州的火车是11个小时

洪昊和谢羽连恋爱一年后，谢羽连就先毕业了，于是，两人开始了长达两年的异地恋爱。其间，洪昊只能每月抽一个周末从武汉跑去广州见面。大家都说"异地恋"是"情侣杀手"，但神奇的是，他俩居然从来没有吵过架。虽然一起在 Dian 团队度过的日子并不长，但是，并肩作战、互相帮扶的项目经历，已经使他们完成了精神上的磨合，让他俩确定彼此就是对的人。洪昊每个月都会跟谢羽连分享团队中发生的新鲜有趣之事，讲她熟悉的学弟学妹有了什么新的成长，她完全能感同身受；而谢羽连也会告诉洪昊在广州工作会有什么新机遇和新挑战，洪昊通过多趟广州之行也感受到了广州的舒适与安心。于是，毕业后到广州、深圳工作，就成了洪昊学习的动力。

毕业后的工作经历

洪昊毕业后便去了深圳华为，在 NCE 产品部做后端研发。由于在被称为"大学生中的华为"的 Dian 团队中，已经养成做人做事的好习惯，所以他对工作适应得很快。刚参加工作一年，他便获得了"明日之星""质量之星"等公司荣誉，现在已是本部门中软件设计与核心开发的主力。

谢羽连的故事

从编程"小白"到中流砥柱

2012 年 9 月 29 日（星期六），学校公布了保研名单，谢羽连得知自己获得保研资格后，当晚便去华科东九楼找刘玉老师（刘老师每周六晚上都会去那儿参加 Dian 团队例会），希望能进入 Dian 团队读研。一番简单的交谈后，刘老师便同意让谢羽连先去 Dian 团队与华三通信公司合作的 ADVPN 项目组实习一段时间，以此评估谢羽连是否适合到 Dian 团队。谢羽连虽然学的是通信工程，但仅在大一的"C 语言"和大二的"数据结构"课程中接触过编程知识，所谓的水平也仅限于课本与考试。到了这个项目组，她第一次接触规范的 V 模型需求开发流程，第一次编写需求测试用例，第一次接触结对编程，都是陌生的东西，很有挑战性。好在这个项目组善于"以老带新"，王晓宇学姐等项目组核心成员给了谢羽连很多指导和非常实用的建议，让她得以快速成长。比如，刚进项目组的成员都被要求按华三公司的规范完成一道编程作业，畏难的谢羽连找到晓宇学姐说，能否等自己复习完 C 语言再提交作业？王晓宇劝她说，Dian 团队提倡的方式是"干中学"，应该是在实战需要的时候马上去学习对应的知识点，而不是一股脑把所有的知识点都学完了再来用于实践。

在 ADVPN 项目组摸爬滚打了大半年，谢羽连虽然编码能力还没达到组员的平均水平，但在需求分析和需求测试等场景设计方面，她的进步很大，逐步可以独当一面，受到了项目组长和团队导师的肯定，最终作为下一个华三项目（RRM）的核心骨干，去北京华三公司参与需求分析。

Dian团队不只是一个技术团队

每年都会有非团队同学因为读研而进了 Dian 团队项目组，谢羽连便是其中一员。她至今仍记得自己初入项目组的忐忑，记得晓宇学姐的关心和指导。2013 年 10 月，有一位大四的学弟洪昊，从电信系数理提高班保研来到 Dian 团队，被安排到谢羽连所在 RRM 项目组。那时，项目刚开始不久，这位学弟非常想快速赶上大家的进度，于是经常找机会请教谢羽连，一起探讨需求分析的细节。最终，他快速成长为这个项目的核心骨干，但那时的谢羽连怎么也不会料到日后会与他成为一家人。在团队的日子，谢羽连除了做项目，也参加过"每月一善"活动，还在一年一度的年终茶话会上表演过节目。这些事情，看似与技术无关，却锻炼了技术人必备的一些素养，如责任感。在参与了 Dian 团队的两个大型项目后，谢羽连便清晰确定了自己的兴趣爱好与职业方向。

异地的时间比在一起还长

洪昊初入团队参加的那个 RRM 项目组，是谢羽连作为项目骨干参与需求分析的第一个项目。她对洪昊的最初印象是文静与害羞，讲话轻声细语的。随着项目的推进，组内沟通增加，谢羽连发现洪昊的逻辑思维能力很强，看问题一针见血，有种不鸣则已、一鸣惊人的气质，慢慢便觉得跟他很聊得来。那年冬天，电视台热播《来自星星的你》，他俩也会在业余时间一起讨论《来自星星的你》剧情。在次年的情人节那天，洪昊开口向谢羽连表明了心迹。

确认恋爱关系后不久，2014 年 4 月，他俩同时作为项目组骨干被派去华三北京公司进行项目测试和验收，这可能是他们恋爱后在一起最长的一段时间。之后，他们便开始了短期异地恋（谢羽连在学校写论文，洪昊因项目出

2014年4月，洪昊和谢羽连赴北京出差期间同登长城

公差），再发展为长期异地恋（谢羽连在广州工作，洪昊在学校读研）。漫长的异地恋期间，他们仍然一起经历了很多事情。比如，第一次携手旅游，遇上地铁运行故障，临时换乘公交，却因找不到正确的站台，最终没赶上火车，只能改签。在这个过程中，谢羽连因遇上地铁故障得换乘公交车而焦虑，洪昊便耐心开导她："最坏的结果就是赶不上火车得改签，而改签无非就是晚一点到达目的地，晚一点看到风景而已；咱俩出去旅游的目的是寻找快乐，如果因为路途中的小插曲而变得闷闷不乐，那就失去了旅游的意义。"

漫长的异地恋，洪昊付出很多，在谢羽连心底埋藏了很多心动瞬间。让人觉得安心的那些点点滴滴，慢慢积累起来后，谢羽连便认定，洪昊就是值得托付终身的人。比如，谢羽连在广州、洪昊在学校的那段日子，每次都是洪昊乘火车过来看她；他俩都工作之后，谢羽连在广州阿里，洪昊在深圳华为，无论工作多忙，洪昊仍然坚持每个周末都乘火车来陪谢羽连。

毕业后的工作经历

谢羽连硕士毕业后加入了阿里大家庭，在 UC 浏览器内核部门做测试开发。初入公司时，她便很惊讶，公司培养新人的模式和 Dian 团队特别像，都是"干中学"，以真实问题或案例牵引，引导新员工快速熟悉业务和功能。谢羽连得益于在 Dian 团队做项目、搞活动养成的习惯，工作上进步很快，入职第 2 年就被评为阿里的优秀员工，目前在阿里智能信息事业群从事测试开发工作。

编后语

　　2018 年 4 月 23 日，洪昊和谢羽连领证结婚啦！他们的相遇、相知和相爱，都与 Dian 团队有着千丝万缕的联系。因此，在领证当天，他们特意给团队捐款 2013.14 元，用谐音寓意"爱你一生一世"，一是祝愿他们的爱情长长久久，二是感谢 Dian 团队对他们的培养，希望团队能继续培养出更多优秀的人才。现在，他俩已经在广州安家，与一些在广深工作的出站队员时常有来往。2021 年 8 月，Dian 团队广州分站正式成立，这下他俩既可以算深圳站的成员和配偶，又可以算广州站的成员和配偶，这种身份恐怕在 Dian 团队 20 对"双职工"中独一无二吧。

后记 ——。

Dian 团队从 2002 年成立至今，走过了 20 个春秋。《点亮人生》作为《点亮未来》的姊妹篇，编撰工作从 2021 年初即启动。书中的故事由 Dian 团队创始人刘玉老师口述，编辑组执笔记录、查阅大量资料并与故事主人公核对细节。历经 1 年的努力，这本书终于要出版了。

书中的故事主人公，只是 Dian 团队 20 年来的百位典型代表。在审稿过程中，编者不止一次被其中的故事感动——他们并非都是天才少年，进入 Dian 团队后也经历过痛苦彷徨和波折，但令人动容的是，他们在痛苦之后永不放弃的努力，在彷徨之后披荆斩棘的勇气，在成功之前磨剑十年的砥砺，在失败之后重新出发的力量。

和书中的人物一样，Dian 团队从 20 年前的"草台班子"发展成为现在闻名全国的学生创新团队，在成长过程中也遇到了各种困难和危机。在本书编写期间，Dian 团队正经历着深刻的发展危机，内有因管理制度造成的诸多矛盾，外有当前互联网行业严重"内卷"所导致的学生工作出路问题。于是，刘玉老师"出山"重掌帅印，发起制度改革和文化重塑。在此期间，Dian 团队的老队员纷纷建言献策，助力团队发展。我们相信，改革的阵痛只是暂时的，因为 Dian 团队遇山开路、遇水架桥、追求卓越、挑战自我的精神 20 年来一直都在。秉持这种精神，我们一定能继往开来，共筑华章。编写本书的初衷，正是将 Dian 团队 20 年来凝聚的精神财富，以真实、生动的人物故事演绎总结，以此勉励和启发读者。

感谢以下所有参与故事记录和内容整理的同学（按撰写文章数量和姓氏笔画排序）：

李　韵　侯京华　胡玉洁　石功成　钟午杰　周耀海　曾德巍　董浣羽

苏　秦　陈逸飞　董季坤　董瑞华　董思琪　符史梁　高培立　郭高超

何　牧　黄明涛　金泽铭　廖　清　王溢学　武显奇　肖婉珮　严茹丹

赵轩磊　艾　沐　陈久阳　邓　迅　高辰凯　贾然钧　雷　博　李瑞源

刘存扬　娄　峥　卢　玮　彭少青　任志远　申牧原　王淇营　魏子清

吴先柯　冼健文　熊楚贤　许逸飞　闫　鹏　杨正元　叶泽坤　张锐堃

张维天　赵晓刚　周瑞松　谢　威（兼全书总校对）

此外，要特别感谢 Dian 团队永久名誉顾问李培根院士为本书题写书名；感谢 Dian 团队导师组以及华中科技大学出版社编辑团队的精心策划和用心润色，使得本书在 Dian 团队 20 周年庆典之前顺利问世；还要深深感谢近 400 位 Dian 团队队员和各界友人热心预订此书。

8 年前，我有幸踏入 Dian 团队的大门，在这里得到了师友关怀与自我成长，收获了一群志同道合的伙伴，培养了一种激情奋进的生活态度，也打开了新的人生维度。可以说，Dian 团队在我心中镌刻下了永不磨灭的痕迹。我们都希望尽己所能讲好 Dian 团队的故事，但由于历史久远以及我们自身水平和认知所限，一些细节和观点难免不尽如人意，敬请读者指正。

Dian 团队 545 号队员　张子昂

2022 年 2 月 28 日